U0581478

全 世 界 无 产 者，联 合 起 来！

列 宁 全 集

第二版增订版

第三十五卷

1918年7月—1919年3月

中共中央 马克思 恩格斯 著作编译局编译
列 宁 斯大林

人 民 出 版 社

《列宁全集》第二版是根据
中国共产党中央委员会的决定，
由中共中央马克思恩格斯列宁
斯大林著作编译局编译的。

凡　例

1. 正文和附录中的文献分别按写作或发表时间编排。在个别情况下，为了保持一部著作或一组文献的完整性和有机联系，编排顺序则作变通处理。

2. 每篇文献标题下括号内的写作或发表日期是编者加的。文献本身在开头已注明日期的，标题下不另列日期。

3. 1918 年 2 月 14 日以前俄国通用俄历，这以后改用公历。两种历法所标日期，在 1900 年 2 月以前相差 12 天（如俄历为 1 日，公历为 13 日），从 1900 年 3 月起相差 13 天。编者加的日期，公历和俄历并用时，俄历在前，公历在后。

4. 目录中凡标有星花＊的标题，都是编者加的。

5. 在引文中尖括号〈　〉内的文字和标点符号是列宁加的。

6. 未说明是编者加的脚注为列宁的原注。

7.《人名索引》、《文献索引》条目按汉语拼音字母顺序排列。在《人名索引》条头括号内用黑体字排的是真姓名；在《文献索引》中，带方括号［　］的作者名、篇名、日期、地点等等，是编者加的。

目　　录

附　　录

插　图

前　言

　　本卷收载列宁在 1918 年 7 月底至 1919 年 3 月上旬期间的著作。

　　1918 年春夏之交,外国武装干涉和国内战争开始,苏维埃俄国利用和平喘息时机着手进行的经济建设被迫中断。早在十月革命胜利之初,英、法、美、日等协约国就准备向苏维埃俄国发动进攻,而俄国退出战争又使它们在对德作战中失去了俄国军队的支援、失去了牵制德军的力量,这更引起它们的不满。3 月,英、美、法军队在摩尔曼斯克登陆;4 月,日、美、英军队相继在符拉迪沃斯托克登陆;5 月,由英、法策动的捷克斯洛伐克军在伏尔加河中游和西伯利亚发动了反苏维埃政权的叛乱。与此同时,德帝国主义者不顾布列斯特和约的约束,继续对苏维埃国家进行掠夺。到 8 月,苏维埃俄国的很大一片国土被侵占:欧俄部分的北部被英、法所占领,伏尔加河流域、乌拉尔和西伯利亚的一大部分被捷克斯洛伐克军所占领;南高加索和中亚细亚遭到英国的武装干涉,而波罗的海沿岸、白俄罗斯、乌克兰以及顿河流域则遭德军入侵。1918 年秋,协约国英、美、法在击败德国后更把军队调来进攻苏维埃俄国。俄国国内的反革命势力也乘机发动叛乱。布尔什维克党领导苏维埃政府投入抗击外国武装干涉、粉碎反革命叛乱的斗争,为了动员一切人力和物力来保卫国家,采取了后来称为"战时共产主义政策"的一系列非常措施:由国家按严格的集中制管理一切工业生产,不仅把大工业,而且把中等工业以及一部分小工业收归国有;实行粮食垄断,要求农民把全部剩余产品缴纳给国家;禁止私人买卖粮食和工业品;取消货币流通而代之以实物交换;实行普遍劳动义务制,使劳动军事化;等等。

本卷的头一篇文献是列宁1918年7月29日《在全俄中央执行委员会、莫斯科苏维埃、工厂委员会和工会联席会议上的讲话》。这篇讲话分析了苏维埃俄国面临外国武装干涉和国内反革命势力武装叛乱的危急形势。列宁指出,英法帝国主义者勾结捷克斯洛伐克军向苏维埃俄国发动军事进攻,要用一切办法来推翻苏维埃政权,而俄国的地主、资本家和富农必然同任何外国人相勾结,背叛人民,出卖祖国;俄国的社会主义革命已到了最危急的时期,"俄罗斯社会主义联邦苏维埃共和国的存亡问题,俄国社会主义革命问题,完全归结为战争问题"(见本卷第13页)。列宁说,既然形势迫使我们重新进入战争状态,我们就必须号召大家拿起武器来;我们的迫切任务就是保持住苏维埃政权,"保持住这个社会主义的火炬,继续使它尽可能迸发出更多的火花,促使社会主义革命的熊熊烈火烧得更旺"(见本卷第8页)。列宁还在党的、苏维埃的以及各种群众组织的会议上的讲话和报告中动员俄国人民奋起保卫社会主义祖国、全力支援红军抗击国内外敌人的武装进攻。

外国武装干涉和国内战争使粮食问题成了苏维埃国家面临的一个十分尖锐的问题。苏维埃政权在1918年春就实行粮食垄断,同粮食投机活动和私贩活动展开斗争。到1918年夏,出现了粮食极端困难的局面。为了保障红军和城市工人的起码的口粮供应,列宁在8月初草拟了《关于粮食问题的提纲》,制定了解决粮食问题的基本政策，人民委员会根据列宁制定的政策颁布了解决粮食问题的一系列法令。列宁1919年1月17日《在全俄中央执行委员会、莫斯科苏维埃和全俄工会代表大会联席会议上的讲话》对苏维埃政府的粮食政策作了全面阐述，着重阐释了全俄中央执行委员会共产党党团向全俄中央执行委员会提出的关于粮食问题的建议，要求粮食人民委员部根据建议中提出的原则制定相应的法令，并责成各地方粮食机关认真贯彻执行。列宁在讲话中还谈到，粮荒同运输状况糟糕密切相关，号召大家都来做粮食工作和运输工作，要求派优秀的工作人员到粮食和运输部门担任重要职位。列宁还在《真理报》上发表《大家都来做粮食工作和运输工作！》一文。他在文中指出，现在红军已经冲破英法亿万富翁所支持的地主资本家军队的铜墙铁壁，夺得了主要的原料产区，取得了粮食、棉花和煤，我们要像过去和现在为红军尽力一样，积极加强粮食和运输工作，我们就能挣脱饥饿的魔爪。

收入本卷的《给叶列茨工人的信》、《工人同志们！大家都来进行最后的斗争！》、《关于工农联盟问题给各级工人、农民和红军代表苏维埃的电报的草稿》、《皮季里姆·索罗金的宝贵自供》、《在莫斯科党工作人员大会上关于无产阶级对小资产阶级民主派的态度的报告》、《在莫斯科全省苏维埃、贫苦农民委员会和俄共（布）区委员会代表大会上的讲话》、《对一个农民的询问的答复》等文献论述了如何对待中农、如何对待小资产阶级民主派的问题。中农问题是工农联盟的一个重要问题。苏维埃政权建立初期，布尔什维克党对中农实行中立政策，因为那时中农对苏维埃政权还不信任，甚至抱敌对态度。随着苏维埃政权的巩固，中农对苏维埃政权的态度有了转变，因此必须改变对中农的政策，从中立中农改变为同中农妥协。列宁指出:中农不是苏维埃政权的敌人,苏维埃政权从来没有在任何问题上宣布过要同中农作斗争,也没有进行过这种斗争;它主张同中农妥协,对中农作一系列让步,同中农结成联盟。"善于同中农妥协,——同时一分钟也不放弃对富农的斗争,完全地紧紧地依靠贫苦农民——这就是当前的任务"(见本卷第191页)。列宁在论及小资产阶级民主派时指出,在任何资本主义社会中,只有无产阶级和资产阶级才是决定性的力量,而介于这两个阶级之间、可归入小资产阶级经济范畴的一切社会成分,必然在这两种决定性力量之间摇摆不定。在俄国,为小资产阶级民主派提供经济基础的主要社会阶层就是中农。1918年秋,小资产阶级民主派随着形势的发展发生分化,他们的一部分对布尔什维主义先是从敌视转为中立,然后又转为支持。列宁认为应该设法促成这种转变,善于利用这种转变,"谁不善于看到和利用这一点,谁就不是马克思主义者,而是一个蹩脚的社会主义者。"(见本卷第188页)

列宁重视对农村的社会主义改造。十月革命的胜利在俄国农村只是完成了彻底的资产阶级民主革命,还不是实行社会主义革命。列宁在全俄苏维埃第六次代表大会上《庆祝十月革命一周年》的讲话中、《在中部各省贫苦农民委员会代表会议上的讲话》和《在全俄土地局、贫苦农民委员会和公社第一次代表大会上的讲话》中都阐明,农民只有走社会主义道路,才能根本改变受剥削和奴役、贫困、愚昧的状况。列宁说:"只有实行共耕制才是出路";"公社、劳动组合耕种制、农民协作社,——这就是摆脱小经济的弊病的出路,这就是振兴农业,改进农业,节省人力以及同富农、寄生虫和剥削者作斗争的手段。"(见本卷第174页)列宁同时指出:"由个体小农经济过渡到共耕制,是千百万人生活中一场触及生活方式最深处的大变革,只有经过长期的努力才能完成,只有到人们非改变自己生活不可的时候才能实现。"(见本卷第 353 页)"企图用法令和命令来实行共耕制是极端荒谬的,能够接受共耕制的只是极少数觉悟的农民,而大多数农民都没有这个要求";"决不超过群众的发展程度,而要等待群众通过亲身的经验、亲身参加的斗争自己向前走"(见本卷第 140 页)。列宁《在莫斯科党工作人员大会上关于无产阶级对小资产阶级民主派的态度的报告》中还要求党的工作人员认真学习恩格斯在《法德农民问题》一文中阐明的无产阶级对待小农的基本原则:"我们预见到小农必然灭亡,但是我们无论如何不要以自己的干预去加速其灭亡";"当我们掌握了国家政权的时候,我们决不会考虑用暴力去剥夺小农(无论有无赔偿,都是一样),像我们将不得不如此对待大土地占有者那样";"我们对于小农的任务,首先是把他们的私人生产和私人占有变为合作社的生产和占有,不是采用暴力,而是通过示范和为此提供社会帮助";"我们不会违反他们的意志而强行干预他们的财产关系"。

载于本卷的《在莫斯科中央工人合作社代表会议上的讲话》、《在工人合作社第三次代表大会上的讲话》、《一幅说明大问题的小图画》等文献阐述了利用合作社问题。合作社是资本主义社会的产物,是工人、小生产者(包括农民)、职员在经济上进行互助、同资本家阶级进行斗争而自愿组成的联合体,在俄国,它联合着工人、手工业者以及零星分散的农民阶层。列宁认为,在资本主义统治时期根据同资本家阶级进行经济斗争的原则建立起来的合作社起过重要作用,"合作社是一笔极大的文化遗产,必须加以珍视和利用。"(见本卷第 198 页)他指出:正确地组织产品的供应和分配是无产阶级的基本任务之一,我们就应当利用具有这种经验并建立在群众主动精神之上的机构去执行这些任务；没有合作社组织网，就不可能组织社会主义经济；合作社，尤其是工人合作社，必须吸收下层群众参加供应和分配工作。列宁告诫合作社工作者要克服合作社保持"独立"的倾向，指出："无论在供应或分配方面，整个社会应该是一个统一的合作社"，"整个社会应该变成劳动人民的统一的合作社"，"合作社建立的勋业一定要同苏维埃政权建立的勋业融合起来"（见本卷第343、344页）。

　　列宁高度关注国家的行政管理工作。列宁《在省苏维埃主席会议上的讲话》指出："人民群众终究自己担负起了管理工作。""必须使劳动群众独立担负起社会主义国家的管理和建设工作。""我们主要的迫切任务，就是管理、组织和监督。这是默默无闻的不起眼的工作，然而正是在这一工作中，工人和农民的经营管理能力将日益有效地发挥出来。"（见本卷第17、18页）列宁还在不少文献中提出要更加积极地和更加广泛地选拔劳动群众的代表担任国家管理工作，同时要求大胆使用各方面的专家。他指出："如果连知识分子这样的资本主义文化遗产都不利用，我们就无法建设政权。"（见本卷第217页）列宁在《关于苏维埃机关管理工作的规定草稿》这一文献中对国家管理工作提出了具体要求：一切苏维埃领导机关应当明确规定职责和分工，贯彻集体决定和个人负责的原则，把检查执行情况摆在首位；为了同拖拉作风作斗争，为了更有效地揭发营私舞弊，要做好群众来访的接待工作；为了国防事业的需要而尽量节省人力、提高工作效率，要精简机构，协调、统一和合并那些从事同类业务的部门；等等。列宁1918年12月25日《在全俄国民经济委员会第二次代表大会上的讲话》中进一步论述了集体管理和个人负责的关系问题。列宁说："集体管理机构是必要的，但是它们不应成为实际工作的障碍。""无论如何再不要把实行集体管理制变成说空话、写决议、作计划、闹地方主义。""从集体执行过渡到个人负责,这就是当前的任务。"(见本卷第 392 页)

列宁还十分重视加强革命法制建设。他在《关于切实遵守法律的决定提纲草稿》中要求最严格地遵守俄罗斯联邦所确定的法律及其基本原则,并对相关工作提出了若干建议。在《关于全俄肃反委员会工作的建议》中,他提出了改进肃反委员会工作的若干措施。在《关于利用国家监察工作的决定草案》中,他提出利用国家监察来改进工作,检查工作的好坏,同怠工行为作斗争,确保工作效率。在《对关于改组国家监察人民委员部的法令草案的意见》中,他提出要吸收广大劳动群众,特别是妇女参加监察工作,强调要采取革命措施同营私舞弊行为和拖拉作风作斗争,特别注意提高劳动生产率。在《对一个农民的询问的答复》中,他强调要对"无视苏维埃政权法律而乱整农民的人,必须进行无情的斗争,立即解除他们的职务,给予最严厉的法律制裁"(见本卷第 471 页)。

列宁还大力主张发展国民教育事业、提高人民受教育程度。列宁在他所拟的《人民委员会关于俄罗斯联邦高等学校招生问题的决定草案》中,建议采取紧急措施保证志愿上高等学校的人都有升学的机会,要求学校首先必须招收无产阶级和贫苦农民出身的人,并普遍发给他们助学金。列宁《在全俄教育工作第一次代表大会上的讲话》中指出:国民教育事业是我们目前正在进行的斗争的一个组成部分,劳动者渴求知识,知识是他们争取解放、获取胜利所必需的武器,他们遭到挫折就是因为没有受教育,现在要使人人都能受到教育。列宁在这一讲话中,后来又《在全俄国际主义者教师第二次代表大会上的讲话》中批判了资产阶级宣扬的"学校可以脱离政治"的观点,指出这是资产阶级虚伪立场的表现,实际上学校被变成资产阶级阶级统治的工具,资产阶级竭力通过办学培养为自己效力的奴才,而只有同一切被剥削的劳动者有密切联系、真心实意地拥护苏维埃政权的社会主义学校才能使学校成为培养人的品格的工具。列宁同时指出,改造学校是一件困难的事情,不能肆意歪曲学校不脱离政治的原则,简单生硬地把政治灌输给尚未准备好接受政治的正在成长的年青一代。列宁《在各省国民教育局社会教育处处长第二次会议上的讲话》还指示加强社会教育,使其收到实效。列宁赋予图书馆工作以重要意义,他专门拟了《人民委员会关于图书馆工作的决定草案》,他在《致教育人民委员部》的信件中详细询问了教育人民委员部讨论图书馆问题的情况,并对如何整顿图书馆工作提出了具体意见。列宁还重视革命传统教育,1918 年 11 月 7 日纪念十月革命一周年这一天,列宁先后在马克思恩格斯纪念碑、十月革命烈士纪念碑揭幕典礼上作了鼓舞人心的讲话。

　　列宁很关心报刊工作,他在《论我们报纸的性质》一文中批评老一套的政治鼓动在报纸上占的篇幅太多,要求"少谈些政治","多谈些经济",报纸应当搜集、审核和研究新生活建设中的各种事实;要用现实生活中的生动具体事例和典型来教育群众;要抨击坏人坏事,号召学习好人好事。列宁告诫报刊工作者:"少来一些政治空谈。少发一些书生的议论。多深入生活。多注意工农群众怎样在日常工作中**实际地**创造**新事物**。多检查检查,看这些新事物中有多少**共产主义成分**。"(见本卷第 93 页)

　　本卷收有列宁的名著《无产阶级革命和叛徒考茨基》。列宁在这一著作中阐述了无产阶级革命和无产阶级专政的学说,批判了第二国际领袖人物卡·考茨基对马克思主义无产阶级专政理论的歪曲,对俄国社会主义革命的诋毁。列宁指出:考茨基歪曲马克思关于无产阶级专政的观点,宣称起义和无产阶级专政是工人运动原始状态时代的产物,似乎无产阶级只要成为民族的多数、在资产阶级社会的条件下达到"足够的成熟和文明程度"就能解放自己,因而竭力吸引工人的注意力离开无产阶级革命问题,给工人制造资本主义可以自行演变为社会主义的幻想。列宁揭露考茨基曲解马克思主义的无产阶级专政定义,否认这一概念的基本标志——被压迫阶级对压迫者的革命暴力,他这样做为的是避开暴力革命,掩盖他背弃这种革命的行为。列宁强调指出:"无产阶级的革命专政是由无产阶级对资产阶级采用暴力手段来获得和维持的政权"(见本卷第237页)。考茨基在攻击无产阶级专政思想时不对资产阶级国家进行阶级分析,提出了"一般民主"和"一般专政"的问题,企图证明民主"优越"于专政,从而证明无产阶级专政对建设社会主义没有用处。列宁揭示了资产阶级民主和无产阶级民主的根本对立,指出:"只要有不同的**阶级**存在,就不能说'纯粹民主',而只能说**阶级的**民主。"(见本卷第243页)"资产阶级民主同中世纪制度比较起来,在历史上是一大进步,但它始终是而且在资本主义制度下不能不是狭隘的、残缺不全的、虚伪的、骗人的民主,对富人是天堂,对被剥削者、对穷人是陷阱和骗局。"(见本卷第244页)"无产阶级民主比任何资产阶级民主要民主**百万倍**;苏维埃政权比最民主的资产阶级共和国要民主百万倍。"(见本卷第249页)列宁批驳了考茨基对苏维埃政权作为无产阶级专政的国家形式的实质的歪曲,指出:在俄国,由于1917年十月革命的胜利和无产阶级专政的建立,第一次出现了民主的最高类型——无产阶级民主,苏维埃政权就是它的一种形式,它在世界上史无前例地发展和扩大了对大多数居民即对被剥削劳动者的民主;它在世界上第一次吸收劳动者直接地积极地参加对国家的管理。列宁批驳了考茨基对布尔什维克在帝国主义战争、准备和实行十月革命期间的策略的攻击,指出:"布尔什维克的策略是正确的策略,是**唯一**国际主义的策略"(见本卷第294页),因为布尔什维克的策略不是建立在害怕世界革命的怯懦心理上面的,不是建立在只顾保卫"自己的"祖国的狭隘民族主义愿望上面的,而是建立在对欧洲革命形势的正确估计上面的,"它尽力做到在一个国家内所能做到的一切,**以便**发展、援助和激起**世界各国**的革命"(见本卷第294页)。"全世界无产者群众日益清楚地看到,布尔什维主义指出了摆脱战争惨祸和帝国主义的正确道路,布尔什维主义**是可供各国效法的策略典范**。"(见本卷第295页)

收载于本卷的列宁在《无产阶级革命和叛徒考茨基》一书出版以前用同一题目写出的一篇文章,还有《在全俄肃反委员会工作人员游艺大会上的讲话》、《论"民主"和专政》、《在全俄工会第二次代表大会上的报告》、《给欧美工人的信》,以及提交共产国际第一次代表大会的《关于资产阶级民主和无产阶级专政的提纲和报告》等,也都阐述了马克思主义关于无产阶级革命和无产阶级专政的学说。

列宁还密切关注资本主义国家的革命运动。他在《给美国工人的信》中向美国无产阶级介绍了俄国十月革命的真相,讲述了苏维埃国家所实行的革命改造和爱好和平的对外政策以及当时正受到的包括美国在内的外国帝国主义者的军事进攻。列宁指出,美国是物质文明高度发展的国家,但它也成了贫富最悬殊的国家之一,在那里,一小撮亿万富翁肆意挥霍、穷奢极欲,而千百万劳苦大众却濒于赤贫境地。列宁认为美国革命无产者担负着一个特别重要的使命,就是要毫不调和地反对美帝国主义。而对另一个主要资本主义国家德国当时蓬勃发展的革命运动,列宁更是寄予莫大希望。1918年10月2日列宁在《给全俄中央执行委员会、莫斯科苏维埃联席会议(有工厂委员会代表和工会代表参加)的信》中评述了德国爆发的政治危机,预言危机的结局必然是政权转到德国无产阶级手中,他号召俄国无产阶级全力支援德国工人。这一时期中其他资本主义国家革命运动的发展也都使列宁欢欣鼓舞,11月3日他在庆祝奥匈革命的游行大会上发表了热情洋溢的讲话。而德国反动派杀害德国无产阶级革命领袖卡·李卜克内西和罗·卢森堡的罪行则激起了列宁的无比义愤,1919年1月19日列宁在抗议杀害卡尔·李卜克内西和罗莎·卢森堡的群众大会上发表了讲话。1919年1月21日他在《给欧美工人的信》中阐述了世界无产阶级革命运动在布尔什维主义的影响下取得的新进展和欧洲国家一系列共产主义政党的创建情况。列宁还严厉谴责了反动派杀害卡·李卜克内西和罗·卢森堡的暴行,指出:"世界无产阶级国际的优秀人物的鲜血,令人难忘的国际社会主义革命领袖的鲜血,一定会使愈来愈多的工人群众锻炼出进行殊死斗争的坚强意志。"(见本卷第447—448页)

　　本卷还收载了列宁有关共产国际成立的一些著作:《对〈第三国际基本原则〉提纲的意见》、共产国际第一次代表大会文献、《争取到的和记载下来的东西》、《关于共产国际的成立》等。随着西欧革命运动的高涨,从1918年开始,许多资本主义国家都相继成立了共产党或共产主义组织,1918年底至1919年初德国共产党也举行了成立大会。为了把国际无产阶级的一切优秀革命力量团结到共产主义国际主义的旗帜下,第三国际即共产国际终于宣告成立,于1919年3月初在莫斯科举行了第一次代表大会。列宁认为,共产国际的成立具有伟大的世界历史意义,它把群众在日益发展的无产阶级革命运动中已经争取到的东西记载下来了。共产国际的成立也是马克思主义的胜利,列宁说:"被革命工人极其丰富的新鲜经验光辉地加以证实的马克思主义理论,曾经帮助我们懂得了当前事变的发展完全合乎规律。今后它还将帮助为推翻资本主义雇佣奴隶制而斗争的全世界无产者更加明确自己的斗争目的,更加坚定地沿着既定的方向前进,更加扎实地夺取胜利和巩固胜利。"(见本卷第506页)

在《列宁全集》第2版中,本卷文献比第1版相应时期的文献增加37篇,其中有《在罗戈日区群众大会上的讲话》、《关于切实遵守法律的决定提纲草稿》、《关于国防委员会的任务和工作安排》、《对土地共耕条例草案的意见》、《人民委员会关于北方大铁路修建工程租让问题的决定草案》、《关于协调全俄肃反委员会、铁路肃反委员会和交通人民委员部之间的相互关系》、《关于消费公社的提纲》等以及《附录》中的全部文献。

弗·伊·列宁

（1918 年 10 月）

在全俄中央执行委员会、莫斯科苏维埃、工厂委员会和工会联席会议上的讲话[1]

（1918 年 7 月 29 日）

（鼓掌，转为欢呼）同志们，我们在党的报刊上，在苏维埃机关中，在群众鼓动中，曾经不止一次地指出，新粮下来之前，对于俄国已经开始的社会主义革命来说，是最困难、最艰苦、最危急的一段时间。我认为，现在我们应当说，这种危急局势已经到了顶点。因为谁是帝国主义世界、帝国主义国家的拥护者，谁是苏维埃社会主义共和国的拥护者，现在已经十分清楚了，完全清楚了。首先应当指出，从军事方面说，只是现在，苏维埃共和国的情况才完全清楚了。起初，许多人把捷克斯洛伐克军的暴动[2]看成一系列反革命骚动的一个插曲。我们没有足够重视报上登载的关于英法资本、英法帝国主义者参与这一暴动的消息。现在应当回想一下：在摩尔曼，在西伯利亚军队中，在库班，种种事件是怎样发展的；英国人和法国人是怎样勾结捷克斯洛伐克军，在英国资产阶级的直接参与下，力图推翻苏维埃的。所有这些事实现在表明，捷克斯洛伐克军的行动是英法帝国主义者蓄谋扼杀苏维埃俄国、把俄国重新拖入帝国主义战争漩涡的一贯政策的一个环节。现在这个危机必须由苏维埃俄国的广大群众来解决，因为现在摆在我们面前的这个危

机是一场保卫苏维埃社会主义共和国的斗争,不仅要粉碎捷克斯
洛伐克军的反革命阴谋,粉碎任何反革命阴谋,而且要打退整个帝
国主义世界的进攻。

　　首先我想提到一件事实,就是英法帝国主义直接参与捷克斯
洛伐克军的叛乱一事早就得到了证明;我请大家注意一下 6 月 28
日刊登在捷克斯洛伐克共产党中央机关报《自由先驱报》上并由我
国报纸转载的一篇文章[3]:

　　"3 月 7 日,民族委员会分部收到了法国领事送来的第一笔款子,计 300
万卢布。

　　这笔款子交给了民族委员会分部的工作人员,一位姓希普的先生。

　　这位希普 3 月 9 日又收到 200 万,3 月 25 日又收到 100 万,3 月 26 日民
族委员会副主席博胡米尔·切尔马克先生收到 100 万,4 月 3 日希普先生又
收到 100 万。

　　从 3 月 7 日到 4 月 4 日,法国领事一共付给民族委员会分部 800 万
卢布。

　　没有标明日期的有:给希普先生 100 万,给博胡米尔·切尔马克先生
100 万,又给希普先生 100 万。

　　此外,还曾付给某人 188 000 卢布。共计 3 188 000 卢布。加上前面的
800 万,法国政府总共付给民族委员会分部 11 188 000 卢布。

　　分部收到英国领事 8 万英镑。总之,从 3 月 7 日到暴动那天,捷克民族
委员会的领袖们收到法英两国政府约 1 500 万卢布。就是以这些钱为代价,
捷克斯洛伐克的军队被出卖给了法英帝国主义者。"

　　当然,你们大部分人曾在报纸上看到过这个消息;当然,我们
从不怀疑,英法帝国主义者和财阀们要用一切办法来推翻苏维埃
政权,给它制造种种困难。但是当时事态的各个环节还没有展开,
还看不出这是英法帝国主义的所有代表人物一直都在进行的、显
然蓄谋已久作了几个月准备的在军事上和财政上对苏维埃共和国
的反革命进攻。现在,我们把各种事件综合起来看看,把捷克斯洛

伐克军的反革命行动和摩尔曼的陆战队对照一下。我们知道,英国人派了1万多名士兵在摩尔曼登陆,他们借口保卫摩尔曼,实际上已经向前推进,占领了凯姆和索罗基,又从索罗基东进,开始枪杀我们的苏维埃活动家;我们从报上看到,远北方有好几千铁路工人和一般工人正在逃难,躲避这些救星和解放者,老实说,是躲避这些由另一端来侵犯俄国的新的帝国主义强盗。我们把所有这些事实一对照,就明白事件的总的联系了。而且,最近又得到了说明英法对俄国进攻的性质的新证据。

单就地理原因来看就可以知道,帝国主义这次向俄国进攻的方式不会同德国一样。没有像德国那样和俄国毗连的边界,没有那么多的军队。英国的军事力量主要是开拓殖民地的海军,因此很早以来,数十年来,英国人一直是采用别的方式进行侵略,主要是设法切断被侵略国的供应来源,还喜欢使用以援助为借口卡住你脖子的办法,而不愿使用公开的、直接的、厉害的、激烈的武力。最近我们得到的消息证明,俄国士兵和工人早就熟知的阿列克谢耶夫最近占领季霍列茨卡亚镇,无疑受到了英法帝国主义的支持。那是一场具有相当规模的暴动,显然又是英法帝国主义插手的结果。

最后,昨天得到的消息说,英法帝国主义在巴库走了一步很妙的棋。他们在巴库苏维埃中取得了多数,大约比我们布尔什维克党和可惜人数很少的左派社会革命党人(他们没有像莫斯科左派社会革命党人那样[4]进行卑鄙的冒险和叛卖活动,仍然同苏维埃政权一起反对帝国主义和战争)多30票。英法帝国主义这次所以比忠于苏维埃政权的、一直在巴库苏维埃中占多数的核心多得了30票,是因为很大一部分达什纳克楚纯[5]即亚美尼亚的半社会党人站

到了他们方面来反对我们。（读电报）

"7月26日，阿德日卡布尔湖部队奉人民委员科尔甘诺夫的命令，从阿德日卡布尔湖撤至阿利亚特阵地。舍马哈部队从舍马哈和马拉查撤退后，敌人就沿皮尔萨加特河谷进攻。在库巴雷村附近，同前卫部队发生了第一次冲突。

同时，有无数骑兵从库拉河往北向皮尔萨加特车站推进。在这种情况下，要守住阿德日卡布尔湖车站，就要把全部兵力分散到三个方面：阿德日卡布尔湖以西，纳瓦吉—皮尔萨加特河谷以北和以南。战线这样拉长，会把我们的预备队用尽，并且会由于缺少骑兵而不可能给敌人以打击，一旦战线从北面或南面被突破，甚至还会使阿德日卡布尔湖部队陷于困境。由于这种情况，并为了保存兵力，于是命令阿德日卡布尔湖部队撤至阿利亚特阵地。撤退井然有序。铁道线上和阿德日卡布尔湖车站的重要建筑、煤油罐车和石油罐车都已炸毁。在达吉斯坦，敌人由于发动了总攻而表现得极为活跃。7月24日，敌人大队人马分四路进攻。经过一昼夜的战斗，我们占领了敌人的战壕，敌人消失在森林中，因为天黑我们没有继续追击。7月24日，从舒拉传来我军作战胜利的消息，战场就在城郊，敌人顽强而有组织，指挥敌军的是从前的达吉斯坦军官。达吉斯坦的农民积极参加了舒拉城下的战斗。

巴库右派政党已经抬头，并大力进行向英国人求援的鼓动工作。这种鼓动得到了军队指挥人员的大力支持，并正转向前线部队。亲英的鼓动促使军队瓦解。近来亲英的方针在绝望和疲惫的群众中大受欢迎。

由于受了右派政党的挑拨、欺骗，里海区舰队通过了几个互相矛盾的关于英国人问题的决议。这个受英国的走狗和代理人欺骗的舰队，直到最近还盲目地相信英国的援助是真诚的。

最新消息说，波斯的英国人已向前推进，占领了拉什特（吉兰）。在拉什特，英国人同库丘克汗以及与他联合在一起的、以从巴库逃出来的木沙瓦特[6]党人为首的德土匪帮战斗了四天。拉什特战斗结束后，英国人曾向我们求援，但遭到我国驻波斯全权代表的拒绝。英国人在拉什特取得了胜利。但他们在波斯几乎一点兵力也没有。据了解，在恩泽利，他们总共只有50人。他们需要汽油，并向我们提议用汽车换汽油。没有汽油他们是无法前进的。

7月25日，召开了工人、农民和红军代表苏维埃第二次会议，讨论政治和军事形势问题。右派政党提出了英国人问题。高加索特派员邵武勉同志根据苏维埃第五次代表大会的决议和斯大林以中央人民委员会名义发出的电报，声明不许邀请英国人来，并要求不要讨论向英国人求援的问题。邵武勉同志的要求被微弱的多数否决，对此，邵武勉同志以中央政权的代表身份提出强烈抗议。会议听取了访问前线的代表的报告。右派社会革命党人、右派达什纳克党人和孟什维克以259票对布尔什维克、左派社会革命党人和左派达什纳克党人的236票的多数，通过了关于邀请英国人和由一切承认人民委员会权力的苏维埃政党组成政府的决议。决议遭到左派严厉谴责。邵武勉声明，他认为通过的决议是对俄国工人和农民的可耻背叛和忘恩负义，作为中央政权的代表，他对通过的决议不负任何责任。布尔什维克、左派社会革命党和左派达什纳克党的党团声明：他们不参加联合政府，人民委员会将宣告辞职。邵武勉同志代表三个左派党团声明，因邀请英帝国主义者而实际上同俄国苏维埃政权决裂的政权，将得不到苏维埃俄国的任何支持。一个地方上的工人、农民和红军代表苏维埃实行邀请英国人的叛国政策，也就失去了俄国，失去了拥护苏维埃政权的各个政党。

由于人民委员会决定辞职，右派政党十分惊慌。各地区和前线得知当前形势后，情绪骤变。水兵们已经看清叛徒的目的是要同俄国决裂和消灭苏维埃政权，知道自己实际上是受了骗。群众改变了对英国人的态度。昨天，由于人民委员会辞职，执行委员会召开了紧急会议，决定所有人民委员留在自己岗位上，照常工作，直到7月31日苏维埃会议解决政权问题。执行委员会已决定采取紧急措施，同酝酿中的反革命叛乱展开斗争。敌人正在亲英亲法政党的掩护下进行活动。巴库人民委员会报刊局。"

正像你们常常看到的，我国的一些党团自称社会党人，但从来没有同资产阶级断绝联系，这次甚至主张邀请英国军队来保卫巴库[7]。我们已经十分清楚，邀请帝国主义军队来保卫苏维埃共和国意味着什么。我们知道资产阶级、部分社会革命党人和孟什维克的邀请是怎么回事。我们知道格鲁吉亚梯弗利斯的孟什维克领袖们的邀请是怎么回事。

现在我们可以说，唯一没有邀请帝国主义者、没有同他们结成掠夺性联盟、只是在强盗们进攻时才退却的政党，就是布尔什维克共产党。（鼓掌）我们知道，在高加索，我们的共产党员同志们的处境特别困难，因为公然同德帝国主义者勾结（当然是在保卫格鲁吉亚独立的借口下)的孟什维克完全出卖了他们。

你们都很清楚,格鲁吉亚的这种独立纯粹是一种骗局,实际上这是德帝国主义者对格鲁吉亚的占领和十足的侵占,是德国军队同孟什维克政府结成联盟来反对布尔什维主义的工农。因此,我们的巴库同志们做得万分正确,他们丝毫没有漠视当前形势的危险性,但是他们说:我们从来不反对让出部分国土来同帝国主义强国媾和,只要这样做不会使我们受到打击,不会使我们的军队受到同侵略者的军队结成的联盟的约束,不会使我们失去继续进行我们的社会主义改造工作的可能。

现在的问题是,邀请英国人来对巴库进行所谓的保卫,就是邀请一个已经吞并整个波斯并早就在集结兵力准备夺取南高加索的大国,也就是向英法帝国主义投降。在这种情况下,我们对我们巴库同志们的做法不能有丝毫的怀疑和动摇,他们的处境不管多么困难,他们拒绝缔结这种和约是真正的而不是口头上的社会党人唯一应该采取的步骤。坚决拒绝同英法帝国主义者缔结任何协定,这是巴库同志们能够采取的唯一正确的步骤,因为邀请他们而又不致使独立的社会主义政权(哪怕是在被分割的领土上)沦为帝国主义战争的奴仆,是办不到的。

因此,我们毫不怀疑巴库事件在一连串事件中的意义。昨天得到的消息说,在英国人的公开参与下,反革命暴动已席卷了中亚细亚的一部分城市。在印度站稳了脚跟的英国人,完全征服了阿富汗以后,早就给自己建立了一个据点,既可以用来扩大殖民地,扼杀其他民族,又可以用来进攻苏维埃俄国。现在,我们弄清了这些环节,我们共和国目前的军事形势和总的战略形势也就一目了然了。我们看到,北方有摩尔曼,东部有捷克斯洛伐克军的战线,东南方有土耳其斯坦、巴库和阿斯特拉罕,英法帝国主义铸造的包围圈几乎已经合围了。

现在我们清楚地看到,在这里,极度仇恨苏维埃政权的地主、资本家和富农(这种仇恨对他们来说是理所当然的)同乌克兰以及与俄罗斯隔绝的其他地方的地主、资本家和富农,在行动方式上几乎没有什么区别。作为英法帝国主义的走狗,他们千方百计地用一切手段来反对苏维埃政权。他们靠俄国本身的力量不能做到这一点,决定不像马尔托夫先生们那样空喊和呼吁,而是采取更有分量的斗争手段,采取军事行动。对于这种情况,你们必须予以最大的注意;我们必须把我们整个宣传鼓动工作转到这方面来,并相应地把我们全部苏维埃工作的重心转过来。

一个基本的事实是,现在出场的已不是德国联盟的帝国主义势力,而是另一个联盟即侵占了一部分领土并以此为依托的英法联盟的帝国主义势力。在此以前,地理位置妨碍了他们直接进攻俄国,现在,这个为了称霸世界而把整个世界淹没在血泊中达四年之久的英法帝国主义,已用迂回方式来到了俄国跟前,想要扼杀苏维埃共和国,把俄国卷入帝国主义战争。同志们,你们很清楚,从十月革命一开始,我们的主要目的就是停止帝国主义战争,但是我们从来不抱幻想,一个国家的无产阶级和革命群众不管多么英勇,多么有组织有纪律,我们也不认为只靠他们自己就能够推翻国际帝国主义。要做到这一点,只有依靠全世界无产阶级的共同努力。

但是我们做到了在一个国家内同全世界的资本家断绝一切联系。我们的政府同任何帝国主义者没有一丝半缕的联系,无论我们的革命将来怎样进行,这种联系是永远也不会有的。经过我们的努力,反对帝国主义的革命运动在我们取得政权的 8 个月内前进了一大步,在帝国主义的一个主要中心——德国,1918 年 1 月,事情已经发展到了武装冲突和血腥镇压这一运动[8]的地步。我们在国际范围内、在世界范围内做了任何一个国家、任何一个革命政府所没有做过的革命工作,但是我们并没有欺骗自己,以为靠一个国家的力量就可以做到这一点。我们知道:我们的努力必然会导致世界革命;帝国主义政府发动的战争不可能靠帝国主义政府的力量来结束。这场战争只有靠全体无产阶级的努力才能结束,在我们这个无产阶级的共产党掌握政权而其他国家还保留资产阶级资本主义统治的时候,我们的任务,我们的迫切任务,再说一遍,就是保持住这个政权,保持住这个社会主义的火炬,继续使它尽可能迸发出更多的火花,促使社会主义革命的熊熊烈火烧得更旺。

这个任务无论在哪里都是极其困难的,我们解决了这个任务,是由于无产阶级恰恰是在保卫社会主义共和国的成果。这个任务造成了特别严重而危急的情况,因为真正的社会主义革命在任何一个国家都还没有开始,虽然它在意大利和奥地利这样一些国家已经迫在眉睫了。但是它毕竟没有开始,所以英法帝国主义,也可以说世界帝国主义,才获得了新的胜利。如果说德帝国主义在西部作为一支帝国主义军事侵略力量还继续存在,那么英法帝国主义则有了可能在东北和南方站稳脚跟,并使我们清楚地看到,这支力量要把俄国重新卷入帝国主义战争,要摧毁俄国这个正以史无前例的规模继续进行社会主义工作和社会主义宣传的独立的社会主义国家。在这方面,英法帝国主义获得了巨大的胜利,它包围了我们,竭尽全力来摧毁苏维埃俄国。我们很清楚,英法帝国主义的这一胜利同阶级斗争是有密切关系的。

　　我们经常说，而且历次革命也证实：当问题触及剥削者的经济权力的基础的时候，触及使他们可以支配千百万工农的劳动、使地主和资本家可以发财致富的私有制的时候，再说一遍，当问题触及资本家和地主的私有制的时候，他们就把自己说过的爱祖国爱独立之类的话统统忘记了。我们很清楚，立宪民主党人、右派社会革命党人和孟什维克，在勾结帝国主义列强方面，在缔结掠夺性的条约方面，在把祖国出卖给英法帝国主义方面，打破了纪录。乌克兰和梯弗利斯就是例子。孟什维克、右派社会革命党人同捷克斯洛伐克军的勾结就足以证明这一点。左派社会革命党人为了雅罗斯拉夫尔白卫分子的利益[9]竟想把俄罗斯共和国卷入战争，他们的行为十分清楚地证明，当问题触及阶级利益的时候，资产阶级就出卖祖国，就同随便什么样的外国人做损害本国人民的交易。一百多年来的革命史告诉我们，在任何时代和任何国家，资产阶级的阶级利益、阶级政策的规律就是这样，而俄国革命史也一再证明了这一真理。因此，目前苏维埃共和国的国际形势的尖锐化和国内阶级斗争的尖锐化密切相关，是毫不奇怪的。

　　我们多次说过，由于粮食危机加剧，新粮下来之前是一个最艰苦的时期。粮荒已经临到俄国头上，它变得空前严重了，因为帝国主义强盗的计划正是要割断俄国和产粮区的联系。在这方面他们的算盘打得很对，他们正是要在产粮的边区找到社会支柱，阶级支柱，找到富农——靠战争发财，靠他人劳动，靠贫苦农民劳动过活的富裕农民——占优势的地区。你们知道，这种富裕农民积攒了几万、几十万卢布，囤积了大批粮食。你们知道，这些人是靠人民遭难而发财的，首都人民愈是遭难，他们就愈有可能多捞多赚，这些富农分子就是俄国反革命运动的主要的和最强大的支柱。在这里,阶级斗争已经深入到了源头。没有一个村庄没有发生贫苦农民和一部分没有余粮、早已吃完余粮、没有参加投机活动的中农同一小撮富农之间,也就是大多数劳动者同富农之间的阶级斗争;这一阶级斗争已经深入到每个村庄。

当我们确定自己的政策原则和颁布自己的法令的时候,——当然,在座的很大一部分人都知道这些原则和法令,——再说一遍,当我们起草和通过关于组织贫苦农民的法令[10]的时候,我们清楚地看到,这已经接触到整个革命最紧要最根本的问题,接触到政权问题,就是说:政权能否保持在无产阶级手中,无产阶级是否能把同自己毫无意见分歧的全体贫苦农民联合到自己方面来,它是否能把同自己没有分歧的农民吸引到自己方面来,是否能把所有这些零星的、分散在农村中的(在这方面,他们不如城市工人)群众团结起来去反对另一个阵营,反对地主、帝国主义者和富农的阵营。

我们亲眼看到,贫苦农民非常迅速地团结起来了。常言道,革命教育人。的确,阶级斗争实际地告诫人们:任何一个政党只要一采取骗人的立场,立刻就会自食其果。我们清楚地看到了左派社会革命党人的政策,他们由于毫无主见和毫无头脑,在粮食问题特别尖锐的时候发生了动摇,结果,左派社会革命党已不再成其为一个政党,它变成雅罗斯拉夫尔白卫分子的走卒。(鼓掌)

同志们,由粮荒造成的这种阶级斗争的尖锐化,恰恰发生在丰收在望但还不能到手的时候,发生在富农分子和资产阶级对彼得格勒和莫斯科饿得难受的居民进行煽动,狂叫"现在不干就永无希望"的时候,——因此,暴动浪潮遍及全国是可以理解的。雅罗斯拉夫尔一发生暴动,我们就看到了英国人和法国人的影响,知道了反革命地主和资产阶级的打算。哪里出现粮食问题，哪里就有人破坏粮食垄断，而没有粮食垄断就不会有社会主义。正是在这方面，资产阶级一定会团结起来；在这方面，资产阶级比庄稼汉有更强大的后盾。社会主义力量和资产阶级社会之间迟早一定会以这种或那种方式、由于这种或那种原因而展开决战。只有带引号的社会党人，例如我国的左派社会革命党人，才会发生动摇。如果社会党人在这个问题上，在这个根本问题上，表现出动摇，那就说明他们是一文不值的带引号的社会党人。革命使得这些社会党人实际上成了供法国将军们驱使的走卒，前左派社会革命党的前中央委员会就曾扮演过这样的角色。

同志们，由于英法帝国主义和俄国反革命资产阶级这样联合行动，我国目前的内战就从不是大家都预料到和清楚地意识到的那个方面爆发了，而且同对外战争汇成了一个不可分割的整体。富农的暴动，捷克斯洛伐克军的叛乱，摩尔曼的行动，——这都是临到俄国头上的同一场战争。我们蒙受了巨大的损失，缔结了空前苛刻的和约，从一个方面摆脱了战争；我们知道，我们缔结的是强制性的和约[11]，但是我们说，我们能够继续进行自己的宣传和自己的建设，并以此来瓦解帝国主义世界。我们做到了这一点。德国正在同我们谈判，根据布列斯特和约应从俄国拿走多少亿卢布，但是它承认了我们根据6月28日的法令所实行的国有化[12]。它没有提出共和国的土地私有制问题，这一点必须加以强调，以驳斥斯皮里多诺娃等等左派社会革命党活动家所散布并由黑帮中间最愚昧最冥顽不化的分子一再重复的有利于地主的骇人听闻的谣言；这种谣言必须加以驳斥和揭露。

事实上，尽管和约极其苛刻，我们却争得了在国内自由地进行社会主义建设的可能，并且在这方面已经取得了进展，这些进展现在西欧都知道，是空前有力的宣传材料。

现在的情况是，我们在一个方面摆脱了同一个联盟的战争，立刻又在另一方面遭到帝国主义的进攻。帝国主义是全世界的现象，是瓜分世界、瓜分整个地球的斗争，是两个强盗集团争霸的斗争。现在是另一个强盗集团即英法集团向我们扑来，说要把我们重新拖入战争。他们的战争和国内战争融成了一体，这就是目前产生各种困难的主要根源。在目前，战争问题、军事事件问题又作为革命的主要问题、根本问题出现于舞台。全部困难就在这里，因为人民从没有像现在这样被战争弄得精疲力竭，困苦不堪。俄国人民这种被战争摧残折磨到了极点的状况，就像一个人被打得半死，再也别想让他表现出活力，表现出工作能力了。因此，这场打了将近四年的战争，这场压在一个本来就备受沙皇政府、专制政府、资产阶级和克伦斯基洗劫、蹂躏、糟蹋的国家身上的战争，由于许多原因理所当然地引起了俄国人民的反感，它是目前我们遭到巨大困难的主要根源。

另一方面，形势的这种变化又把一切都归结于一定的战争。我们又陷入了战争，我们正处于战争状态，这场战争不仅是一场同现在已联合起来反对我们的富农、地主和资本家进行的内战，现在与我们对峙的还有英法帝国主义；英法帝国主义受地理条件的限制，还不能把大批军队开到俄国，但它在用一切办法，用千百万金钱，用一切外交联系和外交力量来帮助我们的敌人。我们正处于战争状态，我们能够胜利地结束这场战争。但是我们必须战胜一个最难战胜的敌人，消除战争造成的疲惫、对战争的厌恶和反感；我们必须消除这种状况，不然我们就无法解决这个不以我们的意志为转移的战争问题。我们的国家又陷入了战争,现在革命的结局完全取决于谁在这场战争中取胜;这场战争的主角是捷克斯洛伐克军,而事实上操纵和推动战争的是英法帝国主义者。俄罗斯社会主义联邦苏维埃共和国的存亡问题,俄国社会主义革命问题,完全归结为战争问题。在帝国主义战争造成的人民的这种状况下,这就成为我们遭到巨大困难的根源。我们非常清楚自己的任务。任何欺骗都极其有害;对工农掩盖这个令人难过的真实情况,我们认为是犯罪。相反地,要让每个人尽量清楚地知道这个真实情况。

我们的确有过这样的情况,就是我们的军队表现出不可饶恕的软弱,例如在捷克斯洛伐克军占领辛比尔斯克的时候就是这样,当时我们的军队退却了;我们知道,军队打得疲倦了,对战争产生反感,但只要帝国主义还没有在世界范围内遭到失败,它就要试图把俄国拖入帝国主义战争,竭力把俄国变成屠场,这也是自然的和必然的事。不管我们愿意不愿意,问题就是这样摆着:我们正处在战争状态,革命的命运就取决于这场战争的结局。这应当成为我们的鼓动工作以及一切政治的、革命的和改造的活动的出发点和落脚点。我们在短时期内做了很多事情,但是应当把一切工作进行到底。我们的全部活动应该完全服从于这个决定着革命的命运和结局、决定着俄国革命和国际革命的命运的问题。当然,没有一系列革命,全世界的帝国主义不会退出现在的战争;社会主义不得到彻底胜利,这场战争不会结束。但是目前我们的任务就是维护、捍卫和保持住这个社会主义力量,这个社会主义火炬,这个对全世界有着强烈影响的社会主义策源地;在当前情况下,这个任务就是军事任务。

我们不止一次地经历过这种情况,所以许多人说,尽管我们争得和平非常艰苦,付出了重大牺牲,尽管敌人一次又一次地力图侵占我们更多的领土,俄国现在毕竟享有了和平,能够巩固自己的社会主义成果。我们在这条道路上取得的进展,甚至超过了我们中间许多人的想象。例如我们的工人监督制远远超出了它最初的形式,目前我们正在把国家管理变成社会主义的管理制度。我们在我们的实际工作中已经取得了很大的进展。我国的工业已经完全由工人管理,但是环境不容许我们继续在和平条件下进行这项工作,要求我们重新进入战争状态,我们必须竭尽自己的力量,并且号召大家拿起武器来。如果共产党员在这个问题上有任何动摇,那是一种耻辱。

农民中间发生动摇,我们不奇怪。农民群众没有受过无产阶级受过的那种实际生活锻炼。无产阶级数十年来已经习惯于把资本家看做自己的阶级敌人,能够团结自己的力量来同他们进行斗争。我们知道,农民没有上过这样的大学。有一个时期,他们同无产阶级一道前进,现在他们处在动摇时期,农民群众在分裂。我们知道有许多起这样的事情:富农卖给农民的粮食比固定价格更便宜,使农民以为富农在维护他们的利益。这一切并不使我们感到奇怪;但是工人党员是不会动摇的,工人群众是坚定不移的,假如农民有富农那种情绪,那是很容易解释的。凡是没有布尔什维克而由捷克斯洛伐克军统治的地方,我们都看到一种现象:最初人们几乎把捷克斯洛伐克军当做救星来欢迎,但这个资产阶级统治了几个星期,就出现了反对捷克斯洛伐克军、拥护苏维埃政权的大转变,因为农民开始懂得,一切关于贸易自由和立宪会议[13]的空话只是意味着一个东西——地主资本家政权。

我们的任务是更紧密地团结无产阶级队伍,做好组织工作,以便在最近几个星期内集中一切力量来解决战争问题。现在我们正同英法帝国主义作战,同俄国一切资产阶级的、资本主义的势力作战,同一切极力破坏整个社会主义革命事业并把我们拖入战争的势力作战。现在的问题是,能不能保持工人农民的全部胜利成果,就看这一着了。应当相信,我们一定会得到无产阶级的广泛同情和支持,危险一定会完全消除,无产阶级一定会有更多的队伍起来保卫自己的阶级,拯救社会主义革命。目前的问题是这样:斗争是围绕两个基本点进行的,党派之间的主要差别都在革命烈火中消失了。竭力标榜自己很左的左派社会革命党人(他们用革命词句掩饰自己,实际上却在反对苏维埃政权)同样是雅罗斯拉夫尔白卫分子的走狗,这就是他们在历史和革命斗争面前的真面目!现在在斗争舞台上,只有两个阶级在对垒,阶级斗争是在捍卫劳动人民利益的无产阶级和维护地主资本家利益的人们之间进行的。所有用来欺骗没有觉悟的群众的空谈,如立宪会议、国家独立等等,都已被捷克斯洛伐克军和高加索孟什维克的实际行动所揭穿。支持这一切空谈的还是那个地主资本家势力,而捷克斯洛伐克军的暴动,如同德国的占领一样,也是要建立地主资本家政权。这就是进行战争的原因!

同志们!无产阶级的队伍应该更紧密地团结起来,并在这场斗争中作出有组织、守纪律的榜样。俄国仍旧是唯一同帝国主义者断绝了一切联系的国家。诚然,我们因负重伤而大量流血。我们在帝国主义野兽面前退却,赢得时间,时而在这里,时而在那里给它以局部性的打击,但是我们这个苏维埃社会主义共和国始终是独立的。我们进行自己的社会主义工作,也就反对了全世界的帝国主义,这场斗争日益为全世界的工人所理解,他们的义愤与日俱增,使未来的革命日益临近。这也正是进行斗争的目的,因为我们的共和国是世界上唯一不同帝国主义携手合作、不让千百万人为了确定法国人和德国人谁来称霸世界而遭到残杀的国家。我们的共和国是唯一用强制的和革命的手段退出世界帝国主义战争、举起社会主义革命旗帜的国家,但是有人又要把它拖入帝国主义战争,又想把它推上战场。让捷克斯洛伐克人去和德国人作战吧,让俄国资产阶级去选择,让米留可夫去决定——也许还要取得斯皮里多诺娃和卡姆柯夫的同意——究竟跟哪些帝国主义者一道走的问题吧。但是我们声明,为了不使他们得逞,我们准备献出我们的生命,因为这是挽救整个社会主义革命的问题。(鼓掌)我知道,最厌倦战争和最不能作战的萨拉托夫省、萨马拉省和辛比尔斯克省的农民,已经发生了转变。他们在遭到了哥萨克和捷克斯洛伐克军的侵袭,实际体验了立宪会议的含义或者打倒布列斯特和约这种叫嚣的含义之后,已经懂得了这一切只会使地主卷土重来,使资本家重登宝座。因此,他们正在成为苏维埃政权最热诚的捍卫者。我毫不怀疑,走在革命前面的彼得格勒和莫斯科的无产阶级群众一定会理解当前的局势,理解目前我们处在多么严重的关头,他们会变得更加坚决。为了社会主义革命的利益,无产阶级一定会打垮英法的和捷克斯洛伐克军的进攻。(鼓掌)

载于1918年《全俄中央执行委员会、莫斯科苏维埃、莫斯科市工厂委员会代表及工会代表和全俄苏维埃主席会议代表联席会议(1918年7月29日)》一书

译自《列宁全集》俄文第5版第37卷第1—19页

在省苏维埃主席会议上的讲话¹⁴

(1918 年 7 月 30 日)

报　道

同志们,你们要做行政工作,这项工作在我们人民委员会中占着主要的地位。在你们面前有很多困难,这是很自然的。从省执行委员会大多数的情况看来,人民群众终究自己担负起了管理工作。当然,困难是不可避免的。过去的一个主要缺点就是我们还很少从工人中间吸收实际工作人员。但是我们从来没有想让旧机构适应新的管理工作,我们并不因为在铲除旧机构之后重建一切要克服这样大的困难而感到遗憾。工农群众中有建设才能的人比所能预料的要多。我们认为革命的功绩正在于它扫除了旧的管理机构,但是同时我们应该意识到,群众的主要缺点是畏怯,不愿把工作抓到自己手里。

在某些省工人、农民和红军代表苏维埃里过去一直存在着紊乱现象;而现在工作正逐渐走上正轨,许多地方传来消息说,工作中已没有任何争吵和冲突了。俄国革命虽然才过去 8 个月,但它已经证明,新阶级把管理工作抓到自己手里以后是能胜任这项任务的。尽管工作人员不够,行政机构的运转还是越来越协调。我们的建设处在看不见明显效果的阶段,敌人也时常指出这一点;尽管如此,我们还是做了许多工作。虽然困难很大,土地和工业已经转到劳动者手中,产品交换和粮食供应已在正常进行。必须使劳动群众独立担负起社会主义国家的管理和建设工作。只有通过实践群众才会相信,旧的剥削阶级已经彻底完蛋。

我们主要的迫切的任务,就是管理、组织和监督。这是默默无闻的不起眼的工作,然而正是在这一工作中,工人和农民的经营管理能力将日益有效地发挥出来。

列宁同志接着谈到了新宪法[15],他指出,新宪法集中体现了生活中已经实现的东西,并将通过实际执行得到修正和补充。宪法的主要之点是苏维埃政权同资产阶级彻底划清了界限,不许资产阶级参加国家建设。

工农群众长时期以来与国家管理不沾边,现在政府号召他们管理国家,他们不会不愿意靠自身经验来建设国家。"全部政权归苏维埃"的口号使得地方上的人希望通过自身所犯的错误来取得建设国家的经验。这样的过渡时期是必需的,是有益的。人们这样渴望自己来干,包含着许多健康的良好的成分,即渴望建设的成分。苏维埃宪法确定了乡与县、县与省、省与中央等各级政权之间的关系。

其次,列宁同志指出,只有按照一个总的大计划进行的、力求合理地利用经济资源的建设,才配称为社会主义的建设。苏维埃政权决不想贬低地方政权的意义,决不想扼杀它们的独立性和主动性。农民自己也根据经验体会到了实行集中制的必要。

列宁同志继续说,从宪法批准和实施的那天起,我们的国家建设就将进入一个比较顺利的时期。但是很可惜,目前我们还顾不上研究经济政策和农业政策。我们不得不抛开这些工作,而把全部注意力放在起码的任务即粮食问题上。在缺粮省份,工人阶级的处境极其艰难。必须采用各种办法,尽一切力量克服新粮下来之前的粮食困难和由此产生的其他困难。

此外还有军事性质的任务。你们知道,被英法帝国主义收买和煽动起来的捷克斯洛伐克军的行动,已使俄国处于半包围的状态。你们也知道,反革命的资产阶级和富农参与了这一行动。我们从各地得到的消息说,苏维埃俄国最近的失败使工人和革命农民实际体会到,除了监督,除了进行国家建设,还必须有军事方面的监督。

列宁同志最后说,我相信今后情况一定会好转。我相信各省执行委员会在农民的帮助下对指挥人员实行监督以后,一定会建立起一支坚强的社会主义军队。革命的教训终于使工人阶级和被剥削的农民阶级懂得了必须拿起武器。农民和工人除夺取土地、实行监督等等以外,还懂得了必须管理军队。他们在军事方面做的工作,一定会使他们建立的军队完全配称为社会主义的军队,能够有效地同反革命资产阶级和帝国主义者进行斗争,直到国际革命无产阶级的援助到来。(列宁同志的讲话被全体代表的热烈掌声所淹没)

载于 1918 年 7 月 31 日《全俄中央执行委员会消息报》第 161 号和 1918 年 8 月 1 日《真理报》第 160 号

译自《列宁全集》俄文第 5 版第 37 卷第 20—23 页

在华沙革命团军人大会上的讲话[16]

（1918年8月1日）

报　道

（列宁同志出现时，会场热烈鼓掌，高唱《国际歌》）列宁同志说，我想，我们波兰的和俄国的革命者，现在都热切地希望竭尽全力来保卫第一个强大的社会主义革命的胜利果实；继这一革命之后，其他许多国家必然会发生革命。我们的困难恰好在于我们进行这一革命的时间，比更文明更开化的国家的工人要早得多。

世界大战是由国际资本即两个强盗联盟的势力挑起的。为了解决这两个掠夺成性的帝国主义谁来统治全球的问题，世界被淹没在血泊里已经4年了。我们感觉到，这场罪恶的战争不可能以某一方的胜利而告结束。现在愈来愈清楚，能够结束这场战争的不是帝国主义者，而是胜利的工人革命。今天各国工人的处境愈困难，无产阶级的言论自由愈受到残暴的压制，资产阶级也就愈加绝望，因为它已无法对付日益壮大的运动了。我们只是暂时脱离了社会主义大军的主力，他们正满怀希望地看着我们，并对本国的资产阶级说：不管你们怎样猖狂，我们还是要学俄国的榜样，像俄国布尔什维克那样干。

列宁同志继续说，我们需要和平。正因为苏维埃俄国向全世界建议媾和，德国军队就在2月间向我们进攻了。现在我们亲眼看到,帝国主义都是一丘之貉。哪个帝国主义都是一贯撒谎,说他们进行的是解放战争。过去,掠夺成性的德国通过极其可耻的布列斯特和约暴露了自己的面目,同样,现在英法资本也暴露了自己的面目。英国人和法国人正在作最后的努力,想把我们拖入战争。他们现在用1 500万卢布通过将领和军官们收买了新的奴隶即捷克斯洛伐克军,让他们去干冒险勾当,把捷克斯洛伐克军的叛乱变成白卫分子和地主的运动。奇怪的是,这一切做法竟然是为了"保卫"俄国。"爱好自由的"和"主持正义的"英国人扼杀一切,占据摩尔曼,英国巡洋舰开到阿尔汉格尔斯克并向炮台轰击,——这一切都是为了"保卫"俄国。十分明显,他们想用帝国主义强盗的包围圈来包围俄国,扼杀俄国,就是因为它揭露和撕毁了他们的秘密条约。

我国的革命已使英国和法国的工人起来指责本国政府。在英国,一直是国内和平的局面,工人中间对社会主义的抵制也最强烈,因为他们也参加了对殖民地的掠夺,现在,英国工人发生了转变,打破了资产阶级的国内和平。

法国工人正在谴责干涉俄国内政的政策。正因为如此,这两个国家的资本家才孤注一掷。

苏维埃俄国存在的事实和这个国家的现实使得他们恼恨不已。

我们知道,战争就要结束;我们也知道,他们结束不了战争;我们知道,我们有可靠的同盟者,因此必须竭尽全力,作最后的努力。或者是富农、资本家和沙皇掌握政权,像西欧许多次革命失败后的情形那样,或者是无产阶级掌握政权。你们在开往前线的时候,首先应该牢牢记住,这是被压迫者和被剥削者反对压迫者和掠夺者的唯一合理的、正义的、神圣的战争。

现在,优秀人物梦寐以求的各民族革命者的联盟正在实现,这是真正的工人联盟,而不是知识分子幻想家的联盟。

克服民族间的仇视和不信任,——这是胜利的保证。

你们非常光荣,能够拿起武器来捍卫神圣的思想,并与昨天战场上的敌人——德国人、奥地利人、马扎尔人并肩战斗,真正实现各民族间兄弟般的团结。

同志们,我相信,假如你们把所有的军事力量结成一支强大的跨民族的红军,并开动这支钢铁队伍高呼着"不胜利,毋宁死!"的战斗口号向全世界的剥削者、压迫者和黑帮分子大举进攻,那么,任何帝国主义势力都抵挡不住我们!(敬爱的领袖的讲话在长时间热烈的掌声中结束)

载于1918年8月3日《莫斯科苏维埃消息晚报》第15号　　　　译自《列宁全集》俄文第5版第37卷第24—26页

在布特尔区群众大会上的讲话¹⁷

（1918 年 8 月 2 日）

报　　道

同志们！今天莫斯科各处都在讨论社会主义俄国的命运。

苏维埃俄国的敌人紧紧地死死地包围着我们，想从工人和农民手里夺去十月革命的一切果实。高高飘扬着的俄国社会革命的旗帜使帝国主义者这些国际强盗惶惶不安，于是他们对我们、对苏维埃政权、对工人和农民的政权发动了战争。

同志们，你们还记得，在革命初期，法国人和英国人曾反复声明他们是自由俄国的"盟友"。现在，这些"盟友"都现出了真面目。他们撒谎骗人，说他们不打算同俄国打仗，同时却占领了摩尔曼，夺取了凯姆，开始杀害我们的同志——苏维埃的工作人员。是的，他们不同俄国资产阶级打仗，不同俄国资本家打仗，可是他们向苏维埃宣战了，向工人和农民宣战了。

法国和俄国的资产阶级有了捷克斯洛伐克军这样得力的帮凶。这些卖身投靠的人进攻我们当然不是没有私心的，我们知道，是谁的千百万金钱驱使捷克斯洛伐克军进攻苏维埃政权的；驱使他们进攻我们的是英法的黄金。但是除了捷克斯洛伐克军，还有一些并不反对消灭苏维埃政权的人物，这就是同捷克斯洛伐克军一样靠英法的黄金资助并期待着降下俄国的金雨¹⁸的"祖国的拯救者"杜托夫、阿列克谢耶夫等人。苏维埃政权的敌人很多。但是,同志们,我们是不是孤立的呢?

你们还记得,在1月里,当社会革命的火焰刚燃起的时候,德国发生了群众性的罢工;现在过了8个月,我们已经看到在不同的国家里发生了群众性的罢工:奥地利工人举行了群众性罢工,我们的意大利同志也举行了罢工。迫害劳动人民的压迫者的末日快要到了。全世界帝国主义者正在自掘坟墓。

互相掠夺的战争还没有止息。在这场掠夺战争中互相搏斗的是两条毒蛇:英法帝国主义和德帝国主义。为了他们的利益,为了他们中间的一方获胜,已经有1 000万工人和农民死亡,2 000万人残废;千百万人在制造杀人武器。在所有的国家里,最强壮最健康的人都被征入伍,人类精华遭到毁灭……　为了什么呢?为了让一只兀鹰战胜另一只兀鹰……

苏维埃政权说过:我们既不想同德国人作战,也不想同英国人法国人作战;我们不愿意杀害同我们一样的工人和农民。他们不是我们的敌人。我们的敌人是另外一些人,是资产阶级,不管它是德国资产阶级,法国资产阶级,还是现在同英国人法国人联合起来的俄国资产阶级。

现在世界各国正像举起我们的革命旗帜一样,也在高喊我们的口号。在美国,在这个从前被称为最自由的国家里,监狱里关满了社会党人;在德国,工人和士兵中间广泛流传着德国社会党人弗里德里希·阿德勒的一句话:"不要把刺刀对准俄国的工人和农民,要把它对准本国的资产阶级……"资本家掀起的大厮杀还不知道何时才能结束。德国取得的胜利愈大,参加另一方的、同德国一样的野兽就愈多,现在美国也已同英法一道作战了。只有工人才能结束战争。世界革命是不可避免的。德国已经开始了我国曾经发生过的"失败主义"运动,意大利和奥地利发生了群众性的罢工,美国在大批逮捕社会党人。资本家和地主感到末日将临,拼命扼杀革命运动;俄国资本家也伸手援助英法的资本家和地主。

现在有两条阵线:一边是工人和农民,另一边是资本家。最后的斗争到来了。现在不可能同资产阶级妥协。不是他们胜利,就是我们胜利。

1871年,资产阶级推翻了巴黎工人的政权,因为当时觉悟的工人很少,革命的战士很少。现在,跟着工人走的有贫苦农民;现在,资产阶级已经不可能像1871年那样取得胜利了。

工人牢牢地掌握着工厂,农民决不会把土地交给地主。为了保卫这些胜利果实,我们也要向一切趁火打劫者和投机者宣战。他们除了使用枪炮,还用饥饿威胁我们。

我们向富人们宣战,我们说:"给茅屋和平。"我们要没收投机者囤积的全部粮食,使贫苦的劳动者不再受命运的摆布。(列宁同志的讲话被热烈的欢呼声所淹没)

载于1918年8月3日《全俄中央
执行委员会消息报》第164号

译自《列宁全集》俄文第5版
第37卷第27—29页

在霍登卡红军战士大会上的讲话[19]

（1918 年 8 月 2 日）

简 要 报 道

（热烈欢呼）俄国革命给全世界指出了通向社会主义的道路，使资产阶级看到他们得势的时代就要结束。我们的革命是在世界大厮杀的非常艰苦的条件下进行的。

革命是不能按订单制造的，但是确有迹象表明，全世界正酝酿着大事变。

敌人包围着我们，他们为了推翻苏维埃政权而结成神圣同盟，但他们是得不到政权的。

不要让白卫匪帮获得胜利，他们的成功是暂时的，他们中间已经愈来愈不太平了。

由革命无产阶级来补充的红军，定将帮助我们高高举起世界社会革命的旗帜。

不胜利，毋宁死！

我们一定会战胜全世界的盘剥者，一定会保卫住社会主义事业！

载于 1918 年 8 月 3 日《全俄中央执行委员会消息报》第 164 号和 1918 年 8 月 4 日《真理报》第 163 号

译自《列宁全集》俄文第 5 版第 37 卷第 30 页

关于粮食问题的提纲[20]

(1918 年 8 月 2 日)

送粮食人民委员部、农业人民委员部、最高国民经济
委员会、财政人民委员部、工商业人民委员部

建议有关人民委员部今天(8 月 2 日)就抓紧讨论下列措施，并作出文字上的修改，以便在 8 月 2 日和 3 日交由人民委员会通过。

(这些措施一部分应作为法令颁布，一部分作为决定不予公布。)

1. 在降低纺织品等等的价格和提高粮食价格这两种办法中，无疑应该选择第二种，因为这两种办法虽然意义完全相同，但实际上只有第二种办法才能帮助我们在一些产粮省份(辛比尔斯克、萨拉托夫、沃罗涅日等)迅速增加粮食收购量，才能帮助我们促使尽可能多的农民在内战中保持中立。

2. 我建议把粮价提高到每普特 30 卢布，并相应地(甚至更多地)提高纺织品等等的价格。

3. 建议讨论一下，是否可以把这次提价定为暂时的(以便考虑在探索商品交换的正确原则时实践的启示)，例如一个月到一个半月，并且讲定期限一过就把**价格降下来**(这样来鼓励迅速交粮)。

4. 定出一系列**征购全部**城市工业品用于商品交换的紧急措施

（并在征购以后提高工业品价格，其比例要**大于**粮价提高的比例）。

5. 在提高粮价的法令颁布以前，应该首先对有关商品交换的措施以及规定粮食、纺织品等等的合理比价的措施作一个通俗的说明。

6. 立刻用法令责成合作社：(1)在每个门市部设立收粮站；(2)对消费者**一律按领物证**供应商品；(3)对粮农要求用粮食来交换，否则**不供应任何**商品。

定出对这些措施的执行进行监督的形式和方法，并规定违反这些措施要受到严厉的制裁（没收全部财产）。

7. 重申（或更确切地表述）关于**不向国家**（**或合作社**）登记多余的粮食**和其他各种**食物的人应受没收财产处分的法规和法令。

8. 规定富裕农民用**实物**即用粮食纳税，凡粮食（包括新打下来的粮食）超过自己的消费量（包括全家口粮、牲口饲料、种子）一倍或一倍以上的，都算富裕农民。

把这种税称为**所得税**和财产税，并把它变成累进税。

9. 暂时规定（例如为期一个月）：可以**给**缺粮地区的**工人**托运数量为一普特半的粮食作为优待，但须持有特别证明书并受到特别的监督。

证明书应写明确实地址，由(1)工厂委员会、(2)住宅委员会、(3)工会具结担保。所谓监督，就是要查明是否确系**个人**消费，如果无法证明不会转手倒卖，就要受到最严厉的惩罚。

10. 规定**每次**征购（特别是在农村和铁路上）绝对必须开出二联（或三联）收据。印出这种收据的格式。凡征购时不开收据者，予以枪决。

11. 规定各种征购队、征粮队以及其他队的人员，如有下列行为，应受同样惩治：对劳动居民明显不公正或违法乱纪而引起民愤；没收某个人的东西或给以某种处罚时，不作记录，不把记录副页交给本人。

12. 规定缺粮地区的工人和贫苦农民有权要求给**他们的**铁路站派遣直达列车，但必须遵守下列条件：(1)要有当地一些组织(工人、农民和红军代表苏维埃，还必须加上工会等)的证明；(2)组成**负有责任的**小队；(3)其中包括其他地区的小队；(4)并有粮食人民委员部、陆军人民委员部，铁道人民委员部等的督察员和委员参加；(5)在列车到达和分配粮食时要有他们的监督，而且**必须**把一部分($^1/_3$—$^1/_2$，或更多一些)粮食交给粮食人民委员部。

13. 由于某些铁路**工人**缺粮情况特别严重，而铁路对于粮食运输又特别重要，作为例外情况，暂时规定：

征购队或巡查队在没收粮食时，要给被没收者开收据，然后把粮食装车，运往**铁路粮管处**，同时必须遵守下列形式的监督：(1)每运一车皮都要电告粮食人民委员部和铁道人民委员部；(2)请粮食人民委员部和铁道人民委员部派代表接车，并在粮食人民委员部的监督下分配粮食。

载于1931年《列宁文集》俄文版
第18卷

译自《列宁全集》俄文第5版
第37卷第31—33页

人民委员会关于俄罗斯联邦
高等学校招生问题的决定草案[21]

(1918 年 8 月 2 日)

人民委员会委托国民教育人民委员部立即拟定若干决定和步骤,以便在志愿上高等学校的人数超过往常的招生名额时,采取紧急措施,保证每个人都有升学的机会,决不容许有产阶级享受任何法律上和事实上的特权。当然,首先必须招收无产阶级和贫苦农民出身的人,并普遍发给他们助学金。

载于 1918 年 8 月 6 日《全俄中央执行委员会消息报》第 166 号

译自《列宁全集》俄文第 5 版第 37 卷第 34 页

给叶列茨工人的信²²

（1918年8月6日）

我收到叶列茨一份报纸的剪报，上面谈到了7月27日左派社会革命党叶列茨组织召开紧急会议的情形。我在这篇报道中看到，莫切诺夫传达了社会革命党萨拉托夫代表会议，说这次代表会议有8个组织赞成他们的（柯列加耶夫先生为之辩护的）中央委员会的策略，有13个组织则主张改组党和改变策略。

我还看到，鲁达科夫同志在叶列茨会议上坚持要"改组我们的〈左派社会革命党人的〉党"，改变党的名称，实行清党，决不让它瓦解和灭亡。后来一位姓克留柯夫的讲了一通，说什么他在莫斯科同中央政权的代表谈过话，阿瓦涅索夫、斯维尔德洛夫和邦契-布鲁耶维奇等同志告诉他，苏维埃政权希望左派社会革命党存在下去，说什么我同他谈话时也讲过同样的意思，说共产党人已经远远背离了自己从前的理论和著作，以致现在根本没有什么纲领，政纲上有很多地方都是从"民粹派的"理论中间接抄袭来的，如此等等。

我认为有责任声明，这些都是谎话，我从来没有同哪一个克留柯夫谈过话。我恳请叶列茨县的工农同志们对待那些常爱撒谎的左派社会革命党人要格外小心。

顺便说几句我对他们的看法。像柯列加耶夫之流的人物，显然是受白卫分子、君主派分子和萨文柯夫之流操纵的小卒，这些操纵者在雅罗斯拉夫尔就证明了是谁在"利用"左派社会革命党人的暴动。柯列加耶夫先生们毫无头脑,毫无气节,以至堕落到这种地步,这也是他们应得的下场。历史将称他们为"萨文柯夫之流的奴仆"。但是事实说明,在左派社会革命党人中间,确有人(而在萨拉托夫,这种人还占大多数)在为这种毫无头脑、毫无气节、甘当维护君主制和地主利益的奴仆的行为感到羞耻。如果这些人连自己政党的名称也想改掉(我听说,要叫做"村社共产党"或者"民粹派共产党"等等),那我们只能表示欢迎。

第一,不赞成马克思主义,第二,完全同意"平均使用土地"的理论(也同意平均使用土地的法令),——这就是这种民粹派的思想基础。对于这种民粹派,布尔什维克党员是从来不拒绝同他们结成联盟的。

我们主张这种联盟,主张同中农妥协,因为我们工人党员不应该同中农分道扬镳,我们准备对他们作一系列的让步。我们已经证明了这一点,并且不是用言论证明,而是用行动证明,因为我们过去和现在都十分忠实地执行土地社会化法令23,虽然我们并不完全同意它。一般地说,我们过去和现在都主张同富农进行无情的斗争,但是我们主张同中农妥协,同贫苦农民打成一片。不要以为同中农妥协就意味着必须同左派社会革命党人妥协,绝对不是。

我们在还没有同左派社会革命党人实行任何妥协的时候就实行了土地社会化法令;而这个法令恰好意味着我们是同中农、同农民群众妥协,而不是同左派社会革命党的知识分子妥协。

工农同志们! 不要谋求同左派社会革命党人妥协,因为我们看到并且体验到他们是靠不住的;要在贫苦农民中间传播共产主义,他们大多数都会站到我们这边来。要尽量对中农让步,尽量小心、尽量公正地对待中农，对于他们，我们可以而且应该实行让步。要无情地打击一小撮剥削者，包括靠人民受穷、靠工人群众挨饿来发财的富农——粮食投机者，要无情地打击这一小撮喝劳动人民血的富农。

弗·乌里扬诺夫（尼·列宁）

1918 年 8 月 6 日于莫斯科

载于 1918 年 8 月 11 日《苏维埃报》（叶列茨）第 73 号

译自《列宁全集》俄文第 5 版第 37 卷第 35—37 页

工人同志们！
大家都来进行最后的斗争！

（1918 年 8 月 6 日以后）

苏维埃共和国被敌人包围了。但是，它一定会战胜国内外的敌人。我们看到，工人群众的热情已经高涨起来，这是胜利的保证。我们看到，西欧革命的大火迸射火花和烈焰已经日益频繁，这使我们坚信国际工人革命的胜利已经为期不远。

目前俄罗斯苏维埃社会主义共和国的外部敌人是英法和日美的帝国主义。这些敌人现时正在进攻俄国，掠夺我国的土地，强占了阿尔汉格尔斯克，并已从符拉迪沃斯托克推进到（如果法国报纸所载属实的话）尼科利斯克-乌苏里斯克。这些敌人收买了捷克斯洛伐克军的将领和军官。这些敌人向和平的俄国进攻时的残暴行为和掠夺行为同德国人在 2 月进攻时完全一样，不同的只是英国人和日本人不仅要侵占和掠夺俄国的土地，而且要推翻苏维埃政权，以便"恢复战线"，就是说，重新把俄国拖入英德两国之间的帝国主义战争（通俗一点说，就是强盗战争）。

英日资本家想在俄国恢复地主资本家政权，好来共同瓜分在战争中夺得的赃物，好让英法资本奴役俄国工农，好从俄国工农身上搜刮几十亿借款的利息，好来扑灭已经在我国燃烧起来、大有向全世界蔓延之势的社会主义革命烈火。

英日帝国主义野兽没有足够的力量来占领和征服俄国。甚至我们的邻国——德国也没有这样的力量，它在乌克兰的"试验"已经证明了这一点。英日帝国主义者本来想打我们一个措手不及，但是他们没有得逞。首先奋起斗争的是彼得格勒的工人，接着是莫斯科的工人，然后是整个中部工业地区的工人，他们愈战愈齐心，愈顽强，愈奋勇，参战的人也愈来愈多。这就是我们胜利的保证。

英日资本主义强盗进攻和平的俄国时，还指望同苏维埃政权的内部敌人结成联盟。我们很清楚这个内部敌人是谁。那就是仇视工人和劳动农民（即那些并不喝同村人血的农民）政权的资本家、地主、富农和他们的子弟。

富农暴动的浪潮扩展到全国。富农疯狂仇视苏维埃政权，恨不得把千千万万的工人斩尽杀绝。我们很清楚，如果富农获得胜利，他们就会无情地屠杀千千万万的工人，同地主资本家联合起来，恢复折磨工人的苦役，取消八小时工作制，使工厂重新受资本家支配。

以前欧洲历次革命的情况都是这样，每一次都是富农利用工人的软弱得以推翻共和制而恢复君主制，推翻劳动人民的政权而恢复剥削者、富人、寄生虫的无上权力。我们在拉脱维亚、芬兰、乌克兰、格鲁吉亚也亲眼看到了这种情况。到处是贪婪残暴的富农和地主资本家联合起来反对工人，反对所有的贫民。到处是富农以闻所未闻的血腥手段残害工人阶级。到处是富农联合**外国资本家**来反对本国工人。立宪民主党人[24]、右派社会革命党人、孟什维克一直是这样干的；只要回顾一下他们在"捷克斯洛伐克"[25]的业绩就够了。现在左派社会革命党人由于极端愚蠢和毫无气节也在这样干，他们在莫斯科发动叛乱来支援雅罗斯拉夫尔的白卫分子，支援喀山的捷克斯洛伐克军和白匪；无怪乎这些左派社会革命党人受到了克伦斯基及其朋友法帝国主义者的赞扬。

任何怀疑的余地都不可能有了。富农是苏维埃政权的死敌。不是富农把无数的工人杀掉，就是工人把占人口少数的富农掠夺者反对劳动人民政权的暴动无情地镇压下去。这里不可能有中间道路。和睦相处绝不可能，因为富农可以而且不难同地主、沙皇、神父和好，即使他们发生过争吵，但是要同工人阶级和好是**永远办不到**的。

因此，我们把反对富农的斗争称为**最后的**斗争。这并不是说，富农再不会多次举行暴动，也不是说，外国资本主义再不会多次向苏维埃政权进攻。所谓"最后的"斗争，是说我国最后一个、也是人数最多的一个**剥削**阶级起来反对我们了。

富农是最残忍、最粗暴、最野蛮的剥削者，在其他国家的历史上，他们屡次恢复过地主、皇帝、神父、资本家的政权。富农的人数比地主和资本家多。但是富农毕竟是人民中的少数。

假定在我们俄国，按以前的情况即按强盗们夺去乌克兰等地以前的情况来说，约有 1 500 万农户。在这 1 500 万农户中，大概有 1 000 万户是贫苦农民，他们或者靠出卖劳动力过活，或者受财主盘剥，或者没有余粮，被战争的重担弄得穷苦不堪。中农应当说大约有 300 万户。富农，财主，粮食投机者，恐怕不超过 200 万户。这些吸血鬼在战争期间靠人民受穷发了财，他们通过抬高粮食和其他各种食物的价格积累了几万、几十万的货币。这些吸血蜘蛛靠战争中破了产的农民，靠挨饿的工人养肥了。这些水蛭吸吮劳动人民的血，城市和工厂的工人愈挨饿，他们就愈发财。这些吸血蝙蝠过去和现在总是把地主的土地集中到自己手里，一再盘剥贫苦农民。

要无情地向这些富农开战！消灭他们！仇恨和鄙视那些保护富农的党派——右派社会革命党人、孟什维克和现在的左派社会革命党人！工人们必须用铁拳粉碎那些同外国资本家勾结起来反对本国劳动者的富农的暴动。

富农利用贫苦农民的愚昧和分散，唆使他们反对工人，有时收买他们，让他们做粮食投机生意"赚上"百把卢布（同时又从贫苦农民手里抢去成千上万卢布）。富农极力要把中农拉到自己那边去，有时也的确把他们拉过去了。

但是工人阶级决不应该同中农分道扬镳。工人阶级不可能同富农和好，然而可以谋求并且正在谋求同中农**妥协**。工人政府即布尔什维克政府不是用言论而是用行动**证明**了这一点。

我们用来证明这一点的，是我们通过了并严格执行着"土地社会化"法令；在这个法令里，我们对中农的利益和观点作了**许多**让步。

我们用来证明这一点的，是把粮价**提高了两倍**（这是几天以前的事情）[26]，因为我们完全承认，中农的收入往往和目前的工业品价格不相适应，**应予提高**。

任何一个有觉悟的工人都会向中农解释这点，并耐心地、不懈地、反复地向他们证明，社会主义同沙皇、地主、资本家政权相比，对中农好处无穷。

工人政权从来没有欺负中农，也决不会欺负他们。可是沙皇、地主、资本家、富农的政权从来都是不仅欺负中农，而且简直是扼杀他们，抢劫他们，使他们破产，世界各国无一例外，俄国也是这样。

　　同贫苦农民结成最紧密的联盟，同他们完全打成一片；对中农让步、妥协；无情地镇压富农，镇压这些吸血鬼，吸血蝙蝠，抢劫人民的强盗，利用粮荒发财的投机分子；——这就是有觉悟的工人的纲领，这就是工人阶级的政策。

载于 1925 年 1 月 17 日《工人莫斯科报》第 14 号

译自《列宁全集》俄文第 5 版第 37 卷第 38—42 页

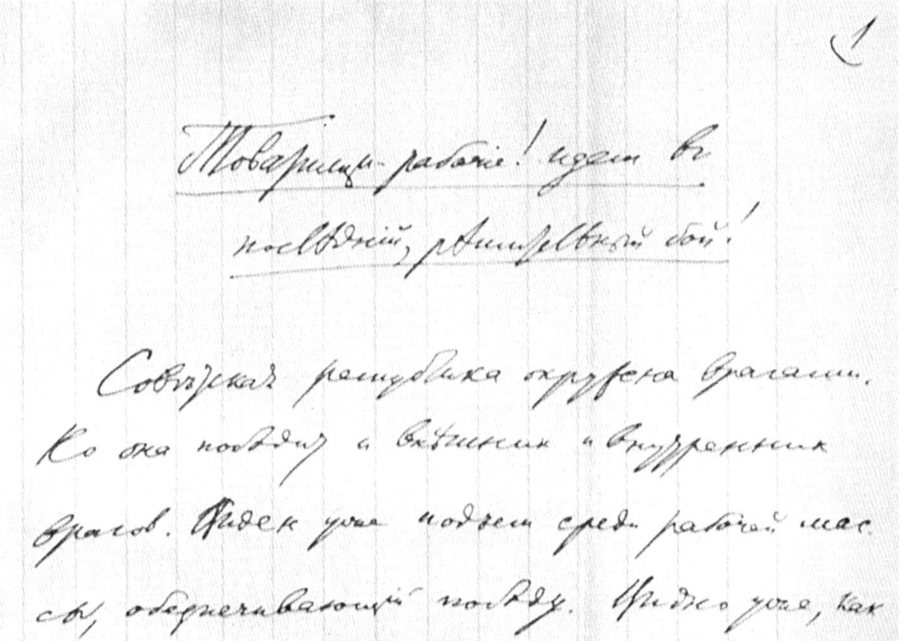
1

Товарищи-рабочіе! идем въ послѣдній, рѣшительный бой!

Совѣтская республика окружена врагами. Но она побѣдит и внѣшних и внутренних врагов. Виден уже подъем среди рабочих масс, обезпечивающій побѣду. Видно уже, как учащаются искры и взрывы революціоннаго пожара в Западной Европѣ, дающіе нам увѣренность въ недалекой побѣдѣ международной рабочей революціи.

Внѣшній враг россійской совѣтской соціалистической республики, это — в данный

1918 年 8 月列宁《工人同志们！大家都来进行最后的斗争！》手稿第 1 页

（按原稿缩小）

在索科利尼基区群众大会上的讲话²⁷

（1918年8月9日）

简　要　报　道

（经久不息的掌声）旷日持久的战争已经进入第五年，现在每个人都清楚是谁需要战争。富有的人更富有了，而贫苦的人现在简直被资本主义压得喘不过气来。贫苦的人民在这场战争中付出的代价是流血牺牲，而得到的奖赏只是饥饿、失业和勒得更紧的绞索。

战争是英国和德国的强盗发动的，他们觉得地盘太小，无法共存，都想扼杀对方，不惜让全世界工人血流成河。这两个强盗都要人相信自己的动机是为了人民幸福，实际上他们干的目的是为了自己发财。

英国正在掠夺从德国手里抢来的殖民地，掠夺巴勒斯坦和美索不达米亚的一部分，而德国则掠夺波兰、库尔兰、立陶宛和乌克兰。这两个国家的百万富翁的财富增加了十倍，但是，他们还是打错了算盘。

这两个强盗拼命地厮打，不知不觉靠近了深渊。他们已经无法阻止这场必然推动各国人民起来革命的战争了。

俄国革命把火种撒遍了世界各国，从而使走得过远的帝国主义更加接近深渊的边沿。

同志们，我们的处境十分艰难，但是我们必须克服一切困难，紧紧握住我们举起的社会主义革命的旗帜。

各国工人满怀希望地看着我们。你们可以听到他们的呼声，听到他们在说：再稍许坚持一下吧；你们被敌人包围了，但是，我们一定会来支援你们，靠我们的共同努力，最终一定能把帝国主义强盗抛进深渊。

我们听到了这个呼声，我们宣誓：是的，我们一定要坚持下去，我们将在自己的岗位上竭尽全力进行战斗，决不会在向我们进攻的世界反革命势力面前放下武器！

载于 1918 年 8 月 11 日《全俄中央执行委员会消息报》第 171 号

译自《列宁全集》俄文第 5 版第 37 卷第 43—44 页

在罗戈日区群众大会上的讲话

(1918 年 8 月 9 日)

如果考察一下战争的结果,那么战争所造成的伤亡人数会使我们大吃一惊:1 000 万人死亡,2 000 万人残废。是谁发动了这场战争呢??是掠夺者,是英国和德国的掠夺者。工人们从这场战争没有得到任何好处。剥削者和资产阶级照旧掐着工人们的脖子。再不要相信那些空话了。要相信事实!强盗们变得更富了。英国是靠掠夺殖民地。德国是靠掠夺占领区。英国扼杀了希腊。它强占了阿尔汉格尔斯克和摩尔曼,现正唆使日本人在符拉迪沃斯托克登陆。另一个强盗——德国瓜分了塞尔维亚、罗马尼亚、芬兰、乌克兰,几乎侵占了整个欧洲的 1/4。这帮强盗在空话的掩盖下,贪婪地喝着本国工人的鲜血。抢劫我国的那些强盗,那些掠夺者,想把我们卷进战争。但是,同志们,你们都还记得我国革命是怎样发展壮大起来的。你们都还记得 1905 年第一次革命后大屠杀的情形。你们都还记得,1914 年,我们的布尔什维克同志们,国家杜马的代表们,由于敢于直言,说当时爆发的战争不过是资产阶级、帝国主义阶级对贫苦劳动人民的掠夺和抢劫,因而遭到流放,被送去服苦役。你们都还记得,革命浪潮怎样一浪高过一浪,逐步达到最高潮位:爆发了 1917 年十月革命。同志们,通过回忆你们知道,革命是艰难而缓慢地发展起来的。

只有在 1917 年十月革命以后,我们才取得了工人的彻底胜利。我们使工人能够自己支配他们双手所创造的劳动成果,而不再替剥削者和掠夺者干活。

然而,革命也在其他一些国家里发展壮大起来。1914 年,德国社会民主党人李卜克内西曾经试图投票反对战争。1915 年,他作为一名士兵,曾多次在群众大会上和在前线阵地上发表演说,反对战争。李卜克内西被捕入狱了,但是在德国代之而起的,却有成千上万个李卜克内西。因此在德国,为了实现光辉灿烂的社会主义原则而消灭资产阶级和帝国主义的日子也为期不远了。

在英国,工人们宣称:"国内和平见鬼去吧。我们再也不愿意跟我国的吸血鬼们和睦相处了。"

德国、奥地利、法国和英国的监狱都关满了起来斗争的无产阶级。

然而,革命并没有沉寂下来。1918 年 1 月德国爆发的罢工,最近英国发生的一系列罢工,奥地利此起彼伏的骚乱,——这一切都是革命风暴即将来临的前奏。世界各国的革命运动起来了。

我们仍然处于四面被围的状态。

投机倒把分子、资产阶级、反革命分子全都跑到捷克斯洛伐克军和白卫分子那边去了。

外国资产阶级唆使群众反对我们,并且侵占俄国的北部。

这些人在向我们进行报复,因为我们到处燃起了熊熊烈火,因为我们推翻了资本家和富农对工人和农民的统治。

但是总有一天,世界各国工人会团结起来。

我们处境困难,因为我们是社会主义革命的第一支队伍。但是,援军就要到了。我们须得再坚持一下。我们要打垮捷克斯洛伐克军,消灭反革命运动。

同志们,我们保卫苏维埃政权,不仅是为维护俄国劳动人民的利益而斗争,而且也是为维护全世界无产阶级的利益而斗争。

全世界无产阶级满怀希望和喜悦注视着[我们],[我们]①决不会辜负他们的希望。

译自《列宁文集》俄文版
第 39 卷第 194—196 页

---

① 方括号内的文字是俄文版编者加的。——编者注

关于工农联盟问题给各级工人、农民和红军代表苏维埃的电报的草稿[28]

(1918 年 8 月 16 日)

贫苦农民委员会是同奴役劳动农民的富农、财主、剥削者作斗争所必需的。但是在人数很少的富农和贫苦农民即半无产者之间有一个中农阶层。苏维埃政权从来没有在任何问题上宣布过要同中农作斗争,也没有进行过这种斗争。一切与此背道而驰的办法或措施都应该受到最严厉的斥责,都应该加以制止。社会主义政府必须实行同中农妥协的政策。苏维埃政权不止一次地用事实证明了遵循这项政策的坚定决心。其中最重要的事实是:大多数共产党员(布尔什维克)通过了并十分忠实地执行着土地社会化法令;把粮价提高了两倍(1918 年 8 月……的法令)。关于农业机器问题的法令等等[29],其用意也在此。各级工人、农民和红军代表苏维埃务必严格遵守上述政策。

载于 1931 年《列宁文集》俄文版第 18 卷

译自《列宁全集》俄文第 5 版第 37 卷第 45 页

在莫斯科党委会议上
关于组织同情者小组的两次讲话[30]

（1918 年 8 月 16 日）

记　　录

1

现在感到力量奇缺，而群众中存在着可以利用的力量。要充分相信工人群众，并善于从他们中间吸取力量。办法就是把青年中和工会中的同情者吸收到党内来。即使不能按期交纳党费，也没有什么危险。如果我们抽调 6 000 人去前线，同时发展 12 000 人，并不会有多大危险。应当利用道义上的影响来扩大我们的党。

在我们的群众大会上很少有新人出来讲话，而我们是很希望他们讲话的，因为他们的讲话有很生动的内容。应当设法做一些尝试。必须从工人中提拔年青人，以便实现工人群众的监督。现实生活要求我们趁日本人和美国人还没有在西伯利亚站稳脚跟的时候，把很多党员派到前线去。要有新生力量——年青人来接替老的。

2

党员应当在工人当中大力开展鼓动工作。只要是能够做一点事情的同志,就不要让他们陷在文牍工作里面。

必须扩大我们对工人群众的影响。党的支部表现得很不主动,它们在当地的活动本来是很能影响非党群众的。必须重视俱乐部工作,从群众中吸收党的工作人员。

不可任用那些追求地位的人,应当把这种人驱逐出党。

载于 1928 年 1 月 22 日《真理报》
第 19 号

译自《列宁全集》俄文第 5 版
第 37 卷第 46—47 页

给美国工人的信[31]

(1918 年 8 月 20 日)

同志们:有一个参加过 1905 年革命、后来在你们国家住过多年的俄国布尔什维克向我建议,我的这封信由他带给你们。我十分高兴地接受了他的建议,因为美国革命无产者正是在目前担负着一个特别重要的使命,就是要毫不调和地反对美帝国主义,反对这个最新最强的、最后参加资本家为瓜分利润而进行的全世界各民族间的大厮杀的帝国主义。正是在目前,美国的亿万富翁们,这些现代的奴隶主们,揭开了血腥的帝国主义的血腥历史上特别悲惨的一页,因为他们赞同英日野兽们为扼杀第一个社会主义共和国而发动的武装进攻,不管这种赞同是直接的还是间接的,是公开的还是伪善地掩盖起来的,都是一样。

现代的文明的美国的历史,是从一次伟大的、真正解放的、真正革命的战争开始的;这种战争,同那些因帝王、地主、资本家瓜分已夺得的土地或已攫取的利润而引起的掠夺战争(像目前的帝国主义战争)比较起来,是不多见的。这是美国人民反对英国强盗的战争,这些英国强盗当时压迫美国,使它处于殖民地奴隶地位,就像这些"文明的"吸血鬼现在压迫印度、埃及和世界各地的亿万人民,使他们处于殖民地奴隶地位一样。

从那时起,差不多过去了 150 年。资产阶级的文明已经结出了累累硕果。美国就人的联合劳动的生产力发展水平来说,就应用机器和一切最新技术奇迹来说,都在自由文明的国家中间占第一位。同时美国也成了贫富最悬殊的国家之一,在那里,一小撮亿万富翁肆意挥霍,穷奢极欲,而千百万劳苦大众却永远濒于赤贫境地。曾经给世界树立过以革命战争反对封建奴隶制榜样的美国人民,竟沦为一小撮亿万富翁的现代的资本主义雇佣奴隶,充当雇佣刽子手的角色,为了满足富有的恶棍们的愿望,1898 年在"解放"菲律宾的借口下扼杀了菲律宾[32],1918 年又在"保卫"俄罗斯社会主义共和国不受德国侵略的借口下来扼杀俄罗斯社会主义共和国。

　　但是,四年各民族间的帝国主义大厮杀并没有白白过去。英德这两个强盗集团的恶棍们对人民的欺骗,已被不可争辩的明显事实彻底揭穿了。四年战争的结果表明,资本主义的一般规律,运用在强盗分赃战争上就是:谁最富最强,他聚敛的财富就最多,掠夺的就最多;谁最弱,他遭到的掠夺、蹂躏、压榨和扼杀就最厉害。

　　英帝国主义强盗就他们拥有的"殖民地奴隶"的数量来说是最强的。英国资本家不但没有丧失"自己的"(也就是他们在数百年间掠夺来的)一寸土地,反而夺取了德国在非洲的所有殖民地,夺取了美索不达米亚和巴勒斯坦,扼杀了希腊,并已开始掠夺俄罗斯了。

　　德帝国主义强盗就"他们的"军队的组织性和纪律性来说是最强的,但就拥有殖民地来说是较弱的。他们失掉了所有的殖民地,却抢劫了半个欧洲,扼杀了大批弱小国家和弱小民族。从交战双方来看,这是多么伟大的"解放"战争!两个集团的强盗们,英法资本家和德国资本家们,同他们的走狗社会沙文主义者即投靠**本国**

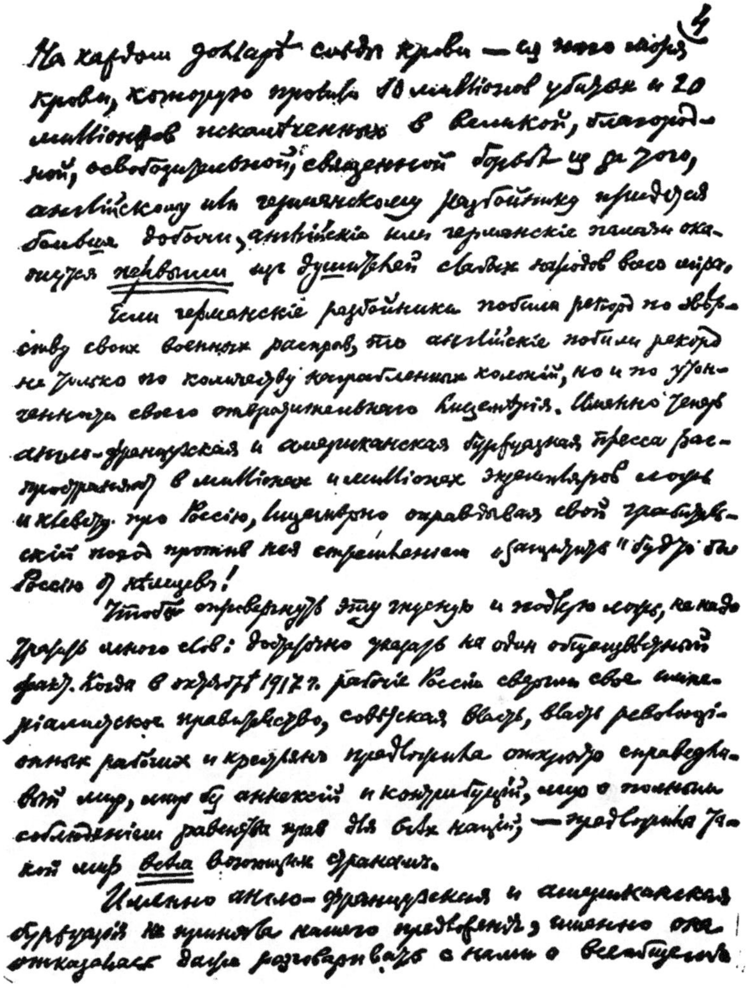

1918 年 8 月 20 日列宁《给美国工人的信》手稿第 4 页

（按原稿缩小）

资产阶级的社会党人一起,多么出色地"保卫了祖国"!

美国的亿万富翁们几乎是最富的,并且处在最安全的地理位置上。他们聚敛的财富最多。他们把所有的国家,甚至最富有的国家,都变成了自己的进贡者。他们掠夺了数千亿美元。每一块美元都有英国和它的"盟国"、德国和它的附庸国缔结的各种肮脏的秘密条约的污迹,为了分赃、为了在压迫工人和迫害国际主义者社会党人方面互相"帮助"而缔结的各种条约的污迹。每一块美元都有使每个国家的富人发财、穷人破产的"有利可图的"军事订货的污迹。每一块美元都有 1 000 万死者和 2 000 万残废者的血迹,他们在这场为了确定英国和德国强盗谁争得更多赃物、英国和德国刽子手谁在摧残世界弱小民族方面占首位而展开的伟大的、高尚的、解放的、神圣的斗争中血流成河。

如果说德国强盗在军事屠杀的残暴性方面打破了纪录,那么英国强盗不仅在夺得的殖民地的数量方面,而且在玩弄令人厌恶的虚伪手法的高超方面,也打破了纪录。正是现在,英、法、美三国的资产阶级用几百万份报纸来散布诽谤俄国的言论,同时却虚伪地把自己对俄国的掠夺性进攻说成是要"保卫"俄国不受德国人的侵略!

要驳倒这种卑鄙龌龊的谎话,用不着多费唇舌,只要指出一件尽人皆知的事实就够了。1917 年 10 月,俄国工人刚把本国的帝国主义政府推翻,苏维埃政权,革命工人和农民的政权,就公开向所有交战国建议缔结没有兼并和赔款的公正的和约,充分保证各民族权利一律平等的和约。

正是英、法、美三国的资产阶级没有接受我们的建议,正是他们甚至拒绝同我们商谈普遍和约! 正是他们背叛了各国人民的利益，正是他们延长了帝国主义大厮杀！

　　正是他们一心指望把俄国重新拖入帝国主义战争而拒绝了和平谈判，从而使得同样是掠夺成性的德国资本家能够为所欲为，把兼并性、强制性的布列斯特和约强加给俄国！

　　很难设想还有什么比英、法、美三国的资产阶级把**签订**布列斯特和约归"罪"于我们的这种虚伪手法更可恶的了。恰好是当时能够把布列斯特谈判变为各国都参加的缔结普遍和约的谈判的那些国家的资本家们，现在竟来"责难"我们！靠掠夺殖民地、靠各民族间的大厮杀发了财的残暴的英法帝国主义者，在布列斯特谈判之后又把战争延长了将近一年之久，却"责难"**我们**这些曾向所有国家建议缔结公正的和约的布尔什维克，"责难"**我们**这些撕毁了以前沙皇和英法资本家签订的罪恶秘密条约并把它们公布出来使它们当众出丑的布尔什维克。

　　全世界的工人，不论他们生活在哪一个国家，都欢迎我们，同情我们，向我们鼓掌欢呼，因为我们斩断了帝国主义相互勾结、帝国主义肮脏条约、帝国主义压迫的锁链，因为我们不惜付出最大的牺牲而争得了自由，因为我们这个社会主义共和国虽然遭受过帝国主义者的摧残和掠夺，但仍然**摆脱了**帝国主义战争，在全世界面前举起了和平的旗帜，社会主义的旗帜。

　　毫不奇怪，国际帝国主义匪帮因此憎恨我们，"责难"我们，帝国主义者的一切仆从，包括我国右派社会革命党人和孟什维克在内，也"责难"我们。这些帝国主义走狗对布尔什维克的憎恨，正如同世界各国觉悟的工人的同情一样，使我们更加相信我们事业的正义性。

　　为了战胜资产阶级，为了把政权转到工人手中，为了**开始**国际无产阶级革命,可以而且应当**不惜任何牺牲**,包括牺牲一部分国土,包括在帝国主义面前遭受严重失败,谁不了解这一点,谁就不是社会主义者。谁不**用行动**证明他有决心为了真正推进社会主义革命事业而使"他的"祖国承担最大的牺牲,谁就不是社会主义者。

英国和德国的帝国主义者为了"自己的"事业,就是说,为了夺取世界霸权,不惜彻底毁灭和扼杀从比利时和塞尔维亚到巴勒斯坦和美索不达米亚等一大批国家。那么,社会主义者为了"自己的"事业,为了使全世界劳动人民摆脱资本压迫,为了争取普遍的持久的和平,难道因为找不到一条没有牺牲的道路就应当观望等待吗?难道因为不能"担保"轻易获得胜利就应当害怕开始战斗吗?难道应当把"自己的"、资产阶级建立起来的"祖国"的安全和完整置于全世界社会主义革命的利益之上吗?应当百倍地鄙视抱有这种想法的国际社会主义的败类和资产阶级道德的奴才。

英、法、美三国的帝国主义豺狼们"责难"我们同德帝国主义达成了"协议"。十足的伪君子!一群恶棍!他们看见"他们"本国工人对我们表示同情而吓得发抖,竟诽谤起工人政府来了!但是他们的伪善面孔一定会被揭穿。他们假装不懂两种协议的差别:一种是"社会主义者"同资产阶级(本国和外国的)达成协议来**反对工人**,反对劳动者;另一种是**为了保卫**战胜了本国资产阶级的工人,为了无产阶级能利用资产阶级不同集团间的对立,而同具有一种色彩的资产阶级达成协议来**反对**具有另一种民族色彩的**资产阶级**。

实际上,每一个欧洲人都很清楚这种差别,而美国人民,正像我就要指出的,在他们本国的历史中特别具体地"感受到了"这种差别。协议和协议不同,正如法国人所常说的:fagots et fagots①。

　　当德帝国主义强盗在1918年2月派兵进攻没有武装的、把军队复员了的、在国际革命还没有完全成熟之前就信赖无产阶级国际声援的俄国时,我毫不犹豫地和法国君主派达成了一种"协议"。一位口头上同情布尔什维克、实际上忠心为法帝国主义效劳的法国上尉沙杜尔,领了一个叫让·吕贝尔萨克的法国军官来见我。让·吕贝尔萨克向我声明:"我是一个君主派分子,我的唯一目的就是使德国失败。"我答道,这是很自然的(cela va sans dire)。这丝毫也不妨碍我和让·吕贝尔萨克达成"协议",利用愿意帮助我们的、精通爆破技术的法国军官去破坏铁路线,以阻止德国人的进犯。这是每个觉悟的工人都会赞同的、有利于社会主义的"协议"的范例。我和法国君主派分子握手时,明明知道我们当中每一方都很想把自己的"伙伴"绞死。但是,我们的利益暂时是一致的。为了对付向我们进攻的德国掠夺者,为了维护俄国和国际社会主义革命的利益,**我们**利用了**其他**帝国主义者的同样是掠夺性质的相反利益。我们这样做是为了俄国和其他国家工人阶级的利益,我们加强了全世界的无产阶级而削弱了全世界的资产阶级,我们采用了在**一切**战争中都必须采用的最合理的手段——随机应变,迂回,退却,以便等待一些先进国家中迅速发展着的无产阶级革命**完全成熟起来**。

　　不管英、法、美三国的帝国主义豺狼怎样凶恶地号叫,不管他们怎样诽谤我们,不管他们怎样花费千百万金钱收买右派社会革命党的、孟什维克的和其他社会爱国主义分子的报纸,如果英法军

────────────

　　①　都是柴捆,各有不同。——编者注

队对俄国的进攻需要我和德帝国主义强盗缔结**这样的"协议"，我将毫不迟疑地**这样做。我很清楚，我的策略将得到俄国、德国、法国、英国、美国，一句话，整个文明世界的觉悟的无产阶级的赞同。这样的策略将促进社会主义革命事业，加速社会主义革命的到来，削弱国际资产阶级，加强正在战胜国际资产阶级的工人阶级的阵地。

　　而美国人民早就运用过这一策略，并给革命带来了好处。当美国人民进行反对英国压迫者的伟大解放战争的时候，压迫美国人民的还有法国人和西班牙人，现在的北美合众国的一部分领土当时就属于他们。美国人民在争取解放的艰苦战争中，为了削弱压迫者，为了加强从事反压迫的革命斗争的人们的力量，为了被压迫**群众**的利益，也曾和一些压迫者缔结"协议"去反对另一些压迫者。美国人民利用了法国人、西班牙人和英国人之间的纠纷，有时甚至同法国人和西班牙人这些压迫者的军队并肩作战，反对英国压迫者。美国人民先战胜了英国人，然后从法国人和西班牙人手中解放了自己的国土（一部分是赎回的）。

　　伟大的俄国革命家车尔尼雪夫斯基说过：历史活动并不是涅瓦大街的人行道[33]。谁认为无产阶级革命必须一帆风顺，各国无产者必须一下子就采取联合行动，事先必须保证不会遭到失败，革命的道路必须宽阔、畅通、笔直，在走向胜利的途中根本不必承受极其重大的牺牲，不必"困守在被包围的要塞里"，或者穿行最窄狭、最难走、最曲折和最危险的山间小道，谁认为只有"在这种条件下"才"可以"进行无产阶级革命，谁就不是革命者，谁就没有摆脱资产阶级知识分子的迂腐气，谁就常常会在实际上滚入反革命资产阶级的阵营，像我国右派社会革命党人、孟什维克以至左派社会革命党人(虽然比较少见)那样。

这些老爷喜欢跟着资产阶级责难我们,说我们制造革命"混乱","破坏"工业,造成失业和饥荒。这些人明明欢迎和支持过帝国主义战争,或同继续进行这一战争的克伦斯基达成过"协议",却发出这种责难,多么假仁假义! 这一切灾难正是帝国主义战争的罪孽。战争所引起的革命,不能不经受难以想象的困难和痛苦,那都是各民族间进行了多年的毁灭性的反动的大厮杀遗留下来的。责难我们"破坏"工业或制造"恐怖",这是假仁假义,要不就是极其迂腐,不能理解被称为革命的那种尖锐到极点的激烈的阶级斗争的基本条件。

实质上,这一类"责难者"即使"承认"阶级斗争,也只是口头上承认,实际上往往陷入要各个阶级"协议"与"合作"的小市民空想。因为在革命时代,阶级斗争在一切国家总是不可避免地要采取**国内战争**的形式,而没有极严重的破坏,没有恐怖,没有为了战争利益而对形式上的民主的限制,国内战争是不可想象的。只有甜言蜜语的牧师,不管是基督教牧师,还是沙龙的议会的社会党人这样的"世俗"牧师,才会看不见、不理解和感觉不到这种必然性。只有僵死的"套中人"**34**才会因此避开革命,而不在历史要求用斗争和战争来解决人类最大的问题时以最大的热情和决心投入战斗。

美国人民是有革命传统的,美国无产阶级的优秀代表继承了这种传统,不止一次地表示完全同情我们布尔什维克。这种传统就是 18 世纪的反英解放战争以及后来 19 世纪的国内战争。1870年,美国在某些方面,如果只拿某些工业部门和国民经济所遭受的"破坏"来说,是**落后于** 1860 年的。但如果有人根据**这点**而否定美国 1863—1865 年国内战争的极伟大的、世界历史性的、进步的和革命的意义,那该是多么迂腐、多么愚蠢啊!

资产阶级的代表人物懂得,为了推翻黑奴制度,为了推翻奴隶主的政权,就是使全国经历多年国内战争,遭受任何战争都避免不了的极严重的破坏和恐怖,也是值得的。可是现在要来解决推翻资本主义**雇佣**奴隶制、推翻资产阶级政权这个无比伟大的任务时,这些资产阶级的代表人物和辩护人以及被资产阶级吓倒的、躲避革命的社会党人改良主义者,却不能理解也不愿意理解国内战争的必然性和合理性了。

美国工人是不会跟着资产阶级走的。他们将同我们一起,拥护反资产阶级的国内战争。世界工人运动和美国工人运动的全部历史使我坚信这一点。我还记得美国无产阶级最爱戴的领袖之一尤金·德布兹的话,他在给《向理智呼吁报》(Appeal to Reason)[35]——似乎是在1915年底——写的一篇文章《我将为什么而战》(«What shall I fight for»)里(1916年初,在瑞士伯尔尼一次公开的工人大会上,我曾引用过这篇文章[①])说道:

他,德布兹,宁愿被枪毙,也不会投票赞成给现在这场罪恶的反动的战争拨款;他德布兹只知道一种神圣的、从无产者观点看来是合理的战争,那就是反对资本家的战争,使人类摆脱雇佣奴隶制的战争。

威尔逊这个美国亿万富翁的头子、大资本家的奴仆把德布兹逮捕入狱,并不使我感到惊奇。让资产阶级去残酷地迫害真正的国际主义者、革命无产阶级的真正代表吧!他们愈是残暴,无产阶级革命胜利的日子就来得愈快。

---

① 见本版全集第27卷第247页。——编者注

　　有人责难我们,说我们的革命造成了破坏……　这些责难者究竟是什么人呢? 他们是资产阶级的走狗。而正是资产阶级在四年帝国主义战争中几乎毁灭了欧洲的全部文化,使欧洲陷入野蛮、粗野和饥饿的境地。正是这个资产阶级现在又要求我们不要在这些破坏的基础上、在文化的废墟中间、在战争造成的废墟中间进行革命,不要同那些被战争弄得粗野的人一起进行革命。这个资产阶级多么人道、多么公正啊!

　　资产阶级的奴仆们责难我们实行恐怖……　英国资产者忘记了自己的 1649 年,法国人忘记了自己的 1793 年³⁶。当资产阶级为了本身利益对封建主实行恐怖的时候,恐怖就是正当的、合理的。当工人和贫苦农民胆敢对资产阶级实行恐怖的时候,恐怖竟成为骇人听闻的和罪恶的! 当一个剥削者少数为了代替另一个剥削者少数而实行恐怖的时候,恐怖就是正当的、合理的。当我们为了推翻**一切**剥削者少数,为了真正的大多数,为了无产阶级和半无产阶级——工人阶级和贫苦农民的利益而开始实行恐怖的时候,恐怖竟成为骇人听闻的和罪恶的!

　　国际帝国主义资产阶级在"自己的"战争中,即在确定由英国强盗还是由德国强盗来称霸世界的战争中杀死了 1 000 万人,使 2 000 万人成了残废。

　　如果**我们的**战争,被压迫者和被剥削者反对压迫者和剥削者的战争,要在世界各国一共牺牲 50 万人或 100 万人,资产阶级就会说:前一种牺牲是合理的,后一种牺牲是罪恶的。

　　无产阶级的说法却完全不同。

　　现在无产阶级通过帝国主义战争的惨祸充分地具体地懂得了一个伟大的真理,它是一切革命给我们的教诲,是工人最好的导师、现代社会主义的创始人给工人留下的遗言。这个真理就是：不**镇压剥削者的反抗**，革命就不能成功。在我们工人和劳动农民掌握了政权以后，我们的职责就是镇压剥削者的反抗。我们自豪的是，我们一直在这样做。我们惋惜的是，我们在这方面还做得不够强硬，不够坚决。

我们知道，在一切国家中，资产阶级对社会主义革命的疯狂反抗是不可避免的，而且革命愈发展，反抗就愈**厉害**。无产阶级一定能摧毁这种反抗，在打垮资产阶级反抗的过程中完全成熟起来，最后取得胜利，取得政权。

让卖身投靠的资产阶级报刊向全世界大肆宣扬我国革命所犯的每一个错误吧。我们不怕有错误。人们并不因为发生了革命而变成圣人。劳动阶级多少世纪来一直受压迫，受折磨，被迫处于贫穷、愚昧、粗野的境地，他们干革命是不可能不犯错误的。而资产阶级社会的尸体，正如我一次说过的，又不能装进棺材，埋到地下①。被打死的资本主义在我们中间腐烂发臭，污染空气，毒化我们的生活，用陈旧的、腐败的、死亡的东西的密网死死缠住新鲜的、年轻的、生气勃勃的东西。

资产阶级及其走狗（其中包括我国孟什维克和右派社会革命党人）向全世界大肆宣扬我们所犯的错误，可是我们每犯一百个错误就有一万个伟大的英勇的行动，这些行动是平凡的，不起眼的，是淹没在工厂区或偏僻乡村的日常生活中间的，是由不习惯（也没有可能）向全世界大肆宣扬自己每一个成就的人们做出来的，因此，也就更加伟大，更加英勇。

---

① 参看本版全集第34卷第380页。——编者注

假定事情完全相反（虽然我知道这种假定不符合事实），假定我们每有一百个正确行动就有一万个错误，我们的革命仍然是**而且在世界历史面前一定是**伟大的，不可战胜的，因为这是**第一次**不是由少数人，不是仅仅由富人、仅仅由有教养的人，而是由真正的群众、由大多数劳动者**自己**来建设新生活，**用自己的经验**来解决社会主义组织工作中的最困难的问题。

在这项工作中，在这项千百万普通工人和农民真心实意地进行的改造他们整个生活的工作中所犯的每一个错误，都抵得上剥削者少数的一千个、一百万个"没有错误的"成就，在欺骗和愚弄劳动者方面所得到的成就。因为工人和农民只有**通过**这样一些错误才能**学会**建设新生活，学会**不要**资本家也能进行建设，才能给自己开拓出一条穿越千万重障碍而到达社会主义胜利的道路。

我们的农民在进行革命工作时会犯错误，但他们在 1917 年 10 月 25 日（俄历）的一夜之间就一举废除了一切土地私有制，并且现在逐月地克服着莫大的困难，自己纠正自己的失误，切实地解决着极困难的任务：创造新的经济生活条件，同富农作斗争，保证土地掌握在**劳动者**手里（而不是掌握在富人手里），向**共产主义的**大农业过渡。

我们的工人在进行革命工作时会犯错误，但他们只用了几个月时间差不多已经把所有的大工厂收归国有，现正通过日常的艰苦的劳动学习管理整个工业部门的新业务，克服因循守旧、小资产阶级性和利己主义这些巨大的阻力，使国有化企业走上正轨，用一块块基石为**新的**社会联系、**新的**劳动纪律、工会对其会员的**新的**权力奠定基础。

我们的苏维埃，远在 1905 年的群众运动高潮中建立起来的苏维埃,在进行革命工作时会犯错误。工农苏维埃,这是新的国家**类型**,新的最高的民主**类型**,这是无产阶级专政的一种形式,是在**不要**资产阶级和**反对**资产阶级的情况下来管理国家的一种方式。在这里,民主第一次为群众为劳动者服务,不再是富人的民主,而在一切资产阶级的、甚至是最民主的共和国里,民主始终是富人的民主。人民群众现在第一次为亿万人解决实现无产者和半无产者专政的任务,而不解决这一任务,也就**谈不上**社会主义。

让学究们或满脑子资产阶级民主偏见或议会制偏见的人们在谈到我们的工人、农民和红军代表苏维埃不是由直接选举产生的时候去摇头耸肩表示不解吧。这些人在 1914—1918 年的大转变时期既没有忘掉什么,也没有学到什么。无产阶级专政与劳动者的新的民主相结合,国内战争与最广泛地吸引群众参加政治相结合,——这样的结合是不可能一蹴而就的,也是保守的议会民主制的陈旧形式容纳不了的。新的世界,社会主义的世界,是以苏维埃共和国的面貌出现在我们面前的。毫不奇怪,这个世界不会一生下来就完美无缺,不会像密纳发那样一下子从丘必特脑袋里钻出来[37]。

旧的资产阶级民主宪法大书特书形式上的平等和集会权利,我们的、无产阶级和农民的、苏维埃的宪法则抛弃形式上平等的虚伪词句。当资产阶级共和派推翻帝制时,他们并不关心君主派同共和派的形式上的平等。现在要来推翻资产阶级了,只有叛徒或白痴才会极力为资产阶级争取形式上的平等权利。如果所有好的建筑物都让资产阶级占去了,"集会自由"对工人和农民来说就一文不值。我们的苏维埃把城市和乡村中好的建筑物从富人手里全部**夺了过来**,并把**所有**这些建筑物**交给**了工人和农民,供**他们**集会结社之用。这就是**我们的**集会自由——劳动者享受的集会自由！这就是我们的苏维埃宪法、我们的社会主义宪法的意义和内容！

正因为这样，我们大家深信，不管我们苏维埃共和国还会遭到什么灾祸，**它是不可战胜的**。

它之所以不可战胜，是因为疯狂的帝国主义的每一次打击，国际资产阶级使我们遭受的每一次失败，都会激励更多的工人和农民起来斗争，使他们从惨重的牺牲中受到教育，使他们受到锻炼，激发起新的群众性的英雄主义。

我们知道，美国工人同志们，你们的帮助也许还不会很快到来，因为革命的发展在不同的国家有不同的形式，不同的速度（也不能不是这样）。我们知道，欧洲的无产阶级革命，不管它近来成熟得多么快，在最近几个星期内还不可能爆发。我们指望国际革命必然发生，但这决不是说，我们像傻瓜一样指望它在**某个**短时期内必然发生。我们国家有过两次大革命（1905 年和 1917 年），所以知道革命是不能按订单或协议制造的。我们知道，形势把**我们**俄国的社会主义无产阶级的队伍推到前面，并不是由于我们的功劳，而是由于俄国特别落后；我们知道，**在**国际革命爆发**之前**，一些国家的革命遭到失败还是可能的。

虽然如此，我们还是坚定地认为我们是不可战胜的，因为人类不会毁于帝国主义大厮杀，而一定会战胜它。第一个**打碎**帝国主义战争的沉重锁链的就是**我们**国家。我们在打碎这条锁链的斗争中作出了重大牺牲，但是我们把它**打碎了**。我们**摆脱了**对帝国主义的依赖，我们在全世界面前举起了为彻底推翻帝国主义而斗争的旗帜。

在国际社会主义革命的其他队伍来援助我们之前，我们就好像守在一个被包围的要塞里。但这些队伍**是存在的**，他们比我们**人数众多**，他们正随着帝国主义继续肆虐而日益成熟起来，日益成长壮大起来。工人们正在同龚帕斯、韩德逊、列诺得尔、谢德曼、伦纳之流的社会主义叛徒决裂。工人们在缓慢地但是坚定不移地转向共产主义的即布尔什维主义的策略，走向无产阶级革命，因为只有无产阶级革命才能挽救正在毁灭的文化和正在毁灭的人类。

　　总之，我们是不可战胜的，因为世界无产阶级革命是不可战胜的。

尼·列宁

1918 年 8 月 20 日

载于 1918 年 8 月 22 日《真理报》
第 178 号

译自《列宁全集》俄文第 5 版
第 37 卷第 48—64 页

人民委员会关于
马铃薯价格的决定草案[38]

(1918 年 8 月 22 日)

(1)马铃薯的固定价格推迟到 10 月 1 日实行。

(2)向中央统计局下达任务:

立即动员统计部门的全部力量

(α)统计马铃薯的收获量;

(β)对马铃薯的大、中种植者进行统计和登记

首先在莫斯科周围盛产马铃薯的省份进行;

然后在其他一些出产马铃薯的省份进行。

要求中央统计局局长于明天即星期五汇报采取的措施,以后每周汇报两次。

(3)委托粮食人民委员部(在内务人民委员部和莫斯科工人、农民和红军代表苏维埃参加下)火速讨论如何建立一种制度,(对出售马铃薯的货主)要求必须持有有署名的收据,作为用畜力车、火车和船舶自由运输马铃薯的条件。

(4)委托粮食人民委员部立即动员一切力量,在 8 月 25 日以前做好组织工作,按自由价格火速地、广泛地收购马铃薯,至少要收购到 4 000 万普特,并集运到两个首都的和各军事基地的国家仓库。

（5）为此要通过各工业省份的工会和工人、农民和红军代表苏维埃动用广大工人的力量。

（6）委托粮食人民委员部于明天即星期五提出报告，汇报这项工作的进程和在准备工作中所采取的措施（以及有关这项工作的数字统计），以后每周报告两次。

（7）为粮食人民委员部完成马铃薯收购任务拨款5亿卢布。

（8）明天就公布本决定的第1条。**39**

载于1933年《列宁文集》俄文版
第21卷

译自《列宁全集》俄文第5版
第54卷第402—403页

在综合技术博物馆
群众大会上的讲话[40]

(1918 年 8 月 23 日)

　　(热烈欢呼)我们的纲领是什么呢？是争取社会主义。在世界大战的现阶段,要摆脱这场战争,除了社会主义胜利,没有别的出路。但是许多人不懂得这个道理。现在,人类大多数都反对血腥的大厮杀,但是他们理解不到这种大厮杀同资本主义制度的直接联系。甚至资产阶级也能一眼看出目前这场战争所造成的惨祸,但它不可能承认,只有推翻资本主义制度才能结束战争……　这个主要思想始终是布尔什维克和世界各国革命的社会党人同那些想使和平降临人间而又要牢牢保存资本主义制度的人的区别所在。

　　为什么要进行战争呢？我们知道,大多数战争都是为了王朝的利益进行的,所以叫做王朝战争。但有时进行战争也是为了被压迫者的利益。斯巴达克掀起的战争就是为了保卫被奴役的阶级。在至今还存在的殖民压迫的时代,在奴隶制时代和其他时代,都进行过这种战争。这种战争是正义的,是不能谴责的。

　　但是,我们一谈到目前这场欧洲战争就要加以谴责,那完全是因为它是由压迫阶级进行的。

　　目前这场战争的目的是什么呢？如果相信各国外交家的话,

那么,法国和英国进行战争是为了保护弱小民族,反对野蛮人,反对德国生番;德国进行战争是为了反对威胁文明的日耳曼民族的野蛮的哥萨克,为了保卫祖国免遭敌人进犯。

但是我们知道,这场战争是经过准备和酝酿的,是不可避免的。这场战争的不可避免,就像美日战争的不可避免一样,为什么不可避免呢?

因为资本主义使土地这项财富集中在某些国家手里,连最后一块土地都瓜分完了;再要瓜分,再要增加这种财富,就只能损害别人,为了一个国家的利益去损害另一个国家。这个问题只有用武力才能解决,因此,世界掠夺者之间的战争就不可避免了。

领导这场战争的,迄今一直是两大公司——英国和德国。英国是最大的殖民强国。尽管英国本土的人口不超过 4 000 万,它的殖民地的人口却在 4 亿以上。它早就依靠强权侵占了别国的殖民地,侵占了大量土地,并加以开发。但在经济方面,近 50 年来它已落后于德国,德国的工业超过了英国的工业。德国大规模的国家资本主义和官僚制度结合了起来,于是德国打破了纪录。

这两个巨头的称霸斗争只有用武力才能解决。

如果说从前,英国靠强权侵占了荷兰、葡萄牙等国的土地,那么现在,德国登台了,说该轮到我从别人那里捞一把了。

可见,问题在于两个最强的国家为瓜分世界而争斗。又因为双方都有亿万资本,它们之间的斗争就成了世界范围的斗争。

我们知道,为了发动这场战争,它们干了多少秘密的罪恶勾当。我们所公布的秘密条约证明,对战争原因的一切解释全是空话,所有国家,包括俄国在内,都是受着靠牺牲弱小民族来发财的肮脏条约约束的。结果是强者更富足,弱者遭蹂躏。

　　不能把战争的爆发归罪于某些个人；责怪帝王们造成这场大厮杀是错误的，这场大厮杀是资本造成的。资本主义已经走到尽头，这个尽头不是别的，就是帝国主义，是它造成了争夺全世界的战争。

　　说进行战争是为了解放弱小民族，这是弥天大谎。两只野兽依然虎视眈眈地对峙着，而它们身旁就有不少惨遭蹂躏的弱小民族。

　　所以我们说：除了国内战争，别无摆脱帝国主义大厮杀的出路。

　　当我们在1914年谈到这一点时，有人说这是空中楼阁，但是我们的分析被后来全部事态的发展证实了。现在我们看到，沙文主义的将军们已经没有兵了。不久以前，在受战争之害最深、对保卫祖国的口号最容易接受（因为敌人已经兵临巴黎城下）的法国，护国派遭到了惨败；诚然，沙文主义是因为有了龙格这样一些动摇分子而遭到惨败的，但这一点毕竟不那么重要。

　　我们知道，在俄国革命初期，政权落到了那些老讲空话而口袋里依然装着沙皇条约的老爷手里。如果说俄国各政党向左转得快一些，那是得助于革命前万恶的制度和我们的1905年革命。

　　而在欧洲，占统治地位的是聪明而谨慎的资本主义，它拥有强大而严整的组织，因此，摆脱民族主义狂热的过程比较缓慢。但是终究不能不看到，帝国主义战争正在缓慢而痛苦地终结。

　　根据完全可靠的消息，德国军队整个在瓦解，而且干起了投机生意。情况也只能是这样。一当觉醒的士兵开始明白流血牺牲纯粹是为了资产阶级的利益，瓦解现象就不能不蔓延开来。

　　维持得最久、最稳固的法国军队同样表明，它也免不了要瓦解。马尔威审判案多少披露了一点法国的情况,使我们看到有成千的士兵拒绝开赴前线[41]。

这一切就是在俄国已经展开的那种事变将要发生的先兆。不过,文明国家展示的内战情景将比俄国更加残酷。芬兰就证实了这一点,这个欧洲所有国家中最民主的国家,妇女最早得到选举权的国家,竟野蛮地残暴地镇压红军战士,但红军战士并没有轻易屈服。这种情景表明,多么残酷的命运正等待着这些文明国家。

你们可以看出,说俄国军队的瓦解是布尔什维克一手造成的这种责难是多么荒谬。

我们这支队伍只不过比其他国家的工人队伍先走了几步,这不是因为我们比其他的队伍强,而是因为我国资产阶级的愚蠢政策使俄国工人阶级较快地挣脱了资产阶级套在它身上的枷锁。现在,我们为俄国的社会主义制度而斗争,也就是为全世界实现社会主义而斗争。现在,在世界各国大大小小的工人集会上,都在谈论布尔什维克,他们都了解我们,知道我们目前是在从事全世界的事业,是在为他们进行工作。

我们在废除土地私有制,把企业和银行(目前银行正在组织工业)收归国有的时候,受到了来自四面八方的谴责,说我们犯了大量错误。的确如此,但是工人们在自己创造社会主义,不管我们犯了什么样的错误,我们是在实践中学习,是在为掌握正确进行革命的艺术打基础。

正因为如此,我们受到如此疯狂的仇视!正因为如此,法帝国主义不惜以几千万、几万万的金钱来支持反革命,因为反革命会把我国工农拒绝偿还的几十亿债款归还法国。

现在所有的资产阶级报刊都以登载各种谎言为乐事,它们说人民委员会已迁往图拉，而十天以前又有人在喀琅施塔得看到这个委员会等等；说莫斯科就要陷落，苏维埃当局已经逃跑。

整个资产阶级，整个过去的罗曼诺夫皇族，所有的资本家和地主，都支持捷克斯洛伐克军，因为他们认为，捷克斯洛伐克军的叛乱有可能摧毁苏维埃政权。协约国知道这一点，所以发动了一场最激烈的战斗。它们在俄国缺乏骨干力量，就找上了捷克斯洛伐克军。因此，对捷克斯洛伐克军的叛乱不能掉以轻心。这次叛乱引起了一系列的反革命暴动，而富农和白卫分子的一系列叛乱标志着我国革命历史的最后几页。

苏维埃政权的处境是艰难的，对此不能熟视无睹。但是只要看看四周，你们就不能不对胜利充满信心。

德国屡遭失败，而这些失败是德国士兵"叛变"的结果，这已不是什么秘密；法国士兵由于安德里厄同志被捕而在最危急的时刻拒绝开往前线，政府为了调动军队只好释放他；等等，等等。

我们作出了很多牺牲。布列斯特和约就是一个重伤，我们曾经期望德国发生革命，但是当时革命还没有成熟。现在革命正在成熟，革命无疑在酝酿中，它必然会到来。不过只有傻瓜才会问西欧革命什么时候到来。革命是无法推算的，革命是无法预报的，它是自然而然地发生的。它在逐渐成熟，而且一定会爆发。难道在二月革命前一个星期，有人知道它就要爆发吗？难道在发疯的神父把人民引到冬宫去的时候[42]，有人想到过1905年那场革命就要爆发吗？但是现在革命在逐渐成熟，而且必然会发生。

因此我们必须把苏维埃政权保持到西欧革命开始的时候，我们的错误应当成为西欧无产阶级的教训，成为国际社会主义运动的教训。俄国革命以至国际革命的生路，都在反对捷克斯洛伐克军的战线上。我们已经得到消息，那支不断被将军们出卖的军队，那支疲惫不堪的军队，由于我们的党员同志和工人同志的加入，已开始取得胜利，开始在反对世界资产阶级的斗争中表现出革命的热情。

我们相信，胜利是属于我们的，一旦我们取得胜利，就能保住社会主义。（热烈欢呼）

载于1926年《列宁全集》俄文第1版　　　　译自《列宁全集》俄文第5版
第20卷第2册　　　　　　　　　　　　　　第37卷第65—70页

在阿列克谢耶夫民众文化馆
群众大会上的讲话

（1918年8月23日）

简 要 报 道

（列宁同志出现时，响起了热烈的经久不息的掌声）同志们，今天我们党召开群众大会来谈这样一个题目：我们共产党人为什么而奋斗。

对于这个问题，可以作一个最简短的回答：为了停止帝国主义战争，为了社会主义。

还在战争初期，在反动统治和沙皇制度存在的时期，我们就已经声明，这是一场罪恶的战争，摆脱它的唯一出路是变帝国主义战争为国内战争。

当时很多人不明白帝国主义战争和社会主义之间有什么联系，甚至很多社会党人也认为这场战争同其他战争一样，一定会以缔结和约的方式结束。

但是四年战争给了人们很多教益。现在看得越来越清楚：没有别的出路。继俄国革命之后，各交战国的革命也日益成熟。怎么会发生这种现象呢？要回答这个问题，就需要说明共产党人对战争的态度和我们对战争的评价。我们认为，为了实现帝王和资本家的侵略野心而进行的一切战争，都是罪恶的战争，因为这种战争给劳动阶级带来死亡，却给占统治地位的资产阶级带来丰硕的果实。

但是有些战争，工人阶级应该称之为唯一正义的战争，——这就是为了摆脱资本家的奴役、压迫而进行的斗争，这种战争是必要的，因为只有通过斗争我们才能得到解放。

1914年德国和英法两国之间爆发战争，是为了瓜分世界和争夺扼杀全世界的权利，可是两个营垒的资本家都竭力用"保卫祖国"的口号来掩盖他们的侵略野心，用这种无稽之谈来安抚人民群众。

在这场大厮杀中，千百万人死去了，千百万人成了残废。战争变成了全世界的战争。人们越来越产生这样的问题：这些无谓的牺牲究竟是为了什么呢？

英国和德国遍体血污，但又没有摆脱战争的出路，因为一些帝国主义国家即使停止战争，另一些帝国主义国家仍会继续打下去。

资本家太过分了，他们掠夺得太多了。同时，军队在瓦解，到处都有逃兵；意大利山区都是逃兵，法国的士兵拒绝作战，甚至德国的军纪也大不如从前了。

法国和德国的士兵开始懂得，他们应该掉转头来，把枪口对准本国政府，因为在资本主义制度下，要结束流血的战争是不可能的；从这里人们意识到必须展开各国工人反对各国资本家的斗争。

建立社会主义制度是困难的。国内战争要拖很多个月，甚至很多年，俄国人想必是懂得这一点的，因为他们知道，推翻统治阶级是多么困难，俄国的地主和资本家是怎样拼命地顽抗。

在欧洲，没有一个国家的工人不同情布尔什维克，不相信总有一天也会像俄国工人那样推翻本国政府。

我们俄国共产党人暂时是孤立的，因为我们这支队伍比其他队伍超前了，我们和其他同志被分割开了。但我们应该首先行动，因为我们的国家最落后。我们的革命是全世界的革命，我们将在各国工农的援助下解决我们的任务。

我们的任务是艰难的，很多无用之人和有害分子跑来加入我们的行列，但工作已经开始，如果说我们也犯错误，那么不应该忘记，每个错误都会给人以启迪和教益。

资本主义是一种国际力量，因此，只有在一切国家而不只是在一个国家战胜它，才能把它彻底消灭。反对捷克斯洛伐克军的战争就是反对全世界资本家的战争。

工人们正挺身奋起进行这一斗争；彼得格勒和莫斯科的工人纷纷参军，因而军队中渗进了为社会主义胜利而斗争的思想。

无产阶级群众一定能保证苏维埃共和国战胜捷克斯洛伐克军，使它能够支持到世界社会主义革命爆发。（列宁同志的讲话在全场热烈的掌声和欢呼声中结束）

载于1918年8月24日《全俄中央执行委员会消息报》第182号

译自《列宁全集》俄文第5版第37卷第71—73页

在全俄教育工作
第一次代表大会上的讲话[43]

（1918 年 8 月 28 日）

　　（列宁同志进入会场，全体起立，长时间热烈鼓掌）同志们！我们正处在一个最紧要、最重要、最有意义的历史关头，——世界社会主义革命日益成熟的关头。现在连那些缺乏社会主义理论和社会主义远见的人也明白，这场战争不会怎么开始就怎么结束，就是说，不会由原来那些帝国主义政府像通常那样缔结一项和约来结束。俄国革命表明：战争必然导致整个资本主义社会的崩溃，它必然变成劳动者反对剥削者的战争。俄国革命的意义就在这里。

　　不管在我们的前进道路上困难多大，不管各国怎样不惜花费千百万金钱来散布诬蔑俄国革命的谣言，全世界的工人阶级都感觉到，俄国革命是他们自己的事业。在一个帝国主义集团对另一个帝国主义集团进行战争的同时，世界各地又开始了另一种战争，那就是受到俄国革命这个榜样鼓舞的各国工人阶级向本国资产阶级宣布的战争。一切迹象表明，奥地利和意大利正处在革命的前夜，这两个国家的旧制度正在迅速瓦解。在德、英、法这些比较稳定比较巩固的国家里，同样的过程也在进行，只是稍有不同，不那么显著罢了。资本主义制度和资本主义战争不可避免要完蛋。德帝国主义者没能把社会主义革命扼杀。德国在红色拉脱维亚、芬兰和乌克兰镇压革命,结果是它自己的军队陷于瓦解。德国在西线的失败,在很大程度上是由于德国原来那样的军队已不存在。德国外交官们半开玩笑说过,德国士兵在"俄国化"。现在这已经不是玩笑话,而是使他们感到痛苦的事实。在德国军队中,反抗情绪在增长,"叛变"成了常有的事情。另一方面,英法正在作最后的努力以保持自己的地位。他们向俄罗斯共和国猛扑过来,把资本主义的弦都要绷断了。连资产阶级报刊也承认,工人群众的情绪已开始发生明显的变化:在法国,"保卫祖国"的思想遭到破产;在英国,工人阶级宣布"国内和平"破裂。这就是说,英法帝国主义者已经打出了自己的最后一张牌。我们有绝对把握说,这张牌一定会被吃掉。(热烈鼓掌)不管某些集团怎样叫嚣说布尔什维克依靠的是少数,他们不得不承认,他们在俄国国内找不到同布尔什维克进行斗争的力量,只好求助于外国的干涉。这样一来,英法工人阶级就被迫参加了这场具有明显的侵略性质、旨在扼杀俄国革命的战争。这就是说,英法帝国主义,也可以说世界帝国主义,就要咽气了。(热烈鼓掌)

不管在一个人民自己打倒了战争和遣散了旧军队的国家里重新造成战争状态多么艰难,不管在激烈的国内战争中重新组织军队多么不容易,我们还是克服了一切困难。军队建成了,战胜捷克斯洛伐克军、白卫分子、地主、资本家和富农也就有了保证。(热烈鼓掌)劳动群众懂得,他们不是为一小撮资本家的利益作战,而是为自己的事业作战。俄国的工人和农民第一次有了可能自己来管理工厂和土地,这个经验一定会对他们发生影响。我们的军队是由优秀分子组成的,是由觉悟的农民和工人组成的。每一个上前线的人都懂得,他不仅是为俄国革命的命运而斗争,而且是为整个国际革命的命运而斗争，因为我们可以相信，俄国革命只是一个榜样，只是一系列革命的第一步，战争必然会以这一系列革命而告终。

国民教育事业是我们目前正在进行的斗争的一个组成部分。我们能够用十分明显的真理来驳斥骗人的谎言。战争清楚地表明资产阶级拿来作幌子的"多数人意志"是怎么回事，战争清楚地表明一小撮财阀为了自己的利益而把各国人民拖入大厮杀。人们原来认为资产阶级民主是为多数人服务的，这个信念现在已经彻底破产了。我们的宪法，我们的苏维埃（它在欧洲看来是个新事物，但我们早从1905年革命的经验中就知道了），是揭露资产阶级民主制虚伪骗人的本质的最好的宣传鼓动材料。我们公开宣告由被剥削的劳动者实行统治，这就是我们的力量所在，这就是我们不可战胜的原因。

在国民教育方面也是这样：资产阶级国家愈文明，它就愈会骗人，说学校可以脱离政治而为整个社会服务。

事实上，学校完全变成了资产阶级阶级统治的工具，它浸透了资产阶级的等级观念，它的目的是为资本家培养恭顺的奴才和能干的工人。战争表明，现代技术的奇迹怎样成了靠战争发财的资本家屠杀千百万工人和搜刮巨额财富的手段。战争遭到内在的破坏，因为我们摆出了真理，揭穿了他们的谎言。我们说，我们办学的事业同样也是一种推翻资产阶级的斗争。我们公开声明，所谓学校可以脱离生活，可以脱离政治，这是撒谎骗人。那些最有学识的资产阶级旧文化人士实行怠工是怎么一回事呢？怠工比任何鼓动员、比我们所有的讲话和成千种小册子都更清楚地说明，这些人把知识当做专利品，把知识变成他们对所谓"下等人"实行统治的工具。他们利用自己受到的教育来破坏社会主义建设事业,公开反对劳动群众。

俄国的工人和农民在革命斗争中得到了充分的锻炼。他们看到,只有我们的制度才使他们能够进行真正的统治;他们深信,国家政权完完全全是在帮助工人和贫苦农民,使他们能够彻底粉碎富农、地主和资本家的反抗。

劳动者渴求知识,因为知识是他们获得胜利所必需的。十分之九的劳动群众都懂得:知识是他们争取解放的武器;他们遭到挫折就是因为没有受教育;现在要真正做到人人都能受到教育,全靠他们自己。我们事业的保证在于群众自己动手建设社会主义的新俄国。他们从自己的经验中学习,从自己的失败和错误中学习。他们知道,要使他们所进行的斗争最终取得胜利,是多么地需要教育。尽管许多机关似乎在瓦解,尽管怠工的知识分子兴高采烈,我们看到,斗争经验已使群众学会自己掌握自己的命运。所有不是在口头上而是在行动上同情人民的人,优秀的教师们,都会帮助我们,——这就是社会主义事业一定胜利的可靠保证。(欢呼)

载于1919年《全俄教育工作第一次代表大会记录》一书　　　　译自《列宁全集》俄文第5版第37卷第74—78页

关于各人民委员部的工作报告

（1918 年 8 月 29 日）

1

人民委员会决定[44]

委托各人民委员部于一周内写出 1917 年 10 月 25 日以来工作情况的简要报告（2—5 印张）。

报告应当写得非常通俗，应当特别注意工人组织和无产阶级代表在管理方面如何发挥作用的情况，以及具有社会主义性质的和旨在镇压资产阶级反抗的重大措施。

全俄肃反委员会也应写出类似报告。

请中央执行委员会主席团对自己的工作也作出同样的决定（特别是宪法和苏维埃历届代表大会的总结）。

2

给各人民委员的信

1918年8月29日

8月29日人民委员会作了要求在**一周内写出工作报告**的决定，关于决定的执行问题，我谨提出几点希望：

报告应当写得**非常通俗**，其中特别要指出：

(a)群众生活改善的情况(**工人**、国民教师等工资提高的情况)；

(b)工人(优秀工人个人和工人组织等)参加管理的情况；

(c)贫苦农民参加管理以及在反对富农的斗争中协助苏维埃政权的情况；

(d)剥夺地主、资本家、商人、金融家等的情况。

主要的任务是用事实**具体**说明，苏维埃政权**究竟是怎样**采取向社会主义迈进的步骤(**最初的**步骤)的。

列　宁

载于1928年《列宁文集》俄文版第8卷

译自《列宁全集》俄文第5版第37卷第79—80页

关于贫苦农民委员会
没收富农种子粮的问题

（不晚于 1918 年 8 月 30 日）

是否应当补充一点？

让贫苦农民委员会从富农那里**没收**种子粮，无论如何要这样做，如果现在不行，以后也得向富农征收——先暂时从地主农场拿出一部分粮食交给贫苦农民作种子。①

载于 1931 年《列宁文集》俄文版
第 18 卷

译自《列宁全集》俄文第 5 版
第 54 卷第 403 页

---

① 建议是针对哪个文件提出的，未能确定。——俄文版编者注

在巴斯曼区群众大会上的讲话[45]

(1918 年 8 月 30 日)

简 要 报 道

从 2 月到 10 月,资产阶级在社会妥协派的支持下统治了革命的俄国,一时成了革命俄国的主人。

米留可夫—古契柯夫政府刚迈出几步,人民群众就已清楚资产阶级要把他们引向何处。俄国资本家和地主实质上在继续奉行已被人民推翻的沙皇的政策,但他们的卑鄙勾当却受到孟什维克和社会革命党人的掩护,这些人表面上是社会主义者,实际上则背叛社会主义,为英法交易所效劳。

妥协派被十月起义抛弃、被革命清除出去以后,又在乌克兰、高加索、西伯利亚和伏尔加河流域重操旧业。他们终于达到了目的:推翻了这些地方的苏维埃,并把布尔什维克活动家交给捷克斯洛伐克走卒和俄国白卫分子去折磨。

在这些地方的苏维埃的废墟上,我们看到了什么呢?资本家和地主大奏凯歌,工人和农民在呻吟咒骂。土地交给了贵族,工厂还给了原主。八小时工作制被废除,工农组织被取缔,沙皇的地方自治机关和旧的警察统治重新肆虐。

让每一个在政权问题上还摇摆不定的工人和农民看看伏尔加河流域,看看西伯利亚,看看乌克兰吧,那时他自己就会得出明确

答案。（热烈欢呼，经久不息）

载于 1918 年 8 月 31 日《真理报》　　　译自《列宁全集》俄文第 5 版
第 185 号　　　　　　　　　　　　　　第 37 卷第 81—82 页

在原米歇尔逊工厂
群众大会上的讲话[46]

（1918 年 8 月 30 日）

简 要 报 道

（热烈鼓掌，欢呼）有人经常责难我们布尔什维克背弃了平等博爱的信条。现在我们就来开诚布公地谈一谈。

是什么样的政权取代了沙皇政权呢？是古契柯夫—米留可夫政权，它在俄国开始了召集立宪会议的工作。这项工作对挣脱了千年枷锁的人民的真正好处是什么呢？好处就是，在古契柯夫及其他热心人的背后，召集了一帮追求帝国主义目的的资本家。而克伦斯基、切尔诺夫一伙上台以后，这个摇摇欲坠、失去依托的政府又只想着同他们关系密切的资产阶级的切身利益。政权实际上转到了富农手里，劳动群众没有得到它任何好处。其他国家也是如此。就拿最自由最文明的美国来说吧。它是一个民主共和国。情况又怎么样呢？在那里，不是一小撮百万富翁而是一小撮亿万富翁实行着专横的统治，而全体人民备受奴役。既然工厂、银行和全国一切财富都归资本家所有，既然与民主共和制同时并存的是对千百万劳动者的农奴制奴役和暗无天日的贫困生活，试问，你们吹嘘的平等博爱又在哪里呢？

没有！哪里由"民主派"统治，哪里就有赤裸裸的、不折不扣的掠夺。我们是知道所谓民主国的真正本质的。

法兰西共和国、英国和其他民主国的秘密条约十分清楚地向我们说明了整个事情的实质和内幕。这些条约的目的和利益，同德国的一样，也是罪恶的和掠夺性的。战争擦亮了我们的眼睛。我们清楚地看到了所谓祖国的保卫者原来是无耻的强盗和掠夺者。对强盗的这次进犯，应当用革命的行动、革命的创造来对付。的确，在这个非常时期，要实现联合，特别是实现农民革命分子的联合，是很困难的；但是我们相信革命的先锋队——工厂无产阶级的创造力量和阶级热情。工人们清楚地意识到：只要对民主共和国和立宪会议还抱着美妙的幻想，就照旧每天要有 5 000 万卢布花在危害他们的战争上面，他们就永远找不到摆脱资本主义压迫的出路。工人们懂得了这一点，就建立起自己的苏维埃。

同样，现实生活也使工人懂得，只要地主还安安稳稳占用着宫殿和迷人的城堡，集会自由就是虚构，不过是在阴曹地府集会的自由。你们都会同意这样的看法：一面答应给工人自由，一面又让宫殿、土地、工厂和所有财富继续掌握在资本家和地主的手里，这哪里有一点自由平等的气味呢？我们只有一个口号，一个信条：任何一个从事劳动的人都有权享用生活资料。吸劳动人民血的寄生虫则不得享用这些资料。我们宣布：一切属于工人，一切属于劳动者！

我们知道这一切实行起来非常困难，我们知道资产阶级要拼命反抗，但是我们相信无产阶级会取得最后胜利，因为他们既然能够摆脱帝国主义战争风暴带来的奇灾大祸，既然能够在被他们推倒的建筑物的废墟上建立起社会主义革命的大厦，他们就不可能不取得胜利。

实际上到处都在实现着各种力量的联合。由于我们废除了土地私有制,现在城乡无产阶级正实际地联合起来。在西欧,工人的阶级意识也日益明显地表现出来。英、法、意以及其他国家的工人发出愈来愈多的宣言和要求,这些宣言和要求证明世界革命事业的胜利就要到来。我们当前的任务是:不要理会资产阶级强盗的一切骗人的、无耻的叫嚣和哀号,开创自己的革命工作。我们应当把一切力量都放到反对捷克斯洛伐克军的战线上去,把那帮在自由平等口号的掩饰下成百成千地屠杀工农群众的匪徒消灭干净。

我们的出路只有一条:不胜利,毋宁死!

载于 1918 年 9 月 1 日《全俄中央执行委员会消息报》第 188 号

译自《列宁全集》俄文第 5 版第 37 卷第 83—85 页

祝贺红军收复喀山

（1918 年 9 月 11 日）

喀山，托洛茨基

我热烈祝贺红军的辉煌胜利。

愿这一胜利成为工人和革命农民的联盟彻底打垮资产阶级、粉碎剥削者的一切反抗并使世界社会主义取得胜利的保证。

世界工人革命万岁！

列　宁

载于 1918 年 9 月 12 日《真理报》第 195 号和《全俄中央执行委员会消息报》第 197 号

译自《列宁全集》俄文第 5 版第 37 卷第 86 页

给奔萨省执行委员会和第 1 集团军革命军事委员会的电报[47]

(1918 年 9 月 12 日和 18 日之间)

奔萨省执行委员会和第 1 集团军革命军事委员会

　　我的故乡辛比尔斯克的收复,是包扎我的伤口的一条最有效最理想的绷带。我顿时觉得精神振奋,力量骤增。我祝贺红军战士的胜利,并代表全体劳动者对他们作出的一切牺牲表示感谢。

列　宁

载于 1918 年 9 月 25 日《彼得格勒真理报》第 209 号(非全文)

全文载于 1935 年 1 月 27 日《红星报》第 22 号

译自《列宁全集》俄文第 5 版第 37 卷第 95 页

给无产阶级文化教育组织
代表会议主席团的信[48]

1918 年 9 月 17 日

亲爱的同志们：衷心感谢你们的良好祝愿，并祝你们在工作中获得最好的成就。

社会主义革命胜利的主要条件之一，就是工人阶级要懂得必须实行本阶级的**统治**并在从资本主义到社会主义的过渡时期实行这种**统治**。全体被剥削劳动者的先锋队无产阶级必须在这个过渡时期实行**统治**，以便彻底消灭阶级，镇压剥削者的反抗，把被资本主义压制、摧残和搞成一盘散沙的全体被剥削劳动群众**团结**在城市工人的周围，同他们结成最紧密的联盟。

我们所以获得各种成就，是由于工人们懂得了这个道理，并开始通过自己的苏维埃**来管理**国家。

但是工人们对这个道理领会得还**不够**，在推举**工人来管理**国家方面往往过于**缩手缩脚**。

同志们，为此奋斗吧！希望无产阶级文化教育组织能在这方面予以协助。这是社会主义革命继续取得成就直到取得最终胜利的保证。

敬礼

弗·乌里扬诺夫(列宁)

载于 1918 年 9 月 19 日《真理报》第 201 号

译自《列宁全集》俄文第 5 版第 37 卷第 87 页

给彼得格勒指挥员训练班的电报

1918 年 9 月 18 日

彼得格勒瓦西里耶夫岛军校街 3 号

致军区政治委员

我向今天在红军指挥员训练班毕业并即将到军队中去担任领导工作的 400 名工人同志表示祝贺。俄国和世界的社会主义革命的胜利,取决于工人以怎样的毅力管理国家,以怎样的毅力指挥为推翻资本压迫而战的被剥削劳动者的军队。因此我相信,成千上万的工人将以这 400 人为榜样;有这样的管理人员和指挥人员,共产主义的胜利就会有保障。

人民委员会主席 **列宁**

载于 1918 年 9 月 19 日《真理报》
第 201 号

译自《列宁全集》俄文第 5 版
第 37 卷第 88 页

论我们报纸的性质

(1918 年 9 月 18 日或 19 日)

现在,老一套的政治鼓动,即政治空谈,占的篇幅太多了,而新生活的建设,建设中的种种事实,占的篇幅太少了。

有些简单明了、众所周知、群众已经相当清楚的事情,如资产阶级走狗孟什维克卑鄙地背叛、英国和日本为了恢复资本的神圣权利而发动入侵、美国亿万富翁对德国咬牙切齿等等,为什么不用20—10 行,而要用200—400 行来报道呢? 这些事情要报道,这方面的每一个新事实要指出,但不必长篇大论,不要老调重弹;而对那些众所周知的、已有定论的旧政治的新表现,用"电报体"写上几行抨击一下就可以了。

在"资产阶级的美好的旧时代",资产阶级报刊决不涉及"最神圣的东西"——私人工厂和私人农场的内幕。这种惯例是符合资产阶级利益的,我们应当坚决抛弃,但我们还**没有**这样做。我们报纸的面貌还**没有**改变得符合从资本主义向社会主义过渡的社会的要求。

少谈些政治。政治已经完全"明朗化了",它已归结为两个营垒的斗争,即起义的无产阶级和一小撮奴隶主资本家(及其狐群狗党直到孟什维克等等)的斗争。关于这种政治,我再说一遍,可以而且应当谈得十分简短。

多谈些经济。但经济不是指"泛泛的"议论、学究式的评述、书生的计划以及诸如此类的空话，——可惜所谓经济往往正是这样的空话。不是的，我们需要的经济是指搜集、**周密地审核**和研究新生活的实际建设中的各种事实。在新经济的建设中，大工厂、农业公社、贫苦农民委员会和地方国民经济委员会是否**真**有成绩？有哪些成绩？证实了没有？其中有没有虚构、夸大和书生式的许诺（"事情正在就绪"、"计划业已拟就"、"力量已经投入"、"现在可以担保"、"肯定有所改善"，以及诸如此类"我们"特别擅长的油腔滑调）？成绩是怎样取得的？怎样扩大的？

有些工厂在国有化以后仍然是混乱、散漫、肮脏、捣乱、懒惰的典型，揭发这些落后工厂的黑榜有没有呢？没有。然而这样的工厂**是有的**。我们不同这些"资本主义传统的保持者"作**斗争**，就不能尽到自己的职责。只要我们默许这样的工厂存在，我们就不是共产主义者，而成了收破烂的人。我们不善于像资产阶级那样在报纸上进行阶级斗争。请回想一下，资产阶级是怎样出色地在报刊上**抨击自己的**阶级敌人，怎样讥笑他们，侮辱他们，置他们于死地的。而我们呢？从资本主义到社会主义的过渡时期的阶级斗争，难道不正是要反对那些顽固坚持资本主义传统（习惯）、仍然用老眼光看苏维埃国家（替"它"干活要少些差些，从"它"那里捞钱则多多益善）的极少数工人、工人集团、工人阶层，以捍卫工人**阶级**的利益吗？即使是在苏维埃印刷所的排字工人中间，在索尔莫夫斯克和普梯洛夫等工厂的工人中间，这样的坏蛋难道还少吗？这样的坏蛋我们抓住了多少？揭露了多少？搞臭了多少？

报刊对这一切默不作声。即使谈到，也只是官样文章，走走过场，不像一份**革命**报刊，不像一个阶级**实行专政**的机关报，尽管这个阶级正在用行动证明,资本家和维护资本主义习惯的寄生虫的反抗将被它的铁拳所粉碎。

在战争问题上也是这样。我们是否抨击过那些胆小如鼠的将领和敷衍塞责的家伙呢?我们是否在全俄国面前揭露过那些不中用的部队的丑态呢?有一些人毫不中用、玩忽职守、延误军机,本来应该大张旗鼓地把他们清除出军队,我们是否"抓住了"足够数量的这样的坏典型呢?我们没有同干坏事的**具体**人进行切实的、无情的、真正革命的**斗争**。我们很少用现实生活各个方面存在的生动具体的事例和典型来**教育群众**,而这正是报刊在从资本主义到共产主义的过渡时期的主要任务。我们很少注意工厂、农村和连队的**日常生活**,这里创造的新事物最多,这里最需要关心、报道和公众的批评,最需要抨击坏人坏事,号召学习好人好事。

少来一些政治空谈。少发一些书生的议论。多深入生活。多注意工农群众怎样在日常工作中**实际地**创造**新事物**。多**检查检查**,看这些新事物中有多少**共产主义成分**。

载于1918年9月20日《真理报》
第202号

译自《列宁全集》俄文第5版
第37卷第89—91页

致莫斯科—基辅—沃罗涅日
铁路员工同志们

（1918 年 9 月 20 日）

对你们的问候和良好的祝愿表示衷心的感谢，祝你们在社会主义建设事业中获得各种成就。无产阶级的铁路员工群众不仅应当克服总想怠工的倾向，而且应当克服工团主义的倾向，我相信你们一定可以做到这一点。

致共产主义的敬礼

弗·乌里扬诺夫（列宁）

1918 年 9 月 20 日于莫斯科

载于 1918 年 10 月 15 日《莫斯科—基辅—沃罗涅日铁路军事革命总委员会通报》（库尔斯克）第 33 号

译自《列宁全集》俄文第 5 版第 37 卷第 92 页

对向农户征收实物税法令的意见[49]

(1918 年 9 月 21 日)

1

法令的基本原则

四天内按以下几点修改草案：

（1）最通俗的引言

（α）额外收入和平均使用土地

（土地社会化法令第 17 条、第 12 条等条款[50]）

（β）彻底剥夺资产阶级

注意 ‖‖（γ）**不**剥夺富裕农民，
但**征收**合理的重税

（δ）中农——征轻税

（ε）贫苦农民——免税。

（2）把贫苦农民（免税）、中农（征税很轻）和富裕农民的划分写入本法令。

（3）使贫苦农民的百分比不小于 40％，中农不小于 20％。

（4）对中农征收的税额要**极**大地降低。

（5）由区域苏维埃组织提出关于修订向富裕农民征税的数额问题。

（6）贫苦农民有权获得部分征收的实物（用做口粮和种子）。

2
对法令草案的意见

注意

（1）200万不全是富农。

（2）富裕农民可能非常富足，但不是盘剥者及其他。

（3）我们对资本家实行剥夺和没收，而对富裕农民不这样做。

（4）富农如暴动、反抗，就实行没收。

基本原则载于1931年《列宁文集》　　译自《列宁全集》俄文第5版
俄文版第18卷　　　　　　　　　　　第37卷第93—94页

意见载于1945年《列宁文集》俄文
版第35卷

给收复喀山的红军战士的信

（1918 年 9 月 22 日）

同志们：你们已经知道，喀山的收复对于整个俄国革命有极其重大的意义。它标志着我军士气的转变，标志着我军已转入坚决果敢的胜利进攻。你们在战斗中作出的惨重牺牲拯救了苏维埃共和国。共和国要在反对帝国主义者的斗争中巩固起来，社会主义要在俄国和全世界取得胜利，都有赖于军队的强大。我衷心祝贺英勇的苏维埃军队，祝贺为推翻剥削制度而斗争的被剥削者的先锋队的军队，并祝你们不断取得胜利。

致同志的共产主义的敬礼！

弗·乌里扬诺夫（列宁）

载于 1918 年 9 月 29 日《革命旗帜报》（喀山）第 177 号

译自《列宁全集》俄文第 5 版第 37 卷第 96 页

给全俄中央执行委员会、莫斯科苏维埃联席会议(有工厂委员会代表和工会代表参加)的信[51]

(1918 年 10 月 2 日)

　　德国爆发了政治危机。政府也好,剥削阶级也好,在全国人民面前都是一副丧魂落魄的样子。战争前途无望,统治阶级得不到劳动群众的任何支持,一下子就看出来了。这一危机,即使不是表明革命已经开始,至少也是表明,群众已经清楚地看到,革命必然要爆发,而且即将爆发。

　　政府在精神上已经卸职,它徘徊于军事专政和联合内阁之间,焦躁不安,无所适从。其实,军事专政从战争一开始就已试过,而且现在恰好行不通,因为军队已经靠不住了。至于吸收谢德曼之流参加内阁,那么,这些人同我国的孟什维克和社会革命党人、英国的韩德逊和悉尼·韦伯之流、法国的阿尔伯·托马和列诺得尔之流一样,都是资产阶级的走狗和卖身求荣的小人,一旦他们的软弱无能彻底暴露,就只能加速革命的爆发,使革命运动更广泛,更自觉,更坚决。

　　德国的危机刚刚开始。它的结局必然是政权转到德国无产阶级手中。俄国无产阶级十分密切地、极其兴奋地注视着事态的发展。现在连世界各国工人中最不明事理的人都能看出,布尔什维克把全部策略建立在世界工人革命的支援上面，不怕承担各种各样的惨重牺牲，是完全正确的。现在连最愚昧无知的人都能懂得，孟什维克和社会革命党人打着废除布列斯特和约的招牌同掠夺成性的英法资产阶级结成联盟，是多么卑鄙地背叛了社会主义。当德国国内的反帝力量开始像怒涛一样翻腾咆哮的时候，当德国资产阶级的代表人物开始在本国人民面前为签订布列斯特和约辩解并开始寻求"改变"政策的办法的时候，苏维埃政权当然无意用破坏和约或撕毁和约的办法来帮助德帝国主义者。

俄国无产阶级不仅密切地兴奋地注视着事态的发展，而且提出了全力**支援德国工人**的问题，因为德国工人面临最严峻的考验，将要经历一个摆脱被奴役状态而获得自由的艰难过程，将要**同本国的和英国的帝国主义进行**最顽强的**斗争**。德帝国主义的失败将意味着英法帝国主义在一定时期内会更加猖狂、残暴、反动和野心勃勃。

俄国布尔什维主义工人阶级向来都是实际上的而不是口头上的国际主义者，第二国际的英雄和领袖们则不同，这帮坏蛋不是公然叛变，同本国资产阶级勾结，就是竭力用空话搪塞，捏造出（如考茨基和奥托·鲍威尔之流那样）逃避革命的种种遁词，反对一切勇敢的、伟大的革命行动，反对为推进无产阶级革命而在狭隘的民族利益上作任何牺牲。

俄国无产阶级将会懂得，不用很久，就会要求它为国际主义的利益付出极大的牺牲。很快会有一天，情况的发展可能要求我们去帮助摆脱了本国帝国主义的德国人民反对英法帝国主义。

我们要马上着手准备。我们一定会证明：一旦工人革命超出俄国一国的范围而成为国际性的，俄国工人就会拿出冲天的干劲进行工作，就会无比忘我地进行斗争，以至牺牲生命。

首先，我们要百倍努力做好粮食储备工作。我们要求每个大粮仓都准备一批粮食，如果德国工人在为摆脱帝国主义恶魔和野兽而进行斗争时由于种种原因陷入困境，我们就可以给予支援。每个党组织、每个工会、每个工厂和作坊等等都要专门选几个乡，同它们建立联系，以便巩固同农民的联盟，帮助他们，教育他们，战胜富农，把余粮全部收缴上来。

同样，我们要百倍努力做好组建无产阶级红军的工作。转折关头已经到来，这是我们大家都知道、看到和感觉到的。工人和劳动农民在经历了帝国主义大厮杀的惨祸之后已经稍事休整，他们懂得并且根据经验知道，必须同压迫者作战，才能保住自己的革命即劳动者的革命的成果，才能保住自己的政权即苏维埃政权。一支军队建立起来了，这是决心作出一切牺牲来捍卫社会主义的工人和贫苦农民的红军。这支军队在同捷克斯洛伐克军和白卫分子的战斗中壮大起来，经受了锻炼。基础已经打好，应该赶快盖高楼了。

我们原来决定到春天建立起一支 100 万人的军队，现在我们需要一支 300 万人的军队。我们能够有这样一支军队。**我们一定会有这样一支军队。**

近来世界历史空前加速了走向世界工人革命的步伐。局势可能骤变，德帝国主义和英法帝国主义可能联合起来反对苏维埃政权。

我们也应当加紧准备。我们一定要百倍努力。

让这一要求成为我们纪念伟大的十月无产阶级革命一周年的口号！

让这一要求成为世界无产阶级革命未来的胜利的保证!

尼·列宁

载于 1918 年 10 月 4 日《真理报》
第 213 号和《全俄中央执行委员会
消息报》第 215 号

译自《列宁全集》俄文第 5 版
第 37 卷第 97—100 页

无产阶级革命和叛徒考茨基

（1918 年 10 月 9 日）

我已经开始用这个标题写一本小册子①，批判刚在维也纳出版的考茨基的小册子《无产阶级专政》。但是我的写作拖下来了，因此我决定请《真理报》编辑部先发表这篇论述同一个问题的短文。

四年多劳民伤财的反动战争起了它应起的作用。在欧洲，不论在奥地利还是意大利，不论在德国还是法国，甚至在英国，都可以感觉到无产阶级革命在日益成熟（半自由主义者拉姆赛·麦克唐纳主编的极端机会主义的《社会主义评论》杂志 52 7 月号上刊载的《一个资本家的自供》最能说明问题）。

正是在这样一个时候，第二国际的领袖考茨基先生出版了一本论无产阶级专政即论无产阶级革命的书，这本书在可耻、可恶和背叛的程度上，比伯恩施坦那本有名的《社会主义的前提》要高出百倍。伯恩施坦那本宣扬叛徒主张的书出版已近 20 年了，现在考茨基又来老调重弹，还加以发展！

这本书只有很小一部分谈到俄国的布尔什维主义革命。考茨基完全是在重复孟什维克的高论，俄国工人看了只会捧腹大笑。你看，他竟把这样一些议论，一些夹杂着许多从半自由主义者马斯

---

① 见本卷第 229—327 页。——编者注

洛夫的半自由主义著作中摘来的引文的议论,如富裕农民极力攫取土地(真新鲜!)、粮价高对他们有利等等,称为"马克思主义"。同时,我们这位"马克思主义者"又以轻蔑的、十足自由主义的口吻宣称:"贫苦农民在这里被认为是〈即被苏维埃共和国的布尔什维克认为是〉'无产阶级专政'下社会主义土地改革的经常的、大量的产物。"(考茨基的小册子第48页)

真是妙极了! 一个社会主义者,一个马克思主义者,极力向**我们**证明革命的**资产阶级**性质,同时又完全像马斯洛夫、波特列索夫**和立宪民主党人**那样嘲笑农村的贫苦农民的组织。

"剥夺富裕农民只会把不安宁和内战这种新因素带进生产过程,而要使生产过程健全起来,又迫切需要安宁和安全。"(第49页)

说来难以置信,然而这是事实。这确确实实是考茨基的话,而不是萨文柯夫或米留可夫的话。

在俄国,富农的辩护者如何披上"马克思主义"的外衣,我们见得多了,因此,考茨基那样讲,我们不以为怪。对于欧洲读者,也许需要给他们详细说说这种效忠资产阶级的卑鄙行为和害怕内战的自由派心理。对于俄国工人和农民,却只须提醒一下这是考茨基的叛徒行径就够了。

*　　　*　　　*

考茨基的书几乎用了十分之九的篇幅来论述一个头等重要的带普遍性的理论问题,即无产阶级专政和"民主"的关系问题。正是在这个问题上,可以最清楚不过地看出考茨基完全离开了马克思主义。

考茨基摆出一副十分认真、非常"博学的"样子要读者相信,马克思所说的"无产阶级的革命专政"不是排斥民主的"**管理形式**"，而是**一种状态**，即"统治状态"。占人口大多数的无产阶级的统治只有在极其严格地遵守民主的情况下才是可能的，例如恰好是实行无产阶级专政的巴黎公社就是由全民投票选举出来的。"他，马克思，认为英美可能以和平方式，即用民主方法实现过渡（向共产主义过渡）"，这一点就可以"证明"，他说到无产阶级专政时指的不是"管理形式"（或政府形式，Regierungsform）。（第20—21页）

说来难以置信，然而这是事实！考茨基就是这样推论的。他大肆攻击布尔什维克，说他们的宪法、他们的全部政策违背了"民主"，他找各种机会竭力鼓吹"民主的而不是专政的方法"。

这是完全投到机会主义者（如德国的大卫、科尔布和社会沙文主义的其他台柱，英国的费边派[53]和独立党人[54]，法国和意大利的改良派）那边去了，只是这些机会主义者说话比较坦率，比较老实，说他们不承认马克思的无产阶级专政学说，认为这个学说同民主制度相抵触。

这是十足的开倒车，重新搬出马克思主义以前的德国社会主义的观点，什么我们向往"自由的人民国家"；持这种观点的市侩民主派根本不懂得，**任何**国家都是一个阶级镇压另一个阶级的机器。

这是完全背弃无产阶级革命而代之以"争取多数"、"利用民主"的自由派理论！至于马克思和恩格斯在1852年至1891年这40年间关于无产阶级必须"打碎"资产阶级国家机器的所有宣传和论证，叛徒考茨基已经完全忘记了，歪曲了，抛弃了。

要详尽地分析考茨基的理论错误，势必要把我在《国家与革命》①一书中的论述重复一遍。这样做毫无必要。这里只简单地谈一谈：

考茨基背弃了马克思主义，忘记了**任何**国家都是一个阶级镇压另一个阶级的机器，忘记了**最民主的**资产阶级共和国也是资产阶级压迫无产阶级的机器。

无产阶级专政，无产阶级国家，**无产阶级镇压资产阶级**的机器不是"管理形式"，而是**另一类型的国家**。镇压所以必要，是因为资产阶级遭到剥夺总要进行疯狂的反抗。

（说什么马克思在70年代承认英国和美国可能和平地过渡到社会主义②，这是诡辩，直率一点说，这是行骗，是用引证来骗人。第一，就在当时，马克思也认为这种可能是一个例外。第二，当时还没有垄断资本主义，即帝国主义。第三，恰恰是英国和美国当时没有（**现在有了**）军阀——资产阶级国家机器的主要机构。）

哪里有镇压，哪里就不可能有自由、平等。所以恩格斯说："当无产阶级还需要国家的时候，它需要国家不是为了自由，而是为了镇压自己的敌人，一到有可能谈自由的时候，国家本身就不再存在了。"③

资产阶级民主在教育和训练无产阶级去作斗争方面，具有无可争辩的意义，但它始终是狭隘的、虚伪的、骗人的、冒牌的，始终是对富人的民主，对穷人的欺骗。

无产阶级民主对资产阶级剥削者实行镇压——因此它不骗

---

① 见本版全集第31卷。——编者注
② 参看《马克思恩格斯全集》第1版第18卷第179页和《马克思恩格斯文集》第5卷第35页。——编者注
③ 见《马克思恩格斯文集》第3卷第414页。——编者注

人，**不向他们许诺**自由和民主——而给劳动者以**真正的民主**。只
有苏维埃俄国才使俄国无产阶级和占人口大多数的劳动者享受到
了任何一个资产阶级民主共和国都从未见过的、绝不可能有的和
无法想象的那种**自由和民主**，因为它剥夺了资产阶级的宫殿和宅
第（不做到这一步，集会自由就是骗人），剥夺了资本家的印刷所和
纸张（不做到这一步，占人口大多数的劳动者享受出版自由就是假
的），废除了资产阶级议会制，而代之以在接近"人民"方面、在"民
主"的程度上比最民主的资产阶级议会高出**一千倍**的民主组织**苏
维埃**。**如此等等**。

　　考茨基抛弃了……"阶级斗争"，没有把它运用于民主问题！
考茨基已经成了十足的叛徒和资产阶级的走狗。

＊　　　　＊　　　　＊

　　这里不能不顺便谈谈几个宣扬叛徒主张的妙论。

　　考茨基被迫承认，苏维埃组织不仅在俄国具有意义，而且具有
世界意义，它是"当代最重要的现象"之一，它在未来的"资本同劳
动的大决战中"将起"决定的作用"。但考茨基重复那些顺顺当当
地转到资产阶级方面去反对无产阶级的孟什维克的高论，从而作
出了这样的"判断"：苏维埃好就好在它是"战斗组织"，而不是"国
家组织"。

　　妙极了！无产者和贫苦农民们，你们组织苏维埃吧！但
是——千万注意！——绝对不许胜利！别异想天开要取得胜利！
你们一战胜资产阶级，马上就会完蛋的，因为你们不应当成为无产
阶级国家的"国家"组织。你们在胜利以后应该马上解散！！

　　啊，考茨基真是个了不起的"马克思主义者"！啊，他真是个举
世无双的宣扬叛徒主张的"理论家"！

妙论之二。国内战争是"社会革命"的"死敌",因为据说社会革命"需要安宁"(富人的?)"和安全"(资本家的?)。

欧洲的无产者们!除非你们找到一个**不会雇用**萨文柯夫、唐恩、杜托夫、克拉斯诺夫、捷克斯洛伐克军和富农来对你们进行内战的资产阶级,否则你们就别想革命!

马克思在1870年写道:战争已经教会法国工人掌握武器,这就有了最大的希望①。"马克思主义者"考茨基期待于四年战争的,不是工人们使用武器来反对资产阶级(绝对不是!这也许不很"民主"吧),而是……由善良的资本家缔结善良的和约!

妙论之三。国内战争还有一个坏处:"民主"包含着"保护少数"(顺便指出,这是德雷福斯的法国辩护者或李卜克内西派、马克林派、德布兹派近来深深体验到的),而国内战争(听着!听着!)"却有将失败者彻底消灭的危险"。

难道这位考茨基不是一个真正的革命家吗?他是全心全意拥护革命的……只是革命不要搞严重的斗争,使失败者有被消灭的危险!他完全"克服了"老恩格斯热烈赞扬暴力革命的教育作用②的旧错误。他是一位"郑重的"历史学家,坚决摒弃那些异端邪说,什么国内战争能锻炼被剥削者,教他们建立**没有**剥削者的新社会。

妙论之四。1789年革命中无产者和小市民的专政在历史上是不是伟大的、有益的呢?根本不是。因为后来拿破仑上台了。"下层专政给军刀专政铺平了道路。"(第26页)我们这位"郑重的"历史学家,同他所投奔的自由派阵营的所有自由主义者一样地坚信,在不曾有过"下层专政"的国家,例如德国,就没有军刀专政。

---

① 参看《马克思恩格斯文集》第10卷第349页。——编者注
② 参看《马克思恩格斯文集》第9卷第191—192页。——编者注

德国从未有过比法国更粗暴更卑鄙的军刀专政，这全是马克思和恩格斯的造谣诽谤，他们无耻地撒谎，说直到现在法国"人民"仍然比英国或德国"人民"更富于被压迫者的那种爱好自由的情感和自豪感，说这正应归功于法国的几次革命。

……够了！要把卑鄙的叛徒考茨基宣扬叛徒主张的妙论一一列举出来，是需要专门写一本小册子的。

＊　　　　＊　　　　＊

对考茨基先生的"国际主义"也不能不谈一谈。考茨基无意中表露了他在这个问题上的高见，因为他以十分赞许的口气来介绍孟什维克的国际主义。甜蜜蜜的考茨基断言，孟什维克也是齐美尔瓦尔德派[55]，是布尔什维克的"兄弟"，这可不是说着玩的！

下面就是对孟什维克的"齐美尔瓦尔德主义"的甜蜜蜜的介绍：

"孟什维克想实现普遍媾和。他们想要各交战国接受没有兼并和赔款这个口号。依照他们的意见，在这个目的没有达到以前，俄国军队应当保持战备状态……" 而糟糕的布尔什维克却"瓦解了"军队，缔结了糟糕的布列斯特和约…… 于是考茨基最清楚不过地指出，本来应该保留立宪会议，布尔什维克不应该夺取政权。

总之，所谓国际主义，就是应当像孟什维克和社会革命党人支持克伦斯基那样，**支持"本国的"**帝国主义政府，为它的秘密条约打掩护，用甜言蜜语欺骗人民，说我们"要求"野兽发善心，我们"要求"帝国主义政府"接受没有兼并和赔款的口号"。

在考茨基看来，这就是国际主义。

而在我们看来，这是十足的叛徒行为。

真正的国际主义是同**本国的**社会沙文主义者（即护国派）决

裂,同**本国的**帝国主义政府决裂,对这个政府进行革命斗争,推翻
这个政府,准备承担最大的民族牺牲(甚至接受布列斯特和约),只
要这样做对**国际**工人革命的发展有利。

我们很清楚,考茨基一伙(如施特勒贝尔、伯恩施坦等)对缔结
布列斯特和约是很"**愤慨**"的,因为他们本来希望我们作出愿
把……俄国政权马上交给资产阶级的"**表示**"! 这些愚蠢但又善良
而甜蜜的德国市侩所考虑的,不是让世界上第一个用革命手段推
翻了本国帝国主义的无产阶级苏维埃共和国支持到欧洲爆发革
命,促使其他国家燃起烈火(市侩们**害怕**欧洲着火,**害怕**国内战争
会破坏"安宁和安全")。不是的。他们所考虑的是让**所有**国家都
坚持**市侩**民族主义,坚持那种因为自己"温和谨慎"而自称为"国际
主义"的民族主义。最好让俄罗斯共和国仍然是个资产阶级共和
国……让它等待下去……　那样的话,世界上所有的人就都会成
为善良的、温和的、不侵略别人的市侩民族主义者,这也就是国际
主义!

德国的考茨基派、法国的龙格派、英国的独立党人(I.L.P.)、
意大利的屠拉梯和他的叛徒"兄弟们"以及其他诸如此类的人就是
这样想的。

现在只有大傻瓜才会看不到,我们不仅推翻本国资产阶级(及
其走狗孟什维克和社会革命党人)做得对,而且在公开呼吁普遍媾
和(并继而公布和废除秘密条约)遭到协约国资产阶级拒绝**以后**就
缔结布列斯特和约,也做得对。因为第一,如果我们不缔结布列斯
特和约,我们就会立即把政权交给俄国资产阶级,那就会极大地损
害世界社会主义革命。第二,我们以**民族**牺牲为代价,保存了**国际
上的**革命影响,以致现在保加利亚就直接仿效我们,奥地利和德国

在沸腾,**两个帝国主义被削弱**,而我们却巩固起来,并**开始**建立真正的无产阶级军队。

从叛徒考茨基的策略中得出的结论是:德国工人现在应该同资产阶级一起保卫祖国,应该最怕德国革命,不然英国人会强迫它接受新的布列斯特和约。这正是叛徒行为。这正是市侩民族主义。

而我们说:乌克兰被侵占是一个最大的民族牺牲,但它锻炼了乌克兰的无产者和贫苦农民,使他们**坚强起来**,成为为国际工人革命而奋斗的革命战士。乌克兰是受害了,但国际革命却因"腐蚀了"德国军队,削弱了德帝国主义,**密切了**德国、乌克兰和俄国的工人革命者的关系而受益了。

如果我们仅靠战争就能把威廉和威尔逊推翻,那当然"比较痛快"。但这是梦想。我们不可能从外部用战争推翻他们。然而我们能够促进它们在**内部**发生瓦解。我们已经通过苏维埃无产阶级革命在**广大范围**内做到了这一点。

如果德国工人**不计较**民族牺牲而起来革命(只有这样,才是国际主义),如果他们声明(并且用**行动**证明)他们把国际工人革命的利益看得**高于**任何一个,**特别是自己那个**民族国家的完整、安全和安宁,那他们就会在这方面获得更大的成就。

*　　　　*　　　　*

欧洲最大的不幸和危险在于它**没有**革命的政党。有谢德曼、列诺得尔、韩德逊、韦伯之流的叛徒的政党,有考茨基之流的奴才的政党,可是没有革命的政党。

当然,强大的群众革命运动能够纠正这个缺点,但现在这仍然是一个大不幸和大危险。

　　因此必须用一切办法揭穿考茨基之流的叛徒，这样来支持**各国**都有的真正国际主义无产者的革命**集团**。无产阶级一定会迅速抛弃叛徒，转而拥护这些集团，并把这些集团培养成自己的领袖。难怪各国资产阶级嗥叫布尔什维主义成为"世界布尔什维主义"了。

　　世界布尔什维主义一定会战胜世界资产阶级。

1918 年 10 月 9 日

载于 1918 年 10 月 11 日《真理报》
第 219 号

译自《列宁全集》俄文第 5 版
第 37 卷第 101—110 页

对人民委员会关于给贫苦农民委员会调拨经费的决定的意见[56]

（1918 年 10 月 15 日）

$$2 \times 6\frac{1}{2} = 13$$

限期一周。

在与苏维埃合并之前或划定职权范围之前暂时地有条件地实行。

拟定一个细则，规定发给什么人，按什么条件。

确定领款人的责任，上一笔经费未结清前，决不再拨经费。

通过粮食人民委员部付款。

载于 1931 年《列宁文集》俄文版
第 18 卷

译自《列宁全集》俄文第 5 版
第 54 卷第 403—404 页

对人民委员会
关于森林采伐的决定的意见[57]

（1918 年 10 月 15 日）

核实一下运输数字，看 1917 年和 1918 年一共多少。

森林采伐机构已合并的占多大比重？

关于森林采伐处的编制同其他机构的比例的准确数字。

打击投机活动的实际措施。

征用沿途和莫斯科市储存的全部木材。

保证把粮食[①]运到车站的措施。

载于 1933 年《列宁文集》俄文版
第 21 卷

译自《列宁全集》俄文第 5 版
第 54 卷第 404 页

---

① 看来是笔误。人民委员会决定讲的是木材运输问题。——俄文版编者注

全俄中央执行委员会、莫斯科苏维埃、工厂委员会和工会联席会议文献⁵⁸

（1918 年 10 月 22 日）

1

报　告

　　（热烈的经久不息的掌声和"乌拉"的喊声）同志们，我觉得，我国目前形势虽然非常矛盾，但可以这样来概括：第一，我们从来没有像现在这样接近国际无产阶级革命；第二，我们的处境从来没有像现在这样危险。今天我想详细谈谈这两种情况，特别是第二种情况。我想，广大群众未必意识到我们所面临的全部危险，而我们的行动只能依靠广大群众，所以苏维埃政权代表的主要任务就是向广大群众说明目前的真实情况，不管这种情况有时是多么严重。至于我们接近国际社会主义革命这一点，已经讲过不止一次了，所以我只想简略地谈谈。实际上，不仅资产阶级，而且对社会主义失去信心的小资产者阶层，以及许多习惯于平静的时期、不相信社会主义的所谓社会主义者，对苏维埃政权进行责难的一个主要论点是：我们在俄国搞社会主义革命是想碰运气，因为西欧的革命还没有成熟。

　　同志们，现在，在战争的第五年，帝国主义的总崩溃已是有目共睹的事实；现在大家都很清楚，各交战国的革命是不可避免的。至于我们，最初人们以为我们只能存在几天或者几星期，但是我们在革命的这一年内却做了那么多事情，这是世界上任何一个无产阶级政党从来没有做到过的。我国革命成了世界现象。连整个资产阶级都说布尔什维主义现在是世界现象，从这一自供中可以看出，我国革命已由东方蔓延到西方，并且那里的革命基础准备得愈来愈好。你们知道，保加利亚爆发了革命。保加利亚的士兵已开始建立苏维埃。现在有消息说，塞尔维亚也在成立苏维埃。尽管英法协约国对一些国家的人民许愿说，只要他们起来造反，脱离德国，就可以得到数不清的好处，尽管世界上最富有的、实力最雄厚的美、英、法资本家许下很多诺言，但是很明显：现在由奥地利分裂而成的几个小国的资产阶级绝不可能支持下去；这些国家的资产阶级的统治和政权都将是短命的，转瞬即逝的，因为到处都可以听到工人革命的脚步声了。

　　某些国家的资产阶级认识到，他们只有靠外国刺刀才能在本国维持下去。不久以前，德奥两国的局势好像还很稳定，但是现在我们看到，不仅奥地利，而且德国，都开始革命了。我们从那里得到消息，德国报刊已在谈论德皇退位的问题，而独立社会民主党[59]的报刊已得到首相的准许在谈论德意志共和国了。这多少说明了一些问题。我们知道，军队的瓦解在加剧，那里到处都在公开号召军队起义。我们知道，德国东部成立了一些军人革命委员会，它们出版革命书刊，教育士兵走向革命。因此可以完全肯定地说，革命不是一天比一天，而是一小时比一小时更接近了。不仅我们这样说,连德国主战派和资产阶级中间的人全都这样说。他们感到:大臣们地位不稳,得不到人民信任,在政府中待不长了。所有了解情况的人都这样说,他们知道,德国必然要爆发人民革命,也许甚至是无产阶级革命。

我们很清楚,其他国家也发生了规模宏大的无产阶级运动。我们看到,龚帕斯怎样跑到意大利,用协约国的钱,在意大利资产阶级和社会爱国主义者的帮助下,走遍了意大利所有城市,向意大利工人鼓吹继续进行帝国主义战争。我们看到,这时意大利社会主义报刊为此发表了评论,不过评论中只剩下龚帕斯的名字,其余内容全被书报检查机关删掉了;另一些评论嘲笑说:"龚帕斯参加了许多宴会,胡吹瞎说。"而资产阶级报刊也承认,龚帕斯无论到哪里,人们都吹口哨轰他。资产阶级报刊写道:"意大利工人的行动使人觉得,他们只准列宁和托洛茨基到意大利旅行。"意大利社会党[60]在战争期间大有进步,就是说,左倾了。我们知道,在法国工人中间,爱国主义者太多了,他们听人说巴黎和法国领土面临着巨大的危险。但是,那里无产阶级的行为方式也有变化。在最近一次代表大会[61]上,当有人读一封信,揭露协约国英法帝国主义者的所作所为时,就有人喊社会主义共和国万岁。昨天有消息说,巴黎举行了有 2 000 名五金工人参加的群众大会,大会向俄罗斯苏维埃共和国表示祝贺。我们看到,在英国的三个社会党[62]中,只有独立社会党没有公开成为布尔什维克的盟友,而英国社会党和苏格兰社会主义工人党都明确宣布他们拥护布尔什维克。布尔什维主义在英国也开始得到传播了。至于西班牙的几个党,过去它们都站在英法帝国主义方面,在战争开始时还只有一两个人模糊地知道国际主义者是怎么回事,现在所有这些政党都在自己的代表大会上向俄国布尔什维克表示祝贺了[63]。布尔什维主义成了国际无产阶级的世界性的理论和策略！（鼓掌）布尔什维主义向全世界展示了一场雄伟的社会主义革命，使社会党人在拥护或反对布尔什维克的问题上真正发生了分裂。布尔什维主义提出了建立无产阶级国家的纲领。那些由于只能读到满篇都是造谣诬蔑的资产阶级报纸而不了解俄国情况的工人，现在也开始明白了。他们看到，无产阶级政府对本国反革命分子接连不断地取得胜利。他们看到，要摆脱这场战争，除了采用我们的策略，除了采用我们工人政府那种革命的行动方式，没有别的出路。如果说上星期三在柏林举行游行示威时，工人们设法从皇宫前面通过，是表示他们对德皇的愤恨，那么后来他们去到俄国大使馆，就是竭力表示对俄国政府的行动的声援了。

　　这就是欧洲在战争第五个年头所出现的形势！所以我们说：我们从来没有像现在这样接近世界革命；今天比任何时候都更清楚地看到，俄国无产阶级已经确立了自己的强有力的地位；还清楚地看到，世界千百万无产者一定会跟随我们前进。因此，我再说一遍，我们从来没有像现在这样接近国际革命，我们的处境从来没有像现在这样危险，因为以前人们从来都没有把布尔什维主义当成一种世界力量。人们以为，布尔什维主义不过是俄国士兵疲惫的产物，是被战争弄得筋疲力尽的俄国士兵不满情绪的爆发，一旦这种不满消失，一旦缔结了和约，哪怕是最带强制性的和约，国家建设和社会主义改革方面的一切尝试就会遭到挫败。当时大家都相信是这样的。实则不然。当我们缔结了最带强制性的和约，摆脱了帝国主义战争，进而在国家建设方面迈出最初几步的时候，当我们有可能使农民真正过上没有地主的生活，真正建立起一种反地主的秩序,使农民确信他们在没收来的土地上建设自己的生活不是为了富农和新资本家而是真正为了劳动者自己的时候,当工人们看到他们能够建设自己那种没有资本家的生活,学习如何进行唯一能使他们摆脱剥削的那种艰巨而伟大的事业的时候,——这时大家才明白,而且实际情况也表明,任何力量、任何反革命势力都推翻不了苏维埃政权。

为了在俄国树立起这种信念,我们费了好几个月的时间。据说在农村中,直到 1918 年夏季,以至快到秋季了,农民才弄清楚我们革命的目的和意义。在城市,早就有了这种认识。但是要使这样的认识深入到每个县份、每个偏僻的乡村,要使农民不是从书本或演说中而是从自身生活中认识到应当得到土地的是劳动者而不是富农,认识到必须同富农作斗争,必须组织起来战胜富农,认识到今年夏天席卷全国的暴动浪潮是受到地主、富农和白卫分子支持的,要使农民通过自身的经验、自身的感受体会到立宪会议政权是怎么回事,——这花了好几个月的时间。现在农村已经锻炼出来了,不掠夺别人劳动的贫苦农民群众现在才从亲身经验而不是从书本上认识到(劳动群众是永远不会从书本上获得坚定信念的):苏维埃政权是被剥削的劳动者的政权,每个乡村都有可能为新的社会主义的俄国奠定基础。只是在 1918 年过了好几个月之后,在俄国的其他地方,我们才有可能根据有实际经验的人的报道确有把握地说,已经没有哪个偏僻农村不知道什么是苏维埃政权、不起来捍卫苏维埃政权了,因为农村看到了来自资本家和地主方面的莫大威胁,看到了社会主义改造的困难,但它没有被吓倒,而是说:我们要吸引千百万人参加这一工作,我们在这一年学到了不少东西,而且今后还会学到更多的东西。现在,俄国已有千百万人根据亲身经验充满信心地这样说了。

过去一直没有认真看待布尔什维克的西欧资产阶级，现在才开始明白，我们建立起了最巩固的政权，它同劳动群众一起前进，能够激发劳动群众真正忘我的英雄主义。现在这个无产阶级政权已开始影响欧洲，现在发现这根本不是什么俄国特有的情况，四年的战争在全世界都引起了军队的瓦解。可是从前人们说：只有俄国由于落后和不开化才落到这般地步，到战争的第四个年头军队就瓦解了，难道文明的议会制国家会发生这样的事情吗？

现在大家看到，经过四年世界战争，已有千百万人为了资本家能够发财而死于非命，或者变成残废，逃兵成千上万（这种异常现象不仅发生在俄国和奥地利，而且发生在吹嘘自己纪律严明的德国），等到这种情况出现了，全世界的资产阶级才发现他们应当重视一个更大的敌人，于是开始联合起来，而且我们愈接近国际无产阶级革命，反革命资产阶级就愈紧密地联合起来。

有些国家还在轻视革命，正如十月革命时联合内阁的部长们轻视布尔什维克，说俄国政权还不至于落到布尔什维克手中一样。例如法国有人说，布尔什维克是一伙卖国贼，把本国人民出卖给了德国人。法国资产者这样说要比左派社会革命党人情有可原一些，因为资产者之为资产者，就是舍得大量花钱来制造谎言。但是，当法国资产阶级看到布尔什维主义在法国发展起来，甚至有些并不革命的政党也高喊革命口号拥护布尔什维克的时候，它才发现自己面前有一个更可怕的敌人：帝国主义的崩溃和工人在革命斗争中的优势。谁都知道，由于帝国主义战争，无产阶级革命目前面临的危险特别大，因为无产阶级革命在世界各国发展不平衡，这是由于各国的政治生活条件互不相同，无产阶级在一个国家力量特别小，而在另一个国家力量又大一些。一个国家的无产阶级上层很软弱，另一些国家的资产阶级则能够暂时分裂工人，英国和法国的情形就是这样。因此无产阶级革命发展不平衡，因此资产阶级认为革命的无产阶级是它最强大的敌人。资产阶级正在联合起来阻止世界帝国主义的崩溃。

现在我们面临的形势已经起了变化，而且事态发展得非常迅速。起初是两个帝国主义强盗集团竭力想消灭对方，现在他们看到，特别是从不久前还自认为可与英法匹敌的德帝国主义的前车之鉴中看到，他们的主要敌人是革命的无产阶级。现在，当德国由于国内的革命运动而日益瓦解的时候，英法帝国主义就认为自己是世界的主宰了。他们深信，他们的主要敌人是布尔什维克和世界革命。革命愈发展，资产阶级就愈紧密地联合起来。现在，我们中间有一些人，特别是在广大群众中有许多人，深信他们能够战胜我国的反革命分子，战胜哥萨克、旧军官和捷克斯洛伐克军，他们以为这样就万事大吉了，而不了解对我们来说这还不够，不了解我们还有一个新的、可怕得多的敌人，就是英法帝国主义。到目前为止，英法帝国主义在俄国还没有取得多少进展，在阿尔汉格尔斯克登陆的情况就是例子。法国一个出版报纸并把报纸叫做《胜利报》[64]的著作家说：法国只是打败德国人还不够，还必须战胜布尔什维主义；而向俄国进军，这不是去进攻德国，而是向布尔什维克的革命无产阶级进军，向蔓延全世界的传染病进军。

所以说，现在我们面临着新的危险，这种危险还没有全部表现出来，还不能完全看清楚，但英法帝国主义者正在暗中筹划，我们必须清醒地意识到这一危险，才能通过群众的领导者使群众意识到这一危险，因为英国人和法国人不论在西伯利亚或阿尔汉格尔斯克都没有取得多大进展，相反还遭到了一系列失败，可是现在他们正竭尽全力从南面来进攻俄国，一种可能是从达达尼尔海峡和黑海过来，另一种可能是走旱路，经过保加利亚和罗马尼亚。人家的军事行动是保密的，所以我们无法说出这次进军的准备情形，无法说出他们究竟选择上述两个方案中的哪一个方案，或者还有第三个方案；危险之处就在于我们无法确切地知道这些事情。但是我们确确实实地知道他们正在准备，这些国家的报刊有时不很谨慎，一位新闻记者就公开说出了他们的主要目的，根本没有讲各国要联合之类的假话。

现在我们看得很清楚，在德国统治集团中有两派，有两种救命方案——如果还有救的话。一派说：我们要争取时间，拖到春天，也许我们还能凭借筑垒线进行反击；另一派则把英国和法国看做自己的主要救星，把全部注意力放在同英法达成反对布尔什维克的协议上，他们的全部注意力都集中在这一点上。即使现在威尔逊以粗暴和鄙视的态度拒绝了媾和建议，也还不能使这一派谋求同英国达成协议的德国资本家放弃自己的主张。他们知道，协议有时可以是一种默契，如果他们为英法资本家反对布尔什维克效力，也许就会得到报酬。在资本主义社会里，给人效力通常都有报偿。这些人想：也许我们帮助英法资本家进行掠夺，他们就会把掠夺来的东西留给我们一点。付出去是为了赚回来，——这就是资本主义世界的道德。我觉得，这些想从英法资本中捞一部分油水的人是很会打算盘的，他们的胃口少说也有几十亿。这些先生中有一部分人是精于此道的。

德国资产阶级和协约国资产阶级之间大概已经达成了这种默契。默契的要点就是英国人和法国人说的：我们要到乌克兰来，但在我们的占领军没有到达以前,你们德国人不要把军队撤走,否则乌克兰的政权会落到工人手里,苏维埃政权会在那里取得胜利。他们就是这样议论的,因为他们懂得:芬兰、乌克兰和波兰等被占领国的资产阶级知道,德国占领军一旦撤走,这些国家的资产阶级连一天也支持不住,因此,这些国家的资产阶级昨天卖身投靠德国人,对德帝国主义者卑躬屈膝,跟他们联合起来对付本国工人(乌克兰的孟什维克和梯弗利斯的社会革命党人就是这样干的),今天则要把祖国出卖给随便什么人。昨天把祖国卖给德国人,今天又把它卖给英国人和法国人。这就是幕后进行的勾当,这就是他们的第二次拍卖。他们看到英法资产阶级胜利了,于是全部倒了过去,准备同英法帝国主义勾结起来对付我们,把我们当牺牲品。

当他们向自己未来的主子英法亿万富翁表示要去投靠的时候,就这么说:老爷,您一定能战胜布尔什维克,您应当帮助我们,因为德国人救不了我们的命。各国资产阶级反对革命工人和布尔什维克的这一阴谋正日益暴露出来,成为明目张胆的了。我们的首要职责就是向各交战国的工人和农民指出这个危险。

就拿乌克兰来说。请你们想想乌克兰的情况,请想想,在目前情况下,工人和觉悟的共产党员应该怎么办。一方面,他们看到人们对德帝国主义者、对肆意抢劫乌克兰的行为义愤填膺。另一方面,他们看到一部分而且可能是很大一部分德国军队已经撤退。他们可能想要发泄一下满腔的仇恨,不顾一切地立刻向德帝国主义者进攻。另一些人则说:我们是国际主义者,我们应该既从俄国也从德国的角度来看问题;甚至从德国的角度来看,我们也可以看出,那里的政权是支持不住的;我们坚信,如果乌克兰工农的胜利能够伴以俄国政权的巩固和俄国政权的成就,社会主义无产阶级的乌克兰就不但会胜利,而且会是不可战胜的! 这些觉悟的乌克兰共产党员对自己说:我们应该非常谨慎:也许明天需要我们拿出一切力量同帝国主义和德国军队背水一战。也许明天会这样,但不是今天。而今天我们知道,德帝国主义者的军队正在自行瓦解;他们知道,除在乌克兰的军队外,在东普鲁士的德国军队中也在出版革命报刊[65]。在这同时,我们的主要任务是进行有利于乌克兰起义的宣传。这就是从国际革命、世界革命的角度看问题,因为这个链条的主要环节是德国,因为德国革命已经成熟,而世界革命成功与否主要取决于德国革命。

我们要注意,不要让我们的干预给他们的革命带来损害。必须了解每个国家革命的变化和发展情况。每个国家的革命都是以独特的方式进行的,这些方式不同到可以使革命推迟一两年,——这一点我们都看到了和体验到了,而且知道得比谁都清楚。世界革命并不是那样一帆风顺的,不会在所有地方、所有国家以同一种方式进行,要是那样的话,我们早就胜利了。每个国家必须经过一定的政治阶段。到处都可以看到,妥协派分子在作同样的努力,同样的尝试,想和资产阶级一道"把人民从资产阶级那里拯救出来",我国的策列铁里和切尔诺夫当初是这样,德国的谢德曼之流现在也是这样;而法国又有它自己的做法。现在,革命已经来到德国,来到这个工人运动极其强大并富有组织性和坚毅精神的国家,来到这个工人忍受得更久、不过积累的革命仇恨可能更深、因而更善于惩治敌人的国家,在这种时候,不了解革命发展速度的人去干预这些事变,就可能给那些有觉悟的共产党员造成危害,因为他们说:我首先注意的是使这一过程成为自觉的过程。现在,德国士兵已经认清,他们是被人赶去送死,说是去保卫祖国,实际上是保卫德帝国主义者，——在这种情况下，德国革命很快就会爆发，而且会非常猛烈，很有组织，会使成百个国际问题迎刃而解。因此，觉悟的乌克兰共产党员说：为了国际革命的胜利，我们应当献出一切，但是我们应该认识到，我们掌握着未来，我们应当同德国革命步调一致。

上面就是我想通过乌克兰共产党员的议论向大家指出的一些困难。这些困难在苏维埃俄国的处境上也反映出来了。我们应该指出，目前国际无产阶级已经觉醒起来，正在大步前进，但是我们的处境却更加困难了，因为我们昨天的"盟国"已经起来反对我们，把我们当做主要敌人。现在他们不是去同敌军作战，而是同国际布尔什维主义作战了。现在，南线集结着克拉斯诺夫的军队，我们知道，他们曾经从德国人那里得到过弹药，当我们在全世界人民面前揭露帝国主义的时候，那些责备我们订立布列斯特和约的人曾派克拉斯诺夫向德国人领取弹药来打俄国工农，现在他们又向英法帝国主义者领取弹药，第二次拍卖自己，把俄国出卖给出价更高的百万富翁了。因此，我们原来那种确信转折已经到来的一般看法，现在就显得不够了。旧的敌人还在，除此之外，正是在目前，他们背后又在集结新的援军。这一切我们都知道和注意到了。半年以前，大约在2月或3月间，我们没有军队。军队不能作战。这支军队经历了四年的帝国主义战争，并不知道为什么打仗，只是模糊地感到在为别人的利益打仗，最后终于逃散了，而且世界上任何力量都阻止不了。

任何一次革命，只有当它善于自卫的时候，才有某些价值，但革命不是一下子就学会自卫的。我们这场革命唤醒了千百万人走向新的生活。在2月和3月间，这千百万人并不知道为什么要继续进行沙皇和克伦斯基之流驱使他们进行的大厮杀,这场大厮杀的目的直到12月才被布尔什维克政府揭穿。他们才恍然大悟,这不是他们的战争。为了使转折到来,当时花了大约半年的时间。这个转折终于到来了;它改变了革命的力量。被四年战争弄得精疲力竭、痛苦不堪的群众,在2月和3月间什么都不要,只要求实现和平,停止战争。他们那时还提不出为什么进行战争的问题。如果说现在这些群众在红军中建立了新的纪律,不是棍棒纪律、地主纪律,而是工农代表苏维埃的纪律,如果说他们现在自愿承担最大的牺牲,如果说他们中间形成了新的团结,那么这是因为在千百万人的意识和经验中第一次产生了新的社会主义的纪律,产生了红军。红军能够产生,完全是因为千百万人根据亲身的经验看到,是他们自己推翻了地主和资本家,现正建设着新生活,而且是他们自己开始建设新生活,只要没有外敌入侵的干扰,他们一定会把这种新生活建设好。

当农民认清自己的主要敌人并开始同富农作斗争的时候,当工人推翻了厂主并开始按照国民经济的无产阶级原则建设工厂的时候,他们看到了改造工作极其困难,但是他们战胜了困难。当时花了好几个月的时间,才使工作走上轨道。这几个月过去了,转折到来了;我们束手无策的时期过去了,我们大踏步地前进了;我们没有军队、没有纪律的时期过去了;我们建立了新的纪律,新人加入了我们的军队,并有成千上万的人献出生命。

这就是说,在前线的战斗和农村反对富农的斗争中,新的纪律、同志式的联盟重新教育了我们。我们经历的这个转折是艰难的,但我们现在感到一切正在走上正轨,我们正在从混乱的、靠法令实行的社会主义走向真正的社会主义。我们当前的主要任务就是同帝国主义作斗争,并且必须在这一斗争中取得胜利。我们一再指出,进行这一斗争非常困难和危险。我们知道,红军的思想觉悟已经有了一个转变,它已开始取得胜利,并从自己队伍中提拔了几千个进过新的无产阶级军事学校的军官,还提拔了几千个什么学校也没有进过、只受过残酷的战争的锻炼的军官。因此,我们丝毫也不夸大,虽然我们意识到有危险,但现在我们说,我们有了军队,这支军队建立了纪律,有了战斗力。我们在南线对付的并不只是一个敌人,这条战线对付的是整个英法帝国主义,是世界上最强大的敌人,但是我们不怕他们,因为我们知道,他们连自己国内的敌人都对付不了。

三个月以前,当我们说德国可能爆发革命的时候,人们嘲笑我们,说只有半疯癫的布尔什维克才会相信德国要发生革命。不仅整个资产阶级,而且孟什维克和左派社会革命党人都说布尔什维克背叛了爱国主义,都说德国不可能爆发革命。但当时我们知道,那里需要我们的援助,为了援助他们,我们曾不得不牺牲一切,直到接受条件苛刻的和约。几个月以前,人们对我们就是这样说的,这样论证的,但是经过几个月德国就从一个强大的帝国变成了一块朽木。这支摧毁德国的力量现在也在美国和英国活动,今天它虽弱小,但是只要英国人和法国人胆敢对俄国下手,像德国人那样占领乌克兰,它就会与之相应地一步步壮大起来,甚至会比西班牙流感还可怕。

同志们,正因为这样,现在每个觉悟的工人的主要任务,我再说一遍,就是要让那些可能不了解当前局势有多么严重的广大群众知道全部真相,一点也不隐瞒。工人们已经成熟,可以让他们知道真相。我们不仅要战胜白卫分子,而且要战胜世界帝国主义。

不仅这个敌人,而且比它更可怕的敌人,我们都要战胜,而且一定
能战胜。因此,红军比什么都重要。苏维埃俄国的每个组织都要
始终把军队问题放在第一位。目前,既然一切都已确定下来,首要
的问题就是战争,就是巩固军队。我们完全有把握制服反革命。
我们知道我们是有力量的,但是我们也知道英法帝国主义比我们
强大,希望工人群众也能清楚地意识到这一点。我们说:必须把军
队至少扩充十倍,必须进一步加强纪律,并使那些有觉悟、有素养、
配合得很好的真正的领袖百倍注意和关心这件事,那样,国际革命
的发展就不会局限于战败国了。现在,战胜国也已开始革命。我
们的力量一定会日益增长,而这种不断的增长,对我们说来,仍旧
是国际社会主义取得胜利的主要的和充分的保证!(列宁同志的
讲话不断为热烈掌声打断并在欢呼声中结束,全场起立向世界革
命的领袖致敬)

载于 1919 年《第五届全俄中央执行
委员会。速记记录》一书

译自《列宁全集》俄文第 5 版
第 37 卷第 111—125 页

2
决　议

　　最近,无产阶级群众和农民反对帝国主义战争的革命运动,在世界各国,特别是在巴尔干、奥地利和德国,取得了巨大的胜利。然而,正是因为这些胜利,今天以英、美、法三国资产阶级为首的国际资产阶级才格外恼怒,急于组成一支反革命力量来镇压革命,首先是镇压目前革命的主要策源地——俄国的苏维埃政权。

　　在战争中已被击溃而在国内又受到强大革命运动威胁的德国资产阶级和德国政府,正急于寻找生路。德国统治集团中的一派还想在入冬以前用拖延办法赢得时间,在新的筑垒线上作好卫国的准备。另一派则急于设法同英法资产阶级达成反对革命无产阶级和布尔什维克的协议。这一派碰到了极难商量的胜利者——英法帝国主义者,于是竭力用布尔什维主义的威胁恐吓他们,并在反对布尔什维克、反对无产阶级革命方面为他们效力,以此笼络他们。

　　德国的附庸国或占领国的资产阶级,还更加起劲地设法同协约国达成协议,特别是当他们——如芬兰、乌克兰等等的资产阶级——感到不靠外国的刺刀帮忙就根本无法维持自己对被剥削劳动群众的统治的时候。

　　由于这些条件,苏维埃政权就处于一种特殊情况:一方面,我们从来没有像现在这样接近国际无产阶级革命;另一方面,我们的处境从来没有像现在这样危险。现在已经不存在两个互相吞食、互相削弱、几乎势均力敌的帝国主义强盗集团了。现在只剩下一个胜利者的集团——英法帝国主义者的集团；它打算让资本家瓜分全世界；它抱定宗旨要不惜一切代价推翻俄国苏维埃政权而代之以资产阶级政权；它现在正进行准备，要从南面来进攻俄国，例如经过达达尼尔海峡和黑海，或者经过保加利亚和罗马尼亚，而且至少有一部分英法帝国主义者显然希望德国政府根据直接的协议或默契，在英法军队占领乌克兰时才从乌克兰撤退自己的军队，以阻止乌克兰工农的不可避免的胜利，阻止乌克兰工农政府的建立。

现在并不是每个地方的广大工农群众中的每个人都已认识到，在反革命的克拉斯诺夫分子和白卫分子的背后，有一种无比危险的力量，即国际反革命资产阶级的力量，首先是英、美、法三国资产阶级的力量，正在准备进攻我们。我们应当坚持不懈地把这种认识灌输到群众中去。必须特别注意加强南线，特别注意建立和武装一支比现在强大得多的红军。每个工人组织、每个贫苦农民协会、每个苏维埃机关都应当坚持不懈地把加强军队的问题提到议事日程的首位，反复检查我们的工作是否做得够了，我们能够而且应当采取哪些新的措施。

我国工农群众的情绪已经发生了明显的转变。群众已经克服了极端厌战的心理。军队正在建立起来，而且已经建立起来。新的共产主义的纪律，自觉的纪律，劳动者的纪律已经产生。这一事实使我们有充分的理由确信，我们可以也一定能够保卫住社会主义祖国，并取得国际无产阶级革命的胜利。

载于1918年10月23日《全俄中央执行委员会消息报》第231号

译自《列宁全集》俄文第5版第37卷第126—128页

关于切实遵守法律的
决定提纲草稿

（1918 年 11 月 2 日）

一、法制应当加强（或得到最严格的遵守），因为俄罗斯联邦法律的基本原则已经确定。

二、**打击**反革命的紧急措施不应受法律的限制，其条件是：

（α）有关的苏维埃机关或负责人员明确地正式声明，国内战争和打击反革命的紧急情况要求超越法律界限；

（β）立即把这种声明以书面形式报告人民委员会，并抄送地方当局和有关当局。

三、如苏维埃政权的负责人员之间或机关之间发生冲突、摩擦、纠纷，或对职权范围有争议，或出现其他类似情况，这些负责人员和机关都必须立即写出简要的记录，上面必须写明日期、地点、负责人员的名字或机关名称，并扼要点明（不是叙述）事情的实质。记录一定要抄送另一方。

四、共和国的任何一个公民对苏维埃政权的负责人员或机关的任何措施（或拖拉作风，等等）提出控告时，该负责人员或机关必须写出同上面一样的简要记录。记录一定要抄送提出控告的公民，还要抄报上级机关。

五、显然没有根据、无理取闹要求作记录的人,可能受到法院追究。

六、拒不提交写明负责人员姓名的记录,是一种严重的渎职罪行。

建议:中央委员会**原则上**赞同此件并委托司法人民委员部将此件
　　写成法令。[66]

列　宁

1918 年 11 月 2 日

载于 1942 年《列宁文集》俄文版　　　　译自《列宁全集》俄文第 5 版
第 34 卷　　　　　　　　　　　　　　第 37 卷第 129—130 页

在庆祝奥匈革命的游行大会上的讲话

（1918 年 11 月 3 日）

简 要 报 道

（掌声如雷）事变向我们表明，人民的苦难没有白受。

我们不是仅仅在同俄国资本主义作战。我们是在同各国的资本主义、同全世界的资本主义作斗争，是在为全体工人的自由而斗争。

过去我们同饥荒和敌人作斗争是很困难的，而现在我们看到，我们已经有千百万同盟者了。

这就是奥地利、匈牙利和德国的工人。我们在这里集会的时候，从监狱里释放出来的弗里德里希·阿德勒大概快要到达维也纳了。在维也纳的各个广场上，大概正在庆祝奥地利工人革命的第一天。

普天同庆世界革命第一天的日子快要到来了。

我们没有白白工作，没有白受苦难。国际革命一定会胜利！

国际无产阶级革命万岁！（掌声如雷）

载于 1918 年 11 月 5 日《真理报》
第 240 号

译自《列宁全集》俄文第 5 版
第 37 卷第 131 页

在全俄工会中央理事会和莫斯科工会理事会庆祝会上的讲话[67]

（1918 年 11 月 6 日）

报　道

（与会者起立，欢迎列宁同志，热烈的掌声经久不息）列宁同志一开始说，今天我们在几十个、几百个地方集会，庆祝十月革命一周年。那些早就参加工人运动、同下层工人有联系、同工厂有密切接触的人都很清楚，过去这一年是实行真正的无产阶级专政的一年。无产阶级专政这个概念从前是一个玄妙的书本上的拉丁语，是用两个很费解的词组合而成的。知识分子曾经在书本中寻找这个概念的解释，然而究竟什么是无产阶级专政，这些书本只能提供极为模糊的概念。我们在过去这一年的主要功绩，是把这个词从很费解的拉丁语译成了明白易懂的俄语。这一年里，工人阶级不是空发议论，而是实际地缔造和实现无产阶级专政，不去管知识分子怎样惊恐不安。

西欧一直是资本主义的天下。现在那里也开始了伟大变革的时代。现在西欧工人也即将进入从资本主义向社会主义过渡的艰难时期。他们也同我们一样，必须打碎整个旧机构，建立新机构。

我们未能把资产阶级知识界所掌握的全部经验、知识和技术都利用起来。资产阶级恶毒地嘲笑布尔什维克,说苏维埃政权维持不了两个星期,因此,他们不仅拒绝继续工作,而且在各种场合用各种办法反抗那摧毁旧制度的新运动、新建设。

资产阶级的反抗还远远没有结束。他们的愤恨在日益增长,而且资本主义旧世界愈接近末日,这种愤恨就增长得愈快。

由于布尔什维主义日益强大,正在成为世界性的现象,目前的国际形势是这样:形形色色的帝国主义者可能联合起来进攻苏维埃共和国,资产阶级的反抗将超出一国的范围而成为国际性的。

你们都知道,德国把我们的大使赶出了柏林,借口是我们驻德国的代表处进行革命宣传。德国政府似乎从前不知道我们的大使馆会带来革命传染病。德国以前对这一点没有吭声,那是因为它还强大,不怕我们。现在战败了,就觉得我们可怕了。德国的将领和资本家对协约国说:你们虽然战胜了我们,但是不要只顾在我们身上打主意,因为你们和我们都受到世界布尔什维主义的威胁,同布尔什维主义作斗争还用得着我们。

很有可能,协约国帝国主义者会同德帝国主义勾结起来,联合进攻俄国,如果德帝国主义到时候还能保全下来的话。因此,过去一年一直很危险的局势,现在格外严重了。但我们现在并不孤立。现在我们有了朋友,这就是一些地方已经起义和另一些地方正在起义的人民,他们用非常具体的行动使本国政府看到,他们不愿再为掠夺而战了。尽管今后还有一段非常危险的时期,我们还是要把我们的社会主义建设继续进行下去。过去的经验将帮助我们避免错误,并使我们在今后的工作中获得新的力量。

工会在新机构的建设中起了很大的作用。工人阶级表明,没有知识分子,没有资本家,他们也能组织工业。他们已经做了很多工作,但今后需要做的工作还很多。同志们,沿着你们走过的道路勇往直前吧,吸收更多的群众参加工作吧! 要让所有工人,那些虽然不识字、没有经验、没有知识然而和群众有联系、真诚希望新制度巩固起来的工人,要让所有的人,不论党员和非党员,都有机会在新的无产阶级国家中工作和学习,都有机会管理和创造财富。

国际无产阶级一定会起来推翻世界各地的资本主义,完成我们的事业,使社会主义取得完全的胜利! (热烈鼓掌)

载于 1918 年 11 月 9 日《全俄中央执行委员会消息报》第 244 号

译自《列宁全集》俄文第 5 版第 37 卷第 132—134 页

在全俄工人、农民、哥萨克和红军代表苏维埃第六次(非常)代表大会上的两次讲话⁶⁸

（1918 年 11 月上旬）

1

庆祝十月革命一周年

（11 月 6 日）

（列宁同志出现时,响起了经久不息的欢呼声,全体起立欢迎列宁同志）同志们！我们是在这样一个时候庆祝我国革命一周年的,在这个时候,国际工人运动中发生了许多极其重大的事件,甚至工人阶级和劳动人民中最抱怀疑态度的那些人都已经看清楚:世界战争不会以旧政府、旧统治阶级——资产阶级的协议或暴力而结束;世界战争不仅在俄国、而且在全世界促成无产阶级革命,促使工人去战胜把世界淹没在血泊之中的资本;世界战争表明,不仅德帝国主义采取各种残暴的手段,受德、奥支持的英法帝国主义也推行同样的政策。

在这庆祝革命一周年的日子,应当回顾一下我国革命走过的道路。我们是在非常艰难的条件下开始进行革命的,今后世界上任何一个工人革命都不会碰到这样的条件。因此,很有必要整个地回顾一下我们走过的道路,看看这个期间我们取得了什么成就,看看这一年里为了迎接主要的、真正的任务,迎接有决定意义的、带根本性的任务,我们作了多少准备。我们应该是全世界无产阶级社会主义大军中的一支队伍。我们一直很清楚,在全世界斗争中成长起来的革命能由我们来开始,决不是由于俄国无产阶级有什么功劳,也不是由于它比别人先进,相反地,正是资本主义的特别软弱和落后,以及特别逼人的军事战略形势,才使我们在事变进程中没有等到其他队伍赶上来和行动起来,就走到了他们前头。现在我们就来看一看,为了迎接未来这场革命中即将面临的战斗,我们作了多少准备。

同志们,如果要问这一年里我们在大的方面做了些什么,我们应当说,做了以下几件事情:我们从实行工人监督这种工人阶级的最初步骤,从管理全国资财,转到了由工人管理工业;我们从全体农民争取土地、农民反对地主这种全民族的、资产阶级民主性质的斗争转到了在农村中由无产者和半无产者即特别勤劳、遭受剥削的那些人单独行动,自己起来建设新生活;农村中最受压迫的那部分农民已经投入彻底战胜资产阶级(包括农村资产阶级——富农)的斗争。

其次,我们从苏维埃组织开始迈步,发展到了如斯维尔德洛夫同志在开幕词中正确指出的那样,苏维埃组织在俄国每一个偏僻乡村都已经巩固起来,成为根据全体被压迫劳动群众的长期斗争经验制定的苏维埃宪法的一个完整的组成部分。

我们从完全没有防御能力的状况,从最近四年的战争所造成的状况,如被压迫的群众不仅憎恨战争,而且厌弃战争,被战争弄得精疲力竭,痛苦不堪,使我国革命不得不经历一个在德奥帝国主义的打击面前毫无防御能力的极其艰难困苦的时期,——现在我们已从这种状况发展到有了强大的红军。最后一点,也是最重要的一点,就是我们已经摆脱去年10月和今年年初我们在国际上孤立无援的那种困境,我们唯一的然而是可靠的同盟者——各国被压迫的劳动者现在终于行动起来了,我们看到,由于英勇果敢地出来反对帝国主义战争而被判服长期苦役的西欧无产阶级领袖,如李卜克内西和阿德勒,恢复了自由,因为维也纳和柏林的工人革命不是每天而是每时每刻都在发展,迫使当局释放了他们。我们已经摆脱孤立无援的境地,现在正同我们的国际同盟者携手并肩地共同战斗。这就是一年来取得的主要成就。现在让我简要地谈谈这条道路,谈谈这个转变。

同志们,起初我们的口号是工人监督。我们说,尽管克伦斯基政府许下种种诺言,资本家还是继续怠工,使我们国家的生产被破坏得愈来愈厉害。现在我们看到,生产濒于瓦解,因此,工人监督应当是任何一个社会主义工人政府必须实行的第一个基本步骤。我们没有颁布法令立刻在我国全部工业中实行社会主义,因为只有工人阶级学会管理,工人群众的威信已经树立,社会主义才能够形成和巩固。不然社会主义只不过是一个愿望。因此,我们实行了工人监督。我们知道,这一步骤是存在矛盾的,不彻底的,但是必须让工人们在不要剥削者和反对剥削者的情况下亲自担当起在一个大国建设工业的伟大事业。同志们,那些直接地甚至间接地参加了这一建设的人,那些受过资本主义旧制度的压迫和摧残的人,学到了许多许多东西。我们知道,取得的成就还很小。我们知道,在这个极端落后、备受破坏的国家里,工人阶级面前真是障碍重重，要学会管理工业，必须花很长时间。我们认为最重要和最可贵的，就是工人已经亲自担负起了管理工作，我们已经从工人监督，即在一切主要工业部门中实行起来必然是混乱的、分散的、手工业式的、不彻底的工人监督，进到在全国范围内由工人管理工业了。

工会的情况改变了。现在它的主要任务是把自己的代表派到各个总管理机构和中央管理机构去，派到所有那些新的管理组织中去，这些组织从资本主义那里接收了遭到蓄意破坏的、破烂不堪的工业，并在没有知识分子帮助的情况下把它们管起来。知识分子一开始就抱定宗旨要利用知识和所受的高等教育——人类所积累的各门科学的成果——来破坏社会主义事业，而不是把科学用来帮助群众建立没有剥削者的公有的国民经济。这些人抱定宗旨要利用科学制造障碍，妨碍最缺乏训练的工人从事管理。现在我们可以说，主要障碍已被扫除。这在当时是极其困难的。一切倾向于资产阶级的分子的怠工已经粉碎了。不管障碍怎样大，工人们还是迈出了这举足轻重的一步，为社会主义打下了基础。我们丝毫也不夸大，不怕说实话。是的，从到达终点来看，我们做的工作很少，但从打基础来看，我们做的工作就很多，非常之多。谈到社会主义时，说广大工人群众自觉地建设基础，决不是指他们拿起了书本，读了某一本小册子。这里说的自觉性表现在他们依靠自己努力，亲自动手来干异常艰难的事业，犯下成千上万个错误，而每个错误既使他们吃到苦头，又使他们在工业管理工作中受到锻炼。现在这项管理工作已经建立起来，而且有了牢固的基础。他们把自己的工作坚持到底了。现在这项工作已不像从前那样去做了。现在全体工人群众，不仅领袖和先进分子，而且确实是最广大的阶层都知道,他们在亲手建设社会主义,他们已经把基础打好,国内任何力量都不能阻挠他们把这一事业进行到底。

如果说我们在工业方面遇到过这样一些大的困难,曾经不得不经历一段在许多人看来很长而实际却很短的路程,从工人监督过渡到了工人管理,那么在极其落后的农村,我们要做的准备工作就多得多了。凡是了解农村生活、同农民群众有过接触的人都说:城市里的十月革命对农村来说,只是到1918年夏天和秋天才真正成为十月革命。同志们,当彼得格勒无产阶级和彼得格勒卫戍部队的士兵夺取政权的时候,他们很清楚,农村中的建设将遇到很大困难,在这里必须更加稳重地逐步前进,在这里企图用法令和命令来实行共耕制是极端荒谬的,能够接受共耕制的只是极少数觉悟的农民,而大多数农民都没有这个要求。因此,我们仅仅做了为了革命的发展绝对必需做的事情:决不超过群众的发展程度,而要等待群众通过亲身的经验、亲身参加的斗争自己向前走。在十月革命的时候,我们只是一举消灭了农民的宿敌——地主-农奴主,大地产所有者。这是全体农民的斗争。那时在农民内部,无产阶级和半无产阶级,即贫苦农民,还没有同资产阶级分开。我们社会主义者懂得,不进行这场斗争就没有社会主义,同时也知道,光是我们懂得还不够,还必须使千百万人不是依靠宣传而是依靠他们的亲身经验也懂得这一点,因此,当全体农民只按照平均使用土地原则来想象变革的时候,我们就在1917年10月26日的法令中公开表示,我们把农民的土地问题委托书作为基础①。

我们公开指出,这个委托书并不符合我们的观点,这并不是共

_____

① 见本版全集第33卷第18—20页。——编者注

产主义。但我们并没有强迫农民接受不符合他们的观点而只符合我们的纲领的东西。我们声明,我们把他们当做劳动的伙伴,同他们一起前进,我们相信革命进程会造成我们在城市里已经达到的局面。结果,农民果然行动起来了。土地改革是从土地社会化开始的,我们亲自举手通过了土地社会化,同时我们又公开指出它不符合我们的观点,我们知道大多数农民都主张平均使用土地,我们不愿意强迫他们,而等待他们自己放弃这种思想,向前迈进。我们终于等到了,并且把我们的力量准备好了。

我们当时通过的法令,根据的是一般民主主义原则,是使富裕农民即富农和贫苦农民联合起来的对地主的仇恨,是一般平等思想(毫无疑问,这种思想是反对旧的君主制的革命思想)。但我们必须从这个法令进到对农民加以区分。我们实行土地社会化法令是得到一致同意的。这个法令是由我们和不赞成布尔什维克观点的人们一致通过的。在解决由谁支配土地的问题上,我们优先考虑农业公社。我们为农业按照社会主义的原则发展敞开了道路,但我们很清楚,在 1917 年 10 月,农业还不能走上这条道路。通过一番准备工作,我们终于实行了任何一个最民主最共和的国家都没有实行过的、具有世界历史意义的重大步骤。这一步骤是今年夏天由全体农民群众实行的,甚至在俄国最偏僻的乡村也这样。当时粮食不足、人们挨饿,历史遗留下来的问题和万恶的四年战争造成了严重后果,反革命的猖獗和内战的加剧使我们失去了最富饶的产粮区,当这一切登峰造极、城市面临饥饿威胁的时候,我国政权唯一的、忠实可靠的支柱——城市和工业区的先进工人有组织地奔赴农村。有人说,工人下乡是要在工农之间挑起武装斗争,这是造谣诽谤。事实驳倒了这种诽谤。工人下乡是去反击那些乘

人民快要饿死之机搞粮食投机来大发横财的农村剥削者——富
农。他们下乡是去帮助占农村人口大多数的贫苦劳动者。他们没
有白去,他们伸出了联盟之手,他们的准备工作同群众结合起来
了。遍及全国的富农暴动所造成的七月危机充分证明了这一点。
七月危机被克服,就是各地农村中被剥削的劳动者纷纷起来同城
市无产阶级一道进行斗争的结果。今天季诺维也夫同志打电话告
诉我说,在彼得格勒举行的区域贫苦农民委员会代表大会[69]有
18 000人参加,代表们情绪高昂,精神振奋。随着贫苦农民起来
后全国出现的那种形势日益明显,贫苦农民根据自身的经验懂得
了同富农进行斗争的意义,懂得了要保证城市的粮食供应,要恢复
农村生活中非有不可的商品交换,就决不能跟农村资产阶级、跟富
农一道走。他们应当单独组织起来。现在我们实行了农村社会主
义革命第一个最重大的步骤。在十月革命的时候,我们不能这样
做。我们知道什么时候才能到群众中去。现在我们已经达到了这
一步:社会主义革命在农村已经开始,无论哪个偏僻乡村的农民都
已经懂得,既然有钱人、富农这些哥儿们在进行粮食投机,那他们
是在用乡间的老眼光来看待正在发生的一切事情。

　　因此,只是现在,当农村经济或者说农村贫苦农民同自己的领
路人——城市工人联合起来时,才是为真正的社会主义建设奠定
真正的牢固的基础。只是现在,农村才开始进行社会主义建设。
只是现在,才建立起这样的苏维埃和农场,它们力求有计划地实行
大规模的共耕制,力求利用知识、科学和技术,懂得在黑暗反动的
旧时代的基础上连简单的初步的人类文化也不可能存在。这方面
的工作比工业方面还要困难。我们的地方委员会和地方苏维埃在
这方面犯的错误更多。他们从错误中学习。我们不害怕群众在自

党进行建设时犯错误,因为我们只能依靠群众自己的经验,依靠他们自己动手。

现在,这场在很短时期内就使我们的农村走向社会主义的最伟大的革命表明,整个斗争已经获得胜利。红军最清楚不过地证明了这一点。你们都知道我们在世界帝国主义战争中的处境,当时俄国处于人民群众已无法忍受的境地。我们知道,那时我们是孤立无援的。我们公开向工人群众说出全部真相。我们揭穿了帝国主义的秘密条约是一种政策的产物,这种政策完全是欺骗群众的工具,现在美国这个资产阶级帝国主义的最先进的民主共和国正在用这种政策空前无耻地欺骗群众,愚弄群众。当战争的帝国主义性质已暴露无遗的时候,只有俄罗斯苏维埃共和国才彻底粉碎了资产阶级的秘密外交政策。它揭露了秘密条约,并通过托洛茨基同志向世界各国宣告:我们呼请你们用没有兼并和赔款的民主方式结束这场战争;我们坦率而自豪地说出了一个严酷的真理,但毕竟是真理——要结束这场战争,就必须进行反对资产阶级政府的革命。我们的呼声没有得到响应。因此,我们不得不付出代价,签订了强制性的布列斯特条约,被迫接受了一种令人十分痛苦的和平,使得许多同情者感到灰心失望。这是由于我们处境孤立的缘故。但是我们尽到了自己的职责,我们向大家揭示了战争的目的是什么。如果说德帝国主义能以不可阻挡之势压倒我们,那是因为我们的工人和农民坚强地组织起来还需要很长一段时间。当时我们没有军队;我们只有一支已经瓦解的帝国主义者的旧军队;它被驱使去作战,是去实现士兵们所不支持、不赞成的目的。结果我们不得不经历一个极其痛苦的时期,好让群众在极其痛苦的帝国主义战争之后歇一口气,并认识到新的战争就要开始。我们可以把我们保卫社会主义革命的战争称为我们的战争。但必须使千百万人根据自身经验懂得这一点。这占去了好几个月的时间。取得这种认识是一个漫长而艰苦的过程。今年夏天大家看见,这种认识终于取得了,转折已经到来了。一支人民群众创造的、奋不顾身的军队,经过四年血腥的大厮杀之后又投入战争了。要使这支军队能够为苏维埃共和国而战,我们国家必须使投入这场战争的群众克服疲倦和绝望情绪,明确认识到他们流血牺牲确实是为了自己的事业,为了工农苏维埃,为了社会主义共和国。这一点已经做到了。

我们夏天对捷克斯洛伐克军的胜利,以及我们收到的数量很大的胜利消息,都证明转折已经到来了,最艰巨的任务——使群众在四年痛苦战争之后成为自觉的社会主义的有组织的群众这一任务,已经完成了。现在广大群众都有了这种认识。千百万人都懂得了他们是在从事一项艰难的事业。这就保证我们不会悲观失望,虽然目前比我们强大的世界帝国主义力量正在纠合起来向我们进攻,虽然那些知道苏维埃政权很危险而急于把它扼杀的帝国主义者派兵包围我们,虽然我们现在承认事实,不讳言他们比我们强大,但是我们不会悲观失望。

我们说:我们正在发展壮大,苏维埃共和国正在发展壮大!无产阶级革命事业的发展比帝国主义者势力的进逼更快。我们满怀希望并且坚信,我们不仅在保卫俄国社会主义革命的利益,而且在为保卫全世界的社会主义革命而战。我们胜利的希望愈来愈大了,因为我们工人的觉悟在不断提高。去年10月苏维埃组织是一种什么情况呢? 那时它刚刚迈步,我们还不可能使它适应需要,使它达到一定的,达到目前这样的状况,而现在我们有了苏维埃宪法。我们知道,7月间批准的这部苏维埃宪法,不是哪个委员会的臆造,不是法学家们的杜撰,也不是对别的宪法的抄袭。世界上还从来没有过我们这样的宪法。这部宪法记载了无产阶级群众反对国内和国际剥削者的斗争经验和组织经验。我们积累了斗争经验。(鼓掌)这些经验向我们清楚地证明了:有组织的工人建立了没有官吏、没有常备军、没有实际上为资产阶级提供的特权的苏维埃政权,并为各类工厂进行新的建设打下了基础。我们正着手工作,吸收为实施苏维埃宪法所必需的新的工作人员。在这方面我们有现成的新干部——青年农民,我们应当吸收他们参加工作,他们一定会帮助我们把事业进行到底。

我想谈的最后一点就是国际形势问题。我们正同我们的国际同志并肩战斗。我们看到,他们十分坚决地表示相信俄国无产阶级革命一定会同他们一起前进,成为国际革命。

随着革命的国际意义的增长,全世界帝国主义者愈来愈紧密地抱成一团。1917年10月,他们把我们的共和国当做一桩不值得注意的奇闻。今年2月,他们认为这是不值得重视的社会主义实验。但是共和国的军队成长壮大起来了,共和国解决了建立社会主义红军这个最困难的任务。由于我们事业的发展和成功,各国帝国主义者的疯狂反抗和切齿仇恨更厉害了,以致那些曾经叫喊自己是威廉的敌人的英法资本家快要同这个威廉联合起来奋力扼杀社会主义苏维埃共和国了。因为他们已经看到,社会主义苏维埃共和国不再是什么奇闻和社会主义实验,而是世界社会主义革命的策源地,真正的、实际的策源地。因此,我国革命的成就愈大,敌人的数量就愈多。我们丝毫不掩饰我们处境的艰难,我们应当认清摆在我们面前的任务。我们要迎上前去,我们已不是孤军奋斗,同我们一道前进的有维也纳和柏林的工人,他们正奋起进行同样的斗争,他们也许还会给我们的共同事业带来更高的纪律性和觉悟性。

同志们,为了说明我们苏维埃共和国上空怎样阴云密布,我们面临着什么样的危险,请让我把德国政府通过它的领事馆递交我们的照会全文读一读:

"致外交人民委员格·瓦·契切林。莫斯科。1918年11月5日。

德意志帝国领事馆奉德意志帝国政府之命荣幸地将下列事项知照俄罗斯联邦苏维埃共和国:俄国官方机关发表违反布列斯特和约第2条规定的言论,进行不能容忍的反对德国国家机关的煽动,德国政府对此不得不再次提出抗议。德国政府认为,对于这种不仅违反上述条约的规定而且严重违背国际惯例的煽动,不能只限于提出抗议。和约缔结后,苏维埃政府在柏林设立外交代表处时,德国政府曾向俄国全权代表越飞先生明确指出,必须避免在德国进行任何宣传鼓动。越飞先生答复说,他知悉布列斯特条约第2条,并且懂得他身为一个外国的代表不应干涉德国的内政。因此,越飞先生和他主管的机关在柏林受到了享有治外法权的外国代表处一般都应受到的照顾和信任。但是此种信任已被辜负。一个时期以来的事实表明,俄国外交代表处同某些从事颠覆德国国家制度的分子过从甚密,利用这些分子为自己服务,对旨在推翻德国现存制度的运动甚为关心。本月4日发生的以下事件说明,俄国代表处甚至通过运进煽动革命的传单来积极参与旨在颠覆现存制度的运动,这就滥用了使用外交信使的特权。昨晚抵达柏林的俄国信使的官方行李中有一只箱子在运输过程中损坏了,结果发现这批箱子内装有用德文写的、从内容看是预定在德国散发的革命传单。而苏维埃政府对帝国公使米尔巴赫伯爵被刺应当如何弥补过失问题所持的态度,使德国政府更有理由表示不满。俄国政府曾郑重允诺,将尽一切力量使罪犯受到惩办。但是德国政府还看不出追缉或惩办罪犯的工作已经开始或者准备开始的任何迹象。凶手是从被俄国政府公安机关团团围住的房屋中逃走的。公开承认曾决定并策划这次暗杀的主谋,至今仍逍遥法外,而据已获得的消息判断,甚至已被赦免。德国政府抗议这种违反条约和公法的行为。德国政府理应要求俄国政府作出保证,今后不再进行违反和约的鼓动和宣传。此外,德国政府理应坚持惩办凶手和主谋,以弥补公使米尔巴赫伯爵被刺的过失。在这些要求没有做到以前，德国政府有权吁请苏维埃共和国政府从德国召回其外交代表和其他官方代表。今天已通知俄国驻柏林全权代表，明晚将为驻柏林外交代表和领事馆代表以及驻柏林的其他俄国官方人员启程返国开出专列，并将采取措施使全体人员顺利到达俄国边境站。请苏维埃政府设法安排德国驻莫斯科和彼得格勒两地的代表能在同一时间启程返国，并在他们返国时遵守一切礼节上的要求。至于驻德国的其他俄国代表，以及驻俄国其他地方的德国官方人员，以后将通知他们在一周内各自返回本国。德国政府谨表示希望：在后一批德国官方人员启程返国时，俄方也要遵守一切礼节上的要求，其他一些德国臣民或受德国保护的人员如要求回国，俄方要给他们提供顺利启程的可能。"

同志们，我们都很清楚，德国政府完全懂得，在俄国使馆受到殷勤接待的是德国的社会党人，而不是拥护德帝国主义的人，后面这种人是从来不进俄国使馆大门的。俄国使馆的朋友是那些反对战争、同情卡尔·李卜克内西的社会党人。他们从使馆设立的那一天起就是它的客人，而我们也只同他们往来。这一点德国政府十分清楚。德国政府不辞辛苦地跟踪我国政府的每一个代表，就像尼古拉二世政府当年跟踪我们的同志一样。现在它摆出这副姿态，并不是因为发生了什么变化，而是因为它先前认为自己很强大，不怕柏林街道上一幢房屋着火会使整个德国燃烧起来。现在，德国政府已经丧魂落魄，整个德国都燃烧起来了，它还以为只要把自己的消防水龙头对准一幢房屋就能把大火扑灭呢。（热烈鼓掌）

这只能令人发笑。如果德国政府打算宣布断绝外交关系，那么，我们就要说，这本不出我们所料，我们知道它拼命想同英法帝国主义者结成联盟。我们知道，英法帝国主义者给威尔逊政府发了大量的电报，请求把德国军队留在波兰、乌克兰、爱斯兰和里夫兰[①]，因为虽然他们也是德帝国主义的敌人，但是这些军队却干着

---

① 即今爱沙尼亚和拉脱维亚北部。——编者注

他们要干的事情——镇压布尔什维克①。只有到亲协约国的"解放军"赶来镇压布尔什维克的时候,才可以让这些军队撤退。

这一点我们很清楚,一点也不感到意外。我们只是说:现在,当德国已经燃烧起来、奥地利遍地烈火的时候,当他们不得不释放李卜克内西并使他有可能到俄国使馆去参加俄国社会党人和以他为首的德国社会党人共同举行的会议的时候,德国政府采取这样的步骤,与其说是证明他们想打仗,毋宁说是证明他们六神无主,犹豫不决,因为他们碰到了最残酷的敌人——用比布列斯特和约厉害百倍的强制性和约来扼杀奥地利的英美帝国主义。德国看出这些解放者也想扼杀它,折磨它,蹂躏它。但同时德国工人也行动起来了。德国军队现在不中用,失掉了战斗力,并不是因为它纪律松弛,而是因为拒绝作战的士兵从东线调到德国的西线,把资产阶级称之为世界布尔什维主义的东西也带去了。

因此,德国军队现在失掉了战斗力,因此,这个文件充分证明了他们的犹豫不决。我们认为这个文件会导致外交关系的破裂,如果他们有力量调动白卫军的话,也许还会导致战争。因此我们向各级工人、农民和红军代表苏维埃发了电报[70],在电报末尾说,要提高警惕,作好准备,要全力以赴,因为这表明国际帝国主义正把推翻布尔什维主义作为它的主要任务。这意味着不光是要战胜俄国,这意味着要战胜每个国家的工人。但无论他们在这样决定之后采取多么残暴的手段,他们也是不能得逞的。他们这群野兽正在进行准备,打算经过达达尼尔海峡,或者经过保加利亚和罗马尼亚,从南面来进攻俄国。他们在进行谈判,要在德国组织白卫

---

① 见本卷第128—129页。——编者注

军,并把它派到俄国来。我们清楚地意识到这个危险,我们公开指出:同志们,我们这一年没有白干;我们打下了基础,我们就要进行决战,这确实是一场决战。但我们不是孤军作战,西欧的无产阶级已经行动起来,彻底摧毁了奥匈帝国。那里的政府同 1917 年 2 月底的尼古拉·罗曼诺夫政府一样,也是一筹莫展,惊慌失措,丧魂落魄。我们的口号应该是:再接再厉,牢记着我们不是为俄国革命而是为国际社会主义革命去进行最后的决战!

　　我们知道,帝国主义野兽还比我们强大,还能够对我们和我们国家采取种种残暴的手段,但他们战胜不了国际革命。他们对我们恨得要命,因此我们说:随他们去好了,俄国每一个工人和农民一定会尽到自己的职责,并在保卫革命时,一旦需要,就献出自己的生命。我们说:随他们去好了,不管帝国主义者还会给我们降下什么灾难,他们也救不了自己的命。帝国主义一定灭亡,国际社会主义革命不管怎样总会胜利!(热烈鼓掌,转为经久不息的欢呼)

2

关于国际形势

(11月8日)

(长时间的鼓掌)同志们,十月革命一开始,对外政策和国际关系的问题就成了我们最主要的问题,这不仅因为帝国主义从此意味着世界各国紧密地结成一个体系,甚至可以说是凝成一团血污,而且因为社会主义革命要在一个国家内取得完全胜利是不可思议的,它至少需要几个先进国家(我们俄国还算不上先进国家)最积极的合作。因此,我们能使革命在其他国家扩展到什么地步,在那之前能给帝国主义以多大的回击,就成为革命的一个主要问题了。

下面请让我极其简略地回顾一下一年来我们国际政策的几个主要阶段。我在庆祝革命一周年的讲话中已经指出,一年前我们的处境的主要特征是孤立无援。[①] 尽管我们坚信在整个欧洲革命的力量正在形成和已经形成,坚信战争必然要由革命来结束,但那时革命已经开始或者正在开始的征兆还没有。在这种情况下,我们的对外政策就只能致力于教育西欧工人群众。这里说到教育,倒不是说我们自以为比西欧工人群众更有修养,而是说只要一个国家的资产阶级没有推翻,那里就盛行战时书报检查制度,就笼罩

---

① 见本卷第138页。——编者注

着任何战争尤其是反动战争必然伴有的骇人听闻的血腥的气氛。你们都很清楚,在最民主最共和的国家中,战争就意味着实行战时书报检查制度,意味着资产阶级及其司令部用种种骇人听闻的手段来欺骗人民。我们的任务就在于使其他国家的人民分享我们在这方面已经获得的成果。我们在这方面已尽了一切努力,我们撕毁并公布了以前沙皇为了本国资本家的利益而同英法资本家签订的肮脏的秘密条约。你们知道,这是一些彻头彻尾掠夺性的条约。你们知道,克伦斯基和孟什维克的政府隐瞒了这些条约,而且支持这些条约。我们偶然在英法两国某些多少还算诚实的报刊上看到这样的说法:多亏俄国革命,他们法国人和英国人才知道本国外交史上许多重要的事情。

当然,从整个社会革命的角度来看,我们还做得太少,但就已经做了的工作说,我们在准备这个革命方面迈出了一大步。

如果现在粗略地看一下我们对德帝国主义的揭露取得了什么结果,那我们可以看到,目前各国劳动人民已经明白,他们是被迫进行一场血腥的掠夺战争。战争进行到今年这个时候,英美两国的行为也被揭露了,因为群众正在醒悟,开始认清英美两国的真正意图。这就是我们所做的全部工作,不过我们已经作出了自己的微薄贡献。揭露这些条约是对帝国主义的一个打击。我们被迫签订的和约的条款,从宣传鼓动意义上说是个强有力的工具,我们靠它们做了比任何一国政府、任何一国人民都多的事情,如果说我们唤醒群众的尝试没有立刻见效,那么我们从来没有认为,革命马上就会爆发,或者认为一切都完了。近15年来,我们进行了两次革命,我们清楚地看到,革命要经过多么长的时间才能掌握群众。我们从德奥两国最近发生的事件也看到了证明。我们说过,我们并不打算通过同强盗联合把自己也变成强盗，不是的，我们只是打算唤醒敌对国家的无产阶级。有人嘲笑我们说，我们准备唤醒德国无产阶级，而德国无产阶级在我们正准备对它进行宣传的时候就会把我们掐死。然而事实证明我们估计得很对，各国劳动群众都同样仇视帝国主义。只是要给他们一段准备时间，因为即使是俄国人民，虽然他们对1905年革命记忆犹新，也过了很长一段时间才重新起来进行革命。

在签订布列斯特和约以前，我们尽了一切努力来打击帝国主义。如果说无产阶级革命发展史没有抹杀这一点，而布列斯特和约迫使我们在帝国主义面前退却，那么，这是因为在1918年1月我们还没有作好充分的准备。命运注定我们要陷于孤立，因此我们在布列斯特和约签订后经历了一个痛苦的时期。

同志们，我们经过四年的国际战争才得以缔结和约，但这是强制性的和约。这个强制性的和约也终于证明我们是正确的，我们的希望不是建立在沙滩上的。我们一月一月地巩固起来了，西欧帝国主义则日益削弱。现在我们终于看到，德国至少最近已经削弱了，而在半年前它还根本不把我们的使馆放在眼里，认为在他们那里任何一幢红色的房屋都不可能存在。最新的电讯说，德帝国主义正号召群众保持镇静，说和平就要到来[71]。我们知道，帝王们号召人们保持镇静并许下在最近的将来实现不了的诺言，这意味着什么。如果德国很快就会得到和平，那么这个和平对德国人来说将是布列斯特和约，它给劳动群众不会带来和平，只会带来比以前更大的痛苦。

我国国际政策的结果就是这样：在签订布列斯特和约半年以后，从资产阶级的观点来看，我们是一个被打垮的国家，然而从无产阶级的观点来看,我们已走上迅速发展的道路,并领导着开始震撼德奥两国的无产阶级大军。这个成就向无产阶级群众的任何一个代表充分证明了我们作出种种牺牲是值得的。假如我们突然被消灭了——假定我们的事业遭到了失败,这当然不可能,因为不会有奇迹,但是,如果发生了这种情况,我们不会掩盖错误,我们有权利说,我们已经把命运给予我们的时间完全用于世界社会主义革命了。我们为俄国劳动群众尽了一切努力,我们为世界无产阶级革命所做的事情比任何人都要多。(鼓掌)

同志们,最近几个月,最近几个星期,国际形势开始发生急剧的变化,德帝国主义几乎被摧毁了。德帝国主义曾寄希望于乌克兰,以此来安抚本国劳动者,现在一切希望都落空了。原来美帝国主义已经准备就绪,德国遭到了打击。现在情况完全变了。我们一点也不抱幻想。十月革命后,我们比帝国主义弱得多,现在我们也还是比国际帝国主义弱,——这一点我们现在也还要反复强调,不要自己骗自己。十月革命后,我们比他们弱,不能应战。现在我们还是比别人弱,要尽力避免同帝国主义打仗。

但是,我们得以在十月革命后生存了一年之久,这是由于国际帝国主义分裂成了两个强盗集团——英、法、美强盗集团和德国强盗集团,他们打得你死我活,无暇顾及我们。这两个集团中没有一个能把大量兵力用来对付我们,当然,如果条件许可,他们双方是会这样做的。战争和血腥气氛蒙住了他们的眼睛。战争所需的物质牺牲要求最大限度地集中力量。他们顾不上我们,不是因为我们是什么比帝国主义者强大的怪物(不是的,这是胡说!),而仅仅是因为国际帝国主义分裂成了两个互相残杀的强盗集团。仅仅因为这点,苏维埃共和国才能公开向各国帝国主义者宣战,没收他们的资本(外债),打他们耳光,公开掏强盗的腰包。

有一个时期,我们不断就德帝国主义者送来的信件发表声明,那时,世界帝国主义出于它对我们的敌视,出于对战争期间空前增加的资本主义利润的追逐,本应该进攻我们,但它未能进攻。现在,这个时期已经过去了。在英美帝国主义者战胜另一个集团之前,他们完全投身于相互间的斗争,因而无法对苏维埃共和国发动坚决的进攻。现在另一个集团已不存在,只剩一个战胜者集团了。这就完全改变了我们在国际上的处境,我们应该注意到这个变化。这个变化对国际形势的发展有什么影响,事实作了回答。目前各战败国的工人革命正在取得胜利,大家都知道它们的革命有了很大的发展。当我们在10月间夺取政权的时候,我们在欧洲只是一颗孤立的火星。的确,火星在增多,而且是从我国迸发出去的。这是我们所创立的最大业绩,但终究只是一些零散的火星。现在呢,德奥帝国主义集团范围内的大多数国家(保加利亚,奥地利,匈牙利)都卷进烈火中去了。我们知道,继保加利亚之后,革命蔓延到了塞尔维亚。我们知道,这种工农革命经过奥地利又到了德国。一系列国家都燃起了工人革命的烈火。在这方面,我们所作的努力和牺牲没有白费。这一切并不像敌人所诬蔑的那样是冒险,而是一个虽然不发达和落后却被推到了前面的国家走向国际革命必经的阶段。

从帝国主义战争的最后结局来看,这是一个极其重要的结果。另外一个结果,我一开始就已指出,就是目前英美帝国主义也像德奥帝国主义当初那样,开始暴露出自己的真面目了。我们看到,如果在布列斯特谈判期间,德国稍微控制一下自己,稍微冷静一些,不去冒险,那它还能保持自己的统治,还能在西方争取到一个无疑有利于自己的地位。它没有这样做,因为这是一场有千百万人参加、把沙文主义狂热煽到了顶点、关系到以数千亿卢布计的资本主义利益的战争,像这样一辆汽车,既然开足了马力,就再也无法刹住。这辆汽车跑得太远了,超过了德帝国主义者自己的愿望,结果把他们自己压得粉碎。他们不能自拔,就像一个人已经撑破肚皮,只好等死一样。现在我们看到,英美帝国主义也处在这种很不体面,但从革命无产阶级的观点来看却是大可利用的境地。也许有人认为,英美帝国主义的政治经验比德国丰富得多。在这两个国家,人们习惯于民主政治而不习惯于什么容克①政治,他们几百年前就经历过自己历史上最艰苦的时期。也许有人认为,这些人是会保持冷静的。如果我们从个人角度来判断他们能不能够保持冷静,如果我们像那些对帝国主义和工人阶级的斗争丝毫不理解的资产阶级庸人、教授那样,从一般民主的角度来判断,那我们一定会说,英美是有几百年民主传统的国家,英美资产阶级是能够克制自己的。如果现在英美资产阶级采取一些措施克制住自己,他们肯定还能维持很长时间。可是事实表明,他们重蹈了军事专制的德国的覆辙。在这次帝国主义战争中,俄国和这些共和制国家有很大的差别。帝国主义战争十分凶恶残暴,甚至把这些极其重要的差别都抹掉了;它在这方面使美国这个最自由的民主国家同德国这个半军事的专制国家变得没有两样了。

我们看到,比别的国家更有可能保持民主共和制的英国和美国,也同当年德国一样,疯狂地不顾一切地蛮干起来,因此,他们会同样迅速地甚至是更加迅速地达到德帝国主义已经顺利达到的结

---

①　即德国地主。——编者注

局。德帝国主义起初极度地膨胀到了欧洲四分之三那么大,肿胀不堪,到后来一下子胀破了,留下一股冲天的臭气。现在英美帝国主义也奔向这个结局。只须稍微看看英国人和美国人这些所谓使一些国家的人民摆脱了德帝国主义的"解放者"向战败国人民提出的停战媾和条件,就可以相信这一点。拿保加利亚来说吧。像保加利亚这样的国家似乎是不会使英美帝国主义这样的巨人感到可怕的。但是这个又弱又小、完全不能自助的国家的革命,却使得英国人和美国人惊慌失措,提出了形同占领的停战条件。现在,在这个已宣告成立农民共和国的国家,在索非亚这个重要的铁路枢纽站,所有的铁路都被英美军队占领。他们要同这个小小的农民共和国进行斗争。从军事上看,这易如反掌。那些抱着资产阶级即旧统治阶级的观点,从旧的军事关系看问题的人,都不以为意,一笑置之。区区保加利亚在英美的军队面前算得了什么?从军事上看,确实算不得什么,但从革命观点看,却非常了不起。这不是在殖民地,可以随随便便把被征服者成百万地屠杀。英国人和美国人认为,这不过是在野蛮的非洲人中间建立秩序,传播文明和基督教罢了。但这不是中非洲。不管他们在保加利亚的军队多么强大,他们的士兵一遇到革命就会土崩瓦解。这不是随便说说,德国就是证明。不管怎么说,德国士兵在遵守纪律方面是堪称典范的。但德国人到了乌克兰,在这里起作用的,除纪律外,还有其他因素。德国士兵饿慌了就要找粮食吃,要他们抢粮不要抢得太凶是不现实的。何况我们知道,在这个国家里,德国士兵受到俄国革命精神的感染最深。这一点德国资产阶级很明白,也正是这一点使得威廉不知怎么办好。霍亨索伦王朝要是以为德国会为他们的利益流血,哪怕是一滴血,那就想错了。这就是武装到牙齿的德帝国主义的政策所导致的结果。现在英国正在重蹈覆辙。英美军队已经开始瓦解;这种现象是从他们对保加利亚逞凶肆虐的时候开始的。但这仅仅是开始。继保加利亚之后是奥地利。让我来给你们念念英美帝国主义战胜者提出的几个条件吧。[①] 这些人最爱向劳动群众叫喊,说他们进行的是解放战争,说他们的主要目的是消灭那个要把兵营制度推广到世界各国的普鲁士军国主义。他们叫嚷他们进行的是解放战争。这是骗人。你们知道,资产阶级的辩护士,这些一生都在研究如何厚着脸皮骗人的议员,他们互相进行欺骗倒还容易,但是用这种办法欺骗工人就没那么便当了。英美的这些活动家,这些政客、议员,是长于此道的。但是他们的骗术一点也不灵。那些被他们用自由的美名煽动起来的工人群众一定会猛醒过来,尤其是当大批工人不是从那些虽能影响革命但不能真正推动革命的传单中,而是从亲身的体验中知道自己受骗的时候,当他们看到对奥和约的条件的时候,更会是这样。

　　现在,这个和约就是那些曾因布尔什维克签订布列斯特和约而叫喊他们是卖国贼的人强迫一个比较弱小、现已开始崩溃的国家接受的! 当初德国人想把他们的士兵派到莫斯科来,我们说,我们宁愿战死,也决不会同意。(鼓掌)我们想象得到,被占领区一定会作出重大的牺牲,但是大家都知道,苏维埃俄国是帮助了这些地区,供给了它们必需品的。现在英法两国的民主军队要去"维持秩序"了,而且这是在保加利亚和塞尔维亚成立了工人代表苏维埃、

---

① 1918年11月10日《真理报》第243号报道列宁的讲话时引了下面的条件:
"奥匈帝国要全面复员军队。一半火炮应当交给协约国,所有撤出的地区应当由协约国占领。英美军队应当在那里维持秩序。协约国军队可以利用铁路和水路自由调动。协约国有征用权。"——俄文版编者注

维也纳和布达佩斯成立了工人代表苏维埃的时候。我们知道这是一种什么秩序。这就是说,英美军队要扮演世界革命的绞杀者和刽子手的角色。

同志们,当俄国的农奴军队在 1848 年去扼杀匈牙利革命时[72],让他们这样干还可以,因为这些军队是由农奴编成的;让他们那样对待波兰[73]也可以。但是,享受自由已有一个世纪、强烈地仇恨德帝国主义、认为它是一只必须打死的野兽的人民,不可能不懂得,英美帝国主义也是一只野兽,对待它的公正办法只能是把它同样打死。

历史总是恶毒地作弄人,在德帝国主义被揭露以后,现在轮到英法帝国主义彻底暴露自己的面目了。我们对俄国、德国、奥地利的工人群众说:这不是 1848 年的俄国农奴军队了! 他们是占不了便宜的! 他们是去镇压正在摆脱资本主义枷锁而走向自由的人民,他们是去扼杀革命。因此我们有绝对的把握说,现在,这只撑破肚皮的野兽也会像德帝国主义野兽一样掉进深渊。

同志们,现在我想谈谈同我们最有关系的事情。这就是德国即将签订的和约的条件。外交人民委员部的同志告诉我,《泰晤士报》[74]——它是空前富有的、实际上决定着全部政策的英国资产阶级的主要报纸——已经登出了德国必须同意的条件。要求德国交出黑尔戈兰岛和威廉港运河;交出几乎承担了德国全部军事设备生产任务的埃森城;毁灭商船队;立刻交出阿尔萨斯—洛林;赔款 600 亿,其中大部分以实物支付,因为各国货币都在贬值,英国商人也开始用其他货币计算了。我们看到,他们为德国准备的和约,确实要置人于死地,比布列斯特和约更带强制性。从他们的物力和人力看,如果世界上没有使他们感到如此不快的布尔什维主义,他们是能够做到这一点的。他们在用这个和约为自己准备死亡。因为这不是在中非洲,而是在20世纪的文明国家里。守纪律的德国士兵蹂躏不识字的乌克兰人,现在葬送了自己的纪律,英美帝国主义进行这种会导致他们政治上破产的冒险,硬要自己的军队充当整个欧洲的刽子手和宪兵,他们是更会葬送自己的。他们早就打算消灭俄国,早就计划向俄国进军,例如他们占领了摩尔曼,把千百万金钱给了捷克斯洛伐克军,同日本缔结了条约。现在英国又根据条约从土耳其人手中抢走了巴库,想夺取我们的原料,置我们于死地。

英国军队正准备从南面,经过达达尼尔海峡或者通过保加利亚和罗马尼亚向俄国进军。他们紧紧包围苏维埃共和国,力图切断共和国和全世界的经济联系。为此,他们强迫荷兰同我国断绝外交关系[75]。德国把我国大使驱逐出境,如果不是直接配合英法的政策,那也是想向他们献殷勤,希望得到他们的宽大。那意思是说,对于你们的敌人布尔什维克,我也在尽刽子手的义务。

同志们,我们应该说,国际形势的主要之点,可以用我几天前的话来说明,就是我们从来没有像现在这样接近国际无产阶级革命[①]。我们已经证明,我们当初寄希望于国际无产阶级革命并没有错。我们没有白白承担最大的民族牺牲和经济上的牺牲。在这方面我们得到了成功。但是,如果说我们从来没有像现在这样接近国际革命,那么我们的处境也从来没有像现在这样危险。从前帝国主义者忙于互相厮杀。现在,其中一个集团被英、法、美集团搞掉了。现在英、法、美集团把消灭世界布尔什维主义、摧毁它的

_____

① 见本卷第114页。——编者注

主要根据地俄罗斯苏维埃共和国当成他们的主要任务。为此,他们准备筑起一道万里长城,像防止瘟疫一样来防止布尔什维主义。这些人力图防止布尔什维主义,但这是办不到的。即使这些掌握了世界最精湛技术的英法帝国主义老爷能够筑起这样一道包围我国的万里长城,布尔什维主义细菌也会穿过城墙,传染到各国工人身上去的。(鼓掌)

同志们,西欧英法帝国主义的报刊对帝国主义的处境讳莫如深。它们对苏维埃政权极尽造谣污蔑之能事。现在可以说,英、法、美三国的报刊全都掌握在资本家手里,而且拥有亿万金钱,它们像一个辛迪加似地统一行动,对苏维埃俄国的真实情况绝口不提,对我们大造其谣,极力诽谤。尽管战时书报检查制度横行多年,没让民主国家的报刊透露出一点苏维埃共和国的真实情况,但是没有哪一个国家的哪一次盛大的工人集会不表明,工人群众是站在布尔什维克方面的,因为真相是掩盖不住的。敌人责难我们实行无产阶级专政。是的,我们并不隐讳这一点!苏维埃政府不怕承认这一点,并且公开说出这一点,以此把更多的数以百万计的劳动者吸引到自己方面来,因为它是在对剥削者实行专政,而且劳动群众看见并且深信,同剥削者进行的斗争是一场严重的斗争,要认真进行到底。尽管欧洲报刊共同用沉默对我们进行抵制,它们始终认为它们的职责是攻击俄国,因为俄国甘愿让德国占领,实际上是德国的爪牙,俄国政府的领导人——照它们的看法——是德国的奸细。在西欧报刊上,每月都有一些新的得到优厚赏金的文件伪造者出来证明列宁和托洛茨基是地地道道的卖国贼和德国奸细。尽管如此,它们还是隐瞒不住真相,偶尔还是不免失言,坦率地表示帝国主义老爷们心神不安。《巴黎回声报》[76]供认:“我们到俄国去是为了摧毁布尔什维克政权。"因为他们官方的说法是：他们不同俄国作战，不干预战事，而只是反对德国横行霸道。我们那些在莫斯科办《第三国际周报》[77]的法国国际主义者就引证了这句话。虽然他们把我们同巴黎和法国隔绝开来，虽然他们在这里精心地筑起一道万里长城，但是我们说：法帝国主义老爷们，你们是防不住本国的资产阶级的。几十万法国工人当然知道了这短短的一句话，而且不仅知道这句话，还发现他们的执政者、他们的资产阶级的一切声明完全是谎言。他们本国的资产阶级泄露了天机；资产阶级供认：我们想摧毁布尔什维克政权。在四年血战之后，他们还得对自己的人民说：你们还要去同俄国作战，摧毁布尔什维克政权，我们痛恨布尔什维克，因为他们欠我们170亿不肯偿还[78]，因为他们对待资本家、地主和帝王们很不客气。这些文明民族竟然堕落到了说出这种话的地步，首先表明他们的政策正在破产。尽管他们在军事方面非常强大，我们却镇定自若地说：在你们那里，在你们后方，还有一个更可怕的敌人，这就是一直受你们欺骗的人民群众，你们对苏维埃俄国造谣诽谤已到了舌敝唇焦的地步。英国资产阶级报纸《曼彻斯特卫报》[79]在10月23日也发了一条同样的消息。这家英国资产阶级报纸写道："如果说协约国军队也留在俄国继续作战，那么它们的唯一的目的是在俄国内部引起政变……因此，协约国政府如不停止军事行动，就应声明它和布尔什维克处于战争状态。"

我再说一遍，这一小段话很重要，在我们听来它就是一个革命号召，就是一篇最有力的革命宣言。它的重要性在于它是资产阶级报纸讲的，这种报纸本来是反对社会主义者的，但是它感到真相再也隐瞒不住了。既然资产阶级报纸都这样说，你们可以想象英国的工人群众会怎样说和怎样想了。你们知道,在俄国沙皇时代,在1905年革命以前或1917年革命以前,自由派用的是什么样的语言。你们知道,自由派使用那样的语言意味着无产阶级革命群众就要爆发了。因此,你们根据这些英国资产阶级自由派的语言就可以断定英、法、美等国工人的情绪、思想和内心中起了什么样的变化。所以,我们应该不加任何掩饰地指出严峻的事实,从中看到我们在国际上的处境。国际革命已经临近,但是革命的发展是没有时间表的;我们经历过两次革命,对这一点很清楚。不过我们知道,即使帝国主义者不能阻止国际革命,一些国家遭受失败、遭受更惨重的牺牲也还是可能的。帝国主义者知道,俄国正在经受无产阶级革命的痛苦,但是如果以为摧毁一个革命策源地就能摧毁其他国家的革命,那他们就想错了。

至于我们,应该说,处境比任何时候都更危险,必须再接再厉。我们在一年内打下了牢固的基础,建立了具有新纪律的社会主义的红军,我们确信我们能够而且应该把这项工作继续下去,我们要在各种会议上,在每个苏维埃机关中,在工会中,在贫苦农民委员会的会议上说:同志们,我们已经生存了一年并取得了成就,但是在强敌的进攻面前,这还不够。这个敌人是世界性的、强大的、征服了全世界的英法帝国主义。我们同他们斗争,倒不是因为我们想在经济和技术方面同欧洲先进国家较量较量。不是的。但是我们知道,这个敌人正在走向德奥帝国主义已经陷入的深渊;这个敌人现已征服土耳其,强占保加利亚,正忙于占领整个奥匈帝国并建立沙皇的宪警秩序,我们知道,他正在走向灭亡。我们知道,这是历史事实,所以我们丝毫没有不切实际的打算,而只是认为:我们能够给英法帝国主义以回击!

我们红军的力量每壮大一分,这个外强中干的敌人方面的瓦解和革命就会加快十分。因此,悲观失望是毫无根据的。我们知道,情况非常危险。也许我们会遭到更惨重的牺牲。即使他们能够摧毁一个国家,但是他们永远摧毁不了国际无产阶级革命,他们只会使革命烈火烧得更旺,他们自己将统统葬身于火海!(长时间鼓掌,转为欢呼)

载于 1919 年《全俄苏维埃第六次　　　　译自《列宁全集》俄文第 5 版
(非常)代表大会。速记记录》一书　　　　第 37 卷第 135—168 页

在马克思恩格斯纪念碑
揭幕典礼上的讲话

(1918 年 11 月 7 日)

今天,我们为世界工人革命的领袖马克思恩格斯的纪念碑举行揭幕典礼。

多少世纪以来,人类都是在一小撮蹂躏千百万劳动人民的剥削者的压迫下受苦受难。旧时代的剥削者地主压榨和掠夺的是分散、愚昧的农奴,而新时代的剥削者资本家所碰到的是被压迫群众的先进部队,即城市工人,工厂工人,产业工人。工厂把工人联合起来了,城市生活启发开导了他们,共同的罢工斗争和革命行动锻炼了他们。

马克思和恩格斯的具有世界历史意义的伟大功绩,在于他们用科学的分析证明了,资本主义必然崩溃,资本主义必然过渡到不再有人剥削人现象的共产主义。

马克思和恩格斯的具有世界历史意义的伟大功绩,在于他们向各国无产者指出了无产者的作用、任务和使命就是率先起来同资本进行革命斗争,并在这场斗争中把**一切**被剥削的劳动者团结在自己的周围。

我们处在一个幸福的时代,处在两位伟大社会主义者的这个预见开始实现的时代。我们大家都看到,在许多国家里已经显露出国际无产阶级社会主义革命的曙光。各民族间的帝国主义大厮杀所造成的不堪言状的惨祸，无论在哪里都激起被压迫群众英勇精神的高涨，大大加强他们争取解放的斗争力量。

愿一个个马克思恩格斯纪念碑都来提醒千百万工人和农民：我们在斗争中不是孤立的。更先进的国家的工人正挺身奋起同我们并肩奋斗。在我们和他们的面前还有艰苦的战斗。通过共同的斗争，我们一定会粉碎资本的压迫，最终赢得社会主义！

载于 1924 年 4 月 3 日《真理报》
第 76 号

译自《列宁全集》俄文第 5 版
第 37 卷第 169—170 页

在十月革命烈士纪念碑
揭幕典礼上的讲话

(1918 年 11 月 7 日)

同志们！今天我们为 1917 年十月革命先进战士的纪念碑举行揭幕典礼。劳动群众中的优秀人物为各国人民摆脱帝国主义、为停止各民族间的战争、为推翻资本的统治、为实现社会主义而举行了起义，献出了自己的生命。

同志们！俄国最近几十年的历史向我们展示了一长串革命烈士的名单。成千成万的先烈在反对沙皇制度的斗争中牺牲了。他们的牺牲唤醒了新的战士，唤起了愈来愈多的群众去进行斗争。

在去年十月革命的日子里牺牲的同志们享有夺取胜利的莫大荣幸。人类的革命领袖梦寐以求的最高荣誉是属于他们的。这种荣誉在于：已经有成千上万以至千百万同样无所畏惧的新战士踏着这些在战斗中英勇牺牲的同志们的血迹前进，用这种群众英雄主义保证了胜利。

现在，各国工人的怒潮汹涌澎湃。许多国家都在掀起工人的社会主义革命。全世界的资本家又惊恐又恼怒，急忙联合起来镇压起义。而俄罗斯社会主义苏维埃共和国更是激起他们满腔仇恨。各国帝国主义者联合起来准备向我们进攻，新的战斗正临到我们头上，新的牺牲在等待我们。

　　同志们！让我们在纪念十月革命烈士的时候在他们的纪念碑前宣誓：我们要踏着他们的足迹前进，学习他们的大无畏精神和英雄主义。要把他们的口号变成我们的口号，变成全世界起义工人的口号。这个口号就是："不胜利，毋宁死。"

　　有了这个口号，无产阶级的国际社会主义革命的战士将是不可战胜的。

载于1924年4月3日《真理报》第76号

译自《列宁全集》俄文第5版第37卷第171—172页

在全俄肃反委员会工作人员
游艺大会上的讲话

（1918 年 11 月 7 日）

（热烈鼓掌）同志们，在庆祝我国革命一周年的时候，我想谈一谈肃反委员会的艰巨工作。

我们不仅听到敌人而且常常听到朋友攻击肃反委员会的工作，这是毫不奇怪的。我们肩负着艰巨的任务。既然我们担负着管理国家的工作，自然难免犯许多错误，而肃反委员会的错误自然最惹人注目。庸俗的知识界抓住这些错误不放，不愿深究问题的本质。在指责肃反委员会错误的叫声中，令我奇怪的，是他们不善于从大处着眼提出问题。我国有些人只盯着肃反委员会的个别错误，大哭大闹，纠缠不休。

而我们说：我们要从错误中学习。在这方面，正像在所有其他方面一样，我们说我们要通过自我批评来学会办事。问题当然不在于肃反委员会工作人员本身，而在于他们工作的性质；这种工作要求果断、迅速，而主要的是忠诚。我考察了肃反委员会的工作，把它同人们的攻击对照了一下，我认为这些攻击是一文不值的庸俗论调。这使我想起了考茨基关于专政的说教，这种说教等于是支持资产阶级。我们可以根据经验说，剥夺资产阶级是通过艰巨斗争即通过专政来实现的。

马克思说过,在资本主义和共产主义之间是无产阶级的革命专政。无产阶级对资产阶级的镇压愈厉害,资产阶级的反抗就愈疯狂。我们知道法国在1848年是怎样迫害无产者的,我们真不理解,那些责备我们残酷无情的人,怎么连最起码的马克思主义都忘记了。我们没有忘记士官生在十月革命时的暴动[80],我们不应该忘记一系列暴动正在策划中。我们只好一方面学习如何进行创造性的工作,一方面粉碎资产阶级的反抗。芬兰的白卫军尽管标榜自己很"民主",却肆无忌惮地枪杀工人。必须实行专政的思想已深入人心,虽然实行专政是艰巨的、困难的。肃反委员会里混进了异己分子,这是完全可以理解的。我们运用自我批评一定能把他们赶出去。对我们来说,重要的是肃反委员会在直接实现无产阶级专政,它在这方面的作用是不可估量的。要解放群众,除了用暴力镇压剥削者,别无他法。肃反委员会就是干这个的,它对无产阶级的功绩就在这里。

简要报道载于1918年11月9日　　　　译自《列宁全集》俄文第5版
《全俄中央执行委员会消息报》　　第37卷第173—174页
第244号

在中部各省贫苦农民委员会
代表会议上的讲话⁸¹

（1918 年 11 月 8 日）

同志们，把贫苦农民组织起来，这是我们国内建设中最重要的问题，甚至是我们整个革命最主要的问题。

十月革命给自己提出的任务是：剥夺资本家的工厂，使生产工具归全民所有；把全部土地交给农民，用社会主义原则改造农业。

完成前一部分任务比完成后一部分容易得多。在城市中，革命所遇到的是几万几十万工人从事的大生产。工厂属于少数资本家，工人们对付他们并不困难。工人们已经有了以往同资本家作斗争的长期经验，在斗争中他们学会了齐心协力、坚决而有组织地行动。此外工厂是用不着分的，重要的只是使全部生产为工人阶级和农民造福，不使劳动产品落到资本家的手中。

土地方面的情况就完全不同。这里要使社会主义取得胜利，必须采取一系列的过渡措施。一下子就把数量很多的小农户变成大农庄是办不到的。要在短期内一下子把一直分散经营的农业变成公共经济，使之具有全国性大生产的形式，由全体劳动人民普遍地同等地履行劳动义务，同等地公平地享用劳动产品，——要一下子做到这一点，当然是不可能的。

当城市中工厂的工人已经彻底推翻资本家而摆脱剥削枷锁的

时候,农村中真正反剥削的斗争才刚刚开始。

十月革命以后,我们打倒了地主,没收了他们的土地,但是农村的斗争并没有就此结束。夺得土地这一成果,同劳动人民取得的任何成果一样,只有依靠劳动者自己的主动性,依靠他们自己组织起来,依靠他们的毅力和革命坚定性,才能巩固。

劳动农民当时组织起来了没有呢?

可惜没有,这也就是斗争极其困难的根源和原因。

不使用别人劳动、不靠损害别人发财的农民,当然永远都会赞同:大家平分土地,大家劳动,不把占有土地作为剥削手段,也不为剥削的目的尽量多攫取土地。富农和寄生虫则不同,过去他们靠战争发了财,利用饥荒以吓人的高价卖粮食,隐藏粮食,等待粮价再涨,现在又千方百计地利用人民的苦难,利用农村贫苦农民和城市工人的饥饿来发财致富。

他们,富农和寄生虫,是同资本家和地主一样可怕的敌人。如果不去触动富农,如果我们不战胜寄生虫,沙皇和资本家一定会卷土重来。

迄今为止在欧洲发生的一切革命的经验都清楚地证明,如果农民不战胜富农这一霸,革命必然要遭到失败。

欧洲的历次革命所以毫无结果,正是因为农民不善于对付自己的敌人。城市中的工人把皇帝推翻了(英国和法国早在几百年以前就处决了皇帝,只是我们处置我们的沙皇迟了一些),可是过了一个时期,旧制度又复辟了。这是因为当时甚至在城市中也没有大生产,如果有了大生产,它就会把工厂中的几百万工人联合起来,组成一支强有力的队伍,他们即使没有农民的支持也能抵挡住资本家和富农的进攻。

而贫苦农民又没有组织起来,他们自己不善于同富农作斗争,因此革命在城市中也遭到了失败。

现在情况不同了。近两百年来,大生产大大地发展起来,各个国家布满了拥有数千数万工人的大工厂,结果城市中现在都有大批有组织的工人,无产阶级,他们是一支足以最后战胜资产阶级、战胜资本家的力量。

在以往的革命中,贫苦农民在同富农进行艰苦斗争时没有谁可以依靠。

有组织的无产阶级——它比农民更强大,更有经验(这种经验是它在以往的斗争中取得的)——现在在俄国掌握着政权,占有一切生产工具,一切工厂、铁路、船舶等等。

现在,贫苦农民在同富农的斗争中,有可靠而强大的同盟者。贫苦农民知道,城市是支持他们的,无产阶级会尽力帮助他们的,并且实际上已经在帮助他们。不久以前的事件就证明了这一点。

同志们,你们大家都记得,今年7月革命处在多么危险的境地。当时捷克斯洛伐克军的暴动势头很猛,城市中的粮荒日益严重,农村中富农对城市、对苏维埃政权、对贫苦农民的进攻愈来愈猖獗,愈来愈疯狂。

我们号召贫苦农民组织起来,我们着手建立贫苦农民委员会并组织工人征粮队。左派社会革命党人掀起了暴动。他们说贫苦农民委员会里是些二流子,说工人抢劫劳动农民的粮食。

而我们回答说,他们在保护富农,富农懂得,同苏维埃政权作斗争,除使用武器外,还可以用绝粮的办法。他们说什么"二流子",我们要问,为什么某个人成了"二流子",为什么他堕落下去,为什么他贫穷,为什么他酗酒?这难道不是富农造成的吗?富农同左派社会革命党人一起叫喊什么"二流子",自己却抢劫粮食,隐藏粮食,进行投机,希望靠工人的饥饿和痛苦来发财。

富农榨取贫苦农民的脂膏,使用别人的劳动,同时却叫喊:"二流子!"

富农们焦急地盼着捷克斯洛伐克军到来,他们乐意拥立一个新沙皇,以便为所欲为地继续进行剥削,照旧骑在雇农头上,照旧发财。

唯一的生路是农村同城市联合起来,农村的无产阶级分子和不使用别人劳动的半无产阶级分子同城市工人一道向富农和寄生虫进军。

在这一联合的事业上,需要在粮食方面做很多事情。城市的工人极度饥饿,而富农却在盘算着:

把粮食再存上一些日子,也许还能卖更高的价钱。

富农当然不用着急,他们有的是钱,他们自己告诉人家说,他们积存的克伦斯基币有好多好多斤。

可是这些在闹粮荒的时候还要隐藏和囤积粮食的人,是极其凶恶的罪犯。应当把他们看做人民的死敌,同他们进行斗争。

我们在农村中就开始了这一斗争。

孟什维克和社会革命党人吓唬我们,说我们组织贫苦农民委员会会使农村分裂。但是不使农村分裂又意味着什么呢?那就意味着让富农控制农村。但这正是我们所不愿意的,因此,我们决定分裂农村,我们说我们要失掉富农,这是真的,这种不幸是无法隐瞒的,(笑声)但是我们会赢得千千万万的贫苦农民,他们会站到工人这边来。(鼓掌)

结果正是这样。农村的分裂只是更明显地表明哪些人是贫苦农民,哪些人是不使用别人劳动的中农,哪些人是寄生虫和富农。

工人过去和现在都帮助贫苦农民同富农作斗争。在农村爆发的内战中,工人是站在贫苦农民方面的,正如在实行社会革命党的土地社会化法令时他们站在贫苦农民方面一样。

我们布尔什维克本来是反对土地社会化法令的。但我们还是签署了这个法令,因为我们不愿违背大多数农民的意志。对我们来说,大多数人的意志永远是必须执行的,违背这种意志就等于叛变革命。

我们不愿强迫农民接受平分土地无用这个不合他们心意的思想。我们认为,最好是让劳动农民通过自身的感受和切身的体会自己认识到平分土地是荒谬的。只有到那个时候,我们才好问他们,要摆脱在分地的基础上发生的破产和富农的专横,出路究竟何在?

分地只在开始的时候是好的。它是要表明土地从地主手里转到农民手里。但这是不够的。只有实行共耕制才是出路。

本来你们没有这种认识,但生活本身会使你们产生这种信念。公社、劳动组合耕种制、农民协作社,——这就是摆脱小经济的弊病的出路,这就是振兴农业,改进农业,节省人力以及同富农、寄生虫和剥削者作斗争的手段。

我们很清楚,农民像在地里生了根似的,他们惧怕新事物,顽固坚持老一套。我们知道,农民只有自己理解到和意识到某种办法的好处,才会相信那种办法。因此,我们帮助他们分地,虽然我们知道这不是出路。

但是,现在贫苦农民自己开始同意我们的意见了。生活向他们表明,一个地方,因为土地分成100块,比方说需要10部犁,如果公社经营，就用不着那样多的犁，因为土地没有分得那样零碎。公社可以在整个劳动组合内、整个协作社内改善经营，而这是单个的小私有者无法办到的，如此等等。

当然，并不是一下子就能在所有地方过渡到共同使用土地的制度。富农会千方百计地进行反抗，农民自己也往往顽固地反对在农业中实行公社原则。但愈是让农民通过实例、通过亲身的经验相信公社的优越性，事情就会愈加顺利。

在这件事情上贫苦农民委员会起着很大的作用。必须使贫苦农民委员会遍布全国。发展贫苦农民委员会的工作早就在加紧进行。几天前彼得格勒举行了北方区域贫苦农民委员会代表大会。原以为代表只有7000人，结果来了20000人，预定的会场都容纳不下了，幸亏天气好，大会得以在冬宫前面的广场上举行。

这次代表大会表明，对农村的内战的理解是正确的：贫苦农民正在联合起来，步调一致地同富农、富人和寄生虫作斗争。

我们党的中央委员会拟定了一个贫苦农民委员会的改组计划，这个计划将提交苏维埃第六次代表大会批准。我们决定，在农村中贫苦农民委员会和苏维埃不应当并存。不然就会发生纠纷和无谓的争吵。我们要把贫苦农民委员会同苏维埃合并，使贫苦农民委员会成为苏维埃。

我们知道，富农有时也钻进贫苦农民委员会。如果再这样下去，贫苦农民就会像对待克伦斯基和阿夫克森齐耶夫的富农苏维埃那样来对待贫苦农民委员会。更换名称是骗不了人的。为此打算改选贫苦农民委员会。只有不剥削别人劳动、不趁人民挨饿进行抢劫、不以余粮投机、不隐藏粮食的人，才有权选举贫苦农民委员会。在无产阶级的贫苦农民委员会中不应当有富农和寄生虫的位置。

苏维埃政权已决定拨出 10 亿卢布，作为发展农业的专用基金。一切现有的和新成立的公社都将得到经济上和技术上的帮助。

如果需要知识分子专家，我们就派去。虽然他们多半是反革命分子，但贫苦农民委员会能够驾驭他们，而且他们为人民工作将不会比从前为剥削者工作时差。一般说来，我国的知识分子已经深信不疑：怠工也好，故意破坏工作也好，他们是推翻不了工人政权的。

外国帝国主义在我们看来也不可怕。德国在乌克兰就碰了钉子。它原打算从那里运走 6 000 万普特粮食，结果只运走了 900 万普特，外带它并不特别喜欢的俄国布尔什维主义。（掌声如雷）但愿英国人不要出这样的岔子，我们可以向他们说：伙计，当心点，别噎住了！（笑声和鼓掌）

然而，只要我们的国外弟兄还没有普遍起义，危险对我们来说就还存在。因此，我们应当继续组织和加强我们的红军。这件事情贫苦农民应当是特别关心的，因为只有在我们的军队保护之下，他们才能种自己的地。

同志们，向新的经济形式过渡也许是缓慢的，但是必须坚定不移地贯彻公社经济的原则。

必须坚决同富农作斗争，决不同他们妥协。

我们能够同中农一起工作，同他们一起向富农作斗争。我们一点也不反对中农，他们也许不是社会主义者，不会成为社会主义者，但是经验会向他们证明共耕制的好处，而且他们中间大多数是不会抗拒的。

我们要告诉富农：我们一点也不反对你们，但是你们要交出余粮，不搞投机，不去剥削别人的劳动。只要你们不这样做，我们就要同你们作无情的斗争。

我们不夺走劳动者的任何东西，但是对那些使用雇佣劳动、靠损害别人发财的人，我们要剥夺他们的一切。（热烈鼓掌）

载于 1918 年 11 月 10 日《贫苦农民报》第 185 号

译自《列宁全集》俄文第 5 版第 37 卷第 175—182 页

给各级工人、农民和红军代表
苏维埃及全国人民的电报

1918 年 11 月 10 日

昨天夜里收到了来自德国的关于德国革命胜利的消息。先是基尔用无线电报道说,那里的政权已到了工人和水兵苏维埃手中。然后柏林报道说:

"向大家致以自由和平的敬礼。柏林及其近郊已在工兵代表苏维埃手中。阿道夫·霍夫曼为国会代表。越飞和使馆人员即将返回。"

请用各种办法通知边境各据点的德国士兵。从柏林还传出消息说,德国前线士兵扣留了前德国政府的和平谈判代表团代表,自己同法国士兵开始和平谈判。

人民委员会主席　　列宁

载于 1918 年 11 月 12 日《真理报》第 244 号和《全俄中央执行委员会消息报》第 246 号

译自《列宁全集》俄文第 5 版第 37 卷第 183 页

从莫斯科发出的通电

（1918 年 11 月 10 日）

致各边境工人、农民和红军代表苏维埃

据最新消息，德国士兵扣留了前去进行停战谈判的德国将军代表团代表。德国士兵同法国士兵开始直接谈判。德皇威廉已经退位。首相巴登亲王提出辞职。新首相将由执政的社会民主党人艾伯特担任。德国南部所有大城市都在进行总罢工。德国海军全部站在革命方面。北海和波罗的海的所有德国港口都掌握在革命海军的手中。我们收到基尔士兵代表苏维埃向国际无产阶级发出的无线电报，说红旗已在德国舰队上飘扬，今天将给为自由而牺牲的烈士举行葬礼。东线和乌克兰的德国士兵很可能无法得知这些情况。你们应当利用自己掌握的一切工具把事实真相告诉德国士兵。

外交人民委员　**契切林**

人民委员会主席　**列宁**

莫斯科。无线电台。

载于 1927 年 11 月 6—7 日
《消息报》第 256 号

译自《列宁全集》俄文第 5 版
第 37 卷第 184 页

在全俄女工第一次
代表大会上的讲话⁸²

(1918 年 11 月 19 日)

(全体代表以经久不息的掌声和欢呼声欢迎列宁同志)同志们,无产阶级大军妇女部分的代表大会,从某一方面来说,具有特别重大的意义,因为在世界各国,妇女是最难行动起来的。没有广大劳动妇女的积极参加,就不可能有社会主义革命。

在一切文明国家,甚至最先进的国家,妇女就其地位说被称为家庭奴隶不是没有道理的。在任何一个资本主义国家里,甚至在最自由的共和国里,妇女都没有完全的平等权利。

苏维埃共和国的任务首先是取消对妇女权利的各种限制。苏维埃政权已经彻底铲除了资产阶级的丑恶现象即妇女受压制和受凌辱的根源——离婚诉讼。

实行离婚完全自由的法律,已经快一年了。我们颁布了一项取消婚生子与非婚生子的地位差别、取消种种政治限制的法令;任何地方都没有这样充分地实现劳动妇女的平等和自由。

我们知道,工人阶级的妇女承受着旧法规的全部重压。

我们的法律在历史上第一次取消了一切使妇女处于无权地位的东西。但是,问题不在于法律。这项关于婚姻完全自由的法律在我们城市和工厂区实行得很好,而在农村则往往成为一纸空文。

在那里,到教堂结婚至今还很盛行。这是受了神父的影响,同这种坏现象作斗争比同旧法律作斗争更困难。

同宗教偏见作斗争,必须特别慎重;在这场斗争中伤害宗教感情,会带来许多害处。应当通过宣传、通过教育来进行斗争。斗争过激会引起群众的愤恨;这样进行斗争会加深群众因宗教信仰而造成的分裂,而我们的力量在于团结。宗教偏见的最深刻的根源是穷困和愚昧;我们正是应当同这个祸害作斗争。

直到现在,妇女还处于被称为奴隶的地位;妇女被家务压得喘不过气来,只有社会主义才能把她们从这种地位中解救出来。只有当我们从小农经济过渡到公共经济和共耕制的时候,妇女才能得到完全解放,彻底翻身。这项任务是困难的,但是现在随着贫苦农民委员会的建立,社会主义革命开始得到巩固。

只有现在,农村中的贫苦居民才开始组织起来,就在他们中间,在贫苦农民组织中间,社会主义正在获得巩固的基础。

从前往往是城市先实行革命,然后农村才行动起来。

目前这场革命是依靠农村的,它的意义和力量也就在这里。从一切解放运动的经验中可以看到,革命的成败取决于妇女参加解放运动的程度。苏维埃政权正竭力使妇女能够独立地进行自己的无产阶级社会主义的工作。

苏维埃政权的处境很困难,各国帝国主义者都仇视苏维埃俄国,准备同它作战,因为它在许多国家燃起了革命火焰,因为它采取了坚决走向社会主义的步骤。

现在,当他们想要摧毁革命的俄国的时候,他们自己脚下的土地燃烧起来了。你们知道,德国革命运动方兴未艾,丹麦工人正在同政府进行斗争。瑞士和荷兰的革命运动正在加强。这些小国的革命运动虽然没有独立的意义,但特别能说明问题,因为在这些国家里没有发生过战争,一直存在着最符合"法治"的民主制度。既然这样一些国家都行动起来了,那我们就可以相信,革命运动正席卷全世界。

　　直到现在,任何一个共和国都未能使妇女得到解放。而苏维埃政权正在帮助她们。我们的事业是不可战胜的,因为不可战胜的工人阶级已在世界各国行动起来。这一运动标志着不可战胜的社会主义革命在发展。(长时间鼓掌,高唱《国际歌》)

报道载于 1918 年 11 月 20 日《全俄中央执行委员会消息报》第 253 号

译自《列宁全集》俄文第 5 版第 37 卷第 185—187 页

人民委员会关于
儿童保育院的决定草案[83]

(1918 年 11 月 19 日)

(1)社会保障人民委员部的法令草案不予通过。

(2)委托社会保障人民委员部和国民教育人民委员部根据1918 年 6 月 5 日法令第 3 条(《法令汇编》第 39 期第 507 号)商定移交程序和期限。[84]

(3)委托两个人民委员部了解收容所和类似机构的实际状况、数目等等,在两个月内将材料汇集起来呈报人民委员会。

载于 1933 年《列宁文集》俄文版第 21 卷

译自《列宁全集》俄文第 5 版第 54 卷第 404—405 页

对组织居民供应工作的
法令草案的补充[85]

(1918 年 11 月 19 日)

(五)合作社的仓库和店铺均不得收归地方公有①。

在本法令颁布前地方苏维埃政权机关已将合作社收归国有或地方公有、已将合作社店铺贮存的商品征购或没收的地方,所有这些合作社均应恢复,货物必须发还,短缺部分应予说明。对合作社的合法活动今后不得设置障碍。

附注:

恢复合作社时,必须设法保证合作社的活动不致遭到反革命和富农的破坏,保证贫苦农民委员会和地方苏维埃对合作社的严格监督不折不扣地得到实现。

载于 1931 年《列宁文集》俄文版第 18 卷

译自《列宁全集》俄文第 5 版第 54 卷第 405 页

---

① 正式通过的法令文本中为"收归国有"。——俄文版编者注

皮季里姆·索罗金的宝贵自供

(1918 年 11 月 20 日)

今天《真理报》登载了皮季里姆·索罗金的一封很有意义的信,所有的共产党员都应该特别注意它。在这封原来登载在《北德维纳执行委员会消息报》上的信[86]中,皮季里姆·索罗金声明他退出右派社会革命党,并放弃立宪会议议员的资格。他写这封信的动机归结起来就是:他不仅对别人而且对自己都难以开出政治上的解救药方,因而"不再过问任何政治"。皮季里姆·索罗金写道:"过去一年的革命使我懂得了一个真理:政治家可能犯错误,政治可能对社会有益,但也可能对社会有害,而科学工作和国民教育工作永远是有益的,永远是人民需要的……" 信末署名:"彼得堡大学精神和神经病学学院讲师、前立宪会议议员、前社会革命党党员皮季里姆·索罗金"。

首先值得注意的是,这封信是一篇很有意义的"有人情味的文献"。皮·索罗金在承认自己的政治错误时表现出来的那种真诚和坦率,是不多见的。几乎是在大多数场合,政治家在确信自己的路线错了以后,都想掩饰自己的转变,轻描淡写,"编造"一些不大相干的理由,如此等等。公开而老实地承认自己的政治错误,这本身就是一个重大的政治行为。皮季里姆·索罗金说科学工作"永远是有益的",这是不对的。因为在这方面也常会犯错误,俄国著作界中有一些显然并不反动的人顽固地宣扬反动的观点,比如反动的哲学观点,就是例子。另一方面,一位担任过人所共知的重要政治职务的名人公开声明不再过问政治,**这也就是政治**。老实地承认政治错误,——如果这种错误牵涉到整个党,而且还是一些曾对群众有影响的党——那对许多人会有极大的政治上的好处。

正是在目前,皮季里姆·索罗金这封信的政治意义特别大。它给我们大家上了"一课",应该好好地加以思索和领会。

在任何资本主义社会中,只有无产阶级和资产阶级才是**决定性的**力量,而介于这两个阶级之间、可归入小资产阶级经济范畴的一切社会成分,**必然**在这两种决定性力量之间摇摆不定,——这是每个马克思主义者早就知道的真理。但是从书本上承认这个真理到能够在复杂的现实环境中根据这个真理得出应有的结论,这中间还有一段很长的距离。

皮季里姆·索罗金是孟什维克—社会革命党这个非常广泛的社会政治流派的代表。孟什维克和社会革命党人是一个流派,从他们对资产阶级和无产阶级的斗争所持的态度来看,他们之间没有什么重大区别,这一点已经由 1917 年 2 月以来俄国革命的事件特别有力特别清楚地证明了。孟什维克和社会革命党人是小资产阶级民主派的变种,这就是该流派的经济实质和主要政治特征。先进国家的历史告诉我们,这种流派在其早期往往涂上"社会主义的"色彩。

试问,几个月以前,是什么东西特别有力地促使这一流派的代表离开布尔什维克、离开无产阶级革命呢？现在又是什么东西促使他们从敌对转为中立呢？非常明显,转变的原因是:第一,德帝国主义的破产,这跟德国和其他国家的革命有关,也跟英法帝国主义被揭露有关。第二,关于资产阶级民主的幻想的破灭。

　　我们来谈谈第一个原因。爱国主义是由于千百年来各自的祖国彼此隔离而形成的一种极其深厚的感情。我国无产阶级革命的一个特别巨大的、可以说是绝无仅有的困难,就是它不得不经过一个同爱国主义断然决裂的时期,即布列斯特和约时期。这个和约引起的痛苦、怨恨和愤怒是可以理解的。自然,我们马克思主义者只能期望自觉的无产阶级先锋队懂得下面这个真理:为了世界无产阶级革命的最高利益,我们承担而且应当承担最大的民族牺牲。非马克思主义的思想家以及不像无产阶级那样在长期的罢工斗争和革命斗争中经受过严格锻炼的广大劳动群众,既不可能坚信这一革命就要到来,也不可能为这一革命无条件献身。在他们看来,我们的策略至多不过是幻想、狂热和冒险,是沉醉于指望其他国家也发生革命这种不切实际的、乌托邦式的、毫无根据的想法,为此而牺牲亿万人民显而易见的现实的利益。小资产阶级由于自己的经济地位,比资产阶级和无产阶级都更加爱国。

　　但结果正像我们所说的那样。

　　似乎是唯一的敌人的德帝国主义垮台了。似乎是"梦想"(借用普列汉诺夫的著名用语)的德国革命成了事实。在小资产阶级民主派想象中的民主的朋友和被压迫者的保护者——英法帝国主义,实际上是一只野兽,它强迫德意志共和国和奥地利人民接受比布列斯特和约更苛刻的条件,现在又利用"自由"共和的法美两国的军队来充当扼杀弱小民族的独立和自由的宪兵和刽子手。世界历史无情地、彻底地、直截了当地揭穿了这个帝国主义。世界历史用事实向那些只知道祖国眼前的(而且是旧观念中的)利益的俄国爱国者表明,把我们俄国的革命变成社会主义革命并不是冒险,而是必然,因为当时**没有别的**选择,**如果**世界社会主义革命、世界布尔什维主义不能取得胜利,英、法、美三国帝国主义就**必然**会扼杀俄国的独立和自由。

英国的谚语说:事实是顽强的东西。近几个月来我们所目睹的事实,说明世界历史上出现了巨大的转折。这些事实迫使俄国小资产阶级民主派先是从敌视布尔什维主义转为中立,然后又转为支持,而由于我们党内斗争的历史情况,他们本来是仇恨布尔什维主义的。那些曾迫使这样的民主派爱国分子断然离开我们的客观条件已经消失了。世界上出现了使他们**不得不**倒向我们的客观条件。皮季里姆·索罗金的转变决不是偶然的,而是**整个阶级**、整个小资产阶级民主派那种不可避免的转变的表现。谁不善于看到和利用这一点,谁就不是马克思主义者,而是一个蹩脚的社会主义者。

其次,相信**一般**"民主"万能,可以包治百病,而不了解它是**资产阶级的**民主,它的有用和必要是有历史局限性的,——这种情况在各国保持了几十年、几百年,而在小资产阶级中间保持得特别牢固。大资产者有丰富的阅历,他们知道,在资本主义制度下,民主共和国和其他任何国家形式一样,不过是镇压无产阶级的机器。大资产者**懂得**这一点,是因为他们同**任何**资产阶级国家机器的真正操纵者和最终的(因而往往是最隐蔽的)发动者有极亲密的关系。小资产者由于自己的经济地位和生活条件较难懂得这一真理,他们甚至抱着幻想,以为民主共和国就意味着"纯粹民主"、"自由的人民国家"、非阶级或超阶级的民权制度、全民意志的纯粹表现,如此等等。由于小资产阶级民主派远离尖锐的阶级斗争、交易所和"真正的"政治,他们的这些偏见很顽固。以为只靠宣传就能在短期内根除这些偏见，那完全是非马克思主义的想法。

但是，世界历史在飞速前进，它用威力巨大的锤击和空前猛烈的危机摧毁着一切习以为常的旧东西，使得最顽固的偏见都支持不住。"一般民主主义者"天真地信赖立宪会议，天真地把"纯粹民主"和"无产阶级专政"对立起来，这是很自然的，不可避免的。但是"立宪会议派"在阿尔汉格尔斯克、萨马拉、西伯利亚和南方的经历，不可能不打垮最顽固的偏见。被理想化的威尔逊民主共和国实际上**是**实行最疯狂的帝国主义、对弱小民族进行最无耻的压迫和摧残的一种形式。处于中间状态的一般"民主主义者"孟什维克和社会革命党人这样想："我们哪能有什么最高类型的国家，什么苏维埃政权！上帝能赐给我们一个通常的民主共和国就不错了！"当然，在"通常的"比较平静的时期，这种"希望"是可以保持好几十年的。

现在，世界事变的进程和俄国一切君主派同英、法、美帝国主义结成联盟的最严酷的教训都**实际**表明：民主共和国是资产阶级的民主共和国，从帝国主义提到历史日程上的问题来看，这种共和国已经过时；现在没有任何**别**的选择：**要么是**苏维埃政权在世界上一切先进国家获得胜利，**要么是**对民主共和国这种形式已经运用自如的英美帝国主义实行反动，疯狂肆虐，摧残一切弱小民族，在全世界复活反动势力。

二者必居其一。

中间道路是没有的。曾几何时，这种看法还被认为是布尔什维克的无知狂想。

但结果正是如此。

皮季里姆·索罗金放弃立宪会议议员的资格，这不是偶然的，这是整个阶级、整个小资产阶级民主派转变的征兆。小资产阶级民主派不可避免要分裂，一部分转到我们这边来，一部分保持中立，一部分自觉地归附把俄国出卖给英美资本并且力图用外国军队来扼杀革命的君主派立宪民主党人。善于看到并利用孟什维克和社会革命党民主派先从敌视布尔什维主义转为中立、然后又转为支持这一情况，是当前的一项迫切任务。

党向群众提出的任何口号都有凝固僵化的特性，甚至在这个口号必须提出时所依据的条件已经发生了变化，它还继续对许多人发生效力。这种弊病是不可避免的，如果不学会防止和克服它，就不能保证党的政策正确。我国无产阶级革命同孟什维克和社会革命党民主派断然决裂的时期在历史上是必需的；当这些民主派倒向敌人方面并且恢复**资产阶级和帝国主义的**民主共和国的时候，不同他们进行尖锐的斗争是不行的。这场斗争中使用的一些口号现在往往变成了凝固僵化的东西，**妨碍**我们正确地估计和适当地利用当前这个新的时机，因为这些民主派已经开始新的转变，倒向我们，这个转变不是偶然的，而是根源于整个国际局势的极深刻的变化。

支持这个转变，对倒向我们这边的人表示友好，这还不够。一个意识到自己的任务的政治家，既然确信这种转变具有重大的深刻的历史原因，就应该学会在广大小资产阶级民主派群众的某些阶层和集团中**促成**这种转变。革命的无产者必须知道应该镇压谁，应该善于同谁（在什么时候，用什么方法）妥协。对那些把俄国出卖给"盟国"的外国帝国主义者的地主、资本家及其走狗不实行恐怖和镇压，是荒唐可笑的。企图"说服"他们，"感化"他们，是十分滑稽的。但是，当局势迫使小资产阶级民主派转向我们的时候，还一味对他们采取镇压和恐怖的策略,那同样是(至少同样是)荒唐可笑的。

无产阶级到处都碰到这样的民主派。在农村,我们的任务是消灭地主,粉碎剥削者和富农投机分子的反抗;要做到这一点,我们只能紧紧依靠半无产者,即"贫苦农民"。但中农不是我们的敌人。他们过去动摇,现在动摇,将来还会动摇。争取动摇者的任务和推翻剥削者、战胜猖獗的敌人的任务**是不一样的**。善于同中农妥协,——同时一分钟也不放弃对富农的斗争,完全地紧紧地依靠贫苦农民——这就是当前的任务,因为正是现在,由于上述种种原因,中农必然转到我们这方面来。

这种策略也适用于手工业者和手艺人,适用于具有最典型的小资产阶级的生活条件或持有最浓厚的小资产阶级观点的工人,适用于许多职员,适用于军官,特别是适用于全体知识分子。毫无疑问,我们党内往往有人不会利用他们的转变,这种不会可以克服而且应当克服,把不会利用变为很会利用。

我们已经有大多数参加工会组织的无产者这样一个坚强的后盾。必须善于吸引那些正在转向我们这边的、无产阶级性最少而小资产阶级性最多的**劳动**阶层,使他们参加我们的行列,服从无产阶级的纪律。目前的口号是:不要同他们斗争,而要争取他们,善于影响他们,说服动摇者,利用中立者,用广泛的无产阶级影响来熏陶那些落后的或者最近才开始摆脱"立宪会议"幻想或"爱国主义民主主义"幻想的人。

我们已经有劳动群众这样一个相当坚强的后盾。苏维埃第六次代表大会特别清楚地表明了这一点。我们不害怕资产阶级知识分子,而对他们中间恶毒的怠工分子和白卫分子我们一分钟也不放松斗争。但是当前的口号是要善于利用他们倒向我们的转变。我们苏维埃政权中还有不少"混进来的"恶劣的资产阶级知识分子，必须把他们清除出去，用昨天还自觉敌视我们而今天已完全保持中立的知识分子替换他们，这是目前的一项最重要的任务，是所有同"知识分子"打交道的苏维埃工作人员的任务，也是全体鼓动员、宣传员和组织员的任务。

当然，同中农、同工人中昨天的孟什维克、同职员或知识分子中昨天的怠工分子达成协议，如同在剧烈变化着的复杂环境中进行任何一种政治活动一样，是需要本领的。全部问题在于，不要满足于我们从以往的经验中练就的本领，**一定要前进，一定要有长进**，一定要从比较容易的任务转到比较困难的任务。否则就不可能有任何进步，包括社会主义建设中的进步。

几天前，我接待了信用合作社工作者代表大会的代表。他们把代表大会关于**反对**信用合作银行同共和国人民银行**合并**的决议[87]给我看了。我对他们说，我主张同中农妥协，对合作社工作者从敌视布尔什维克转为中立，虽然只是开始，我也很重视，但是同他们达成协议的基础只能是他们同意特种银行同共和国统一的银行完全合并。于是代表们换了一个决议，由代表大会通过了另一个决议，把反对合并的内容全都删掉，**但是……但是**提出了组织合作社工作者**特种**"信用协会"的方案，而这个协会事实上同特种银行毫无差别！这是可笑的。改换字眼显然只能哄骗傻瓜。但是这样……一次"尝试"的"失败"丝毫也不会动摇我们的政策；我们过去实行而且今后还要实行同合作社工作者、同中农妥协的政策，但要打破企图改变苏维埃政权的和苏维埃社会主义建设的**路线**的一切尝试。

　　小资产阶级民主派的动摇是不可避免的。捷克斯洛伐克军打了几次胜仗,这些民主派就张皇失措,散布恐慌情绪,投奔"胜利者",甘愿卑躬屈膝地去迎接他们。当然,一分钟也不能忘记,即使现在,只要英国人、美国人和克拉斯诺夫白卫分子打几次小小的胜仗,这些人也还会产生动摇,张皇失措,而散布恐慌情绪、实行叛变、倒向帝国主义等等情况也还会多起来。

　　我们知道这一点。我们不会忘记这一点。我们为半无产者支持的苏维埃政权奠定的纯粹无产阶级的基础,永远是牢固的。我们根据经验知道,我们这个队伍不会动摇,我们的军队不会动摇。但是,当具有世界历史意义的最深刻的变化使得非党的、孟什维克的、社会革命党的民主派必然转向我们这边的时候,我们应当学会而且一定能够学会利用这一转变,支持这一转变,在相应集团和阶层中促成这种转变,尽一切可能同这些分子达成协议,从而促进社会主义建设,减轻由于严重的经济破坏、愚昧、无能而造成的困难,加速社会主义胜利的到来。

载于1918年11月21日《真理报》　　　译自《列宁全集》俄文第5版
第252号　　　　　　　　　　　　　　第37卷第188—197页

在向弗·伊·列宁
致敬的大会上的讲话[88]

（1918 年 11 月 20 日）

简 要 报 道

（列宁同志受到热烈欢迎，全场掌声如雷，转为欢呼）同志们，我想就今天《真理报》发表的一封信说几句话。这封信是著名的立宪会议议员和右派社会革命党党员皮季里姆·索罗金写的。索罗金在这封信中向他的选民声明，他放弃立宪会议议员的资格，决不再过问政治。这封信不但是一篇很有意义的"有人情味的文献"，而且具有重大的政治意义。

大家知道，皮季里姆·索罗金曾经是同立宪民主党人狼狈为奸的右派社会革命党报纸《人民意志报》[89]的主要撰稿人。他在信中的自供，说明在至今一直坚决敌视苏维埃政权的人们中间发生了巨大的变化和转折。他说某些活动家的政治在许多场合对社会有害，这就证明皮季里姆·索罗金终于公开而老实地承认了右派社会革命党的全部政治对社会有害。

这个党的许多代表人物通过最近的事变开始认识到，现在已经是看清布尔什维克的立场完全正确而它的死敌只有失策和错误的时候了。

　　索罗金的信证明，目前我们至少可以指望许多敌视我们的集团对苏维埃政权抱中立态度。过去许多人因为骇人听闻的布列斯特和约而离开我们，许多人不信赖革命，许多人真诚地相信协约国心地纯洁；现在这一切都被揭穿了，大家都已看到：臭名昭彰的协约国强迫德国接受了比布列斯特和约条件更加骇人听闻的条件，它们是同德帝国主义者一样的强盗。

　　大家知道，协约国是支持俄国的君主制度的，例如它们在阿尔汉格尔斯克就积极扶持君主派。英国人进攻俄国，是为了接替已被击溃的德帝国主义者。这一切甚至使极其顽固而盲目地反对革命的人也醒悟过来了。

　　在此以前，许多人盲目地拥护立宪会议，而我们总是说：立宪会议是地主、君主派和以米留可夫（他是谁出的价高就把俄国出卖给谁）为首的整个俄国资产阶级的口号。

　　美利坚"共和国"正在摧残工人阶级。现在大家都懂得什么是民主共和国了。现在大家都知道，能够存在下去的只有一方，要么是获得了胜利的帝国主义，要么是苏维埃政权，中间道路是没有的。（列宁同志的讲话不止一次地被热烈的欢呼声所淹没）

载于 1918 年 11 月 22 日《真理报》　　　　译自《列宁全集》俄文第 5 版
第 253 号和《全俄中央执行委员会　　　　　第 37 卷第 198——199 页
消息报》第 255 号

"红色军官日"的讲话⁹⁰

（1918 年 11 月 24 日）

（掌声如雷，高唱《国际歌》）列宁说：我代表全体人民委员向你们祝贺。当我想到我国军队和红色军官的任务时，我记起了不久以前在芬兰铁路的火车上亲眼看到的一件事情。

我看见旅客们面带笑容不知在听一位老太婆讲什么，就请人把她的话译给我听。这位芬兰老太婆在拿旧士兵和革命士兵作对比，说旧士兵维护地主资产阶级的利益，革命士兵维护穷人的利益。她说："在从前，穷人随便捡块劈柴也要重重地受罚。现在呢，要是你在林子里遇见一个士兵，他还会帮你背柴哩。""如今再也不用害怕带枪的人了。"

列宁接着说：我认为，这对红军是再好不过的褒奖了。

列宁接着又说，旧的指挥人员多半是娇生惯养、腐化堕落的资本家子弟，他们和普通士兵毫无共同之处。因此，我们现在建立新型军队时，只能从人民中间选拔指挥员。只有红色军官才会在士兵中享有威信，才能在我们军队中巩固社会主义。这样的军队将是不可战胜的。

载于 1918 年 11 月 26 日《全俄中央执行委员会消息报》第 258 号

译自《列宁全集》俄文第 5 版第 37 卷第 200 页

在莫斯科中央工人合作社
代表会议上的讲话⁹¹

（1918 年 11 月 26 日）

（列宁同志出现时，掌声如雷，经久不息）同志们，我向你们，向在做好整个供应工作方面应起重大作用的工人合作社的代表们表示祝贺。我们人民委员会曾不止一次地（特别是在最近）把有关合作社的问题、有关工农政权对合作社的态度问题提出来讨论。

在这方面必须回忆一下，从前在资本主义统治的时期，根据同资本家阶级进行经济斗争的原则建立起来的合作社起过多么重要的作用。

诚然，过去合作社在按自己的方式处理实际的分配问题时，由于一心要同资本家分享商业利润，往往把人民的利益变成个别集团的利益。合作社工作者只考虑商业利益，常常忘记了社会主义制度，认为社会主义制度还非常遥远，无法达到。

合作社吸收的社员往往主要是小资产阶级分子——中农，他们在合作社运动中的倾向是受自己的小资产阶级利益支配的。然而这些合作社所做的工作无疑是在发挥群众的主动精神，这是它们的一大功劳。依靠群众的主动精神，合作社确实建立起了规模很大的经济组织，它们在这方面所起的巨大作用我们是决不会否认的。

　　这些经济组织在某些情况下已经发展成为能够代替和补充资本主义机构的组织,这一点我们也应该承认;同时,城市无产阶级已被大量地吸收到资本主义大工业组织中去,它已经强大到能够推翻地主和资本家阶级,能够利用整个资本主义机构了。

　　城市无产阶级非常明白,在遭到帝国主义战争破坏的情况下,必须调整供应机构,因此它首先利用了规模巨大的资本主义机构。

　　我们应该记住这一点。合作社是一笔极大的文化遗产,必须加以珍视和利用。

　　因此,在人民委员会研究合作社的作用的问题时,我们采取了非常慎重的态度,我们非常明白,充分利用这个组织得很好的经济机构是极其重要的。

　　同时我们不能忘记,合作社建设方面的主力是孟什维克、右派社会革命党和其他实行妥协的小资产阶级党派。只要这些处在两个互相斗争的阶级之间的政治集团还在部分地利用合作社来掩护反革命分子,甚至利用合作社积累的资金来支援捷克斯洛伐克军,我们就始终不能忘记这一点。是的,我们有这方面的材料。不过远不是到处都如此,只要合作社愿意,我们总是吸收它们来同我们一道工作的。

　　最近苏维埃俄国所处的国际形势好转了,许多小资产阶级集团开始懂得了工农政权的意义。

　　当苏维埃俄国进行布列斯特谈判的时候,当我们被迫和德帝国主义者签订最苛刻的和约的时候,孟什维克和右派社会革命党人大叫大喊,拼命攻击我们。当苏维埃俄国被迫签订这个和约的时候,孟什维克和右派社会革命党人到处叫喊布尔什维克在毁灭俄国。

在这些人当中,有的认为布尔什维克是幻想世界革命可能爆发的空想家,有的认为布尔什维克是德帝国主义的代理人。

最后,还有很多人当时认为布尔什维克对德帝国主义作了让步,于是幸灾乐祸,认为这是同德国当权的资产阶级妥协。

为了避免啰唆,这些集团当时攻击苏维埃政权的那些更难听的话,我在这里就不引用了。

然而,最近全世界发生的事件使孟什维克和右派社会革命党人得到了许多教益。不久以前,我们报刊上发表的孟什维克中央告全体劳动人民书[92]说,虽然他们在思想上和共产党人有分歧,但他们认为必须反对现在以英美资本家为首的世界帝国主义。

确实是发生了一些重大事件。罗马尼亚和奥匈帝国成立了工人代表苏维埃。在德国,苏维埃反对立宪会议,也许几个星期以后哈阿兹—谢德曼的政府就要垮台,由李卜克内西的政府来代替。同时英法资本主义竭尽全力镇压俄国革命,以此来阻止世界革命。现在大家都已经明白,协约国帝国主义比德帝国主义更加贪婪,他们向德国提出的条件比布列斯特和约还要苛刻,不仅如此,他们的根本目的是要扑灭革命,扮演世界宪兵的角色。孟什维克在自己的决议中表明,他们认清了英国刮来的是什么风。因此,我们现在不应该踢开他们,相反地,应该接纳他们,让他们有机会同我们一起工作。

共产党人在今年4月就已经表明,他们不拒绝同合作社工作者一道工作。共产党人的任务在于依靠城市无产阶级,善于利用一切可以吸收来参加工作的人,善于利用所有以前喊过社会主义口号但没有勇气为这些口号斗争到底的人。马克思说过,无产阶级应该剥夺资本家,而对小资产阶级集团应该加以利用。我们也说过,应该夺取资本家的一切,而对富农只应实行压制,通过粮食垄断来控制他们。我们应该同中农妥协,将他们置于我们的监督之下,这实际上仍然是在实现社会主义的理想。

我们应该直截了当地说,工人和贫苦农民一定会竭尽全力去实现社会主义理想,如果有人不愿走实现这种理想的道路,那我们就撇开他们自己走下去。但是我们应该利用一切能够在这场最困难的斗争中真正帮助我们的人。

所以,人民委员会早在4月讨论这些问题的时候,就同合作社工作者达成了协议。[93]这是唯一的一次除了担任人民委员的共产党员还有公民合作社代表参加的会议。

我们和他们通过协商取得了一致。这是唯一的一次通过了不是由占多数的共产党员提出、而是由占少数的合作社工作者提出的决定的会议。

人民委员会这样做,是因为它认为必须利用合作社工作者的经验和知识以及他们的机构。

你们也知道,几天以前通过了一项关于组织供应的法令(发表在星期日的《消息报》上),这个法令正是让合作制和合作社来发挥重大的作用。因为没有合作社组织网,就不可能组织社会主义经济,而直到现在,在这方面很多事情却做得不对。有些合作社关闭了,收归国有了,可是苏维埃又没有能力去搞分配和开设苏维埃商店。

现在按照这个法令,从合作社拿走的东西应该全部归还合作社。

合作社不应该收归国有,应该恢复。

当然,法令对那些因反革命分子混入而被关闭的合作社的处理是很谨慎的。我们曾经明确地说过,在这方面合作社的活动应该受到监督,但是现在我们说,对合作社应当加以充分的利用。

大家都知道,立即正确地组织产品的供应和分配是无产阶级的基本任务之一。

既然我们现在拥有具备这种经验的并且是建立在群众的主动精神之上(这点是最主要的)的机构,我们就应该利用它去执行这些任务。重要的是在这方面利用建立了这些组织的群众的主动精神。必须吸收下层群众参加供应工作,而且要把这一点当做合作社、尤其是工人合作社的主要任务。

怎样供应和分配产品,人人都懂得。没有啃过书本的人也懂得。在俄国,很大一部分居民还愚昧无知,因为过去是千方百计不让工人和被压迫群众受到教育的。

但是群众中有很多很活跃的力量,他们能够发挥出我们意想不到的巨大才能。因此工人合作社的任务就是要吸引这些力量,找到这些力量,让它们直接从事产品的供应和分配工作。社会主义社会就是一个统一的合作社。

我毫不怀疑,依靠群众的主动精神,工人合作社一定能够把统一的莫斯科市消费公社真正建立起来。

载于 1918 年 12 月《工人世界》杂志
第 19 期

译自《列宁全集》俄文第 5 版
第 37 卷第 201—206 页

在莫斯科党工作人员大会上
关于无产阶级对小资产阶级
民主派的态度的报告⁹⁴

(1918 年 11 月 27 日)

1

报　　告

同志们,我想谈谈在无产阶级对小资产阶级民主派的态度问题提出以后我们党和苏维埃政权所肩负的任务。毫无疑问,最近的事变把这个问题提上了日程,因为国际形势的巨大变化,如布列斯特条约的废除、德国的革命、德帝国主义的崩溃和英美帝国主义的瓦解,不能不使构成小资产阶级民主派理论基础的一系列资产阶级民主主义原理遭到破坏。俄国的军事形势,英、法、美帝国主义的进攻,不能不促使小资产阶级民主派的一部分人多少倒向我们这一边来。今天下午我想谈的,也就是我们的策略应作的改变以及摆在我们面前的新任务。

让我从几个基本理论原理谈起。毫无疑问,为小资产阶级民主派提供经济基础的主要社会阶层,在俄国就是中农。毫无疑问,在一个农民人数相当可观的国家中,社会主义革命和从资本主义到社会主义的过渡,必然要采取特殊的形式。因此,我想首先提请大家注意马克思主义关于无产阶级对中农的态度的基本原理是怎样形成的。为此,我把恩格斯在《法德农民问题》一文中说的几段话念一下。这篇文章出了单行本,写于1895年或1894年,当时社会党关于如何对待农民的土地纲领问题已经实际地提上日程,因为德国社会民主党布雷斯劳代表大会要讨论这个纲领。当时恩格斯是这样说明无产阶级的态度的:"我们对待小农的态度究竟是怎样的呢? …… 第一,法国纲领的论点是完全正确的:我们预见到小农必然灭亡,但是我们无论如何不要以自己的干预去加速其灭亡。第二,同样明显的是,当我们掌握了国家政权的时候,我们绝不会考虑用暴力去剥夺小农(不论有无赔偿,都是一样),像我们将不得不如此对待大土地占有者那样。我们对于小农的任务,首先是把他们的私人生产和私人占有变为合作社的生产和占有,但不是采用暴力,而是通过示范和为此提供社会帮助。"①

其次,关于这个问题恩格斯还说:"我们永远也不能向小农许诺,给他们保全个人财产和个体经济去反对资本主义生产的优势力量。我们只能向他们许诺,我们不会违反他们的意志而强行干预他们的财产关系。"②

最后一点,我要向你们提到的最后一句名言,就是关于富裕农民、关于大农(俄语叫做"富农")即关于非使用雇佣劳动力不可的农民的论断。如果这些农民不懂得他们现在的生产方式必然要灭亡并且从中作出必要的结论,那么,马克思主义者是什么忙也帮不

① 见《马克思恩格斯文集》第4卷第524页。——编者注
② 同上书,第526页。——编者注

上的。我们的职责仅仅是使他们也易于过渡到新的生产方式。[①]

这就是我要提请你们注意的、无疑也是每个共产党人都知道的几个原理。从这些原理我们看到,掌握了国家政权的无产阶级的任务,在大资本主义制度占优势的国家中和存在着小农、中农、大农这种落后状况的国家中,决不会一样。我们看到,如果我们说对地主剥削者进行战争是我们的责任,那我们就十分正确地说明了马克思主义的任务。

对待中农,我们说,决不使用任何暴力。对待大农,我们说,我们的口号是要他们服从粮食垄断,如果他们破坏粮食垄断,隐藏粮食,就同他们作斗争。不久以前,我在一个几百人的会上,向那些贫苦农民委员会的代表们(他们是在第六次代表大会举行的同时来到莫斯科的),重申了这些原理[②]。在我们党的出版物中,在宣传鼓动工作中,我们一直强调我们在对待大资产阶级和小资产阶级态度上的这种差别,虽然大家在理论上都同意,但远不是所有的人都十分迅速地作出了相应的政治结论。我故意从所谓远处谈起,是为了向你们表明,我们应当以怎样的关于阶级相互关系的经济概念为依据,才能有可靠的根据提出我们对待小资产阶级民主派的政策问题。毫无疑问,在俄国,这种小农阶级(我们把不出卖劳动力的农民称为中农),这种农民,在任何情况下都是构成小资产阶级民主派中形形色色政治派别的基础的主要经济阶级。在我们俄国,这些派别同孟什维克和社会革命党关系最为密切。在俄国社会主义历史上,布尔什维克同这两个政党作过长期斗争,西欧

---

① 参看《马克思恩格斯文集》第4卷第529页。——编者注
② 见本卷第170—177页。——编者注

社会党人经常把这个斗争看做社会主义运动**内部**的斗争，也就是看做俄国社会主义运动的分裂。顺便提一下，这种看法甚至在很好的社会民主党人的言论中也时常流露出来。

今天正好有人把弗里德里希·阿德勒的一封信交给我。他是以自己在奥地利的革命行动而闻名的一位人物。他的信写于10月底，今天收到，信中只有一个请求：是否可以把孟什维克从监狱中放出来？在这种时候，除了这个请求以外，他再也找不出更明智的话来写了。诚然，他预先声明他不熟悉我们的运动等等，但这终究是很能说明问题的。西欧社会党人所以犯这种可笑的错误，是因为他们向后看，不向前看，并且不了解，无论孟什维克或社会革命党人（他们宣传社会主义）都不能算做社会主义者。孟什维克和社会革命党人在1917年革命期间只是动摇于资产阶级和无产阶级之间，始终未能采取正确的立场，就好像故意要提供一个实例来说明马克思的下述原理：小资产阶级在决定性的战斗中没有能力采取任何独立的立场。

无产阶级从一开始，即从它创立苏维埃的时候起，就本能地表现出明确的阶级立场，因为它创立了苏维埃。孟什维克和社会革命党人则始终动摇不定。1917年春天和夏天，他们自己的朋友称他们为"半布尔什维克"，这不仅是俏皮话，而且是正确的评价。在任何一个问题上，例如在苏维埃、农村革命运动、直接夺取土地、前线联欢、支持或不支持帝国主义等这样一些根本问题上，孟什维克和社会革命党人总是今天"赞成"，明天"反对"。他们一方面帮忙，另一方面又不帮忙，是毫无主见、软弱无力的典型。他们向居民散布"拥护苏维埃"的空谈（要知道，他们一直把苏维埃称做"革命民主"，以与他们所谓的有财产资格的人对立起来），这不过是他们狡猾的政治手腕，而听信他们那一套的广大群众却倾心折服："这是拥护苏维埃呀！"孟什维克的宣传也曾部分地为我们效力。

这个问题很复杂，说来话长，我把它简要地点一点就够了。我们亲眼看到，孟什维克和社会革命党人的这个政策完全证实了我们的论点：把他们当做社会主义者是错误的。他们也许只在口头上和记忆中是社会主义者，事实上他们是俄国的小资产阶级。

以上我谈的是马克思主义者应当如何对待中农，换句话说，就是如何对待小资产阶级政党的问题。我们面临着一个新的阶段，现在应当改变我们过去的、在革命的前一时期的口号，以便正确地估计目前的转变。你们知道，在10月和11月，这些分子是动摇不定的。

当时布尔什维克党采取不调和的态度是对的。我们说，我们要消灭无产阶级的敌人，要在战争与和平、资产阶级代议制、苏维埃政权等基本问题上进行战斗。在所有这些问题上，我们只能依靠自己的力量，我们没有同小资产阶级民主派妥协是完全正确的。

这以后，事变的进程向我们提出了和平问题和签订布列斯特和约的问题。你们知道，布列斯特和约使小资产阶级分子离开了我们。

我们的外交政策导致了布列斯特和约的签订，我们同一部分小资产阶级民主派的民主幻想作了无情的斗争，为苏维埃政权进行了无情的斗争，——由于这两种情况，小资产阶级民主派断然离开了我们。你们知道，在布列斯特和约签订以后，左派社会革命党人开始发生动摇，一部分铤而走险，一部分互相谩骂，一直骂到现在。但是，事实终究是事实。当然，我们丝毫不能怀疑，我们当时的政策是绝对正确的。现在来证明这一点，就是旧事重提，因为德国革命已经再好不过地证明了我们的看法是正确的。

　　在布列斯特和约签订以后,人们责备得最多的,我们从觉悟低的工人群众那里听得最多的,就是认为我们毫无根据地把希望寄托在德国革命上,而这个革命始终没有发生。德国革命驳倒了所有这些责难,并证明了我们的看法是正确的:德国革命必然到来,我们在反对德帝国主义的斗争中不仅应当进行民族战争,而且应当进行宣传,从它内部进行瓦解。事变已经完全证实了我们的看法,再也用不着去证明了。关于立宪会议也是一样,在这里动摇是不可避免的,事变的进程完全证实了我们的看法的正确,因为现在西欧已经开始的一切革命都是在苏维埃政权这一口号下进行的,都在建立这种苏维埃政权。苏维埃——这就是各地革命的特征。苏维埃已经从奥地利和德国传到荷兰和瑞士(传到具有最老的民主主义文化的国家,这些国家甚至在同德国相比时也把自己称为西欧)。这些国家都提出了苏维埃政权的口号。这就说明,资产阶级民主遭到历史性破产不是布尔什维克的臆造,而是绝对的历史的必然。远在几百年前,瑞士和荷兰就已经有了政治斗争,现在那里提出苏维埃政权的口号,并不是单纯出于对布尔什维克的好感。这就说明,我们对目前情况作了正确的估计。事变的进程完全证实了我们的策略的正确,所以这个问题用不着再来谈了。需要弄明白的只有一点,就是这是一个重大的问题,是小资产阶级民主派抱有极深偏见的一个问题。只要回想一下西欧国家都经历过的资产阶级革命和议会制发展的历史,你们就会知道,这种偏见在40年代,在各国旧社会民主主义者中间,曾经占过统治地位。这种观点在法国保持得最久。情况也只能是这样。小资产阶级在议会制问题上是最爱国的,同无产阶级和大资产阶级比较,它是最爱国的。大资产阶级比较国际化,小资产阶级不大活跃,同其他国家很少联系,也没有卷入世界范围的商业周转。因此,可以料到,正是在议会制问题上,小资产阶级肯定要顽强地表现自己。俄国的情况就是这样。在这方面起了很大作用的,是我们的革命同爱国主义作了斗争。我们在布列斯特和约时期曾经不得不反对爱国主义。我们说,如果你是一个社会主义者,你就应当为了国际革命而牺牲自己的一切爱国主义情感,这个革命一定会到来,它现在还没有到来,但如果你是一个国际主义者,就应当有信心。

很明显,我们这样说,当时只能把工人阶级的先进部队吸引到自己这边来。很明显,小资产阶级的大多数当时都不赞同我们的观点。我们那时不能指望这一点。小资产阶级怎么会接受我们的观点呢?当时我们不得不实行最严峻的无产阶级专政。我们经历了几个月迷恋于幻想的时期。如果你们看看西欧国家的历史,就会发现这种幻想在那里几十年都没能消除。你们看看荷兰、法国、英国等国的历史就知道了。当时我们必须粉碎小资产阶级的幻想,什么人民是一个统一体,什么人民的意志可以通过阶级斗争以外的东西来体现。我们在这个问题上没有作任何妥协,这是完全正确的。如果我们纵容了小资产阶级的幻想,立宪会议幻想,我们就会葬送整个俄国无产阶级革命事业,就会为了狭隘的民族利益而牺牲国际革命的利益,国际革命是循着布尔什维克道路前进的,因为它不是民族革命,而是纯粹无产阶级的革命。正是这种情况使得孟什维克和社会革命党的小资产阶级群众离开了我们。他们跑到了街垒的那一边,落到了我们的敌人那一边。当杜托夫分子开始暴动的时候,我们看得很清楚,在杜托夫分子、克拉斯诺夫分子和斯科罗帕茨基分子中有同我们作过斗争的政治力量。在我们这边的是无产阶级和贫苦农民。

你们知道，当捷克斯洛伐克军的叛乱极其猖獗的时候，全国各地都发生了富农暴动。只是城市无产阶级同农民的亲密团结才使我们的政权得以巩固。只有无产阶级，在贫苦农民的帮助下，才坚持了反对一切敌人的斗争。而绝大多数孟什维克和社会革命党人都站在捷克斯洛伐克军、杜托夫分子和克拉斯诺夫分子那一边。这种情况要求我们进行最激烈的斗争，采取战争的恐怖手段。不管人们怎样从各种不同的角度来谴责这种恐怖主义（我们从一切动摇的社会民主党人那里都听到过这种谴责），我们很清楚，恐怖手段是由激烈的内战造成的。它是由整个小资产阶级民主派的倒戈造成的。他们用各种手段，用内战、收买、怠工等等来同我们作战。正是这些条件使得恐怖手段势在必行。因此，我们不应该后悔，不应该否定恐怖手段。我们只是应当清楚地了解，我国无产阶级革命的哪些条件造成了斗争的尖锐化。这些特殊条件是：当时我们不得不反对爱国主义，我们必须用"全部政权归苏维埃"的口号来代替立宪会议。

国际政治一发生转变，小资产阶级民主派的状况也必然发生转变。我们看到他们那个阵营里人心正在变化。我们从孟什维克的宣言中看到他们在号召放弃同有产阶级的联盟，这是孟什维克向自己的朋友，向那些同杜托夫分子、捷克斯洛伐克人、英国人结成联盟的小资产阶级民主派分子发出的号召。他们向这些人呼吁，要他们反对英美帝国主义。现在每个人都很清楚，除了英美帝国主义，没有什么力量能够同布尔什维克政权相抗衡。这种动摇也发生在社会革命党人和知识分子中间。本来知识分子所抱的小资产阶级民主派偏见最多，爱国主义的成见最深，现在知识分子中间也发生了同样的过程。

现在我们党的任务就是要根据阶级关系确定自己的策略,要确实弄清这个问题,弄清这是怎么一回事——是偶然性,是无主见的表现,是没有任何基础的动摇呢,还是相反,是一个具有深刻社会根源的过程。在考察这整个问题的时候,如果我们想一想理论上已经确定的无产阶级对中农的态度,想一想我国革命的历史,那就可以肯定地回答,这种转变**不是偶然的,不是个人的**。它关系到俄国千百万处于中农地位或相当于中农的地位的人。这种转变关系到整个小资产阶级民主派。小资产阶级民主派曾经带着疯狂的愤恨情绪反对我们,因为我们当时不得不损害他们的一切爱国主义情感。而历史现在竟使爱国主义转到我们这边来了。很明显,不用外国的刺刀就推翻不了布尔什维克。以前人们希望英国人、法国人、美国人会是真正的民主派,并一直抱着这种幻想,现在英、法、美对德奥两国提出的和约彻底打破了这种幻想。英国人的所作所为,好像是特意在证明布尔什维克对国际帝国主义的看法是正确的。

因此,在同我们作过斗争的党派中间,例如在普列汉诺夫的营垒中间,就有人说:我们错了,我们原来以为德帝国主义是我们的主要敌人,而法、英、美等西方国家会给我们带来民主制度。事实表明,这些西方国家提出的和约的污辱性、贪婪性和掠夺性比我们的布列斯特和约要厉害百倍。事实表明,英国人和美国人是扼杀俄国自由的刽子手和宪兵,过去起过同样作用的有俄国刽子手尼古拉一世,还有充当刽子手来扼杀匈牙利革命的帝王们,现在这个角色由威尔逊的代理人来担任了。他们绞杀奥地利革命,他们扮演宪兵角色,他们向瑞士提出最后通牒:你们要是不去同布尔什维克政府作斗争,我们就不给粮食。⁹⁵他们对荷兰说:不得接受苏维埃使节,否则我们就要实行封锁。他们的武器很简单,就是一条饥饿的绳索。他们就是用它来绞杀各国人民的。

最近的历史,即战时和战后的历史,发展得异常迅速。它证明英法帝国主义是和德帝国主义一样卑鄙的帝国主义。不要忘记,美国是最自由最民主的共和国,但是这丝毫也不妨碍那里的帝国主义同样凶残,在那里,国际主义者不仅遭到私刑拷打,而且被暴徒拖到街上,剥得精光,浇上沥青,活活烧死。

这些事件非常有力地揭穿了帝国主义,并且提出这样一个问题:要么是苏维埃政权,要么是英法用武力把革命完全扼杀掉。这里已经谈不上同克伦斯基达成协议了。你们知道,他们把克伦斯基当做挤干了的柠檬扔掉了。他们同杜托夫和克拉斯诺夫勾结在一起。现在小资产阶级度过了这段时期。现在爱国主义把它推向我们这一边,——结果就是这样,历史就是这样迫使它行动的。我们大家都应当注意世界历史上这个大量存在的经验。决不能保卫资产阶级,决不能保卫立宪会议,因为它实际上只对杜托夫和克拉斯诺夫之流有利。这看起来很可笑:立宪会议怎么竟成了他们的口号。可是实际情况就是如此,因为立宪会议是资产阶级还在台上的时候召开的。立宪会议成了资产阶级的机关,而资产阶级是站在实行反布尔什维克政策的帝国主义者一边的。资产阶级不顾一切,要用最卑劣的手段扼杀苏维埃政权,只要能消灭苏维埃政权,把俄国出卖给谁都行。

正是这种政策引起了内战,并使小资产阶级民主派转向我们。当然,这部分人的动摇永远是不可避免的。捷克斯洛伐克军刚刚打了几个胜仗,这些小资产阶级知识分子就散布流言,说捷克斯洛伐克军必然胜利。他们从莫斯科发出电讯，说莫斯科已被包围，就要失陷。我们很清楚，只要英国人和法国人打几次哪怕是小小的胜仗，小资产阶级知识分子会首先张皇失措，开始散布敌人会胜利的种种流言。但是革命表明反帝国主义的起义必不可免。现在我们的"盟国"成了俄国的自由和独立的主要敌人。如果苏维埃政权得不到巩固，俄国就不可能独立，也不会独立。这就是发生这种转变的原因。由于这种转变，我们现在的任务就是确定自己的策略。过去一个时期，我们之间不可能有什么和解，小资产阶级在反对我们，我们坚定不移的立场要求我们使用恐怖手段。现在，谁要想把那个时期我们进行革命斗争的口号机械地搬过来，他就大错特错了。现在这样做，就不是立场坚定，而不过是愚蠢，是对马克思主义的策略不够理解。当我们必须缔结布列斯特和约的时候，从狭隘的爱国主义来看，这一步骤是背叛祖国；而从世界革命来看，这却是对世界革命帮助最大的正确的战略步骤。世界革命正是在苏维埃政权成为全民制度的今天爆发的。

　　现在，虽然小资产阶级民主派仍在动摇，但是他们的幻想已经破灭了。我们当然应该估计到这种情况以及其他种种情况。从前我们持另一种观点，当时小资产阶级站在捷克斯洛伐克军一边，非使用暴力不可，因为战争就是战争，我们就得像在战争中那样行动。可是现在，这些人开始转向我们了，我们不应该仅仅因为以前我们的传单和报纸上提的是另一个口号，就避开他们。既然看到他们朝我们这边转了一半，我们就应当把传单重新写过，因为这些小资产阶级民主派对我们的态度已经改变了。我们应当说：欢迎欢迎，我们是不怕你们的。如果你们以为我们只会使用暴力，那就错了。我们是可以达成协议的。那些顽固守旧、满脑子资产阶级偏见的分子,一切合作社工作者,一切同资产阶级联系最多的劳动者,是可以转到我们这边来的。

拿整个知识界来说吧。他们从前过着资产阶级的生活,习惯于养尊处优。既然他们动摇到捷克斯洛伐克军那边去了,我们的口号就是**无情地斗争,实行恐怖**。现在小资产阶级群众的情绪有了转变,我们的口号就应当是**实行妥协**,建立睦邻关系。当我们看到小资产阶级民主派中的一批人表示他们想对苏维埃政权保持中立时,我们就应当说:"中立"和睦邻关系,从共产主义的观点来看,是毫无用处的陈词滥调,这些都不过是陈词滥调而已,但是我们应当从实际出发来加以讨论。我们向来就是这样看的,我们从来没有指望这些小资产阶级分子会成为共产主义者。但是切实的建议我们应当讨论。

我们谈到无产阶级专政时说过,无产阶级应当是统治其他一切阶级的阶级。我们不可能在共产主义完全实现以前消灭阶级差别。阶级将仍然存在,因为我们还没有消灭剥削者,即大资产阶级和地主,我们正在无情地剥夺他们。但是对待中农和小农,又当别论了。在无情地镇压资产阶级和地主的同时,我们应当把小资产阶级民主派吸引过来。当他们说他们愿意中立、愿意同我们保持睦邻关系的时候,我们回答说:我们也只需要这一点。我们从来没有期望你们会成为共产主义者。

我们继续站在无情地剥夺地主和资本家的立场上。在这方面,我们是无情的,是不可能搞什么调和妥协的。但是我们知道,任何法令都不能使小生产转变为大生产,这里需要通过事变进程逐渐做到使人相信社会主义的必然性。这些分子永远也不会成为有信念的社会主义者,成为地道的真正的社会主义者。他们只是在看到没有出路的时候，才会成为社会主义者。现在他们看到：欧洲已经垮下来，帝国主义已经到了如此地步，任何资产阶级民主都救不了命，只有实行苏维埃政权才是出路。所以，现在小资产阶级民主派的这种中立态度和睦邻关系，不仅不使我们感到可怕，而且正是我们所希望的。所以，如果从实行专政的阶级的代表的观点来看问题，我们说：我们永远不会对小资产阶级民主派有更多的指望。对我们来说，这已经够了。你们同我们保持睦邻关系，而我们拥有国家政权。孟什维克先生们，在你们发表了关于"同盟者"的言论以后，我们很乐意使你们合法化。我们党的中央委员会将做这件事情。但是我们不会忘记，你们党内还有孟什维克"积极派"[96]，对待他们，我们的斗争方法仍然照旧，因为"积极派"是捷克斯洛伐克军的朋友，只要捷克斯洛伐克军还没有被赶出俄国，你们仍然是我们的敌人。我们把国家政权保留在自己手里，**只保留在自己手里**。对那些同我们保持中立关系的人，我们是作为这样一个阶级对他们讲话的，这个阶级手中掌握着政权，把自己那锐利的武器完全对着地主和资本家，并且对小资产阶级民主派说：如果你们愿意投到捷克斯洛伐克军和克拉斯诺夫分子那边去，那你们已经看到了我们是怎样进行斗争的，而且今后还要斗下去。如果你们愿意学习布尔什维克的榜样，那我们就走同你们妥协的道路，因为我们知道，不通过一系列妥协，反复加以检验、审查和对比，国家是不可能过渡到社会主义的。

我们一开始就走上了这条道路，例如我们通过了土地社会化法令，并逐渐把它变成一种能把贫苦农民团结在我们周围去反对富农的手段。今后只是随着无产阶级运动在农村中的胜利，我们才会逐步过渡到由集体共同占有土地和共同耕种土地。除非依靠农村中纯粹无产阶级的运动,否则这个任务是无法实现的,在这方面我们还有很多工作要做。毫无疑问,这里只有实际经验、只有现实才能告诉我们应该怎么办。

同中农、同小资产阶级分子、同合作社工作者妥协的任务是各不相同的。如果对象是那些还保存着小资产阶级的传统和习惯的协会,这个任务就会有所改变。如果说的是小资产阶级知识分子,这个任务又会有另一些改变。小资产阶级知识分子动摇不定,但他们也是我们进行社会主义革命所需要的。我们知道,只有利用大资本主义文化因素才能建设社会主义,而知识分子就是这样的因素。我们过去不得不同他们作无情的斗争,要求我们这样做的,不是共产主义,而是事变的进程,是事变进程使得一切"民主主义者"和一切醉心于资产阶级民主的人离开了我们。现在出现了利用这些知识分子来建设社会主义的可能性,这些知识分子并不是社会主义者,他们永远也不会成为共产主义者,但是事变和相互关系的客观进程促使他们对我们采取中立立场,同我们保持睦邻关系。我们永远也不会依靠知识分子,我们只会依靠率领着全体无产者和全体贫苦农民的无产阶级先锋队。共产党是不可能有其他的依靠的。但是依靠体现专政的阶级是一回事,而统治其他的阶级又是一回事。

你们记得恩格斯甚至在谈到如何对待使用雇佣劳动的农民时说过,这样的农民也许不必全都加以剥夺①。我们的做法是普遍加以剥夺,在我们的苏维埃中就没有富农。我们压制他们。当他们钻进苏维埃,企图凭借它来压迫贫苦农民时,我们就在肉体上镇

① 参看《马克思恩格斯文集》第4卷第529页。——编者注

压他们。你们看到,这里是如何实行一个阶级的统治的。只有无产阶级才能够统治。但实行统治,对小农是一种方式,对中农又是另一种方式,对地主不同,对小资产者又不同。全部任务在于我们要懂得国际条件所促成的这种转变,要懂得过去半年的革命历史中习惯了的口号必须加以改变,因为这里谈的是小资产阶级民主派。我们应当说:我们要把政权保持在无产阶级的手里。对于小资产阶级民主派,我们的口号是妥协,但我们曾被迫使用恐怖手段。合作社工作者和知识分子先生们,如果你们真正同意和我们保持睦邻关系,那就请你们完成一些任务。如果你们不完成,那就是违法者,就是我们的敌人,我们就要同你们作斗争。如果你们主张保持睦邻关系,又能完成这些任务,那我们就心满意足了。我们有坚强的后盾。你们的软弱性我们从不怀疑。但我们需要你们,这点我们也不否认,因为你们是唯一有文化的分子。

假如我们不必利用资本主义作为遗产留给我们的分子来建设社会主义,任务就容易得多了。但是社会主义建设的困难就在于我们不得不利用被资本主义完全侵蚀了的分子来建设社会主义。过渡的困难也就在于,实行过渡必须有专政,而专政又只有无产阶级一个阶级才能领导。因此我们说:路线将由受过严格训练、已经成为一支能够粉碎资产阶级的战斗力量的无产阶级来决定。而在资产阶级和无产阶级之间,存在着许多过渡的阶层,我们对他们的政策现在应当纳入我们在理论上已经确定了的轨道,而且现在我们能够实行这种政策。我们面前有一系列的任务,一系列的妥协和技术性的任务,我们作为实行统治的无产阶级政权应当能够提出这些任务。我们应当能够给中农提出一项任务:帮助商品交换,揭发富农。给合作社工作者提出另一项任务,他们拥有大规模进行产品分配的机构；我们应当把这个机构利用起来。对知识分子我们应当提出完全不同的任务；他们已无力继续怠工，现在想做**我们最和睦的邻居**，我们应当使用这些知识分子，给他们一定的任务，监督和检查任务的执行情况，对待他们就像马克思所说的对待巴黎公社的职员那样："每一个雇主都会给自己挑选适当的助手、会计，他们犯错误的时候，要善于纠正他们的错误，如果他们不合用，就用新的好的工作人员代替他们。"①我们用资本主义给我们留下的分子建设政权。如果连知识分子这样的资本主义文化遗产都不利用，我们就无法建设政权。现在我们可以把小资产阶级当做受到国家政权严格监督的好邻居对待。在这里，觉悟的无产阶级的任务，就是要懂得，实行统治并不意味着由他自己去完成这一切任务。谁这样想，他就是对社会主义建设一窍不通，就是在一年的革命和专政时期中什么也没有学到。这样的先生，最好还是进学校去学点东西。谁在过去这段时间学到了一些东西，他就会说：现在我就是要利用这些知识分子来搞建设；反正我有农民这个坚强的后盾。我们应当记住，只有在这个斗争的进程中，只有通过无产阶级同小资产阶级民主派达成的一系列妥协和妥协的试验，才会创造出能导致社会主义的建设形式。

　　我们记得，恩格斯说过，我们应当采用示范的办法②。在到达完全的共产主义以前，任何形式都不是最终的。我们不敢说我们准确地知道道路怎样走。但是我们必然会确定不移地走向共产主义。现在的每一个星期的收获，胜过平静时期的几十年。布列斯特和约签订以来的半年，是对我们不利的动摇不定的时期。西欧

---

　　① 参看《马克思恩格斯文集》第3卷第156页。——编者注
　　② 参看《马克思恩格斯文集》第4卷第524页。——编者注

的革命开始效法我们，它一定会加强我们的力量。我们应当估计到已经发生的变化，估计到一切因素，不存任何幻想。我们知道，动摇者仍将是动摇者，如果世界社会主义革命还没有取得完全胜利的话。这个日子也许不会来得那么快，虽然德国革命事变的进程使人相信，事情的发展将比许多人预料的要快。德国革命的发展同我国革命的发展情况一样，但是更加迅速。总之，我们面临的任务，就是同英美帝国主义作殊死的斗争。他们感到布尔什维主义已经成为一种世界力量，因此力图以最快的速度来扼杀我们，想首先消灭俄国的布尔什维克，然后再消灭本国的布尔什维克。

我们应当利用那些被帝国主义者的兽行推向我们这边来的动摇分子。我们一定要这样做。你们很清楚，在战争中无论什么援助，即使是间接的援助，也不能忽视。在战争中，就连动摇阶级的状况也有巨大的意义。战争愈激烈，我们就愈应该去影响正在转到我们这边来的动摇分子。由此可见，我们已经实行了半年的策略应当有所改变，以适应在对待小资产阶级民主派各个不同阶层方面的新任务。

如果我能使党的工作人员注意到这个问题，并促使他们通过一步一步的试验去正确地解决这个问题，那我就可以认为我的任务是完成了。

载于 1918 年 12 月 5 日和 6 日　　　　译自《列宁全集》俄文第 5 版
《真理报》第 264 号和第 265 号　　　　第 37 卷第 207—224 页

2
关于报告的总结发言

　　同志们，我最后还要谈几点意见。首先，我想回答这里涉及的所谓教条问题。马克思和恩格斯多次说过，我们的学说不是教条，而是行动的指南①，我想我们应当首先和特别注意这一点。

　　马克思和恩格斯的学说不是我们死背硬记的教条。应该把它当做行动的指南。我们一直这样说，而且我认为，我们的行动是适当的，我们从来没有陷入机会主义，而只是改变策略。这决不是背弃学说，决不能叫做机会主义。我以前说过，现在还要再三地说，这个学说不是教条，而是行动的指南。

　　其次，谈谈斯切克洛夫同志的意见：我们要同谁妥协，是同司令部呢，还是同群众？我的回答是：首先当然是同群众，然后是同司令部，至于什么时候必须同司令部作斗争，一切由那时的具体情况来决定。这一点我回头要谈，可是现在，我看不出有同孟什维克党和社会革命党妥协的任何实际可能性。有人对我们说：妥协就意味着要放弃些什么；你们要放弃什么呢，你们将怎样背弃基本路线呢？这样做就是变节，但如果这只是指实际做法，那并不新奇。当然，我们永远不会放弃我们的原则。现在来谈这一点没有意义。

———————

　　①　参看《马克思恩格斯文集》第 10 卷第 557 页和第 562 页。——编者注

15年前,关于基本路线和原则发生过争论,可惜那时我主要是在国外而不是在俄国进行这种争论。现在说的是国家政权,而放弃国家政权,即使是一点点,那也是根本谈不到的。难怪威尔逊宣称:现在我们的敌人是世界布尔什维主义。全世界的资产者都在这样说。既然他们准备向我们进攻,就说明他们已经承认布尔什维克政权不仅是俄国的现象,而且是世界的现象。布尔什维克要是提出同资产阶级搞某种妥协,那就既可笑又可怜了。何况革命的烈火已蔓延到许多国家,任何一个资本主义的资产阶级的政府都不会这样做,也不可能这样做。

瑞士的资产阶级在最近的事变发生时直截了当地说:我们不是俄国人,我们决不把政权交给你们。赞同布尔什维主义的沙杜尔大尉写道,他看到俄国资产阶级的令人吃惊的驯服甚为惊讶,说他们法国的资产阶级不会这样。那里的资产阶级会凶狠得多,内战一旦爆发,必定会采取最残酷的形式,这是毫无问题的。

一年的无产阶级专政已在实际上把问题完全解决了,现在没有一个农民、没有一个工人会想到同资产阶级妥协。至于说妥协不是什么新东西,我完全同意。我只希望我们能共同来商量这些问题。

使孟什维克、社会革命党人特别是小知识分子离开我们的那些情况,如在德帝国主义进攻时期争取布列斯特和约的无情斗争,已经过去了。但是英国人和法国人如果取得胜利,哪怕是暂时的胜利,仍然会使这些知识分子和小民主派再度动摇,散布惊慌情绪,实行倒戈,这一点我们也很清楚。我们同他们妥协,只是为了在一定的实际工作中取得一定的成果。这种策略既不会引起争论,也不会引起惊异。可是它并不为人所理解,这一点已为很多人,甚至像马克西莫夫同志这样有影响的莫斯科苏维埃委员所证明。马克西莫夫同志说,同欣丘克不应该妥协,而应该合理磋商。当我们在春天颁布了第一个关于合作社的法令的时候,他们向我们提出了最后通牒式的要求,我们对他们作了让步。这种情况我们称之为妥协,这种政策也不能叫做别的什么。如果每个苏维埃工作人员都能经常对自己说,对一切同志反复说,要同小资产阶级民主派合理磋商,把这作为一条守则,那我就很满意了。

迄今为止,我们在工作中,特别是在地方工作中,距离合理磋商还很远。相反地,我们往往不是进行合理的磋商。有人责难我们那样要求,他们不了解,不那样做就无法进行新的建设。那种没有学会建设就能建设新生活的天才是没有的。正当需要同实践家进行合理磋商的时候,我们却没有这个本事。要开一个小铺,就得懂行。需要有行家。我们布尔什维克很少有机会在这种实际工作中运用自己的知识。我们很少有缺乏鼓动员的情况,而最感缺乏的,是实际的领导者,是组织者。虽然我们已经有了一年的经验,但这种情况至今还存在。任何人,只要他在这方面有相当的经验,只要他提出中立和睦邻关系的口号,就要同他合理磋商。如果他会开小铺,会分配商品,如果他能教会我们哪怕是一点儿东西,如果他是一个实践家,这就算人才难得了。

任何人都知道,从我们胜利那天起,布尔什维主义的"朋友"中就有许多敌人。我们队伍里经常混进一些非常不可靠的、骗人的分子,他们在政治上总是动摇、出卖、背叛、变节。这一点我们十分清楚,不会因此改变主张。这从历史上来说是不可避免的。孟什维克责备我们,说苏维埃职员中间有大批混进来的、连普通公民都不如的分子。我们对他们说:我们到哪里去物色好人呢,我们怎样做才能使好人一下子就信任我们呢？那种一下子就能取得胜利、征服人心，一下子就能取得人们信任的革命是没有的。革命在一个国家开始了，而在其他国家人们对它还抱怀疑态度。他们认为我国革命是一场噩梦、一团糟，他们对我们称之为苏维埃的有组织的"乱糟糟的"会议不抱任何期望。这也是十分自然的。我们需要征服的领域还很多。因此，当人们说欣丘克会开小铺，应当跟他合理磋商的时候，我就说：你们跟其他人也要磋商，要使用那些会办许多事情的小资产者。

如果我们能让地方工作人员牢牢记住"要磋商"这个口号，如果我们懂得觉醒起来掌握政权的是一个新的阶级，从事管理工作的是一些从来没有做过这样复杂的事情的人，他们自然会犯错误，——如果这样，我们就不会惶惶不安了。我们知道，要管理就免不了犯错误。然而在错误之外，我们还看到人们不善于利用政权，把政权仅仅当做权力来行使，他们说，权在我手里，我下命令，你就得听。我们说：对工会、农民和合作社工作者中的小资产阶级民主派分子，对这一大批人不要用这个口号，现在它已经用不着了。因此，同小资产阶级民主派特别是同知识分子合理磋商，——这才是我们的任务。当然，我们是依据我们的纲领来磋商的，我们是作为政权来磋商的。

我们说：你们是真的从敌对立场转到中立和睦邻关系的立场上了吗？你们是真的不再同我们敌对了吗？如果不是，我们是不会马虎过去的，我们要坦率地说，要打仗就打吧，我们过去就是像在战争中那样行事的。但是，如果你们由敌对转为中立，如果你们讲睦邻关系（这话我是从那些并不属于共产主义者阵营而昨天还很靠近白卫分子阵营的人的声明中引来的），那我说：既然有大批的人从昨天的敌对转为今天的中立和睦邻关系,我们就需要继续自己的宣传。

赫梅尔尼茨基同志没有必要担心孟什维克会用自己的宣传来指导工人阶级的生活。我们谈的不是那些不懂得社会主义共和国的社会民主党人,我们谈的不是他们,也不是小资产阶级官僚;同孟什维克就是要进行思想斗争,进行不调和的战争。对孟什维克来说,最大的侮辱莫过于说他是小资产阶级民主派,而且你愈是心平气和地向孟什维克证明这一点,他就愈加暴跳如雷。如果认为我们会把自己既得的地位让出百分之一或千分之一,那就错了。我们一丝一毫也不会让的。

施米特同志所举的例子证明,甚至比较接近资产阶级的那部分无产者(如印刷工人)、在工商企业中办事的小资产阶级职员和资产阶级银行职员,都因向社会主义过渡而蒙受很大的损失。我们查封了大批资产阶级报纸,实行了银行国有化,堵塞了银行职员靠投机致富的许多门路。但是,就在这个阵营中,我们也看到了动摇,我们看到,他们正在转向我们。如果说欣丘克的可贵之处在于他会开小铺,那么银行职员的可贵之处就在于他通晓金融业的技术。我们中间很多人虽在理论上熟悉金融业,但一到实际工作中就暴露出实在太差。对于一个通晓这门技术并声称自己已从昨天的敌对转为今天的中立和睦邻关系的人,我就要同他磋商。我们说:同任何人都要合理磋商。在工人、农民和红军代表苏维埃中,如果杰出的莫斯科苏维埃主席团委员马克西莫夫同志能实行他主张对知识分子和动摇的小资产阶级实行的那种策略,那我就心满意足,喜出望外了。

下面谈谈合作社问题。按斯切克洛夫同志的说法,合作社搞得很糟。马克西莫夫同志对于合作社问题则说,不应该写出人民委员会最近颁布的那种法令。我们在实际工作方面意见不一致。只要小资产阶级不采取敌对态度,就应当在这个基础上同他们妥协,这对我们来说并不是什么新东西。如果旧的规定不合用,那就应该改变,以适应变化了的形势的需要。我们清楚地看到,在这方面情况已经发生了变化。合作社就是一个明显的例子。合作社机构是一个供应机构,它依靠的本来不是资本家的个人主动性,而是劳动者的广泛参加。考茨基在他成为叛徒以前很久说得很对:社会主义社会是一个大合作社。

如果我们真想建立监督工作并且实际组织几十万人的经济,我们就不应当忘记,社会主义者在讨论这个问题的时候指出,富有实际经验的托拉斯领导人对他们是会有用处的。现在经验表明,小资产阶级分子已从敌对转为中立。同时必须明白,他们会开小铺。我们不否认,欣丘克作为一个思想家是浸透了资产阶级偏见的,而且他们这些人都有这种味道,但同时他们也有实际知识。就思想方面来说,所有的大炮都在我们这边,他们一门大炮也没有。既然他们说,他们不再敌对,要转为中立,那我们应该考虑到,现在同成千上万个不如欣丘克有本事的人也在进行合理的磋商。我说,必须善于同他们磋商。在实际建设方面,他们的知识更多,本事更大,应该向他们学习。让他们向我们学习如何影响国际无产阶级,而如何开小铺我们要向他们学习。这一行我们不会。这里各个方面都需要具有专门知识的技术人员。

关于合作社,我不明白,为什么说那里糟得很。我们在通过第一个关于合作社的法令的时候,曾邀请了一些不仅不是共产党员而且在立场上很接近白卫分子的人到人民委员会来参加讨论,我们同他们商量,问他们:这条你们能接受吗? 他们说:这条可以,那条不行。如果只看表面,不仔细想,当然就会认为这是同资产阶级妥协。竟邀请了资产阶级合作社的代表,并根据他们的意见删去了法令中的几项条款。例如删去了关于免费使用和加入无产阶级合作社的条款。我们觉得这些是完全可以接受的,而他们却拒绝接受我们的提议。

我们说,我们应该跟他们妥协,这些人开小铺的本领比我们强得多,这一行我们不熟悉,但是我们决不放弃斗争。在我们颁布了另一个同样的法令的时候,马克西莫夫同志说:不必写出这样的法令,因为法令上说,关掉了的合作社要重新开张。这就说明,在莫斯科工人、农民和红军代表苏维埃的工作人员中间,也像在我们中间一样,存在着某些误解,即使为了消除误解,也需要举行像今天这样的会议和座谈。我们曾经指出,为了事业的利益,我们打算不仅利用一般的工会,而且利用工商业职员联合会,而工商业职员向来是资产阶级制度的支柱。但这些人既然跑来向我们表示同意保持睦邻关系,那就应该热情相迎,握住他们伸出的手,别怕你的手会断。我们不会忘记,明天英法帝国主义者一进攻,他们就会掉过头去,最先跑掉。但只要这班人、这些资产阶级分子没有逃跑,我们就要反复申明:应该同他们接近。因此我们通过了星期天公布的那个法令,马克西莫夫同志不喜欢这个法令,表明他还在使用旧的、已经不适合新形势的共产主义策略。我们昨天写了这个法令以后已经收到了职员工会中央委员会的决议[97]作为答复,如果我们在转变已经开始、情况已经变化的时候还说搞的不是时候,为什么还写这个法令,那我们就成傻瓜了。

武装的资本家会愈来愈顽强地进行战争,因此,在实际建设中利用这个即使是暂时的转变,对我们来说也是非常重要的。整个政权都在我们手中。我们可以不关掉合作社,而且让关掉的重新开张,因为我们是在合作社帮助白卫分子进行鼓动的时候把它们关掉的。可是任何一个口号都有可能变得僵硬而不符合需要。在全国各地掀起关掉合作社、围剿合作社的浪潮,这是当时形势的要求。现在就不需要这样做了。合作社是一个很重要的机构,它同中农保持着联系,它把那些零星分散的农民阶层联合起来。这些欣丘克做的是一件由资产阶级分子开创的有益的工作。当这些农民和小资产阶级民主派分子说他们已从敌对转为中立、转为睦邻关系的时候,我们应当说:我们需要的也就是这一点。来吧,好邻居,我们来合理磋商吧。我们尽力协助你们,让你们行使自己的权利,研究你们的要求,给你们各种特权,不过你们也得执行我们的任务。如果你们不做到这一点,那你们别忘了,肃反委员会的全部机构都在我们手里。如果你们不能行使自己的权利,不执行我们的任务,那么整个国家监察机构都在我们手里,我们会把你们看做国家意志的违犯者。你们应该把每一戈比的用途给我们报清楚,违反这一条,就要以违犯国家意志和国家法律论处。

全部监察机构都在我们手中,但目前把这些人吸引过来,即使是暂时地吸引过来——这一任务从世界政治的角度来看虽不算艰巨,对我们说来却是十分必要的。它能加强我们在战争中的地位。我们没有像样的后方。这可以使我们获得道义上的胜利,因为可以让西欧帝国主义看到,他们在我们这里将会遭到有力的反击,这一点是不容忽视的,因为每个国家内部都有反对进攻俄国的工人无产阶级反对派。因此,我认为,根据对马克西莫夫同志的意见所能作出的判断,我们感到已经有了一定程度的一致。即使还有分歧,那也不是重大的分歧,因为大家都承认必须同整个小资产阶级民主派,同知识分子、合作社工作者以及尚未承认我们的工会合理磋商,同时又决不放弃政权。如果我们在整个冬季坚定地执行这个政策,那么,我们一定会使整个国际革命事业得到很大的好处。

载于 1929 年《列宁全集》俄文
第 2、3 版第 23 卷

译自《列宁全集》俄文第 5 版
第 37 卷第 225—233 页

给总司令约·约·瓦采季斯的电报

致总司令瓦采季斯

11 月 29 日

随着我军向西部和乌克兰推进,一些地区成立了临时性的苏维埃政府,其使命是巩固当地的苏维埃。这种情况有个好处,它使乌克兰、立陶宛、拉脱维亚、爱斯兰的沙文主义者无法再把我军的推进看做占领,并为我军继续推进造成有利的形势。否则,我军在占领区就会陷入困境,居民就不会把我军当做解放者来欢迎。因此,请向有关部队的指挥人员发出指示:我军必须千方百计地支持拉脱维亚、爱斯兰、乌克兰和立陶宛临时成立的苏维埃政府,当然,我们要支持的只能是苏维埃政府。

列 宁

载于 1942 年《列宁文集》俄文版第 34 卷

译自《列宁全集》俄文第 5 版第 37 卷第 234 页

无产阶级革命和叛徒考茨基[98]

(1918 年 10—11 月)

序　言

不久以前在维也纳出版的考茨基的小册子《无产阶级专政》(1918 年维也纳伊格纳茨·勃兰德出版公司版,共 63 页),是一个最鲜明的例子,说明第二国际正像各国一切正直的社会党人早就指出的那样,已经遭到最彻底最可耻的破产。现在,无产阶级革命问题在许多国家中已实际地提到日程上了。因此,把考茨基那种叛徒的诡辩和完全背弃马克思主义的行为分析一下是必要的。

但是首先应当着重指出,从战争一开始,本书作者就已多次指出考茨基同马克思主义决裂了。1914—1916 年间发表在国外《社会民主党人报》[99]和《共产党人》杂志[100]上的许多文章,都是阐述这一点的。这些文章已收进彼得格勒苏维埃出版的格·季诺维也夫和尼·列宁《反潮流》文集(1918 年彼得格勒版,共 550 页)。关于"考茨基主义",我在 1915 年日内瓦出版的、随即译成德文和法文的小册子[101]上曾这样写道:

"考茨基这位第二国际最有威望的人物,是一个从口头上承认马克思主义弄到实际上把马克思主义变成'司徒卢威主义'或'布伦坦诺主义'（就是说,变成一种自由派资产阶级的学说,只承认无产阶级的非革命的"阶级"斗争。这一点俄国著作家司徒卢威和德国经济学家布伦坦诺表现得特别明显）的最典型最鲜明的例子。我们看到普列汉诺夫也是这样一个例子。他们用明显的诡辩阉割马克思主义的活生生的革命的灵魂,他们承认马克思主义中的**一切**,就是**不承认革命的斗争手段**,不承认要为采用这种斗争手段进行宣传和准备并用这种精神教育群众。考茨基把以下两者无原则地'调和'起来：一方面是社会沙文主义的基本思想——承认在这场战争中保卫祖国,另一方面是对左派作外交式的表面的让步,如在投票表决军事拨款时弃权,在口头上承认自己采取反对派立场等等。1909 年考茨基写了一整本书来论述革命时代的逼近和战争同革命的联系,1912 年考茨基在要求利用即将到来的战争进行革命的巴塞尔宣言[102]上签了字,现在他却千方百计地替社会沙文主义辩护和粉饰,并像普列汉诺夫一样,与资产阶级同流合污,讥笑一切革命意图,讥笑一切直接进行革命斗争的步骤。

工人阶级不进行无情的战斗,来反对这种叛徒行径、这种没有气节、向机会主义献媚、从理论上把马克思主义空前庸俗化的行为,便不能实现它要进行世界革命的目的。考茨基主义不是偶然现象,而是第二国际各种矛盾的社会产物,是既要在口头上忠实于马克思主义又要在实际上屈服于机会主义的社会产物。"（格·季诺维也夫和尼·列宁《社会主义与战争》1915 年日内瓦版第 13—14 页）①

其次,我在 1916 年写的《帝国主义是资本主义的最新阶段》

---

① 参看本版全集第 26 卷第 335—336 页。——编者注

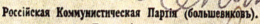

Россійская Коммунистическая Партія (большевиковъ).

Пролетаріи всѣхъ странъ, соединяйтесь!

Н. Ленинъ (Вл. Ульяновъ).

ПРОЛЕТАРСКАЯ
РЕВОЛЮЦІЯ
и РЕНЕГАТЪ КАУТСКІЙ.

Цѣна 3 руб.

Книгоиздательство „КОММУНИСТЪ".

МОСКВА:	ПЕТРОГРАДЪ:
1) Срѣтенка (уг. Рыбникова пер.), д. 8. Тел. 4-70-49; 3-15-09.	1) Поварской пер., д. № 2, кв. 9 и 10. Тел. 2-27-42.
2) 2-ой домъ Совѣтовъ, Театр. пл.	2) Литейный проспектъ, д. 48.

1918.

1918 年有列宁亲笔签名的
《无产阶级革命和叛徒考茨基》一书封面
（按原版缩小）

1929 年和 1932 年出版的
列宁《无产阶级革命和叛徒考茨基》一书中译本

(1917年在彼得格勒出版)一书中,详细地分析了考茨基关于帝国主义的一切论断在理论上的荒谬性。我引用了考茨基给帝国主义下的定义:"帝国主义是高度发达的工业资本主义的产物。帝国主义就是每个工业资本主义民族力图吞并或征服愈来愈多的**农业**〈黑体是考茨基用的〉区域,而不管那里居住的是什么民族。"我指出这个定义完全不正确,说它"适用"于抹杀帝国主义最深刻的矛盾,"适用"于同机会主义调和。我提出了我给帝国主义下的定义:"帝国主义是发展到垄断组织和金融资本的统治已经确立、资本输出具有突出意义、国际托拉斯开始瓜分世界、一些最大的资本主义国家已把世界全部领土瓜分完毕这一阶段的资本主义。"我指出了考茨基对帝国主义的批评甚至比不上资产阶级和市侩对它的批评。[1]

最后,我在1917年8月和9月间,即在俄国无产阶级革命(1917年10月25日(11月7日))前夜,写了《国家与革命。马克思主义关于国家的学说与无产阶级在革命中的任务》一书(1918年初在彼得格勒出版)。在该书第6章《马克思主义被机会主义者庸俗化》中,我着重谈了考茨基,证明他完全歪曲了马克思的学说,把它篡改成了机会主义,"口头上承认革命而实际上背弃革命"。[2]

其实,考茨基在论无产阶级专政的小册子中所犯的基本理论错误,就是我在《国家与革命》一书中已经详细揭露过的对马克思的国家学说所作的机会主义歪曲。

这几点事先说明一下是必要的,因为从这里可以证明,**在布尔什维克夺取国家政权并因此受到考茨基非难以前很久**,我就公开

---

① 见本版全集第27卷《帝国主义是资本主义的最高阶段》。——编者注
② 见本版全集第31卷第113页。——编者注

指责过考茨基的叛徒行径了。

考茨基怎样把马克思变成了
庸俗的自由主义者

　　考茨基在他那本小册子中讲到的基本问题，就是无产阶级革命的根本内容即无产阶级专政的问题。这个问题对于世界各国都有极重大的意义，尤其是对于先进国家，尤其是对于各交战国，尤其是在目前。可以毫不夸张地说，这是整个无产阶级阶级斗争的最主要的问题。因此，必须仔细地谈谈这个问题。

　　考茨基这样提出问题："两个社会主义派别〈即布尔什维克和非布尔什维克〉的对立"，是"两种根本不同的方法的对立，即**民主**方法和**专政**方法的对立"。（第3页）

　　顺便说一句，考茨基把俄国的非布尔什维克，即孟什维克和社会革命党人称为社会党人，是根据他们的**名称**，即根据字眼，而不是根据他们在无产阶级和资产阶级的斗争中所占的**实际地位**。这是何等高明地理解和运用马克思主义啊！这一点以后再详细谈。

　　现在应该谈主要的东西，就是考茨基所谓"民主方法和专政方法""根本对立"这一伟大发现。问题的关键就在这里。考茨基的小册子的全部实质就在这里。这真是骇人听闻的理论上的混乱，这真是完全背弃马克思主义，应当说，考茨基远远超过伯恩施坦了。

　　无产阶级专政问题是无产阶级国家同资产阶级国家对比、无产阶级民主同资产阶级民主对比的问题。看起来这不是朗若白昼吗？然而考茨基像个照本宣读历史教科书而变得干巴巴的中学教员那样，顽固地背对 20 世纪，面向 18 世纪，在许多章节中无数次地枯燥无味地搬弄关于资产阶级民主同专制制度、同中世纪制度对比的旧道理！

真像是在说胡话，听来叫人生厌！

简直是文不对题。考茨基竭力想把事情说成似乎有人在鼓吹"鄙视民主"（第 11 页）等等，这只能引人发笑罢了。考茨基只好用这种无聊的话来抹杀和混淆问题，因为他按自由主义观点提出问题，只谈一般民主，而不谈**资产阶级**民主，甚至避开这个确切的阶级的概念，拼命讲"社会主义以前的"民主。我们这位空谈家几乎用了全书三分之一的篇幅，即用了 63 页中的 20 页，来大谈其空话，这些空话资产阶级听了很舒服，因为这些空话等于是粉饰资产阶级民主，抹杀无产阶级革命的问题。

但是考茨基的书名毕竟是《无产阶级专政》。马克思学说的**实质**正在于此，这是谁都知道的。所以考茨基说了一大堆文不对题的废话之后，**不得不把马克思谈到无产阶级专政的话引用一下**。

究竟"马克思主义者"考茨基是**怎样**引用的，这简直是一出滑稽剧！请看：

"这个观点〈即考茨基所说的鄙视民主〉依据的只是卡尔·马克思说过的一个词。"——第 20 页上一字不差地这样写着。而在第 60 页上，这一点甚至又以如下的形式重说了一遍：（布尔什维克）"凑巧记起了 1875 年马克思有一次在信中用过的无产阶级专政这个词儿"（原文用的就是 des Wörtchens！！）。

下面就是马克思用过的这个"词儿"：

"在资本主义社会和共产主义社会之间，有一个从前者变为后者的革命转变时期。同这个时期相适应的也有一个政治上的过渡时期，这个时期的国家只能是无产阶级的革命专政。"①

首先，把马克思总结他全部革命学说的这段著名论断称为"一个词"，甚至称为一个"词儿"，这简直是侮辱马克思主义，完全背弃马克思主义。不要忘记，考茨基是一个几乎能把马克思著作背得出来的人；从考茨基的一切著作来看，在他的书桌或脑袋里一定有许多小抽屉，把马克思所写的一切东西放得井井有条，引用起来极其方便。考茨基**不会不知道**，在巴黎公社以前，尤其在巴黎公社以后，无论马克思还是恩格斯，无论在书信中还是在刊印的著作中，都曾**多次**谈到无产阶级专政。考茨基不会不知道，"无产阶级专政"这个公式不过是在历史上更具体、在科学上更确切地说明了无产阶级"打碎"资产阶级国家机器的任务，而这个任务是马克思和恩格斯在 1852 年至 1891 年这 **40 年间**，考虑到 1848 年革命尤其是 1871 年革命的经验而经常谈论的。

读了很多马克思主义著作的考茨基竟这样骇人听闻地歪曲马克思主义，这该怎样解释呢？从这一现象的哲学根源来看，这是用折中主义和诡辩术来偷换辩证法。考茨基是耍这套偷换把戏的大师。从政治实践上来看，这是对机会主义者卑躬屈膝，归根到底就是对资产阶级卑躬屈膝。战争开始以后，考茨基更是大有长进，他那一套口头上当马克思主义者、实际上当资产阶级奴才的本事，达到了炉火纯青的地步。

再看看考茨基怎样精辟地"解释"马克思的无产阶级专政这个"词儿"，就会更加相信这一点。请看：

---

① 　见《马克思恩格斯文集》第 3 卷第 445 页。——编者注

"可惜马克思没有更详细地指出,他是怎样理解这个专政的……〈这是叛徒的彻头彻尾的谎言,因为马克思和恩格斯恰恰作了许多极详细的指示,不过读了很多马克思主义著作的考茨基故意回避这些指示〉……　按本义来讲,专政这个词意味着消灭民主。但是,就本义来讲,这个词自然还意味着不受任何法律约束的一个人的独裁。独裁和专制不同,它不是被看做经常的国家制度,而是被看做暂时的极端手段。

'无产阶级专政'(因而不是个人专政,而是一个阶级专政)这个说法表明,马克思在这里所说的专政决不是指这个词的本义。

他在这里所说的不是**管理形式**,而是在无产阶级夺得了政权的一切地方必然出现的一种**状态**。马克思认为英美可能以和平方式,即用民主方法实现过渡,这一点就可以证明,他在这里指的并不是管理形式。"(第20页)

我们特意把这段议论完全引来,好让读者清楚地看出"理论家"考茨基采用的是什么手法。

考茨基想用先给专政这个"**词**"下定义的方法来研究问题。

好极了。用什么方法研究问题,这是每个人的神圣的权利。只是要把研究问题的认真的老实的态度同不老实的态度区别开来。谁想用这种方法认真研究问题,谁就应当给这个"词"提出**自己的定义**。这样,问题才会提得明确和直截了当。考茨基却不是这样。他说:"按本义来讲,专政这个词意味着消灭民主。"

第一,这不是定义。既然考茨基想回避给专政这个概念下定义,他为什么又要采取这种方法研究问题呢?

第二,这显然不正确。对自由主义者来说,谈一般"民主"是很自然的。马克思主义者却决不会忘记提出这样的问题:"这是对哪个阶级的民主?"谁都知道,就是"历史学家"考茨基也知道,例如古代奴隶的起义或大骚动,一下子就暴露出古代国家的实质是**奴隶主专政**。这个专政消灭了奴隶主**中间**的民主,即**对**奴隶主的民主没有呢?谁都知道,没有。

"马克思主义者"考茨基说出这种骇人听闻的谰言和谎话,是因为他"**忘记了**"阶级斗争……

要把考茨基的自由主义的骗人的论断变成马克思主义的符合真理的论断,就必须说:专政不一定意味着消灭对其他阶级实行专政的那个阶级的民主,但一定意味着消灭(或极大地限制,这也是消灭方式中的一种)被专政的或者说作为专政对象的那个阶级的民主。

但是,不管这个论断多么符合真理,它并没有给专政下定义。

我们来看看考茨基的下一句话吧:

"……但是,就本义来讲,这个词自然还意味着不受任何法律约束的一个人的独裁……"

考茨基像一只瞎了眼的小狗,用鼻子东嗅西嗅,偶然在这里嗅到了**一个**正确的思想(即专政是不受任何法律约束的政权),但他**还是没有给**专政下个定义,而且他还说了明明不符合历史真相的谎话,说专政意味着个人独裁。这在语法上也是不正确的,因为实行专政的可能是一小群人,也可能是寡头,也可能是一个阶级,等等。

接着考茨基说明了专政同专制的区别,虽然他的说明显然不对,我们也不去分析它了,因为这同我们研究的问题毫无关系。大家知道,考茨基喜欢从 20 世纪转向 18 世纪,又从 18 世纪转向古代,我们希望德国无产阶级争得专政以后,会考虑到考茨基的这种爱好,让他去当中学的古代史教员。以空谈专制来回避给无产阶级专政下定义,这不是极端愚蠢的做法,就是非常笨拙的欺骗行为。

总之，我们看到，考茨基立意来谈论专政，却讲了一大堆明显的谎话，根本没有下一个定义！他本来可以不依赖他的才智，可以凭记忆从他的"小抽屉"中拿出马克思论专政的一切言论。要是这样，他一定能得出下面这个定义或者实质相同的定义：

专政是直接凭借暴力而不受任何法律约束的政权。

无产阶级的革命专政是由无产阶级对资产阶级采用暴力手段来获得和维持的政权，是不受任何法律约束的政权。

看，这样一个简单的真理，对于每个觉悟的工人（即群众的代表，而不是像各国社会帝国主义者那样被资本家收买的市侩混蛋这帮上层分子）都朗若白昼的真理，对于为自身解放而奋斗的被剥削者的每个代表都一目了然的真理，对于每个马克思主义者都是无可争辩的真理，我们竟要从最博学的考茨基先生那里"通过战争夺回来"！这是什么缘故呢？这是因为第二国际领袖们奴才气十足，他们已经成了为资产阶级效劳的卑鄙的献媚者。

考茨基首先玩了一套偷换把戏，公然胡说八道，说什么专政这个词的本义就是个人独裁，接着又（根据这种偷换把戏！）说，"可见"，马克思所讲的阶级专政并**不**是指这个词的本义（而是指这样的意思：专政并不意味着革命暴力，而是意味着在资产阶级的——请注意这个形容词——"民主"条件下"和平地"获得多数）。

请看，他说应当把"状态"同"管理形式"区别开来。作这种异常深奥的区别，正像我们要把一个不善于推理的人的愚蠢"状态"同他的愚蠢"形式"区别开来一样。

考茨基之所以**需要**把专政解释为"统治的状态"（他在该书下一页即第21页上一字不差地这样说），是因为这样一来，**革命暴力就消失了**，暴力革命就消失了。"统治的状态"是在……"民主"条件下任何一种多数所处的状态！通过这样一套骗术，**革命就安然无事地消失了！**

但这套骗术太笨拙了，因而也挽救不了考茨基。专政的前提和意思是一个阶级对另一个阶级采用叛徒们所不喜欢的**革命暴力**的"状态"，这是隐瞒不了的，正像"口袋里藏不住锥子"一样。显而易见，把"状态"同"管理形式"加以区别，这是荒谬可笑的。在这里谈什么管理形式更是加倍的愚蠢，因为任何一个小孩都知道君主制与共和制是不同的管理形式。我们倒需要向考茨基先生证明，这**两种**管理形式也同资本主义制度下其他一切过渡的"管理形式"一样，不过是**资产阶级国家即资产阶级专政**的不同形态而已。

最后，谈论管理形式，不仅是愚蠢地而且是拙劣地伪造马克思的意思，因为马克思在这里说的分明是**国家**的形式或类型，而不是管理形式。

不用暴力破坏资产阶级的国家机器并用**新的**国家机器代替它，无产阶级革命是不可能的。这个新的国家机器，用恩格斯的话说，"已经不是原来意义上的国家"①。

所有这一切，考茨基都要加以掩饰和歪曲，因为他的叛徒立场使他非这样做不可。

现在来看看他用了一些什么样的可怜的遁词。

遁词之一。"……马克思认为英美可能以和平方式，即用民主方法实行变革，这一点就可以证明，他在这里指的并不是管理形式……"

这里同**管理形式**毫无关系，因为有些作为资产阶级**国家**来说

---

① 见《马克思恩格斯文集》第3卷第414页。——编者注

并不典型的君主国,并没有军阀,而有些在这方面十分典型的共和国,却有军阀和官僚。这是大家知道的历史事实和政治事实,是考茨基也无法篡改的。

假如考茨基肯认真地老实地谈论问题,他就会问一问自己:有没有并无例外情形的关于革命的历史规律呢? 他的回答会是:没有,没有这样的规律。这样的规律指的只是典型的东西,即马克思有一次称之为"理想的东西",当时他所指的是一般的、正常的、典型的资本主义。

其次,在19世纪70年代有没有使英美**在我们现在探讨的这个方面**成为例外的因素呢? 任何一个多少知道一点历史问题方面的科学要求的人都很清楚,必须提出这个问题。不提出这个问题,就是伪造科学,就是玩弄诡辩。而提出这个问题,就不会怀疑这样的答案:无产阶级的革命专政是对付资产阶级的**暴力**;这种暴力之所以必要,**特别**是因为存在着**军阀和官僚**,这一点,马克思和恩格斯曾多次极详尽地说明过(尤其是在《法兰西内战》一书及其导言中)。但是,恰恰在马克思发表这个意见的19世纪70年代,恰恰在英美两国,恰恰这两种机构**没有**!(而现在,这两种机构无论在英国或美国都**有**了。)

考茨基为了掩盖他的叛徒行径,只好处处招摇撞骗!

但是,请看他在这里怎样无意地露出了马脚。他说:"以和平方式,**即用民主方法**"!!

在给专政下定义的时候,考茨基拼命对读者隐瞒这个概念的基本标志,即革命暴力。可是现在真相大白了:问题正在于**和平变革**同**暴力变革**的对立。

问题的实质就在这里。考茨基需要运用一切遁词、诡辩和骗人的伪造,正是为的**避开暴力**革命,为的掩盖他背弃这种革命的行为,掩盖他转到**自由主义**工人政策方面,即转到资产阶级方面的行为。问题的实质就在这里。

"历史学家"考茨基十分无耻地篡改历史,竟"忘记了"一个基本事实:垄断前的资本主义(它的全盛时期也正是 19 世纪 70 年代),由于它的根本的**经济**属性(这种属性在英美表现得特别典型),其特征是比较说来最爱和平,最爱自由。而帝国主义,即只是在 20 世纪才完全成熟的垄断资本主义,由于它的根本的**经济**属性,其特征则是最不爱和平,最不爱自由,最大限度地到处发展军阀机构。在谈论和平变革或暴力变革具有多大的典型性或可能性时,竟然"不注意"这一点,那就等于堕落为资产阶级最庸俗的奴仆了。

遁词之二。巴黎公社是无产阶级专政,但它是由不剥夺资产阶级选举权的**全民**投票,即用"**民主方法**"选举出来的。于是考茨基扬扬得意地说:"……在马克思看来〈或者照马克思的意见〉,无产阶级专政就是在无产阶级占多数的情况下(bei überwiegendem Proletariat)从纯粹民主中必然产生出来的一种状态。"(第 21 页)

考茨基的这个论据异常滑稽可笑,真使人感到有 embarras de richesses(驳不胜驳的困难)。第一,大家知道,资产阶级的精华、大本营和上层分子都从巴黎逃到凡尔赛去了。在凡尔赛还有"社会主义者"路易·勃朗,这又表明考茨基硬说社会主义的"一切派别"都参加了公社是骗人。当时巴黎居民分成两个交战的营垒,其中一个营垒集中了全部战斗的、政治上积极的资产阶级,把这种情形说成是"全民投票"的"纯粹民主",不是太可笑了吗?

第二,公社反对凡尔赛的斗争就是**法国**工人政府反对资产阶级政府的斗争。既然法国的命运决定于巴黎,怎能谈得上"纯粹民主"和"全民投票"呢? 当马克思认为公社没有夺取属于全法国的银行是一个错误的时候①,难道他是从"纯粹民主"的原则和实践出发的吗??

幸而考茨基是在警察禁止人们"聚众"发笑的国家里写书,不然考茨基真是会被人笑死的。

第三,我想不揣冒昧地向背得出马克思和恩格斯著作的考茨基先生提示一下恩格斯从……"纯粹民主"的观点对公社所作的评价:

"这些先生〈反权威主义者〉见过革命没有? 革命无疑是天下最权威的东西。革命就是一部分人用枪杆、刺刀、大炮,即用非常权威的手段强迫另一部分人接受自己的意志。获得胜利的政党迫于必要,不得不凭借它以武器对反动派造成的恐惧,来维持自己的统治。要是巴黎公社面对资产者没有运用武装人民这个权威,它能支持哪怕一天吗? 反过来说,难道我们没有理由责备公社把这个权威用得太少了吗?"②

请看,这就是"纯粹民主"! 一个异想天开、竟在划分为阶级的社会中一般地谈论"纯粹民主"的卑鄙市侩、"社会民主党人"(指19世纪40年代在法国以及1914—1918年在全欧洲所说的"社会民主党人"),该会受到恩格斯怎样的嘲笑!

够了,要把考茨基所有的谬论一一列举出来,是不可能的,因为他的每句话里都充满了十足的叛徒精神。

马克思和恩格斯十分详尽地分析了巴黎公社,指出它的功绩

① 参看《马克思恩格斯文集》第 3 卷第 108 页。——编者注
② 同上书,第 338 页。——编者注

在于作了**打碎**和**摧毁**"现成的国家机器"的尝试①。马克思和恩格斯认为这个结论非常重要,因此,他们在 1872 年对《共产党宣言》这个部分"过时的"纲领**仅仅**作了这个修改②。马克思和恩格斯指出,公社取消了军队和官吏,取消了**议会制**,破坏了"寄生赘瘤——国家"等等;而绝顶聪明的考茨基却昏头昏脑地重复自由主义教授们说过千百次的东西,即关于"纯粹民主"的童话。

难怪罗莎·卢森堡在 1914 年 8 月 4 日[103]说,德国社会民主党现在已是一具**发臭的死尸**了!

遁词之三。"如果我们说专政是管理形式,我们就不能说阶级专政。因为正如我们已经指出的,阶级只能统治而不能管理……"能管理的是"组织"或"政党"。

"糊涂顾问"先生,您在胡说,完全胡说八道!专政不是"管理形式",您这是可笑的胡说。马克思讲的并不是"管理形式",而是**国家**的形式或类型。这完全是两码事,完全是两码事。说**阶级**不能管理,也是完全不对的;这种胡言乱语,只有除了资产阶级议会什么也看不见、除了"执政党"什么也看不到的"议会迷"才说得出来。任何一个欧洲国家都可以给考茨基提供统治**阶级**管理国家的例子,如中世纪地主的例子,虽然他们的组织程度还不够。

总之,考茨基对无产阶级专政概念作了史无前例的歪曲,把马克思变成了庸俗的自由主义者,就是说,考茨基本人已经堕落到自由主义者的地步,因为只有自由主义者才会庸俗地说什么"纯粹民主",粉饰和抹杀**资产阶级**民主的阶级内容,最害怕被压迫阶级的

---

① 参看《马克思恩格斯文集》第 3 卷第 151 页。——编者注
② 参看《马克思恩格斯文集》第 2 卷第 6 页。——编者注

革命暴力。考茨基对"无产阶级的革命专政"这个概念的"解释"把被压迫阶级对压迫者的革命暴力化为乌有，他也就在对马克思的思想作自由主义的歪曲方面打破了世界纪录。叛徒伯恩施坦同叛徒考茨基比较起来，简直就是小巫见大巫了。

资产阶级民主和无产阶级民主

被考茨基搅得混乱不堪的问题实际上就是这样。

如果不是嘲弄理智和历史，那就很明显：只要有不同的**阶级**存在，就不能说"纯粹民主"，而只能说**阶级的**民主（附带说一下，"纯粹民主"不仅是既不了解阶级斗争也不了解国家实质的**无知**之谈，而且是十足的空谈，因为在共产主义社会中，民主将演变成习惯，**消亡下去**，但永远也不会是"纯粹的"民主）。

"纯粹民主"是自由主义者用来愚弄工人的谎话。历史上有代替封建制度的资产阶级民主，也有代替资产阶级民主的无产阶级民主。

考茨基几乎用了几十页的篇幅来"证明"资产阶级民主比中世纪制度进步、无产阶级在反对资产阶级的斗争中必须利用资产阶级民主这样的真理。这正是愚弄工人的自由主义空谈。不仅在文明的德国，就是在不文明的俄国，这也是人人知道的真理。考茨基一本正经地谈论魏特林，谈论巴拉圭的耶稣会教徒，谈论许许多多别的东西，这不过是用那套"博学的"谎话来蒙骗工人，**以便回避现代民主即资本主义民主的资产阶级实质**。

考茨基把马克思主义中能为自由主义者，能为资产阶级接受的东西(对中世纪制度的批评,资本主义特别是资本主义民主在历史上的进步作用)拿来,而把马克思主义中**不能**为资产阶级**接受**的东西(无产阶级为消灭资产阶级而对它采用的革命暴力)抛掉、抹杀和隐瞒起来。正因为这样,不管考茨基的主观信念怎样,他的客观地位必然使他成为资产阶级的奴才。

资产阶级民主同中世纪制度比较起来,在历史上是一大进步,但它始终是而且在资本主义制度下不能不是狭隘的、残缺不全的、虚伪的、骗人的民主,对富人是天堂,对被剥削者、对穷人是陷阱和骗局。正是这个真理,这个马克思主义学说的最重要的组成部分,是"马克思主义者"考茨基不理解的。正是在这个根本问题上,考茨基不去对那些使一切资产阶级民主变为对富人的民主的条件进行科学的批判,反而奉献出一些使资产阶级"称心快意"的东西。

我们首先要向极其博学的考茨基先生提起马克思和恩格斯的那些被我们的书呆子(为了迎合资产阶级)可耻地"忘记了的"理论见解,然后再来作一个最通俗的说明。

不仅古代国家和封建国家,而且"现代的代议制的国家"也"是资本剥削雇佣劳动的工具"(恩格斯论国家的著作)①。"既然国家只是在斗争中、在革命中用来对敌人实行暴力镇压的一种暂时的设施,那么,说自由的人民国家,就纯粹是无稽之谈了:当无产阶级还**需要**国家的时候,它需要国家不是为了自由,而是为了镇压自己的敌人,一到有可能谈自由的时候,国家本身就不再存在了。"(恩格斯1875年3月28日给倍倍尔的信)②"国家无非是一个阶级镇压另一个阶级的机器,而且在这一点上民主共和国并不亚于君主

---

① 见《马克思恩格斯文集》第4卷第191页。——编者注
② 见《马克思恩格斯文集》第3卷第414页。——编者注

国。"(恩格斯为马克思的《法兰西内战》一书所写的导言)①普选制是"测量工人阶级成熟性的标尺。**在现今的国家里，普选制不能而且永远不会提供更多的东西**"(恩格斯论国家的著作。② 考茨基先生非常枯燥地反复解释这个论点当中能为资产阶级接受的前一部分，而对我们用黑体标出的、不能为资产阶级接受的后一部分，叛徒考茨基却闭口不谈!)。"公社是一个实干的而不是议会式的机构，它既是行政机关，同时也是立法机关。…… 普选权不是为了每三年或六年决定一次由统治阶级中什么人在议会里代表和镇压(ver- und zertreten)人民，而是为了服务于组织在公社里的人民，正如个人选择权服务于任何一个为自己企业招雇工人、监工和会计的雇主一样。"(马克思论述巴黎公社的《法兰西内战》)③

极其博学的考茨基先生十分熟悉的这些论点，每一条都在打他的嘴巴，揭穿他的全部的叛徒行径。在考茨基的整本小册子中，丝毫看不出他理解了这些真理。他的小册子的全部内容都是对马克思主义的嘲弄!

只要看看现代国家的根本法，看看这些国家的管理制度，看看集会自由或出版自由，看看"公民在法律上一律平等"，那就处处都可以看到任何一个正直的觉悟的工人都很熟悉的资产阶级民主的虚伪性。任何一个国家，即使是最民主的国家，在宪法上总是留下许多后路或保留条件，以保证资产阶级"在有人破坏秩序时"，实际上就是在被剥削阶级"破坏"自己的奴隶地位和试图不像奴隶那样俯首听命时，有可能调动军队来镇压工人，实行戒严等等。考茨基

---

① 见《马克思恩格斯文集》第3卷第111页。——编者注
② 见《马克思恩格斯文集》第4卷第193页。——编者注
③ 见《马克思恩格斯文集》第3卷第154、156页。——编者注

无耻地粉饰资产阶级民主,闭口不谈美国或瑞士最民主最共和的资产者对付罢工工人的种种行为。

啊,聪明博学的考茨基对于这一点是闭口不谈的!他,这位博学的政治家不知道,对这一点默不作声就是卑鄙。他宁愿向工人讲一些民主就是"保护少数"之类的童话。这很难令人相信,然而这是事实!在公元1918年,在世界帝国主义大厮杀的第五年,在各"民主国"的国际主义者(即不像列诺得尔和龙格之流,不像谢德曼和考茨基之流,不像韩德逊和韦伯之流那样卑鄙地背叛社会主义的人们)少数遭受迫害的第五年,博学的考茨基先生居然用甜蜜蜜的嗓子歌颂起"保护少数"来了。谁要是愿意,可以去看看考茨基的这本小册子第15页。而在第16页上,这位博学的……人物还把18世纪英国的辉格党和托利党[104]的故事讲给你听呢!

多么渊博啊!向资产阶级献媚是多么细致入微啊!在资本家面前卑躬屈膝、舔他们的皮靴的样子是多么文质彬彬啊!假如我是克虏伯或谢德曼,是克列孟梭或列诺得尔,我一定会用百万酬金酬谢考茨基先生,赏给他犹大之吻[105],在工人面前称赞他,劝人们同考茨基这样"可敬的"人物保持"社会主义的统一"。著书反对无产阶级专政,讲述18世纪英国辉格党和托利党的故事,硬说民主就是"保护少数",绝口不谈"民主"共和国美国迫害国际主义者的**大暴行**,难道这不是奴颜婢膝地为资产阶级效劳吗?

博学的考茨基先生"忘记了"(大概是偶然忘记了……)一件"小事情",就是资产阶级民主国的统治党仅仅对其他**资产阶级政党**才保护少数,而对无产阶级,则在一切**重大的、深刻的、根本的**问题上,不仅不"保护少数",反而实行戒严或制造大暴行。**民主愈发达,在发生危及资产阶级的任何深刻的政治分歧时,大暴行或内战**

也就愈容易发生。资产阶级民主的这个"规律",原是博学的考茨基先生在共和制法国的德雷福斯案件[106]中,在民主共和国美国对黑人和国际主义者的私刑中,在民主英国的爱尔兰和北爱尔兰事件[107]中,在1917年4月俄罗斯民主共和国对布尔什维克的迫害和大暴行中,都可以看到的。我故意不仅举出战时的例子,而且举出战前和平时期的例子。甜蜜蜜的考茨基先生宁愿闭眼不看20世纪的这些事实,却向工人讲述18世纪英国辉格党和托利党的十分新鲜、极其有趣、大有教益、非常重要的故事。

就拿资产阶级议会来说吧。能不能设想博学的考茨基从来没有听说过,民主**愈**发达,交易所和银行家对资产阶级议会的操纵就**愈厉害**呢? 当然不能由此得出结论说,不应该利用资产阶级议会(布尔什维克利用议会,恐怕比世界上任何一个政党都更有成效,因为在1912—1914年,我们把第四届杜马的整个工人选民团都争取过来了)。但是应当由此得出结论说,只有自由主义者才会像考茨基那样忘记资产阶级议会制是有**历史局限性**的,是有**历史条件**的。在最民主的资产阶级国家中,被压迫群众随时随地都可以碰到这个惊人的矛盾:一方面是资本家"民主"所标榜的**形式上的**平等,一方面是使无产者成为**雇佣奴隶**的千百种**事实上**的限制和诡计。正是这个矛盾使群众认清了资本主义的腐朽、虚假和伪善。**为了使群众作好进行革命的准备**,社会主义的鼓动家和宣传家向群众不断揭露的正是这个矛盾! 然而当革命的纪元已经**开始**的时候,考茨基却转过身子把背朝着革命,赞美起**垂死的**资产阶级民主的妙处来了。

无产阶级民主(苏维埃政权就是它的一种形式)在世界上史无前例地发展和扩大了的,正是对大多数居民即对被剥削劳动者的民主。像考茨基那样写出一整本论民主的书,用两页谈专政,用几十页谈"纯粹民主",而竟**没有注意到**这一点,那就是用自由主义观点来完全歪曲事实。

　　拿对外政策来说。在任何一个最民主的资产阶级国家中,对外政策都是不公开的。到处都是欺骗群众,而在民主的法国、瑞士、美国和英国,这种欺骗比其他国家更广泛百倍,巧妙百倍。苏维埃政权用革命手段揭露了对外政策的黑幕。考茨基没有注意到这一点,对这一点默不作声,虽然在进行掠夺战争和签订"瓜分势力范围"(即资本家强盗瓜分世界)的秘密条约时代,这一点具有**根本的**意义,因为和平问题,千百万人的生死问题都是以此为转移的。

　　拿国家机构来说。考茨基抓住一些"小事情",连选举是"间接的"(在苏维埃宪法中)也提到了,但问题的本质他却没有看到。国家机构、国家机器的**阶级**实质,他却没有注意到。在资产阶级民主制度下,资本家千方百计地("纯粹的"民主愈发达,方法就愈巧妙,愈有效)**排斥**群众,使他们不能参加管理,不能享受集会自由、出版自由等等。苏维埃政权是世界上**第一个**(严格说来是第二个,因为巴黎公社已开始这样做过)**吸引**群众即**被剥削**群众参加管理的政权。劳动群众参加资产阶级议会(在资产阶级民主制度下,议会**任何时候**也**解决**不了极其重大的问题;解决这些问题的是交易所和银行)的门径被千百道墙垣**阻隔着**,所以工人们都十分清楚地知道和感觉到,看到和觉察到:资产阶级的议会是**别人的**机构,是资产阶级**压迫**无产者的**工具**,是敌对阶级即剥削者少数的机构。

　　苏维埃是被剥削劳动群众自己的直接的组织,它**便于**这些群众自己用一切可能的办法来建设国家和管理国家。这里,恰恰是被剥削劳动者的先锋队——城市无产阶级具有一种优越条件,就是大企业把他们极好地联合起来了,他们最容易进行选举和监督当选人。苏维埃组织自然而然**使**一切被剥削劳动者**便于**团结在他们的先锋队即无产阶级的周围。旧的资产阶级机构,即官吏,还有财富特权、资产阶级的教育和联系等等特权(资产阶级民主愈发达,这些事实上的特权也就愈多种多样)——所有这些,在苏维埃组织下正在消失。出版自由不再是假的,因为印刷所和纸张都从资产阶级手里夺过来了。最好的建筑如宫殿、公馆、地主宅邸等等也是如此。苏维埃政权把成千上万座最好的建筑物一下子从剥削者手里夺过来,就使群众的集会权利更加"民主"**百万倍**,而没有集会权利,民主就是骗局。非地方性的苏维埃的间接选举使苏维埃代表大会易于举行,使**整个**机构开支小些,灵活些,在生活沸腾、要求特别迅速地召回或派遣出席全国苏维埃代表大会的地方代表的时期,使工农更便于参加。

无产阶级民主比任何资产阶级民主要民主**百万倍**;苏维埃政权比最民主的资产阶级共和国要民主百万倍。

只有自觉的资产阶级奴仆,或是政治上已经死亡、钻在资产阶级的故纸堆里而看不见实际生活、浸透资产阶级民主偏见、因而在客观上变成资产阶级奴才的人,才会看不到这一点。

只有不能站在**被压迫**阶级的立场上**提出如下问题**的人,才会看不到这一点:

在世界上最民主的资产阶级国家里,哪一个国家的**平常的、普通的**工人,平常的、普通的**雇农**或者农村半无产者(即占人口大多数的被压迫群众的一分子),能够多少像在苏维埃俄国那样,享有在最好的建筑物里开会的**自由**,享有利用最大的印刷所和最好的纸库来发表自己意见、维护自己利益的**自由**,享有推选正是本阶级的人去管理国家、"建设"国家的**自由**呢?

要是以为考茨基先生在任何一个国家从一千个了解情况的工人和雇农当中可以找出哪怕是一个人对这个问题的回答表示怀疑,那是可笑的。全世界的工人只要从资产阶级报纸上看到承认真实情况的片断报道,就本能地同情苏维埃共和国,正因为他们看到它是**无产阶级的民主**,是**对穷人的民主**,不是对富人的民主,而任何的、甚至最完善的资产阶级民主,实际上都是对富人的民主。

管理我们(和"建设"我们国家)的是资产阶级的官吏,资产阶级的议员,资产阶级的法官。这是所有资产阶级国家(包括最民主的资产阶级国家在内)被压迫阶级中的千百万人从自己的生活经验中知道、每天感觉到和觉察到的浅显明白、无可争辩的真理。

在俄国,则完全地彻底地打碎了官吏机构,赶走了所有的旧法官,解散了资产阶级议会,建立了正是使工农**更容易参加的**代表机关,用**工农**苏维埃代替了官吏,或者由**工农**苏维埃监督官吏,由**工农**苏维埃选举法官。单是这件事实,就足以使一切被压迫阶级承认,苏维埃政权这一无产阶级专政形式比最民主的资产阶级共和国要民主百万倍。

考茨基不理解每个工人都理解都清楚的这一真理,因为他"忘记了"提出、"已经不会"提出这个问题:究竟是**对哪一个阶级**的民主? 他从"纯粹的"(即非阶级的? 或超阶级的?)民主的观点去推论。他正像夏洛克[108]那样来论证,只要"一磅肉",别的什么都不要。公民一律平等,不然就没有民主。

我们不得不向博学的考茨基,向"马克思主义者"和"社会主义者"考茨基提出一个问题:

被剥削者同剥削者能平等吗？

在讨论第二国际思想领袖的著作时竟不得不提出这样的问题，真是奇怪得很，真是不可思议。但是"一不做，二不休"，既然谈起了考茨基，就必须向这位博学的人说明，为什么剥削者不可能同被剥削者平等。

被剥削者同剥削者能平等吗？

考茨基是这样推论的：

(1)"剥削者总是只占人口的极少数。"(考茨基的小册子第14页)

这是无可争辩的真理。从这一真理出发，应该怎样推论呢？可以按马克思主义观点，按社会主义观点来推论，那就应该以被剥削者和剥削者的关系为基础。也可以按自由主义观点，按资产阶级民主主义观点来推论，那就应该以多数和少数的关系为基础。

如果按马克思主义观点来推论，那就得说：剥削者必然要把国家（这里说的是民主，即国家的一种形式）变成本阶级即剥削者统治被剥削者的工具。因此，只要剥削者还统治着被剥削者多数，民主国家就必然是对剥削者的民主。被剥削者的国家应该根本不同于这种国家，它应该是对被剥削者的民主，**对剥削者的镇压**，而镇压一个阶级，就是对这个阶级不讲平等，把它排除于"民主"之外。

如果按自由主义观点来推论，那就得说：多数决定，少数服从。不服从者受处罚。再没有别的了。至于国家，包括"纯粹民主"在内，具有怎样的阶级性，就根本用不着讲了；这同问题没有关系，因为多数就是多数,少数就是少数。一磅肉就是一磅肉,如此而已。

考茨基正是这样推论的:

(2)"根据什么理由无产阶级的统治要采取而且必须采取同民主不能相容的形式呢?"(第 21 页)接着他就说明无产阶级拥有多数,而且说得极其详细,极其啰唆,既引用了马克思的话,又举出了巴黎公社选票的数字。结论是:"一个这样牢固地扎根在群众中的制度是没有丝毫理由去损害民主的。在有人用暴力来压制民主的情况下,这个制度也不免要使用暴力。暴力只能用暴力来回答。但是,一个知道自己受到群众拥护的制度使用暴力,仅仅是为了**保护**民主,而不是为了**消灭**民主。如果它要去掉自己的最可靠的基础,要去掉道义上的强大权威的深刻泉源——普选制,那它就简直是自杀了。"(第 22 页)

你们看,被剥削者和剥削者的关系在考茨基的论据中消失了。剩下来的只是一般多数,一般少数,一般民主,我们已熟悉的"纯粹民主"。

请注意,这些话还是**谈到巴黎公社时**说的呢!为了清楚起见,我们现在就来引证马克思和恩格斯的话,看看他们**谈到巴黎公社时**关于专政是怎样说的:

马克思说:"……如果工人建立起自己的革命专政来代替资产阶级专政……工人……为了粉碎资产阶级的反抗……赋予国家以一种革命的暂时的形式……"①

恩格斯说:(在革命中)"……获得胜利的政党迫于必要,不得不凭借它以武器对反动派造成的恐惧,来维持自己的统治。要是

————————

①　见《马克思恩格斯文集》第 3 卷第 339—340 页。——编者注

巴黎公社面对资产者没有运用武装人民这个权威,它能支持哪怕一天吗? 反过来说,难道我们没有理由责备公社把这个权威用得太少了吗? ……"①

恩格斯又说:"既然国家只是在斗争中、在革命中用来对敌人实行暴力镇压的一种暂时的设施,那么,说自由的人民国家,就纯粹是无稽之谈了:当无产阶级还需要国家的时候,它需要国家不是为了自由,而是为了镇压自己的敌人,一到有可能谈自由的时候,国家本身就不再存在了……"②

考茨基同马克思、恩格斯之间,正如自由主义者同无产阶级革命者之间一样,实有天渊之别。纯粹民主和考茨基笼统地说的"民主"不过是"自由的人民国家"的另一说法,**纯粹是无稽之谈**。考茨基带着饱学的书呆子的博学神情或者说带着十岁女孩的天真态度问道:既然拥有多数,还要专政干什么呢? 马克思和恩格斯解释说:

——为了粉碎资产阶级的反抗,

——为了使反动派恐惧,

——为了维持对付资产阶级的武装人民这个权威,

——为了使无产阶级能够对敌人实行暴力镇压。

这些解释考茨基是不理解的。他迷恋于民主的"纯粹性",看不见它的资产阶级性,"始终如一地"主张多数既然是多数,就用不着"粉碎"少数的"反抗",用不着对少数"实行暴力镇压",只要对破坏民主的**情况**实行镇压就够了。考茨基迷恋于民主的"纯粹性",**无意中**犯了一切资产阶级民主派常犯的那个小小的错误:把形式

---

① 见《马克思恩格斯文集》第3卷第338页。——编者注

② 同上书,第414页。——编者注

上的平等（在资本主义制度下是彻头彻尾虚伪骗人的）当做事实上的平等！小事一桩！

剥削者不可能同被剥削者平等。

这个真理不管考茨基多么不喜欢，却是社会主义的最重要的内容。

另一个真理是：在一个阶级剥削另一个阶级的一切可能性没有完全消灭以前，绝不可能有真正的事实上的平等。

在首都起义成功或军队哗变时，可以一下子打倒剥削者。然而恐怕除了极罕见极特殊的场合，剥削者是不能一下子消灭的。在一个稍微大些的国家中，决不能一下子剥夺所有的地主和资本家。其次，只有作为法律行为或政治行为的剥夺，远不能解决问题，因为需要的是在事实上**铲除**地主和资本家，在事实上用另一种由工人对工厂和田庄的管理来**代替**他们。剥削者和被剥削者之间不可能有平等，因为剥削者世世代代又受教育，又有富裕的生活条件，又有各种技能，而被剥削者大众甚至在最先进最民主的资产阶级共和国里也是闭塞、无知、愚昧、胆怯和分散的。在革命以后的长时期内，剥削者必然在许多方面保持巨大的事实上的优势：他们还有货币（货币是不能一下子消灭的），有某些动产（往往是很多的）；有种种联系，有组织和管理的技能，知道一切管理"秘诀"（习惯、方法、手段和窍门）；有较高的教育程度，同高级技术人员（他们的生活和思想是资产阶级的）接近；有无比高超的军事技能（这是很重要的），以及其他等等。

如果剥削者只在一国内被打倒（这当然是典型的情况，因为几国同时发生革命是罕有的例外），他们**依然比**被剥削者**强大**，因为剥削者的国际联系是很广泛的。而且一部分被剥削者，即最不开展的中农和手工业者等等群众,是跟着并且会跟着剥削者走的,这已为过去的**一切**革命所证明,巴黎公社也不例外(因为凡尔赛军队中也有无产者,这一点被极其博学的考茨基"忘记了")。

在这种情况下,如果以为在比较深刻的、重大的革命中,可以简简单单地用多数和少数的关系来解决问题,那就是最大的愚蠢,就是庸俗的自由主义者的最愚蠢的偏见,就是**欺骗群众**,就是对群众隐瞒明显的历史真理。这个历史真理就是,在任何深刻的革命中,多年内对被剥削者还保持着巨大的事实上的优势的剥削者,**照例**要进行**长期的、顽强的、拼命的**反抗。剥削者没有在最后的、拼命的战斗中,在多次战斗中试验自己的优势以前,决不会像甜蜜蜜的傻瓜考茨基所甜蜜蜜地幻想的那样,服从被剥削者多数的决定。

从资本主义过渡到共产主义是一整个历史时代。只要这个时代没有结束,剥削者就必然存着复辟希望,并把这种**希望**变为复辟**尝试**。被推翻的剥削者不曾料到自己会被推翻,他们不相信这一点,不愿想到这一点,所以他们在遭到第一次严重失败以后,就以十倍的努力、疯狂的热情、百倍的仇恨投入战斗,为恢复他们被夺去的"天堂"、为他们的家庭而斗争,他们的家庭从前过着那么甜蜜的生活,现在却被"平凡的贱民"弄得破产和贫困(或者只好从事"平凡的"劳动……)。而跟着剥削者资本家走的,还有广大的小资产阶级群众。世界各国几十年来的历史经验证明,小资产阶级总是犹豫不决,动摇不定,今天跟着无产阶级走,明天又因革命遭到困难而害怕起来,因工人遭受初次失败或挫折而张皇失措,他们心慌意乱,东奔西跑,叫苦连天,从这个营垒跑到那个营垒……就像我国的孟什维克和社会革命党人那样。

在这种情况下,在进行拼命的激烈战争的时代,当历史把千百年来的特权的存亡问题提上日程的时候,竟谈论什么多数和少数,什么纯粹民主,什么专政没有必要,什么剥削者同被剥削者平等!!要愚蠢到什么地步、庸俗到什么地步才会说出这种话来啊!

但是资本主义比较"和平"发展的几十年(1871—1914 年)已使迁就机会主义的各国社会党像奥吉亚斯的牛圈[109]那样堆满了庸俗、近视和叛变的秽物……

＊　　　　＊　　　　＊

读者大概已经注意到,考茨基在我们上面从他书中引来的一段话内,说到什么侵犯普选制(附带指出,考茨基把普选制称为道义上的强大权威的深刻泉源。而恩格斯在也是论述巴黎公社并且也是论述专政问题的时候,却说的是对付资产阶级的武装人民这个权威。把庸人和革命家对"权威"的看法比较一下,是很能说明问题的……)。

必须指出,剥夺剥削者的选举权问题,是**纯粹俄国的**问题,而不是一般无产阶级专政的问题。如果考茨基不虚伪,把他的小册子叫做《反对布尔什维克》,那么,小册子的书名就符合它的内容了,考茨基也就有权直截了当地谈论选举权了。但是,考茨基想首先以"理论家"的姿态出现。他把自己的小册子**一般地**叫做《无产阶级专政》。他只是在小册子的后一部分,从第 6 节起,才专门谈到苏维埃和俄国。前一部分(我引证的话就在这一部分)谈的是**一般民主**和**一般专政**。考茨基一谈到选举权,便**原形毕露**,表明他是一个**根本不顾理论的**、反对布尔什维克的论战家。因为理论,即关于民主和专政的一般的(而不是某一个民族特殊的)阶级基础的论断,应该谈的不是选举权这样的专门问题,而是一般问题:在推翻剥削者、用被剥削者的国家代替剥削者的国家的历史时期,能不能

保留对富人的民主，保留对剥削者的民主呢？

理论家就是这样而且只能是这样提出问题。

我们知道巴黎公社的例子，我们知道马克思主义创始人关于巴黎公社以及谈到巴黎公社时的一切论断。我根据这种材料，在十月革命以前写的《国家与革命》那本小册子中，就分析了民主和专政的问题。**我一句话也没有提到**限制选举权的问题。现在应该说，限制选举权的问题是专政在某一民族中的特殊问题，而不是专政的一般问题。应该是在研究俄国革命的**特殊条件**和革命发展的**特殊道路**的时候才谈到限制选举权的问题。我在以后的阐述中是会这样做的。事先就担保将来欧洲的无产阶级革命一定都会限制或大都会限制资产阶级的选举权，那是错误的。这种做法也许是可能的。在大战之后，在有了俄国革命经验之后，可能会这样做，但这**不是实现专政所必需的**，不是专政这一逻辑概念的**必要**标志，不是专政这一历史概念和阶级概念的**必要**条件。

专政的必要标志和必需条件，就是**用暴力镇压剥削者阶级**，因而也就是**破坏对这个阶级**的"纯粹民主"即平等和自由。

在理论上就是这样而且只能是这样提出问题。考茨基没有这样提出问题，也就证明他不是作为理论家而是作为向机会主义者和资产阶级献媚的奴才来反对布尔什维克。

究竟在哪些国家里，由于某个资本主义的哪些民族特点，对剥削者的民主要实行（彻底实行或基本上实行）某种限制和破坏，这是关于某个资本主义和某个革命的民族特点问题。这不是理论问题，理论问题在于：**不破坏**对剥削者阶级的**民主**，无产阶级专政是否可能呢？

考茨基正是避而不谈这个在理论上**唯一**重要的本质问题。考茨基引用了马克思和恩格斯的各种论述，就是**没有**引用我在上面引过的同这个问题有关的论述。

考茨基什么都谈了，能为自由派和资产阶级民主派接受的、不超出他们思想范围的一切都谈了，就是没有谈主要的东西，没有谈到：无产阶级**不粉碎**资产阶级的**反抗，不用暴力镇压自己的敌人**，就不能获得胜利，而凡是实行"暴力镇压"的地方，没有"自由"的地方，**当然也就没有民主**。

这是考茨基不了解的。

＊　　　　＊　　　　＊

现在我们来谈谈俄国革命的经验，谈谈工人、农民和红军代表苏维埃同立宪会议之间的分歧——导致解散立宪会议和剥夺资产阶级选举权的分歧。

苏维埃不得变成国家组织

苏维埃是无产阶级专政的俄国形式。一个著书论述无产阶级专政的马克思主义理论家，如果真正研究过这个现象（而不是重复小资产阶级对专政的哀怨，像考茨基重弹孟什维克的老调那样），就会先给专政下个一般定义，然后再研究它的特殊的、民族的形式——苏维埃，把苏维埃当做无产阶级专政的形式之一加以评论。

既然考茨基对马克思的专政学说作了一番自由主义的"加工"，当然不能期望他会提出什么重要见解。但是，看看考茨基怎样研究苏维埃是什么这个问题以及如何解决这个问题，倒是十分有意义的。

他在回想 1905 年苏维埃的产生时写道：苏维埃创造了"无产阶级的所有组织形式中最能包罗一切的（umfassendste）组织形式，因为它包括了全体雇佣工人"（第 31 页）。1905 年苏维埃还只是地方团体，而在 1917 年却成了全俄国的联合组织。

考茨基继续说："苏维埃组织现在已经有了伟大的光荣的历史。它的未来历史还会更加伟大，而且不限于俄国一国。到处可以看到，面对金融资本在经济上政治上的雄厚势力，无产阶级进行经济斗争和政治斗争的旧方法已经不够了〈versagen；德语这个词的意思比"不够"稍强，比"无力"稍弱〉。这些旧方法不能放弃，它们在平常时期仍然是必需的；但是有时会产生一些任务，用这些方法不能解决，而只有把工人阶级的一切政治和经济的实力手段集中起来，才能奏效。"（第 32 页）

接着他谈到群众罢工，谈到"工会官僚"同工会一样是必要的，但"不适于领导那些日益成为时代标志的强大的群众战斗……"

考茨基得出结论说："……这样看来，苏维埃组织是当代最重要的现象之一。它在我们正去迎接的资本同劳动的大决战中将起决定的作用。

但是，我们能不能向苏维埃要求更多的东西呢？1917 年 11 月〈指公历，按俄历为 10 月〉革命后，同左派社会革命党人一道在俄国工人代表苏维埃中占多数的布尔什维克，在立宪会议解散后，竟把向来是一个**阶级的战斗组织**的苏维埃变成了**国家组织**。他们消灭了俄国人民在 3 月〈指公历，按俄历为 2 月〉革命中争取到的民主。与此相适应，布尔什维克不再把自己称为社会**民主党人**。他们把自己称为**共产党人**了。"（第 33 页，黑体是考茨基用的）

凡是看过俄国孟什维克著作的人，立刻就会看出考茨基是在怎样盲目照抄马尔托夫、阿克雪里罗得和施泰因之流的言论。的确是"盲目"照抄，因为考茨基为了迎合孟什维克的偏见，竟把事实歪曲到了可笑的地步。例如，考茨基竟未顾到向他的情报员，如柏林的施泰因或斯德哥尔摩的阿克雪里罗得打听一下，布尔什维克改名为共产党人和苏维埃具有国家组织的作用的问题是**在什么时候提出的**。如果考茨基作了这样简单的查问，他就不会写出这段令人发笑的话来，因为这两个问题是布尔什维克**在1917年4月**提出的，例如我的1917年4月4日的"提纲"[110]就提出过，就是说，**是在**1917年十月革命（更不用说1918年1月5日解散立宪会议）**以前很久**提出的。

但我全部引来的考茨基的这段议论，就是整个苏维埃问题的**关键**。关键就在于：苏维埃是应该力求成为国家组织（布尔什维克在1917年4月已提出"全部政权归苏维埃"的口号，同年同月在布尔什维克党代表会议上又声明他们不以资产阶级议会制共和国为满足，他们需要的是巴黎公社类型的或苏维埃类型的工农共和国），**还是**不应该力求这样做，不应该夺取政权，不应该成为国家组织，而应该照旧是一个"阶级"的"战斗组织"（马尔托夫就是这样说的，他是用天真的愿望来粉饰这样一个事实：在孟什维克领导下苏维埃是**使工人服从资产阶级的工具**）。

考茨基盲目重复马尔托夫的话，抓住布尔什维克和孟什维克理论争论中的**片断**，毫无批判、毫无意义地将这些片断搬到一般理论问题、一般欧洲问题上去。结果弄得一团糟，使俄国每个觉悟的工人看到考茨基的上述议论都要捧腹大笑。

一旦我们向欧洲所有的工人说明事实真相，考茨基也一定会遭到他们（极少数顽固不化的社会帝国主义者除外）同样的嘲笑。

考茨基像熊那样给马尔托夫帮忙[111]，十分明显地把马尔托夫的错误弄到了荒谬绝伦的地步。请看考茨基究竟说了些什么。

苏维埃包括全体雇佣工人。面对金融资本，无产阶级进行经济斗争和政治斗争的旧方法已经不够了。苏维埃不仅在俄国将起伟大的作用，在欧洲资本同劳动的大决战中也将起决定的作用。考茨基就是这样说的。

好极了。"资本同劳动的决战"是不是要解决这两个阶级中哪一个阶级掌握国家政权的问题呢？

完全不是。绝对不是。

在"决"战中，包括全体雇佣工人的苏维埃**不应该成为国家组织**！

国家是什么呢？

国家无非是一个阶级镇压另一个阶级的机器。

总之，一个被压迫阶级，现代社会中一切被剥削劳动者的先锋队，应该努力去进行"资本同劳动的决战"，**但不应该触动**资本用来镇压劳动的机器！**不应该摧毁**这个机器！**不应该用**自己的包罗一切的组织**来镇压剥削者**！

好极了，妙极了，考茨基先生！"我们"承认阶级斗争，——就像一切自由派那样承认它，就是说不要推翻资产阶级……

正是在这里，考茨基同马克思主义和社会主义的彻底决裂已经很明显了。这实际上是转到了资产阶级方面，资产阶级什么都能允许，就是不能允许受它压迫的阶级的组织变成国家组织。在这里，考茨基已经完全无法挽救他那调和一切、用空话避开各种深刻矛盾的立场了。

考茨基要么是根本反对国家政权转到工人阶级手中，要么是容许工人阶级把旧的资产阶级的国家机器拿到手中，但决不容许他们摧毁、打碎这个机器，并代之以新的无产阶级的国家机器。不论怎样"解释"和"说明"考茨基的论断,在两种情况下,考茨基同马克思主义决裂并转到资产阶级方面,都是十分明显的事实。

马克思早在《共产党宣言》中谈到胜利了的工人阶级需要什么样的国家时就说过:"国家即组织成为统治阶级的无产阶级"①。现在,一个自以为仍然是马克思主义者的人竟出来说,已经全部组织起来并同资本进行"决战"的无产阶级,**不应该把自己的阶级组织变成国家组织**。恩格斯在1891年所说的"在德国已经进入资产阶级甚至很多工人的一般意识之中"的"对国家的迷信"②,就是考茨基在这里所暴露出来的东西。我们的这位庸人"同意"说:工人们,斗争吧(对这点资产者也"同意",因为工人反正都在斗争,需要考虑的只是怎样把他们利剑的锋芒磨去),——斗争吧,但是**不得胜利**!不要破坏资产阶级的国家机器,不要用无产阶级的"国家组织"去代替资产阶级的"国家组织"!

谁真正同意马克思主义的观点,承认国家无非是一个阶级镇压另一个阶级的机器,谁多少琢磨过这个真理,他就决不会说出这种荒谬绝伦的话来,说什么能够战胜金融资本的无产阶级组织不应当变成国家组织。正是在这一点上现出了小资产者的原形,小资产者正是认为国家"终究"是一种非阶级的或超阶级的东西。究竟为什么可以允许无产阶级"**一个阶级**"去同那不仅统治着无产阶级而且统治着全体人民、全体小资产阶级、全体农民的**资本**进行决战,却不允许无产阶级"**一个阶级**"把自己的组织变成国家组织呢?因为小资产者**害怕**阶级斗争,不能把它进行到底,**直到实现最主要的东西**。

---

① 见《马克思恩格斯文集》第2卷第52页。——编者注
② 参看《马克思恩格斯文集》第3卷第111页。——编者注

考茨基说得乱了套,结果露出了马脚。你们看,他亲口承认,欧洲正去迎接资本同劳动的决战,无产阶级进行经济斗争和政治斗争的旧方法已经不够了。而这些方法恰恰就是利用**资产阶级**民主。由此可见?……

考茨基不敢进一步去想由此应该得出什么结论。

……由此可见,只有反动派,只有工人阶级的敌人,只有资产阶级的走狗,才会在现时把脸朝着已经过去的时代,去描绘资产阶级民主的妙处,侈谈纯粹民主。资产阶级民主同中世纪制度比起来,**曾经是**进步的,当时是应该利用的。但是现在,对工人阶级来说,它已经**不够了**。现在不应该向后看,而应该向前看,应该用**无产阶级民主代替资产阶级民主**。如果说,**在**资产阶级民主国家**范围内**进行无产阶级革命的准备工作,即训练和组织无产阶级大军,是可能的(也是必要的),那么,到了应该进行"决战"的时候,还把无产阶级限制在这种范围内,那就是背叛无产阶级事业,成了叛徒。

考茨基陷入了特别可笑的窘境,因为他重复马尔托夫的论据,却**没有觉察到**马尔托夫的这个论据是以考茨基所没有的**另一个论据**为依据的!马尔托夫说(而考茨基则跟着他重复说),俄国还没有成熟到实行社会主义的地步,由此自然得出这样的结论:把苏维埃从斗争机关变为国家组织,为时尚早(应读做:在孟什维克领袖们帮助下,把苏维埃变成使工人**服从**帝国主义资产阶级的机关,倒是适时的)。而考茨基却**不能**直截了当地说欧洲还没有成熟到实行社会主义的地步。考茨基在1909年还没有成为叛徒的时候写道:现在不能害怕革命**为时过早**,谁因害怕失败而拒绝革命,谁就是叛徒。考茨基不敢**直截了当**否认这一点。结果得出了一个把小资产者的极度愚蠢和极度怯懦暴露无遗的谬论:一方面,欧洲已成熟到实行社会主义的地步,正在走向资本同劳动的决战;而另一方面,却**不能把战斗组织**(即在斗争中形成、发展和巩固起来的组织),即把被压迫者的先锋队、组织者和领袖无产阶级的组织,变成国家组织!

*　　　*　　　*

苏维埃作为战斗组织是必要的,但不应该变成国家组织,——这一思想在政治实践方面比在理论方面还要荒谬得多。甚至在没有革命形势的和平时期,工人反对资本家的群众斗争,如群众罢工,也要引起双方极大的愤恨,激起不寻常的斗争热情,也会使资产阶级经常搬出他们的老一套,说什么我还是"一家之主",而且还要当下去,等等。而在政治生活沸腾起来的革命时期,像苏维埃这种包括**一切**工业部门的**全体**工人以至**全体**士兵、全体劳动的贫苦的农村居民的组织,随着斗争的发展,由于简单的攻守"逻辑",必然要**直截了当地**提出问题。想采取中间立场,"调和"无产阶级和资产阶级,是愚蠢的,一定要遭到可耻的破产。在俄国,马尔托夫和其他孟什维克的说教已经遭到破产,在德国和其他国家,如果苏维埃稍微广泛地发展起来,能够联合并巩固起来,这样的说教也必然会遭到同样的破产。对苏维埃说,斗争吧,但不要亲自掌握全部国家政权,不要变成国家组织,这就是宣扬无产阶级同资产阶级的阶级合作和"社会和平"。要是以为在剧烈的斗争中,这种立场除了可耻的破产外还会有什么别的结果,那就很可笑了。脚踏两只船是考茨基一生的命运。在理论上,他假装在任何问题上都不同意机会主义者,其实**在实践上**,他在一切重大问题(即一切同革命有关的问题)上都是同意机会主义者的。

立宪会议和苏维埃共和国

关于立宪会议和布尔什维克解散立宪会议的问题，是考茨基整本小册子的中心问题。他经常回到这个问题上来。第二国际思想领袖的这部著作满篇都在暗示布尔什维克"消灭了民主"（见上面引的考茨基的一段话）。这的确是一个很有意义的重要问题，因为在这里，资产阶级民主和无产阶级民主的相互关系已经**实际地**摆在革命面前了。现在就来看看我们这位"马克思主义理论家"是怎样考察这个问题的。

他引用了我所写的发表在 1917 年 12 月 26 日《真理报》上的"关于立宪会议的提纲"①。这看来是考茨基拿着真凭实据来认真讨论问题的最好证明了。不过还是看看考茨基是**怎样**引用的吧。他没有说这个提纲有 19 条，没有说这个提纲既提出了通常那种有立宪会议的资产阶级共和国和苏维埃共和国之间的相互关系问题，也提出了立宪会议和无产阶级专政在我国革命中的分歧有其**历史**的问题。所有这些，考茨基都避开不谈，他只简单地对读者说，"其中〈在这个提纲中〉有两条特别重要"：一、社会革命党发生分裂是在立宪会议选举以后，但在立宪会议召集以前（考茨基不说出这是提纲第 5 条）；二、一般说来，苏维埃共和国是比立宪会议更高的民主形式（考茨基不说出这是提纲第 3 条）。

就是这第 3 条，考茨基才完整地引用了它的一部分，即如下的

---

① 见本版全集第 33 卷第 167—171 页。——编者注

论点：

"苏维埃共和国不仅是更高类型的民主机构的形式（与**通常那种**戴有立宪会议花冠的资产阶级共和国相比），而且是能够保证痛苦最少地①过渡到社会主义的唯一形式"（考茨基省去了"通常"一词和这一条开头的一句话："对于从资产阶级制度过渡到社会主义制度，对于无产阶级专政"）。

引了这几句话之后，考茨基就用妙不可言的讽刺口吻惊叹道：

"可惜，他们只是在立宪会议中成了少数之后才作出这个结论。从前谁也没有像列宁那样激烈地要求召集立宪会议。"

考茨基的书第 31 页上就是这样一字不差地写着的！

这真是妙论！只有向资产阶级献媚的奴才，才能这样伪造事实，使读者得到一种印象，好像布尔什维克关于更高类型的国家的一切议论，都是布尔什维克**在**立宪会议中成了少数**之后**编出来的！！只有卖身给资产阶级或者（这完全是一样的）信赖帕·阿克雪里罗得而又把自己的情报员隐瞒不说的混蛋，才能说出这种卑鄙的谎话。

因为大家知道，我在回到俄国的第一天，即 1917 年 4 月 4 日，就当众宣读了我的提纲，指出巴黎公社类型的国家比资产阶级议会制共和国优越。后来我又**屡次**在出版物中，例如在论各政党的小册子（这本小册子曾译成英文，1918 年 1 月刊载于美国纽约《晚

---

① 附带说一下，考茨基多次引用了"痛苦最少地"过渡这几个字，显然是想来讽刺讽刺。可是他用的方法不中用，所以在几页之后，他就作假，把引文伪造成"无痛苦地"过渡！当然，用这种方法把荒谬的话加到论敌身上是不困难的。作假也能帮助回避论据的实质，即只有把全体贫苦农民组织起来（成为苏维埃），只有国家政权的中坚（无产阶级）帮助他们组织起来，才有可能痛苦最少地过渡到社会主义。

邮报》)[112]中，谈到这一点。不仅如此，1917年4月底举行的布尔什维克党代表会议还通过了一项决议，指出无产阶级—农民共和国高于资产阶级议会制共和国，我党不能以后者为满足，党纲应该作相应的修改。[113]

既然如此，那么考茨基向德国读者断言，我曾激烈要求召集立宪会议，只是布尔什维克在立宪会议中成了少数之后我才"贬低"立宪会议的荣誉和声望，——考茨基的这一花招该叫做什么呢？根据什么理由可以原谅这种行为呢？[①] 是考茨基不知道事实吗？真是这样，他为什么又要写到这些事实呢？他为什么不老老实实地说：我考茨基是根据孟什维克施泰因和帕·阿克雪里罗得这帮人的情报写的呢？考茨基是想佯装客观以掩盖他给那些不甘心于失败的孟什维克充当奴仆的事实。

这还不算什么。厉害的还在后头哩。

我们就假定说，考茨基当时不愿意或不可能(??)从他的情报员那里得到布尔什维克有关决议和声明的译文，不知道布尔什维克是否以资产阶级议会制民主共和国为满足。我们就假定是这样，虽然这是很难令人相信的。要知道，考茨基在他的书第30页上是**直接提到过**我1917年12月26日的提纲的。

考茨基是知道这个提纲的全部，还是只知道施泰因、阿克雪里罗得等人给他译出的那一部分？关于布尔什维克**在**立宪会议选举**以前**是否意识到、是否向**人民**说过苏维埃共和国高于资产阶级共和国这一**根本**问题，考茨基引用了**第3条**。**但是考茨基绝口不谈第2条。**

---

① 附带说一下：在考茨基的小册子中，这种孟什维克式的谎话是很多的！这是一个怀着仇恨的孟什维克写的诽谤性的小册子。

第2条是：

"革命社会民主党在提出召集立宪会议的要求的同时，从1917年革命一开始，**就多次着重指出，苏维埃共和国是比通常那种有立宪会议的资产阶级共和国更高的民主制形式。**"（黑体是我用的）

为了把布尔什维克说成没有原则的人，说成"革命的机会主义者"（考茨基在书上一个地方用过这个说法，但不记得他是在讲什么问题时说的），考茨基先生把提纲直接提到"**多次**"声明这一点**向德国读者隐瞒起来了！**

这就是考茨基先生所使用的渺小的、可怜的、卑鄙的手法。他就是用这种办法把**理论**问题避开了。

说资产阶级议会制民主共和国**低于**巴黎公社类型的或苏维埃类型的共和国，这对不对呢？这是问题的中心，而考茨基却避而不谈。马克思在分析巴黎公社时所说的一切都被考茨基"忘记了"。他还"忘记了"恩格斯在1875年3月28日写给倍倍尔的信，这封信特别明白易懂地表达了跟马克思同样的思想："巴黎公社已经不是原来意义上的国家。"①

请看，这就是第二国际最卓越的理论家，他写了一本专著《无产阶级专政》，专门谈到了俄国，却闭口不谈俄国曾经直接地多次地提出过的比民主的资产阶级共和国更高的国家形式的问题。这**实际上**同转到资产阶级方面去有什么区别呢？

（附带说一下：在这里，考茨基也是跟着俄国孟什维克跑的。在孟什维克中间，知道马克思和恩格斯"各种引文"的人要多少有

---

① 参看《马克思恩格斯文集》第3卷第414页。——编者注

多少,然而从 1917 年 4 月至 1917 年 10 月,再从 1917 年 10 月至 1918 年 10 月,竟没有一个孟什维克作过**一次**尝试去研究一下巴黎公社类型的国家问题。普列汉诺夫也回避了这个问题。**大概是只好默不作声吧**。)

很明显,同那些自称为社会主义者和马克思主义者、实际上在**主要**问题即巴黎公社类型国家问题上却转到资产阶级方面去的人谈论解散立宪会议,简直是对牛弹琴。只要在本书附录中把我的关于立宪会议的提纲全文刊印出来就够了。从这个提纲中,读者可以看到,这个问题在 1917 年 12 月 26 日就已从理论上、历史上和政治实践上提出来了。

如果说考茨基作为理论家完全背弃了马克思主义,那他作为历史学家也许会来考察苏维埃同立宪会议斗争的问题吧。我们从考茨基的很多著作中知道:他是**懂得怎样**做一个马克思主义的历史学家的;虽然他后来成了叛徒,他的**那些**著作仍将永远是无产阶级的财富。但是在这个问题上,考茨基即使作为历史学家也**背离了真理**,忽视了**人所共知的**事实,成了一个逢迎献媚的奴才。他**想**把布尔什维克说成没有原则的人,就说布尔什维克在解散立宪会议以前曾怎样试图**缓和**他们同立宪会议的冲突。这里根本没有什么不好的地方,我们没有什么要否认的;现在我把提纲全文刊印出来,提纲上明显不过地写着:盘踞在立宪会议中的动摇的小资产者先生们,或者是你们同无产阶级专政和解,或者是我们"用革命手段"战胜你们(提纲第 18 条和第 19 条)。

真正革命的无产阶级对待动摇的小资产阶级向来是这样,而且永远是这样。

考茨基是从形式上看立宪会议问题的。在我的提纲里曾多次明白地说过,革命的利益高于立宪会议形式上的权利(见提纲第16条和第17条)。着眼于形式上的民主,那是**资产阶级**民主主义者的观点,他们不承认无产阶级的利益和无产阶级阶级斗争的利益高于一切。作为一个历史学家,考茨基也许不能不承认,资产阶级议会是某一个阶级的机关。但是现在考茨基需要(为了进行背弃革命的卑鄙勾当)忘记马克思主义,因此他**不提出**俄国立宪会议是哪个**阶级**的机关的**问题**。考茨基不分析具体环境,不愿看看事实,根本不向德国读者说:我的提纲不仅从理论上阐述了资产阶级民主的局限性问题(提纲第1—3条),不仅谈到了使1917年10月中旬各党派提出的名单同1917年12月的实际情况不相符合的具体条件(提纲第4—6条),而且谈到了1917年10—12月**阶级斗争和国内战争的历史**(提纲第7—15条)。我们根据这段具体历史得出了结论(提纲第14条):"全部政权归立宪会议"的口号,**实际上**成了立宪民主党人和卡列金分子及其帮凶的口号。

历史学家考茨基没有注意到这一点。历史学家考茨基从来没有听说过,普选制有时产生小资产阶级的议会,有时产生反动的反革命的议会。马克思主义的历史学家考茨基没有听说过,选举形式、民主形式是一回事,这个机构的阶级内容却是另一回事。立宪会议的阶级内容问题,在我的提纲中已经直接提出和解决了。也许我解决得不对。假使有人对我们的分析提出马克思主义的批评,那我们真是求之不得。考茨基本来就应该进行这种批评,而不应该去写那些十足的蠢话(这种话在考茨基的著作中很多),说有人在阻碍批评布尔什维主义。可是问题正在于考茨基没有进行这种批评。他甚至**没有提出**对苏维埃和立宪会议进行阶级分析的**问题**。因此,**无法**同考茨基展开争论或辩论,只好向读者**表明**,为什么只能把考茨基称为叛徒。

苏维埃和立宪会议的分歧有它的历史,这段历史,就连不用阶级斗争观点观察问题的历史学家也无法回避。考茨基连这段实际历史也不愿**涉及**。他对德国读者隐瞒了一个人所共知的事实(现在只有心怀恶意的孟什维克才隐瞒这个事实):苏维埃即使在孟什维克占统治地位的时候,即在 1917 年 2 月底至 10 月,也是同"全国性的"机构(即资产阶级的机构)有分歧的。实际上,考茨基所持的观点是要无产阶级同资产阶级调和、妥协、合作;不管考茨基怎样否认,但他的这种观点终究是事实,他那一整本小册子就是证据。说不应该解散立宪会议,就等于说不应该把反对资产阶级的斗争进行到底,不应该推翻资产阶级,就是说,无产阶级应该同资产阶级调和起来。

为什么考茨基闭口不谈孟什维克在1917年2月至10月一直在干这种不体面的勾当并且毫无成就呢? 如果能够使资产阶级同无产阶级调和起来,为什么在孟什维克占统治地位时,这种调和竟未成功,资产阶级置身苏维埃之外,苏维埃被称为(被**孟什维克**称为)"革命民主",而资产阶级被称为"有财产资格的人"呢?

考茨基对德国读者隐瞒了一件事实:正是孟什维克在自己的统治"时代"(1917 年 2—10 月)称苏维埃为革命民主,**从而**承认苏维埃优于其他一切机构。正由于隐瞒了这一事实,历史学家考茨基才把事情说成苏维埃和资产阶级的分歧没有它的历史,而是由于布尔什维克的恶劣行为无缘无故地一下子突然发生的。其实,正是孟什维克实行妥协政策、力图使无产阶级同资产阶级调和的**半年多的**(对于革命,这是很长的时间)**试验**,使人民看清了他们的努力毫无所获,使无产阶级离开了孟什维克。

考茨基承认,苏维埃是无产阶级的具有伟大前途的极好的战斗组织。既然这样,考茨基的整个立场也就像纸牌搭成的房子一样倒塌了,像小资产者那种企图避免无产阶级同资产阶级的尖锐斗争的幻想一样破灭了。因为整个革命是接连不断的斗争,而且是殊死的斗争,而无产阶级是代表**所有**被压迫者的先进阶级,它集中反映了全体被压迫者求解放的一切愿望。苏维埃是被压迫群众的斗争机关,它反映和表现这些群众的情绪以及他们的观点的改变,自然比其他任何机构迅速得多,完满得多,正确得多(这也就是苏维埃民主成为最高类型的民主的根源之一)。

苏维埃在1917年2月28日(俄历)至10月25日这段时间内,就召集了**两次**代表俄国大多数居民即代表全体工人和士兵以及十分之七八的农民的全俄代表大会,还不算许许多多各级地方的(县、市、省、区域的)代表大会。在这段时间内,资产阶级连一次代表大多数人的会议都没有召开过(除了那个显然伪造的、侮辱性的、引起无产阶级愤恨的"民主会议"[114]之外)。立宪会议反映的群众情绪以及政治划分情况,同全俄苏维埃第一次代表大会(六月代表大会)[115]反映的**完全一样**。到召集立宪会议时(1918年1月),已经举行了苏维埃第二次(1917年10月)代表大会[116]和第三次(1918年1月)代表大会[117],这两次代表大会**十分清楚地表明**:群众向左转了,革命化了,离开了孟什维克和社会革命党人,转到布尔什维克方面来了,**就是说**,他们脱离了小资产阶级的领导,抛弃了同资产阶级妥协的幻想,转到无产阶级为推翻资产阶级而进行的革命斗争方面来了。

因此,单从苏维埃的**表面的历史**就可以看出解散立宪会议的必然性,看出立宪会议的**反动性**。但是考茨基坚持他的"口号":让革命死亡吧,让资产阶级战胜无产阶级吧,只要"纯粹民主"繁荣昌盛就行了! 只要公道得胜,哪怕世界灭亡!

下面就是俄国革命历史上各次全俄苏维埃代表大会的简短总结:

全俄苏维埃代表大会	代表人数	其中布尔什维克的人数	布尔什维克所占的百分比
第一次(1917 年 6 月 3 日)	790	103	13%
第二次(1917 年 10 月 25 日)	675	343	51%
第三次(1918 年 1 月 10 日)	710	434	61%
第四次(1918 年 3 月 14 日)[118]	1 232	795	64%
第五次(1918 年 7 月 4 日)[119]	1 164	773	66%

只要看看这些数字就可以明白,为什么替立宪会议辩护,或者谈论(像考茨基那样谈论)大多数居民不拥护布尔什维克,在我们这里只能令人发笑。

苏维埃宪法

我已经说过,剥夺资产阶级的选举权,并不是无产阶级专政的必需的和必要的标志。就是在俄国,布尔什维克在十月革命以前很久提出无产阶级专政的口号时,也并没有事先说过要剥夺剥削者的选举权。专政的**这个**组成部分并不是依照某个政党的"计划"出现的,而是在斗争过程中自然**产生**的。历史学家考茨基当然没有觉察到这一点。他不了解,当孟什维克(同资产阶级妥协的人)在苏维埃占统治地位的时候,资产阶级自己就已经同苏维埃分离,抵制它,同它对抗,对它施展种种阴谋。苏维埃是在没有任何宪法的情况下产生的,它成立了**一年多**(从 1917 年春至 1918 年夏)也还没有任何宪法。资产阶级痛恨被压迫者的这种独立的和万能的（因为是包括所有人的）组织，肆无忌惮、自私自利、卑鄙无耻地反对苏维埃，公开参加（从立宪民主党人到右派社会革命党人，从米留可夫到克伦斯基）科尔尼洛夫叛乱，——这一切**造成了**资产阶级被正式排除出苏维埃的结果。

考茨基听说过科尔尼洛夫叛乱，但是他竟大模大样地不顾历史事实，无视那决定专政**形式**的斗争进程、斗争形式。的确，既然讲的是"纯粹"民主，又何必管事实呢？因此，考茨基对取消资产阶级选举权的"批评"是那样地……天真，如果是一个小孩子，这种天真倒很可爱，但如果是一个尚未被公认为蠢材的人，这种天真就令人憎恶了。

"……如果资本家在普选制下落到了区区少数的地位，他们就会宁可顺从自己的命运"（第33页）……　这不是说得很可爱吗？聪明的考茨基在历史上多次见过，并且根据对实际生活的观察也清楚地知道，有些地主和资本家是尊重大多数被压迫者的意志的。聪明的考茨基坚持"反对派"的观点，即议会内斗争的观点。他真是一字不差地这样写的："反对派"（第34页及其他许多页）。

啊，好一个博学的历史学家和政治家！您该知道，"反对派"是和平斗争而且只是议会斗争的概念，就是说，是适合非革命形势的概念，是适合**没有革命**的情况的概念。在革命中所遇到的是内战中的无情的敌人，——像考茨基那样害怕内战的小资产者无论发出怎样的反动的悲叹，都不能改变这个事实。当资产阶级进行种种罪恶活动时（凡尔赛派及其同俦斯麦勾结的例子，对于任何一个不是像果戈理小说中的彼特鲁什卡[120]那样对待历史的人来说，是多少能说明一些问题的），当资产阶级向外国求援并同它们一道进行反对革命的阴谋活动时，用"反对派"的观点来看残酷的内战问题，这真是笑话。革命的无产阶级应当像"糊涂顾问"考茨基那样，昏头昏脑地把组织杜托夫、克拉斯诺夫和捷克斯洛伐克军的反革命暴动并且付给怠工者千百万金钱的资产阶级，看做合法的"反对派"。啊，多么深刻的思想！

考茨基只是对问题的形式方面法律方面感到兴趣，所以一读到他对苏维埃宪法发表的议论，就会不由自主地想起倍倍尔的一句话：法学家是彻头彻尾的反动分子。考茨基说："实际上，单把资本家变为无权的人是不行的。从法律上看，什么是资本家呢？有产者吗？甚至在德国这样一个经济非常进步、无产阶级人数极多的国家里，成立苏维埃共和国，也会使大量的人成为没有政治权利的人。1907年，在德意志帝国的农业、工业、商业三大部门中的从业人员及其家属，属于职员和雇佣工人这一类的约有3 500万人，属于独立经营者这一类的有1 700万人。可见，党在雇佣工人中间完全可以成为多数，但在全体居民中间则占少数。"（第33页）

这是考茨基的典型议论之一。这难道不是资产者反革命的抱怨吗？考茨基先生，您明明知道，俄国极大多数农民不雇用工人，因而也没有被剥夺权利，您为什么把全体"独立经营者"都算做没有权利的人呢？这难道不是捏造吗？

您这位博学的经济学家为什么不引用您所熟悉的数字，1907年德国同一个统计材料里关于农业中各类农户使用雇佣劳动的数字呢？您为什么不把德国统计材料的以上数字给那些读您的小册子的德国工人看，让他们知道**剥削者有多少**，知道剥削者在"农户"总数中只占少数呢？

这是因为您的叛徒立场使您变成了一个纯粹是向资产阶级献

媚的奴才。

你们看,资本家原来是个不确定的法律概念,于是考茨基在好几页上攻击苏维埃宪法的"专横"。这位"郑重的学者"容许英国资产阶级用几世纪的时间制定和周密制定新的(对中世纪来说是新的)资产阶级宪法,而对于我们俄国工人和农民,这位奴才科学的代表却不给任何期限。他要求我们在几个月内就制定出极其周密的宪法……

……"专横"!请想一想,**这种**责难暴露出他向资产阶级献媚已经卑鄙到了极点,他那种迂腐已经到了极其愚钝的地步。资本主义国家那班十足资产阶级的而且大部分是反动的法学家,在几百年或几十年中周密地制定了极其详尽的条规,写了几十本几百本的法律和法律解释来**限制**工人,束缚**穷人的**手脚,对人民中的每个普通劳动者百般刁难和阻挠,啊,资产阶级自由派和考茨基先生却不认为这是"专横"!这是"秩序"和"法制"!这里的一切都想得周到,规定得完备,目的是要尽量把穷人的血汗"榨干"。这里有成千上万的资产阶级的律师和官吏(考茨基根本不提这些人,想必是因为马克思非常重视**打碎**官吏机器吧……),他们能把法律解释得使工人和普通农民永远逃不出法网。这不是资产阶级的"专横",这不是自私自利、卑鄙龌龊、榨取民脂民膏的剥削者的专政,绝对不是。这是一天比一天更纯粹的"纯粹民主"。

而当被剥削的劳动阶级,在因帝国主义战争而同国外兄弟们隔绝开来的情况下,在历史上第一次创立了**自己的**苏维埃,号召受到资产阶级压迫、被他们弄得闭塞、愚钝的**群众**起来进行政治建设,并已**亲自**开始建设新的无产阶级国家,在炽热斗争的烈火中、在内战的烽火中开始**拟定出没有剥削者的**国家的基本原则的时候,所有的资产阶级恶棍,一帮吸血鬼,以及他们的应声虫考茨基,就大叫起"专横"来了! 的确,这些无知的工人和农民,这班"小百姓",怎能解释他们自己的法律呢? 这些普通的劳动者,得不到有学识的律师们的忠告,得不到资产阶级著作家的忠告,得不到考茨基之流和明智练达的官吏的忠告,怎么会有正义感呢?

考茨基先生从我 1918 年 4 月 28 日的讲话①中引了一句话:"……群众自己决定选举的程序和日期……" 于是"纯粹民主派"考茨基推论道:

> "……可见,每个选民会议大概都可以随意规定选举程序。专横和排除无产阶级内部那些不好办的反对派分子的可能性,也就到了登峰造极的地步。"(第 37 页)

说这种话,同资本家雇用的文痞所谓群众在罢工时压迫"愿意做工的"勤勉工人这种叫喊有什么区别呢? 为什么在"纯粹的"资产阶级民主下,由**资产阶级-**官吏决定选举程序,就**不是**专横呢? 为什么**起来**同历来的剥削者**作斗争的群众**,在这场殊死斗争中受到教育和锻炼的群众,他们的正义感就一定赶不上**一小撮**受**资产阶级**偏见熏陶的官吏、知识分子和律师呢?

考茨基是一个真正的社会主义者,你们可别怀疑这位最可敬的家长、这位最正直的公民的真诚。他热烈地坚定地拥护工人的胜利和无产阶级革命。他只是希望甜蜜蜜的知识分子市侩和昏头昏脑的庸人**在群众运动展开以前,在**群众同剥削者作激烈斗争(绝对**不要进行内战**)**以前,先**制定出一个温和谨慎的**革命发展章程**……

---

① 见本版全集第 34 卷第 150—188 页。——编者注

　　我们这位极其博学的犹杜什卡·戈洛夫廖夫[121]义愤填膺地对德国工人说,1918年6月14日全俄苏维埃中央执行委员会决定把右派社会革命党人和孟什维克的代表们开除出苏维埃[122]。义愤填膺的犹杜什卡·考茨基写道:"这个措施不是针对犯了某种罪行的某些个人……　苏维埃共和国宪法根本没有提到苏维埃代表不受侵犯的问题。在这里,被开除出苏维埃的不是某些**个人**,而是某些**政党**。"(第37页)

　　是的,这的确可怕,这是不可容忍地背弃纯粹民主,而我们这位革命的犹杜什卡·考茨基是要按照这种民主的规则干革命的。我们,俄国布尔什维克,应该先保证萨文柯夫之流、李伯尔唐恩[123]和波特列索夫之流("积极派")不受侵犯,然后再制定刑法,宣布参加捷克斯洛伐克军的反革命战争或在乌克兰和格鲁吉亚同德帝国主义者勾结起来**反对**本国工人的人"应受惩治",只有这样做了**以后**,我们才有权根据这个刑法并依照"纯粹民主"把"某些个人"开除出苏维埃。不言而喻,通过萨文柯夫、波特列索夫、李伯尔唐恩之流或依靠他们的鼓动从英法资本家手里领取金钱的捷克斯洛伐克军,以及在乌克兰和梯弗利斯的孟什维克帮助之下从德国人那里得到枪械的克拉斯诺夫分子,在我们没有制定出正确的刑法以前就会乖乖地坐在那里,并且会像最纯粹的民主派那样仅限于从事"反对派"的活动……

　　苏维埃宪法剥夺"以取得利润为目的而使用雇佣工人"的人们的选举权,这也引起了考茨基同样强烈的义愤。他写道:"带一个学徒的家庭手工业者或小业主,他的生活和感情可能同无产阶级完全一样,但是他没有选举权。"(第36页)

　　这是怎样地背弃"纯粹民主"啊!这是怎样地不正义啊!固

然,直到现在,所有的马克思主义者都认为并且用无数事实证明,小业主剥削雇佣工人是最不讲良心和最贪得无厌的,但犹杜什卡·考茨基所指的,当然不是小业主**阶级**(究竟是谁臆造出有害的阶级斗争理论?),而是某些个人,是那些"生活和感情同无产阶级完全一样"的剥削者。人们认为早已死去的著名的"节俭的阿格尼斯",又在考茨基的笔下复活了。这位节俭的阿格尼斯是几十年以前"纯粹"民主派资产者欧根·李希特尔虚构出来传播于德国文坛的。他预言实行无产阶级专政和没收剥削者的资本将引起无法形容的不幸,他摆出一副天真的面孔问道,从法律上看,什么是资本家呢?他以被凶恶的"无产阶级专政者"剥夺得分文不剩的可怜的节俭的女裁缝("节俭的阿格尼斯")为例。有一个时期,整个德国社会民主党都把纯粹民主派欧根·李希特尔的这个"节俭的阿格尼斯"引为笑谈。但这是很久很久以前的事情,那时倍倍尔还活着,他曾坦白直爽地说,我们党内有很多民族自由主义者[124];这是很久很久以前的事情,那时考茨基还没有成为叛徒。

现在,"节俭的阿格尼斯"又在"带一个学徒的、生活和感情同无产阶级完全一样的小业主"身上复活了。凶恶的布尔什维克欺侮他,剥夺他的选举权。固然,在苏维埃共和国中,"任何一个选举大会",像同一个考茨基所说的那样,可以允许同该工厂有关系的贫苦工匠参加,只要他(作为例外)不是剥削者,只要他**真正**是"生活和感情同无产阶级完全一样"。但是难道能够指望普通工人举行的既无秩序又无章程可遵循的(哎呀,真可怕呀!)工厂大会会有实际生活知识和正义感吗?与其去冒险,使工人有可能欺侮"节俭的阿格尼斯"以及"生活和感情同无产阶级完全一样的工匠",不如把选举权给**一切**剥削者,给**一切**雇用工人的人,这难道还不明显吗？

*   *   *

让那些受资产阶级和社会沙文主义者欢迎①的实行背叛的小人去痛骂我们的苏维埃宪法剥夺剥削者的选举权吧。这样很好，因为这会加速和加深欧洲革命工人同谢德曼和考茨基之流、列诺得尔和龙格之流、韩德逊和拉姆赛·麦克唐纳之流的分裂，同社会主义的老领袖和老叛徒的分裂。

被压迫阶级的群众，他们的觉悟的忠诚的领袖革命无产者，一定会**赞成**我们。只要让这些无产者和这些群众了解了我们的苏维埃宪法，他们立刻会说：这才真正是**我们的人**，这才真正是工人政党，真正是工人政府。因为这个政府不像**上述一切领袖们欺骗我们**那样用改良的空话欺骗工人，而是认真同剥削者进行斗争，认真实行革命，**真正**为工人的彻底解放而斗争。

既然苏维埃在一年的"实践"之后剥夺了剥削者的选举权，**那就是说**，苏维埃真正是被压迫群众的组织，而不是卖身给资产阶级的社会帝国主义者和社会和平主义者的组织。**既然**苏维埃剥夺了剥削者的选举权，**那就是说**，苏维埃不是小资产阶级同资本家妥协的机关，不是进行议会空谈（如考茨基、龙格和麦克唐纳之流的空谈）的机关，而是真正革命的无产阶级同剥削者作你死我活斗争的机关。

一位消息灵通的同志几天前（今天是 10 月 30 日）从柏林写信

---

① 我刚才读了《法兰克福报》**125**（1918 年 10 月 22 日第 293 号）的社论。这篇社论兴高采烈地转述了考茨基的小册子的内容。交易所经纪人的报纸十分满意。当然啦！一位同志从柏林写信告诉我，谢德曼之流的《前进报》在一篇专论**126**上说，它几乎对考茨基的每句话都赞同。恭喜恭喜！

告诉我:"这里几乎没有人知道考茨基的小册子。"我倒想建议我国驻德国和瑞士的大使不惜重金把他的书收购来,**赠给**觉悟的工人,让他们来声讨这个早已成了"发臭的死尸"的"欧洲的"(应读做:帝国主义的和改良主义的)社会民主党。

*　　　*　　　*

考茨基先生在书末(第61页和第63页)伤心地说:"新理论〈他这样称呼布尔什维主义,不敢提及马克思和恩格斯对巴黎公社的分析〉竟在像瑞士这样的老民主国也找到了拥护者。""如果德国社会民主党人接受这个理论",在考茨基看来,这是"不可理解的"。

不,这是完全可以理解的,因为战争的严重教训使得革命群众愈来愈讨厌谢德曼和考茨基之流了。

考茨基写道,"我们"向来是主张民主的,现在我们忽然又要抛弃它!

"我们",社会民主党中的机会主义者,向来反对无产阶级专政,而且科尔布之流**早已**公开这样说过。考茨基知道这一点,但他妄想向读者掩盖他已"回到"伯恩施坦和科尔布之流的"怀抱中"这一明显事实。

"我们",革命的马克思主义者,从来没有把"纯粹"民主(资产阶级民主)看做神圣的东西。大家知道,1903年普列汉诺夫还是一个革命的马克思主义者(直到他可悲地转到俄国谢德曼的立场上去以前)。当时他在通过党纲的党代表大会上说,无产阶级在革命中,必要时将剥夺资本家的选举权,将**解散任何议会**,如果这个议会成了反革命的议会。[127]只有这种观点才是唯一符合马克思主义的观点,——这是任何人即使从我上面引用过的马克思和恩格斯的言论中都看得出来的。这显然是从马克思主义的一切基本原理中得出来的。

"我们",革命的马克思主义者,没有向人民发表过各国考茨基主义者喜欢发表的那种言论,他们向资产阶级献媚,迎合资产阶级议会制,讳言现代民主的**资产阶级**性质,只要求扩大**这种民主**,把**这种民主**贯彻到底。

"我们"对资产阶级说过:你们这些剥削者和伪君子高谈民主,同时却在各种场合百般阻碍**被压迫群众**参与政治。我们抓住你们的话,为了这些群众的利益,要求扩大**你们的**资产阶级的民主,**以便把群众训练好去进行**打倒你们这些剥削者的**革命**。如果你们剥削者企图反抗我们的无产阶级革命,我们就会无情地镇压你们,把你们变成没有权利的人,不仅如此,还不给你们粮食吃,因为在我们无产阶级共和国中,剥削者将没有权利,将没有饭吃,因为我们是真正的社会主义者,而不是谢德曼式和考茨基式的社会主义者。

这就是"我们"革命马克思主义者说过的和还要说的话,这就是被压迫群众一定会拥护我们、同我们在一起,而谢德曼和考茨基之流一定会滚到叛徒的臭水坑去的原因。

什么是国际主义?

考茨基极端自信地认为自己是国际主义者,并自称为国际主义者。他宣布谢德曼之流是"政府派社会党人"。考茨基既然为孟什维克辩护(他没有公开说支持他们,但是在全力宣扬他们的观点),也就十分清楚地暴露出他的"国际主义"是哪一类货色了。考茨基不是孤立的一个人,而是在第二国际环境中必然产生的一个流派的代表(法国的龙格,意大利的屠拉梯,瑞士的诺布斯、格里姆、格拉贝和奈恩,英国的拉姆赛·麦克唐纳等),因此,我们来研究一下考茨基的"国际主义"是大有教益的。

考茨基强调孟什维克也参加过齐美尔瓦尔德会议[128](这无疑是一张文凭,不过……是一张陈腐的文凭),并且把他所同意的孟什维克观点描述如下:

"……孟什维克想实现普遍媾和。他们想要各交战国接受没有兼并和赔款这个口号。依照这个观点,在这个目的没有达到以前,俄国军队应当保持战备状态。布尔什维克却要求无论如何要立刻媾和,必要时准备单独媾和,他们力图强行实现这一点,于是加紧瓦解本来已经瓦解得很厉害的军队。"(第27页)考茨基认为,布尔什维克不应该夺取政权,而应该满足于立宪会议。

总之,考茨基和孟什维克的国际主义就是:要求帝国主义的资产阶级政府实行改良,但在所有交战国没有接受没有兼并和赔款这个口号以前,继续支持这个政府,继续支持它所进行的战争。无论屠拉梯派也好,考茨基派(哈阿兹等)也好,龙格派也好,都屡次表示过这种观点,声称他们是**主张**"保卫祖国"的。

从理论上说,这完全是同社会沙文主义者划不清界限,这完全是在保卫祖国问题上的混乱观点。从政治上说,这是用市侩民族主义偷换国际主义,这是转到改良主义方面去,背弃革命。

从无产阶级观点看来,承认"保卫祖国"就是为现在的战争辩护,承认它是合理的。而这场战争是帝国主义战争(不论是在君主国或在共和国,也不管此刻敌军是在我国境内或在他国境内),所以承认保卫祖国**实际上**就是支持帝国主义的掠夺成性的资产阶级,就是完全背叛社会主义。在俄国,即使是在克伦斯基时期的资产阶级民主共和国,战争也仍然是帝国主义战争,因为进行这场战争的是占统治地位的资产阶级(而战争是"政治的继续");以前沙皇同英法资本家订立的瓜分世界和掠夺他国的秘密条约,特别清楚地说明了这场战争的帝国主义性质。

孟什维克把这样一场战争称为防御战争或革命战争,就是卑鄙地欺骗人民,而考茨基赞成孟什维克的政策,就是赞成欺骗人民,赞成小资产者愚弄工人、把工人绑在帝国主义者的战车上来为资本效劳。考茨基实行典型的市侩庸人政策,以为**提出口号**就能改变事实,并向群众灌输这种荒谬思想。资产阶级民主的全部历史打破了这种幻想,因为资产阶级民主派为了欺骗人民,过去和现在总是什么"口号"都提得出来的。问题是要**考察**他们的诚意,把他们的言论和他们的**行动**加以对比,不要满足于唯心主义的或骗人的**空话**,而要彻底弄清**阶级现实**。要使帝国主义战争不再成为帝国主义战争,不能依靠骗子、空谈家或市侩庸人提出甜蜜的"口号",而只有实际**打倒**进行帝国主义战争、同战争有千丝万缕的(甚至千绳万索的)经济联系的**阶级**,只有真正革命的阶级即无产阶级起来掌握政权。**不然就无法摆脱帝国主义战争,也无法摆脱帝国主义的掠夺性的和平。**

考茨基赞成孟什维克的对外政策,宣布这个政策是国际主义的、齐美尔瓦尔德派的政策,第一,这样他就充分表明了机会主义的齐美尔瓦尔德多数派的腐朽(难怪我们齐美尔瓦尔德**左派**[129]当时就同这个多数派划清界限了!),第二,——这也是最重要的——考茨基就从无产阶级立场转到了小资产阶级立场,从革命的立场转到了改良主义的立场。

无产阶级争取用革命手段推翻帝国主义资产阶级,小资产阶级则争取在**服从**帝国主义的条件下用改良主义手段"改善"帝国主义,适应帝国主义。当考茨基还是马克思主义者的时候,例如在1909年写《取得政权的道路》的时候,他坚持的正是战争必然引起**革命**这一思想,说**革命纪元**正在临近。1912年的巴塞尔宣言直接而明确地指出,正是德英两个集团间的那种帝国主义战争(这场战争果然在1914年爆发了)将引起**无产阶级革命**。可是当1918年战争引起了一些国家的革命的时候,考茨基却不去说明它们的必然性,不去周密思索和认真考虑**革命的**策略,考虑准备革命的方式和方法,反而把孟什维克的改良主义策略叫做国际主义。难道这不是叛徒行径吗?

考茨基赞扬孟什维克主张军队保持战备状态,责备布尔什维克加紧"瓦解"本来已经瓦解得很厉害的"军队"。这也就是赞扬改良主义,赞扬服从帝国主义资产阶级,责备革命,背弃革命。因为在克伦斯基统治下,保持战备状态,就等于保持而且确实保持了**资产阶级**(虽然是共和派资产阶级)指挥的军队。大家知道,而且事变的进程也明显地证实,这支共和派军队由于保留了科尔尼洛夫的军官而保持了**科尔尼洛夫的**精神。资产阶级的军官不能不是科尔尼洛夫式的,不能不倾向于帝国主义,倾向于用暴力镇压无产阶级。照旧保持帝国主义战争的一切基础,保持**资产阶级**专政的一切基础,在小处进行修补粉饰("改良"),——孟什维克的策略归结起来**实际上**就是如此。

事情完全相反,任何一次大革命都得"瓦解"军队,而且不这样做不行。因为军队是支持旧制度的最坚硬的工具,是维护资产阶级纪律、支持资本统治、保持并培养劳动者对资本的奴隶般的驯服和服从的最坚固的柱石。反革命派从来不容忍而且也不能容忍武装工人和军队并存。恩格斯说过:法国每次革命以后,工人总是武装起来了;"因此,掌握国家大权的资产者的第一个信条就是解除工人的武装。"①武装工人是**新**军队的萌芽,是**新**社会制度的组织细胞。破坏这个细胞,不让它发展起来,——这就是资产阶级的第一个信条。马克思和恩格斯多次着重指出,任何取得胜利的革命的第一个信条就是打碎旧军队,解散旧军队,用新军队代替它②。一个上升到统治地位的新的社会阶级,如果不使旧军队完全解体(即反动的或胆小的市侩叫喊的所谓"瓦解"),不经历一个没有任何军队的最困难最痛苦的时期(法国大革命就经历了这样一个痛苦时期),不逐渐建立起、在艰苦的内战中建立起新阶级的新军队、新纪律、新军事组织,它无论过去和现在都不能取得也不能巩固这种统治地位。历史学家考茨基从前是懂得这一点的。叛徒考茨基却忘记了这一点。

既然考茨基**赞成**孟什维克在俄国革命中的策略,他又有什么权利称谢德曼之流为"政府派社会党人"呢?孟什维克拥护克伦斯基,加入他的内阁,同样也是政府派社会党人。只要考茨基一提出进行帝国主义战争的**统治阶级**的问题,他就绝对回避不了这个结论。然而考茨基避免提出一个马克思主义者所必须提出的关于统治阶级的问题,因为只要提出这个问题,叛徒的真面目就暴露出来了。

德国的考茨基派、法国的龙格派、意大利的屠拉梯派都这样推论说:社会主义是以各民族的平等、自由、自决为前提的,**所以当我**们国家遭到进攻或者敌军侵入我国领土时,社会主义者有权利而

---

① 见《马克思恩格斯文集》第3卷第101页。——编者注
② 同上书,第154页。——编者注

且有义务保卫祖国。从理论上看,这种推论或者完全是对社会主义的嘲弄,或者是骗人的遁词;而从政治实践上看,这种推论同那些对战争的社会性即阶级性,对革命政党在反动战争期间的任务连想也不会去想的十分无知的庄稼汉的推论是一样的。

社会主义反对对民族使用暴力。这是无可争辩的。而且社会主义一般是反对对人使用暴力的。但是,除了信基督教的无政府主义者和托尔斯泰主义者**130**以外,谁也没有由此得出结论说,社会主义反对**革命**暴力。可见,笼统地谈论"暴力",而不分析那些区别反动暴力和革命暴力的条件,那就成了背弃革命的市侩,或者简直是用诡辩来自欺欺人。

对民族使用暴力的问题也是这样。一切战争都是对民族使用暴力,但这并不妨碍社会主义者**赞成**革命战争。战争有阶级性——这就是摆在社会主义者(如果他不是叛徒)面前的基本问题。1914—1918 年的帝国主义战争,是帝国主义资产阶级的两个集团为了瓜分世界、为了分赃、为了掠夺和扼杀弱小民族而进行的战争。1912 年的巴塞尔宣言就是这样估价战争的,事实也证实了这种估价。谁不这样看战争,他就不是社会主义者。

如果威廉统治下的德国人或克列孟梭统治下的法国人说,既然敌人侵入我的国家,我作为一个社会主义者,就有权利和义务保卫祖国,——如果这样说,这就不是社会主义者的推论,不是国际主义者的推论,不是革命无产者的推论,而是**市侩民族主义者**的推论。因为在这种推论中,工人反对资本的革命的阶级斗争不见了,从世界资产阶级和世界无产阶级的角度对**整个**战争的估价不见了,就是说,国际主义不见了,剩下的只是褊狭的顽固的民族主义。我的国家受欺凌了,其他我一概不管——这就是这种推论的结论,这就是它的市侩民族主义的狭隘性。这正像一个人明明看见在对个人使用暴力,却说:社会主义是反对暴力的,因此,我宁可叛变,也不坐牢。

假如一个法国人、德国人或意大利人说,社会主义是反对对民族使用暴力的,**因此**,敌人侵入我的国家,我就要起来自卫,——假如这样说,就是**背叛**社会主义和国际主义。因为这种人**只看见**自己的"国家",把"本国的"……**资产阶级**看得高于一切,而不考虑使战争成为帝国主义战争、使**他的**资产阶级成为帝国主义掠夺链条的一环的**国际联系**。

所有的市侩和愚昧无知的庄稼汉正是像考茨基派、龙格派、屠拉梯派等等叛徒那样推论的:敌人在我的国家,其余我一概不管。①

社会主义者、革命的无产者、国际主义者的推论则不同:战争的性质(是反动战争还是革命战争)不取决于是谁进攻,"敌人"在谁的国境内,而**取决于是哪一个阶级**进行战争,这场战争是哪一种政治的继续。如果这场战争是反动的帝国主义的战争,就是说,是由帝国主义的、强暴的、掠夺成性的反动资产阶级的两个世界集团进行的战争,那么任何一国的资产阶级(甚至小国的资产阶级)都成了掠夺的参加者,而我的任务,革命无产阶级的代表的任务,就是准备**世界无产阶级革命**,因为这是摆脱世界大厮杀惨祸的**唯一**

---

① 社会沙文主义者(谢德曼、列诺得尔、韩德逊、龚帕斯之流等等)在战争期间根本不谈"国际"。他们认为反对**本国的**资产阶级就是"背叛"……社会主义。他们**赞成本国的**资产阶级的侵略政策。社会和平主义者(即口头上的社会主义者,实际上的市侩和平主义者)表现出种种"国际主义的"情感,奋起反对兼并等等,但**实际上继续支持本国的**帝国主义资产阶级。这两类人的差别很小,正像凶言恶语的资本家和甜言蜜语的资本家的差别一样。

出路。我不应该从"自己"国家的角度来推论(因为这是民族主义市侩这类可怜的笨蛋的推论,他不知道他是帝国主义资产阶级手中的玩物),而应该从**我参加**准备、宣传和促进世界无产阶级革命的角度来推论。

这才是国际主义,这才是国际主义者、革命工人、真正的社会主义者的任务。这也就是叛徒考茨基"忘记了"的**常识**。当考茨基从赞同小资产阶级民族主义者(俄国的孟什维克,法国的龙格派,意大利的屠拉梯派,德国的哈阿兹派)的策略转到批评布尔什维克的策略时,他的叛徒行径就更加明显了。请看他的批评:

> "布尔什维克的革命建筑在这种假设上面:这个革命将是全欧洲的革命的出发点;俄国的大胆创举将唤醒全欧洲的无产者起来斗争。
>
> 既然这样假设,俄国的单独媾和将采取什么形式,这种媾和将给俄国人民造成多少苦难和领土损失〈原文为 Verstümmelungen,词义是肢体残缺或残废〉,对民族自决将作出什么样的解释,当然都无所谓了。俄国能不能自卫,也是没有关系的。照这种观点看来,欧洲革命能最好地捍卫俄国革命,它一定会使旧俄境内各民族得到完全的和真正的自决。
>
> 将在欧洲实现社会主义和巩固社会主义的欧洲革命,也一定会帮助俄国消除经济落后对实行社会主义生产所造成的障碍。
>
> 只要俄国革命必然引起欧洲革命这个基本假设能够成立,所有这些都很合逻辑,很有根据。但是,如果欧洲革命不发生,又怎么办呢?
>
> 直到现在,这种假设还没有得到证实。于是人们责备欧洲无产者,说他们抛弃和出卖了俄国革命。这种责备简直是无的放矢,因为究竟是要谁来对欧洲无产阶级的行动负责呢?"(第28页)

往下考茨基不厌其烦地补充说,马克思、恩格斯、倍倍尔曾不止一次地对他们所期待的革命的到来估计错了,但是他们从来没有把他们的策略建筑在期待"**在一定时期内**"发生革命上面(第29页),而布尔什维克却"把一切都押在全欧洲的革命这一张牌上"。

　　我们故意摘引这样长的一段话,好让读者清楚地看到,考茨基怎样"巧妙地"篡改马克思主义,用卑鄙的反动的市侩观点偷换马克思主义。

　　第一,把显然愚蠢的思想加到论敌身上,然后加以驳斥,这是不大聪明的人使用的手法。如果布尔什维克真是把他们的策略建筑在期待其他国家**在一定时期内**发生革命上面,那当然是愚蠢的。但布尔什维克党并没有做过这样的蠢事。我在给美国工人的信(1918年8月20日)中直接同这种愚蠢思想划清了界限,我说,我们指望美国革命,但并不指望它在一定时期内发生①。我同左派社会革命党人和"左派共产主义者"**131**论战的时候(1918年1—3月)不止一次发挥过这种思想。考茨基玩了一套卑劣的……十分卑劣的歪曲事实的把戏,他对布尔什维主义的批评就是建筑在这套把戏上的。他把指望欧洲革命在较短时期内但不是在一定时期内发生的策略,同指望它在一定时期内发生的策略搅和在一起。这是一个卑劣的、十分卑劣的捏造!

　　后一种策略是愚蠢的。前一种策略是马克思主义者、任何一个革命无产者和国际主义者**必须**采取的,其所以**必须**,因为只有这种策略才是用马克思主义观点正确地估计战争在欧洲各国造成的客观形势,只有这种策略才符合无产阶级的国际任务。

　　考茨基用关于布尔什维克革命家可能犯但并没有犯的一种错误的小问题,偷换了关于整个革命策略的原则的大问题,从而安然无事地背弃了整个革命策略!

　　政治上的叛徒考茨基,在理论上**甚至不能提出**关于革命策略

_____

　　①　参看本卷第62页。——编者注

的客观前提的**问题**。

这里我们已经接触到了第二个问题。

第二，如果欧洲有**革命形势**存在，马克思主义者就必须指望欧洲革命。社会主义无产阶级的策略在有革命形势时和没有革命形势时是不可能一样的，这是马克思主义的起码的真理。

考茨基要是提出这个马克思主义者必须提出的问题，他就会看到，问题的答案必然是反对他的。在战前很久，一切马克思主义者，一切社会主义者都认为，欧洲战争一定会造成革命形势。当考茨基还不是叛徒的时候，他在 1902 年（在《社会革命》一书中）和1909 年（在《取得政权的道路》一书中）都明确地承认过这一点。用整个第二国际的名义发表的巴塞尔宣言也承认了这一点。难怪各国社会沙文主义者和考茨基派（即动摇于革命派和机会主义派之间的"中派"）都像害怕洪水猛兽一样地害怕巴塞尔宣言中有关的声明！

可见，期待欧洲革命形势，并不是布尔什维克的痴心妄想，而是一切马克思主义者的**共同意见**。考茨基大谈布尔什维克"向来相信暴力和意志的万能"，以此来回避这个无可争辩的真理，这正是用无聊的空话来**遮盖**他那避而不提革命形势问题的可耻行为。

其次，革命形势真正到来了没有呢？这个问题考茨基也没有能够提出来。经济事实回答了这个问题：战争在各地造成的饥荒和经济破坏就意味着革命形势。政治事实也回答了这个问题：从1915 年起，陈旧腐朽的社会党分裂的过程，无产阶级**群众离开**社会沙文主义领袖向左转，转到革命思想、革命情绪、革命领袖方面来的过程，**在所有**国家里清楚地显露出来了。

在1918 年 8 月 5 日考茨基写他的这本小册子的时候，只有害怕革命、叛变革命的人才会看不见这些事实。现在呢，在1918年10月底，大家都看见，欧洲**许多**国家的革命在极迅速地发展。希望人家照旧把自己看成马克思主义者的"革命家"考茨基，竟成了十分近视的庸人（像马克思所讥笑的1847年的庸人一样），看不见日益迫近的革命！！

这里我们已经接触到了第三个问题。

第三，在欧洲有了革命形势的情况下，革命策略有什么特点呢？变成了叛徒的考茨基害怕提出马克思主义者必须提出的这个问题。考茨基像一个典型的庸人市侩或无知的农民那样推论："全欧洲的革命"来到了没有呢？如果来到了，那**他也**愿意做一个革命者！但是那时候，我们可以说，所有的混蛋（正像现在有时混进取得了胜利的布尔什维克队伍里的坏蛋一样）都会宣布自己是革命者！

如果没有到来，考茨基就要离开革命！考茨基丝毫不懂得这个道理：革命马克思主义者不同于庸人和市侩的地方，在于他善于向无知的群众**宣传**正在成熟的革命必然到来，**证明**它的不可避免，**说明**它对人民的好处，帮助无产阶级和一切被剥削的劳动群众作好进行革命的**准备**。

考茨基把谬论加到布尔什维克身上，说他们指望欧洲革命将在一定时期内到来，把一切都押在这一张牌上。这种谬论正是反对考茨基自己的，因为从他的话里正好得出这样的结论：如果欧洲革命在1918年8月5日以前到来，布尔什维克的策略就是正确的！考茨基提到的这个日子正是他写这本小册子的日子。而在8月5日过去几个星期以后，可以看出欧洲许多国家的革命正在到来，于是考茨基的全部叛徒行径，他篡改马克思主义的全部行为，他在用革命观点推论问题、甚至用革命观点提出问题方面的笨拙无能，就暴露得淋漓尽致了！

考茨基写道：有人责备欧洲的无产者叛变，这种责备简直是无的放矢。

考茨基先生，您错了！您拿镜子照一照，就会看到这个矢所对准的"的"究竟是谁。考茨基做出天真的样子，假装不知道，是**谁**在这样责备，这个责备又是**什么意思**。其实考茨基明明知道，是德国的"左派"，斯巴达克派[132]，即李卜克内西和他的朋友在责备，而且现在还在这样责备。这种责备表示一种**明确的认识**：德国无产阶级扼杀芬兰、乌克兰、拉脱维亚、爱斯兰，也就是背叛了俄国的（和国际的）革命。这种责备首先和主要不是针对一向受压抑的**群众**，而是针对谢德曼和考茨基这类**领袖**，因为这些领袖**没有履行**自己的职责，没有到群众中去进行革命鼓动、革命宣传和革命工作以克服群众的保守心理，因为这些领袖的活动实际上**违反**被压迫阶级群众中一直蕴蓄着的革命本能和革命倾向。谢德曼之流公开地、粗暴地、无耻地、多半是自私自利地出卖了无产阶级，转到了资产阶级方面。考茨基派和龙格派也是这样干的，不过他们犹豫动摇，畏首畏尾地看着当前的强者的脸色行事。考茨基在战争期间写的一切著作都不是支持和发扬革命精神，而是**扑灭革命精神**。

考茨基竟不了解，"责备"欧洲无产者出卖了俄国革命具有何等巨大的**理论**意义，尤其具有何等巨大的宣传鼓动意义，——这一点完全可以成为表明德国正式社会民主党的"中间"领袖像市侩那样愚钝的历史见证了！考茨基不了解，在德意志"帝国"的书报检查条件下，没有背叛社会主义的德国社会党人李卜克内西和他的朋友们，几乎只有通过这种"责备"，才能表示**他们是在号召德国工**

人打倒谢德曼和考茨基之流，踢开这些"领袖"，摆脱他们那种使人愚钝、使人庸俗的说教，**不管**他们，**不理会**他们，越过他们，而走向革命，**去进行革命**！

考茨基不理解这一点。他怎么能理解布尔什维克的策略呢？难道能指望一个根本背弃革命的人会考虑和估量革命在一种最"困难"场合的发展条件吗？

布尔什维克的策略是正确的策略，是**唯一**国际主义的策略，因为它不是建筑在害怕世界革命的怯懦心理上面，不是建筑在"不相信"世界革命的市侩心理上面，不是建筑在只顾保卫"自己"祖国（自己的资产阶级的祖国）而其余一切都"无所谓"的狭隘民族主义愿望上面，而是建筑在对欧洲革命形势的正确的（在战前，在社会沙文主义者和社会和平主义者变节以前，是一致公认的）**估计**上面。这个策略是唯一国际主义的策略，因为它尽力做到在一个国家内所能做到的一切，**以便**发展、援助和激起**世界各国**的革命。这个策略的正确已为巨大的成就所证实，因为布尔什维主义已经成为**世界的**布尔什维主义（这决不是由于俄国布尔什维克的功劳，而是由于世界各地**群众**对真正革命的策略表示最深切的同情），它提供了在具体内容、实际内容上有别于社会沙文主义和社会和平主义的思想、理论、纲领和策略。布尔什维主义**彻底粉碎**了谢德曼和考茨基之流、列诺得尔和龙格之流、韩德逊和麦克唐纳之流的陈旧腐朽的国际；这些人今后只会互相妨碍，步调不一，虽然他们梦想"统一"，使死尸复活。布尔什维主义为第三国际**建立**了思想基础和策略基础，这个国际才是真正无产阶级的和真正共产主义的国际，它既估计到和平时代的成就，也估计到**已经开始了的革命时代**的经验。

布尔什维主义把"无产阶级专政"的思想普及到了全世界，把这个词先从拉丁文译成俄文，以后又译成世界**各种**文字，并且以**苏维埃政权**这个实例表明：**甚至**一个落后国家中最缺少经验、最缺少教育、最缺少组织习惯的工人和贫苦农民，**都能够**在整整一年内，在极大的困难当中，在同剥削者(受到**全**世界资产阶级支持的剥削者)作斗争中，保持住劳动者的政权，建立起比世界上以往的一切民主都高得多和广得多的民主，**开始**千百万工人农民在实际实现社会主义方面的创造活动。

布尔什维主义在实际上十分有力地促进了欧美无产阶级革命的发展，这是迄今任何一个国家的任何一个政党都没有做到的。全世界工人日益清楚地看到，谢德曼和考茨基之流的策略没有使他们摆脱帝国主义战争和给帝国主义资产阶级充当雇佣奴隶的处境，这种策略不能成为供世界各国效法的典范；同时，全世界无产者群众日益清楚地看到，布尔什维主义指出了摆脱战争惨祸和帝国主义的正确道路，布尔什维主义**是可供各国效法的策略典范**。

不仅全欧洲而且全世界的无产阶级革命都在成熟，这是大家都看到的；俄国无产阶级的胜利则帮助了它，加速了它，支援了它。这一切对取得社会主义的完全胜利还不够吗？当然不够。一个国家是不可能做出更多的事情来的。但是这一个国家，由于建立了苏维埃政权，还是做了很多事情，即使世界帝国主义通过德帝国主义同英法帝国主义的勾结，明天摧毁了俄国苏维埃政权，即使出现这种最坏最坏的情况，布尔什维克的策略也还是给社会主义带来了很大的好处，还是支持了不可战胜的世界革命的发展。

在"经济分析"的幌子下
为资产阶级效劳

　　上面已经说过,如果要名副其实,考茨基的书就不应该叫做《无产阶级专政》,而应该叫做《资产阶级对布尔什维克的攻击的旧调重弹》。

　　孟什维克关于俄国革命的资产阶级性质的旧"理论",即孟什维克对马克思主义的旧歪曲(1905年**被考茨基驳倒的**歪曲!),现在又被我们这位理论家捡了起来。不管这个问题对俄国马克思主义者怎样枯燥无味,我们还是得谈一谈。

　　俄国革命是资产阶级革命,——俄国所有的马克思主义者在1905年以前都是这样说的。孟什维克用自由主义偷换马克思主义,他们得出结论说:可见,无产阶级不应该超出资产阶级所能接受的范围,它应该采取同资产阶级妥协的政策。布尔什维克说,这是自由派资产阶级的理论。资产阶级力求按照资产阶级的方式,即用**改良的**而不是革命的方法改造国家,尽可能地保持君主制和地主土地占有制等等。无产阶级应该把资产阶级民主革命进行到底,不让自己受资产阶级改良主义的"束缚"。布尔什维克当时对资产阶级革命中的**阶级**力量对比是这样表述的:无产阶级联合农民,中立自由派资产阶级,彻底摧毁君主制、中世纪制度和地主土地占有制。

　　无产阶级联合**一般**农民,也就表现了革命的资产阶级性质,因为一般农民就是以商品生产为基础的小生产者。接着,布尔什维克当时就补充说,无产阶级联合**全体半无产阶级**(一切被剥削的劳动者),中立中农,**推翻**资产阶级,这就是与资产阶级民主革命不同的社会主义革命(见我在1905年写的《两种策略》①一书,重新刊载于1907年彼得堡出版的《十二年来》文集中)。

1905年考茨基间接参加了这次争论[133],他就当时的孟什维克普列汉诺夫提出的质问发表了实质上是**反对**普列汉诺夫的意见,特别引起了布尔什维克刊物的讥笑。现在考茨基**只字**不提那时的争论(害怕他自己的话揭露他自己!),从而使德国读者根本无法了解问题的实质。考茨基先生在1918年**不能**告诉德国工人,他在1905年曾怎样主张工人同农民联合而不同自由派资产阶级联合,他当时根据什么条件维护这种联合,他为这个联合拟定了什么纲领。

开了倒车的考茨基,现在却在"经济分析"的幌子下,自命不凡地谈论"历史唯物主义",为让工人服从资产阶级的主张辩护,引证孟什维克马斯洛夫的言论,来反复解释孟什维克的陈旧的自由主义观点;引证是用来证明关于俄国落后的新思想的,而从这种新思想得出的却是旧结论,其精神是,在资产阶级革命时期不应该比资产阶级走得更远!这根本违反了马克思和恩格斯在比较1789—1793年法国资产阶级革命和1848年德国资产阶级革命时所说的一切!②

谈到考茨基的"经济分析"的主要"论据"和主要内容之前,我们先要指出,作者开头几句话就表现出思想的混乱或浅薄到了可笑的地步。

① 见本版全集第11卷。——编者注
② 参看《马克思恩格斯文集》第2卷第74—76页。——编者注

　　我们这位"理论家"一本正经地说:"直到现在,俄国的经济基础还是农业,而且正是小农生产。以此为生的居民约占$\frac{4}{5}$,甚至可能占$\frac{5}{6}$。"(第45页)第一,可爱的理论家,您想过没有,在这大批的小生产者中间究竟会有多少剥削者呢? 当然,不超过总数的$\frac{1}{10}$,而在城市中还要少,因为城市的大生产较为发达。极而言之,假定五分之一的小生产者是剥削者,没有选举权,那也可以看出,在苏维埃第五次代表大会上占百分之六十六的布尔什维克是代表**大多数居民**的。此外还要补充一点,就是大部分左派社会革命党人一直拥护苏维埃政权,就是说,基本上是**全体**左派社会革命党人都拥护苏维埃政权,到1918年7月,一部分左派社会革命党人冒险进行暴动,原来的党也就发生分裂,另外组成了两个新党,即"民粹派共产党"和"革命共产党"[134](组成这两个新党的,是一些著名的左派社会革命党人,他们曾经由旧党推举出来担任国家要职,例如属于前一党的有扎克斯,属于后一党的有柯列加耶夫)。可见,考茨基自己就推翻了——无意中推翻了! ——他所说的赞成布尔什维克的似乎是少数居民这种可笑的童话。

　　第二,可爱的理论家,您是否想过,小农生产者**必然**动摇于无产阶级和资产阶级之间呢? 这个为欧洲全部现代史所证实的马克思主义真理,被考茨基恰巧"忘记了",因为它把考茨基一再重复的孟什维克的全部"理论"打得粉碎! 如果考茨基没有"忘记"这一点,他就不能否认在小农生产者占优势的国家里必须实行无产阶级的专政。— — —

　　现在来看看我们这位理论家的"经济分析"的主要内容吧。

　　考茨基说,苏维埃政权是一种专政,这是无可争议的。"但这是不是**无产阶级**专政呢?"(第34页)

"按照苏维埃宪法,在有权参加立法和管理的居民中间,农民占大多数。如果把那个被人们说成是**无产阶级**专政的东西贯彻下去,如果一般说来,一个阶级能够直接实现只有政党才能实现的专政,那它就会是**农民**专政。"(第35页)

善良的考茨基非常满意这个很深奥很机智的推论,于是就想挖苦一下,他说:"这样看来,痛苦最少地实现社会主义,似乎只有交给农民才有保证。"(第35页)

我们这位理论家引用了半自由主义者马斯洛夫许多非常深奥的话,来极详细地证明一种新思想:对农民有利的是粮价高,是城市工人的工资低,等等。附带说一下,对于战后时期真正的新现象注意得愈少,这种新思想的叙述就愈是枯燥无味;这些现象就是:例如农民出卖粮食不是要钱而是要商品,农民的农具不够,而且花多少钱也买不到所需数量的农具。关于这一点,下面还要特别讲到。

总之,考茨基责备布尔什维克,责备无产阶级政党,说它把专政、把实现社会主义的事业交到小资产阶级农民手里了。妙极了,考茨基先生!据您的高见,无产阶级政党对于小资产阶级农民究竟应该采取什么态度呢?

关于这一点,我们的理论家想必是记起了"开口为银,闭口是金"的格言,觉得还是默不作声为妙。但是考茨基在下述推论中露出了马脚:

"苏维埃共和国刚成立时,农民苏维埃是全体**农民的**组织。现在这个共和国宣布,苏维埃为无产者和**贫苦**农民的组织。富裕农民失去了苏维埃的选举权。贫苦农民在这里被认为是'无产阶级专政'下社会主义土地改革的经常的、大量的产物。"(第48页)

多么厉害的讽刺啊!在俄国,从任何一个资产者的口里都可以听到这种讽刺，他们都幸灾乐祸，嘲笑苏维埃共和国公开承认贫苦农民的存在。他们嘲笑社会主义。这是他们的权利。但是，一个"社会主义者"居然嘲笑我国在四年毁灭性的战争之后还有贫苦农民存在（而且还将长期存在），这样的"社会主义者"只有在叛变之风盛行的环境中才能产生出来。

再往下看吧：

"……苏维埃共和国干涉富裕农民和贫苦农民的关系，不过不是用重分土地的办法。为了消除市民缺粮现象，把武装的工人队伍派到农村，夺取富裕农民的余粮。这些粮食一部分给市民，一部分给贫苦农民。"（第48页）

社会主义者和马克思主义者考茨基一想到这种办法会推行到大城市的郊区以外（现在这种办法在我国已推行到全国了），自然是愤慨得很。社会主义者和马克思主义者考茨基带着庸人那种无与伦比的、令人叫绝的冷淡（或愚钝）态度，用教训的口吻说道："……这种办法〈剥夺富裕农民〉只会把不安宁和内战这种新因素带进生产过程〈把内战带进"生产过程"，这真是一种超自然的现象！〉，而要使生产过程健全起来，又迫切需要安宁和安全。"（第49页）

是的，是的，为了那些隐藏余粮、破坏粮食垄断法、使城市居民挨饿的剥削者和粮食投机者的安宁和安全，马克思主义者和社会主义者考茨基当然是该叹息和流泪的。考茨基、亨利希·维贝尔（维也纳）、龙格（巴黎）和麦克唐纳（伦敦）之流先生们，都异口同声地喊道：我们都是社会主义者、马克思主义者和国际主义者，我们都赞成工人阶级革命，只是……只是不要破坏粮食投机者的安宁和安全！而且我们要用"马克思主义"方法援引"生产过程"来掩盖这种为资本家效劳的卑鄙龌龊的行为……　如果这是马克思主义,什么才是向资产阶级阿谀献媚呢?

请看我们这位理论家竟说了些什么。他责备布尔什维克把农民专政冒充为无产阶级专政。同时又责备我们把内战带进农村(我们认为这是我们的**功绩**),把武装的工人队伍派往农村,去公开宣布实行"无产阶级和贫苦农民的专政",帮助贫苦农民,剥夺投机者、富裕农民违反粮食垄断法而隐藏起来的余粮。

一方面,我们这位马克思主义理论家主张纯粹民主,主张革命阶级即被剥削劳动者的领袖服从多数居民(因而也包括剥削者在内)。另一方面,他**反对**我们,说革命必然是资产阶级性的,其所以是资产阶级性的,是因为农民整个说来都站在资产阶级社会关系的基础上面,同时他又自以为是在维护无产者的、阶级的、马克思主义的观点!

这不是"经济分析",而是头等的混乱。这不是马克思主义,而是支离破碎的自由主义学说,是鼓吹向资产阶级和富农献媚。

这个被考茨基搅乱了的问题,布尔什维克早在1905年就完全阐明了。是的,**当我们同全体农民一起前进时**,我们的革命是资产阶级的革命。这是我们十分清楚地意识到的,是我们从1905年以来说过千百次的,我们从来没有试图跳过历史过程的这个必经阶段,也没有试图用法令把它取消。考茨基拼命想在这一点上"揭露"我们,结果只是揭露了他自己观点上的混乱,揭露了他害怕回忆起他在1905年还不是叛徒时所写的东西。

可是,在1917年,从**4月**起,即在十月革命以前很久,在我们夺取政权以前很久,我们就已公开说过并向人民解释过:现在革命不能就此止步,因为国家前进了,资本主义前进了,经济破坏已达到空前的程度而**要求**(不管谁愿不愿意)向前迈进,**走向社会主义**。

因为,不这样就**不能**前进,就**不能**拯救备受战争摧残的国家,就**不能减轻**被剥削劳动者的痛苦。

结果正同我们所说的一样。革命进程证实了我们的论断是正确的。**起初**同"**全体**"农民一起,反对君主制,反对地主,反对中世纪制度(因此,革命还是资产阶级革命,是资产阶级民主革命)。**然后**同贫苦农民一起,同半无产阶级一起,同一切被剥削者一起,**反对资本主义**,包括反对农村的财主、富农、投机者,因此革命变成了**社会主义**革命。企图在这两个革命中间筑起一道人为的万里长城,企图**不用**无产阶级的准备程度、无产阶级同贫苦农民联合的程度而用其他什么东西来分开这两个革命,就是极大地歪曲马克思主义,把马克思主义庸俗化,用自由主义代替马克思主义。这就是冒充博学,借口资产阶级比中世纪制度进步,暗中为资产阶级进行反动的辩护,以反对社会主义无产阶级。

顺便指出,苏维埃所以是民主制的最高形式和最高类型,正因为它把**工农群众**联合起来,吸引他们参与政治,它是最接近"人民"(指马克思在 1871 年谈到真正的人民革命时所说的"人民")①、最灵敏地反映群众在政治上阶级上的成熟发展到什么程度的晴雨表。苏维埃宪法不是按照什么"计划"写出的,不是在书斋里制定的,也不是资产阶级的法学家强加给劳动群众的东西。不,这个宪法是在**阶级斗争**发展进程中随着**阶级矛盾**的成熟而**成长起来**的。正是考茨基所不能不承认的那些事实证明了这一点。

起初苏维埃联合了全体农民。正是由于贫苦农民不开展、落后、无知,领导权才落到了富农、财主、资本家、小资产阶级知识分

---

① 参看《马克思恩格斯文集》第 10 卷第 352—353 页。——编者注

子的手里。这是小资产阶级即孟什维克和社会革命党人（只有考茨基那样的傻瓜或叛徒，才会认为这两种人是社会党人）占统治地位的时期。小资产阶级必然地、不可避免地动摇于资产阶级专政（克伦斯基，科尔尼洛夫，萨文柯夫）和无产阶级专政之间，因为小资产阶级由于它的经济地位的根本特性，不能采取任何独立行动。顺便说一下，考茨基完全背弃了马克思主义，他分析俄国革命时，用法律上形式上的"民主"概念，用帮助资产阶级掩盖它的统治、欺骗群众的"民主"概念来支吾搪塞，**忘记了**"民主"实际上有时表现**资产阶级专政**，有时表现服从这个专政的市侩的软弱无力的改良主义，等等。照考茨基看来，在资本主义国家中，有资产阶级政党，有领导无产阶级大多数即无产阶级群众的无产阶级政党（布尔什维克），但是**没有**小资产阶级政党！孟什维克和社会革命党人没有**阶级根源**，没有小资产阶级根源！

小资产阶级即孟什维克和社会革命党人的动摇，启发了群众，促使他们的大多数、一切"下层"、一切无产者和半无产者离开了这样的"领袖"。布尔什维克在苏维埃中（到1917年10月在彼得格勒和莫斯科）占了优势，社会革命党人和孟什维克内部的分裂加剧了。

布尔什维主义革命的胜利意味着动摇的终结，意味着君主制和地主土地占有制的完全破坏（这种土地占有制在十月革命以前还**没有**破坏）。**资产阶级**革命由我们进行**到底**了。农民**整个说来**是跟着我们走的。他们同社会主义无产阶级的对抗，一时还不会显现出来。苏维埃联合了**全体**农民。农民内部的阶级分化还没有成熟，还没有显露出来。

这个过程在1918年夏秋两季得到了发展。捷克斯洛伐克军的反革命暴动唤醒了富农。富农暴动的浪潮遍及全俄国。贫苦农民不是从书本上，不是从报纸上，**而是从实际生活中**知道他们的利益同富农、财主、农村资产阶级的利益是不能调和的。"左派社会革命党人"同任何一个小资产阶级政党一样，反映了群众的动摇，并且正是在1918年夏天发生了分裂：一部分人跟捷克斯洛伐克军同流合污（在莫斯科举行暴动，普罗相占据了电报局，——占据了一小时！——向全国宣告布尔什维克已被推翻；后来，讨伐捷克斯洛伐克军的集团军总司令穆拉维约夫又实行叛变[135]，等等）；上面讲过的那一部分人仍然同布尔什维克在一起。

由于城市缺粮情况严重，粮食垄断问题（理论家考茨基在自己的经济分析中重弹十年前马斯洛夫的旧调，"忘记了"粮食垄断这件事！）变得愈来愈尖锐了。

地主资产阶级的甚至是民主共和制的旧国家，常常把实际受资产阶级支配的武装队伍派到农村去。这是考茨基先生不知道的！他不认为这是"资产阶级专政"，绝对不是！这是"纯粹民主"，尤其是资产阶级议会赞成这样做的时候！在1917年夏秋两季，阿夫克森齐耶夫、谢·马斯洛夫伙同克伦斯基、策列铁里之流以及诸如此类的社会革命党人和孟什维克逮捕过土地委员会委员，这件事考茨基"没有听说过"，他对这件事实只字不提！

全部问题在于，通过民主共和制实行资产阶级专政的资产阶级国家，不能在人民面前承认这个国家是为资产阶级服务的，不能说真话，不得不戴上假面具。

巴黎公社类型的国家，苏维埃国家，则公开地直截了当地对人民说**真话**，声明它是无产阶级和贫苦农民的专政，并且正是用这样的真话把在任何民主共和制下都是受压抑的千百万新公民吸引到自己方面来,通过苏维埃吸引他们参与政治、**民主**和国家管理。苏维埃共和国从两个首都把一队队武装工人,首先是比较先进的武装工人,派到农村去。这些工人把社会主义带到农村,把贫苦农民吸引到自己方面来,组织他们,教育他们,帮助他们**镇压资产阶级的反抗**。

凡是了解情况和到过农村的人都说,我国农村**本身**只在1918年夏秋两季才经历"十月"(即无产阶级)革命。转折点到了。富农暴动的浪潮被贫苦农民的奋起、"贫苦农民委员会"的发展所代替。在军队中,工人出身的政治委员、工人出身的军官、工人出身的师长和集团军司令多起来了。正当傻瓜考茨基被1918年的七月危机**[136]**和资产阶级的狂吠所吓倒,在资产阶级后面"使劲跟着跑",写了一整本小册子,深信布尔什维克快要被农民推翻的时候,正当这个傻瓜把左派社会革命党的退出看做拥护布尔什维克的人的范围"缩小了"(第37页)的时候,布尔什维主义拥护者的**实际范围**却**在无限地扩大**,因为千百万贫苦农民正在觉醒起来,参加**独立**的政治生活,摆脱富农和农村资产阶级的监护和影响。

我们失去的是几百个左派社会革命党人、无气节的知识分子和农民中的富农,得到的却是千百万贫苦农民①。

在两个首都的无产阶级革命实现一年以后,在这个革命的影响和帮助下,穷乡僻壤的无产阶级革命发生了,它最终地巩固了苏维埃政权和布尔什维主义,最终地证明了国内没有一种力量能够同布尔什维主义相对抗。

---

① 在苏维埃第六次代表大会(1918年11月6—9日)上,有表决权的代表有967人,其中布尔什维克占950人,有发言权的代表有351人,其中布尔什维克占335人。加在一起,布尔什维克占总数97%。

俄国无产阶级同全体农民一起完成了资产阶级民主革命,就最终地过渡到了社会主义革命,这时它分裂了农村,把农村无产者和半无产者吸引到自己方面来,使他们联合起来反对富农和资产阶级,其中包括农民资产阶级。

假如两个首都和大工业中心的布尔什维主义无产阶级未能把贫苦农民团结在自己周围去反对富裕农民,那就证明俄国进行社会主义革命的条件还"没有成熟",农民仍旧是一个"整体",就是说在经济上政治上精神上仍旧受富农、财主、资产阶级领导,革命也就没有超出资产阶级民主革命的范围。(但是要附带说一句,即使这样,也不能证明无产阶级不应该夺取政权,因为只有无产阶级才把资产阶级民主革命真正进行到底了,只有无产阶级才为加速世界无产阶级革命的到来做了一些重要的事情,只有无产阶级才建立了苏维埃国家,它是继巴黎公社之后走向社会主义国家的第二步。)

另一方面,假如布尔什维主义无产阶级未能等待农村的阶级分化,未能**准备好**这种分化并使之实现,在 1917 年 10—11 月就立刻试图"命令"在农村中进行内战或"实施社会主义",而不同全体农民结成暂时的同盟(联盟),不向中农作一系列让步等等,那就是用**布朗基主义**[137]歪曲马克思主义,那就是**少数人**企图把自己的意志强加于多数人,那就是在理论上荒谬绝伦,不懂得全体农民的革命**还**是资产阶级革命,不懂得在落后的国家里不经过**许多过渡**,不经过**许多过渡阶段**,就不能把资产阶级革命变成社会主义革命。

考茨基在这个最重要的理论和政治问题上把**一切**都弄乱了,而在实践上简直成了资产阶级的奴才,大叫大嚷地反对无产阶级专政。

＊　　　　＊　　　　＊

另一个极有意义极重要的问题,也被考茨基弄得同样混乱,甚至更加混乱。这个问题就是:苏维埃共和国在土地改革这一极困难的也是极重要的社会主义改革方面的**立法**活动,在原则上是否提得正确,其次,实际进行得是否恰当? 西欧任何一个马克思主义者,只要是在看了最重要的文件之后对我们的政策提出**批评**,我们是感激不尽的,因为这样做,是对我们极大的帮助,也是对全世界正在成熟的革命的帮助。但考茨基不是进行批评,而是制造极大的理论混乱,把马克思主义变成自由主义,在实践方面则对布尔什维克进行毫无根据的、恶毒的、庸俗的攻击。让读者来判断吧:

"大地产不能保持下去了。这是革命造成的。这是一看就很清楚的事情。不能不把大地产交给农民了⋯⋯"(不对,考茨基先生,您用您认为"很清楚的事情"代替了不同**阶级**对这个问题的态度;革命历史证明,资产者同小资产者即同孟什维克和社会革命党人组成的联合政府执行的是保持大地产的政策。谢·马斯洛夫的法令和土地委员会委员的被捕[138]尤其证明了这一点。没有无产阶级专政,"农民"就战胜不了同资本家联合起来的地主。)

"⋯⋯但是这应当通过什么形式来实现,却没有一致的意见。可以设想不同的解决办法。〈考茨基最关心的是"社会党人"的"一致",而不管自称社会党人的是谁。至于资本主义社会的各个基本阶级一定会有不同的解决办法,他却忘记了。〉从社会主义观点看来,最合理的办法是把大企业收归国有,然后交给一直在这些企业里当雇佣工人的农民,由他们用协作社的形式经营这些大田庄。但是采取这个办法要有农业工人,而俄国没有农业工人。还有一个办法,就是把大地产收归国有,然后把它分成小块租给少地的农民。这样也许还会实现一些社会主义成分……"

考茨基仍像往常那样,用那套出名的办法来搪塞:一方面不能不承认,另一方面必须承认。他把各种解决办法**罗列出来**,不去考虑——唯一现实地、唯一合乎马克思主义地考虑——在某种**特殊**条件下从资本主义到共产主义的**过渡**应该是一些怎样的过渡。俄国有农业雇佣工人,但人数不多,至于苏维埃政权**提出的**怎样过渡到公社耕种制和协作社耕种制的问题,考茨基竟一字不提。但最可笑的是考茨基想把小块土地的出租看成有"一些社会主义成分"。其实这是**小资产阶级的**口号,其中**丝毫**也没有"社会主义成分"。如果出租土地的"国家"**不是**巴黎公社类型的国家,而是资产阶级议会制共和国(考茨基一贯设想的正是这样的国家),那么出租小块土地就是典型的**自由主义的改革**。

对于苏维埃政权废除了**一切**土地私有制这一点,考茨基则默不作声。更有甚者,他还玩了一套难以置信的偷梁换柱手法,在摘引苏维埃政权的法令时,把最重要的地方丢掉。

考茨基声称:"小生产力求生产资料完全私有",立宪会议会成为能够阻止分割土地的"唯一权威"(这种论断在俄国只会令人捧腹大笑,因为大家知道,工农认为**只有**苏维埃有权威,立宪会议已经成了捷克斯洛伐克军和地主的口号)。他接着说:

> "在苏维埃政府颁布的第一批法令中,有一道法令规定:1.立刻废除地主土地所有制,不付任何赎金。2.地主的田庄以及一切皇族、寺院和教会的土地,连同所有耕畜、农具、农用建筑和一切附属物,一律交给乡土地委员会和县农民代表苏维埃支配,直到立宪会议解决了土地问题时为止。"

考茨基**仅仅**引了**这两条**就作出结论说:

"提到由立宪会议解决,这始终是一纸空文。实际上各乡农民可以任意处理土地。"(第47页)

请看,这就是考茨基的"批评"的范例!这就是十分近乎伪造的"科学"作品。他向德国读者暗示:布尔什维克在土地私有制问题上向农民投降了!布尔什维克让农民各自("各乡")任意处理土地了!

其实,考茨基引用的1917年10月26日(俄历)颁布的第一道法令,不是两条,而是五条,**外加**"委托书"八条,其中并指出这份委托书"应该作为指南"。

法令第3条说:产业转**归人民**;必须编制"全部没收财产的清册",并"用革命手段严加保护"。委托书中说:"永远废除土地私有权";"经营水平高的农场所占的土地""**不得分割**";"被没收的土地上的全部耕畜和农具,视其大小和用途,无偿转归国家或村社专用";"一切土地都归入全民地产"。

其次,在解散立宪会议(1918年1月5日)的同时,苏维埃第三次代表大会通过了现在已纳入苏维埃共和国根本法的《被剥削劳动人民**权利宣言**》①。宣言第2条第1项说:"废除土地私有制","模范田庄和模范农业企业属于国家财产"。

可见,提到由立宪会议解决,并**没有**成为一纸空文,因为另一个在农民看来有无比巨大权威的全民代表机构负起了解决土地问题的责任。

其次,1918年2月6日(19日)公布了土地社会化法令。这个法令重申废除一切土地私有制,把土地、**全部私有**农具和耕畜交给苏维埃当局支配,**由联邦苏维埃政权进行监督**。法令对支配土地

---

① 见本版全集第33卷。——编者注

的任务作了如下规定：

　　"减少个体经济，发展就节省劳动和产品来说更为有利的农业集体经济，以便向社会主义经济过渡。"（第11条第5项）

　　这个法令规定**平均**使用土地，同时对"谁有权使用土地"这一基本问题作了如下回答：

　　（第20条。）"为了社会需要和个人需要，可以使用俄罗斯苏维埃联邦共和国境内的地面的为：（一）用于文化教育方面：（1）国家即苏维埃政权（联邦、区域、省、县、乡、村等各级政权）机关。（2）社会团体（由地方苏维埃政权监督和批准）。（二）用于经营农业方面：（3）农业公社。（4）农业协作社。（5）村团。（6）单个家庭和个人……"

　　读者可以看出，考茨基完全歪曲了事实，他向德国读者介绍的俄国无产阶级国家的土地政策和土地法令已经面目全非了。

　　一些具有重大理论意义的基本问题，考茨基甚至提都提不出来！

　　这些问题就是：

　　（1）平均使用土地以及

　　（2）土地国有化。这两种办法同社会主义的关系，特别是同从资本主义向共产主义过渡的关系。

　　（3）共耕制是从分散的小农业到公共的大农业的过渡；苏维埃法令对这个问题的提法能不能满足社会主义的要求？

　　关于第一个问题，首先必须明确下列两个基本事实：（一）布尔什维克在估计1905年的经验时（例如见我论第一次俄国革命中土地问题的著作①）就曾指出平均使用土地的口号具有要求民主的

---

　　① 见本版全集第16卷《社会民主党在1905—1907年俄国第一次革命中的土地纲领》。——编者注

进步意义、革命意义,1917 年**在**十月革命**前**,又十分明确地说过这一点。(二)布尔什维克在通过土地社会化法令(平均使用土地的口号是这个法令的"灵魂")时曾经十分明确地说:这不是我们的主张,我们不同意这个口号;但我们认为有责任通过这个口号,因为这是绝大多数农民的要求。而大多数劳动者的主张和要求应该由**他们自己抛弃**,因为这种要求既不能"取缔",也不能"跳过"。我们布尔什维克要**帮助**农民抛弃小资产阶级口号,使他们能尽量迅速、尽量容易地从这种口号**过渡到**社会主义口号。

　　一个马克思主义理论家要想用自己的科学分析帮助工人革命,就必须回答下列问题:第一,平均使用土地的主张具有要求民主的革命意义,具有把**资产阶级**民主革命进行到底的意义,这种说法是否正确? 第二,布尔什维克投票通过(并十分忠实地遵守)平均使用土地的小资产阶级法令,这种做法是否正确?

　　考茨基甚至未能**看出**,从理论上说,问题的关键在哪里!

　　考茨基永远也无法否认平均使用土地的主张在资产阶级民主革命中具有进步意义和革命意义。这个革命只能到此为止。当这个革命进行到底的时候,它就**更加明显**、更加**迅速**、更加**容易地**向群众暴露出资产阶级民主主义的解决办法的**不足**,必须超出这个范围,过渡到**社会主义**。

　　打倒了沙皇制度和地主的农民渴望平均使用土地,任何一种力量也不能阻止摆脱了地主、摆脱了**资产阶级**议会制共和国的农民去实现这种理想。无产者对农民说:我们要帮助你们达到"理想的"资本主义,因为平均使用土地在小生产者看来就是资本主义的理想化。同时我们要向你们指出这种办法的不足和过渡到共耕制的必要性。

　　要是看看考茨基怎样试图否认无产阶级对农民斗争的**这种**领导的正确性，倒是一件很有意义的事情！

　　考茨基宁愿回避问题……

　　其次，考茨基公开欺骗德国读者，对他们隐瞒了这个事实：苏维埃政权**在土地法令中**把公社和协作社放在第一位，给了它们**直接的**优先权。

　　同农民一起，把资产阶级民主革命进行到底；同贫苦农民即同农民中的无产者和半无产者一起，向社会主义革命前进！这就是布尔什维克的政策，而且这是唯一马克思主义的政策。

　　可是考茨基乱套了，连一个问题也提不出来！一方面，他**不敢**说无产者在平均使用土地问题上应该同农民分道扬镳，因为他觉得这样做是荒谬的（而且考茨基在1905年还没有成为叛徒的时候，曾明确而直接地坚持工农联盟是革命胜利的条件）。另一方面，他又以赞同的态度引用孟什维克马斯洛夫的自由主义庸俗言论，这位马斯洛夫"证明"小资产阶级的平等**从社会主义观点来看**是空想的和反动的，却不说小资产阶级争取平等、争取平均使用土地的斗争**从资产阶级民主革命观点来看**是进步的和革命的。

　　考茨基的观点混乱到了极点。请看，他（1918年）**坚持**认为俄国革命是**资产阶级**性的。他（1918年）要求不要超出这个范围！而同一位考茨基又认为把小块土地租给**贫苦**农民这种**小资产阶级**改革（即近乎平均使用土地）含有"一些**社会主义成分**"（对于**资产阶级**革命来说）！！

　　真是莫名其妙！

　　此外，考茨基还暴露出他和庸人一样不善于考虑一定政党的实际政策。他摘引孟什维克马斯洛夫的**言论**，却**不愿意看到**孟什维克党1917年的**实际**政策；当时孟什维克党同地主和立宪民主党人"联合"，坚持实行实际上是**自由主义的土地改革**，坚持**同地主妥协**（证据就是土地委员会委员的被捕和谢·马斯洛夫的法令草案）。

考茨基没有看见，彼·马斯洛夫所谓小资产阶级的平等是反动的和空想的这种说法，实际上是在掩盖孟什维克主张农民同地主**妥协**（即让地主欺骗农民）而不许农民用**革命手段**推翻地主的政策。

好一个"马克思主义者"考茨基！

正是布尔什维克严格地估计到了资产阶级民主革命和社会主义革命的区别，他们把前者进行到底，就为过渡到后者打开了大门。这是唯一革命的和唯一马克思主义的策略。

考茨基枉费心机地重复着自由派的蹩脚的俏皮话："无论何时何地，小农都还没有在理论说服的影响下过渡到集体生产。"（第50页）

多么俏皮啊！

无论何时何地，一个大国的小农都没有受到无产阶级国家的影响。

无论何时何地，小农都没有**在**无产阶级国家政权用宣传、政治、经济和军事等手段援助贫苦农民的**条件下**，碰到过贫苦农民同富裕农民公开的阶级斗争以至国内战争。

无论何时何地，投机者和富人都没有在农民群众这样破产的情况下这样大发战争财。

考茨基重弹老调，搬弄那些旧道理，对无产阶级专政的新任务连想也不敢想。

请问可爱的考茨基,如果农民**缺乏**经营小生产的工具,而无产阶级国家**帮助**他们取得集体耕种土地的机器,这难道是"理论说服"吗?——

现在来讲土地国有化问题。我国的民粹派分子,包括一切左派社会革命党人在内,都否认我们实行的办法是土地国有化。他们在理论上是错误的。既然我们还处在商品生产和资本主义的范围内,土地私有制的废除就是土地国有化。"社会化"一词不过是表示向社会主义过渡的倾向、愿望和准备而已。

马克思主义者对土地国有化应采取什么态度呢?

考茨基在这里也是连理论问题都提不出来,或者是(这就更糟)故意回避问题,虽然从俄国文献中可以看出,考茨基知道俄国马克思主义者中间在土地国有、土地地方公有(将大田庄交给地方自治机关)和土地分配问题上早就有过争论。

考茨基硬说,将大田庄交给国家,然后分成小块租给少地的农民,这样就会实现"一些社会主义成分"。这简直是对马克思主义的嘲笑。我们已经指出,这里没有丝毫社会主义。不仅如此,这里也没有彻底的**资产阶级民主**革命。考茨基的最大不幸是他听信了孟什维克的话。于是闹出了这样的笑话:考茨基为我国革命的资产阶级性质辩护,责备布尔什维克妄想走向社会主义,同时**自己**又拿自由主义的改革冒充社会主义,**而且不把这种改革进行**到将土地占有方面的中世纪制度完全肃清!结果,考茨基也同他的孟什维克顾问一样,不是维护彻底的资产阶级民主革命,而是维护害怕革命的自由派资产阶级。

究竟为什么只把大田庄收归国有,而不把一切土地收归国有呢?因为自由派资产阶级用这种办法可以最大限度地保持旧东西

（就是使革命最不彻底），最容易恢复旧东西。激进派资产阶级，即把资产阶级革命进行到底的资产阶级所提出的，却是**土地国有**的口号。

考茨基在很早很早的时候，差不多在 20 年前，曾写过一本论述土地问题的马克思主义杰作，他不会不知道马克思说过的话：土地国有正是**资产阶级最彻底的**口号[①]。考茨基不会不知道马克思在《剩余价值理论》一书中同洛贝尔图斯的论战以及他的精彩说明，在这本书内，马克思特别清楚地指出了土地国有在资产阶级民主主义意思上的革命的意义。

被考茨基不恰当地选为自己的顾问的孟什维克彼·马斯洛夫，曾认为俄国农民不会赞成全部土地（包括农民的土地在内）国有化。马斯洛夫的这种观点，在一定程度上可能是同他的"新奇"理论（这个理论重复着批评马克思的资产阶级批评家的意见），即否认绝对地租、承认"土地肥力递减规律"（或如马斯洛夫所说的"土地肥力递减事实"）的观点有联系的。

其实，早在 1905 年革命中就已经表露出，俄国大多数农民，无论村社社员或单独农户，都赞成全部土地国有化。1917 年革命证实了这一点，在政权转到无产阶级手里之后，它就实现了这一点。布尔什维克始终忠于马克思主义，没有企图（同考茨基对我们的凭空指责刚好相反）"跳过"资产阶级民主革命。布尔什维克首先帮助资产阶级民主主义的农民思想家中最激进、最革命、最接近无产阶级的分子，即左派社会革命党人，实行了实际上是土地国有的办法。从 1917 年 10 月 26 日起，即从无产阶级社会主义革命的第一

---

① 参看《马克思恩格斯全集》第 1 版第 26 卷第 2 册第 39 页。——编者注

天起,俄国土地私有制就被废除了。

这就造成了从发展资本主义的角度来看是最好的基础(如果考茨基不背弃马克思学说,就不能否认这一点),同时也建立了对过渡到社会主义来说是**最灵活的**土地制度。从资产阶级民主主义的观点看来,俄国的革命农民**已经走到尽头**,因为从这种观点看来,比土地国有、比平均使用土地"更理想""更激进的"办法是**不可能有的**。正是布尔什维克,只有布尔什维克,完全是依靠**无产阶级革命**的胜利,才帮助农民把资产阶级民主革命真正进行到底了。只是这样,布尔什维克才为促进和加速向社会主义革命的过渡作了最大限度的努力。

由此可见,考茨基献给读者的是多么不可思议的混乱思想,他指责布尔什维克不懂得革命的资产阶级性质,自己却暴露出背离了马克思主义:**闭口不谈**土地国有化,同时把最不革命的(从资产阶级的观点来看)自由主义的土地改革当做"一些社会主义成分"! ——

这里已经接触到了上面提出的第三个问题,即俄国无产阶级专政对过渡到共耕制的必要性认识得够不够。考茨基在这里又玩弄了一套近乎伪造的手法:他只是引证了一个布尔什维克关于向集体耕种制过渡的任务的"提纲"! 我们这位"理论家"引了其中一条之后,就扬扬得意地嚷道:

> "可惜得很,把某件事情宣布为任务,并不能使任务得到解决。在俄国,集体农业现在还只能是一纸空文。无论何时何地,小农都还没有在理论说服的基础上过渡到集体生产。"(第50页)

无论何时何地,都没有人像考茨基那样堕落到用文字骗人。他摘引"提纲",而不提苏维埃政权的**法令**。他谈论"理论说服",而不提无产阶级国家政权既掌握工厂,又掌握商品! 1899年的马克思主义者考茨基在《土地问题》一书中谈到无产阶级国家拥有使小农逐步过渡到社会主义的各种手段时所写的一切,被1918年的叛徒考茨基忘得干干净净。

当然,几百个由国家维持的农业公社和国营农场(即由国家出资、由工人协作社耕作的大农场)是很不够的。可是考茨基回避这个事实难道能够叫做"批评"吗?

在俄国,无产阶级专政实行的土地国有化,最充分地保证了把资产阶级民主革命进行到底,即便反革命的胜利会使土地国有化退到土地分配(关于这一点,我在论马克思主义者在1905年革命中的土地纲领一书内作了专门的分析)。此外,土地国有化为无产阶级国家在农业中过渡到社会主义提供了最有利的条件。

总之,考茨基在理论上真是一塌糊涂,完全背弃了马克思主义,在实践上则是向资产阶级及其改良主义卑躬屈膝。他的批评真是妙不可言!

＊　　　　＊　　　　＊

考茨基对工业所作的"经济分析"是用下面这段妙论开场的:

俄国有资本主义大工业。能不能在这个基础上建立起社会主义生产呢?"如果社会主义就是各个厂矿的工人把厂矿拿来当做自己的财产〈直译就是据为己有〉,以便每个工厂单独经营,那是可以这样设想的。"(第52页)考茨基补充说:"正是今天,8月5日,当我写这段话时,莫斯科报道了列宁8月2日的一篇讲话,说他在讲话中提到:'工人牢牢地掌握着工厂,农民决不会把土地交给地主。'①'工厂归工人,土地归农民'这个口号,从来不是社会民主党

---

① 　见本卷第25页。——编者注

人的口号,而是无政府工团主义者的口号。"(第52—53页)

我们把这段议论全部抄下来,好让从前尊敬过考茨基的(而且尊敬得有道理的)俄国工人亲自看看投降资产阶级的叛徒所使用的手法。

真难以设想,8月5日俄国已经有了许多关于工厂国有的法令,而且没有一个工厂被工人"据为己有",**所有**工厂都归共和国所有,可是在这个8月5日,考茨基竟用明显的欺骗手法来解释我的讲话中的一句话,想使德国读者相信俄国把工厂交给了一个个工人!接着考茨基在好几十行里喋喋不休,说不能把工厂交给单个工人!

这不是批评,而是资本家雇来诬蔑工人革命的资产阶级奴仆所使用的手法。

工厂应该交给国家,或者交给地方自治团体,或者交给消费合作社,——考茨基再三这样说,最后他补充道:

"在俄国,人们现在也试图走这条道路……"现在!! 这是什么意思呢? 是指8月吗? 为什么考茨基不能请他的施泰因、阿克雪里罗得或俄国资产阶级的其他朋友哪怕译出一个工厂法呢?

"……在这方面走了多远,现在还看不出来。无论如何,苏维埃共和国的这一方面,是我们最感兴趣的,但是这一方面现在还完全处于朦胧状态。法令并不缺……〈因此考茨基忽视了或对读者隐瞒了法令的**内容**!〉可是关于这些法令实施的情况,却缺乏可靠的消息。没有全面的、详尽的、可靠的、报道迅速的统计,社会主义生产是不可能的。苏维埃共和国至今还不能建立这样的统计。我们所知道的有关它的经济活动的消息极为矛盾,而且根本无从核对。这也是实行专政和压制民主的结果之一。没有新闻自由和言论自由……"(第53页)

历史竟然被写成这样! 考茨基从资本家和杜托夫分子的"自

由"报刊上会得到关于工厂交给工人的消息……　这个超阶级的"郑重的学者"真是妙不可言！无数的事实证明工厂只是交给共和国,管理工厂的是苏维埃政权设立的、主要由工会选出的工人参加的机关——最高国民经济委员会,可是考茨基对这些事实一个也不愿意提起。他像套中人那样顽固,口口声声说：给我和平的民主,没有内战、没有专政而有很好的统计（苏维埃共和国建立了统计机关,吸收了俄国所有的优秀的统计人才,当然,要很快得到理想的统计,还是不可能的）的民主。总之,考茨基要求的是没有革命的革命,没有激烈斗争的革命,没有暴力的革命。这同要求在罢工时工人与雇主双方都不要有狂热的冲动一样。请把这种"社会主义者"同庸俗的自由主义官僚区分区看！

考茨基根据这种"实际材料",也就是以极端蔑视的态度故意避开无数事实,得出"结论"说：

"俄国无产阶级在苏维埃共和国得到的真正实际果实（不是法令）,是不是会比它从立宪会议——后者也同苏维埃一样,大多数代表是社会党人,不过色彩不同罢了——得到的多些,这是很值得怀疑的。"（第58页）

这不是妙得很吗？我们奉劝考茨基的信徒们把这段名言拿到俄国工人中间广为传播,因为这是考茨基提供出来说明他在政治上堕落的最好不过的材料。工人同志们,克伦斯基也曾是"社会党人",不过"色彩不同"罢了！历史学家考茨基只看右派社会革命党人和孟什维克"据为己有"的那个称号。至于证明孟什维克和右派社会革命党人在克伦斯基时期支持资产阶级的帝国主义政策和抢劫行为的事实,历史学家考茨基是连听也不愿意听的；至于正是这些帝国主义战争和资产阶级专政的英雄们在立宪会议中占了多数的事实,考茨基则很谦虚地隐讳不谈了。这还叫做"经济分析"

呢！……

最后还举一个"经济分析"的范例：

"……苏维埃共和国成立了9个月，不仅没有推广普遍福利，反而不得不说明发生普遍贫困的原因。"（第41页）

立宪民主党人已经让我们听惯了这种议论。俄国资产阶级的走狗都说：9个月过去了，你们拿出普遍福利来吧，就是说要在四年毁灭性战争之后，在外国资本从各方面支持俄国资产阶级的怠工和暴动的时候拿出普遍福利来。考茨基和反革命资产者**实际**上绝无差别，丝毫没有差别。用"社会主义"作招牌的甜言蜜语，不过是在重述俄国科尔尼洛夫分子、杜托夫分子和克拉斯诺夫分子露骨地、直截了当地、毫不掩饰地说出来的话。

＊　　　＊　　　＊

上面这些，是我在1918年11月9日写的。当天午夜得到了从德国传来的消息，说已经开始的革命首先在基尔和北方沿海一带的其他城市取得胜利，那里的政权已转到工兵代表苏维埃手中，随后在柏林取得胜利，那里的政权也转到苏维埃手中了。[139]

本来还要给这本论述考茨基和无产阶级革命的小册子写个结束语，现在也就多余了。

尼·列宁
1918年11月10日

附　录　一
关于立宪会议的提纲[140]

附　录　二
王德威尔得论国家的新书

我读了考茨基的这本书之后，才看到王德威尔得的《社会主义反对国家》一书（1918年巴黎版），禁不住要把两本书作个比较。考茨基是第二国际（1889—1914年）的思想领袖；王德威尔得是社会党国际局主席，是第二国际的正式代表人物。两人都反映了第二国际的彻底破产，两人都用马克思主义词句作掩饰，以老练的记者的圆滑手腕"巧妙地"掩盖这种破产，掩盖自己破产和转到资产阶级方面去的事实。前者特别清楚地表明德国机会主义的典型特点，即笨拙，好发空论，粗暴地伪造马克思主义，其方法是把马克思主义中不能为资产阶级接受的东西一概砍掉。后者典型地表现了在罗曼语国家——在相当程度内可以说是在西欧一带（就是说：德国以西一带）——占统治地位的机会主义的特点，即比较圆滑，不那样笨拙，比较精巧地伪造马克思主义，所用的基本手法则与前者相同。

他们两人都从根本上歪曲了马克思的国家学说和无产阶级专

政学说,只是王德威尔得对第一个问题谈得多些,考茨基对第二个问题谈得多些。他们两人都抹杀这两个问题极其紧密而不可分割的联系。两人口头上都是革命者和马克思主义者,实际上都是叛徒,都是尽力**回避**革命。两人都丝毫没有那种贯穿在马克思和恩格斯的一切著作中的东西,丝毫没有那种把真正的社会主义同资产阶级的面目全非的社会主义区别开来的东西,就是说,他们**丝毫**没有说明革命的任务**不同于**改良的任务,革命的策略不同于改良主义的策略,无产阶级**消灭**雇佣奴隶的体系或秩序、制度这种作用,不同于"大"国无产阶级从资产阶级那里分享一点资产阶级的帝国主义超额利润和额外赃物这种作用。

现在我们举出王德威尔得几个最重要的论断来证实我们的看法。

王德威尔得同考茨基一样,非常热衷于引用马克思和恩格斯的言论。他同考茨基一样,对于马克思和恩格斯的言论,**除了**资产阶级完全不能接受的**以外**,**除了**把革命者和改良主义者区别开来的**以外**,什么都引用。关于无产阶级夺取政权的话,引了不知多少,因为这一点已被他们的实践纳入纯议会斗争的范围。马克思和恩格斯在有了巴黎公社的经验之后,认为必须对部分过时的《共产党宣言》加以补充,即说明这样一个真理:工人阶级不能简单地掌握现成的国家机器,而应当**打碎**这个机器。① 关于这一点,他**却一字不提**! 王德威尔得同考茨基一样,不约而同闭口不谈的恰恰是无产阶级革命**经验**中最重要的东西,恰恰是把无产阶级革命同资产阶级改良区别开来的东西。

---

① 参看《马克思恩格斯文集》第2卷第6页。——编者注

王德威尔得同考茨基一样,谈论无产阶级专政是为了拒绝这个专政。考茨基通过粗暴的伪造来干这件事。王德威尔得则用比较巧妙的手法来干同样的勾当。他在关于"无产阶级夺取政权"的这一节即第 4 节中,专门用(b)分节阐述了"无产阶级的集体专政"问题,"引用了"马克思和恩格斯的话(再说一遍:他恰恰把最主要的地方,即讲到**打碎**旧的资产阶级民主国家机器的地方丢掉了),并作出结论说:

> "……社会主义者通常是这样想象社会革命的:建立新的公社,但这次将是获得胜利的公社,并且不是在一个地方获得胜利,而是在资本主义世界各个主要中心获得胜利。
>
> 这是一个假设;但这个假设现在并没有什么不可思议之处,因为目前已经看得很明显,许多国家在战后时期必将发生空前的阶级对抗和社会动荡。
>
> 不过,如果说巴黎公社的失败——俄国革命的困难更不用说了——证明了什么,那就是:在无产阶级没有充分作好准备来利用那由于情势的发展可能落到自己手里的政权以前,要消灭资本主义制度是不可能的。"(第 73 页)

涉及问题实质的,仅此而已!

这就是第二国际的领袖和代表人物! 1912 年,他们签署了巴塞尔宣言,在宣言中直接谈到后来在 1914 年爆发的那种战争同无产阶级革命的联系,明确**宣告**这种革命**将要到来**。但是,当战争已经发生、革命形势已经形成的时候,他们,考茨基和王德威尔得之流,却开始拒绝革命了。请看,巴黎公社类型的革命只是一种并非不可思议的假设! 这同考茨基关于苏维埃在欧洲可能起的作用的论断毫无二致。

但是要知道,一切有教养的**自由主义者**都是这样说的,他们现在一定会同意说:新的公社"并非不可思议",苏维埃将起很大的作用,等等。无产阶级革命家和自由主义者不同的地方就在于,他作为一个理论家应该分析的正是巴黎公社和苏维埃作为**国家**的新的意义。马克思和恩格斯在分析巴黎公社的经验时,对这个问题作过许多详细的说明,王德威尔得对它们却**一概不提**。

马克思主义者作为一个实践家和政治家应当说明,现在只有社会主义叛徒才会拒绝下列任务:阐明无产阶级革命(巴黎公社类型的,苏维埃类型的,或者什么第三种类型的)的必要性,说明作好进行这种革命的准备的必要性,在群众中宣传革命,驳斥反对革命的市侩偏见等等。

无论考茨基或王德威尔得都根本不做这样的事情,这正是因为他们自己是社会主义的叛徒,是希望在工人中间保持他们的社会主义者声誉和马克思主义者声誉的叛徒。

我们从理论上来提出问题。

即使在民主共和国,国家也不过是一个阶级镇压另一个阶级的机器。考茨基知道、承认并赞成这个真理,但是……但是他避开最根本的问题:当无产阶级争得无产阶级国家的时候,它究竟应当镇压哪个阶级,为什么要镇压,用什么手段镇压。

王德威尔得知道、承认、赞成并引证马克思主义的这个基本原理(他的书第 72 页),但是……他只字不提**镇压剥削者的反抗**这一"不愉快的"(对资本家先生们)问题!!

王德威尔得也同考茨基一样,完全回避了这个"不愉快的"问题。这就是他们的叛徒行径之所在。

王德威尔得也同考茨基一样,是用折中主义代替辩证法的大师。一方面不能不承认,另一方面必须承认。一方面,国家可以理解为"一个民族的总和"(见利特雷编的词典——没说的,真是渊博的著作! ——王德威尔得的书第 87 页),另一方面,国家可以理解为"政府"（同上）。王德威尔得摘抄这个渊博的庸俗论调，称赞这种论调，把这种论调和马克思的言论**放在一起**。

王德威尔得说，"国家"一词的马克思主义的含义和通常的含义不同。因此可能产生"误解"。"马克思和恩格斯所说的国家，并不是广义的国家，不是作为管理机关、作为社会共同利益（intérêts généraux de la société）的代表的国家，而是作为国家政权的国家，是作为权威机关的国家，是作为一个阶级统治另一个阶级的工具的国家。"（王德威尔得的书第 75—76 页）

马克思和恩格斯说到消灭国家时，指的只是后一种含义的国家。"……过于绝对的论断，会有不确切的危险。在以单独一个阶级的统治为基础的资本家国家和以消灭阶级为目的的无产阶级国家之间，有许多过渡阶段。"（第 156 页）

请看，这就是王德威尔得的"手法"，它同考茨基的手法只是稍微有点不同，实质上则完全一样。辩证法否认绝对真理，是要阐明历史上对立物的更迭和危机的意义。折中主义者不愿意要"过于绝对的"论断，为的是暗中贯彻他们那种市侩庸人的愿望：用"**过渡阶段**"代替革命。

作为资本家阶级统治机关的国家和作为无产阶级统治机关的国家之间的过渡阶段，恰恰就是**推翻**资产阶级，**摧毁**、打碎**资产阶级**国家机器的**革命**，对于这一点，考茨基和王德威尔得之流都默不作声。

资产阶级专政应由**一个阶级即无产阶级**的专政来代替，**革命**的各个"过渡阶段"之后将是无产阶级国家逐渐消亡的各个"过渡阶段"，这一点，考茨基和王德威尔得之流都一笔勾销了。

这也就是他们在政治上的叛徒行径。

这也就是在理论上哲学上用折中主义和诡辩术偷换辩证法。

辩证法是具体的和革命的,它把一个阶级专政向另一个阶级专政的"过渡",同无产阶级民主国家向非国家("国家的消亡")的"过渡"区分开来。考茨基和王德威尔得之流的折中主义和诡辩术,为了迎合资产阶级,抹杀了阶级斗争中一切具体的和确切的东西,提出了"过渡"这个一般概念来掩盖(现代**十分之九的**正式**社会民主党人**都借此**掩盖**)背弃革命的行为!

　　王德威尔得作为一个折中主义者和诡辩家,比考茨基巧妙,精细,因为用"从狭义国家向广义国家的过渡"**一语**,可以避开任何革命问题,可以避开革命和改良的一切区别,甚至可以避开马克思主义者和自由主义者的区别。因为,有哪一个受过欧式教育的资产者会想到"一般地"否定这种"一般"意义的"过渡阶段"呢?

　　王德威尔得写道:"我同意盖得的意见,如果不预先实现下列两个条件,生产资料和交换资料的社会化是不可能的:

　　1.用无产阶级取得政权的办法,把现在的国家即一个阶级统治另一个阶级的机关,变成门格尔所说的劳动的人民国家。

　　2.把作为权威机关的国家和作为管理机关的国家分开,或者像圣西门所说的,把对人的管理和对物的管理分开。"(第89页)

　　王德威尔得把这段话加上了着重标记,来特别强调这些论点的意义。其实这是最纯粹的折中主义的糊涂观念,是同马克思主义的完全决裂!要知道,"劳动的人民国家"一语,不过是19世纪70年代德国社会民主党人所标榜的、而被恩格斯斥责为无稽之谈的"自由的人民国家"的旧调重弹。"劳动的人民国家"的说法是标准的小资产阶级民主派(如我国左派社会革命党人)的词句,是以**非阶级**概念代替阶级概念。王德威尔得把**无产阶级**(一个**阶级**)取得国家政权同"人民"国家相提并论,而没有觉察到这只能造成糊涂观念。从考茨基的"纯粹民主"得出的同样是糊涂观念,同样是站在市侩的反革命的立场上，忽视阶级革命的任务，忽视无产阶级阶级专政的任务，忽视**阶级**国家（无产阶级国家）的任务。

其次，只有在**任何**国家都消亡了的时候，对人的管理才会消失而让位给对物的管理。王德威尔得用这种比较遥远的未来，去掩盖和冲淡**明**天的任务——**推翻**资产阶级。

这种伎俩还是等于替自由派资产阶级效劳。自由主义者同意谈谈对人用不着管理的时候会是什么情形。为什么不能沉醉于这种无害的空想呢？至于无产阶级镇压抗拒剥夺的资产阶级的反抗，那就闭口不谈了。这是资产阶级的阶级利益所要求的。

"社会主义反对国家"。这是王德威尔得恭维无产阶级。恭维是不难的，任何一个"民主主义"政治家都善于恭维自己的选民。但掩藏在"恭维"下面的是反革命的反无产阶级的内容。

王德威尔得详细地转述了奥斯特罗戈尔斯基的言论[141]，说在现代资产阶级民主的文明的、冠冕堂皇的外表下掩藏着多少欺骗、暴力、收买、谎言、伪善以及对贫民的压制。但是，王德威尔得并没有从中得出结论。他看不出，资产阶级民主镇压被剥削劳动群众，**而无产阶级民主**则要**镇压资产阶级**。在这一点上，考茨基和王德威尔得都是瞎子。这些背叛马克思主义的小资产阶级叛徒是跟着资产阶级跑的，资产阶级的阶级利益**要求**他们避开这个问题，隐瞒这个问题，或者公然否认这种镇压的必要性。

市侩折中主义反对马克思主义，诡辩术反对辩证法，庸俗改良主义反对无产阶级革命，——这就是王德威尔得的书应该用的标题。

1918 年在莫斯科印成单行本　　　　　　译自《列宁全集》俄文第 5 版
　　　　　　　　　　　　　　　　　　第 37 卷第 235—338 页

关于国防委员会的任务和工作安排[142]

（1918 年 12 月 1 日）

工农国防委员会第一次会议

1

1918 年 12 月 1 日	概述的
1.任务概述	项目：
2.工会方面的补充	—
3.工作程序	

概述的 项目：
1.粮食问题
2.铁路问题
3.军队供应

4.动员知识分子

5.动员技术力量

6.燃料。

7.**国家监察部**和最高军事检查院。

2

一、给粮食人民委员部的任务——在四天之内作出加快收购进度和增加收购数量的计划，送交国防委员会 〉 实行军事化在粮食人民委员部内设一个局来改进食物**分配**和改进**分配**机构。

> 把军需总局并入粮食人民委员部 ＋铁路粮管处 。委托粮食人民委员部研究解决(a)关于给图拉弹药厂 ＋辛比尔斯克弹药厂 丙班工人运送粮食的问题,(b)关于莫斯科郊区从事泥炭和煤炭生产**以及木柴**生产的工人按红军标准供应口粮的问题。

二、奖励委员会。　　　　　　　　　　就第二个问题建

连环保委员会。　　　　　　　　　　立了**三个委员会**

国家监察人民委员部。突击检查

三、

四和五、交给克拉辛

> 克拉辛＋涅夫斯基＋哥尔布诺夫[143]

六、燃料委员会:列宁,

> 李可夫,
>
> 沃尔柯夫斯基,
>
> 涅夫斯基,
>
> 拉德琴柯。[144]

关于全权代表和承办人的问题。

七、最高军事检查院。

3

（1）要粮食人民委员部在最短期内提出大力抓紧收购粮食和饲料的计划。

（2）如果增加三人委员会的数量，这些委员会都要指定地方上的粮食工作者参加。

（3）委托克拉辛同志对彼得格勒存鞋的使用问题进行紧急调查。

（粮食人民委员部直属的霍登卡仓库）

（4）有什么要求，或者发现什么不当之处，务必立即简要地报告给主席。

载于1931年《列宁文集》俄文版　　　译自《列宁全集》俄文第5版
第18卷　　　　　　　　　　　　第54卷第406—407页

国防委员会燃料委员会决定草案[145]

(1918 年 12 月 2 日)

（1）担任燃料五人委员会主席的拉德琴柯每天抽出不多于两小时的时间处理泥炭委员会工作。

（2）建议林业委员会今天就对拖延付款一事[146]提出正式控告。

（1）委托林业委员会于两天内同军事部门商定：

（a）关于伐木工人和集材工人缓期服兵役的法律

（b）关于动员居民参加木材采运的法律。

（2）令农业人民委员部立即执行最高国民经济委员会命令，并在林业委员会的监督下于明日，即 12 月 3 日，公布关于划定采伐区和发放伐木许可证的决议。

（3）警告农业人民委员部中央林业司，今后如果再拖拉误事，只要林业委员会再控告一次，就要把全司人员抓起来，交给法庭审判。

（4）授权林业委员会检查各部门锯、斧的库存情况（即允许检查账簿和仓库）。

弗·乌里扬诺夫（列宁）

12 月 2 日

载于 1933 年《列宁文集》俄文版
第 21 卷

译自《列宁全集》俄文第 5 版
第 54 卷第 408 页

关于全俄肃反委员会工作的建议¹⁴⁷

(1918 年 12 月 3 日)

应由党龄在两年以上的党员担任领导。¹⁴⁸

修订铁路肃反委员会条例。¹⁴⁹

确认**工会的**和党的组织有**担保**权。

对诬告者要严加追究并处以枪决。

给予人民委员以担保权,要有两名部务委员签名。

给予参加审讯的权利¹⁵⁰,等等。

在对技术人员以及全体知识分子进行统计时,要预先通知:不登记的人就失去得到担保证明的权利。

立即扩大全俄肃反委员会的控诉与催办案件处。

载于 1933 年《列宁文集》俄文版
第 21 卷

译自《列宁全集》俄文第 5 版
第 37 卷第 535 页

关于利用国家监察工作的决定草案[151]

(1918年12月3日)

在利用国家监察来改进工作和加强国防力量的问题上,大多数委员都赞成实行突击检查,即派出拥有很大权限的工作组或委员会去各机关进行检查。

关于我们能拿出多少人力(首先是党员,其次是非党人士,但要绝对可靠的人)来进行实际检查的问题,要提出具体的确实的数字。各部门专家的数目;在行政管理方面有经验的同志的数目。

检查的任务有二:

最简单的任务——检查仓库、产品等等。

比较复杂的任务——检查工作的好坏;同怠工行为作斗争,彻底揭露这种行为;检查工作是如何组织的;确保最高的工作**效率**;等等。

首先是改进**粮食**和**交通**两个人民委员部的工作。

载于1931年《列宁文集》俄文版第18卷

译自《列宁全集》俄文第5版第37卷第339页

关于加快粮食收购进度和
增加粮食收购数量的建议草稿[152]

（1918年12月4日）

(1)把征粮军人员替换掉

(2)派特派员去落后地区等，**派出负有专门任务和负责发奖的组织员**……

(3)粮食人民委员部的机构，它的改革与"整顿"。

(4)**工人检查机关**……

为一些地方的国民经济委员会规定具体详细的任务，促使竞赛开展起来……

责成一些地方的军事当局给粮食部门调**一些**（明确规定是哪些）部队来做"征粮军"所做的那些工作。

载于1931年《列宁文集》俄文版
第18卷

译自《列宁全集》俄文第5版
第54卷第408—409页

对《关于建立工人粮食检查机关的条例》草案的意见¹⁵³

(1918 年 12 月 5 日)

1

人民委员会决定草稿

经常地

（1）检查紧急完成粮食人民委员部及粮食机关所规定的任务（明确规定的任务）的具体情况；

（2）同工人和劳动群众建立联系，并经常吸收他们参加运送和分配粮食的工作，先当证人，然后当检查机关成员；

（3）**所有的**工人检查机关有责任每周向地方的和中央的工会机关报告自己的活动情况；

（4）有发言权的……①

---

① 手稿到此中断。——俄文版编者注

2

对《条例》草案的意见

此草案按下列精神修改:(1)明确提出工人粮食检查机关的任务不只是熟悉公文处理,而主要是切实检查粮食机关进行食物的收购、运送和分配等工作的具体情况;

——其次(2)工人粮食检查机关的职责是帮助工人和劳动群众了解粮食政策,并吸收他们人人参加(第一步先当证人)粮食管理工作。

(3)——工人粮食检查机关有责任首先通过工会每周向广大的工人阶级群众和劳动居民群众报告工作。

载于1931年《列宁文集》俄文版
第18卷

译自《列宁全集》俄文第5版
第37卷第536—537页

对俄共(布)中央关于召开全俄银行职员代表大会的决定草案的意见

(不晚于 1918 年 12 月 6 日)

立即在十天内召开银行职员（两个工会的银行职员）代表大会，并成立两个人数均等的委员会来筹备这次大会。[154]

成立两个同样的人数均等的委员会来检查、发现和揭露怠工行为。

立即把银行国有化工作方面的任务认真交代给全俄信贷事业工作者工会的几摊子领导人，任务要明确、具体、实际，并规定较短的完成期限。

载于 1959 年《列宁文集》俄文版第 36 卷

译自《列宁全集》俄文第 5 版第 37 卷第 340 页

在莫斯科全省苏维埃、 贫苦农民委员会和俄共(布) 区委员会代表大会上的讲话

(1918 年 12 月 8 日)

简 要 报 道

　　(掌声如雷)列宁同志一开始就说,德奥两国最近几周的事变证明,我们原来对国际形势的估计是正确的,我们在制定政策时准确、清楚、正确地考虑到了四年战争的一切后果,现在这场战争果然由资本家分赃的战争变为各国资本家同本国无产阶级的战争了。本来西欧开始革命是很困难的,但是一开始后,它就比我国革命更迅速、更扎实、更有组织地在向前发展。

　　在谈到其他国家的工人运动在支援我们,并号召大家鼓足干劲时,列宁同志确认,我们每生存一个月,虽然都付出重大代价,但都使我们更加接近持久的胜利。

　　其次,在谈到目前的任务——乡、村苏维埃的改选时,列宁同志强调指出,只要意识到政权应当依靠工人、贫苦农民和中农,那么从最基层把劳动群众单独组织起来的一切困难都会得到克服。他认为,中农不是我们的敌人,他们只是动摇不定,随着苏维埃政权的巩固,他们会转到我们这边来。

　　列宁同志最后说,我们开始的建设事业,将由全世界的工人进行到底。(长时间鼓掌)

载于 1918 年 12 月 11 日《全俄中央
执行委员会消息报》第 271 号

译自《列宁全集》俄文第 5 版
第 37 卷第 341 页

在工人合作社
第三次代表大会上的讲话[155]

(1918 年 12 月 9 日)

(热烈欢呼)同志们,现在在工人合作社面前,不论在经济方面
或政治方面,都摆着极为重要的任务。这两方面的任务,从经济斗
争和政治斗争的意义说,现在是紧密联系着的,分不开的。至于合
作社的当前任务,我想强调一下"同合作社妥协"的意义。近来报
刊上谈得很多的妥协,根本不同于与资产阶级的妥协,后一种妥协
是叛变。我们现在说的妥协是一种十分特殊的妥协。苏维埃政府
同德国之间那种已经带来一些结果的妥协,和工人阶级同资产阶
级之间那种祸国殃民的妥协,有极大的差别。我认为,后者是在妥
协的幌子下彻底背叛阶级斗争,背叛社会主义基本原则。对于把
反对资产阶级、反对资本当做自己特定任务的社会主义者来说,这
个差别是不言而喻的。

我们大家都很清楚,对于我们的阶级斗争来说,只能有一种解
决办法:或者是承认资本的政权,或者是承认工人阶级的政权。我
们知道,小资产阶级政党要在国内制定并实行自己的政策的一切
尝试,是注定要完全失败的。我们清楚地看到和感受到一些小资
产阶级党派怎样不止一次地试图实行自己的政策,我们知道,这些
中间力量的一切尝试一定遭到失败。由于一些明摆着的情况,能

够在俄国实行统治的,能够左右俄国命运的,只有两支截然对立的主要力量。我甚至敢说,整个世界都是由这支或那支主要力量支撑着和主宰着的。对于俄国,可以肯定地说,由于一定的经济生活条件,能够领导运动的只是其中的一支力量。其余那些中间的力量虽然很多,但永远不可能在国内生活中起决定作用。

目前苏维埃政权应该考虑它同合作社妥协的问题了。在4月间,我们放弃了既定的目标,作了让步。当然,在一个正在消灭一切阶级的国家里,不应该有阶级的合作社,但是,我再说一遍,当时的情况要求稍为延缓一下,于是我们也就拖延了几个月。可是我们都知道,苏维埃政权在国内是永远不会放弃它现在的立场的。我们当时必须作这种让步,因为我们当时在整个世界上是孤立的,我们作让步是由于我们的工作遇到了困难。由于无产阶级担负的经济任务,我们必须容忍小资产阶级阶层的某些习惯,让它们保留下来。这里的关键在于,无论用什么方法,都必须保证全体被剥削劳动群众的活动目标明确,步调一致。我们应该时刻记住无产阶级对我们的要求。人民政权应该考虑到:当实际生活最终表明没有选择余地的时候,表明用中庸办法来解决国内政治生活问题的一切希望彻底破灭的时候,小资产阶级各个阶层就会愈来愈紧密地同执政的工人阶级联合起来。所有那些为治标办法打掩护的漂亮口号,什么人民意志、立宪会议之类,当真正的人民意志表现出来以后,马上就被一扫而光了。你们自己都看到了所有这些口号、这些治标办法的口号是怎样烟消云散的。我们看到,目前不仅在俄国有这样的情形,在整个世界革命的范围内也有这样的情形。

我想明确一下引起整个工人阶级极度憎恨的那种妥协和我们现在所要求的、同全体小农、同整个小资产阶级的妥协这两者之间的差别。在签订布列斯特和约期间，当我们接受这个和约的苛刻条件的时候，有人对我们说，世界革命没有指望，根本不可能爆发。当时我们在世界上十分孤立。我们知道，许多政党当时由于布列斯特和约而离开我们，投到资产阶级那边去了。当时我们经受了许多极其可怕的磨难。几个月以后，实际生活表明：没有也不可能有选择的余地，没有中间道路可走。

德国革命到来的时候，大家才明白：全世界都在闹革命，英国、法国和美国也在走同一条路，走我们的路！我国小资产阶级民主阶层跟着自己的保护人走的时候，不了解保护人在把他们引到哪里去，不了解他们正被引上资本主义道路。现在我们从德国革命的例子可以看到，这些民主派的代表、这些民主派的保护人、这些威尔逊之流的老爷强加给战败国人民的条约，比强加给我们的布列斯特条约更苛刻。我们清楚地看到，由于欧洲事变的进展，由于形势的变化，国际煽动破产了。现在每个国家的面目都清楚了。现在假面具都撕掉了，一切幻想都被世界历史这一把大锤粉碎了。

面对这样一些在过渡时期常有的动摇分子，苏维埃政权自然应该发挥自己的全部作用和影响，来实现我们现在提出的任务，来支持我们在4月间开始实行的政策。在4月间，我们曾经把实现既定目标的时间拖延了一些，我们有意识地公开地作了一些让步。

这里就发生了一个问题，我们在这条路上究竟走了多远。现在整个欧洲都清楚地看到我们干革命已经不是搞什么实验，于是这些文明民族就改变了对我们的态度。他们明白了：在这方面我们正在干一件前所未有的大事，而我们感到特别困难，是因为我们几乎一直都很孤立，完全被整个国际无产阶级遗忘了。在这方面我们犯了许多严重错误，这点我们丝毫也不隐瞒。我们本来应该努力团结全体居民，不应该造成任何不和。如果说我们直到现在还没有做到这一点，那我们早晚总得开始去做。我们已经同许多组织实行了合并。现在应该实行工人合作社同苏维埃组织的合并。从今年4月起，我们就已着手进行组织工作，以便通过试验开始行动起来，以便把我们积聚的一切社会政治力量动员起来。我们已经着手在全体居民中间组织消费品的供应和分配。我们每走一步都要检查，工作是做起来了，但在我们这个经济落后的国家里特别难做。我们同合作社的妥协从4月就开始了，已经颁布的关于完全合并、组织供应和分配的法令就是建立在这种妥协的基础上的。我们知道，上面那位发言人以彼得堡为例提到的摩擦，几乎到处都有。我们知道，这些摩擦根本无法避免，因为现在正是两种完全不同的机构相互接触合并的时期。可是我们也知道，这是避免不了的，我们必须过这一关。同样，你们应该懂得，工人合作社反抗这么久，终于引起了苏维埃政权对它不信任，这种不信任是完全正当的。

你们说：我们要独立。无论谁提出这种口号都会引起人们对他不信任，这是很自然的。既然抱怨摩擦，希望消除摩擦，那就首先要丢掉独立的念头，因为在大家渴望加紧合并的时候，谁持这种观点，他就是跟苏维埃政权作对。只要工人合作社坚定地、真诚地、公开地同苏维埃政权合并，这些摩擦就会开始消失。我很清楚，两个团体实行合并，开始的时候工作中总会有些小摩擦，但过些时候被接收团体得到了接收团体的信任，这些摩擦就会逐渐消失。但是，如果这两个团体仍旧分开，就有可能经常发生不同部门之间的摩擦。我真不明白，这里干吗要提独立。要知道，我们大家都认为，无论在供应或分配方面，整个社会应该是一个统一的合作社。我们大家都认为，合作社是社会主义的成果之一。取得社会主义成果的巨大困难就在这里。争取胜利的困难和任务就在这里。资本主义故意分裂各阶层的居民。这种分裂现象应该彻底消除，永远消除，整个社会应该变成劳动人民的统一的合作社。各个团体不能够有也不应该有什么独立。

　　刚才我说建立这种合作社是争取社会主义胜利的任务。因此我们说，无论我们在局部问题上有什么分歧，我们决不同资本主义作任何妥协，我们决不离开我们的斗争原则一步。我们现在要实行的同社会阶级的一些阶层的妥协，不是同资产阶级妥协，不是同资本妥协，而是同无产阶级和民主派的个别队伍妥协。这种妥协没有什么可怕的，因为这些阶层之间的一切纠纷将在革命的烈火中消失得无影无踪。现在需要的是一条，就是大家都抱有诚心诚意地参加这个统一的、全社会的合作社的共同愿望。苏维埃政权的业绩和合作社在这以前的业绩应该融合在一起。这就是苏维埃政权最近颁布的一项法令的内容。这就是许多地方的苏维埃政权代表在我们的法令公布以前所采取的态度。合作社建立的勋业一定要同苏维埃政权建立的勋业融合起来。一切为自由而斗争的阶层应该结成一个坚强的组织。我们知道，我们犯过许多错误，特别是在十月革命后的头几个月。但是从现在起，在过一段时间之后，我们将努力做到居民完全协调一致。要做到这一点，必须使一切服从苏维埃政权，必须尽快消除关于个别阶层以及工人合作社可以"独立"的种种幻想。这种"独立"的希望，只有在复辟希望还可能存在的地方才能存在。

　　从前西方人把我们和我们的整个革命运动当做一桩奇闻。他们说：让这些人去胡闹吧，看他们能闹出什么结果……　俄国人真

古怪！……　现在"古怪的俄国人"已向全世界表明了他们的"胡闹"是什么含义。（鼓掌）

现在德国革命已经开始，有一位外国领事对季诺维也夫说："到底是谁更好地利用了布列斯特和约，是你们还是我们，现在还很难说。"

他这样说是因为大家都这样说。大家都看见了，这不过是伟大的世界革命的开端。而这场伟大革命是由我们这些落后的"古怪的"俄国人开始的……　应当说，历史走的是奇怪的道路：一个落后的国家竟有幸走在伟大的世界运动的前列。全世界资产阶级都看到了这个运动，而且了解这个运动。这场火范围很大，德国、比利时、瑞士、荷兰都着起来了。

这个运动来势一天比一天猛烈，苏维埃革命政府一天比一天强大和巩固。因此，资产阶级现在对问题采取了一种迥然不同的态度。因此，在斧头就要落到世界资本主义头上的时候，根本谈不上各个政党的独立。美国就是一个最突出的例子。美国是最民主的国家之一，是一个堂堂的、属于全社会的民主共和国。在这个有各种选举权、有自由国家的一切权利的国家里，涉及权利的各种问题总该得到正确的解决吧。然而我们知道，在那里，在这个民主共和国里，是怎样对待一位神父的：给他满身浇上沥青，把他打得血肉模糊。这样的事情竟发生在一个自由的国家里，一个民主共和制的国家里。这样的事情竟为"人道的"、"博爱的"虎狼威尔逊之流所容许。现在威尔逊之流又是怎样对待战败国德国的呢？请看看展现在我们面前的世界关系的情景吧！这些情景可以使我们看到威尔逊这帮老爷向自己的朋友究竟提了些什么要求，因而具有百万倍、亿万倍的说服力。威尔逊之流转瞬间就会替我们把工作进行到底的。这帮老爷，这帮自由自在的亿万富翁，世界上"最人道的"人，转瞬间就能使自己的朋友再也不敢谈，甚至再也不敢想无论什么样的"独立"。他们会直截了当地逼你们选择：或者是拥护资本主义制度，或者是拥护苏维埃。他们会说：你们应该这样做，因为这是我们对你们说的，我们，英国人、美国人，即威尔逊之流，还有法国人，即克列孟梭们的同伙，是你们的朋友。

因此，你们决不要心存侥幸，以为可以多少保存一点独立。决不会有这样的事，想也没有用。既然保护私有财产的问题已经明确提了出来，而无产阶级已经进入自己的时代，也就不可能有中间道路好走了。实际生活势必把自己的各个方面或者和资本紧密地联结在一起，或者和苏维埃共和国更紧密地联结在一起。大家非常清楚，社会主义已进入实现的时代。大家都很清楚，如果给全体居民选举权，要维护或保持小资产阶级的地位是根本不可能的。也许威尔逊这帮老爷抱这种希望，就是说，不是抱希望，而是极力通过散布这类幻想的办法来粉饰自己的目的，不过我要说，相信这种神话的人现在找不到多少了，如果说还有，那都是稀世珍宝，应该送到博物馆去。（鼓掌）

我应该指出，你们一开始就闹分歧，要保持合作社的"独立"，这种企图别想得到什么结果。这样闹是不严肃的，是违反民主原则的。这事并不奇怪，因为威尔逊之流也是"民主主义者"。他们说，他们只要实现一种联合，因为他们的美元多得很，可以把整个俄国、整个印度以至整个世界都买下来。威尔逊就是这帮人的首领，他们的口袋里装满了美元，所以敢于夸口，要把俄国、印度以及其他地方都买下来。但是他们忘记了，国际范围内的主要问题根本不是这样解决的，他们的论点只能对某一些人、对某一个阶层发生影响。他们忘记了,世界上最强大的阶级每天通过的决议,我们的代表大会肯定也会一致通过的决议,都赞成世界上只由无产阶级一个阶级来实行专政。我们的代表大会既然通过这种决议,就踏上了这样一条道路,在这条道路上已经没有而且不可能有任何通向今天在这里谈到的"独立"的桥梁。你们知道,卡尔·李卜克内西不仅明确地反对小资产阶级农民,而且也反对合作社。你们知道,谢德曼一伙人因此认为他是幻想家和狂信者,然而你们自己正如向马克林表示敬意一样,也向他表示了敬意。你们既在一些问题上表示支持伟大的世界领袖,也就是下了决心不再后退,你们就应该站稳自己的立场,因为目前你们不仅在捍卫自己,捍卫自己的权利,而且在捍卫李卜克内西和马克林的权利。我不止一次地听到俄国孟什维克谴责妥协行为,攻击同德皇的奴才谈判的人。不单是俄国孟什维克在这方面有罪。当时全世界都指着鼻子骂我们是"妥协分子"。而现在,当世界革命已经开始的时候,当他们不得不同哈阿兹和考茨基之流打交道的时候,我们有理由用一句很好的俄国谚语来说明我们的情况:"置身一旁看得清,我们坐得多牢稳"……

我们知道自己的毛病,也不难指出这些毛病。但是从旁边来看,情况似乎不像实际上那样。你们知道,有一个时期其他政党没有一个人不谴责我们的所作所为和我们的政策,而现在我们知道,好些政党又找上门来,要同我们一起工作了[156]。现在世界革命运动的车轮在滚滚前进,无论什么样的妥协我们都不怕。我认为,我们的代表大会也会找到摆脱现状的正确出路。出路只有一条,就是合作社同苏维埃政权合并。你们知道,英、法、美、西班牙等国曾把我们的行动看做实验,现在他们不这样看了,他们在察看他们本国是否平安无事。当然，从人力、物力、财力来说，他们比我们强得多，然而我们知道，他们是外强中干；他们现在在实力上强过我们，就像德国在缔结布列斯特和约时强过我们一样。现在的情形怎样呢？在缔结布列斯特和约时大家断然离开了我们。而现在，在我们捍卫苏维埃共和国的每一个月里，我们不仅在捍卫自己，而且在捍卫李卜克内西和马克林所开始的事业，我们已经看到，英、法、美和西班牙等国也染上了德国那样的病，也燃起了德国那样的火——全世界工人阶级反帝斗争的烈火。（长时间鼓掌）

载于1919年《弗·列宁、弗·米柳亭和维·诺根在工人合作社第三次代表大会上的讲话》一书

译自《列宁全集》俄文第5版第37卷第342—351页

在全俄土地局、贫苦农民委员会和公社第一次代表大会上的讲话[157]

(1918年12月11日)

(热烈鼓掌,转为欢呼,全体起立)同志们,在我看来,这次代表大会的组成本身就表明,我们苏维埃共和国在社会主义建设事业中,尤其在对我国至关重要的农业关系方面,已经发生了重大的变化,已经有了长足的进步。这次大会上,土地局、贫苦农民委员会和农业公社三方面的代表济济一堂,表明我们的革命在这短短的一年内,在改造那些最难改造的关系方面,已获得了很大进展,而这些关系在过去历次革命中对社会主义事业阻碍最大,要保证社会主义的胜利,必须对这些关系实行最深刻的改造。

在十月革命以后,我国革命发展的第一个阶段,第一个时期,主要是战胜全体农民的共同敌人,战胜地主。

同志们,你们都很清楚,二月革命(资产阶级的革命,妥协派的革命)就已经向农民保证要战胜地主,这个保证没有兑现。只有十月革命,只有工人阶级在城市中的胜利,只有苏维埃政权,才使全国各地真正有可能彻底清除旧时农奴制遗留下来的农奴制剥削制度这块脓疮,彻底清除地主土地占有制和地主对全体农民、对所有农民的压迫。

当时全体农民必然会投入而且也确实投入了这场反对地主的

斗争。这场斗争联合了不靠剥削别人劳动为生的贫苦劳动农民。这场斗争也联合了离不开雇佣劳动的那一部分最殷实甚至最富裕的农民。

只要我们的革命还在忙于这项任务,只要我们还得竭尽全力使农民的独立运动在城市工人运动的帮助下真正肃清和最终消灭地主权力,革命就仍然是全体农民的革命,因而也就超不出资产阶级革命的范围。

这场革命还没有触动全体劳动人民的更强大更现代的敌人——资本。因此,它有可能像西欧大多数革命那样半途而废。在西欧,城市工人同全体农民的暂时联盟扫除了君主制,扫除了中世纪残余,比较彻底地扫除了地主土地占有制即地主权力,但始终未能摧毁资本权力的基础本身。

我们的革命从今年夏秋开始执行这一重要得多和困难得多的任务。今年夏天反革命分子掀起了暴动浪潮,当时俄国生活中一切剥削者和压迫者都参加了西欧帝国主义者及其走狗捷克斯洛伐克军对俄国的进攻,这个暴动浪潮促使农村出现了新的潮流和新的生活。

所有这些暴动在实践中,在反苏维埃政权的殊死斗争中,把欧洲的帝国主义者及其走狗捷克斯洛伐克军以及俄国还站在地主和资本家方面的一切力量都联合起来了。农村中的富农也都跟着暴动了。

农村已经不再是一个整体了。曾经像一个人似地齐心反对过地主的农村出现了两个阵营:一个是贫苦劳动农民的阵营,他们坚定地同工人一起,继续前进,去实现社会主义,从反对地主进到反对资本、反对货币权力、反对富农窃取伟大土地改革的成果;另一个是比较富裕的农民的阵营。这场斗争使有产阶级即剥削阶级彻底离开了革命,使我们的革命完全走上了社会主义的轨道;城市工人阶级在10月间曾一心想把革命引上这个轨道,但如果在农村中找不到自觉的、坚实可靠的支持,它是永远不能胜利地把革命引上这个轨道的。

今年夏天和秋天在俄国最偏僻的乡村中发生的变革,其意义就在这里,这一变革不像去年的十月革命那样有声有色,引人注目,但它具有无比深刻无比重大的意义。

在农村成立贫苦农民委员会是一个转折点,它表明在十月革命中同全体农民联合起来击败自由的、劳动的、社会主义的俄国的主要敌人即击败地主的城市工人阶级,已经继续前进,去完成困难得多的、比过去更高的、真正社会主义的任务——在农村中开展自觉的社会主义的斗争,唤起农民的觉悟。如果城市工人不促使农村无产阶级和贫农这些劳动农民行动起来,那么最伟大的土地革命(十月革命中宣布废除土地私有制,宣布土地社会化)必然就会停留在纸上。这些农民占人口的大多数,他们和中农都不剥削别人劳动,不从剥削中捞取好处,因此,他们能够继续前进,而且现在已经前进,已经由共同反对地主的斗争转入全体无产者反对资本、反对剥削者靠金钱即动产来维持的权力的斗争,已经由肃清俄国的地主转到建立社会主义制度。

同志们,迈上这一步非常困难。凡是对我们革命的社会主义性质持怀疑态度的人都预言这一步必定失败。而现在农村全部社会主义建设事业都取决于这一步。贫苦农民委员会相继成立,遍布整个俄国,这些委员会即将改组为而且已经部分地开始改组为拥有全部权力、将在农村实行苏维埃建设基本原则的村苏维埃——劳动者政权,这一切切实保证了我们不会把自己的工作局限于西欧各国一般资产阶级民主革命所局限的范围。我们在消灭了君主制和中世纪的地主权力以后,现在正着手进行真正的社会主义建设事业。在农村中,这项建设事业非常困难,同时也非常重要。这项工作是能收到最大成效的。我们在农村中已经唤起劳动农民的觉悟,资本家暴动的浪潮已使他们同资本家阶级的利益最终脱离了关系,劳动农民通过贫苦农民委员会和正在改组的苏维埃同城市工人团结得愈来愈紧密——我们认为这就是俄国社会主义建设事业现在得以更加巩固的唯一的也是最牢靠的保证。现在,这一建设事业在广大农村居民群众中已经有了基础。

毫无疑问,在像俄国这样的农民国家中,进行社会主义建设是一项很困难的任务。毫无疑问,消灭沙皇制度、地主权力、地主土地占有制这类敌人,还是比较容易的。解决这样的任务,在首都只要几天,在全国只要几星期,但是现在我们着手解决的任务,就其本质来说,只有经过非常顽强持久的努力才能解决。这里我们要一步一步地进行斗争,要夺取建立社会主义新俄国的胜利,要为共耕制而斗争。

这类变革,即实现由个体小农经济到共耕制的过渡,显然需要很长时间,绝对不可能一蹴而就。

我们深深知道,在小农经济的国家中,不经过一系列渐进的预备阶段,要过渡到社会主义是不可能的。由于认识到这一点,十月革命只是把扫除和消灭地主权力作为自己的第一个任务。2月间的土地社会化基本法,如你们大家知道的,是由共产党人和那些并不赞成共产党人观点的苏维埃政权参加者一致表决通过的。这个法令既体现了大多数农民的意志和认识,同时也证明:工人阶级、工人的共产党意识到了自己的任务,正朝着新的社会主义建设的目标前进,他们既坚持不懈,又耐心等待,采取一系列渐进的过渡办法,不断激发劳动农民的觉悟,而且完全根据他们的觉悟程度、根据农民单独组织起来的程度一步步前进。

我们深深知道,由个体小农经济过渡到共耕制,是千百万人生活中一场触及生活方式最深处的大变革,只有经过长期的努力才能完成,只有到人们非改变自己生活不可的时候才能实现。

而在全世界激烈的长期的战争之后,我们清楚地看到全世界的社会主义革命已经开始。甚至比较落后的国家也出现了这种非变不可的情况,它不管各种理论见解或社会主义学说怎样说,用有力的语言向所有的人和每一个人证明:再也不能照旧生活下去了。

当国家遭到极大的经济破坏和破产的时候,当我们看见这种破产正向全世界蔓延,看见人类经过许多世纪才取得的文化、科学和技术的成果四年来为这场破坏性掠夺性的罪恶战争所毁灭,看到不仅俄国而且整个欧洲都在回到蛮荒状态去的时候,广大群众,特别是在这场战争中受害恐怕最深的农民,清楚地意识到需要倍加努力,全力以赴,才能消除这场可诅咒的战争给我们留下的后果——破产和贫困。照战前那个老样子生活下去已经不行了,像个体小农经济那样浪费人力和劳动的现象也不能继续下去了。只要从这种分散的小经济过渡到公共经济,劳动生产率就会提高一两倍,农业和人类生产活动中人的劳动就会节省一半以至三分之二。

战争遗留下来的经济破坏,根本不容许我们恢复这种旧的小农经济。战争已经唤醒了大多数农民,战争使他们看到现时有着多么惊人的技术奇迹,而这些技术奇迹却被用来杀人。不仅如此,战争还使他们产生一种想法:技术奇迹首先应该用来改造最接近于全民性的,占用人数最多的又最落后的生产——农业生产。不仅产生了这种认识,而且人们从现代战争造成的骇人听闻的惨祸中看到,现代技术创造了多么巨大的力量,这种力量怎样在极其可怕的毫无意义的战争中白白地消耗掉,而摆脱这种惨祸的唯一手段就是这种技术的力量本身。我们的义务和职责是利用这种力量把最落后的农业生产纳入新的轨道,对它进行改造,把它从按照旧的方式盲目经营的农业变成建立在科学和技术成就基础上的农业。战争唤起这种认识的作用远远超出我们每个人的想象。战争不仅唤起这种认识,还消除了按照旧的方式恢复生产的可能性。

有些人幻想在这次战争以后还可以恢复战前的状况,还可以恢复旧的经济制度和经济结构。他们想错了,他们一天比一天更清楚地看到了自己的错误。战争造成了可怕的破坏,使得我们的个体小农户现在既没有耕畜,也没有农具和工具。我们再不能这样浪费人民的劳动了。为革命牺牲最大、战争中受苦最深的劳动农民即贫苦农民夺取地主的土地,并不是为了让这些土地落到新富农的手中。现在生活本身向劳动农民直截了当地提出了向共耕制过渡的问题,这是恢复被战争摧残和破坏的文化的唯一手段,是摆脱资本主义给农村居民造成的那种愚昧、闭塞和备受压抑的状况的唯一手段,这种愚昧、闭塞和备受压抑的状况曾使资本家能够把战争重担压在人类身上达四年之久,而现在,各国所有的劳动者正充满革命的干劲和热情,要不惜一切代价摆脱这种状况。

同志们,这就是在世界范围内必然出现的一些条件,有了这些条件,这个最困难也是最主要的社会主义改革问题,这个最主要最根本的社会主义改造问题,才能够提上日程,而在俄国它已经提上日程。贫苦农民委员会的成立,以及现在召开的土地局、贫苦农民委员会和农业公社的联席代表大会,这一切连同今年夏天和秋天农村中所发生的斗争向我们表明了,广大劳动农民群众已经觉醒,农民,大多数劳动农民,都渴望建立共耕制。当然,我再说一遍,我们应当逐步地进行这一最伟大的改造。这里想一蹴而就是不行的,不过我要提请你们注意:10月25日革命后的第二天在第一个苏维埃政权机关——全俄苏维埃第二次代表大会的第一次会议上就已定下原则的土地社会化基本法,不仅规定了永远废除土地私有制,不仅规定了废除地主所有制,而且规定了转归人民和劳动农户支配的农具、耕畜和工具也应当成为公共财产,不应当再是个体农户的私有财产。就在这个1918年2月通过的土地社会化法令中,对于我们现在给自己定下什么目标、我们想要怎样支配土地、我们在这方面号召苏维埃政权的拥护者劳动农民做些什么这一基本问题,已经作出了回答。法令第11条说,我们的任务就是在农业中用减少个体经济的办法来发展从节省劳动和产品的意义上说更为有利的集体经济,以便过渡到社会主义经济。

同志们,我们通过这项法令的时候,共产党人同其他党派决不是完全一致的。恰恰相反,我们通过这项法令的时候,共产党人同左派社会革命党人在苏维埃政府中是联合行动的,但左派社会革命党人并不赞成共产党人的观点,尽管这样,我们还是同他们一致通过了那个我们至今仍在实行的决议,因为我们记着:这种由个体经济到共耕制的过渡,再说一遍,不可能一蹴而就;城市里展开斗争,问题要简单些。在城市里是上千个工人对付一个资本家,清除他不费多大力气。在农村中展开的斗争就复杂得多了。起初是农民共同进攻地主,彻底消灭地主权力,使它不能死灰复燃;以后是农民内部展开斗争,他们中间产生了新的资本家,这就是富农——

利用余粮靠剥削俄国饥馑的非农业地区大发其财的剥削者和投机者。这里产生了新的斗争，而且你们都知道，这场斗争在今年夏天发展成一连串的暴动。对于富农，我们没有说应该像对待地主资本家一样，剥夺他们的全部财产。我们是说应该粉碎富农对于像粮食垄断之类的必要措施的反抗，他们不执行粮食垄断制，趁着非农业地区的工人和农民受饥饿折磨的时候拿余粮搞投机买卖，大发其财，因此，一遇到这种情况，我们的政策就是像对付地主资本家那样进行无情的斗争。不过，还有一个贫苦劳动农民对中农的态度问题。对于中农，我们一贯的政策是同他们结成联盟。中农决不是苏维埃制度的敌人，决不是无产阶级的敌人，决不是社会主义的敌人。他们当然会动摇，只有从过硬的、确有说服力的例子中看到非向社会主义过渡不可了，他们才会同意向社会主义过渡。用大道理或鼓动性的演说当然说服不了这些中农，我们没有抱这样的希望，但实例和劳动农民的团结会说服他们，劳动农民同无产阶级的联盟会说服他们，在这里，我们寄希望于长期的逐步的说服工作，希望通过一系列过渡办法由居民中无产阶级的社会主义的部分同中农实行妥协，由坚决反对各种形式的资本的共产党人同中农实行妥协。

　　考虑到这种情况，考虑到在农村中我们所碰到的是一个无比困难的任务，我们也就像土地社会化法令那样提出问题。你们知道，这个法令宣布了废除土地私有制，宣布了平均分配土地。你们知道，法令就这样开始实行起来了，我们在大多数农业地区贯彻了这个法令。同时，根据共产党人和所有当时还不赞同共产主义观点的人的共同一致的意见，法令规定了一项我方才谈到的原则，就是：我们的共同任务和我们的共同目的是过渡到社会主义经济，过渡到集体支配土地,过渡到共耕制。建设时期愈向前推移,无论是一直在家种地的农民,还是现在正陆续回乡的几十万几百万历尽磨难的战俘,都愈清楚地看出,为了恢复农业,为了使农民永远摆脱旧日那种无人过问、闭塞愚昧的状况,需要完成的工作量是很大很大的;他们愈来愈清楚地看出,只有共耕制才是一条真正可靠、真正能使农民群众更快地过上文明生活、真正能使他们同其他公民处在平等地位的出路,而苏维埃政权现在正竭力通过渐进的办法一步一步地来实现这个共耕制。为此成立了公社和国营农场。这种农场的意义在土地社会化法令中已经指出。在法令谈到谁可以使用土地的部分你们可以看到,可以使用土地的个人和机关,第一是国家,第二是社会团体,第三是农业公社,第四是农业协作社。我还要请你们注意,土地社会化法令的这些基本原则,是在共产党不仅贯彻了自己的意志,而且有意识地对那些用这种或那种方式表达中农的认识和意志的人作了让步的时候制定的。我们过去作了而且现在还在作这种让步。我们过去作了而且现在还在作这种妥协,因为向这种集体支配土地的形式过渡,向共耕制、向国营农场和公社过渡,是不可能一蹴而就的;这里要求苏维埃政权顽强地坚持不懈地给予促进,而苏维埃政权已拨出 10 亿卢布去改进农业,条件是要向共耕制过渡。这个法令表明,我们最愿意用榜样那种吸引人们改善经济的力量去影响中农群众,我们仅仅指望通过这一类措施一步一步地推动农业俄国的经济中这个极其重大而深刻的变革。

　　贫苦农民委员会、农业公社和土地局在这次代表大会上结成联盟,使我们看到并且确信,现在这样向共耕制过渡是正确的,具有真正社会主义的规模。这样坚持不断地做下去,一定会提高劳动生产率。为此,我们应当采用最好的耕作方法并吸收俄国的农艺人才,这样我们就能利用所有经营得最好的农场。迄今为止这些农场仅仅是个别人发财致富的泉源,是资本主义复辟的泉源,是对雇佣工人进行新的盘剥和新的奴役的泉源,现在,实行了土地社会化法令以后,完全废除了土地私有制以后,这些农场应当是千百万劳动人民获得农业知识和技术的泉源和提高生产率的泉源。城市工人同劳动农民结成联盟,成立了贫苦农民委员会并把它们改组为苏维埃机关,这一切保证农业俄国走上了一条西欧国家正在陆续走上的道路,它们走上这条道路比我们晚,但基础比我们扎实。它们开始这一变革比我们困难得多,因为它们的敌人不是腐朽的专制制度,而是最有文化的联合起来的资本家阶级。但是你们知道,这一变革已经开始了。你们知道:革命已经越出俄国的疆界,我们的主要希望、主要柱石是西欧比较先进的国家的无产阶级,现在这个世界革命的主要支柱已经行动起来了,我们坚信,而且德国革命的进程也在实际上表明,在那里,向社会主义经济的过渡,更高的耕作技术的采用,农村劳动人民的联合,会比我国进展得更迅速,实现得更容易。

　　由于同城市工人结成联盟,由于同全世界社会主义无产阶级结成联盟,俄国劳动农民现在完全可以相信,他们定会克服重重困难,打退帝国主义者的一切进攻,实现共耕制这一事业,实现由个体小农经济逐步地、然而一往直前地向共耕制过渡的事业,不实现这个事业,劳动人民是不能得到解放的。(长时间热烈鼓掌)

载于1918年12月14日《真理报》
第272号

译自《列宁全集》俄文第5版
第37卷第352—364页

关于苏维埃机关
管理工作的规定草稿[158]

(1918 年 12 月 12 日)

1

苏维埃机关的管理工作问题一概通过集体讨论来决定,同时应当极其明确地规定**每个担任公职的人**对**执行一定的**具体任务和**实际**工作所担负的**责任**。

这条规定从现在起**必须无条件地**贯彻执行,不然就无法实行真正的监督,无法为每项职务和每项工作物色最合适的人选。

因此,每个苏维埃委员会和每个苏维埃机关必须毫无例外地立即:

第一,通过一项决议,明确各个委员或负责人员的分工和责任;

第二,十分明确地规定执行各种委托(特别是同迅速而正确地收集和分配原料和产品有关的委托)的人员的责任。

一切苏维埃机关,特别是地方(县、市等等)国民经济委员会以及执行委员会经济部,必须执行这一条。经济部和国民经济委员会必须立即指派一定的人员负责迅速而正确地收集居民需要的**每**

种原料和产品。

一切苏维埃领导机关,如执行委员会,省、市工人、农民和红军代表苏维埃等,必须立即重新安排自己的工作,把切实监督中央政权和地方机关的决定的执行情况这项工作放在首位,其他方面的工作尽可能交给由本机关少数人组成的办事组去处理。

2

为了同拖拉作风作斗争,为了更有成效地揭发营私舞弊行为,为了揭露和清除混入苏维埃机关负责人员中的坏人,特作如下规定:

每个苏维埃机关,都要张贴接待群众来访日期和时间的告示,不仅贴在室内,而且贴在大门外面,使没有出入证的群众都能看到。接待室必须设在可以自由出入、根本不需要什么出入证的地方。

每个苏维埃机关都要设登记簿,要有简要的记载,记下来访者的姓名、申诉要点、交谁办理。

星期日和节日必须规定接待时间。

国家监察部的负责人员有权参加所有的接待,并有责任随时视察接待工作,检查登记簿,把视察、检查登记簿和询问群众的情况作成记录。

劳动、国家监察、司法等人民委员部必须在各地设立星期日也保证接待的问事处,把接待的日期和时间通告居民,并规定任何人都可以自由出入,不需要出入证,也不收费。这些问事处不仅要就群众询问的问题——作出口头或书面的答复，而且要替不识字的人和写不清楚的人免费代写申诉。这些问事处不仅必须吸收**一切**加入苏维埃的党派的代表以及没有加入政府的党派来参加，而且必须吸收非党的工会和非党的知识分子联合会的代表参加。

3

苏维埃共和国的国防事业迫切要求尽量节省人力和最有效地使用人民的劳动。

为此，特作如下规定（首先在一切苏维埃机关执行，然后再推广到所有的企业和团体）：

1. 一切苏维埃机关的每一个多少有点独立的单位，必须在三日内就下列各点向当地的执行委员会（在莫斯科还要向司法人民委员部）提出简要报告：(a)主管部门；(b)单位名称；(c)工作内容简述；(d)下设机构的数目及名称；(e)男女职员数目；(f)工作量大小，尽量用例如公文件数、来往公函的件数等等加以说明。

各地执行委员会（在莫斯科，工人、农民和红军代表苏维埃执行委员会要取得司法人民委员部和中央执行委员会主席团的同意）必须立即：(1)采取措施，检查是否正确而及时地执行了上述规定；(2)在接到上述报告后一星期内，拟出协调、统一和**合并**那些从事相同业务或同类业务的单位的计划。

受执行委员会委托执行这项任务的委员会，应当包括内务、司法、国家监察和劳动等部门的代表，并根据需要吸收其他部门的代表参加，**每个星期**必须向人民委员会和中央执行委员会主席团提出简要报告,说明在合并同类单位和节省劳动方面做了些什么。

2.在每个有同类单位或同类部门(中央的、区域的、市的、省的、县的)的城市,必须立即在最高机关设立一个委员会来协调和统一这些机关,以便最大限度地节省人力,同时这种委员会要按第一项所列的规定和期限进行工作。

3.根据同样理由,委托按一二两项规定成立的委员会迅速采取措施,尽量用女子代替男子,并把能够调到军队或军事部门工作或者调去做其他工作(不是坐办公室,而是实际办事)的男子列一名单。

4.委托按一二两项规定设立的委员会在取得俄共地方组织同意的条件下,进行如下的人事更动:俄共党员(党龄在两年以上的)只放在领导岗位或负责岗位上;其余的职务由无党派的人员或其他党派的人员担任,尽量把俄共党员抽出来做其他工作。

载于1928年《列宁文集》俄文版   译自《列宁全集》俄文第5版
第8卷   第37卷第365—368页

俄共（布）中央关于
党证填写问题的决定草案

（1918 年 12 月 12 日）

自本决定公布之日起，俄共各级组织必须于一周内，在每个党员的党证和党员卡片上写明加入布尔什维克党的**具体时间**。

如缺少这种材料，无从得到这种材料（材料须有三个以上有两年党龄的俄共党员签字证明），则应在每个党证或党员卡片上注明："入党具体时间不详。"

凡在苏维埃机关担任职务的俄共党员，必须立即在自己的党证上简略地写明本人最近**五年**内参加过或追随过何种党派，并须有党组织的主席或书记的证明。

载于 1928 年《列宁文集》俄文版
第 8 卷

译自《列宁全集》俄文第 5 版
第 37 卷第 369 页

在普列斯尼亚区
工人代表会议上的讲话[159]

(1918 年 12 月 14 日)

同志们,让我来谈一谈今天预定要讲的几个问题。第一个是国际形势问题,第二个是对小资产阶级民主党派的态度问题。

我想简单地谈一下国际形势。你们知道,英、法、美帝国主义现已宣布向俄罗斯苏维埃共和国大举进攻。这些国家的帝国主义者正在本国工人中间进行反对俄国的宣传,污蔑布尔什维克依靠少数、欺侮多数;由于法国和英国大多数出版机关掌握在资产阶级手里,反苏维埃政府的谎言在那里就畅行无阻地迅速流传开来。正因为如此,对所谓布尔什维克在俄国依靠少数人这种荒唐可笑的神话根本用不着理睬,这种神话根本不值一驳,它在每一个了解我国情形的人看来非常荒唐。但是,看一下英国、法国和美国的报纸(附带说一下,我们这里只能收到资产阶级的报纸)就会知道,那里的资产阶级至今还在传播这种神话。

在我国,只有那些不劳而获、剥削别人的剥削者,才被剥夺了选举权以及参加和影响国内政治生活的权利。这种人在全体居民中为数极少。城市里究竟有多少人在剥削雇佣劳动,你们是可以想象的。现在土地私有制已经消灭,地主的田产已被剥夺,那些早在斯托雷平年代就对农民进行掠夺的独立农庄主的土地已被没收,因此农村中剥削别人劳动的人也寥寥无几。但是,苏维埃政权并没有说要剥夺他们的选举权。苏维埃政权说:凡是愿意停止剥削的人,我们都承认他有参加管理的权利。你要当工人吗?我们欢迎之至。你要当剥削者吗?那我们不但不会用你选你,而且不会用别人的劳动来养活你。

从我国宪法的这个基本原则就可以看出,苏维埃政权依靠的是劳动者,给他们以安排国家生活的权利,苏维埃政权依靠的是全国的绝大多数人。每次苏维埃代表大会(一共开过六次)都向我们表明,工人、农民和红军士兵的代表,即不靠别人劳动而靠自己劳动过活的大多数人的代表,是苏维埃政权的日益巩固的基础。苏维埃第一次代表大会是在1917年6月召开的,当时俄国还是资产阶级共和国,还在进行帝国主义战争。当时克伦斯基驱使军队进攻,使几百万人在战斗中丧生。在这次代表大会上,共产党员,即布尔什维克,只占13%,也就是$\frac{1}{7}$。在创立了工农政权的苏维埃第二次代表大会上,布尔什维克已经占51%,也就是$\frac{1}{2}$。而在今年7月举行的第五次代表大会上,布尔什维克已经占66%。当时左派社会革命党人看到布尔什维主义成长发展得很快,就铤而走险。结果彻底分裂了。分裂以后,产生了三个不同的政党,最后一个政党——民粹派共产党转到了布尔什维克方面来;许多像柯列加耶夫这样的著名活动家,也转到布尔什维克党方面来了。

在苏维埃第六次代表大会上,布尔什维克占了97%,就是说,几乎全国工农代表都是布尔什维克。这说明,广大劳动人民现在是多么紧密地团结在苏维埃政权周围,而资产阶级所谓布尔什维克依靠的是少数人这种谎言和断语又是多么荒唐可笑。资产阶级这样造谣是为了债款——过去沙皇政府欠了他们170亿,这笔债我们已宣布废除，拒绝偿付（我们无意替以前的执政者还债，我们承认是有这样一笔债，不过我们说：那好，你们欠了这笔债，就自己去还吧），现在协约国想把它推到我们身上，还想让地主沙皇政权复辟。我们知道它们在阿尔汉格尔斯克、萨马拉和西伯利亚都干了些什么。那里就连在布列斯特和约签订以后成了我们的敌人、认为我们对德国革命的指望会落空的孟什维克和右派社会革命党人，也深信他们自己会被赶走，深信地主和私有制会在英国和捷克斯洛伐克的军队帮助下复辟。

在英国和法国，尽管报纸竭力掩盖真相，但是真相还是透露出来了。工人们感觉到了并且明白了，俄国革命是他们工人的革命，是社会主义革命。现在我们看到，甚至在法国和英国，工人运动也提出了这样的口号："军队从俄国滚出去！""谁同俄国作战，谁就是罪犯！"不久以前在伦敦的艾伯特大厅举行了社会党人大会，尽管英国政府竭力封锁真实情况，但我们还是得知，会上提出了"军队从俄国滚出去！"的要求，所有工人领袖都指出英国政府的政策是掠夺和暴力的政策。还有消息说，过去在苏格兰当教师的马克林，曾在英国一些主要工业区号召工人举行罢工，指出这场战争是掠夺性的战争。当时他就被捕入狱。最近他再次被捕入狱。但在欧洲革命运动爆发后，马克林被释放了，并被提名为英国北部和苏格兰最大的城市之一格拉斯哥的议员候选人。这说明，英国工人运动已提出革命的要求，愈来愈强大了。英国政府不得不把它最厉害的敌人——自称为英国布尔什维克的马克林释放了。

在工人一直受到沙文主义思想的侵袭、人们认为进行战争完全是为了保卫祖国的法国，革命情绪在增长。你们知道，现在，在战胜德国人以后，英国和法国向德国人提出的条件比布列斯特和约的条件还要苛刻百倍。现在欧洲的革命正在变为现实。协约国曾经吹嘘要使德国摆脱德皇和军国主义的羁绊,现在却堕落成为尼古拉一世时代俄国军队扮演的那种角色。当时俄国是一个黑暗的国家,尼古拉一世驱使俄国军队去镇压匈牙利革命。这是60多年前在旧农奴制度下发生的事情。现在,自由的英国和其他国家变成了刽子手,以为自己有权力扼杀革命,压制真理;但是这个真理一定会在法国和英国冲破重重障碍,工人们一定会懂得:他们受骗了,他们被拖入战争并不是为了法国或英国的解放,而是为了掠夺别的国家。现在有消息说,在法国,在一直主张保卫祖国的社会党[160]中,也有人热烈同情苏维埃共和国,反对武装干涉俄国。

另一方面,英法帝国主义以进攻俄国相威胁,并且支持克拉斯诺夫和杜托夫之流,支持恢复俄国的君主制度,想要欺骗自由的人民。我们知道,帝国主义者在军事方面比我们强大。这一点我们早已知道,早已指出。我们号召大家支援红军,以捍卫自己,回击掠夺者和强盗。但如果有人说,"既然英法帝国主义比我们强大,我们的事业也就没有希望了",那我们要回答他们:"回想一下布列斯特和约吧。那时整个俄国资产阶级不是叫嚷布尔什维克把俄国出卖给了德国人吗?人们不是叫嚷布尔什维克寄希望于德国革命就是把希望寄托在幻影幻想上面吗?"结果怎样呢?本来德帝国主义比我们强大得多,完全有可能掠夺俄国,因为我们没有军队,而旧军队又不能作战,也不会作战;因为人们被战争弄得疲惫不堪,无力作战。凡是了解当时情况的人都知道,那时我们根本没有自卫能力,就是说,俄国的全部政权可能落到以德皇为首的强盗手里。结果怎样呢?几个月以后,德国人就在俄国陷入了困境,遭到了有力的回击,而德国士兵深受我们宣传的影响,以致现在,正如彼得格勒北方公社[161]主席季诺维也夫告诉我的,当德国代表们从俄国逃走的时候,德国领事说:"的确,现在很难肯定是谁得分多些:是我们呢还是你们。"他看到,强过我们很多倍的德国士兵染上了布尔什维主义传染病。现在德国闹起了革命,那里在为苏维埃政权而斗争。布列斯特和约的缔结曾被说成是布尔什维克的完全垮台,实际上和约不过是一种过渡。现在我们已在俄国站稳脚跟,开始建立红军,德国军队染上了布尔什维主义,他们表面的胜利原来不过是德帝国主义朝着完全崩溃迈出的一步,不过是向世界革命的扩大和发展过渡的阶段。

在布列斯特和约时期,我们是孤立的。当时整个欧洲都认为俄国革命是一种特殊现象,认为我们这场"亚细亚式的革命"所以开始得这样迅速,一举推翻了沙皇,是因为俄国是个落后国家;这场革命所以这样迅速地过渡到剥夺财产,过渡到社会主义革命,是由于俄国落后;但是他们忘记了俄国革命还有另外一个原因——俄国没有别的出路。战争在全国各地造成破坏和饥饿,它使人民和军队疲惫不堪,使他们认识到自己长期受骗,认识到革命是俄国的唯一出路。

过去有人对德国人说,必须抗御俄国人的入侵。现在这种说法愈来愈清楚是骗人。就是在俄国已经成为社会主义国家之后,德国的资本家和将军们还在率领军队进攻俄国。正是这一点使得最无知的德国士兵也懂得:在四年的战争中他们一直受骗,他们被赶上战场是为了让德国资本家能够掠夺俄国。引起德帝国主义崩溃、引起德国革命的因素现在正每日每时地加速法国、英国和其他国家革命的到来。过去我们是孤立的,现在不孤立了。现在,柏林、奥地利、匈牙利都发生了革命,甚至在瑞士、荷兰和丹麦这些不知战争为何物的自由国家里，革命运动也在前进，工人们已经要求组织苏维埃。现在事实表明，别的出路是没有的。革命在全世界日益成熟。在这方面我们是先驱，我们的任务是捍卫这个革命，直到我们的同盟者赶上来，这些同盟者就是欧洲各国的工人。这些国家的政府愈是冒险，工人就愈靠近我们。

当德国人在布列斯特和约时期主宰一切的时候，他们离覆灭只有一步。现在，法国和英国强迫德国接受的媾和条件比当初德国强迫我们接受的还要苛刻得多、糟糕得多，这样它们就走到了深渊的边缘。不管它们怎样造谣，现在它们离覆灭只有几步了。它们害怕覆灭，它们的话愈来愈清楚是骗人，因此我们说：不管这些帝国主义者在报纸上怎样造谣，我们的事业是巩固的，是比他们的事业更巩固的，因为我们的事业依靠的是全世界工人群众的觉悟；这种觉悟是战争血洗全球达四年之久的产物。在这场战争中各国旧政府是无法找到出路的。它们现在说，它们反对世界布尔什维主义。工人们知道俄国发生的事情，知道那里在镇压向外国雇佣兵求援的地主和资本家。现在的情况大家都很清楚，全世界的工人也了解。尽管帝国主义者极其野蛮、极其凶恶，我们仍然勇敢地同他们斗，我们知道，他们在俄国每前进一步，就是向覆灭靠近一步，他们只会得到德国军队那样的结局：德国军队从乌克兰运走的不是粮食，而是俄国的布尔什维主义。

在俄国，政权是劳动人民的，一旦政权不在他们手里，无论是谁都永远医治不好这场严酷的流血战争造成的创伤。让政权留在从前的资本家手里，就等于把战争的重担全部压在劳动阶级身上，让劳动阶级付出这场战争的全部代价。

现在，英国、美国和日本之间正在进行分赃斗争。现在一切都分光了。威尔逊是世界上最民主的共和国的总统。他又怎么样呢？在这个国家里，人们只要说一句呼吁和平的话，就会被一帮沙文主义者枪杀在街头。有一个神父，他从来不是革命者，只是因为鼓吹和平，就被拖到街头，打得遍体血污。在盛行最野蛮的恐怖手段的地方，那里的军队现在都被用来扼杀革命，用做镇压所谓德国革命的威慑力量。德国开始革命还不久，才过了一个月，要立宪会议还是要苏维埃政权已经成为那里最尖锐的问题。那里全体资产阶级拥护立宪会议，所有充当德皇奴仆、不敢发动革命战争的社会党人也拥护立宪会议。整个德国分成两个阵营。现在社会党人拥护立宪会议，而坐了三年牢的李卜克内西则和罗莎·卢森堡一起领导着《红旗报》[162]。昨天莫斯科收到一份《红旗报》，是经过了许多困难曲折才得到的。从上面的许多文章可以看到，所有这些革命领袖都谈到资产阶级怎样欺骗人民。德国的意志操在资本家手里。资本家只出自己的报纸，而《红旗报》指出，只有工人群众才有权使用人民的财产。虽然德国革命才发生一个月，但现在全国已经分成两个阵营。所有变节的社会党人都叫嚷他们拥护立宪会议，真正的正直的社会党人则说："我们全都拥护工人和士兵的政权。"他们不说"拥护农民"，而说"拥护工人和士兵"，说"拥护小农"，这是因为德国有很大一部分农民也雇佣工人。那里苏维埃政权已经成为一种管理形式。

苏维埃政权是世界性的政权。它正在取代旧的资产阶级国家。不仅君主国是资产阶级掠夺人民的一种形式，而且共和国也是这样一种形式，如果共和国让资本家继续占有工厂、银行、印刷所的话。布尔什维克说得对，世界革命正在发展。革命在不同的国家里是按照不同的方式发展的。革命的发展总是长期的，艰苦的。蹩脚的社会党人才认为资本家会立即放弃自己的权利。不会的，世上还没有过这样好心肠的资本家。社会主义只有同资本主义作斗争才能发展。世界上还没有一个不经过斗争就自动下台的统治阶级。资本家知道布尔什维主义是怎么一回事。从前他们说："由于俄国愚昧落后，人们才要那套不会有任何结果的把戏。他们在俄国追求一种虚幻的、幽灵般的东西。"现在这些资本家老爷亲眼看到，这个革命是一场燃遍世界的大火，只有劳动者的政权才能取得胜利。我们现在已在建立贫苦农民委员会。而在德国，大多数人不是雇农就是小农。德国的大农往往也是一种地主。

　　昨天瑞士政府把我国驻瑞士的代表驱逐出境，其中的原因我们是知道的。我们知道，法国和英国帝国主义者是怕我们的代表每天给我们发送有关伦敦群众大会的电讯，因为在这些群众大会上，英国工人宣布："英国军队从俄国滚出去！"我们的代表还报道有关法国的消息。据说，帝国主义者已向俄国各驻外代表提出了最后通牒。他们把苏维埃政权驻瑞典的代表也驱逐出境了，这些代表就要返回俄国。不过他们高兴得太早了。这是一个没有什么价值的胜利。这种做法得不到什么结果。不管"盟国"怎样掩盖真相，怎样欺骗人民，怎样竭力摆脱苏维埃俄国的代表，人民终究会了解全部真相的。

　　因此我们向大家说：要竭尽全力回击"盟国"，支持红军！在我们还没有红军的时候所发生的一切都是可以理解的。但现在我们看到，红军正日益壮大并且不断获得胜利。我国军队的对手是英国军队。而我们的军队只有一些昨天才从工人阶级中选拔出来的军官，他们昨天才初次受到军事训练。当我们俘虏敌军的时候，我们常常发现，这些俘虏读了译成英文的我国宪法以后都说："我们受骗了。苏维埃俄国并不像我们原来想的那样。苏维埃政权是劳动者的政权。"我们说:"对啦,同志们,我们不仅是为苏维埃俄国作战,而且是为全世界工人和劳动者的政权斗争。"只要我们抵挡住帝国主义的进攻,德国革命就会巩固起来,所有其他国家的革命也会巩固起来。因此,这场世界革命,不管欧洲把它叫做什么,反正是发展起来了,而世界帝国主义一定会灭亡。我们的处境不管多么困难,都使我们深信,我们为正义的事业斗争并不是孤立的,我们还有同盟者——各国的工人。

同志们,这是我对我们所处的国际形势的一些看法,现在我还想简单地谈谈其他问题。我想谈谈小资产阶级政党。这些政党自认为是社会主义者。但它们并不是社会主义者。我们很清楚,在资本主义社会里,像银行、储金局、互助会这样的机构都美其名曰"自助",但这一切毫无意义,实际上自助是假,掠夺是真。你看吧,这些政党好像拥护人民,但当俄国工人阶级反击克拉斯诺夫(他曾被我军俘虏,但可惜又放掉了,因为彼得格勒人太仁慈了)的时候,这些孟什维克和右派社会革命党人先生却站到资产阶级方面去了。这些小资产阶级政党从来不知道该怎么办:是拥护资本家呢还是拥护工人。这些政党是由那些一心盼着有朝一日能大发其财的人组成的。他们经常看到他们周围大多数小业主——这都是一些劳动人民——生活很苦。于是这些在全世界到处都有的小资产阶级政党开始动摇。这并不是什么新鲜事。历来都是如此,我国现在也是这个情况。布列斯特和约时期是我国革命最困难的时期,当时我们没有军队,我们必须签订和约,但我们说,我们一分钟也不会放弃自己的社会主义工作,——就在这个困难时期到来的时候他们都离开我们了。他们忘记了俄国是在为社会主义革命承担最大的牺牲,跑到立宪会议派那边去了。萨马拉、西伯利亚都出现了立宪会议派。现在他们都被赶了出来,都领会到了:或者是地主政权,或者是布尔什维克政权。没有中间道路可走。或者是被压迫者的政权,或者是压迫者的政权。所有贫苦农民只会跟我们走,而且也只有在亲眼看到我们对旧制度不讲客气、一切都是为了造福人民的时候,才会跟我们走。只有这样的苏维埃政权,人民才会不顾艰难困苦,忍饥挨饿,在一年的时间里一直给以支持。工人和农民知道,不管战争如何艰苦,工农政府一定会用一切力量来反对剥削者资本家,使全部战争重担不是压在工人肩上,而是压在这些老爷肩上。所以工农政权一年多以来一直受到人民的支持。

现在,德国革命到来以后,孟什维克和社会革命党人也开始转变了。他们中间的优秀人物本来就向往社会主义。可是他们过去认为,布尔什维克在追求一种虚幻的、神话中的东西。现在他们深信:布尔什维克所期待的不是幻想出来的东西,而是真正的现实;这场世界革命已经开始,并在全世界发展着。孟什维克和社会革命党人中间的优秀分子开始后悔他们犯了错误,开始懂得苏维埃政权不仅是俄国的工人政权,而且是世界性的工人政权,任何立宪会议都是无济于事的。

英国、法国和美国都知道,现在,当世界革命爆发的时候,它们没有外部敌人。敌人是在每个国家的内部。现在发生了新的转折:孟什维克和右派社会革命党人已经开始动摇,他们中间的优秀分子倾向于布尔什维克,并看到不管他们怎样发誓忠于立宪会议,终究是站在白匪方面的。现在,在全世界,问题都是这样摆着的:或者是苏维埃政权,或者是掠夺者的政权,这些掠夺者在这场战争中使1 000万人丧生、2 000万人残废,今天仍在继续掠夺其他国家。

同志们,这就是引起小资产阶级民主派动摇的问题。我们知道,这些政党向来是动摇的,而且会永远动摇下去。大多数人是根据实际生活得出自己的信念的,他们不相信书本和空话。我们对中农说:你不是我们的敌人。我们没有理由去得罪中农,如果哪个地方苏维埃打击中农,伤害中农,就要把这个苏维埃撤掉,因为它不懂得该怎样行事。中间的、小资产阶级的民主派将会永远动摇下去。既然他们像钟摆一样摆到我们这边来了,就应该支持他们。我们说:"如果你们要破坏我们的工作,我们决不欢迎。如果你们帮助我们,我们接受。"孟什维克有各种不同的派别,有一派叫"积极派"(行动派),这是一个拉丁名称,隐藏在这一名称下面的,是一些主张"不能光批评,还应该用行动帮助"的人。我们说:我们要同捷克斯洛伐克军作战,谁帮助这些人,我们就对他不留情。但如果有人认识到自己的错误,我们就应该欢迎他们,宽恕他们。站在工人和资本家之间的中间分子将会永远动摇下去。他们原以为苏维埃政权很快会垮台。但事实证明不是这样。欧洲帝国主义打不垮我们的政权。现在革命在世界范围内发展着。所以我们说,那些过去动摇、现在认识到自己错误的人,到我们这边来吧。我们不会抛弃你们的。我们首先应该注意的是:不管这些人以前是什么样人,不管他们是不是动摇过,只要对我们是真心诚意的,就要让他们到我们这边来。我们现在已经相当强大,谁都不怕。我们能把所有的人消化掉,他们却消化不了我们。要记住,这些政党的动摇是不可避免的。今天钟摆摆过去,明天它又摆过来。我们应当始终是无产阶级政党,工人和被压迫者的党。但是现在我们管理着整个俄国,只有靠别人劳动为生的人才是我们的敌人。其余的人都不是我们的敌人。他们只是动摇分子。而动摇分子还不是敌人。

现在还有一个问题。这就是粮食问题。你们都知道,我们的粮食情况在秋季曾略有好转,现在又变糟了。人民又在挨饿,到春天情况会更坏。现在我们的铁路运输很糟,加之现在又为运送回国的俘虏而负担过重。目前从德国跑回来的有200万人。这200万人受尽了苦难和折磨。他们比谁都饿得厉害。这些人不成人样,只剩一张皮,骨瘦如柴。内战使我们的运输遭到更大的破坏。我们没有机车,没有车辆。粮食情况愈来愈严重。鉴于这种情况,人民委员会认为:既然我们现在有了军队并且由每个团的党支部建立了纪律,既然大部分军官是工人出身而不是"纨绔子弟",既然这些军官懂得工人阶级应该提供管理国家的人才和红色军官,那么,社会主义军队将是真正社会主义的,它的军官成分将因红色军官的参加而焕然一新。我们知道,现在已经发生了转变。军队有了,军队中建立了新的纪律。这个纪律是靠支部、工人和政治委员来维持的,他们成千上万地走上前线,向工人和农民解释为什么要打仗。所以我军才发生了转变,所以这种转变才这样显著。英国报纸说,现在他们在俄国遇到了劲敌。

我们很清楚,我们的粮食机构很糟糕。其中混进了一批一贯招摇撞骗、贪污盗窃的人。我们知道,铁路员工中间,凡在工作中挑重担的人都站在苏维埃政权一边。而上层分子则抱着旧制度不放,他们不是消极怠工,就是敷衍塞责。同志们,你们知道,这场战争是革命战争。为了这场战争,应该把人民的一切力量都动员起来。全国应当变成一个革命兵营。大家都来支援战争!支援战争不仅表现在大家都上前线,而且表现在由那个领导大家求解放并支持苏维埃政权的阶级来管理,因为唯独它才有这种权利。我们知道,这是非常困难的事情,因为工人阶级长期以来不但没有可能管理国家,而且没有可能学习文化,我们知道,要他们一下子把什么都学会是很困难的。工人阶级在最困难最危险的军事方面总算实现了这个转变。觉悟的工人也应该帮助我们在粮食和铁路方面实现这样的转变。要使每一个铁路员工和每一个粮食工作者都把自己看做是坚守岗位的士兵。他应该记住,他是在同饥饿作战。他应该丢掉旧的拖拉作风。我们最近决定建立工人粮食检查机关[163]。我们认为,要使铁路机构发生转变,要把它变成一支特殊意义上的红军,就要有工人参加。要号召自己人参加。要开办训练班,教他们,让他们当政治委员。只有培养出自己的工作人员,才能够使粮食方面的旧官僚的军队变为工人领导下的一支特殊意义的红色社会主义军队;这支军队进行工作不是遭到强迫,而是出于自愿,就像红色军官在前线战斗知道自己是为社会主义共和国而牺牲一样。

载于1950年《列宁全集》俄文   译自《列宁全集》俄文第5版
第4版第28卷   第37卷第370—383页

关于给中央纺织工业委员会
拨款问题的建议¹⁶⁴

(1918 年 12 月 14 日)

每周都要汇报实行统一管理的**现金**数额(各部门或各企业的)。

每周都要汇报从每个总管理机构和每个大工厂运往各地的产品数量和分配给居民的产品数量。

(1)人民银行对交款和提款的监督——现金统一管理

(2)"商品交换"部门对运出产品和供给消费者的监督

(3)对各总管理机构和中央管理机构中各个企业的原资本家或原企业主要追究个人责任(监禁,枪毙原资本家,逮捕他们的家属)¹⁶⁵。

(4)责成粮食人民委员部在最薄弱的领域即产品分配领域里把一定的**实际**任务委托给工商业职员**联合会**,

作为**联合会**,其全体成员
要承担集体责任。

载于 1933 年《列宁文集》俄文版
第 21 卷

译自《列宁全集》俄文第 5 版
第 54 卷第 409—410 页

悼念普罗相同志

（1918 年 12 月 20 日）

我认识普罗相同志并对他的长处有所了解，是在去年年底和今年年初我们在人民委员会共事期间，当时左派社会革命党人同我们结成了联盟。普罗相非常突出的一点，就是对革命和**社会主义**十分忠诚。左派社会革命党人中，并不是人人都称得上社会主义者，甚至可以说大多数人都称不上社会主义者。但是应该说普罗相称得上，因为他虽然忠于俄国民粹派的意识形态，忠于这种非社会主义的意识形态，却是一个信念坚定的社会主义者。他之成为社会主义者，不是通过马克思主义，不是由于无产阶级阶级斗争的思想，而是通过他自己的方式；在人民委员会共事期间，我曾经不止一次地留意到，每当左派社会革命党人表现出小业主的观点，对农业方面的共产主义措施持否定态度的时候，普罗相同志总是坚决地站在布尔什维克共产党人这一边，反对自己的左派社会革命党同事。

给我印象特别深的，是在布列斯特和约签订前不久同普罗相同志的一次谈话。当时我们中间好像已经没有什么重大分歧了。普罗相开始对我谈到我们两党合并的必要性，并说在人民委员会共事期间，原来距离共产主义（当时这个字眼还没有流行起来）十万八千里的左派社会革命党人同共产主义显然大大接近了。我当时采取了慎重态度,说他提出这个建议还为时过早,但我绝对没有否认我们在实际工作中是接近起来了。

布列斯特和约使我们彻底地分道扬镳了,结果,尽管普罗相具有革命的彻底性和坚定性,仍然不能不发生公开的斗争,甚至是武装斗争。事态会发展到举行暴动或发展到左派社会革命党人、总司令穆拉维约夫实行叛变,老实说,这是我万万没有料到的。但是普罗相的例子告诉我,甚至在左派社会革命党人中间那些最真诚最坚定的社会主义者的头脑里,**爱国主义**也是根深蒂固的,同时还告诉我,在世界观的一些根本问题上有了分歧,到了困难的历史关头必然要表现出来。民粹派的主观主义甚至使得左派社会革命党人中的优秀人物也铸成了大错,他们把德国帝国主义视为极其可怕的力量,被这个幻影弄得晕头转向。为了对付这一帝国主义,似乎只能起事,而且就在此时此刻,根本不考虑国内国际的客观条件,似乎采用其他斗争方式,简直就违背革命者的天职。这里我们看到的,就是1907年使社会革命党人对斯托雷平杜马进行无条件"抵制"的那种错误。只不过在火热的革命斗争环境下,错误对人进行了更残酷的报复,把普罗相推上了同苏维埃政权进行武装斗争的道路。

尽管这样,普罗相在1918年7月以前为巩固苏维埃政权所作的贡献,仍然大于他在1918年7月以后在破坏这一政权方面犯下的罪过。在德国革命以后的国际环境下,如果普罗相不过早逝世,他必然会同共产主义重新接近,而且会比以前更牢靠。

尼·列宁

载于1918年12月20日《真理报》
第277号

译自《列宁全集》俄文第5版
第37卷第384—385页

普列斯尼亚工人的壮举

（1918 年 12 月 22 日）

13 年前，莫斯科的无产者举起了反对沙皇制度的义旗。这是反对沙皇制度的第一次工人革命发展的顶点。工人遭到了失败，普列斯尼亚被工人的鲜血染红了。

莫斯科工人表现了令人难忘的英雄气概，为俄国全体劳动群众树立了斗争的榜样。但是当时劳动群众还很不开展，还过于分散，他们没有支持普列斯尼亚和莫斯科那些拿起武器奋起反对沙皇君主制即地主君主制的英雄。

继莫斯科工人的失败之后，整个第一次革命也失败了。在地主疯狂实行反动的漫长痛苦的 12 年里，俄国各民族的工人和农民受尽了苦难。

普列斯尼亚工人的壮举并不是无谓的行动。他们没有白白牺牲。沙皇君主制已被打开第一个缺口，这个缺口缓慢地但是不断地扩大并削弱中世纪的旧制度。莫斯科工人的壮举在城乡劳动群众中引起了深刻的震荡，尽管有种种迫害，这种震荡的余波并没有平息。

1905 年 12 月武装起义前，俄国人民还没有能力同剥削者进行群众性的武装斗争。可是在 12 月以后，人民的情况已经不同了。他们获得了新生。他们经受了战斗的洗礼。他们在起义中得到了锻炼。他们培养了大批战士,这些战士在 1917 年取得了胜利,现在正克服一切难以置信的困难,战胜帝国主义战争造成的令人痛苦的饥饿和经济破坏,捍卫着争取社会主义在全世界胜利的事业。

　　世界工人革命的先遣队红色普列斯尼亚的工人万岁!

载于 1918 年 12 月 22 日《公社战士报》第 63 号

译自《列宁全集》俄文第 5 版第 37 卷第 386—387 页

论"民主"和专政

(1918 年 12 月 23 日)

莫斯科收到的几期柏林出版的《红旗报》和维也纳出版的德意志奥地利共产党机关报《呐喊报》(Weckruf) [166]向我们表明,社会主义的叛徒、帝国主义强盗战争的支持者谢德曼和艾伯特之流、奥斯特尔利茨和伦纳之流,遭到了德奥两国革命无产者的真正代表的应有的回击。我们热烈地欢迎这两家机关报,它们显示了第三国际的活力和它的成长。

看来,现在不论在德国还是在奥地利,革命的主要问题都是这样一个问题:要立宪会议还是要苏维埃政权?已经破产的第二国际的所有代表人物,从谢德曼到考茨基,都拥护立宪会议,并称自己的观点是捍卫"民主"(考茨基甚至说是"纯粹民主")反对专政。对于考茨基的观点,我已在莫斯科和彼得格勒刚出版的《无产阶级革命和叛徒考茨基》①这本小册子中作了详尽的分析。现在我想把这个争论的问题的实质简要地阐述一下,因为这个问题已经实际地提上了所有先进的资本主义国家的日程。

谢德曼和考茨基之流高谈"纯粹民主"或一般"民主",企图欺骗群众,掩盖现代民主的资产阶级性质。让资产阶级继续掌握整个国家政权机构吧!让一小撮剥削者继续利用旧有的、资产阶级

---

① 见本卷第 229—327 页。——编者注

的国家机器吧！资产阶级喜欢把在这种条件下进行的选举叫做
"自由的"、"平等的"、"民主的"、"全民的"选举，这是可以理解的，
因为这些字眼可以用来掩盖真相，掩盖这样的事实：生产资料所有
权和政权仍然掌握在剥削者的手里，因而根本谈不上被剥削者即
大多数居民的真正自由和真正平等。对资产阶级来说，在人民面
前掩盖现代民主的**资产阶级**性质，把它说成一般民主或"纯粹民
主"，是有利的，必需的；而谢德曼和考茨基之流重复这个论调，**实
际上**是抛弃无产阶级的观点，跑到资产阶级那边去了。

　　马克思和恩格斯在最后一次合写《共产党宣言》序言时（这是
在1872年），认为必须特别提醒工人注意，无产阶级不能简单地掌
握现成的（即资产阶级的）国家机器，并运用它来达到自己的目的，
无产阶级应该摧毁和打碎这个机器。① 叛徒考茨基写了《无产阶
级专政》这一整本小册子，对工人隐瞒这个最重要的马克思主义真
理，从根本上歪曲马克思主义；显然，这本小册子受到谢德曼之流
先生们的热烈赞扬是完全应该的，因为资产阶级代理人对跑到资
产阶级那边去的人就是这样赞扬的。

　　工人和全体劳动者不仅被资本主义雇佣奴隶制而且被四年掠
夺战争弄得饥寒交迫、困苦不堪，而资本家和投机商继续掌握着掠
夺来的"财产"和"现成的"国家政权机构，这时候高谈什么纯粹民
主、一般民主、平等、自由、全民性，就是嘲弄被剥削的劳动者，就是
践踏马克思主义的基本真理。因为马克思主义教导工人说：你们
应该利用资产阶级民主，看到它同封建制度相比是历史上的一大
进步，但是一分钟也不要忘记这种"民主"的资产阶级性质，忘记它

---

① 参看《马克思恩格斯文集》第2卷第6页。——编者注

是有历史条件的和有历史局限性的,不要"迷信""国家",不要忘记,不仅在君主制度下,就是在最民主的共和制度下,国家也无非是一个阶级镇压另一个阶级的机器。

资产阶级不得不伪善地把实际上是资产阶级专政,是剥削者对劳动群众的专政的(**资产阶级的**)民主共和国说成"全民政权"或者一般民主,纯粹民主。谢德曼和考茨基之流、奥斯特尔利茨和伦纳之流(遗憾的是现在弗里德里希·阿德勒也在帮他们的忙)赞同这种谎言、这种伪善。马克思主义者、共产主义者则予以揭穿,直接而公开地向工人和劳动群众说明真相:民主共和国、立宪会议、全民选举等等实际上是资产阶级专政;要把劳动从资本的压迫下解放出来,除了用**无产阶级专政**代替这种专政,没有别的道路可走。只有无产阶级专政才能使人类摆脱资本的压迫,彻底认清资产阶级民主这种**富人的**民主是谎言、欺骗和伪善,才能实行**穷人的**民主,也就是使工人和贫苦农民**事实上**享受到民主的好处,而现在(甚至在最民主的——**资产阶级的**——共和制度下)大多数劳动者**事实上**是享受不到民主的这些好处的。

例如拿集会自由和出版自由来说。谢德曼和考茨基之流、奥斯特尔利茨和伦纳之流硬要工人相信,目前在德国和奥地利进行的立宪会议的选举是"民主"的。这是撒谎,因为**实际上**资本家、剥削者、地主、投机商掌握着十分之九可供开会的最好的建筑物,掌握着十分之九的纸张、印刷所等等。城市的工人、农村的长工和日工**实际上**被这种"神圣不可侵犯的所有权"(这种权利是由考茨基和伦纳之流先生们来捍卫的,遗憾的是弗里德里希·阿德勒也跑到他们那边去了)和资产阶级的国家政权机构即资产阶级的官吏、资产阶级的法官等等排除于民主之外。目前德意志"民主"(资产阶级民主)共和国的"集会和出版自由"就是谎言,就是伪善,因为**实际上这是富人**收买和贿赂报刊的**自由**,是**富人**用资产阶级报纸谎言这样的劣等烧酒来麻醉人民的**自由**,是**富人**"占有"地主宅第、最好的建筑物等等的**自由**。无产阶级专政则要从资本家手里**把**地主宅第、最好的建筑物、印刷所、纸库**夺过来**供劳动者使用。

于是,谢德曼和考茨基之流、奥斯特尔利茨和伦纳之流(和他们一道的还有一些外国的同道者,如龚帕斯、韩德逊、列诺得尔和王德威尔得之流)就大叫起来,说这是用"一个阶级的专政"代替"全民的"、"纯粹的"民主!

我们回答说:不对! 这是用无产阶级专政代替事实上的资产阶级专政(以资产阶级民主共和国形式伪装起来的专政)。这是用穷人的民主代替富人的民主。这是用**大多数**人即劳动者的集会和出版自由代替少数人即剥削者的集会和出版自由。这是民主在世界历史上空前地**扩大**,是假民主变为真民主,是人类摆脱资本的桎梏,而资本使任何一种、甚至最"民主"最共和的那种**资产阶级**民主变得**面目全非**和残缺不全。这是用**无产阶级**国家代替资产阶级国家,这种代替是使国家完全消亡的唯一道路。

资产阶级的伪善的朋友们即受资产阶级愚弄的天真的小资产者和庸人们问道:为什么不实行一个阶级的专政就不能达到这个目的呢? 为什么不能直接过渡到"纯粹"民主呢?

我们回答说:因为在任何一个资本主义社会里,能起决定作用的不是资产阶级就是无产阶级,而小业主必然始终动摇不定,软弱无力,愚蠢地幻想"纯粹"民主即非阶级的或超阶级的民主。因为,要摆脱一个阶级压迫另一个阶级的社会,只能靠被压迫阶级的专

政。因为，只有无产阶级才能够战胜资产阶级，推翻资产阶级，这
是由于只有无产阶级被资本主义联合起来了并且"训练出来了"，
只有它能够把那些按小资产阶级方式生活的、摇摆不定的劳动群
众吸引过来，或者至少能使他们保持"中立"。因为，只有甜蜜蜜的
市侩和庸人才会幻想不经过一个长期艰苦的**镇压**剥削者**反抗**的过
程就可以推翻资本的压迫，并用这种幻想欺骗自己，欺骗工人。目
前在德国和奥地利，这种反抗还没有公开地展开，因为对剥夺者的
剥夺暂时还没有开始。这样的剥夺一经开始，剥夺者就会拼死地、
疯狂地进行反抗。谢德曼和考茨基之流、奥斯特尔茨和伦纳之
流对自己和工人隐瞒这一点，就是出卖无产阶级的利益，在紧要关
头放弃进行阶级斗争和推翻资产阶级压迫的立场而采取无产阶级
同资产阶级妥协的立场，采取"社会和平"或剥削者同被剥削者调
和的立场。

　　马克思说过：革命是历史的火车头①。革命迅速地教育着人
们。德奥两国的城市工人和农村雇农很快就会明白，谢德曼和考
茨基之流、奥斯特尔茨和伦纳之流背叛了社会主义事业。无产
阶级一定会唾弃这些"社会主义叛徒"，这些口头上的社会主义者、
实际上的社会主义叛徒，就像俄国无产阶级唾弃了同样的一些小
资产者和庸人即孟什维克和"社会革命党人"一样。无产阶级一定
会看出，——上述这些"领袖"统治得愈厉害，无产阶级就会愈快地
看出——只有用巴黎公社类型的国家（关于这种国家，马克思谈得
很多，但谢德曼和考茨基之流歪曲和背叛了他的思想）或苏维埃类
型的国家代替资产阶级的国家（包括最民主的资产阶级共和国在

---

　　① 见《马克思恩格斯文集》第 2 卷第 161 页。——编者注

内），才能开辟出通向社会主义的道路。无产阶级专政一定会使人类摆脱资本的压迫和战争。

1918 年 12 月 23 日于莫斯科

载于 1919 年 1 月 3 日《真理报》
第 2 号

译自《列宁全集》俄文第 5 版
第 37 卷第 388—393 页

在全俄国民经济委员会第二次代表大会上的讲话¹⁶⁷

(1918 年 12 月 25 日)

（欢呼）同志们！首先让我简单地谈一谈苏维埃共和国所处的国际形势。当然，你们大家都知道，国际形势的一大问题是英、法、美帝国主义取得了胜利，他们企图完全占领整个世界，而主要是企图消灭苏维埃俄国。

你们知道，在十月革命初期，不仅西欧资产阶级中的大多数人，而且一部分俄国资产阶级，都认为我们搞的只是一种社会主义实验，对全世界不会有重大意义。那些特别骄横、特别近视的资产阶级分子曾一再声言，说俄国的共产主义实验除了让德帝国主义高兴，达不到什么其他目的。可惜的是，有些人竟让这种胡说弄得晕头转向，并用这种观点来看待布列斯特和约那些非常苛刻和有极大强制性的条件。其实，这些人是在有意无意地煽起小资产阶级的爱国主义，他们在分析日益恶化的形势时，不是从全世界着眼，不是从国际范围内事变的发展着眼，而是认为德帝国主义是主要的敌人，认为这一强制性的、富有掠夺性的和约是德帝国主义者的胜利。

的确，从俄国的处境来看当时的事变，和约条件是再厉害不过了。但是过了几个月，德帝国主义者的结论的荒诞无稽就看出来了，——他们在占领乌克兰的时候，在德国资产阶级面前，尤其是在德国无产阶级面前吹嘘说，现在已经到了收获帝国主义政策结出的果实的时候了，他们在乌克兰一定能搞到德国所需要的一切。这是对事变最肤浅最近视的估计。

不久就看出来，那些从事变对世界革命发展的影响的角度看问题的人才是唯一正确的。正是遭受空前灾难的乌克兰的例子表明，仔细考察和研究国际无产阶级革命以后对事变作出的估计，才是唯一正确的估计，因为帝国主义已被实在活不下去的劳动群众掐住了脖子。现在我们看到，乌克兰所发生的事情就是世界革命发展过程中的一个环节。

德帝国主义者从乌克兰得到的物资，比他们指望的要少得多。同时，把战争变为公开进行掠夺的战争，毁了整个德国军队，而同苏维埃俄国的接触，则瓦解了这支由德国劳动群众组成的军队，这在几个月后就看出来了。现在，当英美帝国主义变得更加狂妄，把自己看做太上皇，认为谁也不得违抗的时候，我们并没有忽视我们当前的处境极其困难。协约国现在已经超出了资产阶级可能实行的政策的极限，也像德帝国主义者在1918年2月和3月间缔结布列斯特和约时那样蛮干起来了。造成德帝国主义灭亡的原因，我们在英法帝国主义身上也清楚地看到了。英法帝国主义强迫德国接受的媾和条件，比缔结布列斯特和约时德国强迫我们接受的条件坏得多，苛刻得多。这样一来，英法帝国主义就越出了极限，日后一定会招致灭顶之灾。一超过极限，帝国主义就再也没有希望把劳动群众控制起来了。

尽管沙文主义者大肆鼓噪，宣扬战胜和打垮了德国，尽管战争还没有正式结束，但在法国和英国，已有工人运动无比高涨的迹象,已有一些政治家在改变立场,他们从前抱着沙文主义的观点,现在也反对本国政府干涉俄国内政了。如果再对照看一下最近报纸上发表的英美士兵发起联欢的消息,如果想到帝国主义的军队是由备受欺骗和恐吓的公民组成的,那我们就可以认为,苏维埃俄国的基础是相当稳固的。看到世界战争和世界革命的这整个情景,我们非常泰然,对未来充满信心,我们说:英法帝国主义太过火了,在媾和条件上竟超出了帝国主义者所能做到的极限,一定会遭到彻底破产。

扼杀革命,侵占和瓜分世界各国,——这就是继续进行帝国主义战争的协约国给自己提出的任务。英国和美国所遭到的战祸比德国轻得多,两个国家按民主方式组织起来的资产阶级也远比德国资产阶级有眼光,但英美帝国主义者已经失去理智,现在迫于客观形势不得不担负力不胜任的任务,不得不保持军队以备绥靖和镇压的需要。

现在我们的处境要求我们拿出一切力量来。现在的每一个月,我们应当比过去的十年还珍惜,因为我们所做的事情要比从前重大百倍,我们不仅在保卫俄罗斯共和国,而且在为世界无产阶级从事伟大的事业。我们需要作高度的努力,需要进行大量的工作来编制组织计划和制定大的方针。

至于我们当前的任务,应当说,已经有了一个基础,在从国民经济委员会第一次代表大会[168]到第二次代表大会这一期间,基本的任务已经确定。管理工业、国有化企业以及整个整个工业部门的总计划已经制定出来,工作做得很扎实,有工会参加。今后,我们将一如既往,同一切对事业有害的工团主义、分散主义、本位主义和地方主义的表现作斗争。

　　战争形势赋予我们以特殊的责任和艰巨的任务。有工会参加的集体管理是必要的。集体管理机构是必要的,但是它们不应成为实际工作的障碍。现在,在我观察我们的企业执行经济任务的情况时,特别引起我注意的是:经过集体讨论才执行的那一部分工作,有时不能完成。从集体执行过渡到个人负责,这就是当前的任务。

　　我们要求国民经济委员会、总管理机构和中央管理机构今后无论如何再不要把实行集体管理制变成说空话、写决议、作计划、闹地方主义。这是不能容许的。① 我们坚决要求国民经济委员会的每一个工作人员、总管理机构的每一个成员都知道他对哪一个经济部门负责(从狭义说的负责)。当我们获悉有原料,而人们却不知道、也弄不清楚有多少原料时,当人们向我们诉苦,说商品锁在仓库里,而农民不愿意把粮食换成贬值的纸币,正当地要求商品交换时,我们应该知道到底是哪一个集体管理机构的哪一位委员办事拖拉,我们应当说,这位委员要对办事拖拉负责,而且要负军事责任,就是说,要立即逮捕起来,送军事法庭审判,哪怕他是一个最重要的总管理机构中最重要的工会的代表。这个人应当对统计

----

　　① 在1918年12月26日出版的《经济生活报》第42号的报道中,由"从集体执行"到"这是不能容许的"这几句话,是这样写的:"当前的任务是在执行方面由集体负责制过渡到个人负责制。目前我们这里出现的问题,按克拉辛同志非常中肯的说法,是全国性的阻塞。我们把过多的时间花在有损共同事业的空谈上。例如,我们现在有数量充足的短皮袄,不但够军队用,而且够那些工作条件极其艰苦的铁路员工用,可是就因为统计工作和运输工作没有跟上,他们就得不到。

　　从现在起,我们要求国民经济委员会、总管理机构和中央管理机构无论如何再不要把实行集体管理制变成说空话、写决议、作计划、闹地方主义。政府需要短皮袄是硬性规定,各地却搞官样文章,说什么这个问题他们已经议过啦,他们有不同的看法啦。这是不能容许的。"——俄文版编者注

和正确利用库存产品这种最简单的事情办得怎么样负责。在我们这里,恰恰是在执行最简单的任务这个环节上往往发生阻塞现象。

从历史的观点来看,这事根本用不着担心,因为要建立前所未有的新的管理形式,必须花费一定的时间来制定总的组织计划,这种计划会在工作过程中得到发展。相反,值得惊奇的倒是在这样短的时间内在这方面居然做了那么多事情。但是从战争的观点来看,从社会主义的观点来看,无产阶级要求我们发挥最大的干劲,来生产粮食和短皮袄,改善工人缺少鞋子、食品和其他物品的状况,在这种情况下,我们就必须把商品交换扩大两倍,扩大十倍。国民经济委员会应当把这方面的工作当做自己的当前任务。

我们需要人们做实际工作,负责做到:把原粮换成成品粮,不让粮食积压;每个仓库的原料不仅有账,而且不积压;在生产上真正有所帮助。

至于合作社,同它们打交道,也必须考虑它们的业务特点。我听到国民经济委员会的某些委员说:合作社是做小生意的,合作社里都是些孟什维克,白卫分子,应当离它们远一点。我断定这些人完全是无知。他们不是把有用的合作社工作者看做专家,而是把他们当做白卫分子的帮凶,根本不懂得当前的任务。我说这些人是多管闲事,抓白匪我们有肃反委员会,它们的事情应该让它们去干。而合作社是资本主义社会建立起来的、我们应当加以利用的唯一的机构。因此,谁要是用目光短浅、极端蠢笨和充满知识分子自负的议论来代替实际工作,我们就要按战时办法严加惩办。(热烈鼓掌)

一年过去了,事情还没有安排妥当。面前摆着实际任务,我们却还在没完没了地讨论计划。而国家需要粮食、毡靴,要求及时地分配原料。像这样的拖拉作风和多管闲事的现象，是不能容许的。

我们的机构中有时有倾向白匪的分子，但在我们所有的机关中都有共产主义的监督，这些人不会有什么政治影响，也不会起领导作用。这是根本谈不上的。我们需要他们，因为他们是实际工作者，这些人没什么可怕。我承认，共产党员是最优秀的分子，在他们中间有出色的组织者，但要得到大批这样的组织者还需要许多许多年，我们又不能等待。

现在我们能够在资产阶级中间，在专家和知识分子中间得到这样的工作人员。因此我们要问问在国民经济委员会工作的每一位同志：先生们，你们为吸收有经验的人参加工作做了些什么事情呢，你们为吸收专家、吸收店员和干练的资产阶级合作社工作者做了些什么事情呢。这些人给你们干工作，一点也不比他们给什么科卢帕耶夫们和拉祖瓦耶夫们[169]干工作差。是我们抛弃过去的偏见、号召我们所需要的一切专家参加我们工作的时候了。我们的一切集体管理机构，我们所有身为共产党员的工作者，都必须了解这一点。只有采取这种态度，我们的胜利才有保证。

各种各样的空谈该收场了，现在是干实际工作的时候了，只有干实际工作才能使我国摆脱帝国主义者的包围。一切苏维埃机关和合作社机关都必须这样看问题。我们需要的是实干，再实干！如果无产阶级取得政权以后不能利用自己的政权，不能实际地提出问题和实际地解决问题，它就失去了很多东西。是放弃偏见的时候了，不要以为只有共产党员才干得了某些工作，当然，他们中间确实有优秀人才。是放弃这种偏见的时候了，我们需要实干再实干的工作者，我们应该把他们统统吸收来参加工作。

资本主义给我们留下了一大笔遗产，给我们留下了一批大专家,我们一定要利用他们,广泛地大量地利用他们,把他们全都用起来。我们根本没有时间从我们的党员中培养专家,因为现在全部问题在于实际工作,在于实际效果。

现在需要集体管理机构的每一个委员,负责机关的每一个成员都把工作担当起来,对它完全负责。任何一个人,只要负责一个部门,就一定要事事负责,既管生产,又管分配。我应当向你们指出,我们苏维埃共和国的情况是这样的:只要能正确地分配粮食和其他产品,我们就能支持很长很长时间。但是,要做到这一点,一定要实行坚决消除一切拖拉现象的正确政策:办事要雷厉风行,每项重要工作都要指定专人负责,他们每一个人都要明确自己的任务,切实负责,直到用脑袋担保。这就是我们在人民委员会和国防委员会实行的政策,国民经济委员会和合作社的全部活动都必须服从这个政策。这就是无产阶级的政策应当坚持的方向。

必须使商品交换的轮子在我们这里正常地转动起来。这就是当前的全部任务,在这方面我们还需要做大量的工作,因此,在结束我的讲话时,我恳切地请求你们,所有的人,都投身到这项工作当中来。(掌声经久不息)

载于1919年《全俄国民经济委员会
第二次代表大会文件。速记记录》一书

译自《列宁全集》俄文第5版
第37卷第394—401页

关于编写工农读物的指示

(1918 年 12 月)

任务：在两周内编写出一套工农读物。

读物应当由分篇的即每篇自成一个完整单元的活页材料编成，每一材料的篇幅为 2—4 印张。

叙述要非常通俗，是给文化程度极低的农民看的。材料数量为 50 至 200 篇；该书第一册为 50 篇。

题目：苏维埃政权的建设及其内外政策。例如：什么是苏维埃政权；怎样管理国家；土地法；国民经济委员会；工厂国有化；劳动纪律；帝国主义；帝国主义战争；秘密条约；我们是怎样提出和约的；我们现在为什么而战；什么是共产主义；政教分离；如此等等。

可以而且应当采用一些原有的好活页材料，改写原有的文章。

该读物提供的材料应当做到可供当众宣讲，也可供家庭阅读，可以单篇翻印，也可以稍加补充译成其他语言。

载于 1936 年 6 月 1 日《真理报》第 149 号

译自《列宁全集》俄文第 5 版第 37 卷第 402 页

论工会的任务[170]

(1918 年 12 月—1919 年 1 月)

一

托姆斯基、拉杜斯-曾科维奇和诺根三人的提纲各自反映了自己那项"专业"的观点,即反映了工会、人民委员部和保险储金合作社的工作者的观点。

因此,每一份提纲都有毛病,都是片面强调事情的一个方面,抹杀和掩盖了基本的原则的问题。

要正确地提出这些有关现代工会运动及其与苏维埃政权的关系的原则问题,首先必须正确地估计从资本主义到社会主义的过渡时期中**目前这段**时间的特点。

他们三个人对问题的这一根本方面都提得不够,或者几乎完全没有提到。

二

在这方面,目前这段时间的一个主要特点是:

　　作为无产阶级专政的苏维埃政权,无论在城市无产阶级群众还是在农村贫苦农民中间,都已取得胜利,但它还远没有向所有的行业和所有的半无产阶级群众进行共产主义的宣传,并把他们牢固地组织起来。

　　因此,加强宣传工作和组织工作在目前这段时间特别重要。这一方面是为了扩大我们对工人和职员中**最不苏维埃化**的(即远未完全承认苏维埃纲领的)那些阶层的影响,使他们服从总的无产阶级运动;另一方面是为了从思想上振奋和从组织上团结无产阶级和半无产阶级中最不开展的阶层和分子,例如粗工,城市中的仆役,农村中的半无产者等等。

　　其次,这段时间的第二个基本特点是我国的社会主义社会建设已经走上轨道,就是说,不仅已把它定为我们的任务和最近的实际目标,而且成立了一系列进行这种建设的重要机构(例如国民经济委员会),创造了这些机构和群众组织(工会、合作社)相互配合的实施办法,取得了这种建设的一定的实际经验。但是同时,建设还远没有完成,远没有结束,缺点还很多,最重要的事情还没有做好(例如粮食的合理收集和分配,燃料的生产和分配),广大的劳动群众参加这一建设还非常不够。

三

　　由于这种情况,目前工会需要完成如下的任务。

　　根本谈不上什么工会"中立"。任何关于中立的宣传,都是为反革命打掩护,或者是毫无觉悟的表现。

现在,我们在工会运动基干队伍中的力量相当强大,足可使工会内部落后的即消极的非共产主义分子,以及劳动人民中在某些方面仍然是小资产阶级的那些阶层,接受我们的影响,让他们遵守无产阶级的纪律。

所以,现在的主要任务不是摧毁强大的敌人的反抗,因为这样的敌人在苏维埃俄国的无产阶级和半无产阶级群众中间已经没有了。现在的主要任务是通过顽强的、坚持不懈的、更加广泛的教育工作和组织工作来克服无产阶级和半无产阶级中某些小资产阶层的偏见,不断扩大苏维埃政权还不够广泛的基础(即扩大直接参加国家管理的工人和贫苦农民的人数),教育落后的劳动阶层(不仅通过书本、讲演、报纸,而且通过实际地参加管理),寻求既能用来完成工会运动的这些新任务,又能吸引无比众多的半无产阶级群众(例如贫苦农民)的**新的组织形式**。

例如吸收**全体**工会会员参加国家管理工作,办法是让他们担任委员、参加突击检查小组等等。吸收仆役先参加合作社的工作,参加向居民供应食物的工作,参加对食物生产的监督等等,然后再参加比较重要而不那么"狭窄的"工作,当然必须循序渐进。

吸收"专家"和工人一起参加国家工作,同时对专家实行监督。

要考虑过渡形式,就得有新的组织机构。例如贫苦农民委员会在农村中起着巨大作用。令人担心的是,贫苦农民委员会和苏维埃的合并会在某些地方把半无产阶级**群众**排除在常设机构**之外**。不能借口农村中的贫苦农民不是雇佣工人,而放弃把他们组织起来的任务。可以而且应该不断寻找新的形式,例如建立贫苦农民协会(即使它和贫苦农民委员会一样)来吸收下列**贫苦农民**参加:(1)不从粮食投机和抬高粮价中牟利的,(2)渴望通过大家共同

采取的措施来改善生活的,(3)渴望加强共耕制的,(4)谋求同城市
工人结成持久联盟的,等等。

　　这种贫苦农民协会可以作为全俄工会理事会的**一个特设部
门**,使它不致压倒纯无产阶级分子。形式可以改变,而且应该找出
适合实际情况、适合于团结新的、过渡性的社会阶层(贫苦农民不
是无产阶级,现在甚至还不是半无产阶级,而只是一些最接近半无
产阶级的人——因为资本主义还没有死亡;同时又是一些最赞成
向社会主义过渡的人)这一新任务的形式……①

载于1933年《列宁文集》俄文版　　　　　译自《列宁全集》俄文第5版
第24卷　　　　　　　　　　　　　　　第37卷第403—406页

---

① 手稿到此中断。——俄文版编者注

一幅说明大问题的小图画

（1918 年底或 1919 年初）

《贫苦农民报》[171]编辑索斯诺夫斯基同志给我送来了一本好书。应该把这本书尽量介绍给更多的工人和农民。这本书用生动的例子精辟地加以说明的那些在社会主义建设重要问题上的重大教训，我们应该注意吸取。这本书就是韦谢贡斯克县执行委员会为纪念十月革命一周年而在当地出版的、亚历山大·托多尔斯基同志写的《持枪扶犁的一年》[172]。

作者介绍了韦谢贡斯克县苏维埃政权建设工作的领导者一年来的工作经验——先是国内战争，当地富农的暴动及其被镇压，然后是"和平建设"。作者把一个偏僻县份的革命过程写得非常朴实生动，别人来转述，只会使原书减色。应该广泛传播这本书，并希望有尽量多的从事群众工作、深入实际生活的人来介绍自己的经验。从这些著作中选出几百部、哪怕几十部最真实、最朴实、有丰富而又宝贵的实际内容的佳作来出版，对社会主义事业来说，比大量发表那些热衷于写作、往往埋头书斋而看不见实际生活的著作家的报刊文章和成本著作要有益得多。

现在从亚·托多尔斯基同志的书中举一个小小的例子。这里谈的是不要让"商人""失业"，而要迫使他们"干工作"的问题。

"……为此目的，执行委员会叫来了三个年富力强、特别能干的厂主——

E.E.叶弗列莫夫、A.K.洛金诺夫和 H.M.科兹洛夫。在剥夺自由和没收全部财产的胁迫下，他们参加了建立锯木厂和制革厂的工作。于是两个厂的建厂工作立刻就开始了。

苏维埃政权没有找错人。厂主们值得称赞的是，他们几乎最先懂得了，同他们打交道的并不是‘匆匆的过客’，而是牢牢掌握着政权的真正主人。

完全认清了这一点之后，他们就努力去执行执行委员会的指示。到现在，韦谢贡斯克已经有了一个全部开工的锯木厂，能满足当地居民的全部需要，并在为重建中的铁路完成订货。

至于制革厂，厂房已经落成，正在安装从莫斯科运来的发动机、鼓轮以及其他机器，不出一个半月，至多两个月，韦谢贡斯克就会有本地出产的皮革了。

用‘非苏维埃的’人手建设了两个苏维埃的工厂，这很好地说明了应该怎样同敌对的阶级作斗争。

痛打剥削者的手，使他们不能再祸害，或者说‘制服’他们，这还只是任务的一半。只有当我们强迫他们工作并利用他们的工作成果来帮助改善新生活和帮助巩固苏维埃政权的时候，才算把工作做到家了。”

每个国民经济委员会、粮食机关，每个工厂、土地局，都应该把这个精辟的、完全正确的论断刻在木板上挂起来。因为偏僻的韦谢贡斯克的同志们明白了的道理，往往是两个首都的苏维埃工作人员怎么也弄不明白的。经常有一些苏维埃知识分子、工人和共产党员，只要一提到合作社，他们就轻蔑地嗤之以鼻，一本正经地（又是极其愚蠢地）说：这不是苏维埃人，这是资产者、小店主、孟什维克；例如某个时候，某个地方，合作社工作者就曾用自己的资金周转活动掩盖他们对白卫分子的援助；我们社会主义共和国的供应和分配机关应该由纯粹的苏维埃人来建立。

这种论调是混淆真理和谎话的典型，其结果是严重地歪曲了共产主义的任务，对我们的事业贻害无穷。

不错，合作社是资产阶级社会的机构，是在“赚钱第一”的气氛中发展起来的，它的领导人是由资产阶级政治和资产阶级世界观熏陶出来的,所以在这种机构里白卫分子或白卫分子的帮凶占了很大的比例。这是无可争辩的。但是,如果把一个无可争辩的道理简单化,加以滥用,从而作出荒谬的结论,那就糟糕了。我们只能用资本主义创造的材料来建立共产主义,只能用在资产阶级环境中培植起来、因而必然渗透着资产阶级心理的文明机构(因为这里说到的人才是文明机构的一部分)来建立共产主义。这就是建立共产主义社会的困难所在,但共产主义社会能够建立和顺利建立的保证也在这里。马克思主义和旧的、空想的社会主义不同的地方,就在于后者不愿意用血腥的、肮脏的、掠夺成性的、唯利是图的资本主义培养出来的大批人才建设新社会,而愿意用在特别的温室和暖房里培养出来的特别高尚的人建设新社会。现在,这种可笑的想法,人人都觉得可笑,人人都加以唾弃。但并不是人人都愿意或善于认真思考与此相反的马克思主义学说,认真思考为什么可以(而且应当)用千百年来被奴隶制、农奴制、资本主义和细小分散的经营所败坏的,为争夺市场上的一块地盘、为了自己的产品或劳动能卖个好价钱而进行的混战所败坏的大批人才来建设共产主义。

合作社是资产阶级的机构。由此应当得出结论说,它**在政治上不可信赖**;但决不应当得出结论说,可以不利用它来进行管理和建设。所谓政治上不能信赖,就是不能让非苏维埃人员担任**政治上的要职**,就是肃反委员会要严密监视那些倾向于白匪的阶级、阶层或集团的成员。(顺便说一下,并不一定要走过头,像拉齐斯在他那个喀山杂志《红色恐怖》上那样讲荒唐话。拉齐斯同志是一位优秀的、经过考验的共产党员,他本想说,红色恐怖就是对那些企图恢复自己的统治的剥削者实行暴力镇压,但他却在他那个杂志第 1 期[173]第 2 页上说:"在审理案件时,不必寻找〈!!?〉被告是否用武器或言论来反对苏维埃的罪证。")

在政治上不信赖资产阶级机构的人员,是合理的,必要的。拒绝利用他们来进行管理和建设,却是愚蠢之极,对共产主义极为有害。谁想举荐孟什维克,说他们是社会主义者,或者是政治领导者,甚至是政治顾问,那他就会犯极大的错误,因为俄国革命的历史完全证明了孟什维克(以及社会革命党人)并不是社会主义者,而是在每次无产阶级和资产阶级阶级斗争特别尖锐的时刻都会站**到资产阶级**方面去的小资产阶级民主主义者。但小资产阶级民主派并不是偶然出现的政治流派,不是什么特殊现象,而是资本主义的**必然**产物,同时不仅旧的、资本主义以前的、经济上反动的中农是这个民主派的"供应者",而且文明资本主义的、在大资本主义土壤上生长起来的合作社、知识分子等,也是这个民主派的"供应者"。甚至在落后的俄国,也产生了许多如科卢帕耶夫和拉祖瓦耶夫之类的、善于利用有文化的知识分子——孟什维克的、社会革命党的和非党的知识分子——来为自己服务的资本家。难道我们比这些资本家还愚蠢,竟不会利用这种"建筑材料"来建设共产主义的俄国吗?

载于 1926 年 11 月 7 日《真理报》　　　　译自《列宁全集》俄文第 5 版
第 258 号　　　　　　　　　　　　　　第 37 卷第 407—411 页

在全俄中央执行委员会、莫斯科苏维埃和全俄工会代表大会联席会议上的讲话[174]

（1919 年 1 月 17 日）

（热烈欢呼）同志们，让我首先简要地说明一下我们在粮食政策上经历过的几件大事。我认为，这样说明一下，不仅有助于正确地估计我们今天提请全俄中央执行委员会通过的决定的意义，而且有助于评价我们的整个粮食政策，评价苏维埃俄国和社会主义革命的先锋队和主要支柱——有组织的无产阶级在这困难关头所起的作用。

同志们，我们的粮食政策突出地表现在三大措施上，这些措施，按照时间顺序，第一个是通过了成立贫苦农民委员会的决定，这一步骤是我们整个粮食政策的基础，同时也是我国革命整个发展过程中和革命的构成上一个极其重要的转折点。这一步骤使我们越过了资产阶级革命和社会主义革命之间的界限，因为我们如果不在农村中建立起真正无产阶级的（不是全体农民的）支柱，只靠工人阶级在城市中的胜利，只是把一切工厂收归无产阶级国家所有，是不能创立和巩固社会主义制度的基础的。在十月革命时期，我们只能实行无产阶级同全体农民的联盟，由于有了这个联盟，我们得以很快地摧毁和彻底地消灭地主土地占有制。但是只有当我们进一步把贫苦农民即农民中的无产阶级和半无产阶级组织起来的时候,城市无产阶级劳动群众同农村无产阶级的联盟才能巩固地建立起来,反对富农和农民资产阶级的斗争才能真正展开。我们在粮食政策上的这一重大步骤,现在仍然是体现我们整个粮食政策的重大标志。

第二个步骤也许不那么重要,这就是在我们的代表参加和倡议下通过了利用合作社的法令[175]。法令规定:我们必须利用这个由合作制、由整个资本主义社会建立的、由于明显的原因在俄国比在西欧各国薄弱的机构。在这方面,我们做了很多错事,而很多该做的事倒没有做,不仅在农村是这样,而且在城市、在大的无产阶级中心也是这样。在这方面,我们遇到了无知、无能、偏见和传统,使得我们厌弃合作社。合作社的上层中间有很多非无产阶级分子,这是理所当然的;我们必须同这些很会投靠资产阶级的人进行斗争,同反革命分子及其阴谋进行斗争,但同时要保存机构,保存合作社机构(这也是资本主义的遗产),即在千百万人中间进行分配的机构,因为没有这种机构,就谈不上稍微顺利地建设社会主义。在这方面,粮食人民委员部制定过一项正确的政策,但我们还没有把这件事情做完。今天我们以共产党党团的名义向全俄中央执行委员会提出的基本原则在这方面进了一步,主张把合作社机构利用起来。必须善于同合作社机构中不可救药的上层分子进行斗争——我们有足够的力量和权力来进行这一斗争,以为他们会反抗得很厉害,那是很可笑的。必须善于进行这样的斗争,同时一定要利用合作社机构,以便我们不致分散自己的力量,以便这一机构能统一起来,以便共产党员能把自己的力量不仅用于政治工作,而且用于组织工作,并在技术上利用为这一工作作好了准备的机构——合作社机构。

体现我们粮食政策的第三个步骤是建立工人的粮食机关。在这方面，做粮食工作的同志们，你们面临着一项重大的任务。现在我们所走的道路是我们应当走的，而且我们应当努力使各人民委员部都走上这条道路；这一措施不仅对粮食部门很重要，而且对整个社会整个阶级都很重要。要使社会主义变革巩固下来，就必须由新阶级进行管理。我们知道，1861 年以前，在俄国掌握政权管理国家的是农奴主-地主。我们知道，1861 年以后，总的说来，掌握政权管理国家的是资产阶级，是富裕阶层的代表。现在，要使社会主义变革巩固下来，除非我们能发动新的阶级即无产阶级进行管理，做到由无产阶级来管理俄国，做到使这种管理成为全体劳动者个个都来学习管理国家的艺术的过渡，而且不是从书本、报纸、讲演和小册子中学习，而是从实践中学习，让每个人都能试试自己从事这种工作的能力。

同志们，这就是我们在粮食政策上一个大的阶段，它同时也表明了这一粮食政策的构成情况。应该说，在这方面，我们做粮食工作的同志肩负着极其繁重的任务。不言而喻，饥荒是一种最无情最可怕的灾难。一看到这方面的工作出现混乱，群众当然就着急、怨恨和愤慨，因为这种灾难根本无法忍受。同时很显然，粮食人民委员部担负的任务十分艰巨。你们都很清楚，做工会工作的同志尤其清楚，我们遭到很多破坏，在管理大企业和统计大企业产品方面又存在着很多混乱现象。而统计大企业产品比统计千百万农民收获的粮食要容易几千倍。可是我们没有选择的余地。国内食物实在太少，不足以养活全体人民。

如果说有几种食物很紧，这是什么意思呢？这就是说，如果现在把它们分配给全体居民,如果每个农民把自己的产品全部运出来,如果每个人不吃那么饱(因为大家都要完全吃饱是不可能的),如果每个农民自愿不吃那么饱而把余下的东西全部交给国家,如果我们对所有这些食物合理地进行分配,那么,我们就可以维持下去,虽然少吃一些,但还不致挨饿。显然,在经济遭到破坏而我们又缺少本领(这种本领只有现在才能练就,从前无法得到)的情况下,要在全国范围内提出并完成这项任务,用通常的方法是办不到的。食物不够,这意味着……这意味着什么呢?这意味着,如果在关系人民死活的食物明明不够的情况下准许贸易自由,就一定会造成疯狂的投机,使食物价格暴涨,以至出现所谓垄断价格或饥饿价格,按照这种疯涨的价格,只有那些收入大大超过中等水平的少数上层分子可以满足自己的需要,而广大群众只能挨饿。这就是一个国家缺少食物、陷于饥饿状态的含义。从帝国主义者进攻以来,俄国就被包围了。帝国主义者不会公开他们的掠夺计划,但是正如加米涅夫同志正确地指出的,他们的干涉不会就此止步。我们是一个被包围的国家,一个被包围的要塞。在这个被包围的要塞里,匮乏是不可避免的,所以粮食人民委员部担负着比任何一个人民委员部都更困难的组织任务。

现在我们的敌人,如果就内部来说,与其说是资本家和地主(这些占少数的剥削者容易打败,而且已经打败了),不如说是投机分子和官僚主义者。凡有可能利用城市和一些乡村的居民严重缺粮、饥饿难忍来发财致富的农民,按其倾向来说,都是投机分子。你们,特别是做工会工作的同志们,都很清楚,现时存在着一种做投机买卖的倾向,在各工业中心,由于没有食物或缺少食物,也存在着这种倾向,谁把它们弄到了,都想囤积起来发财。如果准许贸易自由,价格马上就会飞涨,涨得广大人民群众都买不起。

同志们,情况就是这样。正因为这样,在一些不开展的群众中间,在一些极度疲惫、饥饿和痛苦的群众中间,隐隐约约有一种对我们做粮食工作的同志不满和愤恨的情绪。这些人都不善于动脑筋,鼠目寸光,他们觉得食物也许还是可以弄到的。他们听说,某地有食物,而且已经到手,至于这些东西够不够1 000万人吃,1 000万人究竟需要多少,这样的人是不会通盘计算一下的。他们以为,做粮食工作的同志在跟他们作对,故意为难他们。他们不懂得,这些粮食工作者都是些精打细算、会过日子的管家人。这些粮食工作者说,如果我们搞得很严,表现出很高的组织性,那么,在最好的情况下,是能够维持一个吃得不大饱但也不致挨饿的水平的。我们国家的情况就是这样,因为最大的产粮区——西伯利亚和顿涅茨区与我们隔绝了,现在一般民用和工业用的燃料、原料和各种谷物的供应都断绝了。没有这些东西,国家只好忍受极大的痛苦。

粮食工作者是一些会过日子的管家人。他们说:应当团结一致,只有这样,我们才能支持下去,而且我们要经常不断地采取行动来反对各人顾各人的做法,反对只求吃饱而花多少钱也在所不惜的想法。我们不能够各想各的、各干各的,那是自取灭亡。我们必须反对资本主义私有经济和为市场而工作的制度遗留给我们千百万劳动人民的这种倾向和习惯:我卖,我赚钱,钱赚的愈多,我就愈不挨饿,别人就愈挨饿。这是私有制遗留下来的恶习,它使群众甚至在国家有很多食物的时候也要挨饿,因为极少数人既靠富足也靠贫困来发财致富,而人民却受苦受难,死于战争。同志们,我们就是在这种情况下实行我们的粮食政策的。这是一个经济规律:在食物不足的情况下,只要朝所谓的贸易自由方面迈上一步,就会造成疯狂的投机。因此,一切主张贸易自由的言论和一切支持这种言论的做法,都会带来极大的危害,都是在走下坡路,从社会主义建设倒退。目前粮食人民委员部为了进行社会主义建设,正在克服不可想象的困难,同千百万投机分子进行斗争,这些投机分子是资本主义和"人人为自己,上帝为大家"这种旧的小资产阶级的私有习惯遗留给我们的,如果不破除这种习惯,我们就不能建成社会主义。

要能真正建成社会主义,只有通过日常生活、在日常工作当中实现团结和最亲密的联盟,但这是最难做到的,在面包不够的时候,要在分一块面包的问题上实现团结和联盟是最难做到的。我们知道,这不是一年内可以实现的,人们尝够了饥饿苦头,都急不可待,他们要求我们至少间或放弃一下这个唯一可行的粮食政策。我们有时也只得放弃,但是总的说来我们是不会离开和放弃我们的政策的。

同志们,半年以前,我们就是在这样的情况下实行一普特半制度[176]的,当时粮荒达到了顶点,我们没有一点存粮,捷克斯洛伐克军夺去了我们伏尔加河流域很大一部分土地。采取这项措施当时经过了一场严重的争论,一场激烈的争论,——争论双方的处境都不妙。粮食工作人员说:不错,情况很坏,但决不能使它再恶化。你们让少数人轻松一个星期,就会使千百万人的情况更坏。另一方则说:你们要求饿得筋疲力尽的人民组织得很理想是办不到的,你们应当让人轻松一下,就是暂时有损总的政策也无妨。这项措施将使人们重新振奋起来,这是最主要的。这就是我们提出一普特半制度时的情况。这就是总的、基本的和根本的原则;当人们忍受不下去的时候,我们应当放弃这个原则,至少暂时使人们的精神振奋起来。现在这种情况又出现了:现在我们正处在比较轻松的半年已经过去、艰苦的半年刚刚开始的交界线上。为了提供一个明确的概念,我告诉大家,粮食人民委员部在1918年上半年收购了2 800万普特粮食,下半年则收购了6 700万普特,即增加了一倍半。从这一情况可以明显地看出,上半年的粮食太紧太缺,下半年由于秋收才使情况有了可能改善。现在,1919年,我们的粮食机关之所以成绩巨大,把收购量增加了一倍半,这主要是靠了农村中的贫苦农民委员会和城市里的工人粮食检查机关。但这个成绩是我们开始工作的第一年、在我们需要建设新的大厦、需要试行新的办法的时候取得的。它没有保证也不可能保证全年的需要,它不过是给了半年的喘息时间。这个喘息时期正在结束,最困难最艰苦的第二个半年正在开始,必须采取一切办法帮助工人,使他们能够稍微松一口气,使他们的状况尽可能得到改善。由加米涅夫担任主席的莫斯科苏维埃主席团特别坚决地要求我们尽量划清政策上的一些界限,分清哪些食物是国家垄断的,哪些不是。这是可以理解的,这样我们可以暂时取得一些效果,使城市和非农业地区的工人稍微感到轻松一些,使他们重新振奋精神,鼓起干劲,这在现在是特别需要的,因为现在艰苦的半年即将来临,但也有迹象表明,帝国主义阵营的力量和攻势正在削弱。

毫无疑问,加米涅夫同志在这里不仅指出了一些迹象,而且举出了一些事实,证明我们虽然在彼尔姆遭到了严重的考验和失败,但红军的基础很巩固,它能够胜利,而且一定会胜利。不过目前这半年是最艰苦的半年。因此,一开始就必须去进行需要进行和可能进行的工作,使情况有所缓和,把我们的粮食政策规定得很明确，——这是我们最迫切的任务。我们共产党人中间在实行一普特半制度的问题上同样发生过争论，有时争得还很激烈，争的结果并没有使我们遭到削弱，倒是促使我们反复地审查我们的政策，去挑剔毛病，仔细斟酌。我们双方互相抨击，但最后还是找出了解决办法，这个办法很快就被一致采纳，并且在这个困难的关头，在我们刚刚进入又一个困难的半年的时候，它要求我们反复思量，为什么会出现危局，致使我们不得不一再鼓劲，高度地紧张。

我们度过了特别困难的一年，现在又进入更加困难的半年。但是在德国爆发革命和英法开始发生骚动以后，每过半年，我们都不仅更接近俄国革命的胜利，而且更接近世界革命的胜利。这就是目前的形势，因此我们决定提出一个粮食政策基本原则草案，请全俄中央执行委员会批准，以便粮食工作者立刻根据这些原则制定出相应的法令。这些原则能大大鼓起我们——在中央工作的人以及城市和非农业地区的工人——的干劲，从而保证我们能够获胜，保证我们在由于疲惫和饥饿而不得不暂时作出让步的情况下，仍然能够坚持自己的共产主义粮食政策的原则，并把这些原则坚决贯彻下去，直到共产主义在全世界彻底胜利。现在我就把全俄中央执行委员会共产党党团向全俄中央执行委员会提出的建议，逐条给大家念一下：

“全俄中央执行委员会、全俄工会代表大会、莫斯科苏维埃、莫斯科市工厂委员会代表和工会代表联席会议通过下述关于粮食问题的基本原则，并委托粮食人民委员部根据这些原则在最短时间内制定出法令。

1.苏维埃粮食政策业经证明是正确的和不可动摇的，这一政策包括：

(a)进行统计并依照阶级原则由国家分配；

(b)对食物中的主要品种实行垄断；

(c)把供应工作从个人手中转到国家手中。

2.如不坚决实行已经明文规定的国家对主要食物品种(粮食、糖、茶、盐)的垄断,如不按照固定价格由国家大量收购其他一些主要品种(肉类、海鱼、大麻油、葵花子油、亚麻油、除牛油外的动物油、马铃薯),在目前条件下,要合理地向居民供应食物是不可想象的,而且,按照固定价格大量收购第二类食物不过是一种初步措施,粮食人民委员部下一步也要对它们实行国家垄断。

除国家粮食机关外,任何人不得收购和运输本条列举的一切食物品种(马铃薯除外)。至于马铃薯,除国家机关外,工人组织、工会组织和合作社组织也有权按规定的固定价格大量收购。

3.暂时规定工人组织和合作社组织有权收购未列入第2条的各种食物。

4.强迫地方粮食机关协助收购组织行使这一权利。"

同志们,从旧习惯、旧国家的角度看来,"强迫"执行法令这句话也许使你们感到惊奇。也许你们会说,难道苏维埃共和国的情况就糟到这种程度,连执行全俄中央执行委员会的意志也需要强迫!同志们,需要强迫,直率地承认这一点要比把脑袋藏在羽翼下以为万事大吉好得多。请全俄中央执行委员会和全俄工会代表大会的代表同志们好好想想,你们在私下里是怎么谈的,早已公布的关于认真进行统计、把那些不能用于商品交换(要是没有商品交换,农民就会说:不,我们不会拿任何东西同你们换克伦斯基币)的食物全部交给国家的法令究竟在多大程度上得到了认真的执行。如果你们在私下交谈时想想这些,看看我们中央政权的指令究竟有多少没有执行,那你们就会同意:最好是说实话,对我们的地方机关,就得坚决无情地实行强迫。(鼓掌)正是在这里,在全俄中央执行委员会这一最高机关和代表人数最多的(这一点现在是最重要的)全俄工会代表大会一起举行的会议上,你们这些比较有威信的同志应当坚决表示,并且让地方上也懂得:我们要强迫地方机关把中央的政策贯彻到底,它们应该习惯这一点。这是很困难的。千百万人习惯于把中央政权看做强盗、地主和剥削者,对中央根本不信任,这是很自然的;但这种不信任必须克服,不然就不能建成社会主义,因为建成社会主义就是建成集中的经济,由中央统一领导的经济,这只有无产阶级即在这方面受过工厂和实际生活熏陶的阶级才能实现,只有它才能做到这一点。同地方主义、同小私有者的习惯作斗争是很困难的。我们知道,这不可能一蹴而就,但我们将坚持不懈地要求无产阶级的代表们反复宣传这个道理,并且加以实行,否则就不可能建成社会主义。

第 4 条接着说:

> "运输和在市场上出卖上述食物是完全自由的。巡查队、哨卡、警卫队等无权干涉自由运输和在集市、市场和直接从车上等等自由出售上述食物。"

同志们,这一条特别重要。加米涅夫同志在这里提出了许多高见,这些自然是我们由于工作匆忙而没有做到的地方,因为我们的粮食人民委员部和其他人民委员部作了一批又一批决定,使得地方机关很难把这一切桩桩件件都弄清楚。有人责备我们颁布法令过于匆忙,但是有什么办法呢,我们那样匆忙是由于帝国主义在进攻,是由于遇上了空前未有的灾难——粮食和燃料发生恐慌。我们不得不用各种办法来弄清我们的任务,弄清有哪些局部的错误,因此,现在通过这场争论划定明确的政策界限是很重要的。为了在大得多的范围内做到这一点,我们现在应当设法使一切地方机关不敢自作主张,不敢说什么它们只记得昨天的法令而忘记了今天的法令,要让它们非常明确,哪些食物品种是由国家垄断的,哪些品种可以自由运输和自由买卖(除第 1 条和第 2 条列举的外都属于这一类)。希望大家都能掌握这一界限,希望就要回去的同志把这个精神带到地方上去,希望他们尽到自己的职责,希望他们把即将制定的有关法令带到地方上去,在当地坚决贯彻落实,认真执行中央的决定,再不要像先前那样犹豫观望。下面是第 4 条的最后一句话:

> "附注:关于鸡蛋和牛油,本决定仅适用于粮食人民委员部对该两种食物不实行大量收购的地区。"

同志们,我把法令的其他各条也扼要地给你们说一下。详细说明没有可能,也看不出有什么必要,因为我讲完后还有几位同志要发言,其中还有比我在行的专家。只有那些我认为特别需要谈的地方我才加以强调。现在我就来扼要地说一下我们建议全俄中央执行委员会通过并委托人民委员会和苏维埃共和国其他一切政权机关据以制定法令并无条件加以施行的基本原则。(鼓掌)

> "5.为了加强收购工作和更顺利地完成各项任务,对于非垄断的食物品种采用派购的原则,对于替国家收购垄断的和非垄断的食物品种的合作社和其他组织实行奖励制度。
>
> 改善粮食机关状况并让工人更广泛地参加工作的组织措施如下:
>
> (a)广泛利用工人的粮食检查机关,把它们用来监督粮食机关对 12 月 10 日法令的执行和监督非垄断食物品种的收购;
>
> (b)尽快在各地一切粮食机关中实行工人检查制度,并把这一制度推广到粮食人民委员部所属各单位,以便同官僚主义和拖拉作风进行坚决斗争;
>
> (c)加强同工人组织——工会和工人合作社——的联系,办法是利用这些组织中的活动分子来进一步加强地方机关;
>
> (d)在各中央机关和地方机关中实行工人实习生制度,以便从工人当中培养出一批能够担任要职的实际粮食工作人员。
>
> 6.在收购和分配的工作中充分利用合作社机构。合作社机构中应有国家供应机关的负责代表,以监督和协调合作社组织的活动,使之符合于国家的粮食政策。"

附带说说,这也是同合作社组织的上层分子进行斗争的一种武器。但如果你们轻视整个合作社机构,满不在乎地甚至傲慢地把它抛到一边,说我们要另起炉灶,用不着搞合作社,这种工作只有共产党员才干得了,——如果这样,那就是一个极大的错误,我们的事业就有遭到覆灭的危险。必须利用现成的机构,因为不利用资本主义的遗产,就不能把社会主义建立起来。必须利用资本主义为反对我们而创造的一切文化珍品。社会主义的困难就在于它要用外人所创造的材料来建立,可是又只有这样才能建立社会主义,这一点我们在理论上都懂得,经过这一年,我们更从实践中看到:只有利用资本主义为反对我们而创造的材料,才能建立社会主义;我们应当利用这一切来建立社会主义,巩固社会主义。

下面是第 7 条:

"7.责成工人在粮食人民委员部所组织的武装支队的协助下,监督食物运输条例的执行和垄断制度的贯彻。

除粮食人民委员部和各省粮食委员会所属支队外,一切粮食巡查队应立即撤销。各地相应的工人检查机关成立后,粮食人民委员部和各省粮食委员会所属支队也应撤销。"

同志们,我的发言时间已经完了,我只想指出一点,就是从最后几条里,可以看到体现我们粮食政策和整个苏维埃政策精神的基本原则。我已经指出,困难的日子已经来到,更艰苦的半年已经开始,粮食方面的喘息时期已经结束,最艰苦的时期已经来临。每当苏维埃政权在建设社会主义这一非常艰巨的事业中遇到困难的时候,它总是用一种办法来对付:向工人求援,而且被求援的工人阶层一次比一次更广泛。我已经说过,只有比先前多十倍百倍的群众亲自参加建设国家,建设新的经济生活,社会主义才能建立起来。根据我们粮食工作人员的报告,现时他们已经做到在县一级粮食委员会内工人不少于⅓,这主要是彼得格勒、莫斯科、伊万诺沃-沃兹涅先斯克的工人,他们是我们无产阶级大军的精华。这是很好的,但是还不够。应当让工人占$\frac{2}{3}$。必须不断努力。你们知道,先进的工人阶层已经担负起管理国家、建设新生活的重任。我们知道,应该深入下层,大胆起用新人。他们还没有经过训练,难免会犯错误,但是我们不怕。我们知道,这会给我们造就出年青的工作干部,使我们得到百倍的报偿,使我们得到大批年青的新生力量。我们补充力量没有别的来源。我们只能前进,大胆起用年青工人,把无产阶级的代表人物放到重要岗位上去,而且不断提拔他们。

目前出现粮荒是由于我们进入了更艰苦的半年,同时运输状况糟糕也是一个原因。我已经说过,1918年下半年我们收购了6 750万普特粮食。但这6 750万普特中有2 000万普特运不出来。彼得格勒最近发生严重的粮荒,是由于我们的粮食在伏尔加—布古利马铁路线上运不出来。运输情况糟透了。机车车辆破烂不堪。一来因为俄国很落后,又经受了任何一个国家没有经受过的苦难,二来因为铁路组织中我们没有团结一致的无产阶级群众。同志们,趁这次开会,想请你们回去以后告诉群众:我们需要一批又一批的人来做粮食工作和运输工作,需要他们用自己的经验来帮助我们。只要给他们压上担子,对新手多加照应,他们一定会比先前的组织干出大得多的成绩来。大家都来做粮食工作和运输工作!希望各行业的组织把自己的力量检查一下,看看人员是否调够了,是否已经尽了最大的努力像对军队那样派出了政委。工人们缺少食物,体力不支。必须派优秀的工作人员到军事、粮食和运输部门去担任重要职位。在那里,任何一个人,即使不是专家,也能起到作用。在运输业中,有时需要党员同志的帮助,需要思想坚定、受过锻炼的无产者通过检查和监督来影响阶级觉悟较低的铁路员工。同志们,我再重复一下这个口号:"大家都来做粮食工作和运输工作!"过去我们给军队派政治委员,取得了理想的效果,现在我们必须做到我们对军队已经做到的一切。我相信,在这艰苦的半年里,我们一定会再次战胜饥饿和经济破坏!

载于 1929 年《列宁全集》俄文第 2、3 版第 23 卷

译自《列宁全集》俄文第 5 版第 37 卷第 412—427 页

在俄共（布）莫斯科市
代表会议上的讲话¹⁷⁷

（1919 年 1 月 18 日）

简　要　报　道

　　列宁说，在讨论了中央和地方的关系问题以后，提出了两个决议草案，第一个是关于改进苏维埃工作的草案，第二个是关于彻底改组苏维埃机构的草案；根据我对两个草案的研究，我觉得部分同志提出的第二个决议草案给人一种言犹未尽的印象，因为这项决议主张改组苏维埃机构，却没有提出任何具体理由。

　　现在我们的敌人是官僚主义和投机活动。经济破坏状态还没有减轻，而要完全消除破坏状态，只有实行集中制，放弃纯地方主义的利益。一搞地方主义，显然就要反对集中制，而实行集中制是我们摆脱现状的唯一出路。提出决议案的这部分同志离开了集中制，陷入了地方主义的泥坑。

　　看来，地方上不满意中央苏维埃政权通过某些决议时没有同地方上商量；如果是这样，地方上完全可以召开会议讨论他们十分关心的一切问题。官僚主义腐蚀着我们，要克服它非常困难。必须加紧同官僚主义作斗争，多派一些工人到机关里去。然而反对官僚主义如果不对准目标，情况就很危险，对待专家的问题就是一个例子。我们的情况不好,并不是因为我们的专家很多,而是因为我们没有严格的集中制。相反,苏维埃某些工作部门倒是苦于专家不够。必须多派一些中等水平的工人到机关里去,让他们向专家学习,以便将来代替他们,独立进行实际工作。列宁同志最后说,伊格纳托夫同志提出的提纲,显然没有表达这些同志真正的想法。斗争的锋芒没有对准目标。

载于1919年1月28日《真理报》
第19号

译自《列宁全集》俄文第5版
第37卷第428—429页

在全俄国际主义者教师
第二次代表大会上的讲话¹⁷⁸

(1919 年 1 月 18 日)

（热烈鼓掌，转为欢呼）同志们，请允许我代表人民委员会向你们的代表大会表示祝贺。同志们，现在教师们面临着特别重要的任务，我希望去年一年教师中间展开的斗争能够结束。这场斗争是在两部分教师之间展开的，一部分教师一开始就拥护苏维埃政权，拥护社会主义革命，另一部分教师则一直维护旧制度，旧偏见，认为可以继续在旧制度基础上办教育。我想，经过这一年的斗争，经过国际关系上的各种变化，这场斗争现在应该结束了，而且它也确实快结束了。毫无疑问，大多数教师是同工人阶级和劳动农民紧紧站在一起的，他们现在都深信社会主义革命有其深刻的根源，深信社会主义革命必然会扩展到全世界。因此我认为，在为社会主义革命而进行的斗争中，在反对那些一直维护资产阶级旧偏见、旧制度和虚伪立场，幻想可以把旧制度的一些东西保留下来的教师的斗争中，大多数教师是一定会真心实意地拥护被剥削劳动者的政权的。

资产阶级虚伪立场的表现之一，就是硬说学校可以脱离政治。你们都很清楚这种说法多么虚伪。就连提出这个论点的资产阶级自己也把贯彻资产阶级政治作为办学的重点，竭力通过办学替资产阶级训练机灵听话的奴才，甚至在全国上下竭力利用普遍教育替资产阶级训练这样的奴仆，教他们去执行资本的意志，听从资本的使唤。他们从来不考虑怎样使学校成为培养人的品格的工具。现在大家都很清楚，只有同一切被剥削的劳动者有密切联系、真心实意地拥护苏维埃的社会主义学校，才能做到这一点。

当然，改造学校是一件困难的事情。当然，在这方面过去和现在都有一些错误，都有一些人肆意歪曲学校不脱离政治的原则，简单生硬地把政治灌输给尚未准备好接受政治的正在成长的年青一代。毫无疑问，我们将坚持不懈地同这种随心所欲地运用基本原则的行为作斗争。但是现在，拥护国际、拥护苏维埃政权的这部分教师的主要任务，是要设法建立一个更广泛的、尽可能包括一切教师的教师联合会。

旧的教师联合会固守资产阶级偏见，暴露了它的无知，而且维护特权时间之长，远远超过了其他那些从1917年革命一开始就成立的、我们曾在实际生活各个领域与之作斗争的上层联合会。像这样一个联合会，在你们国际主义者协会里是没有容身之地的。我想，你们的国际主义者协会完全可以成为教育界一个统一的教师工会，一个像所有的工会那样拥护（这点从全俄工会第二次代表大会上看得特别清楚）苏维埃政权的工会。摆在教师面前的任务是艰巨的。在这里，你们还必须同以往的革命遗留下来的松懈散漫现象的残余进行斗争。

其次谈谈宣传鼓动工作。教师中间的资产阶级分子总是认为，只有富人才能受真正的教育，至于大多数劳动者，只须训练成好仆役好工人就行，不必培养成为生活的真正主人。这部分教师的怠工和偏见造成了人们对教师的不信任，在这种情况下，宣传教育各个方面的工作都是零敲碎打就很自然了。这就使一部分教师必然陷在狭小的圈子里，陷在所谓教学的圈子里，同时也使我们没有可能真正建立起一个统一的机构，使科学界的一切力量都参加进来，同我们一起工作。我们要做到这一点，就要同资产阶级的旧偏见决裂，在这方面，你们联合会的任务就是要把广大教师吸收到你们这个大家庭中来，教育最落后的教师，使他们服从整个无产阶级的政治，结合成一个共同的组织。

在组织工会方面，教师们担负的任务很伟大，因为目前我国的情况是：内战的一切问题正在明朗化，小资产阶级民主派分子在事实的教育下不得不转到苏维埃政权方面来，他们深信，任何别的选择，不管他们愿意与否，都会把他们推到保卫白卫分子和保卫国际帝国主义的道路上去。当一个主要任务在全世界提出来的时候，无非有两种可能。一种可能是资本家极力倒行逆施，实行军事独裁和镇压（我们已从柏林得到这方面的确实消息），他们兽性发作，感到四年战争打下来自己不可能不受到惩罚，就铤而走险，不惜再次用劳动人民的鲜血来淹没世界。另一种可能是劳动人民在社会主义革命中获得完全的胜利。在我们今天这个时代没有中间道路可走。因此，那些一开始就拥护国际的教师，现在既然清楚地看到他们的反对者即站在另一个营垒中的教师不能实行任何有力的反抗，就应该更广泛地展开工作。现在应该把你们的联合会建成一个广泛的、把广大教师都包括在内的、坚决拥护苏维埃、坚决拥护通过无产阶级专政来实现社会主义的教师工会。

这就是现时正在举行的工会第二次代表大会所采取的原则。代表大会要求一切从事同一职业、同一工作的人都联合成一个统一的工会，但同时又指出，工会运动不能脱离把劳动从资本的压迫下解放出来的基本任务。因此,只有那些承认革命的阶级斗争、努力通过无产阶级专政来实现社会主义的联合会,才能成为工会大家庭中享有充分权利的一员。你们的联合会就是这样的联合会。如果采取这一立场,你们就能争取到广大的教师,使知识和科学不再为特权阶层所独占,不再是加固富人和剥削者阵地的材料,而成为解放被剥削劳动者的工具。同志们,祝你们在这个领域获得成功。

载于 1926 年《列宁全集》俄文　　　　　　译自《列宁全集》俄文第 5 版
第 1 版第 20 卷第 2 册　　　　　　　　　　第 37 卷第 430—433 页

在抗议杀害卡尔·李卜克内西和罗莎·卢森堡的群众大会上的讲话[179]

(1919 年 1 月 19 日)

简 要 报 道

今天,柏林的资产阶级和社会主义叛徒们兴高采烈,——他们终于杀害了卡·李卜克内西和罗·卢森堡。四年来一直驱使工人去为掠夺者的利益卖命的艾伯特和谢德曼,现在又来充当屠杀无产阶级领袖的刽子手了。德国革命的实例使我们深信,"民主"不过是幌子,它掩盖着资产阶级的掠夺和最野蛮的暴力。

消灭刽子手!

载于 1919 年 1 月 21 日《真理报》第 14 号和《全俄中央执行委员会消息报》第 14 号

译自《列宁全集》俄文第 5 版第 37 卷第 434 页

在全俄工会第二次
代表大会上的报告[180]

（1919 年 1 月 20 日）

（长时间热烈鼓掌）同志们，首先要请你们原谅，因为身体不大舒服，今天只能简短地谈谈你们要讨论的一个问题，就是工会的任务问题。

你们要讨论的决议案，是共产党党团经过全面讨论后以它的名义向工会代表大会提出的。这个决议案现在印出来了，我想，它的内容大家已经知道，因此打算只谈主要的两条，总的说来，我认为这是决议案中最重要的两条。

我认为，第 1 条可以说是消极性的，是针对工会运动保持统一或独立这个口号写的，决议案第 3 条谈到这个口号时说，它在实践上已把拥护它的几个集团引上了公开反对苏维埃政权的道路，这样，这几个集团也就把自己置于工人阶级的队伍之外了。

同志们，我认为保持独立这个臭名远扬的口号，不仅从工会的角度来看是值得注意的。我认为，只有懂得这个口号是怎样地自欺欺人，才能正确地理解和正确地认识现在遍及全世界的、在无产阶级专政还是资产阶级专政这个问题上明显地和空前迅速地尖锐起来的斗争，才能使工人阶级及其觉悟分子有可能正确地参加这一斗争。首先我想简略地指出这个口号在理论上是多么不正确，在理论上是多么经不起批评。

同志们，德国最近发生的李卜克内西和卢森堡惨遭叛徒杀害的事件，不仅是刚刚开始的德国革命中最惨痛的事件，而且它还使人彻底认清了现今具有不同政治观点的各种派别和现今的各种理论体系在现代斗争问题上的提法。恰恰是在德国，臭名远扬的民主、一般民主的口号、工人阶级脱离国家政权而独立的口号等等，喊得最厉害。这些口号初看起来好像彼此并无联系，其实它们是密切相关的。说它们密切相关，是因为它们表明：尽管无产阶级阶级斗争已有丰富的经验，但小资产阶级偏见直到现在还很顽强；直到现在，那些谈论阶级斗争的人，用德国人的说法，往往只是把阶级斗争挂在嘴上，而脑子里和内心里并没有真正承认它。实际上，如果我们还记得从马克思的《资本论》里学到的政治经济学的起码常识，还记得作为我们大家立脚点的阶级斗争学说的起码常识，我们怎么能在斗争像今天这样广泛、这样尖锐，社会主义革命显然已在全世界提上日程，而最民主的国家中所发生的事情实际上已经证实了这一点的时候，谈论什么一般民主，谈论什么保持独立呢？谁这么想，就说明他在学习政治经济学理论时对马克思的《资本论》一页也没有读懂，虽然世界各国的社会主义者现在无一例外都发誓信仰这部著作。

他们虽然发誓信仰这部著作，但事实上他们刚要接触到马克思的《资本论》要他们正视的那个主要斗争即阶级斗争的时候，却又回避它，幻想会有非阶级的或超阶级的民主，幻想在现代社会中，在资本家还保留着财产的时候，会有另外一种民主，这种民主不是资产阶级民主，即不是用虚伪骗人的民主招牌作掩饰的资产阶级专政。正是从这个德国，不久以前传来了一种论调，说那里的无产阶级专政也许不会甚至一定不会越出民主制的框框,说那里仍将实行民主制。正是在德国,那些自命为马克思主义导师的人,曾经在1889年至1914年间充当整个第二国际的思想家的人,如考茨基之流,一直打着民主的旗帜,他们不懂得,只要财产还在资本家手里,民主就不过是掩饰资产阶级专政的十足骗人的幌子,如果不扯掉这个骗人的幌子,就根本谈不上认真解决把劳动从资本压迫下解放出来的问题。我们必须这样提出问题。这是马克思一向教导的,这是无产阶级的日常斗争、每一次罢工和每一次尖锐的工会斗争所表明的。我们必须这样提出问题:只要财产还在资本家手里,任何民主都不过是披着美丽外衣的资产阶级专政。一切关于普选、全民意志、选民平等的宣传完全是骗局,因为在剥削者和被剥削者之间,在资本、财产的占有者和现代雇佣奴隶之间,不可能有什么平等。

当然,同沙皇制度、专制制度、君主制度和一切封建主义残余比较起来,资产阶级民主是历史上的一大进步。当然,我们应当利用资产阶级民主,那样的话,我们的提法就应当是:在工人阶级夺取全部政权的斗争还没有提到日程上来的时候,我们一定要利用资产阶级民主的各种形式。但是问题在于,现在我们在世界范围内恰恰已经到了这个斗争的决定关头。正是现在,问题已经变成这样:资本家能不能保持住支配生产资料的权力,首先是生产工具的所有权。这就是说,他们在准备新的战争。帝国主义战争十分清楚地向我们表明了,资本主义的所有制同各民族间的大厮杀有着怎样的联系,它怎样不可遏止地导致这样的大厮杀。这样一来,大家都清楚地看到,一切所谓民主是全民意志的表现的宣传原来都是骗局,从事这种宣传原来不过是资本家和富人利用仍归他们私有的出版物以及利用其他一切政治宣传工具来欺骗最落后的劳动阶层的特权。

问题就是这样，也只能是这样。或者是资产阶级专政，或者是无产阶级专政。资产阶级专政是用立宪会议、各种选举原则、民主以及资产阶级的其他骗局掩盖起来的。这些东西都是用来迷惑傻瓜的，只有彻底成为和完全成为马克思主义叛徒、社会主义叛徒的人，现在才会把它们奉为至宝，用它们向人夸耀。无产阶级专政则要用铁拳镇压那个唆使最不觉悟的分子去反对世界无产阶级优秀领袖的资产阶级。这个专政是无产阶级为镇压资产阶级而取得的胜利。现在资产阶级愈是清楚地看到群众提出了这个问题，就愈是疯狂地拼命反抗无产阶级。因为在此以前，在大多数情况下，他们认为工人的不满和愤慨不过是一时的表现。在此以前，一些资本家，例如最长于对工人进行政治欺骗、最有政治修养、最有组织的英国资本家，也往往这样看问题，认为战争引起不满是当然的事，认为战争不可避免地引起工潮，但他们还没有说，现在的问题已经是由谁来领导国家，由谁来掌握国家政权，资本家老爷是否还能保留自己的财产。然而种种事件表明，不仅在俄国，而且在许多西欧国家，甚至不仅在参战国，而且在瑞士、荷兰这样一些较少经受战祸的中立国，正是这个问题已经明显地提到日程上来了。

资产阶级受到资产阶级议会制的熏陶最多，它也最喜欢用这种制度去熏陶群众，可是苏维埃运动、争取苏维埃政权的运动显然已在群众中酝酿成熟了。苏维埃运动已不仅是无产阶级政权的俄国形式。它已成了国际无产阶级夺取政权的阵地，成了世界社会主义革命发展进程中的第二步。第一步是巴黎公社。巴黎公社表明，工人阶级只有通过专政，用暴力镇压剥削者，才能到达社会主义。这是巴黎公社表明的最重要的一点。这就是说,工人阶级走向社会主义,不能通过旧的议会制的资产阶级民主国家,而只能通过彻底粉碎了议会制和官吏机构的新型国家。

从世界社会主义革命发展的进程来看,第二步是苏维埃政权。起初,人们认为苏维埃只是俄国的现象(根据当时的事实是可以甚至应该这样看的)。现在事变表明:它不单是俄国的现象,而且是无产阶级进行斗争的国际形式;战争已经使无产阶级和半无产阶级群众重新组合,使他们有了一种显然同掠夺性的帝国主义相对立的、同攫取战前闻所未闻的高额利润的资本家阶级相对立的新组织;到处都建立了这种新的群众性的斗争组织,无产阶级用来推翻资产阶级政权的组织。

在苏维埃产生的时候,并不是人人都认识到苏维埃的这种意义的。就是现在,这种意义也不是人人都认识到了。不过我们这些人,在1905年经历过苏维埃的萌芽时期,在1917年二月革命之后又经历过人们在群众的苏维埃组织和小资产阶级的妥协背叛思想之间动摇不定的漫长时期,所以现在对情况格外清楚,简直是了如指掌,而且我们就是根据这种认识,根据无产阶级争取国家政权、反对资本主义所有制的斗争在日益广泛和日益深入地发展这样的认识来看问题的。从这个角度来看,所有那些词句,什么民主、"独立"之类,都是一钱不值的。标榜这些东西,往往滑到非阶级的立场上去。因为我们知道,在资本主义社会里,是资产阶级在统治,资本主义社会能产生,正是由于资产阶级在政治上和经济上掌握了权力。不是无产阶级政权,就是资产阶级专政。任何中间的选择都是短命的,在稍微重大一点的问题上都是行不通的。鼓吹独立、鼓吹一般民主的人,都是有意无意地以某种中间的、阶级之间的、超阶级的东西为前提。在任何场合下，这都是自欺欺人，都是掩盖下列事实：只要资本家的政权还存在，只要资本家的生产工具所有制还存在，那么民主可以有多有少，民主的文明程度可以有高有低，实际上始终是资产阶级专政，而且我们可以更清楚更明显地看到每一个大的矛盾怎样爆发成了内战。

法国的政治形式愈接近民主，就愈容易从德雷福斯案件这样的事情引起内战。美国的民主愈广泛，就愈容易对无产阶级、对国际主义者甚至对普通的和平主义者使用私刑，就愈容易爆发内战。现在，当德国实行资产阶级民主自由的第一个星期就引起了极疯狂的、比我国尖锐得多激烈得多的内战的时候，我们更清楚地懂得了这一点。在判断内战是否已经爆发的时候，谁要是去看这些或那些政党是否已有定论，谁要是认为不过是李卜克内西和卢森堡两人遭到杀害，谁就是瞎了眼睛，不敢想问题，不愿意弄明白不可遏止的内战已经在我们的眼前爆发，它是不可遏止地由资本主义的各种矛盾引起的。没有也不可能有中间道路。一切关于独立或一般民主的宣传，不管打着什么招牌，都是极大的欺骗，都是对社会主义极大的背叛。如果说过去布尔什维克（他们现在是国际的实际创始人）关于内战的理论宣传传得不远，往往受到帝国主义国家书报检查和军事封锁的阻碍，那么现在内战已经不是宣传，不是理论，而是事实，而且西欧各国的民主资格愈老，历史愈久，内战就愈激烈。这些事实一定会使最落后最迟钝的人思想开窍的。现在谁还要谈论一般民主，谈论独立，就可以叫他老顽固了。

虽然如此，考虑到俄国的工会运动是不久以前在艰苦的斗争条件下产生和成长起来的（而现在几乎已经完全成熟了），必须顺便回顾一下昨天的情形。我认为，这样的回忆、这样的追述十分必要,尤其是因为工会运动(正因为它是工会运动)在这世界社会主义革命业已开始的时代需要来一个大转弯。

资产阶级思想家普遍都想在这个工会运动中浑水摸鱼。他们拼命想使作为工会运动基础的经济斗争独立于政治斗争之外。但是工会作为无产阶级在阶级范围内最广泛的组织,实际上正是现在,尤其是在无产阶级通过政治革命取得了政权之后,应该发挥特别巨大的作用,应该在政治上占据最核心的位置,应该在某种意义上成为主要的政治机关,因为使无产阶级取得了政权的政治革命已经把政治上的一切旧概念、旧范畴推翻了,颠倒过来了。我再说一遍,旧的国家,即使是最好的最民主的资产阶级共和国,从建立时起就从来不是也不可能是什么别的东西,而只能是资产阶级专政,是工厂、生产工具、土地、铁路的所有者的专政,一句话,是一切物质资料、一切劳动工具的所有者的专政,而劳动因为没有占有这一切,仍然处于奴隶地位。

正因为如此,工会在政权转到无产阶级手中以后,就应该愈来愈多地担当起建设工人阶级政治的任务,担当起以无产阶级的阶级组织代替原来的剥削阶级、推翻旧科学的一切旧传统和旧偏见的任务。代表这种旧科学的一位学者对无产阶级这样说过:你们管理你们的经济吧,政治让资产阶级分子的政党去管理[181]。这类说教全都是剥削阶级及其刽子手直接用来压制正在各地开始起义和斗争的无产阶级的武器。

同志们,在这里,工会在自己的国家建设工作中必须提出一个崭新的问题,按共产党党团提出的决议案的说法,就是工会"国家化"问题。在这里,工会必须好好地想想现代共产主义创始人的一句最深刻的名言:"在社会中进行的革命愈广泛,愈深刻,完成这个革命的人,作为这个革命的名副其实的创造者的人也就愈多。"①
我们拿从前的农奴制贵族社会来说。在那个社会里,革命是十分
容易的,只要从一小撮贵族或封建主手里把政权夺过来交给另外
一小撮就行了。我们再拿资产阶级社会来说,它是夸耀自己实行
普选制的。而事实上,我们知道,这种普选、这整个选举机器都成
了骗人的东西,因为甚至在最先进、最文明、最民主的国家里,大多
数劳动者也是受到压制的,他们在资本主义苦役的重压下,实际上
没有参加也不可能参加政治活动。现在人类历史上第一次发生了
能够导致社会主义完全胜利的革命,但这种胜利只有在更广大的
群众独立担负起管理国家的重任的条件下才能达到。社会主义革
命并不是国家形式的改变,不是以共和制代替君主制,不是另外举
行一次虽以人们完全"平等"为前提,实际上却巧妙地掩饰着一部
分人是有产者、另一部分人是无产者的事实的选举。在资产阶级
社会的人们看来,既然有"民主",既然资本家和无产者都参加这个
选举,那么,这就是"人民的意志",这就是"平等",这就是人民愿望
的表现。我们知道,这种论调是在给艾伯特和谢德曼之流的刽子
手、杀人犯打掩护,是极其卑鄙的欺人之谈。在资产阶级社会里,
通过民主程度不同的种种政治形式来支配劳动群众的是资产阶
级,是少数有产者。他们都拥有一份资本主义财产,他们把教育和
科学、把资本主义文明的最高成就和精华变成了剥削工具和专利
品,使大多数人处于奴隶地位。现在这场革命我们已经开始,已经
进行了两年,并且下定决心要进行到底(鼓掌),——我们这场革命
要能够进行和取得胜利,只有使政权转到新阶级的手里,只有从上

---

① 参看《马克思恩格斯文集》第1卷第287页。——编者注

到下完全由新阶级代替资产阶级、资本主义奴隶主、资产阶级知识分子和一切有产者的代表来承担全部管理工作，承担整个国家建设事业，承担领导新生活的整个事业。（鼓掌）

这就是现在摆在我们面前的任务。只有这个新阶级不是从看书、开会、听报告而是从管理国家的实践中受到教育，只有这个阶级把广大劳动群众吸引来参加管理工作，并创造出种种形式使全体劳动者便于参加管理国家和建立规章制度的工作，只有到那个时候，社会主义革命才可能巩固，也只有在这样的条件下，它才不可能不巩固。如果具备这样的条件，它就会成为伟大的力量，像秋风扫落叶一样把资本主义及其种种残余一扫而光。

从阶级观点上一般地说来，这就是摆在我们面前的任务，亦即社会主义革命胜利的条件。这个任务是同工人组织过去的任务即早在资本主义社会范围内就为推翻资本主义社会而竭力进行最广泛的群众斗争这一任务紧密地直接地结合在一起的。而在当时那些组织中，工会是最广泛的组织，现在它形式上仍然是独立的组织，正如向你们提出的决议案中的一条所说的，它能够而且应当积极参加苏维埃政权的工作：直接参加一切国家机关的工作，组织群众来监督这些机关的活动等等，建立对整个生产和分配进行计算、监督、调节的新机关，而且这些机关依靠有利害关系的广大劳动群众自己，靠他们有组织地发挥主动性。

在资本主义社会里，即使条件很有利，国家特别先进，已经用了数十年甚至数百年来提高资产阶级民主的文明程度，即使这样，工会会员也从来没有超过雇佣劳动者的1/5。参加工会的是少数上层分子，在这些上层分子中间，只有极少数人受到资本家的引诱和收买，能以工人领袖的身份在资本主义社会里占一席地位。美国的社会党人称这批人为"资本家阶级的工人帮办"。在这个具有最自由的资产阶级文化的国家里,在这个最民主的资产阶级共和国里,他们对极少数无产阶级上层分子扮演的这种角色看得最清楚,这批人实际上在替资产阶级服务,给资产阶级当代办,被资产阶级收买,成为社会爱国主义者和护国主义者的骨干,而艾伯特和谢德曼将永远是这一类人的代表。

同志们,我国现在的情况不同。工会可以按照新方式,依靠资本主义文化所创造的一切,依靠资本主义生产所创造的一切来开始国家的经济建设,而且正是利用这个物质基础、利用大生产来建设社会主义。这个大生产本来是套在我们身上的枷锁,是为了对付我们、为了对工人群众进行无穷无尽的压迫而建立的,但是它把工人群众联合起来,团结起来,造就了一支新社会的先锋队。就是这支先锋队,在十月革命之后,在政权转到无产阶级手里之后,干起了自己真正的事业——教育被剥削劳动群众,吸引他们在没有官吏、没有资产阶级、没有资本家的情况下参加国家管理和生产管理。正因为如此,向你们提出的决议案摒弃了一切资产阶级的方案和一切叛卖性的主张。正因为如此,决议案说工会国家化是不可避免的。而且,它还前进了一步。我们现在已经不是仅仅从理论上提出工会国家化的问题了。把这些问题提出来仅仅从理论上加以讨论的阶段,谢天谢地,已经过去了。有的时候我们甚至已经忘记了纯粹从理论上进行这种自由讨论的时期。那个时期早已成了历史的陈迹。现在我们是根据工会一年来的经验提出这些问题的,因为一年来工会已经作为生产组织者建立了最高国民经济委员会这样的组织。工会在这项异常艰难的工作中犯了许多错误,而且现在当然还在不断犯错误。资产阶级说:你看,无产者搞起建设来了，你看，他们犯了好多错误。对于资产阶级的幸灾乐祸，工会根本不予理睬。

资产阶级以为，它在接替沙皇和贵族的时候没有犯过错误。它以为，对农奴制大厦进行修修补补的1861年改革，把大量收入和权力留在农奴主手里的改革，是进行得一帆风顺的，好像在它当家后俄国没有经历过几十年的混乱。可是，没有一个国家的贵族老爷没有嘲笑过担负起管理国家的任务的资产阶级暴发户和平民知识分子。

显然，资产阶级知识界的全部精华，或者不如说，资产阶级知识界所有华而不实的人，现在也来嘲笑新政权所犯的每一个错误了。新政权的确经常犯错误，特别是因为新的阶级，劳动者的联盟，过去不得不以极快的速度来进行自己的革命，因为当时剥削者在疯狂反抗，全世界剥削者正联合起来向俄国这样一个最软弱最无准备的国家进军，当时顾不上考虑自己的革命怎样才能一帆风顺，而主要考虑怎样才能坚持到西欧无产阶级开始觉醒的那一天。现在这个任务已经解决了。同志们，在这方面现在已经可以说，我们要比法国革命的活动家幸运好多倍，因为法国革命为落后的君主国的联盟所打败，它作为当时的资产阶级下层的政权只支持了一年，没有马上在其他国家引起同样的运动；虽然如此，它对资产阶级、对资产阶级民主的贡献仍然很大，整个19世纪整个文明人类的全部发展都是从法国大革命开始的，都要归功于它。

我们要幸运得多。同当时的活动家在一年中间为发展资产阶级民主所作的贡献比较，我们在同样的时间内，在过去这一年内，为新的无产阶级制度所作的贡献要大得多。现在，俄国的运动（俄国开始这个运动不是我们的功劳，而是由于情况的特殊结合，由于一些特殊的条件使俄国处在现代文明世界的两大帝国主义列强之间)和苏维埃政权在这一年内的胜利,已经使得这个运动成了国际性的运动,使得共产国际成立起来了,旧资产阶级民主的口号和理想被粉碎了。现在,全世界没有哪个清醒的政治家(不管他是哪一个政党的)会看不出,国际社会主义革命已经开始,已在进行了。(鼓掌)

同志们,我本来是谈我们早就离开了从理论上提出问题的阶段而已经到了实际解决问题的阶段,刚才扯得远了一点。我们现在有了一年的经验,这一年我们为使无产阶级及其革命获得胜利所取得的成就,远远超过了18世纪末资产阶级民主专政的一年中为使资产阶级民主在全世界胜利所取得的成就。此外,我们在这一年还获得了丰富的实际经验,这些经验即使还不能使我们准确地确定我们每一步的走法,至少也可以使我们拟定发展的速度,看到实际的困难,并采取实际步骤使我们在推翻资产阶级的事业中取得一个又一个局部的胜利。

通过回顾过去,我们看到了有哪些错误应该纠正,我们清楚地看到了今后应该建设什么和怎样建设。正因为这样,我们的决议案不是仅仅宣布工会国家化,在原则上宣布无产阶级专政,不是仅仅指出,像决议案有一个地方所说的,我们"一定要走把工会组织同国家政权机关合并起来的道路"。这在理论上我们是知道的,在十月革命以前我们就是这样筹划的,而且本来就应该预先筹划好。但是这还不够。对于一个已经完全投入实际的社会主义建设的政党来说,对于已经成立了管理全国工业的机关、已经建立了最高国民经济委员会,以大量错误作为代价换取到大量组织经验的工会来说,问题的重点今天已经改变了。

现在我们仅仅宣布无产阶级专政已经不够了。工会必定要国家化,工会必定要和国家政权机关合并起来,建设大生产的任务必定要完全转到工会的手里。但是这一切还不够。

我们还应该考虑到我们的实际经验,以便确定下一个步骤。这才是我们今天工作的重点。决议案谈到下一步怎么办时说,假如工会现在就想擅自行动,担负起国家政权的职能,那只会弄得一团糟。这种一团糟已经使我们吃尽苦头。我们同深深盘踞在工人意识中的万恶的资产阶级制度的余毒、同工人身上的小私有者的倾向(半是无政府主义倾向,半是利己主义倾向)已经作过不少的斗争。

工人和旧社会之间从来没有一道万里长城。工人同样保留着许多资本主义社会的传统心理。工人在建设新社会,但他还没有变成新人,没有清除掉旧世界的污泥,他还站在这种没膝的污泥里面。现在只能幻想把这种污泥清除掉。如果以为这可以马上办到,就是十足的空想,就是在实际上把社会主义世界移到半空中去的空想。

不,我们不是这样建设社会主义的。我们是站在资本主义社会的土壤上进行建设的,是在同劳动者身上同样存在的、经常拖无产阶级后腿的一切弱点和缺点作斗争中进行建设的。在这场斗争中,常常碰到小私有者那种各人顾各人的旧习惯、旧习气,"人人为自己,上帝为大家"的旧口号仍然在作怪。这种情形在每个工会、每个工厂里真是太多了,它们往往只顾自己,至于别人,那就让上帝和首长去照顾吧。这种情况我们是看到了,亲身体验到了,它使我们犯过许多错误,犯过许多严重的错误。有鉴于此,我们要告诫同志们,在这方面万万不可擅自行动。我们认为,那样做将不是建设社会主义,而是我们大家向资本主义的恶习屈服。

现在我们学会了把我们面临的任务的困难估计够。我们把握着社会主义建设工作的全局,从全局出发,我们反对任何人在建设工作中擅自行动,必须告诫有觉悟的工人不要这样做。应该指出:我们不能一举实现工会和国家政权机关的合并。这样做会犯错误。事情不能这样办。

我们知道,无产阶级已经选拔了几千也许几万无产者去做管理国家的工作。我们知道,现在,在国家管理的每个部门,在已经社会主义化或正在社会主义化的企业的每个部分,或者说在经济领域,新的阶级即无产阶级都有自己的代表。这个情况无产阶级知道。它已经实际干起来了。但它也看出,必须沿着这条道路继续前进,还要迈出好多步,才能说劳动者的工会组织和整个国家机构完全合并起来了。这要到工人已经把一个阶级强制另一个阶级的机关完全掌握到自己手里的时候才能实现。我们知道,会有这么一天的。

现在我们要把你们的注意力全部集中到当前的实际工作上来。必须让愈来愈多的劳动者亲自参加经济管理和新生产部门的建立。如果我们不解决这个任务,不把工会变成一个培养比现在多十倍的工人群众直接参加国家管理的教育机关,那么我们就无法把共产主义建设事业进行到底。这一点我们是很清楚的,这一点我们的决议案也提到了,后面这一点我要特别提请你们注意。

由于历史上发生了最伟大的革命,由于无产阶级把国家政权掌握到自己手里,工会的整个活动也发生了极大变化。工会成了新社会的主要建设者,因为新社会的建设者只能是千百万群众。如果说农奴制时代这样的建设者是几百人,如果说资本主义时代国家的建设者是几千人几万人，那么现在的社会主义革命就要有几千万人积极地、直接地、实际地参加国家管理才能完成。我们已经这样做了，但是还没有完全做到。

工会应该知道，除了一部分还存在、一部分已解决的任务（这些任务即使还存在，对我们来说，也只能算一些微不足道的任务），除了计算、规定定额、合并组织的任务，还有一个更高的更重要的任务，这就是教会群众做管理工作，不是用书本、用讲课、用开会而是用经验来教，要求做到，在无产阶级已把本阶级中间的先进分子派去做指挥工作和组织工作的情况下，使愈来愈多的新人走进这些机关，使先进工人的队伍再扩大十倍。这个任务看来很艰巨。可是，如果我们想想革命的经验怎样使我们得以迅速完成十月革命以来出现的极其艰巨的任务，想想那些从前接触不到知识也用不着知识的劳动阶层是怎样渴求知识，如果我们想想这些，那我们就不会觉得这个任务太艰巨了。

我们会看到，我们能够解决这个任务，能够教会比现在多得无比的劳动群众去管理国家和管理工业，能够开展实际工作，能够打破经过数十年数百年已在工人群众中间根深蒂固的有害偏见，什么管理国家是特权者的事情，什么管理国家是一种特殊的艺术。这是不对的。我们今后不可避免会犯错误，可是现在从每一个错误中得到教益的，将不是从理论上学习某一门国家管理课程的一班班大学生，而是千百万劳动者；他们将亲身感觉到每一个错误的后果，痛切地感到他们面临着计算和分配产品以及提高劳动生产率的紧迫任务，而且亲自体验到政权是在他们手里，体验到如果他们自己帮不了自己，那么谁也帮不了他们，——这就是工人阶级中间正在形成的新的心理状态，这就是摆在无产阶级面前的、工会和工会运动工作者特别应该铭记在心的、具有重大历史意义的新任务。工会不仅仅是职业组织。现在它还带有职业的特征,仅仅是因为它是在资本主义早期唯一可能的范围内组织起来的。现在它联合着极广泛的劳动者。它的任务是:把这几百万以至几千万劳动者从一种比较简单的活动推向比较高级的活动,坚持不懈地从劳动者的后备军中吸取新的力量,坚持不懈地推动他们去解决最困难的任务;以这样的方式使愈来愈多的群众学会管理国家;把工会的活动同无产阶级现在的斗争融为一体——无产阶级现在已经掌握了专政,在全世界面前坚持这个专政,每天把世界各国一批又一批的产业工人和社会党人吸引过来,这些产业工人和社会党人昨天还容忍社会主义叛徒和社会护国主义者的说教,现在则逐渐走到共产主义和共产国际的旗帜下面来了。

要高举这面旗帜,同时要不断扩大社会主义建设者的队伍,要记住,工会的任务是建设新的生活,教育新的几百万人以至几千万人,让他们通过自己的经验学会不犯错误和抛弃旧偏见,通过自己的经验学会管理国家和管理生产。只有这样,才能确保社会主义事业获得完全的胜利而排除一切后退的可能。

载于1921年《全俄工会第二次代表大会。速记记录》一书

译自《列宁全集》俄文第5版第37卷第435—453页

给欧美工人的信[182]

(1919 年 1 月 21 日)

同志们！我在 1918 年 8 月 20 日给美国工人的信的末尾说，在国际社会主义革命的其他队伍来援助我们之前，我们就还守在一个被包围的要塞里①。我还说，工人们正在同本国的龚帕斯和伦纳之流的社会主义叛徒决裂。工人们在缓慢地但是坚定不移地转向共产主义的即布尔什维主义的策略。

从写这几句话到现在还不到 5 个月，但是必须说，由于各国工人转向共产主义和布尔什维主义，世界无产阶级革命在这段时间内异常迅速地成熟起来了。

那时，1918 年 8 月 20 日，只有我们布尔什维克党同帝国主义大战(1914—1918 年)期间遭到可耻破产的旧国际即第二国际(1889—1914 年)断然决裂。只有我们党完全走上了新的道路，抛弃了同资产阶级强盗勾结因而名声扫地的社会主义和社会民主主义而转向共产主义，抛弃了各个正式社会民主党和社会党一贯奉行的小资产阶级改良主义和机会主义而采取了真正无产阶级的革命策略。

现在，1919 年 1 月 12 日，已经出现了一系列共产主义的无产阶级政党，不仅在以前沙皇帝国疆界之内的拉脱维亚、芬兰、波兰，

---

① 参看本卷第 62—63 页。——编者注

而且在西欧的奥地利、匈牙利、荷兰以至德国,都有了这样的政党。现在,拥有李卜克内西、罗莎·卢森堡、克拉拉·蔡特金、弗兰茨·梅林这些闻名世界的领袖和工人阶级忠诚拥护者的德国"斯巴达克联盟",已经同谢德曼、休特古姆这类社会党人,这类同德国帝国主义资产阶级强盗和威廉二世勾结而使自己遗臭万年的社会沙文主义者(口头上的社会主义者,实际上的沙文主义者)彻底断绝了联系,并已改称"德国共产党",这样,真正无产阶级的、真正国际主义的、真正革命的第三国际即**共产国际**就**在事实上成立**起来了。第三国际还没有正式成立,但事实上它已经存在了。

现在,一切觉悟的工人,一切真诚的社会党人都不会看不到,俄国的孟什维克和"社会革命党人"、德国的谢德曼和休特古姆之流、法国的列诺得尔和王德威尔得之流、英国的韩德逊和韦伯之流、美国的龚帕斯之流在 1914—1918 年的战争中支持"本国的"资产阶级,是多么无耻地背叛了社会主义。这场战争非常清楚是一场反动的掠夺性的帝国主义战争,不仅从德国方面来看是这样,而且从英、法、意、美等国资本家方面来看也是这样,这些资本家现在就已经为分赃(瓜分土耳其、俄国、非洲殖民地和波利尼西亚殖民地以及巴尔干等等)不均争吵起来了。威尔逊和"威尔逊分子"关于"民主"、"各民族联合"的虚伪词句很快就被事实揭穿了,因为我们看到,法国资产阶级占领了莱茵河西岸,法国、英国、美国的资本家占领了土耳其(叙利亚、美索不达米亚)和俄国的一部分(西伯利亚、阿尔汉格尔斯克、巴库、克拉斯诺沃茨克、阿什哈巴德等地),而意法之间、法英之间、英美之间、美日之间因分赃不均而造成的敌对情绪还有增无已。

在协约国中,固然有畏首畏尾的、很不彻底的、满脑子资产阶级民主偏见的"社会党人",他们昨天保卫"本国的"帝国主义政府,今天也只是假惺惺地"抗议"武装干涉俄国。但除这种人外,今天还有愈来愈多的人正沿着共产主义道路,沿着马克林、德布兹、洛里欧、拉查理、塞拉蒂的道路前进,他们懂得,只有推翻资产阶级,打倒资产阶级议会,只有建立苏维埃政权和无产阶级专政,才能压倒帝国主义,保证社会主义的胜利,保证持久和平。

那时,1918年8月20日,只有俄国发生了无产阶级革命,而"苏维埃政权"即**全部**国家政权归工兵农代表苏维埃,看来还只是(而事实上也只是)俄国的制度。

现在,1919年1月12日,不仅在以前沙皇帝国疆界之内的拉脱维亚、波兰、乌克兰,而且在西欧各国,无论是各中立国(瑞士、荷兰、挪威)还是遭受战祸的各国(奥地利、德国),都发生了声势浩大的"苏维埃"运动。德国(作为一个最先进的资本主义国家,它特别重要,特别有代表性)的革命一开始就采取了"苏维埃"形式。德国革命发展的整个进程,特别是无产阶级的真正的和唯一的代表"斯巴达克派"反对卑鄙的叛徒谢德曼、休特古姆之流同资产阶级勾结的斗争,都清楚地表明,历史是怎样对德国**提出**问题的:

或者是"苏维埃政权",或者是资产阶级议会——不管是打什么幌子("国民"会议也好,"立宪"会议也好)的议会。

世界历史就是这样提出问题的。现在已经完全可以而且完全应该这样说了。

"苏维埃政权"是无产阶级专政发展过程中具有世界历史意义的第二步或第二阶段。第一步是巴黎公社。马克思在《法兰西内战》一书中对公社的实质和意义所作的天才分析表明,公社创造了一个**新型国家**,即**无产阶级国家**。一切国家,包括最民主的共和国在内,都不过是一个阶级镇压另一个阶级的机器。无产阶级国家是无产阶级镇压资产阶级的机器,这种镇压之所以必需,是因为地主和资本家,整个资产阶级及其一切走狗,一切剥削者,当开始推翻他们、开始剥夺剥夺者时,总要疯狂地不顾一切地拼命进行反抗。

资产阶级议会,即使是最民主的共和国中最民主的议会,由于国内还存在着资本家所有制和资本家政权,就总是一小撮剥削者镇压千百万劳动者的机器。**过去,我们的斗争还没有超出资产阶级制度的范围**,社会党人,为劳动者摆脱剥削而斗争的战士,应该利用资产阶级议会,把它当做讲坛,当做进行宣传鼓动工作和组织工作的一个基地。现在,世界历史已把摧毁整个资产阶级制度、推翻并镇压剥削者以及从资本主义向社会主义过渡的问题提上日程,如果现在仍然只是在资产阶级议会制即资产阶级民主上面兜圈子,把资产阶级民主美化为一般"民主",掩盖它的**资产阶级**性质,忘记了只要资本家所有制还存在,普选制就始终是资产阶级国家的一种工具,——如果这样,那就是无耻地背叛无产阶级,跑到它的阶级敌人资产阶级那边去,成为变节分子和叛徒。

布尔什维克报刊从1915年起就时常提到的世界社会主义的三个派别,现在在德国的流血斗争和国内战争中看得特别清楚。

卡尔·李卜克内西是各国工人都知道的名字。在任何地方,特别是在协约国,这个名字象征着一个领袖对无产阶级利益和社会主义革命的无限忠诚,象征着一心一意、舍生忘死、坚决无情地同资本主义作斗争的精神,象征着不是在口头上而是在行动上同帝国主义誓死斗争,即使"自己的"国家正沉浸在帝国主义胜利的狂热气氛中也敢以死相拼的气概。德国社会党人中一切正直的真正革命的分子,无产阶级中一切优秀的坚定的战士,一切义愤填膺和革命决心愈来愈大的被剥削群众,都是同李卜克内西和"斯巴达克派"一起前进的。

同李卜克内西对立的是谢德曼、休特古姆之流以及为德皇和资产阶级效命的一帮小人。这是一些同龚帕斯和维克多·伯杰之流、韩德逊和韦伯之流、列诺得尔和王德威尔得之流一样的社会主义叛徒。他们是被资产阶级收买的工人上层分子,我们布尔什维克把这些人叫做"工人运动中的资产阶级代理人"(像我们称呼俄国的休特古姆之流即孟什维克那样),美国优秀的社会党人则送给他们一个惟妙惟肖的外号:"labor lieutenants of the capitalist class"——"资本家阶级的工人帮办"。这是**一种最新式**、最"摩登"的背叛社会主义的行为,因为一切先进文明国家的资产阶级所掠夺(不论是实行殖民压迫,还是用金融手段从形式上独立的弱小民族身上榨取"油水")的世界人口要超过"本"国人口许多倍。因此,帝国主义资产阶级在经济上有可能得到"超额利润",并用其中的一部分来收买无产阶级的某些上层分子,把他们变成改良主义的、机会主义的、害怕革命的小资产阶级。

介于斯巴达克派和谢德曼辈之间的是摇摆不定、没有主见的"考茨基分子",考茨基的志同道合者。他们在口头上是"独立的",实际上则是完完全全**从属于**别人的——今天**从属于**资产阶级和谢德曼分子,明天又**从属于**斯巴达克派,半条心跟前者走,半条心跟后者走。他们是些没有思想、没有主张、没有策略、没有廉耻、没有良心的人。他们生动地体现了庸人的慌张情绪,口头上拥护社会主义革命,实际上一旦革命爆发又不能理解它,而且像叛徒一样去捍卫一般"民主",也就是**在实际上捍卫资产阶级**民主。

在每个资本主义国家中,凡是有头脑的工人,都能从本国那种由于民族条件和历史条件不同而与别国不同的环境中认出社会党人或工会工作者的上述三大派,因为帝国主义战争和已经开始的世界无产阶级革命在全世界造成了同样的思想政治流派。

　　　　　　＊　　　　＊　　　　＊

上文是在卡尔·李卜克内西和罗莎·卢森堡惨遭艾伯特和谢德曼政府卑鄙杀害以前写的。这些刽子手为了讨好资产阶级,竟让德国的白卫分子即神圣的资本主义所有制的看家狗私刑杀害了罗莎·卢森堡,竟让他们以企图"逃跑"为借口从背后开枪杀害了卡尔·李卜克内西(俄国沙皇政府在血腥地镇压 1905 年革命时,也屡次借口被捕者"逃跑"而加以杀害),而且这些刽子手还利用貌似清白、貌似超阶级的政府的威望替白卫分子打掩护! 这些所谓的社会党人杀人手段的卑鄙无耻,非笔墨所能形容。显然,历史选择了一条途径,让"资本家阶级的工人帮办"的表演达到野蛮、卑鄙和龌龊的"顶点"。让考茨基派傻瓜们在他们的《自由报》[183]上大谈什么由"所有的""社会"党的代表组成"法庭"吧(这些奴性十足的家伙仍旧把刽子手谢德曼之流叫做社会党人)! 这些具有庸人的愚蠢和市侩的怯懦的英雄们甚至不懂得法庭是国家政权机关,而德国的斗争和内战正是为了解决政权由谁掌握的问题:是由刽子手和杀人犯谢德曼辈及颂扬"纯粹民主"的考茨基辈为之"效劳"的资产阶级掌握呢,还是由将要推翻剥削者资本家并粉碎他们的反抗的无产阶级掌握。

世界无产阶级国际的优秀人物的鲜血,令人难忘的国际社会主义革命领袖的鲜血,一定会使愈来愈多的工人群众锻炼出进行殊死斗争的坚强意志。这个斗争一定会得到胜利。1917 年夏天我们俄国发生"七月事变"的时候,俄国的谢德曼之流孟什维克和社会革命党人也用"国家"的名义为白卫分子对布尔什维克的"胜利"打掩护,工人沃伊诺夫因为散发布尔什维克小报,在彼得格勒街头被哥萨克活活打死[184]。根据经验我们知道,资产阶级及其走狗的这些"胜利",只会使群众很快抛弃关于资产阶级民主制、"全民投票"等等的幻想。

＊　　　　＊　　　　＊

现在协约国的资产阶级和政府中间发生了一些动摇。一部分人意识到:在俄国帮助白卫分子、为最黑暗反动的君主派和地主效劳的盟国军队现在已经开始瓦解;继续进行武装干涉,企图征服俄国,就要长期保持上百万的占领军,这样做必然会把无产阶级革命极其迅速地带到协约国各国去。德国占领军在乌克兰的例子就很能说明问题。

协约国资产阶级中的另一部分人仍然主张对俄国进行武装干涉,主张用"经济包围"(克列孟梭)来扼杀苏维埃共和国。英法两国所有为资产阶级效命的报刊,即被资本家收买的大部分日报,都预言苏维埃政权很快要垮台,都竭力渲染俄国人民饥饿的惨状,胡说俄国情况"一团糟",苏维埃政府"长不了"。白卫分子、地主和资本家的军队,在协约国的军官、弹药、金钱和辅助部队的支援下,切断了俄国饥饿的中部和北部同最富饶的产粮区——西伯利亚和顿河区的联系。

在彼得格勒和莫斯科,在伊万诺沃-沃兹涅先斯克和其他工业中心,工人们忍饥挨饿,遭受了深重的灾难。假使工人群众不懂得他们是在保卫俄国和全世界的社会主义事业,他们是绝对忍受不了协约国武装干涉(这种干涉往往以不派"自己的"军队的伪善保证作掩护，与此同时，运往俄国的"黑人"部队以及弹药、金钱、军官却源源不断)使他们遭受的这种灾难，这种饥饿痛苦的。

"盟国"军队和白卫军占据着阿尔汉格尔斯克、彼尔姆、奥伦堡、顿河畔罗斯托夫、巴库、阿什哈巴德，但是"苏维埃运动"攻克了里加和哈尔科夫。拉脱维亚和乌克兰成了苏维埃共和国。工人们看到，他们承担巨大牺牲是值得的，苏维埃政权的胜利正在全世界发展、扩大、增长和巩固。每作一个月的艰苦斗争和巨大牺牲，都使苏维埃政权在全世界的事业得到加强，而使反对苏维埃政权的剥削者遭到削弱。

剥削者还相当强大，他们还能继续杀害世界无产阶级革命的杰出领袖，还能使被占领或被征服国家和地区的工人遭到更大的牺牲和痛苦。但是，全世界的剥削者无力阻止世界无产阶级革命的胜利，这一革命将使人类摆脱资本的桎梏，永远免除资本主义制度下不可避免的新的帝国主义战争的威胁。

尼·列宁

1919 年 1 月 21 日

载于 1919 年 1 月 24 日《真理报》第 16 号和《全俄中央执行委员会消息报》第 16 号

译自《列宁全集》俄文第 5 版第 37 卷第 454—462 页

在各省国民教育局社会教育处处长第二次会议上的讲话[185]

(1919 年 1 月 24 日)

同志们！在座的都是各省苏维埃社会教育部门的代表。很抱歉，我对你们的工作了解不多，因此，只能讲几点意见。我向你们这个担负着重要任务的社会教育工作者代表大会表示祝贺！

在我们的学校里有许多教师是由旧社会培养出来的，这就给从资本主义制度向社会主义过渡造成了困难。我们竟遇到了有知识的人的顽强抵抗，尽管这是很奇怪的事。那些惯于把旧机构当做自己世袭领地的人，是在为自己服务，为有产阶级服务。

社会教育工作的情况比学校教育工作的情况好一些。

我们在人民委员会已经提出设立一个委员会来把许多分散的文教组织联合起来的问题。社会教育对于改造整个生活有重要意义。必须找出新的办法。

应该指出，苏维埃政权某些新的没有经验的工作人员往往沿用旧的工作方法，从而破坏了苏维埃政权的声誉。

我认为，社会教育工作者担负着艰巨的任务。在党的工作中，我们已经练出了一套广泛对群众进行工作的本事，但是必须辅以文化教育工作，包括进行学校教育特别是社会教育，这一点过去并不是常常都做得到的。

　　在社会教育工作中,你们会得到劳动群众的配合,因为他们有很强烈的求知欲,这就使你们易于找到和他们联系的形式。在这里,特别是在文化水平很低的群众中,急于求成是得不到什么结果的。要多去找党组织这样的宣传机关,要把群众吸收到社会教育工作中来。如果群众的主动性得到应有的支持,你们就可望得到良好的结果。请允许我向你们祝贺,祝你们取得成就。

载于1919年2—3月《社会教育》
杂志第2—3期合刊

译自《列宁全集》俄文第5版
第37卷第463—464页

大家都来做粮食工作和运输工作！

（1919 年 1 月 26 日）

我在中央执行委员会最近一次会议上已经指出，苏维埃共和国特别困难的半年已经开始。1918 年上半年收购了 2 800 万普特粮食，下半年收购了 6 700 万普特粮食。1919 年上半年将比去年下半年更艰苦。

粮荒愈来愈严重了。斑疹伤寒成了最可怕的威胁。必须作出超人的努力，可是我们做得远远不够。

能不能设法扭转局势呢？

当然能够。乌法和奥伦堡的攻克，南方的胜利，以及乌克兰苏维埃起义[186]的成功，给我们展示了美好的前景。

现在我们能够搞到的粮食，大大超过为维持半饥半饱的粮食配给量所需要的数额。

在东部地区，已经收集了几百万普特粮食。但因运输情况不佳而积压在那里。在南方，我们从哥萨克—克拉斯诺夫匪徒手中解放了沃罗涅日全省和顿河州的一部分，这使我们完全有可能得到大量的粮食，比原来预计的还要多。还有，乌克兰的余粮多得很，乌克兰苏维埃政府也表示要支援我们。

现在，我们不仅能够免于饥饿，而且还能让俄罗斯非农业地区饿坏了的居民吃饱。

问题在于运输状况很坏，粮食工作人员奇缺。

要竭尽全力，再三激发工人群众的干劲。要坚决打破生活和工作的常规。要振奋精神。**要用革命办法动员**人们参加粮食工作和运输工作，**不要老是**"例行"公事，而要突破旧框框，想方设法吸收新的力量。

现在我们完全有理由（根据最"谨慎的"甚至是悲观的估计）认为，这半年如能战胜粮荒和伤寒（这是**完全**可能的），我们的整个经济状况就会得到**根本**改善，因为同乌克兰和塔什干的联系已为我们消除了缺乏原料的主要的和根本的原因。

自然，群众由于饥饿已经精力衰竭，有时都衰竭到人体无法承受的地步，但出路是有的，干劲是绝对可以鼓起来的，何况无产阶级革命在全世界的高涨愈来愈明显，不仅我们的国内形势，而且我们的国际形势，都可望根本改观。

要振奋精神。

每一个党组织，每一个工会，每一部分按职业组织起来的以至虽然没有组织起来但愿意同饥饿"作战"的工人，每一部分苏维埃工作人员和一般公民，都要问问自己：

在开展和加强战胜粮荒的全民运动中，我们能够做些什么？

我们能不能用女工代替男工，把更多的男子调去担负最困难的运输工作和粮食工作？

我们能不能给机车车辆修理厂派出政治委员？

我们能不能给征粮军派出普通工作人员？

应当不应当从我们中间，从我们这部分人、我们这个工厂等等中间抽出十分之一或五分之一的人去参加征粮军，或去铁路修配厂做比平常更困难更艰巨的工作？

我们中间的一些人，他们所从事的苏维埃工作或其他一般工作是不是可以松一松甚至停下来而不致使国家伤筋动骨？我们应当不应当马上动员这批工作人员去做粮食工作和运输工作？

我们要一次再次地行动起来，要有尽可能多的人行动起来，对"人人为自己，上帝为大家"这种资本主义旧社会遗留下来的、我们每个人或多或少都受到传染和腐蚀的恶习再一次给以打击。贪婪的、肮脏的和血腥的资本主义的这种遗毒，比什么都更厉害地窒息、压抑、伤害、折磨和危害着我们。这种遗毒一下子还根除不了，必须同它进行不懈的斗争，要好多次而不是一两次地对它宣告并进行新的十字军讨伐。

把千百万人从饥饿和伤寒中拯救出来是可以做到的，而且快要做到了。严重威胁着我们的粮荒和伤寒完全可以战胜。悲观失望是荒谬的、愚蠢的、可耻的。纷纷逃命，各显其能，设法使自己"脱身"，设法推开弱者往前挤，——这就是临阵脱逃，抛弃有病和疲倦的同志，促使整个局势恶化。

我们为红军打下了巩固的基础，现在，红军已经**冲破**前所未闻的艰难险阻，**冲破**英法亿万富翁所支持的地主资本家军队的铜墙铁壁，夺得了主要的原料产地，取得了粮食、棉花和煤。我们是通过新的工作方式，通过前线的政治宣传，通过把军队中的党员组织起来，通过工人群众中优秀人物的忘我工作和斗争打下这个基础的。

无论在对外战线即军事战线上，还是在对内战线即在反对剥削者，反对怠工，争取社会主义建设走上一条虽然艰险难行、荆棘丛生但是**正确无误**的道路的斗争中，我们都取得了一系列的胜利。我们不仅在俄国而且在国际范围内已经接近取得彻底的决定性的胜利。

　　只要再努一把力，我们就能挣脱饥饿的魔爪。

　　我们要像过去和现在为红军尽力一样，积极地而且更加努力地促进、开展和加强粮食工作和运输工作。一切优秀的工作人员都应当参加**这项**工作。一切愿意工作而且能够工作的人，都会有他们的用武之地。每个人只要愿意，都能对组织起来共同战胜经济破坏和饥荒的工作有所帮助。一切积极力量、一切才能、一切专长、一切职业、一切有同情心的人，都能够而且应当在这支粮食和运输工作者的**和平大军**中发挥作用，并且现在就同这支和平大军一起，为了获得彻底的胜利，去支援红军，去巩固并发展它所取得的战果。

　　大家都来做粮食工作和运输工作！

1919 年 1 月 26 日

载于 1919 年 1 月 28 日《真理报》
第 19 号

译自《列宁全集》俄文第 5 版
第 37 卷第 465—468 页

人民委员会关于合作社的决定草案[187]

(1919 年 1 月 28 日)

一、搜集有关合作社贯彻执行苏维埃政策基本方针的资料,即:

  (1)不仅要全体居民合作化的资料,而且要无产者和半
  无产者居民在合作化过程中起主导作用的资料。

  (2)正确组织供应和分配,使贫苦农民(＝无产者＋半无
  产者)通过向国家缴纳**全部**余粮真正得到好处(商品
  和其他东西)的资料。

  对本条的补充:委托最高国民经济委员会合作社局和粮食人
  民委员部会同中央统计局搜集这些资料。两周后上报。

二、委托粮食人民委员部给苏维埃驻合作社的代表制定工作细
  则,并为贯彻这一细则开展宣传组织工作。

三、责成工人合作社设法做到工人合作社的人在中央消费合作总
  社理事会中占多数,并保证有经验的做实际工作的**共产党员**
  能进理事会。

四、把关于消费公社的法令草案交给克列斯廷斯基。

载于 1931 年《列宁文集》俄文版
第 18 卷

译自《列宁全集》俄文第 5 版
第 37 卷第 469 页

人民委员会关于
图书馆工作的决定草案[188]

(1919 年 1 月 30 日)

委托**教育人民委员部**图书馆司把人民委员会 1918 年 6 月 7 日和 1919 年 1 月 14 日两次决定的实际执行情况、图书馆和阅览室数量增加的实际情况以及居民中图书流通量的增长情况,简要而具体地按月公布出来,并把材料报送人民委员会。

载于 1919 年 2 月 1 日《全俄中央执行委员会消息报》第 23 号

译自《列宁全集》俄文第 5 版第 37 卷第 470 页

对土地共耕条例草案的意见[189]

(1919 年 1 月)

第1条　土地共耕制在土地村社范围内实行,在耕地、播种、收获以及从根本上改良土壤时,由其全体成员或部分成员合理地组织起来投放劳动,集体使用生产资料。

第2条　共耕可以在村社的全部土地上,也可以在其一部分土地上进行;共耕可以定为常年的或一段时间的,也可以只为达到某种特定的目的。

?? 应当说:没有分给和已经分给

附注:(1)实行共耕的土地,可以是没有分给①各个农户的土地和由于土地使用者不在、离社或死亡而归村社直接支配的份地以及土地使用者无法耕种的土地。

……

?? 应为:以简单多数

第5条　村社全部土地实行共耕时,须由出席社员大会的有表决权的社员以三分之二的多数通过一项决定。

在一切情况下

第6条　部分户主,不论人数多少,如愿实行土地共耕,村社在下述情况下应提供他们应得的土地:

(1)在全社再次重分土地时;

(2)这些户主的土地是一个整块或者虽然不是一块但都连在一起时;

(3)不必重分全社土地或打乱地界即可划出单独的地段时。

第7条　如果愿意实行常年全面共耕的户主在 50 人以上,但是不彻底??重分全社土地,便不可能给他们划出为实行共耕所需要的土地,而村社又不

---

①　这里和下面的横线都是列宁画的。——俄文版编者注

同意这样做时,愿意实行共耕者要得到集中的地段,必须由县土地局作出决定。

第8条　村社的部分户主,一经根据本条例将自己的全部土地实行常年共耕之后,即自成独立的农业单位,不再受村社重分土地和支配土地的决定的约束。村社决定土地事宜时,这些户主不再参加。

`……`

? 为什么对实行共耕这样刁难?

第11条　个人或家庭不得以雇用别人或交费的方式来代替参加共耕劳动。

"雇用"别人同别人临时参加有什么区别? 为什么不允许这样做? 临时参加应当受到鼓励,草案里却没有这一点

`……`

第17条　在全部工具、机器和役畜已公有化,或某些农户缺少农具和役畜时,可使用共耕社闲置的公有农具耕种留给私人的园田和其他零碎地块,以及完成私人的其他杂活。对私人使用公有农具,应专门收费,所收费用留做农具基金。

?? 对富裕户——可以,可是对贫苦户呢??

`……`

第21条　共耕社将劳动农户私人的农具收归公有时,可予以补偿,但金额不得超过这些农具的固定价格。共耕社临时借用属于社员私有的农具,可酌情付费。

?? 这第21条给富农敲诈勒索留有充分的余地。

`……`

第23条　共耕地播种需要的种子在社内摊派,由各户交纳实物,或者交钱,以便购买良种。共耕社土地收割后,从收成中扣除种子储备。

×又是给富农的"自由"

×①   第24条   为恢复共耕社土地的地力,规定必须把社里的和各户的肥料起运出来,办法<u>由共耕社制定</u>。

        第25条   为使用人工肥料,可筹集专款购买,款项一是由出售共耕社土
× 地产品所得收入中扣除,二是由共耕社<u>摊派给各户</u>和社员。

        ······

而没有规定   第31条   在扣除种子和供本社成员消费的部分
定额的呢??   之后,<u>全部剩余的规定了定额的</u>产品都交给粮食机构。

······

    第38条   为直接领导和组织共耕,由社员大会选出共耕委员会,委员会成员不少于三人,其中有主席、副主席、秘书各一人。

        ······

        第40条   委员会在共耕社规定的范围内给各项
农活确定的工序,个别社员如不执行,委员会有权采取
=罚款   强迫手段或给予金钱上的<u>处分</u>。

载于1933年《列宁文集》俄文版   译自《列宁全集》俄文第5版
第24卷   第54卷第495—498页

----

①   见列宁对第23条标有同样符号的意见,下同。——俄文版编者注

关于从资产阶级合作社的供应和分配过渡到无产阶级共产主义的供应和分配的措施[190]

(1919年2月2日)

不久以前人民委员会讨论了关于合作社和消费公社的问题(参看2月2日《消息报》),这就把一个**最重要的问题**,即从资产阶级合作社**过渡到**全体居民的共产主义消费生产联合组织的措施问题提上了日程。

就假定合作社联合了百分之九十八的居民吧,这种情形在农村中是可能有的。

合作社是否因此就成了公社呢?

没有,**因为**这种合作社:(1)使一批拥有股份的特殊人物得到好处(如股息等等);(2)保留了不吸收一般居民首先是无产者和半无产者参加的特殊机构;(3)分配产品时没有做到半无产者优于中农,中农优于富农;(4)收集食物时没有首先向富农然后向中农收净余额,而且不依靠无产者和半无产者。如此等等。

任务的全部艰巨性(以及立即提到我们面前的这一任务的全部**内容**)在于要制定出一套**切实可行的**措施,从旧的合作社(它们必然是资产阶级的,除其他原因外,还因为占居民**少数的股东**在那里占有突出的地位)**过渡到**新的真正的**公社**,从资产阶级合作社的供应和分配过渡到无产阶级共产主义的供应和分配。

必须：

(1)在报刊上提出这个问题；

(2)在所有中央的和地方的苏维埃政权机关(特别是最高国民经济委员会和各级国民经济委员会,粮食人民委员部和各个粮食机关,中央统计局和农业人民委员部)之间开展竞赛,看谁能解决这项任务；

(3)委托最高国民经济委员会合作社局和第2项中提到的各个机关都制定**一套**这样的措施,并编制一份情况调查表,专门搜集诸如此类的措施以及能使这些措施得到发展的种种做法；

(4)设立奖金,对措施定得最好最切实的单位,对调查表的调查方法搞得最简便易行的单位,给予奖励。

载于1931年《列宁文集》俄文版
第18卷

译自《列宁全集》俄文第5版
第37卷第471—472页

人民委员会关于北方大铁路 修建工程租让问题的决定草案[191]

(1919 年 2 月 4 日)

（1）人民委员会认为，铁路的走向和总的计划是可以接受的；

（2）认为对外国资本的代表实行租让，从原则上讲，一般是容许的，是有利于发展生产力的；

（3）认为这一租让是适宜的，实际上也是必需的；

（4）为了加速作出实际的最后的决定，建议倡议者对他们的说法提出证据，证明他们找的资本主义商行殷实可靠，能够把事办成，把材料运来；

（5）委托一个专门的小组在两周内提出合同的最后草案；

（6）委托军事委员部在两周内，从战略和军事的角度提出看法。

载于 1933 年《列宁文集》俄文版
第 24 卷

译自《列宁全集》俄文第 5 版
第 37 卷第 473 页

致教育人民委员部

（不晚于 1919 年 2 月 8 日）

我对人民委员会不久以前所提出的问题①补充了以下一些意见，请将这些意见转告你部管理图书馆的各个部门（包括社会教育司图书馆处和国立图书馆处等等），并将你部（和有关各处）对这一问题的看法告诉我。

＊   ＊   ＊

要办好图书馆（当然包括"农村阅览室"、各种阅览室等等），最需要在各省、各团体、各阅览室等等之间开展**竞赛**。

现在人民委员会要求**定期汇报**，正确的做法应该达到**三个**目的：

（1）使苏维埃政权和全体公民能**了解到**真实的和全部的工作情况；

（2）吸引**居民**参加办馆；

（3）促使图书馆工作人员开展**竞赛**。

为此，必须立即编制一些能够达到这些目的的报表。

我认为，报表应该由上面统一编制，然后由各省翻印，分发各国民教育局和**所有的**图书馆、阅览室、俱乐部等等。

---

① 参看本卷第 457 页。——编者注

1919 年 2 月列宁《致教育人民委员部》手稿第 1 页

（按原稿缩小）

　　在报表上一定要**突出**(譬如用黑体字印刷)**必须**回答的问题,图书馆馆长等人如不回答,要负**法律上的**责任。除了这些必须回答的问题,还要开列**很多不是必须**回答的问题(就是说,这些问题如不回答,不一定要交法庭究办)。

　　报表中应该包括的必须回答的项目,举例来说有图书馆(或阅览室等等)的地址,馆长和管委会成员的姓名及其住址,书报数量,开馆时间等等(对于大型图书馆还要有其他项目)。

　　在不是必须回答的项目中,应该以提问的方式列举瑞士和美国(以及其他国家)所采取的**一切**改进措施,以**鼓励**运用改进措施最多最好的工作人员(奖给贵重的书籍和成套的期刊等等)。

　　例如:(1)你能否用确切的材料证明你们图书馆的图书**流通率**在增长? (2)你们阅览室的读者有多少? (3)是否和其他图书馆、阅览室交换书报? (4)是否编有图书总目录? (5)星期日是否开馆? (6)晚间是否开馆? (7)是否扩大了读者范围,如妇女、儿童、非俄罗斯人等等? (8)是否满足了读者的查询? (9)有哪些简单切实的保管书报的方法? 保存书报的方法? 是否有机械化的取书、放书设备? (10)图书是否外借? (11)外借手续是否简便? (12)邮借手续是否简便? **以及诸如此类的问题**。

　　报告写得好的,工作有成绩的,都给予奖励。

　　教育人民委员部图书馆司**一定**要向人民委员会汇报:每月收到**多少份**报告,哪些问题得到了回答,如此等等,都总计一下。

载于1933年《列宁文集》俄文版　　　　译自《列宁全集》俄文第5版
第24卷　　　　　　　　　　　　　　　　第37卷第474—477页

人民委员会关于把农场
拨给工业企业问题的决定草案

(1919 年 2 月 13 日)

问题留到星期二作最后解决。

要求农业人民委员部在星期六以前就下列问题提出报告：

(1)国营农场数目；

(2)组建国营农场的情况和在这方面已做的工作；

(3)农艺师的人数；

(4)播种准备工作的实际情况；

(5)播种所需要的种子的实有数量；

(6)农业机械的实有数量。

责成最高国民经济委员会提供材料：(1)说明工人申请土地的申请书数目，(2)介绍工人组织农业生产的经验。[①]

载于1959年《列宁文集》俄文版
第36卷

译自《列宁全集》俄文第5版
第54卷第410页

[①] 5、6两点是列宁亲笔写在发表本文件所依据的原件上的。1、3、4点以及最后一段的1、2两点是列宁写在人民委员会1919年2月13日会议议程上的；这几点都未加改动，写进了决定。——俄文版编者注

对一个农民的询问的答复[192]

(1919 年 2 月 14 日)

2月2日《中央执行委员会消息报》登载了农民 Г.古洛夫的一封信,提出了我国工农政府对中农的态度问题,并且谈到流传的谣言,什么列宁同托洛茨基不和,什么他们恰恰在中农问题上有很大分歧[193]。

托洛茨基同志在2月7日《中央执行委员会消息报》上发表的《给中农的一封信》中已经作了答复。托洛茨基同志在这封信中说,关于我同他有意见分歧的谣言,是地主和资本家,或者是有意无意当了他们帮凶的人所散布的耸人听闻的无耻谎言。从我这方面来说,我完全肯定托洛茨基同志的声明符合事实。我同他没有任何分歧,在中农问题上,不仅我同托洛茨基没有分歧,而且我们两人所加入的共产党全党都没有分歧。

托洛茨基同志在自己的信中详细而清楚地说明了为什么共产党和现在这个由苏维埃选出的、受这个党领导的工农政府不把中农当做自己的敌人。我完全同意托洛茨基同志所作的说明。

苏维埃政权的每一个法令(法律)、每一个决定都把农民区别为三大类:第一类——贫苦农民(即经济学中通常所说的无产者和半无产者)。这一类人为数众多。在地主资本家统治时代,他们的全部压迫主要落在贫苦农民身上。世界各国真正的社会主义运动的最可靠的支柱是工人和支持工人的贫苦农民。第二类——富农，也就是通过雇工、放债等手段压榨他人劳动的富裕农民。这一类农民支持地主资本家这些苏维埃政权的敌人。第三类——中农。他们不是苏维埃政权的敌人。他们能够成为它的朋友，这个目标我们正在争取实现，而且一定能实现。社会主义的所有导师都一直认为，工人要实现社会主义，必须打倒地主和资本家，但是对中农可以妥协，而且必须妥协。

在地主资本家统治下，只有极少数中农，也许不过百分之一，能保证达到富足的程度，而且只有上升成为富农，靠贫苦农民养活，才能做到这一点。而大多数中农在地主资本家的政权下必然要受苦受穷，受富人凌辱。所有资本主义国家的情况都是如此。

在社会主义制度下，全体工人，全体中农，人人都能在决不掠夺他人劳动的情况下完全达到和保证达到富足的程度。任何一个布尔什维克、共产党员、有理智的社会主义者都从来没有想到过要对中农使用暴力。所有的社会主义者总是说，要同中农妥协，要让中农逐渐地、自愿地过渡到社会主义。

在资本家进行了四年的罪恶战争中，我国受到的破坏比其他国家严重。满目疮痍，没有商品，城市和非农业省的居民忍受着可怕的痛苦的饥饿。必须竭尽全力去战胜经济破坏，战胜粮荒，战胜地主资本家企图用来复辟沙皇和富人剥削者的旧政权的军队。在南方，顿河区和乌克兰的白卫分子已被打败，这就为取得燃料（煤）和粮食扫清了道路。只要最后再加一把劲，我们就能摆脱粮荒。然而，战争造成的破坏是很严重的，只有靠全体劳动者长期忘我地劳动，才能把我国稳稳地引上富足的道路。

在中农发出的怨言中，有两种怨言应当注意。第一种是抱怨地方当局特别是偏僻地区的地方当局"官架子"太大,作风不民主,有时简直是胡作非为。当然,在农村中对地方当局进行正常的监督是难一些,有时共产党员队伍中混进了一些坏分子和心术不正的人。对于这种无视苏维埃政权法律而乱整农民的人,必须进行无情的斗争,立即解除他们的职务,给予最严厉的法律制裁。正直的工人和农民正在为俄国全力清除这些地主资本家香火的"末代传人",这些人公然以"当官的"自居,而按照我们工农共和国的法律,他们应该是苏维埃的代表,是勤恳工作和严格按法律办事的模范。苏维埃政权已经枪毙了不少这类被揭发有贪污劣迹的公职人员,同这类坏蛋的斗争必须进行到底。

另一种是抱怨我们征购粮食,严禁粮食自由买卖。我国政府同专横跋扈和不法行为作斗争是坚定不移的。但是,能不能允许粮食自由买卖呢?在经济遭到破坏的我国,粮食不够,或者说勉强够吃,而且铁路在战争中遭到很大破坏,以致运输情况非常糟糕。

在粮食不足的情况下,自由买卖粮食意味着疯狂地进行投机,把粮价哄抬到几百卢布一普特,因为饥饿的人为了一块面包舍得拿出一切。在闹粮荒的国家里,自由买卖粮食意味着富农即没有良心的富裕农民大发横财,利用人民缺粮挨饿牟取暴利。在闹粮荒的国家里,自由买卖粮食意味着富人战胜穷人,因为粮价高得再吓人,富人总能买到粮食,而穷人只会落得袋子空空。自由买卖粮食意味着富人有发横财的自由,穷人有饿死的自由。自由买卖粮食就是倒退到资本家横行霸道的时代。

不,我们不愿意后退而且也决不会后退,去恢复资本家的权力,恢复货币权力,恢复发横财的自由。我们要前进,走向社会主义,在全体劳动者之间合理分配粮食。所有的余粮都应该按公平的价格卖给苏维埃国家,而国家应该把粮食平均分配给劳动者。这不是一下子能办到的,确立这种公正的、社会主义的秩序是不容易的。必须辛勤劳动,作长期的努力,在工人和农民中建立严格的同志式的纪律,以便根除旧的资本主义的贸易自由、发横财的自由、狗咬狗的自由、压迫人的自由,根除这种种曾把全世界淹没在血泊中的自由。

现在已有千百万工人和农民担当起这一艰巨的工作。每一个正直的、诚实的农民和工人都懂得了社会主义的意义,都在坚持不懈地为它进行斗争。

社会主义革命正在全世界向前发展。资本家的权力即"贸易自由"一定不会复返。社会主义一定会胜利。

尼·列宁

1919 年 2 月 14 日

载于 1919 年 2 月 15 日《真理报》第 35 号和《全俄中央执行委员会消息报》第 35 号

译自《列宁全集》俄文第 5 版第 37 卷第 478—481 页

代外交人民委员拟的无线电报稿[194]

(1919 年 2 月 19 日)

　　×月×日的来电收悉,即复如下:虽然我们认为伯尔尼代表会议并不是社会主义的,也丝毫不能代表工人阶级,但我们还是准许你们提到的委员会到俄国来,并保证该委员会能了解到各方面的情况,因为我们今后准许任何一个以了解情况为目的的资产阶级委员会到俄国来,即使它们同资产阶级政府甚至同武装进攻苏维埃共和国的资产阶级政府有直接或间接的联系。在无条件同意你们提到的委员会到俄国来的同时,我们也想知道,贵国的民主政府,以及有公民参加该委员会的其他民主国家的政府,是否也准许我们苏维埃共和国派出的委员会到这些国家去。

载于 1919 年 2 月 20 日《真理报》
第 39 号和《全俄中央执行委员会
消息报》第 39 号

译自《列宁全集》俄文第 5 版
第 37 卷第 482 页

对俄共(布)中央关于在乌克兰实行余粮收集制的决定草案的意见[195]

(1919 年 2 月 19 日)

俄共中央发这样的指示是建议遵循既定的原则：对贫苦农民不征收，对中农适当征收，对富裕农民多征收。

我们建议给全乌克兰的余粮定一个最大限额，**例如**定为 5 亿普特，征粮数则取它的 $\frac{1}{5}$ 或 $\frac{1}{10}$。

载于 1933 年《列宁文集》俄文版第 24 卷

译自《列宁全集》俄文第 5 版第 37 卷第 522 页

全俄中央执行委员会
关于查封破坏国防的
孟什维克报纸的决议草案¹⁹⁶

(1919 年 2 月 22 日)

(1)孟什维克的《永远前进报》于 1919 年 2 月 20 日发表的《停止内战》一文,彻底证明了它的反革命倾向;

(2)现在,正当高尔察克率领的地主资本家军队不仅占领了西伯利亚,而且占领了彼尔姆的时候,该报公然提出"打倒内战"的口号,这就等于支持高尔察克,阻碍俄国工农最终战胜高尔察克;

(3)这样,孟什维克虽然曾在该党会议的决议中谴责党内大多数孟什维克同有产阶级勾结,即同西伯利亚、阿尔汉格尔斯克、伏尔加河流域、格鲁吉亚以及南方的地主资本家勾结,但实际上他们现在已开始奉行同样的政策,只是口头上还虚伪地表示不实行这一政策;

(4)有一些孟什维克虽然并不虚伪,不是地主资本家的朋友,但却再次表现出毫无气节,动摇起来,以致堕落到替高尔察克效劳;

(5)苏维埃政权在同地主资本家军队进行最后的最激烈的武装斗争的时刻,决不能容许自己内部还有不愿意同为正义事业而战的工农一道忍受艰难困苦的人;

（6）这些人一心向往着高尔察克的民主区，因为资产阶级及其走狗在那里过得很不错；

有鉴于此，中央执行委员会决定：

（a）查封《永远前进报》，直到孟什维克用自己的行动证明他们决心同高尔察克一刀两断而坚决转过来保卫和支持苏维埃政权的时候为止；

（b）作好一切准备，到时候就把阻碍工农战胜高尔察克的孟什维克赶到高尔察克民主区去。

载于1945年《列宁文集》俄文版第35卷

译自《列宁全集》俄文第5版第37卷第483—484页

关于协调全俄肃反委员会、铁路肃反委员会和交通人民委员部之间的相互关系

国防委员会决定

1919 年 2 月 28 日

为协调全俄肃反委员会、铁路肃反委员会和交通人民委员部之间的相互关系，特作如下规定：

派别利亚科夫同志代表交通人民委员部去全俄肃反委员会运输局，进行日常联系和工作。

由交通人民委员部向全路发出指示，对肃反委员会的一切控告**只能**由交通人民委员部部务委员别利亚科夫受理。

责成肃反委员会监督卸货机构和组织按时卸货，如未能在肃反委员会规定期限内完成卸货任务，要追究它们的责任。

铁路肃反委员会各分部有权有偿地使用铁路电报，但对滥用电报要严加追究。使用电报办法和缴费办法细则，由交通人民委员和全俄肃反委员会主席商定公布。

铁路警察局原有的房屋交铁路肃反委员会使用，此事由交通人民委员部专门下达一项命令。要求军事警卫队腾出这些房屋的指令，委托捷尔任斯基和斯克良斯基同志共同发布。

铁路肃反委员会的粮食由铁路粮食机关按一般原则供应。

在国防委员会宣布铁路戒严期间,肃反委员会各地区运输局有权对被揭发犯有贪污受贿、盗窃货物和铁路物资罪行的人以及一贯纵酒取乐的公职人员处以极刑。

致国防委员会各委员

1919 年 2 月 28 日

所提各点是我 2 月 28 日同涅夫斯基和捷尔任斯基二同志会商提出的。

请国防委员会全体委员签字附议,以便将这一**极其重要的**协议立即付诸实施。

如有重大不同意见,请立即打电话告我**并附上修改意见**。

国防委员会主席　**弗·乌里扬诺夫(列宁)**

载于1933年《列宁文集》俄文版第24卷

译自《列宁全集》俄文第5版第54卷第411—412页

关于德国独立党宣言[197]

（1919 年 2 月下半月）

现在，在俄国很少能得到外国报纸。看来协约国"讲民主的资本家们"正在变本加厉地对我们进行封锁。他们害怕美、英、法有教养的工人了解粗俗野蛮的布尔什维主义，他们生怕这个野蛮的布尔什维主义的国家的人们知道布尔什维主义在西方的胜利。

但是，不管新"神圣同盟"的宪兵队怎样卖力，真理终究是掩盖不住的！

近来，我看到几张柏林《自由报》，即所谓"独立的"德国社会民主党的机关报。在第 74 号（1919 年 2 月 11 日）的第 1 版上登载了一篇长长的宣言《告德国革命无产阶级》，署名是党中央委员会和该党在德国立宪会议中的党团。这个宣言的思想，或者确切些说宣言的无思想性，不仅对德国的工人运动，而且对全世界的工人运动来说，都是很有代表性的，值得仔细研究一下。

但是，首先我想说几句同个人经历的往事有关的题外话。从独立党党团成员的署名中，我顺便看到了泽格和劳坎特的名字，不由想起了三年前的事。在伯尔尼召开的齐美尔瓦尔德派的会议[198]上，我有机会见到了劳坎特。这个颇有影响的柏林工人，给人以双重印象：一方面，在群众中从事严肃的革命工作；另一方面，极端缺乏理论①,目光极为短浅。劳坎特不赞成我对考茨基(独立党人的思想"领袖",或者说,他们的无思想性的领袖)的激烈抨击,但是,当我对自己蹩脚的德语觉得没有把握,把我用德文写的一篇简短发言稿②给他看时,他并没有拒绝帮助我。在这篇讲稿里,我引用了"美国的倍倍尔"即尤金·德布兹的声明,说他宁愿被枪毙,也不同意投赞成票给帝国主义战争拨款,说他德布兹只同意参加工人反对资本家的战争。另一方面,当我非常气愤地把考茨基这个家伙在一篇文章¹⁹⁹中把工人上街斥为冒险(而且是在威廉二世统治时期)的地方指给劳坎特看时,他却耸耸肩膀,十分平静地(真把我气死了)回答我说:"我们的工人已经不那么认真地读它了!难道我非得同意考茨基的每一句话不成?"

载于1933年《列宁文集》俄文版
第24卷

译自《列宁全集》俄文第5版
第37卷第485—486页

---

① 手稿中大概遗漏"兴趣"或"知识"一词。——俄文版编者注
② 见本版全集第27卷《在伯尔尼国际群众大会上的演说》。——编者注

对《第三国际基本原则》提纲的意见²⁰⁰

（1919 年 2 月）

关于提纲

第 1 条——改写成为一个讲实际政策的**论点**。承认：

无产阶级社会主义革命已**成熟**

现在进行这一革命是**必要的**

要**转变为**国内战争，作为对历史性口号的确认。

第 2 条——加上：在 1914—1918 年**这次**战争中。

第 2 条（补）着重强调"国际联盟"和"社会和平主义"是自由主义者骗人的口号。

第 3 条——强调"打碎"国家机器……和专政，同机会主义者和"中派"针锋相对。

第 4 条——为革命和武装起义**作准备**。

据此精神**进行**全部宣传和鼓动工作(扩大)。

第 5 条——绝对要(加进)：像李卜克内西那样。

第 6 条——加上：鉴于资产阶级到处对合法性进行(对帝国主义说来是)典型的破坏和限制。

第 7 条和第 8 条——同专政并提。

第 9 条——公社和苏维埃(不是一定要"苏维埃")**类型的**。

第 10 条——加上：右派＝阶级敌人

　　　　　　　　中派＝动摇的小资产

　　　　　　　　阶级

＋

加上：

马克思主义分裂了，

右派和中派不是

马克思主义者

＋齐美尔瓦尔德联盟已不适宜，把左派团结起来的必要性。

译自《列宁全集》俄文第 5 版
第 54 卷第 502 页

共产国际第一次代表大会文献[201]

(1919 年 3 月上旬)

1

开 幕 词

(3 月 2 日)

我受俄国共产党中央委员会的委托,在国际共产党人第一次代表大会上致开幕词。首先请全体代表起立,为第三国际最优秀的代表卡尔·李卜克内西和罗莎·卢森堡志哀。(全体起立)

同志们! 我们的会议具有伟大的世界历史意义。它证明关于资产阶级民主的一切幻想都已破灭。因为不仅在俄国,而且在欧洲最发达的资本主义国家,例如德国,国内战争都已经成为事实。

资产阶级在日益增长的无产阶级革命运动面前惊恐万状。这是可以理解的,因为我们看到,帝国主义战争以后的事变进程不可避免地促进了无产阶级的革命运动,国际世界革命在全世界已经开始并正加紧进行。

人民已经认识到目前爆发的这场斗争的伟大和意义。只是必须找出一种能使无产阶级实现自己的统治的实际形式。这种形式就是实行无产阶级专政的苏维埃制度。无产阶级专政! ——在此以前,它还是一个群众看不懂的拉丁词。由于苏维埃制度在全世界的传播,这个拉丁词已经被译成现代各种语言。专政的实际形式已经被工人群众找到了。由于有了俄国的苏维埃政权、德国的斯巴达克联盟和其他国家的类似组织,例如英国的车间代表委员会[202],这种实际形式已为广大工人群众所理解。这一切都证明,无产阶级专政的革命形式已经找到了,无产阶级现在已经能够实际运用自己的统治权了。

同志们! 我认为,在俄国事变之后,在德国一月斗争之后,特别需要指出,无产阶级运动的最新形式也在其他国家中产生出来,并取得了统治地位。例如,今天我在一份反社会主义的报纸上看到一条电讯,说英国政府接见了伯明翰工人代表苏维埃,并表示愿意承认苏维埃是经济组织[203]。苏维埃制度不仅在落后的俄国胜利了,而且在欧洲最发达的国家德国和最古老的资本主义国家英国也胜利了。

尽管资产阶级还在逞凶,还在杀害成千上万的工人,但胜利是属于我们的,世界共产主义革命的胜利是有保证的。

同志们! 我代表俄国共产党中央委员会衷心地欢迎你们。现在我提议选举主席团。请提名。

载于1920年彼得格勒出版的
《共产国际第一次代表大会。
记录》一书(德文版)

译自《列宁全集》俄文第5版
第37卷第489—490页

2

关于资产阶级民主和
无产阶级专政的提纲和报告

（3月4日）

1.各国无产阶级革命运动的增长，使得资产阶级及其在工人组织中的代理人拼命寻找思想论据和政治论据，来替剥削者的统治作辩护。在这些论据中间，首推谴责专政而维护民主这一条。资本主义报刊和1919年2月在伯尔尼召开的黄色国际代表会议用各种方式重复这一论据。一切不愿背叛社会主义的基本原理的人，都清楚地看出它是欺人之谈。

2.首先，这条论据使用了"一般民主"和"一般专政"的概念，而没有提到是哪一个阶级的民主和专政。这样站在非阶级的或超阶级的、似乎是全民的立场上提问题，就是公然嘲弄社会主义的基本学说——阶级斗争学说，那些投靠资产阶级的社会党人口头上承认这一学说，实际上却把它忘记了。因为在任何一个文明的资本主义国家中都没有"一般民主"，而只有资产阶级民主；这里所说的专政也不是"一般专政"，而是被压迫阶级即无产阶级对压迫者和剥削者即资产阶级的专政，其目的是战胜剥削者为保持自己的统治而进行的反抗。

3.历史教导我们，从来没有一个被压迫阶级，不经过专政时期,即不经过夺取政权并用暴力镇压剥削者总要不惜采取一切罪恶手段来进行的最猛烈、最疯狂的反抗的时期,就取得了统治,就能够取得统治。尽管反对"一般专政"而竭力吹嘘"一般民主"的社会党人现在替资产阶级的统治辩护,先进国家的资产阶级也是经过一系列起义、内战,用暴力镇压国王、封建主、奴隶主及其复辟尝试才取得政权的。各国社会党人在自己的著作和小册子中,在代表大会的决议中,在鼓动演说中,曾千百万次地向人民说明这些资产阶级革命、这种资产阶级专政的阶级性质。因此,目前借谈论"一般民主"来维护资产阶级民主,借谴责"一般专政"来大反无产阶级专政,就是公然背叛社会主义,在实际上投降资产阶级,就是否认无产阶级有进行无产阶级革命的权利,并且正好在资产阶级改良主义已在全世界遭到破产、战争已经造成了革命形势的历史关头来维护资产阶级改良主义。

4. 所有社会党人在说明资产阶级文明、资产阶级民主和资产阶级议会制的阶级性质时,都提到马克思和恩格斯用最准确的科学语言所表达的一个思想:最民主的资产阶级共和国无非是资产阶级镇压工人阶级的机器,是一小撮资本家镇压劳动群众的机器①。那些现在大反专政而维护民主的人中间,没有一个革命者和马克思主义者不曾在工人面前赌咒发誓,说他承认这个社会主义的基本真理。可是现在,当革命无产阶级正要起来破坏这个压迫机器、争取无产阶级专政的时候,这些社会主义叛徒又改变腔调,说资产阶级把"纯粹民主"恩赐给了劳动者,说资产阶级已不再反抗,愿意服从大多数劳动者的意志,说在民主共和国中过去和现

---

① 参看《马克思恩格斯文集》第3卷第111页。——编者注

在根本不存在任何资本镇压劳动的国家机器。

5. 一切想以社会党人闻名的人在口头上都推崇巴黎公社,因为他们知道,工人群众热诚地同情公社,可是巴黎公社特别清楚地表明,资产阶级议会制和资产阶级民主虽然比中世纪制度进步得多,但它们是有历史条件的,它们的价值是有限的,在无产阶级革命时代必然要起根本的变化。正是最正确地评价了公社的历史意义的马克思,在对公社进行分析时指出了资产阶级民主和资产阶级议会制的剥削性质,说明在这种制度下,被压迫阶级得到的权利就是每隔几年决定一次究竟由有产阶级中的什么人在议会里"代表和镇压"(ver- und zertreten)人民 ①。正是现在,当苏维埃运动遍及全世界、谁都清楚是在继续公社事业的时候,社会主义的叛徒们却忘记了巴黎公社的具体经验和具体教训,重新弹起关于"一般民主"的资产阶级旧调。公社不是议会机构。

6. 其次,公社的意义在于它试图彻底打碎和破坏资产阶级的国家机构,即官吏的、法官的、军队的、警察的机构,而代之以立法权和行政权统一的工人的群众性自治组织。一切现代的资产阶级民主共和国,包括社会主义的叛徒称之为无产阶级共和国(这是对真理的嘲弄)的德意志共和国在内,都保存了这个国家机构。这就十分清楚地再次证明了,起劲地维护"一般民主"的人,事实上是在维护资产阶级及其剥削特权。

7. "集会自由"可以看做是代表"纯粹民主"要求的典型口号。任何一个没有脱离本阶级的觉悟工人都不难明白,在剥削者不甘心被推翻而进行反抗、死抱住自己特权不放的时候和情况下,答应

① 参看《马克思恩格斯文集》第 3 卷第 156 页。——编者注

给剥削者以集会自由，是很荒唐的。当资产阶级还是革命阶级的时候，无论在 1649 年的英国，或者在 1793 年的法国，它都没有把"集会自由"给予那些招引外国军队并"集会"策划复辟活动的君主派分子和贵族。如果现在这些早已变得反动的资产阶级要求无产阶级事先保证，尽管资本家一定会拼命抗拒对他们的剥夺，也要给这些剥削者以"集会自由"，那么工人们只能对资产阶级的虚伪付之一笑。

另一方面，工人们很清楚，即使在最民主的资产阶级共和国，"集会自由"也只是一句空话，因为富人拥有一切最好的公共建筑物和私人建筑物，同时还有足够的空闲时间去开会，开起会来还有资产阶级政权机构保护。而城乡无产者和小农，即大多数居民，既无房屋开会，又无空闲时间，更无人保护。只要情况还是这样，"平等"即"纯粹民主"就是骗局。要取得真正的平等，要真正实现劳动者的民主，首先必须没收剥削者的一切公共建筑物和豪华的私人建筑物，首先必须让劳动者有空闲时间，还必须由武装工人而不是由贵族军官或资本家军官及其唯命是从的士兵来保护劳动者的集会自由。

只有在实行这种变革之后再来谈集会自由和平等，才不是对工人、劳动者和穷人的嘲弄。但是能够实行这种变革的，只有劳动者的先锋队，即推翻资产阶级剥削者的无产阶级。

8."出版自由"也是"纯粹民主"的主要口号之一。但是工人们知道，而且各国社会党人也曾无数次承认，只要最好的印刷所和大量的纸张被资本家霸占，只要资本还保持着对报刊的控制（在世界各国，民主制度与共和制度愈发达，这种控制也就表现得愈明显，愈露骨，愈无耻，例如美国就是这样），这种自由就是骗局。要为劳动者、为工人和农民争得真正的平等和真正的民主,首先必须剥夺资本雇用著作家、收买出版社和报纸的可能性,要做到这一点,就必须推翻资本的压迫,打倒剥削者,镇压他们的反抗。资本家总是把富人发横财的自由和工人饿死的自由叫做"自由"。资本家把富人收买报刊的自由、利用他们的财富假造所谓社会舆论的自由叫做出版自由。这些事实再次表明,维护"纯粹民主"实际上就是维护使富人能控制群众教育工具的最肮脏最腐败的制度,就是欺骗人民,用冠冕堂皇然而虚伪透顶的言词诱使人民放弃把报刊从资本的束缚下解放出来的具体历史任务。真正的自由和平等,将是由共产主义者建立的制度,在这种制度下,不会有靠损害别人来发财致富的可能性,不会有直接或间接使报刊屈从于货币权力的客观可能性,不会有任何东西能阻碍每个劳动者(或大大小小的劳动者团体)享有并行使其使用公有印刷所及公有纸张的平等权利。

9.19世纪和20世纪的历史还在战前就向我们表明,臭名昭著的"纯粹民主"在资本主义制度下事实上究竟是怎么一回事。马克思主义者一向认为,民主愈发达,愈"纯粹",阶级斗争就愈公开,愈尖锐,愈残酷,资本的压迫和资产阶级的专政就表现得愈"纯粹"。在共和制的法国发生的德雷福斯案件,在自由民主的共和国美国由资本家武装起来的雇佣军队对罢工者进行的血腥屠杀,这些事实和无数类似的事实都证明了资产阶级枉费心机地企图掩盖的一条真理:在最民主的共和国内,实际上是资产阶级的恐怖和专政居统治地位,每当剥削者开始感到资本的权力发生动摇时,这种恐怖和专政就会公开表现出来。

10.1914—1918年的帝国主义战争,甚至使落后的工人也彻底认清了资产阶级民主的真正性质:即使在最自由的共和国,资产阶级民主也是资产阶级专政。为了确定让德国还是英国的百万富翁或亿万富翁集团大发其财,几千万人死于非命,就是在最自由的共和国也建立了资产阶级的军事专政。甚至在德国战败以后,协约国各国还保持着这种军事专政。正是战争大大擦亮了劳动者的眼睛,撕掉了资产阶级民主的漂亮外衣,使人民看到了在战争期间和借战争的机会大搞投机牟取暴利的无数事实。资产阶级假"自由平等"之名进行了这场战争,军火商假"自由平等"之名发了一大笔横财。伯尔尼黄色国际无论怎样努力,都无法对群众掩盖现在已被彻底揭穿的资产阶级自由、资产阶级平等、资产阶级民主的剥削性质。

11. 在欧洲大陆最发达的资本主义国家德国,由于德帝国主义战败而得到的共和制自由刚刚实行了几个月,就使德国工人和全世界看到了资产阶级民主共和国的真正阶级本质究竟是什么。卡尔·李卜克内西和罗莎·卢森堡被害是世界历史上的重大事件,不仅因为这是真正无产阶级的国际即共产国际的优秀人物和领袖惨遭杀害,而且还因为这一事件使欧洲的一个先进国家——可以毫不夸大地说,也是全世界范围内的一个先进国家——的阶级本质暴露无遗。在社会爱国主义者执政的情况下,军官和资本家可以不受惩罚地杀害被捕者即受到国家政权监护的人,这说明能够发生这种事情的民主共和国就是资产阶级专政。有些人对卡尔·李卜克内西和罗莎·卢森堡被害表示愤慨,但又不明白这个道理,这种人不是迟钝,就是伪善。在世界上最自由最先进的共和国之一的德意志共和国,所谓"自由",就是可以不受惩罚地杀害被捕的无产阶级领袖的自由。只要资本主义还存在,情况就只能是这样,因为民主制度的发展不是使阶级斗争变得缓和,只是使它更加尖锐。而由于战争的一切后果和影响,阶级斗争已经达到白热化的地步了。

现在整个文明世界都在驱逐布尔什维克,追缉他们,把他们关进监狱,例如在最自由的资产阶级共和国之一的瑞士就是如此,在美国则发生了蹂躏布尔什维克的大暴行,如此等等。先进的、文明的、民主的、武装到牙齿的国家,竟会害怕来自落后的、饥饿的、破产的、被几千万份资产阶级报纸称为野蛮和罪恶之乡的俄国的几十个人,从"一般民主"或"纯粹民主"的观点来看,简直是笑话。显然,能够造成这种惊人矛盾的社会环境,实际上就是资产阶级专政。

12.在这种情况下,无产阶级专政作为推翻剥削者并镇压其反抗的工具是完全合理的,而且是全体劳动群众用来抗御曾经导致战争并且正在准备新战争的资产阶级专政所绝对必需的,因为它是劳动群众在这方面唯一的防卫手段。

社会党人所以在理论上近视、被资产阶级偏见俘虏并在政治上背叛无产阶级,主要是因为他们不懂得,在资本主义社会中,当作为这个社会的基础的阶级斗争稍微严重一些的时候,除了资产阶级专政或无产阶级专政,不可能有任何中间道路。幻想走第三条道路,不过是抒发小资产者的反动哀怨。一切先进国家百多年来资产阶级民主和工人运动发展的经验,尤其是近五年来的经验,都证明了这一点。全部政治经济学,马克思主义的全部内容,也说明了这一点;马克思主义阐明了在任何一种商品经济制度下资产阶级专政的经济必然性,而能够代替资产阶级的,只有那个随着资本主义的发展本身而发展、扩大、团结起来、站稳脚跟的阶级,即无产者阶级。

13. 社会党人在理论上和政治上的另一个错误,在于他们不懂得民主从古代的萌芽时期起,在几千年过程中,随着统治阶级的更迭,必然在形式上发生变化。在古代希腊各共和国中,在中世纪各城市中,在各先进的资本主义国家中,民主的形式都不同,民主的运用程度也不同。如果认为人类历史上最深刻的革命,世界上第一次使政权由剥削者少数手里转到被剥削者多数手里的革命,能够在旧式民主即资产阶级议会制民主的老框框内发生,不需要最急剧的转变,不需要建立新的民主形式以及体现运用民主的新条件的新机构等等,那就荒谬绝伦了。

14. 无产阶级专政同其他阶级专政相似的地方在于,这种专政之所以需要,同任何专政一样,是由于必须用暴力镇压那个失去政治统治权的阶级的反抗。无产阶级专政同其他阶级专政(中世纪的地主专政,一切文明的资本主义国家中的资产阶级专政)根本不同的地方在于,地主资产阶级的专政是用暴力镇压大多数人即劳动人民的反抗。相反地,无产阶级专政是用暴力镇压剥削者的反抗,镇压极少数人即地主资本家的反抗。

由此可以得出结论,无产阶级专政不仅一般地说必然使民主形式和民主机构发生变化,而且要使它们变得能使受资本主义压迫的劳动阶级空前广泛地实际享受到民主。

而已经实际形成的无产阶级专政形式,即俄国的苏维埃政权,德国的苏维埃制度,英国的车间代表委员会,以及其他国家中类似的苏维埃机关,也确实意味着和确实做到了占人口大多数的劳动阶级真正有可能享受民主权利和自由,这样的情况,甚至近似的情况,在最好的最民主的资产阶级共和国中也是从来没有过的。

苏维埃政权的实质在于:正是受资本主义压迫的阶级即工人

和半无产者(不剥削他人劳动并经常出卖至少是一部分自己的劳动力的农民)的群众组织,是整个国家政权和整个国家机构的固定的和唯一的基础。正是那些过去在法律上有平等权利、实际上被用各种手法加以排挤而不能参加政治生活、不能享受民主权利和自由(甚至在最民主的资产阶级共和国也是这样)的群众,现在经常被吸引来而且一定要吸引来参加对国家的民主管理并在其中起决定作用。

15.资产阶级民主无论在何时何地都保证公民不分性别、宗教、种族、民族一律平等,但是它无论在什么地方也没有实行过,而且在资本主义的统治下也不可能实行;苏维埃政权即无产阶级专政则立刻实现、全部实现这种平等,因为只有不从生产资料私有制、不从瓜分和重新瓜分生产资料的斗争中捞取好处的工人政权,才能够做到这一点。

16.旧式民主即资产阶级民主和议会制被组织得尽量使劳动群众远离管理机构。相反地,苏维埃政权即无产阶级专政则组织得能使劳动群众同管理机构接近起来。也正是为了这个目的,才在苏维埃国家组织中把立法权和行政权合而为一,并用生产单位(如工厂)来代替地域性的选区。

17.军队不仅在君主国中是压迫机构,而且在一切资产阶级共和国甚至最民主的共和国中也是压迫机构。只有苏维埃政权这个受资本主义压迫的阶级的固定的国家组织,才能使军队摆脱资产阶级的控制,真正把无产阶级同军队融为一体,真正做到武装无产阶级和解除资产阶级的武装,如果做不到这一步,社会主义的胜利是不可能的。

18.苏维埃国家组织便于无产阶级这个由资本主义高度集中

起来和教育出来的阶级发挥领导作用。被压迫阶级的一切革命和一切运动的经验、全世界社会主义运动的经验教导我们,只有无产阶级才能够团结和领导被剥削劳动人民中分散落后的阶层。

19. 只有苏维埃国家组织才能真正一下子打碎和彻底破坏旧的即资产阶级的官吏和法官机构(这种机构在资本主义制度下,甚至在最民主的共和国中一直保存着,而且必然要保存下来,它实际上是实行工人和劳动者的民主的最大障碍)。巴黎公社在这条道路上迈出了具有全世界历史意义的第一步,苏维埃政权迈出了第二步。

20. 消灭国家政权是包括马克思在内并以他为首的一切社会主义者所抱的目的。不实现这个目的,真正的民主即平等和自由就无法实现。只有通过苏维埃民主即无产阶级民主才能真正达到这个目的,因为它通过经常吸引而且一定要吸引劳动者的群众组织参加国家管理,已经立即开始了使一切国家完全消亡的准备工作。

21. 下一事实特别能说明在伯尔尼集会的社会党人已经彻底破产,说明他们完全不理解新式民主,即无产阶级民主。1919 年 2月 10 日,布兰亭在伯尔尼宣布黄色国际的国际代表会议闭幕。1919 年 2 月 11 日,柏林出版的、由黄色国际的参加者主办的报纸《自由报》刊载了"独立党"告无产阶级的一篇宣言。宣言承认谢德曼政府的资产阶级性质,谴责该政府企图取消被称为 Träger und Schützer der Revolution(革命的承担者和保卫者)的苏维埃,建议让苏维埃合法化,给苏维埃以管理国家的权利,给苏维埃以中止国民会议决议的执行并把问题提交全民表决的权利。

这种提议表明那些维护民主却不懂得民主的资产阶级性质的

理论家在思想上已经彻底破产。这种把苏维埃制度即无产阶级专政同国民会议即资产阶级专政结合起来的滑稽可笑的企图,彻底暴露了黄色的社会党人和社会民主党人思想的贫乏,他们那种小资产者的政治反动性,以及他们对蓬勃兴起的新式民主即无产阶级民主所作的怯懦的让步。

22.伯尔尼黄色国际的大多数人谴责布尔什维主义(但由于害怕工人群众,他们不敢正式通过这样的决议),从阶级的观点来看,他们做得对。正是这个大多数,同俄国的孟什维克和社会革命党人以及德国的谢德曼之流的意见是完全一致的。俄国的孟什维克和社会革命党人在抱怨布尔什维克迫害他们时,企图隐瞒这样一个事实:他们受到究办是由于他们在国内战争中站在资产阶级方面反对无产阶级。同样,谢德曼之流及其政党在德国也已经证明,他们在国内战争中也是站在资产阶级方面反对工人的。

因此,伯尔尼黄色国际的大多数参加者都主张谴责布尔什维克,就是非常自然的了。他们这样做,并不是维护"纯粹民主",而是在自我辩护,因为他们知道和感到,自己在国内战争中是站在资产阶级方面反对无产阶级的。

正因为如此,从阶级观点来看,不能不承认黄色国际的大多数人的决定是正确的。无产阶级应当不怕真理,应当正视真理,并由此作出全部政治结论。

同志们!我还想对最后两点作些补充。我想,要给我们作关于伯尔尼代表会议的报告的同志,是会把问题讲得更详细的。

在整个伯尔尼代表会议期间,关于苏维埃政权的意义只字未提。这个问题在我们俄国已经讨论了两年。1917年4月,我们在党的代表会议上已经从理论上和政治上提出这个问题:"什么是苏维埃政权？它的内容是什么？它的历史意义何在？”这个问题我们已经讨论了将近两年，我们党的代表大会还就这个问题通过了一项决议[204]。

2月11日，柏林《自由报》刊载了一篇告德国无产阶级的宣言，在上面签名的不仅有德国独立社会民主党的领袖，而且有独立党人党团的全体成员。1918年8月，独立党人赫赫有名的理论家考茨基写了一本小册子《无产阶级专政》，他说：他是民主和苏维埃机关的拥护者；但苏维埃只应当具有经济意义，决不能看做国家组织。在11月11日和1月12日的《自由报》上，考茨基又重申了这一点。2月9日，刊登了鲁道夫·希法亭的文章，他也是第二国际赫赫有名的权威理论家之一，他建议通过法律，通过国家立法，把苏维埃制度同国民会议结合起来。这是2月9日的事情。11日，这个建议经独立党全党通过，以宣言的形式发表出来。

尽管国民会议已经存在，甚至“纯粹民主”已经变为现实，独立社会民主党最著名的理论家们已经宣称苏维埃组织不应当成为国家组织，尽管这样，还是发生了动摇！这就证明，这帮老爷确实是一点也不理解新的运动及其斗争条件。它还证明，这种动摇一定有它产生的条件和原因！在这一切事件之后，在俄国革命取得胜利将近两年之后，我们看到伯尔尼代表会议竟通过了那样的决议，只字不提苏维埃及其意义，会议上也没有一个代表在哪一次发言中有一句话谈到这一点，因此，我们完全可以肯定，这帮老爷作为社会党人和理论家，对于我们来说已经死亡了。

但是，同志们，从实践上看，从政治上看，这是群众发生了巨大变化的明证，因为这些一向在理论上和原则上反对苏维埃国家组织的独立党人，忽然愚蠢地提出把国民会议同苏维埃制度“和平地"结合起来,就是说,把资产阶级专政同无产阶级专政结合起来。我们看到,独立党人在社会主义和理论方面已经破产,群众则发生了巨大的变化。德国无产阶级中的落后群众正转到我们方面来,他们已经转过来了！因此,从理论和社会主义的角度来看,伯尔尼代表会议的优秀成员德国独立社会民主党的作用已经等于零了；但是它仍具有某种意义,这种意义就在于这些动摇分子使我们看到了无产阶级落后部分的情绪。我深信,这次代表会议最大的历史意义就在这里。在我国革命中,我们也曾经历过类似的情况。我国孟什维克走过的发展道路几乎同德国独立党的理论家们一模一样。起初,他们在苏维埃中占多数,他们是拥护苏维埃的。当时只听到他们喊:"苏维埃万岁！"、"拥护苏维埃！"、"苏维埃是革命的民主！"。等到我们布尔什维克在苏维埃中获得了多数,他们的调子就变了,说什么苏维埃不应当与立宪会议并存。形形色色的孟什维克理论家也提出几乎完全一样的建议,如把苏维埃制度同立宪会议结合起来,把苏维埃并入国家组织之类。这里又一次表明,无产阶级革命总的进程在全世界都是一样的。最初是自发地成立苏维埃,然后是苏维埃得到推行和发展,接着是在实践上提出:究竟要苏维埃,还是要国民会议,要立宪会议,要资产阶级议会制；首领们惶惶不可终日,最后是无产阶级革命。但是我认为,在革命进行了将近两年的今天,我们不应当这样提问题,而应当通过具体的决议,因为苏维埃制度的推行对于我们,特别是对于大多数西欧国家,是一个极其重要的任务。

在这里我只想举出孟什维克的一个决议。我曾请奥博连斯基同志把它译成德文。他答应了,但可惜他现在不在这里。我尽量凭记忆把它转述出来,因为我手头没有这个决议的全文。

一个对布尔什维主义毫无所知的外国人,对于我们所争论的问题很难表示自己的意见。凡是布尔什维克肯定的,孟什维克都反对,反过来也一样。当然在斗争期间也只能是这样,因此,1918年12月孟什维克党最近一次代表会议通过了一项很长很详细的决议就十分重要了。这项决议的全文曾刊登在孟什维克的《印刷工人报》[205]上。在这项决议中,孟什维克简要地叙述了阶级斗争和国内战争的历史。决议中说,他们谴责自己党内那些在乌拉尔、在南方、在克里木和格鲁吉亚(决议列举了所有这些地区)同有产阶级结成联盟的集团。孟什维克党内那些同有产阶级联合起来反对苏维埃政权的集团在决议中受到了谴责,但决议的最后一条把那些转到共产主义者方面的人也谴责了一通。由此可见,孟什维克不能不承认,他们党内是不一致的,有些人站在资产阶级方面,有些人站在无产阶级方面。大部分孟什维克已经转到资产阶级方面去了,并且在国内战争中反对我们。我们当然要究办孟什维克,而且如果他们同我们作战,同我们的红军作战,枪杀我们红军指挥员,我们甚至还要枪毙他们。我们用无产阶级的战争来回敬资产阶级的战争,——别的出路是不可能有的。因此,从政治上看,这一切纯粹是孟什维克的欺人之谈。从历史的角度看,令人不能理解的是:有些并没有被确诊为精神失常的人,在伯尔尼代表会议上按孟什维克和社会革命党人的委托大谈布尔什维克如何反对他们的同时,怎么能闭口不谈他们如何同资产阶级联合起来反对无产阶级。

他们全都拼命反对我们,因为我们究办他们。这是事实。但是他们只字不提他们自己在国内战争中究竟干了些什么勾当!我想,我应该为大会记录弄到一份决议全文,并提请外国同志们予以注意，因为这个决议作为一个历史文件，正确地提出了问题，并且为评价俄国各"社会主义"派别之间的争论提供了很好的材料。在无产阶级和资产阶级之间，还存在着一个时而倒向这一边、时而倒向那一边的阶级；在任何时候，在任何革命中，情况都是这样的。在由无产阶级和资产阶级组成两个敌对营垒的资本主义社会中，在这两个阶级之间绝对不可能不存在中间阶层。这些动摇分子的存在是历史的必然，遗憾得很，这些连自己都不知道明天将站在哪一边去进行斗争的分子还要存在相当长一段时间。

我想提出一个具体建议，就是我们通过一项决议，专门讲以下三点。

第一，西欧各国的同志们的最重要的一项任务，就是向群众讲清苏维埃制度的意义、重要性和必然性。可以看出，人们对这个问题还不够了解。考茨基和希法亭作为理论家已经破产了，但《自由报》最近发表的一些文章毕竟证明，他们正确地反映了德国无产阶级落后部分的情绪。我国也发生过同样的情形：在俄国革命的头八个月，关于苏维埃组织的问题讨论得很多，当时工人们不明白新制度到底怎么回事，不明白苏维埃是否能够成为国家机构。在我国革命中，我们不是通过理论而是通过实践前进的。例如，关于立宪会议的问题，我们以前在理论上并没有提出来，没有说过不承认立宪会议。只是后来，苏维埃组织已经遍及全国并且掌握了政权，只是在那时我们才决定解散立宪会议。现在我们看到，在匈牙利和瑞士，这个问题要尖锐得多[206]。从一方面来说，这是大好事，因为它使我们坚信西欧各国革命会进展得更加迅速，会取得更大的胜利。从另一方面来说，这里包含着一定的危险，就是斗争会来得很猛，工人群众的认识会跟不上这种发展。有政治教养的德国广大工人群众至今还不明白苏维埃制度的意义,因为他们是用议会制思想和资产阶级偏见熏陶出来的。

第二,关于苏维埃制度的推行。当我们听到苏维埃的思想在德国甚至在英国迅速传播的时候,我们认为这有力地证明了无产阶级革命一定会胜利。要阻止住它的进程,只能得逞于一时。至于阿尔伯特同志和普拉滕同志对我们说,在他们的农村中,在农业工人和小农中间几乎没有苏维埃,那是另一回事。我在《红旗报》上看到一篇文章[207]反对农民苏维埃,但它完全正确地赞成贫雇农苏维埃。资产阶级及其走狗,如谢德曼之流,已经提出了农民苏维埃的口号。但是我们需要的只是贫雇农苏维埃。遗憾得很,我们从阿尔伯特、普拉滕等等同志的报告中看到,除匈牙利外,在农村中推行苏维埃制度的工作还做得很少。也许这里还包含着阻碍德国无产阶级取得可靠胜利的相当大的实际危险。只有在城市工人和农村无产者都组织起来,并且不是像从前那样组织成工会和合作社,而是组织成苏维埃的时候,才能认为胜利有了保障。我们的胜利得来比较容易,因为1917年10月我们是同农民,同全体农民一起前进的。在这个意义上说,当时我们的革命是资产阶级革命。我们无产阶级政府的第一个步骤就是:在1917年10月26日(俄历),即革命后第二天,我们政府就颁布法令,承认了还在克伦斯基时代农民苏维埃和农民大会就表达过的全体农民的夙愿。这就是我们的力量所在,因此,我们才这样容易地赢得了压倒多数。当时对农村来说,我们的革命仍然是资产阶级革命,只是后来,过了半年以后,我们才不得不在国家组织的范围内,在农村中开始了阶级斗争,在每个村庄建立起贫苦农民即半无产者的委员会,有步骤地同农村资产阶级进行斗争。由于俄国落后,这种情况在我国是不可避免的。西欧的情况将会不同,因此我们应当着重指出,用适合那里的也许是新的形式在农村居民中推行苏维埃制度是绝对必要的。

　　第三,我们应当指出,在苏维埃政权尚未取得胜利的一切国家,主要任务是争取共产党人在苏维埃中占多数。昨天我们的决议起草委员会讨论了这个问题。也许其他同志还要对这个问题发表意见,但是我想提议把这三点作为一个专门决议来通过。当然,我们不能事先规定发展的道路。很可能西欧许多国家的革命很快就会到来,但是,作为工人阶级有组织的部队,作为政党,我们力争并且应当力争在苏维埃中占多数。那样我们的胜利就有了保证,而任何力量都阻挡不了共产主义革命。不然的话,就不大容易取得胜利,胜利了也难以持久。因此,我想建议把这三点作为一个专门决议来通过。

提纲载于 1919 年 3 月 6 日《真理报》
第 51 号和《全俄中央执行委员会
消息报》第 51 号

报告载于 1920 年彼得格勒出版的
《共产国际第一次代表大会。记录》
一书(德文版)

译自《列宁全集》俄文第 5 版
第 37 卷第 491—509 页

3

关于资产阶级民主和
无产阶级专政的提纲的决议

（3月4日）

　　根据这个提纲和各国代表的报告,共产国际代表大会声明,在一切尚未建立苏维埃政权的国家中,共产党的主要任务如下:

　　（1）向工人阶级广大群众说明新式民主即无产阶级民主的历史意义,它在政治上和历史上的必然性:它必然代替资产阶级民主和议会制。

　　（2）在一切工业部门工人中间,在陆海军士兵中间以及在贫雇农中间推行和组织苏维埃。

　　（3）争取共产党人在苏维埃内部稳占多数。

载于 1919 年 3 月 11 日《真理报》　　　　译自《列宁全集》俄文第 5 版
第 54 号　　　　　　　　　　　　　　　　第 37 卷第 510 页

4

闭 幕 词

（3月6日）

我们之所以能够冲破警察的一切阻挠和迫害到这里集会，之所以能够在没有重大分歧的情况下在短时间内就目前革命时期的所有迫切问题作出重要决定，是因为全世界无产阶级群众已经用自己的行动把所有这些问题实际地提上了议事日程，并且开始实际地加以解决。

我们在这里只是把群众在革命斗争中已经争取到的东西记载下来。

不仅在东欧各国，而且在西欧各国，不仅在战败国，而且在战胜国（例如在英国），苏维埃运动都在日益广泛地展开，这个运动无非是以建立新式民主即无产阶级民主为目的的运动，这个运动是向无产阶级专政、向共产主义的完全胜利迈出的最重要的一步。

尽管全世界的资产阶级继续肆意横行，尽管他们驱逐、监禁、甚至杀害斯巴达克派和布尔什维克，但这一切都无济于事。这只能使群众受到教育，使他们摆脱旧的资产阶级民主的偏见，使他们在斗争中得到锻炼。全世界无产阶级革命的胜利是有保证的。国际苏维埃共和国的建立已经为期不远了。（热烈鼓掌）

载于1920年彼得格勒出版的
《共产国际第一次代表大会
记录》一书（德文版）

译自《列宁全集》俄文第5版
第37卷第511页

争取到的和记载下来的东西

（1919 年 3 月 5 日）

在革命中，只有无产阶级群众争取到的东西才是牢固的。只有真正牢固地争取到的东西才值得记载下来。

1919 年 3 月 2 日第三国际即共产国际在莫斯科宣告成立，这一事实中不仅记载了俄罗斯的、俄国的无产阶级群众争取到的东西，而且记载了德国、奥地利、匈牙利、芬兰、瑞士的无产阶级群众争取到的东西，一句话，记载了国际无产阶级群众争取到的东西。

正因为如此，第三国际即共产国际的成立，是牢固的事业。

仅仅四个月以前，还不能说苏维埃政权、苏维埃这种国家形式是国际性的成果。本来，在苏维埃政权中就有某种不仅属于俄国，而且属于所有资本主义国家的东西，并且是非常重要的东西。可是，在未经事实检验以前，还不能断定世界革命的继续发展会引起什么变化，以及这种变化会有多么深刻，多么重要。

德国革命作了这样的检验。这个先进的资本主义国家，继一个最落后的国家之后，在短短一百多天的时间内就向全世界表明，在那里，不仅革命的基本力量相同，不仅革命的基本方向相同，而且就连新式民主即无产阶级民主的基本形式也相同，也是苏维埃。

此外，在英国这个战胜国，在这个拥有殖民地最多、素以"社会和平"的典范闻名于世、资本主义的历史最长的国家里，我们看到，苏维埃以及无产阶级群众斗争的新形式即苏维埃形式——"Shop Stewards Committees"（车间代表委员会），正在广泛地、不可遏止地、蓬勃地、强有力地发展着。

在美国这个最强大最年轻的资本主义国家里，工人群众对苏维埃寄予莫大的同情。

冰河已经解冻了。

苏维埃在全世界胜利了。

苏维埃胜利了，这首先和主要表现在苏维埃赢得了无产阶级群众的同情。这是最主要的。不管帝国主义资产阶级采取什么样的残暴手段，不管他们怎样对布尔什维克进行迫害和屠杀，都不能从群众手里夺走这个成果。"讲民主的"资产阶级愈是逞凶，这个成果在无产阶级群众的心灵中、情绪中、意识中和他们气冲霄汉的斗争决心中，就愈加牢固。

冰河已经解冻了。

因此，创立了第三国际的莫斯科国际共产党人代表会议，才进行得这样一帆风顺，这样坚定沉着。

我们记载下来的，是已经争取到的东西。我们写到纸上的，是在群众意识中已经牢牢生根的东西。大家都知道，而且每个人根据本国的经验都看到、感觉到和体会到：一场新的、按其力量和深度来说是世界上从未有过的无产阶级运动已经蓬勃地开展起来，这场运动决不是任何旧框框限制得住的，也不是擅长小权术的大师们阻挡得了的，——无论是英美"民主制"资本主义的代表、世界上最老练最狡猾的劳合-乔治和威尔逊之流，也无论是饱经世故的韩德逊、列诺得尔和布兰亭之流以及其他一切社会沙文主义的英雄们，无论是谁，都阻挡不了。

这场新的运动正在走向无产阶级专政，——尽管有过犹豫动摇，尽管遭到过惨重失败，尽管发生了空前未有的、难以置信的"俄国式的"混乱（如果从表面上看、站在旁观的地位来看的话），它还是借助于千百万无产者的洪流，横扫一切障碍，稳步走向**苏维埃政权**。

我们把这些都记载下来了。我们的决议、提纲、报告和讲话把已经取得的成果都反映出来了。

被革命工人极其丰富的新鲜经验光辉地加以证实的马克思主义理论，曾经帮助我们懂得了当前事变的发展完全合乎规律。今后它还将帮助为推翻资本主义雇佣奴隶制而斗争的全世界无产者更加明确自己的斗争目的，更加坚定地沿着既定的方向前进，更加扎实地夺取胜利和巩固胜利。

第三国际即共产国际的成立是国际苏维埃共和国即将诞生的前兆，是共产主义即将在国际范围内取得胜利的前兆。

1919 年 3 月 5 日

载于 1919 年 3 月 6 日《真理报》
第 51 号

译自《列宁全集》俄文第 5 版
第 37 卷第 512—514 页

关于共产国际的成立

在全俄中央执行委员会、莫斯科苏维埃、
俄共(布)莫斯科委员会、全俄工会中央
理事会、莫斯科工会和工厂委员会联合
庆祝共产国际成立大会上的讲话

(1919 年 3 月 6 日)

（热烈欢呼）同志们，我们未能做到世界各国都有代表参加共产国际的第一次代表大会，但是各国都有共产国际的最忠实的朋友，都有完全同情我们的工人。因此，请允许我先摘引一点报道，你们听了就会知道，尽管全世界资产阶级进行种种迫害，尽管他们都已联合起来，看起来无比强大，但我们的朋友比我们所看到的、所知道的和能够请到莫斯科来开会的真不知要多多少。资产阶级的迫害达到了疯狂的地步，他们甚至想用一道万里长城把我们包围起来，他们把布尔什维克一批一批地从世界上最自由的共和国赶出去，似乎担心十来个布尔什维克能感染整个世界，但我们知道，这种担心是可笑的，因为布尔什维克已经感染了整个世界，因为俄国工人的斗争已经使得各国工人群众知道，我们俄国决定着整个世界革命的命运。

同志们，我手头是一份法国的《人道报》[208]，在倾向上，它同我国的孟什维克或右派社会革命党人非常相像。这张报纸在战时曾穷凶极恶地攻击同我们观点一致的人。现在它又维护那些在战时跟着本国资产阶级走的人。就是这家报纸在1919年1月13日那天报道说，塞纳联邦（一个靠近巴黎的地区，是无产阶级运动和法国全部政治生活的中心）的党和工会的积极分子在巴黎举行了盛大的（按报纸的说法）集会。第一个在会上讲话的是社会党人布拉克。他在整个战争期间同我国孟什维克和右派护国主义者持同一立场。现在他变得非常安分。他对当前的迫切问题只字不提！最后他说，他反对本国政府干涉其他国家的无产阶级斗争。他的话赢得了一片掌声。接着讲话的是他的一个志同道合者，叫什么皮埃尔·赖伐尔的，讲的是当今的法国最迫切的问题——复员问题。法国在这场万恶的战争中遭受的牺牲大概比其他任何国家都大。而法国人现在却看到：复员工作毫无进展，陷于停顿，当局根本无意进行；同时，一场新的战争又在酝酿中，这明明是要法国工人为了确定让法国还是英国的资本家得到更多的赃物而承受新的牺牲。报纸还说，皮埃尔·赖伐尔的讲话大家一直在听，但他讲到敌视布尔什维主义的内容时却引起了强烈的抗议和激愤，甚至会都开不下去了。后来，在他之后的皮埃尔·列诺得尔公民没有讲成话，由佩里卡公民出来讲了几句，大会就结束了。佩里卡是法国工人运动中基本上同我们观点一致的少数代表之一。总之，报纸不得不承认，演讲者刚一开始攻击布尔什维克，大家就不让他讲下去了。

同志们，现在我们无法直接从法国请一位代表到这里来。只有一位法国人经过千辛万苦来到了这里，这就是吉尔波同志。（热烈鼓掌）他今天要讲话。他在瑞士这个自由的共和国蹲了好几个月监狱，罪名是同列宁有联系，正在瑞士筹划革命。他是在宪兵和军官的押解下经过德国的，显然，他们怕他无意中丢下一根火柴，使德国燃烧起来。但是，没有这根火柴德国照样燃烧起来了。在法国，像我们看到的那样，是有人同情布尔什维主义运动的。法国的群众大概是最老练、最有政治经验、最活跃、最敏感的群众。他们不允许演说者在群众大会上说一句假话，谁要说就制止他。照法国人的脾气，不把他从讲台上拉下来算是好的！因此，看到敌视我们的报纸都承认大会是那样一种情况，我们就可以说，法国的无产阶级是拥护我们的。

我再从意大利的报纸上引一小段话。人们千方百计地企图切断我们同全世界的联系，其他国家的社会党报纸到了我们这里都成了稀世珍品。现在我们就得到了这样一件珍品，一份意大利的《前进报》[209]——意大利社会党的机关报。意大利社会党参加过齐美尔瓦尔德会议，一向反对战争，现在又决定拒绝出席伯尔尼黄色分子的代表大会，即旧国际的代表大会，因为参加这次大会的，是协同本国政府拖延这场万恶战争的人。直到现在，《前进报》的出版都受到严格的检查。但在这一份偶然落到我们手中的报纸上，我看到一篇报道卡夫里阿戈这个小地方（大概是个极偏僻的地方，因为在地图上都查不到）的党内生活的通讯，发现那里的工人开会通过了一项决议，对他们报纸的不调和精神表示赞许，并说他们赞同德国的斯巴达克派，赞同"Sovietisti russi"——这个词虽然是用意大利文写的，但全世界都能懂得。他们在向俄国的"苏维埃派"致敬，并表示希望俄国和德国革命者的纲领能为全世界接受，能帮助把反对资产阶级和军事统治的斗争进行到底。因此，当你读到意大利的某个波舍霍尼耶[210]

的这个决议的时候，你就完全可以对自己说：意大利的群众是拥护我们的，意大利的群众懂得俄国的"苏维埃派"是怎么回事，懂得俄国"苏维埃派"和德国斯巴达克派的纲领是怎么回事。可我们当时还没有这样一个纲领哩！我们同德国斯巴达克派没有任何共同的纲领，而意大利的工人不理睬他们在本国资产阶级报刊上所看到的一切，不理睬这些为百万富翁和亿万富翁所收买的、发行几百万份的报刊对我们的诽谤。这些报刊欺骗不了意大利的工人。意大利工人懂得斯巴达克派和"苏维埃派"是怎么回事，并说他们赞同两派的纲领，尽管那时根本没有这样的纲领。正因为如此，我们这次代表大会的任务是很容易完成的。我们只要把工人们，甚至那些住在某个偏僻地区、被警察和军队的警戒线同我们隔绝开来的工人们意识中和心灵上已经深深印下的东西写成纲领就成了。正因为如此，我们十分容易地、同心同德地实现了自己的目的，在一切主要问题上通过了一致的决定。我们深信，这些决定一定会在各国无产阶级中引起巨大的反响。

同志们，苏维埃运动这种形式已经在俄国取得胜利，目前正在全世界传播，单是它的名称就给工人提供了一整个纲领。同志们，我希望我们这些非常荣幸地使苏维埃形式取得胜利的人，不会落到让人说我们骄傲自大的地步。

同志们，我们很清楚，我们之所以最先参加了苏维埃的无产阶级革命，并不是因为我们的准备同别国工人一样好，或者比他们更好，而是因为我们不如他们。正因为如此，我们所对付的敌人是最野蛮最腐败的敌人，正因为如此，革命从表面看才有那样磅礴的气势。但是我们也知道，我国的苏维埃至今还存在着，它在同极大的困难作斗争，产生这些困难的根源是我们的文化水平低以及一年多来压在我们身上的担子太重，因为我们是在四面受敌和遭受到（这一点你们都非常清楚）难以设想的痛苦、严重的饥荒和可怕的灾难这样一种情况下孤军作战。

同志们，那些直接或间接站在资产阶级方面的人总想挑起工人的不满，说工人现在遭受的苦难非常深重。我们对工人说：是的，苦难是很深重，我们也不向你们隐瞒。我们对工人就是这样说的，工人们根据亲身的经验对此也深有体会。你们都看到，我们进行斗争，不仅是为了使社会主义在我国获得胜利，不仅是为了使我们的孩子一提起资本家和地主就想到史前的怪物，而且是为了使全世界的工人同我们一起获得胜利。

共产国际第一次代表大会认为，苏维埃已经在全世界赢得工人的同情，它向我们表明，国际共产主义革命的胜利是有保证的。（鼓掌）资产阶级在许多国家里还会猖狂肆虐，现在他们不过是刚刚开始杀害社会主义的优秀人物和优秀代表，罗莎·卢森堡和卡尔·李卜克内西惨遭白卫分子杀害就证明了这一点。这样的牺牲是不可避免的。我们决不去同资产阶级妥协，我们要同他们进行最后的斗争。但是我们知道，在经历了战争的痛苦、折磨和灾难之后，既然全世界的群众都在为复员而斗争，都感到自己受了骗，都懂得了资本家（他们为了确定让谁得到更多的利润而杀死了几千万人）加在他们身上的捐税负担是多么沉重，既然如此，这些强盗的统治时代也就一去不复返了！

现在，人人都懂得了"苏维埃"这个词的含义，这样，共产主义革命的胜利就有了保证。今天在座的同志们曾经看到第一个苏维埃共和国的成立，现在又看到第三国际即共产国际的成

立,(鼓掌)将来他们一定还会看到世界苏维埃联邦共和国的
成立。(鼓掌)

载于1919年5月《全俄中央执行
委员会、莫斯科工人和红军代表
苏维埃、俄共莫斯科委员会、
全俄工会理事会和莫斯科市工厂
委员会联合庆祝共产国际成立
大会》一书

译自《列宁全集》俄文第5版
第37卷第515—520页

关于消费公社的提纲[211]

（1919年3月7日以前）

由于粮食状况困难，需要采取紧急措施使国家免于饥饿和最大限度地节省人力物力。

因此，在分配方面必须建立统一的分配机构。这件事情刻不容缓，尤其是因为所有的分配机关（主要有三种：粮食机关、工人合作社、公民合作社）弄到的产品大都来自同一个来源，而三种机关的摩擦已经成了实际工作中无法容忍的障碍。

在统一现有的分配机关时，应当做到：正规地大规模地进行分配的主要机构即合作社这个在资本主义制度下建立起来并经过多年发展和实际经验检验的唯一机构，不被破坏和抛弃，而要成为新机构的基础，得到保留、发展和完善。①

所有的分配站（店铺）组成一个统一的分配网。所有三种机构的店铺以及其他方面的店铺（如果有的话）都统一起来。

所有的店铺都移交给工人合作社或一般公民合作社的中央机构管理，究竟移交给谁，要看这两种机构中哪一种在技术上最完善。关于在最短期内移交的问题，由特设的委员会解决，特设委员会由苏维埃政权根据专门的细则指定，并对机构的选定是否正确

---

① 列宁把提纲的前三段话（列宁已把它们加进法令草案作为引言）用线条框起来，在稿子上端空白处标了"引言"一词，下面画了三道线，三段话的左侧也标了"引言"一词。提纲的其余部分被列宁勾掉了。——俄文版编者注

负责。

所有的消费者都按地区编入一个店铺；要强制编入，马上编入。

根据俄罗斯社会主义联邦苏维埃共和国宪法的规定享有选举权的消费者，选举监事会及其联合组织，它们的人数和职能由专门的细则规定。监事会成员玩忽职守要受审判。

任何一个消费者集团都有一定的监督权，如果他们愿意行使的话。①

各种合作社和粮食机关的所有负责人员都算应征担任公职，在未得到苏维埃政权许可时无权拒不执行自己的职责，他们还可以被调任其他工作。

统一以后的机关叫消费公社。

不论是本地的公社，还是县、省、中央等各级的公社，它们的理事会都要分出一些人做经理工作或分配工作，苏维埃政权有权派政治委员参加这种工作，但后者只行使政治监督职能而无权过问业务。

对那些表现出最大组织才能（其表现就是消耗人力物力最少而分配产品最正确最迅速，以及能极其出色地利用生产力更多地搞来产品）的管理人员，在工作满三个月之后，给予一个半月工资的奖励。奖励也可以再多一些。对其他负责人员也可给予奖励。发奖权由人民法院规定。

关于发奖办法和检查成绩大小的标准的细则，由粮食人民委

---

① 列宁在这段话下面空白处写了"达到一定数量的"一语，并用箭头把它同本段话中的"消费者"一词联结起来。看来，着重标记和增添的话是列宁在研究法令草案第7条时加上的。——俄文版编者注

员部同最高国民经济委员会协商后颁发。

　　统一的分配机关投入工作半年以后,公社理事会的选举采取由苏维埃选民在工厂委员会和工会参加下选出的办法。

译自《苏维埃政权法令汇编》

俄文版第 4 卷第 491—495 页

在社会保障人民委员部
妇幼保健司鼓动员训练班的讲话

(1919 年 3 月 8 日)

报　道

　　列宁同志从女学员来信的最后一句讲起,希望她们说到做到,建立起一支坚强的后方大军。[212] 只有依靠妇女,依靠她们开动脑筋,依靠她们的觉悟,才能搞好新社会的建设;同时,列宁指出了在以往的革命中由不觉悟的妇女群众所造成的障碍。

载于 1919 年《社会保障人民委员部。妇幼保健司 1918 年 5 月 1 日至 1919 年 5 月 1 日工作报告》一书

译自《列宁全集》俄文第 5 版第 37 卷第 521 页

对关于改组国家监察人民委员部的
法令草案的意见[213]

(1919年3月8日)

1

关于改组国家监察人民委员部的意见

（1）在中央和地方建立工人机关或有工人参加的机关。

（2）证人，作为制度。

补2：妇女必须占$\frac{2}{3}$。

（3）当前的实际任务：

　　（α）根据公民的控诉进行突击检查

　　（β）同拖拉作风作斗争

　　（γ）采取革命措施同营私舞弊行为和拖拉作风作斗争

　　（δ）运输

　　（ε）提高劳动生产率

　　（ξ）增加产品数量。

2

给约·维·斯大林的便条

我认为,监察法令中应当加上:

(1)建立有工人参加的中央(以及地方)机关;

(2)按照法律经常吸收无产者以证人身份参加,其中妇女必须占²/₃;

(3)立即把下列各点作为当前的任务提到第一位:

(α)根据公民的控诉进行突击检查

(β)同拖拉作风作斗争

(γ)采取革命措施同营私舞弊行为和拖拉作风作斗争

(δ)特别注意提高劳动生产率

(ε)增加产品数量,等等。

意见载于1928年《列宁文集》俄文版第8卷

便条载于1928年11月7日《红色日报》(列宁格勒)第260号

译自《列宁全集》俄文第5版第37卷第541—542页

附　　录

《在全俄中央执行委员会、 莫斯科苏维埃、工厂委员会和 工会联席会议上的讲话》的提纲①

(1918 年 7 月 28 日或 29 日)

一、新粮下来之前——革命的危机时期。

危机的顶点。

二、"军事形势"明确了:

捷克斯洛伐克军(1 500 万)²¹⁴＋白卫分子

地主

资本家

摩尔曼

阿列克谢耶夫 在季霍列茨卡亚

巴库(达什纳克党人＋英国人)

土耳其斯坦(英国人)。

---

① 讲话见本卷第 1—16 页。——编者注

三、英法帝国主义者的"包围"。

　　"包围圈"。收买了资产阶级,与之结成联盟。

四、粮食。切断粮源。

五、"富农暴动"。

　　阶级性质非常清楚:

　　无产阶级＋贫苦农民

　　对付富农和资产阶级

　　左派社会革命党人的动摇。

六、被战争弄得精疲力竭

　　（辛比尔斯克:农业省）

　　＋长官们的叛变(如法国大革命中有过的)。

七、然而**军事形势起决定作用,**

　　战争(国内的)起决定作用。

　　全力投入战争!

　　全力对付捷克斯洛伐克军。

　　左派社会革命党人的叛变和背叛。

八、为了什么而斗争? 它关系到什么?

　　(a)恢复地主和资本家的政权。

　　(b)恢复战线,**拖入帝国主义战争**。

捷克斯洛伐克军的战线(1 500 万卢布)

摩尔曼

阿列克谢耶夫

a　巴库

　　土耳其斯坦。

b　阶级状况:富农暴动;同资产阶级进行决战。贫苦农民和劳

　　　动者

　　　　对资产阶级。

　　　无产阶级和贫苦农民:谁去吸引。

　　　　……**粮食**……

　　被战争弄得精疲力竭:长官们的叛变;

c　放弃辛比尔斯克(类似的例子在法国大革命中也有过:不应有任

　　何绝望情绪)。

d　军事形势。战争的结局起决定作用。

e　恢复战线:使全国屈从于帝国主义者。

　　　(α)地主和资本家的政权。

　　　(β)强行拖入帝国主义战争和强迫接受帝国主义的奴役。

载于1959年《列宁文集》俄文版　　　　　译自《列宁全集》俄文第5版
第36卷　　　　　　　　　　　　　　　　第37卷第525—526页

关于粮食固定价格问题的意见[215]

（1918 年 8 月 5 日或 6 日）

‖‖(δ)减少的周期

‖‖(β)提高很多

‖‖(α)政治读物和对

　农民的态度

‖‖‖(γ)最大限度征购非农产品

‖‖(ε)最后批准的期限为 2—3 天。

> 这次提价明天见报

提高工资

> 粮食提高为现在的 3.5—4 倍

> 粮食为 25 倍
>
> 非农产品为 30 倍

载于 1931 年《列宁文集》俄文版
第 18 卷

译自《列宁全集》俄文第 5 版
第 54 卷第 493—494 页

《在全俄教育工作第一次代表大会上的讲话》的提纲①

(1918 年 8 月 27 日或 28 日)

1. 世界革命发展过程中一个最紧要的关头。

2. 战争使……疲惫不堪和——

　　　使……发财致富……等等,等等。

3. 俄国的榜样……

　　{宪法
　　土地
　　工厂}

4. 资本在国内(俄国)

　　没有力量……**在国外**……

　　　　德国

　　　　英国＋法国。

5. (英国＋法国)把已经破损的弦绷得都快断了

　　{奥地利和意大利——革命的前夜
　　德国——大规模的罢工,军队瓦解,士兵叛变}

---

① 讲话见本卷第 75—78 页。——编者注

$\left\{\begin{array}{l}\text{法国——反对干涉的游行示威}\\\text{英国——“国内和平”破裂。}\end{array}\right.$

6. 我们不仅是为社会主义在俄国的胜利而斗争,而且是为社会主义在全世界的胜利而斗争。

7. 而在这场斗争中国民教育具有极其重要的意义⋯⋯

8. ＝这场斗争的**一个部分**。

9. 资本主义社会里对人民的教育:

$\left\{\begin{array}{l}\text{体面的奴仆}\\\text{机灵的奴才}\\\text{恭顺的走狗}\end{array}\right.$

10. 在社会主义制度下:⋯⋯为了使那些被资本主义抛进备受压制、最闭塞无知的行列的人,

　　——为了使他们**自己**管理**全部**工业、**全部**生产⋯⋯

11. 阶级斗争:怠工⋯⋯

　　利用**知识的力量**作为富人反对劳动者的**专利品**。

　　这一怠工(在主要方面)已被粉碎。

12. "**到人民中去**"⋯⋯　"**科学与工人的结合**"⋯⋯

载于1933年《列宁文集》俄文版　　　　　译自《列宁全集》俄文第5版
第21卷　　　　　　　　　　　　　　　　第37卷第527—528页

全俄中央执行委员会、莫斯科苏维埃、工厂委员会和工会联席会议材料[①]

(1918 年 10 月 21 日或 22 日)

1

报 告 提 纲

1.（α）从来没有这样接近世界无产阶级革命

（β）——处境也从来没有这样危险。

2.关于（α）保加利亚

奥地利

德国[216]

巴黎 2 000 人的群众大会（和在代表大会上宣读沙杜尔的信[217]）

英国的几个党[218]

西班牙的祝贺[219]。

---

① 联席会议文献见本卷第 114—129 页。——编者注

3.关于(β)∶"喘息时机"结束。

　　　　　　没有两股势力——是一股势力。**220**

德国资产阶级摇摆不定,不过,我认为**主要的方针**是同协约国达

成反对我们的协议……

在乌克兰的计划……撤退**是为了**英国人……

＋各被占领国的资产阶级……

4.我们更加强大了——

欧洲资产阶级的反抗也更激烈了。

5.经过达达尼尔海峡和经过罗马尼亚。**南方**。

补5∶特别是乌克兰。

6.红军中的转变——整个生活转变的征兆。

7.扩充十倍**221**……　　以便冬天就为夏天作好准备。

2

决议草案草稿

1. 国际无产阶级革命的胜利加剧了国际资产阶级及其首领——协约国的反革命抵抗……

2. 德国力争同协约国直接达成反对无产阶级革命和反对俄国苏维埃政权的协议，如果一时不能直接达成协议，德国资产阶级的一部分就企图通过以反对布尔什维克来为协约国效劳和向他们讨好的行动，间接地（和非正式地）实现协议。 ＋还有各被占领地区的资产阶级

3. 这种特殊情况加重了苏维埃政权的危险；协约国经过达达尼尔海峡和黑海，或者经保加利亚和罗马尼亚侵犯俄国南方的可能性已经显露出来了（并且显露得很清楚了），他们大概是打算在英国军队到达时，才让乌克兰的德国军队撤走（根据同德国资产阶级直接达成的协议或默契），以阻止乌克兰工农的不可避免的胜利，阻止乌克兰工农政府的建立。

4. 由于这种情况，由于国际帝国主义两个交战集团的（哪怕是实力接近的）均势已不复存在，苏维埃政权必须倍加努力扩大军队和加强军备。这件事应当提到首位。

5. 只有通过革命的途径，通过无产阶级分子（和半无产阶级分

子)的团结,才可以做到而且应当做到这一点——军队中的转变为此提供了充分的可能性。

一切无产阶级组织和贫苦农民的组织,一切苏维埃机关和一切力量都应该再一次**加紧**动员起来去实现这一目的。

6.意识到了俄国苏维埃政权在唤起西欧工人群众的同情、声援和支持方面取得的巨大成就,我们就一定能把工作做好,坚持下去,直到国际无产阶级革命取得胜利。

＋**乌克兰的任务**。[222]

载于 1962 年《苏共历史问题》杂志　　　译自《列宁全集》俄文第 5 版
第 2 期　　　　　　　　　　　　　　第 37 卷第 529—532 页

在全俄工人、农民、哥萨克和红军代表苏维埃第六次（非常）代表大会上庆祝十月革命一周年的讲话的提纲①

（1918 年 11 月 5 日或 6 日）

1

（1）从工人监督到工人管理生产。

（2）从全体农民反对地主的斗争到无产阶级在农村中反对一切资产阶级的斗争。

（3）从没有防御能力到有了红军。

（4）从孤立无援到有了一些通过革命建立的共和国。

总结＝作为无产阶级专政的苏维埃政权（和宪法）

"统治阶级"

---

① 讲话见本卷第 136—149 页。——编者注

2

1. 十月革命的意义：

   在此以前：帝国主义

   ——欺骗群众

   用小资产阶级的冒牌社会主义掩盖这一欺骗。

2. 帝国主义战争中断（公布秘密条约），无产阶级政权。

   社会主义革命的开始

   它的艰难发展：

   一切帝国主义者、一切资产阶级——俄国资产阶级和国际
   资产阶级的疯狂反抗。

   工人阶级的成长。

3. 从工人监督到工人管理。

4. 从全体农民反对地主的斗争到突出农村中的**无产阶级**阶级
   斗争。

5. 从没有防御能力到有了军队（红军）……

6. 从苏维埃组织开始独立迈步到它在全国范围内的巩固，到苏维
   埃宪法。

7. 从孤立无援到已开始的革命的国际联合……

载于1933年《列宁文集》俄文版
第21卷

译自《列宁全集》俄文第5版
第37卷第533—534页

在弹药委员会会议上作的笔记[223]

(1918 年 12 月 5 日)

1918 年 12 月 5 日弹药委员会第一次会议

图拉弹药厂。

提高生产率的措施：

新的管理处。

奖励。

三班作业（＋2 000 人）。

摆脱劳动介绍所（图拉的）。

增加设备（从彼得格勒余下的设备中拨出）。

生产计算和统计：每周一次。

外国样品。

怎样集中俄国的高度熟练工人？

从国外招聘专家。

给科学技术局的任务。

建立正确的逐周生产计算制。

每个工人的弹药日产量：

  1916 年：240

  1918 年：225

工厂生产率

1916 年最高产量：3 500 万

1918 年：12 月——1 600 万—1 800 万—2 000 万

　　　　　（可能达到 2 500 万—2 700 万）

1919 年：1 月——1 600 万—2 000 万

　　　　　2 月——1 800 万—2 500 万

　　　　　3 月——2 000 万—2 700 万

　　　　　4 月——2 200 万—2 900 万

　　　　　5 月——2 500 万—3 100 万

　　　　　6 月——2 800 万—3 300 万

　　　　　7 月——3 500 万

一两个月后实行三班作业。

载于 1942 年《列宁文集》俄文版
第 34 卷

译自《列宁全集》俄文第 5 版
第 54 卷第 494—495 页

关于援助哈尔科夫的意见[224]

(1919 年 1 月 3 日和 17 日之间)

(1)给哈尔科夫尽可能多送些钱。

(2)最高国民经济委员会——用最快速度运去纺织品及其他……

(3)在哈尔科夫建立一个中心……

派人

要组织者,即使只有几名,——要熟悉粮食业务的[225]

载于 1933 年《列宁文集》俄文版 第 24 卷

译自《列宁全集》俄文第 5 版 第 54 卷第 495 页

共产国际第一次代表大会材料

（1919年2—3月）

1

议 程 草 稿

（2月）

各国党的报告

成立第三国际

纲领问题

（α）无产阶级专政和苏维埃政权

（β）对资产阶级民主的态度

（γ）剥夺和社会化

策略问题

（δ）对各国资产阶级政府的态度

（ε）Маз. кр.①

国际联盟宪兵。

---

① 这两个词的意思弄不清楚。——俄文版编者注

对其他政党的态度

组织问题。

载于 1930 年《列宁文集》俄文版
第 13 卷

译自《列宁全集》俄文第 5 版
第 54 卷第 501 页

2

关于资产阶级民主和
无产阶级专政的提纲的几个草稿^①

（2月底—3月初）

1. 主要的"论据"：这是什么东西？
2. 非阶级的提法。
3. 历史教导说：从来就有专政。
4. 压迫机器。

———

脑子里还是通常的发展路线和发展速度。

不理解（或"象征性地"理解）资产阶级民主共和国也是资产阶级镇压无产阶级的机器。

"规律"：民主愈多，不可调和的敌对者之间的阶级斗争一旦尖锐起来，就愈可能发生大暴行或国内战争（克伦斯基时期的俄国……　瑞士——罢工和示威游行；美国对黑人、对国际主义者；1919 年 1 月的……德国）。

集会自由和出版自由是两个最重要的口号，是典型：它们的实际状况。

———

① 提纲见本卷第 485—495 页。——编者注

"平等"……被剥削者同剥削者的。

"自由"……剥削者的。

曲折发展的**具体**表现，

　　经济危机

　　群众破产

　　资产阶级大发横财

　　帝国主义者肆意进行侵略和掠夺

　　威廉二世被彻底揭露和目前的协约国

　　四年战争中风气的变化

　　变得野蛮、残暴：一切都使用暴力

　　技术的奇迹：为了什么？尸积如山。

　危机的重担：谁承担。

在资产阶级独裁的**条件下**投票表决

让全体表决者"理解"，还是墨守成规？

"代表和镇压"！

资产阶级行政机构。

总结＝资产阶级专政，

［它被伪善地用全民族的口号掩盖起来

无产阶级专政──▸必须镇压资产阶级的反抗……

──▸劳动群众的民主……

──▸占大多数的"人民"……

────

1.民主共和国＝镇压的机器。

2.代表和镇压。

3.脱离群众。

4.资产阶级的机构。

5.集会"自由"(剥削者的自由)。

6."平等"……出版(剥削者的)。

补6:战**前**的民主和国内战争。

7.扩大=改良主义,资产阶级用它偷换社会主义。

8.革命=尖锐化的阶级斗争。

9.战争及其后果。

10.1919年1月的德国。

载于1958年《苏共历史问题》杂志
第4期

译自《列宁全集》俄文第5版
第37卷第539—540页

<h1 style="text-align:center">注　　释</h1>

1　这是列宁在1918年7月29日全俄中央执行委员会、莫斯科苏维埃、工
厂委员会和工会联席会议上的讲话。这次会议是在严重的军事和经济
形势下召开的,当时苏维埃共和国由于外国武装干涉和白卫叛乱已同
自己的主要粮食、原料和燃料产区断绝了联系。出席会议的约有2 000
人,他们就列宁的讲话一致通过了由共产党党团提出的决议。决议指
出社会主义祖国处在危急之中,一切劳动者组织的工作都要服从保卫
苏维埃共和国的任务。决议要求在工人群众中进行广泛的宣传,说明
当前的局势。决议强调要提高对反革命资产阶级的警惕,并提出要抽
调一批负责干部去做军事工作和粮食工作,要坚决为粮食而斗争。

　　本卷《附录》收入了列宁的这个讲话的提纲。——1。

2　指捷克斯洛伐克军武装叛乱。

　　捷克斯洛伐克军武装叛乱是协约国帝国主义者策划的。在俄国的
捷克斯洛伐克军共有两个师和一个预备旅,约5万人,是第一次世界大
战期间由奥匈帝国军队的战俘和侨居俄国的捷克斯洛伐克人组成的。
十月革命胜利以后,协约国帝国主义者决定利用该军反对苏维埃共和
国,主动给它提供军费。捷克斯洛伐克民族委员会主席托·马萨里克
征得法国同意后宣布该军是法军的部队,协约国代表随后要求苏俄政
府遣送该军回法国。1918年3月26日,苏俄政府已经决定同意捷克
斯洛伐克军通过符拉迪沃斯托克撤走,条件是要把主要武器交给当地
苏维埃政府。但该军指挥人员却同协约国代表和右派社会革命党人于
5月14日在车里雅宾斯克举行会议,决定发动叛乱。这些人煽惑士
兵,妄说苏维埃政府要解除他们的武装、把他们关进战俘营等等,同时
鼓动他们用武力开路,冲到符拉迪沃斯托克去。5月25日和26日,叛

乱在马林斯克和车里雅宾斯克开始。接着,叛军同社会革命党白卫部队一起占领了乌拉尔、伏尔加河流域和西伯利亚的大部分地区。在占领区,捷克斯洛伐克军大批逮捕和杀害当地党政工作人员和革命工农,消灭苏维埃政权的机关,协助建立反革命政府(萨马拉的立宪会议委员会,叶卡捷琳堡的乌拉尔政府,鄂木斯克的西伯利亚临时政府)。苏俄红军于1918年9月转入进攻,解放了伏尔加河流域。由于军事上的失利和共产党人的地下工作,捷克斯洛伐克军开始瓦解,拒绝站在白卫军一边作战。1919年下半年,该军随着高尔察克军队的败退而东撤。1920年2月7日,红军同该军签订了停战协定。1920年春,捷克斯洛伐克军集中于符拉迪沃斯托克,然后陆续撤出俄国。——1。

3 指1918年6月28日《自由先驱报》发表的《法国的千百万金钱》一文。当天,《真理报》转载了这篇文章,《全俄中央执行委员会消息报》则加以摘登。

《自由先驱报》(《Průkopník Svobody》)是在苏俄的捷克斯洛伐克共产主义小组中央执行委员会中央机关报(周报)。它是根据1918年5月25—28日在莫斯科召开的旅俄捷克斯洛伐克共产党人代表大会的决定,以在苏维埃俄国出版的捷克斯洛伐克共产党人的机关报《先驱报》和捷克斯洛伐克左派社会民主党人的机关报《自由报》为基础创办的,1918年6月7日—1919年5月1日在莫斯科出版,共出了42号。该报在居留俄国的原捷克斯洛伐克战俘中宣传共产主义思想,揭露捷克斯洛伐克民族委员会俄国分部和捷克斯洛伐克军司令部的反动政策,号召捷克斯洛伐克的工人和农民参加红军,抗击武装干涉者和白卫军,保卫苏维埃共和国。——2。

4 指左派社会革命党人在莫斯科的叛乱。

左派社会革命党人的叛乱是根据左派社会革命党中央1918年6月24日的决议组织的,发生在1918年7月6—7日,即全俄苏维埃第五次代表大会开会期间。左派社会革命党人在代表大会上遭到失败以后,首先采取挑拨行动,由左派社会革命党人雅·格·布柳姆金在7月6日刺杀了德国大使威·米尔巴赫,接着就发动了武装叛乱。叛乱的中心是在莫斯科三圣巷的全俄肃反委员会一支部队的司令部,这支部队的指挥员是左派社会革命党人 Д.И.波波夫。6 日夜,叛乱分子约 1 800 人在波波夫、弗·亚·亚历山德罗维奇(左派社会革命党人、全俄肃反委员会副主席)等人领导下开始军事行动。他们炮击克里姆林宫,占领了电话局和电报局,以左派社会革命党中央的名义发出了几个挑拨性的宣言、公报和电报,诡称左派社会革命党已经掌握了政权、他们的行动得到全体居民的欢迎等等。

苏维埃第五次代表大会命令政府立即镇压叛乱。列宁领导了平定叛乱的斗争。由于苏维埃政府采取了坚决措施以及莫斯科工人和卫戍部队的一致行动,叛乱在 7 月 7 日下午 2 时被粉碎。东方面军司令、左派社会革命党人米·阿·穆拉维约夫响应叛乱发动兵变,亦被迅速平定。——3。

5　达什纳克楚纯即亚美尼亚革命联盟,是亚美尼亚资产阶级民族主义政党,于 1890 年在梯弗利斯成立。党员中,除资产阶级外,民族知识分子和小资产阶级占重要地位,此外,还有部分农民和工人。在 1905—1907 年革命时期,该党同社会革命党接近。1907 年,该党正式通过了具有民粹主义性质的"社会主义"纲领,并加入了第二国际。1917 年二月资产阶级民主革命后,他们同孟什维克、社会革命党人和阿塞拜疆资产阶级民族主义政党木沙瓦特党人结成了反革命联盟,组织了外高加索议会。1918—1920 年间,该党曾领导亚美尼亚的反革命资产阶级民族主义政府。1920 年 11 月,亚美尼亚劳动人民在布尔什维克党的领导和红军的支持下,推翻了达什纳克党人的政府,建立了苏维埃政权。1921 年 2 月,达什纳克楚纯发动叛乱,被粉碎。随着苏维埃政权的胜利,该党在外高加索的组织陆续被清除。——3。

6　木沙瓦特(意为平等)是阿塞拜疆资产阶级民族主义政党,1911 年在巴库成立。该党成分复杂,加入党的除大资产阶级和地主外,还有小资产阶级、民族主义知识分子以及部分农民。1917 年 6 月同"突厥联邦党"合并,改称"突厥联邦木沙瓦特民主党"。在 1918—1920 年国内战争时期,木沙瓦特是阿塞拜疆主要的反革命力量之一。在土耳其和英国相继占领巴库期间,木沙瓦特曾掌握阿塞拜疆的政权。随着英国干涉者被迫从阿塞拜疆撤走,1920年4月28日阿塞拜疆布尔什维克领导巴库无产阶级和劳动农民举行武装起义,推翻了木沙瓦特党人政府。苏维埃政权建立后,木沙瓦特在阿塞拜疆不复存在。——4。

7　1918年7月25日,巴库苏维埃召开紧急会议,讨论在土耳其军队进攻的情况下巴库的政治形势和军事形势问题。孟什维克、达什纳克党人和社会革命党人借口保卫巴库,要求向英国军队求援。巴库苏维埃政权的领导人布尔什维克斯·格·邵武勉等坚决反对这种卖国的建议,主张采取紧急措施,用自己的力量来保卫巴库。但会议仍以微弱的多数票通过了邀请英国军队前来巴库的决议。

　　巴库人民委员会的布尔什维克委员处于少数地位,于是宣布辞去人民委员职务。但是,他们很快发现,在当时的情况下辞职是错误的,相反,应当留在自己的岗位上,利用一切机会来孤立和挫败妥协分子和叛徒。7月27日举行的巴库全市布尔什维克代表会议决定:不经过斗争决不交出政权,立即在人民委员会领导下开展保卫巴库的工作,宣布总动员,号召工人保卫城市和苏维埃政权。为了执行这一决定,巴库人民委员会采取了一系列措施:宣布全市戒严,责成肃反委员会取缔反革命宣传,号召巴库工人拿起武器,竭尽全力保卫城市。

　　但是,阿塞拜疆共产党人和巴库无产阶级先进分子的英勇努力终因达什纳克党人、社会革命党人和孟什维克的叛卖而未能奏效。7月31日,在外国干涉者及其代理人的夹击下,巴库苏维埃政权暂时遭到了失败。协约国的代理人——社会革命党人、孟什维克和达什纳克党人组成了一个所谓"里海区舰队中央委员会专政"的反革命政府。阿塞拜疆苏维埃政权的领导者被捕。9月19日深夜,邵武勉等26名巴库人民委员在社会革命党人和孟什维克的直接参与下被英国干涉者杀害。——5。

8　指1918年1月底——2月初发生的德国工人大罢工。这次罢工是在俄国十月社会主义革命影响下发生的。列宁的和平法令以及苏维埃政府为实现民主的和平所作的坚持不懈的努力,受到了德国劳动群众的欢迎和赞扬。德国政府在布列斯特和平谈判中提出的苛刻要求则激起了德国工人的义愤,成为这次政治罢工的主要原因。罢工从柏林开始。1月28日,50万柏林工人响应斯巴达克派的号召,停止工作,选出了工人苏维埃。大柏林工人苏维埃要求迅速签订没有兼并和赔款的和约,吸收各国工人代表参加和谈,改善粮食供应,取消戒严,实行民主自由,释放被捕和被判刑的政治犯。罢工还扩展到不来梅、慕尼黑、汉堡、科隆、德累斯顿、纽伦堡等数十个城市。在罢工过程中,许多地方产生了工人苏维埃,并由它们的成员组成行动委员会。在这一时期内,总计有100万名以上的德国工人,尤其是军火工人参加了罢工。

德国政府于1月31日宣布柏林进入紧急状态。为镇压罢工从外地调来了5 000名警察,另外还有4个军接到了准备镇压罢工工人的命令。德国政府在社会民主党领袖们的帮助下,动用军队和警察把罢工运动镇压了下去。许多工人受到惩罚,几天内被征召入伍的柏林工人达5万名。这次罢工的意义很大,列宁称它是“德国无产阶级的情绪的转折点”(见本版全集第34卷第499页)。——8。

9 指1918年7月雅罗斯拉夫尔白卫分子的叛乱。这次叛乱是协约国帝国主义者在孟什维克和社会革命党人积极参与下策划的,并且是帝国主义者在伏尔加河流域和俄国中部各城市发动叛乱的总计划的一部分。叛乱的目的是同北方的外国干涉者和伏尔加河中游的捷克斯洛伐克军建立统一战线,然后进攻莫斯科,推翻苏维埃政权。组织这次叛乱的是右派社会革命党人波·维·萨文柯夫所领导的“保卫祖国与自由同盟”,协约国帝国主义者给这个反革命组织提供了大量经费。叛乱从7月6日开始。萨文柯夫从莫斯科派来一批军官具体领导叛乱。叛乱分子夺取了雅罗斯拉夫尔市的中心区,占领了军火库、邮局、电报局、银行等机关,对党和苏维埃工作人员进行血腥的屠杀。叛乱分子还企图占领该城的工人居住区,但马上遭到了坚决抵抗。各企业的党组织在同叛乱分子作斗争中发挥了巨大的组织作用。武装工人和红军支队同叛乱分子进行了激烈的搏斗。苏维埃政府从莫斯科、彼得格勒等地调来许多军队和工人武装队伍支援雅罗斯拉夫尔工人。1918年7月21日,叛乱最终被平定。——9。

10　指1918年6月11日由全俄中央执行委员会批准的《关于组织贫苦农民和对贫苦农民的供应的法令》。贫苦农民委员会就是根据这个法令建立的,由一个乡或村的贫苦农民以及中农选举产生。法令规定,贫苦农民委员会的任务是:分配粮食、生活必需品和农具;协助当地粮食机构没收富农的余粮。到1918年11月,在欧俄33省和白俄罗斯,共建立了122000个贫苦农民委员会。在许多地方,贫苦农民委员会改选了受富农影响的苏维埃,或把权力掌握在自己手里。贫苦农民委员会的活动超出了6月11日法令规定的范围,它们为红军动员和征集志愿兵员,从事文教工作,参加农民土地(包括份地)的分配,夺取富农的超过当地平均份额的土地(从富农8000万俄亩土地中割去了5000万俄亩),重新分配地主土地和农具,积极参加组织农村集体经济。贫苦农民委员会实际上是无产阶级专政在农村中的支柱。到1918年底,贫苦农民委员会已完成了自己的任务。根据1918年11月全俄苏维埃第六次(非常)代表大会的决定,由贫苦农民委员会主持改选乡、村苏维埃,改选后贫苦农民委员会停止活动。——10。

11　指布列斯特和约。

　　布列斯特和约是1918年3月3日苏维埃俄国在布列斯特-里托夫斯克同德国、奥匈帝国、保加利亚和土耳其签订的条约,3月15日经全俄苏维埃第四次(非常)代表大会批准。和约共14条,另有一些附件。根据和约,苏维埃共和国同四国同盟之间停止战争状态。波兰、立陶宛全部、白俄罗斯和拉脱维亚部分地区脱离俄国。苏维埃俄国应从拉脱维亚和爱沙尼亚撤军,由德军进驻。德国保有里加湾和蒙海峡群岛。苏维埃军队撤离乌克兰、芬兰和奥兰群岛,并把阿尔达汉、卡尔斯和巴统各地区让与土耳其。苏维埃俄国总共丧失100万平方公里土地(含乌克兰)。此外,苏维埃俄国必须复员全部军队,承认乌克兰中央拉达同德国及其盟国缔结的和约,并须同中央拉达签订和约和确定俄国同乌克兰的边界。布列斯特和约恢复了对苏维埃俄国极其不利而对德国有利的1904年的关税税率。1918年8月27日在柏林签订了俄德财政协定,规定俄国必须以各种形式向德国交付60亿马克的赔款。布列斯特和约是当时刚建立的苏维埃政权为了摆脱帝国主义战争,集中力量巩固十月革命取得的胜利而实行的一种革命的妥协。这个和约的签订,虽然使苏维埃俄国受到割地赔款的巨大损失,但是没有触动十月革命的根本成果,并为年轻的苏维埃共和国赢得了和平喘息时机去巩固无产阶级专政,整顿国家经济和建立正规红军,为后来击溃白卫军和帝国主义的武装干涉创造了条件。1918年德国十一月革命推翻了威廉二世的政权。1918年11月13日,全俄中央执行委员会宣布废除布列斯特和约。——11。

12 指1918年6月28日批准的《人民委员会关于大工业国有化的法令》。该法令于6月30日在《全俄中央执行委员会消息报》第134号上公布。根据这项法令,所有大工业企业一律收归国有。由于执行这项法令,到1918年8月31日,国有化企业已达3 000多个。这项法令还宣布所有私营铁路及公用事业都收归国有。——11。

13 立宪会议是议会式机关。召开立宪会议的要求是十二月党人最早提出的,以后在反对沙皇专制制度的斗争中得到了广泛的传播。俄国社会民主工党1903年纲领也列入了这项要求。俄国资产阶级临时政府在1917年3月2日(15日)曾宣布要召开立宪会议,但一直拖延选举的准备工作。在六月危机的影响下,不得不于6月14日(27日)宣布立宪会议选举定于9月17日(30日)举行。8月9日(22日),临时政府又把立宪会议选举日期推延到11月12日(25日)。十月革命后,布尔什维克党采取让小资产阶级群众通过自身经验来消除资产阶级立宪幻想的方针。1917年10月27日(11月9日),人民委员会认可了上述立宪会议选举日期。选举于11—12月举行,在某些边远地区于1918年1月举行。社会革命党在选举中得到了多数席位。反革命势力提出了"全部政权归立宪会议!"的口号来反对苏维埃政权。虽然如此,布尔什维克党仍决定召开立宪会议。1918年1月5日(18日),立宪会议在彼得格勒塔夫利达宫开幕。以维·米·切尔诺夫为首的社会革命党中派在会上占优势。立宪会议的反革命多数派拒绝讨论全俄中央执行委员会提出的《被剥削劳动人民权利宣言》,不承认全俄工兵代表苏维埃第二次代表大会通过的苏维埃政权的法令。布尔什维克党团当即退出了会议。随后，左派社会革命党人和一部分穆斯林代表也退出了会议。全俄中央执行委员会于1918年1月6日(19日)通过法令，解散了立宪会议。——14。

14 省苏维埃主席会议于1918年7月30日—8月1日在莫斯科举行。出席会议的有122名代表，其中共产党员120名。会议听取并讨论了俄罗斯联邦内务人民委员格·伊·彼得罗夫斯基所作的关于内务人民委员部的工作和当前任务的报告以及关于组织地方苏维埃的工作，关于苏维埃民兵的性质、任务和组织形式，关于住房及其他问题等报告。会议在自己的决定中要求改善苏维埃机关的工作，强调指出苏维埃机关各部门必须协调一致，必须与中央密切联系并严格按照宪法办事。大会号召共和国的工人和农民拿起武器保卫社会主义祖国。——17。

15 指全俄苏维埃第五次代表大会批准的俄罗斯社会主义联邦苏维埃共和国宪法(根本法)。

制定俄罗斯联邦宪法草案的决定是1918年1月全俄苏维埃第三次代表大会通过的。1918年4月1日，全俄中央执行委员会成立了由雅·米·斯维尔德洛夫任主席的宪法委员会，负责起草工作。以列宁为首的俄共(布)中央特设委员会负责宪法草案的最后定稿工作。7月3日，这个委员会在列宁主持下审查了宪法委员会起草的草案和司法人民委员部起草的另一个草案，决定以前者为基础，而以后者的某些论点加以补充。另外，根据列宁的建议，将《被剥削劳动人民权利宣言》作为引言列入宪法，补充了在苏维埃共和国内各民族和种族一律平等的条款，拟定了关于在苏俄领土上以劳动为生的外国人的政治权利和关于给予因政治和宗教信仰受迫害的外国人以避难权的条款。草案经代表大会成立的委员会修改和补充，最后于7月10日为代表大会通过。7月19日，宪法在《全俄中央执行委员会消息报》上公布，自公布之日起生效。——18。

16 这是列宁于1918年8月1日在华沙革命团军人大会上发表的讲话。这次大会是在该团从莫斯科开赴前线的前夕举行的。华沙革命团由波兰志愿人员组成，共有16 000人，曾多次参加抗击白卫军的战斗。——20。

17　1918年8月2日，莫斯科各区都以"苏维埃共和国在危急中"为主题举行了群众大会。这是列宁在布特尔区群众大会上的讲话。

　　　俄共（布）莫斯科委员会当时规定每星期五在各区举行工人和红军战士大会。根据列宁的建议，中央委员和党的负责工作人员经常在这种群众大会上讲话。列宁以身作则，有时一天讲三四次。列宁非常注意工人大会的情绪，留心听众向报告人提出的问题和建议。——23。

18　金雨出自古希腊神话中宙斯化做金雨同被幽禁的阿耳戈斯国公主达那厄相会的故事，后来常被用来形容大量的意外之财。列宁文中所说的"期待着降下俄国的金雨"，意为期待着俄国地主和资产阶级突然有一天给予大量的金钱。——23。

19　这是列宁在霍登卡对即将开赴前线的红军战士发表的讲话。讲话持续了25—30分钟。霍登卡就是现在莫斯科的十月广场。——26。

20　《关于粮食问题的提纲》是列宁在国家粮食情况最严重、抗击外国武装干涉和国内反革命势力最紧张的时刻写的。

　　　根据列宁的提纲制定了下列关于粮食问题的文件：《关于吸收工人组织参加粮食收购工作的法令》、《关于收割队和收割征购队的法令》、《关于铁路和水路稽查征购队条例》、《关于产粮区实行义务商品交换的法令》、《关于对1918年收获的粮食实行固定价格的决定》和人民委员会告全体劳动者书——《为粮食而斗争》。这6个文件于1918年8月3、4、5、6日在人民委员会会议上讨论通过，公布于8月6日和8日的《全俄中央执行委员会消息报》。

　　　关于《提纲》第8条谈到的实行实物税的问题，稍晚一些也制定了法令，由人民委员会于1918年10月26日通过（见注49）。——27。

21　关于俄罗斯联邦高等学校招生规则的法令取消了高等学校招生的种种限制，使所有年满16周岁志愿升入高等学校的人都有可能入学，这就可能造成入学学生超过定额的现象。针对这种情况，列宁起草了这个

决定,并由人民委员会于1918年8月2日批准。决定和法令都发表于
8月6日《全俄中央执行委员会消息报》。——30。

22 列宁的这封信是针对1918年7月31日叶列茨《苏维埃报》关于左派社
会革命党叶列茨组织开会情况的报道而写的。俄共(布)叶列茨组织的
代表K.格罗德涅尔专程来到莫斯科,把载有这篇报道的报纸交给列
宁,请他对报道中谈到的左派社会革命党人克留柯夫的发言予以澄清
和驳斥。8月11日,《苏维埃报》在发表列宁这封信的同时,还发表了
格罗德涅尔的声明,其中说,根据他同雅·米·斯维尔德洛夫、瓦·
亚·阿瓦涅索夫和弗·德·邦契-布鲁耶维奇的谈话,这三位同志根本
没有说过克留柯夫强加给他们的那些话。

　　信中提到的叶列茨报是指奥廖尔省叶列茨县执行委员会的机关报
《苏维埃报》;该报于1918年5月16日—1919年3月2日出版。
——31。

23 指1917年10月26日(11月8日)全俄苏维埃第二次代表大会通过的
土地法令。法令废除了土地私有制并宣布土地国有。作为这个法令组
成部分的农民委托书则规定,土地应当平均使用,"按劳动土地份额或
消费土地份额"在劳动者之间进行分配。1918年初,苏维埃政权在土
地法令的基础上制定了土地社会化基本法,1月27日(2月9日)由全
俄中央执行委员会会议通过,2月6日(19日)在报上公布。这一法令
重申废除一切土地私有制,规定平均使用土地。列宁对土地国有化及
平均使用土地的分析见本卷第308—317页。——32。

24 立宪民主党人是俄国自由主义君主派资产阶级的主要政党立宪民主党
的成员。立宪民主党(正式名称为人民自由党)于1905年10月成立。
中央委员中多数是资产阶级知识分子、地方自治人士和自由派地主。
主要活动家有帕·尼·米留可夫、谢·安·穆罗姆采夫、瓦·阿·马克
拉柯夫、安·伊·盛加略夫、彼·伯·司徒卢威、约·弗·盖森等。立
宪民主党提出一条与革命道路相对抗的和平的宪政发展道路,主张俄
国实行立宪君主制和资产阶级的自由。在土地问题上,主张将国家、皇
室、皇族和寺院的土地分给无地和少地的农民;私有土地部分地转让,

并且按"公平"价格给予补偿;解决土地问题的土地委员会由同等数量的地主和农民组成,并由官员充当他们之间的调解人。1906年春,曾同政府进行参加内阁的秘密谈判,后来在国家杜马中自命为"负责任的反对派"。第一次世界大战期间,支持沙皇政府的掠夺政策,曾同十月党等反动政党组成"进步同盟",要求成立责任内阁,即为资产阶级和地主所信任的政府,力图阻止革命并把战争进行到最后胜利。二月革命后,立宪民主党在资产阶级临时政府中居于领导地位,竭力阻挠土地问题、民族问题等基本问题的解决,并奉行继续帝国主义战争的政策。七月事变后,支持科尔尼洛夫叛乱,阴谋建立军事独裁。十月革命胜利后,苏维埃政府于1917年11月28日(12月11日)宣布立宪民主党为"人民公敌的党"。该党随之转入地下,继续进行反革命活动,并参与白卫将军的武装叛乱。国内战争结束后,该党上层分子大多数逃亡国外。1921年5月,该党在巴黎召开代表大会时分裂,作为统一的党不复存在。——35。

25 指捷克斯洛伐克军盘踞的城市和地区。在这些地方,有孟什维克和社会革命党人参加的白卫政府野蛮地迫害劳动人民。——35。

26 指人民委员会1918年8月6日《关于对1918年收获的粮食实行固定价格的决定》。根据这项决定,粮食收购价格提高了两倍。提高收购价格的问题是列宁在他8月2日写的《关于粮食问题的提纲》(见本卷第27—29页)中提出来的。人民委员会的决定公布于1918年8月8日《全俄中央执行委员会消息报》。——37。

27 1918年8月9日(星期五)这一天,莫斯科的13个区都举行了群众大会。大会主题是"世界大厮杀的第五年"。这是列宁在索科利尼基区群众大会上的讲话。同日他还在罗戈日区群众大会上讲了话。——39。

28 列宁起草这份电稿,是因为从各地获悉,有些苏维埃机关和党的机关歪曲了共产党和苏维埃政府组织贫苦农民委员会的路线,如一些地方把组织贫委会的口号错误地解释为贫苦农民应当同所有其他的农民——不仅同明显的富农,而且同人数众多的中农——对立起来;不吸收中农参加贫委会的选举,甚至有些贫委会不是选出的,而是乡苏维埃任命的。这份电稿是经列宁和粮食人民委员亚·德·瞿鲁巴签署后于1918年8月17日发给各省苏维埃和粮食委员会的电报的基础。电报刊登于8月18日《全俄中央执行委员会消息报》。——44。

29　指人民委员会1918年8月6日关于提高粮食固定收购价格的决定(见注26)和《关于给农业供应生产工具和金属的法令》。后一文件的草案提交人民委员会批准时由列宁作了补充(见本版全集第34卷第222页),它的最后文本于1918年4月24日由人民委员会通过,公布于4月27日《全俄中央执行委员会消息报》。——44。

30　鉴于俄共(布)需要从先进的最有觉悟的那一部分劳动人民中吸收新的力量,1918年8月16日在俄共(布)莫斯科委员会会议上,根据列宁的倡议,提出了组织同情者小组的问题。列宁在讨论中曾两次发言。根据他的建议,会议决定着手建立同情者小组并制定该组织的章程。8月22日,《真理报》和《全俄中央执行委员会消息报》刊登了俄共(布)莫斯科委员会执行委员会通过的同情者组织章程。章程规定了参加同情者小组的手续以及小组组员的权利和义务。8月31日,俄共(布)莫斯科市代表会议批准了这一章程。同情者小组的建立加强了党与群众的联系,吸引了更广泛的劳动群众参与国家的政治生活。后来,由同情者小组形成了预备党员制度。——45。

31　列宁《给美国工人的信》由当时刚从美国回来的布尔什维克米·马·鲍罗廷负责设法送出。在外国武装干涉和资本主义各国对苏维埃俄国实行封锁的情况下,要完成这一任务,必须克服许多困难。把信送到美国的任务是由Π.И.特拉温(斯列托夫)完成的。随信带去的还有《俄罗斯社会主义联邦苏维埃共和国宪法》和苏维埃政府致威尔逊总统的要求停止干涉的照会。美国一些报纸刊登了宪法和照会。

　　《给美国工人的信》的英译文(略有删节)于1918年12月发表在美国社会党左翼的两个机关刊物——在纽约出版的《阶级斗争》杂志和在约翰·里德、片山潜参与下在波士顿出版的《革命时代》周刊上。由于很受读者欢迎,这封信曾作为《阶级斗争》杂志的单印材料大量出版,后来又多次在美国和西欧各国的社会党报刊和资产阶级报刊上发表。1934 年在纽约出版了这封信的全文单行本。——47。

32 1898 年 4 月,重新瓜分殖民地的第一次帝国主义战争——美西战争爆发。起初,美帝国主义诡称支持菲律宾人民反对西班牙殖民统治的起义,答应在菲律宾群岛解放后保证菲律宾的独立。可是,在 1898 年夏秋之间,当菲律宾起义军几乎解放了整个群岛并宣布成立菲律宾共和国时,美帝国主义者却派兵在菲律宾登陆,占领了马尼拉,并于 12 月 10 日与西班牙签订和约,以 2 000 万美元的代价把菲律宾夺到自己手中。1899 年 2 月 4 日,美军指挥部对菲律宾共和国开始采取军事行动,挑起了美菲战争。美帝国主义用军事进攻和政治分化的两手,扼杀了菲律宾的民族解放斗争,把菲律宾变成了它的殖民地。——48。

33 尼·加·车尔尼雪夫斯基在对美国经济学家亨·查·凯里《就政治经济问题致美利坚合众国总统的信》的评论中说:"历史道路并不是涅瓦大街的人行道;它全然是在旷野上穿行,时而尘土飞扬,时而泥泞不堪,时而经过沼泽,时而穿过密林。谁怕沾上尘土和弄脏靴子,他就不要从事社会活动。"(参看《尼·加·车尔尼雪夫斯基全集》1950 年俄文版第 7 卷第 923 页)——55。

34 套中人是俄国作家安·巴·契诃夫的同名小说的主人公别利科夫的绰号。此人对一切变动担惊害怕,忧心忡忡,一天到晚总想用一个套子把自己严严实实地包起来。后被喻为因循守旧、害怕变革的典型。——56。

35 《向理智呼吁报》(«Appeal to Reason»)是美国社会党人的报纸,1895 年在美国堪萨斯州吉拉德市创刊。该报宣传社会主义思想,很受工人欢迎。第一次世界大战期间,该报采取国际主义立场。

列宁提到的尤·德布兹的文章是 1915 年 9 月 11 日在该报发表的,文章的标题应是《何时我会去作战》。——57。

36 指英、法等国资产阶级革命中也曾对封建主实行恐怖。1649 年 1 月 30

日,英国国王查理一世在白厅前广场上被当众处决。1793 年 1 月 21
日,法国国王路易十六被送上了断头台。——58。

37 密纳发从丘必特的脑袋里钻出来一语源于古罗马的神话传说。密纳发
是罗马神话中的智慧女神,相当于希腊神话中的雅典娜;丘必特是罗马
神话中的最高天神,相当于希腊神话中的宙斯。据古罗马神话故事,密
纳发从丘必特脑袋里一生下来,就身着盔甲,手执长矛,全副武装。后
来,人们常用"像密纳发从丘必特脑袋里钻出来一样"来比喻某人或某
事从一开始就完美无缺。——61。

38 这个决定草案略加修改后,在人民委员会 1918 年 8 月 22 日会议上通
过。——64。

39 人民委员会这个决定的第 1 条公布于 1918 年 8 月 23 日《全俄中央执
行委员会消息报》。——65。

40 这是列宁在莫斯科戈罗德区综合技术博物馆群众大会上发表的讲话。
这一天各区群众大会的主题是:"共产党人(布尔什维克)为什么而奋
斗"。——66。

41 1917 年春天和夏天,法国军队中广泛展开了反对继续进行帝国主义战
争的运动。据官方统计,运动遍及 75 个步兵团,23 个步兵营,12 个炮
兵团。

俄国二月革命的胜利对法国人民群众的反战运动有很大影响。二
月革命后,1916 年被沙皇政府派到法国的俄军成立了士兵代表苏维
埃,监督指挥部的活动。大多数士兵拒绝作战,要求临时政府调他们回
国。他们的范例对法国士兵起了感染作用。法国士兵们纷纷举行集
会,要求改善他们的处境和停止帝国主义战争,实现没有兼并和赔款的
和平,并要求把那些宣传必须战到最后的众议员、参议员和新闻记者送
到前线去。有些地方还发生了士兵暴动。法国政府在社会沙文主义者
和无政府工团主义者首领的帮助下,镇压了军队中的革命运动。事件
平息后,法国内政部长让·路易·马尔威以对"失败主义者"斗争不力

的罪名受到法庭审判。——69。

42　指与俄国保安机关有联系的格·阿·加邦神父怀着挑衅的目的,建议
工人于1905年1月9日列队前往冬宫向沙皇呈递请愿书。在请愿那
天,沙皇命令军队对手无寸铁的工人和他们的妻子儿女开枪,结果有
1 000多人被打死,2 000多人受伤。沙皇的暴行引起了工人的极大愤
怒,当天彼得堡街头就出现了街垒,工人同军警发生了武装冲突。1月
9日成了1905—1907年第一次俄国革命的起点。——70。

43　这是列宁在全俄教育工作第一次代表大会第三天会议上的讲话。本卷
《附录》收有这篇讲话的提纲。
　　全俄教育工作第一次代表大会于1918年8月26日—9月4日在
莫斯科高等女子学校(今莫斯科国立列宁师范学院)举行。参加大会的
有各地国民教育局的代表、教师代表和各文化教育组织工作人员的代
表700多人。列宁当选为大会名誉主席。阿·瓦·卢那察尔斯基在会
上作了关于教育人民委员部的工作报告。大会还听取了其他一些关于
教育问题的报告。——75。

44　人民委员会关于各人民委员部的工作报告的决定,于1918年8月29
日在人民委员会会议上通过。决定看来是列宁在这次会议上起草的。
——79。

45　这是列宁在莫斯科巴斯曼区于加夫利科夫广场粮食交易所举行的群众
大会上的讲话。当天各区群众大会的主题是"两种政权(无产阶级专政
和资产阶级专政)"。——82。

46　列宁在巴斯曼区群众大会上讲话之后,立即到莫斯科河南岸区原米歇
尔逊工厂参加另一个群众大会,并发表了同样主题的讲话。
　　傍晚7时30分,列宁讲完话离开该厂时,在工厂院内遭到了社会
革命党恐怖分子范·卡普兰的枪击,中了两颗毒头子弹,身负重伤。列
宁遇刺的消息激起了全国劳动人民对阶级敌人的极大愤怒。他们要求
严惩恐怖分子,无情镇压反革命势力,同时更加紧密地团结在共产党和

苏维埃政府的周围,加强了对前线的支援。

1918年9月4日,《全俄中央执行委员会消息报》发表通告:根据全俄肃反委员会的决定,已将恐怖分子卡普兰枪决。——84。

47 列宁的电报是对红军战士发来的慰问电的答复。1918年9月12日,红军部队在米·尼·图哈切夫斯基指挥下从白卫军和捷克斯洛伐克军手中解放了辛比尔斯克。红军战士随即召开大会,通过如下致列宁的慰问电:"亲爱的弗拉基米尔·伊里奇!收复您的故乡,这是为您所受的一处伤而对敌人的回答,为了您所受的另一处伤,我们要收复萨马拉!"列宁的复电曾在彼得格勒红军战士和工人大会上宣读。——88。

48 这是列宁对无产阶级文化教育组织第一次代表会议主席团给他的致敬信的答复。

全俄无产阶级文化教育组织第一次代表会议于1918年9月15—20日在莫斯科举行,有330名代表出席。在会上发言和作报告的有:娜·康·克鲁普斯卡娅、米·尼·波克罗夫斯基以及无产阶级文化协会的领导人亚·亚·波格丹诺夫、帕·伊·列别捷夫-波良斯基、费·伊·加里宁等。代表会议的各项决议反映了无产阶级文化协会领导人的错误观点:企图摆脱群众性文化教育工作的任务,力图在脱离生活、脱离广大劳动群众的情况下建立一种与先前的文化毫无联系的特殊的"无产阶级文化"等等。列宁的信在9月19日的会议上宣读。信中针对无产阶级文化协会的缺点,指出了协会面临的政治任务。——89。

49 实行实物税的问题是列宁在他1918年8月2日写的《关于粮食问题的提纲》(见本卷第27—29页)中提出来的。9月4日和21日,人民委员会两次开会讨论了关于对农户征收实物税的法令草案。看来,列宁在9月21日的会议上拟了《法令的基本原则》,写了对法令草案的意见。这次会议决定由专门委员会根据列宁提出的原则,对法令草案进行修改。法令的定稿文本于10月26日经人民委员会通过,10月31日由全俄中央执行委员会批准,公布于1918年11月14日《全俄中央执行委员会消息报》。外国武装干涉和国内战争的进一步扩大,要求集中全部人力物力来保卫共和国并实行余粮收集制和其他非常措施,因而阻碍

了实物税的实行。1921年春,随着国内战争结束和开始向和平经济建
设过渡,俄共(布)第十次代表大会通过了新经济政策,决定以粮食税代
替余粮收集制。在粮食税中,列宁1918年制定的实物所得税原则得到
了全面发展和实际体现。列宁在俄共(布)第十次代表大会所作的中央
委员会政治工作报告中曾经谈到1918年10月通过的关于实物税的法
令(见本版全集第41卷第22页)。——95。

50　《土地社会化基本法》第12条规定:"在劳动者之间分配土地,应按平均
使用土地原则和劳动原则进行,使消费土地份额和劳动土地份额适应
当地历史上形成的土地使用制度,既不超出每个农户现有人口的劳动
能力,又使每个农家都能得到温饱。"该法令第17条规定:"因较好地块
的自然肥力以及因这些地块离销售市场较近而获得的额外收入,应由
苏维埃政权机关支配,用以满足社会需要。"(见《苏维埃政权法令汇编》
1957年俄文版第1卷第408—409页)——95。

51　1918年10月3日全俄中央执行委员会、莫斯科苏维埃联席会议(有工
厂委员会代表和工会代表参加)是由于德国发生政治危机而由列宁提
议召开的。列宁的信曾在会上宣读。信的基本论点写进了会议通过的
决议。——98。

52　《社会主义评论》杂志(《The Socialist Review》)是英国独立工党的机关
刊物(月刊),1908—1934年在伦敦出版。第一次世界大战期间,该杂
志的编辑和撰稿人有拉·麦克唐纳、菲·斯诺登、阿·李等。——102。

53　费边派是1884年成立的英国改良主义组织费边社的成员,多为资产阶
级知识分子,代表人物有悉·韦伯、比·韦伯、拉·麦克唐纳、肖伯纳、
赫·威尔斯等。费边·马克西姆是古罗马统帅,以在第二次布匿战争
(公元前218—前201年)中采取回避决战的缓进待机策略著称。费边
社即以此人名字命名。费边派虽然认为社会主义是经济发展的必然结
果,但只承认演进的发展道路。他们反对马克思主义的阶级斗争和无
产阶级革命学说,鼓吹通过细微的改良来逐渐改造社会,宣扬所谓"地
方公有社会主义"(又译"市政社会主义")。1900年费边社加入工党

（当时称工人代表委员会），但仍保留自己的组织。在工党中，它一直起制定纲领原则和策略原则的思想中心的作用。第一次世界大战期间，费边派采取社会沙文主义立场。关于费边派，参看列宁《社会民主党在1905—1907年俄国第一次革命中的土地纲领》第4章第7节和《英国的和平主义和英国的不爱理论》（本版全集第16卷和第26卷）。——104。

54 独立党人是英国改良主义政党独立工党的成员。该党于1893年1月成立，领导人有基·哈第、拉·麦克唐纳、菲·斯诺登等。党员主要是一些新、旧工联的成员以及受费边派影响的知识分子和小资产阶级分子。独立工党从建党时起就采取资产阶级改良主义立场，把主要注意力放在议会斗争和同自由主义政党进行议会交易上。1900年，该党作为集体党员加入英国工党。在第一次世界大战期间，独立工党领袖采取资产阶级和平主义立场。1932年7月独立工党代表会议决定退出英国工党。1935年该党左翼成员加入英国共产党，1947年许多成员加入英国工党，独立工党不再是英国政治生活中一支引人注目的力量。——104。

55 齐美尔瓦尔德派是指1915年9月5—8日在齐美尔瓦尔德举行的国际社会党第一次代表会议（见注128）上建立的联盟的参加者。在联盟内部，以布尔什维克为首的齐美尔瓦尔德左派同占多数的考茨基中派（即齐美尔瓦尔德右派）不断进行斗争。中派力求同社会沙文主义者调和并恢复第二国际。齐美尔瓦尔德左派则要求同社会沙文主义者决裂，进行反对帝国主义战争的革命斗争，建立新的革命的无产阶级的国际。在1916年国际社会党第二次代表会议（昆塔尔会议）以后，齐美尔瓦尔德右派转到公开的社会沙文主义的立场。因此，列宁号召齐美尔瓦尔德左派的拥护者坚决同齐美尔瓦尔德联盟决裂，成立新的真正革命的国际主义者联盟——共产国际，并为此而采取实际的措施。

　　1917年9月5—12日，在斯德哥尔摩召开了齐美尔瓦尔德第三次代表会议。瓦·瓦·沃罗夫斯基代表俄国社会民主工党（布）中央委员会、中央委员会国外局和波兰社会民主党发言，要求代表会议表明对俄国孟什维克的态度,指出孟什维克作为齐美尔瓦尔德联盟的成员,派代表参加了俄国卡芬雅克式的人物亚·费·克伦斯基的政府,应对这个政府在军队中实行死刑、在前线发动六月进攻、摧残布尔什维克报纸、镇压七月示威游行、逮捕布尔什维克党的活动家等等负完全责任。一些代表对与会的布尔什维克表示支持,但是以胡·哈阿兹为首的多数派借口对俄国情况不熟悉,拒绝就这个问题作出决定。代表会议的复杂成分决定了它的各项决议的妥协性质。齐美尔瓦尔德第三次代表会议完全证实了列宁关于齐美尔瓦尔德联盟已经破产、必须立即同它决裂并成立第三国际即共产国际的结论。

1919年3月举行的共产国际第一次代表大会(见注201),根据以列宁为首的一批前齐美尔瓦尔德联盟参加者的建议,作出了认为齐美尔瓦尔德联盟已经解散的决定。——108。

56 列宁的意见是针对粮食人民委员部的提案写的。粮食人民委员部在人民委员会1918年10月15日会议上提出一个关于拨给贫苦农民委员会经费4 000万卢布的提案。经费大概是6个月的,每月按650万卢布计算。鉴于贫委会不久将与苏维埃合并,列宁建议只拨给1 300万卢布,大概是两个月的经费("$2\times6^1/_2=13$")。人民委员会采纳了他的这个意见。列宁的其他建议也写进了人民委员会的决定(见《苏维埃政权法令汇编》1961年俄文版第3卷第593—595页)。——112。

57 列宁的意见是在1918年10月15日人民委员会讨论最高国民经济委员会森林采伐"三人小组"的报告时写的。列宁提出的所有建议都写进了人民委员会就这个问题通过的决定。人民委员会为森林采伐拨款1亿卢布,要求一周后汇报这笔款项的支出情况,同时建议"三人小组"也在一周后就列宁列出的问题提出更具体的材料。——113。

58 这是有关1918年10月22日全俄中央执行委员会、莫斯科苏维埃、工厂委员会和工会联席会议的两个文献。这次联席会议在工会大厦圆柱大厅举行,列入会议议程的有国际形势问题、召开全俄苏维埃第六次(非常)代表大会的问题以及出席这次会议的300名同志上前线的问题。列宁在会上作了关于国际形势的报告,这是他康复以后第一次作报告。彼·格·斯米多维奇和雅·米·斯维尔德洛夫向行将奔赴前线的同志们致欢送词。会议通过了列宁起草的决议,还通过了召开全俄苏维埃第六次(非常)代表大会的决定,批准了代表大会的议程。

本卷《附录》收入了列宁写的报告提纲和决议草案草稿。——114。

59 德国独立社会民主党是中派政党,1917年4月在哥达成立。代表人物是卡·考茨基、胡·哈阿兹、鲁·希法亭、格·累德堡等。基本核心是中派组织"工作小组"。该党以中派言词作掩护,宣传同公开的社会沙文主义者"团结",放弃阶级斗争。1917年4月—1918年底,斯巴达克派曾参加该党,但保持组织上和政治上的独立,继续进行秘密工作,并帮助工人党员摆脱中派领袖的影响。1920年10月,德国独立社会民主党在该党哈雷代表大会上发生了分裂,很大一部分党员于1920年12月同德国共产党合并。右派分子单独成立了一个党,仍称德国独立社会民主党,存在到1922年。——115。

60 意大利社会党于1892年8月在热那亚代表大会上成立,最初叫意大利劳动党,1893年改称意大利劳动社会党,1895年开始称意大利社会党。从该党成立起,党内的革命派就同机会主义派进行着尖锐的思想斗争。1912年在艾米利亚雷焦代表大会上,改良主义分子伊·博诺米、莱·比索拉蒂等被开除出党。从第一次世界大战爆发到1915年5月意大利参战,意大利社会党一直反对战争,提出"反对战争,赞成中立!"的口号。1914年12月,拥护资产阶级帝国主义政策、主张战争的叛徒集团(贝·墨索里尼等)被开除出党。意大利社会党人曾于1914年同瑞士社会党人一起在卢加诺召开联合代表会议,并积极参加齐美尔瓦尔德(1915年)和昆塔尔(1916年)国际社会党代表会议。但是,意大利社会党基本上采取中派立场。1916年底意大利社会党在党内改良派的影响下走上了社会和平主义的道路。俄国十月社会主义革命胜利后,意大利社会党内的左翼力量增强。1919年10月5—8日在波伦亚举行的意大利社会党第十六次代表大会通过了加入共产国际的决议,该党代表参加了共产国际第二次代表大会的工作。1921年1月15—21日在里窝那举行的第十七次代表大会上,处于多数地位的中派拒绝同改良派决裂,拒绝完全承认加入共产国际的 21 项条件;该党左翼代表于 21 日退出代表大会并建立了意大利共产党。——116。

61　指 1918 年 10 月 6—11 日在巴黎召开的法国社会党代表大会。该党领袖之一让·龙格在会上宣读了法国驻俄国军事使团成员雅·沙杜尔上尉致罗曼·罗兰的一封信,沙杜尔在信中谴责了协约国各国反对俄国革命的行径。——116。

62　指英国社会党、社会主义工人党和独立工党这三个英国政党。

英国社会党是由英国社会民主党和其他一些社会主义团体合并组成的,1911 年在曼彻斯特成立。英国社会党是马克思主义的政治组织,但是由于带有宗派倾向,并且党员人数不多,因此未能在群众中展开广泛的宣传活动。第一次世界大战前夕和大战期间,在党内国际主义派(威·加拉赫、约·马克林、阿·英克平、费·罗特施坦等)同以亨·海德门为首的社会沙文主义派之间展开了激烈的斗争。但是在国际主义派内部也有一些不彻底分子,他们在一系列问题上采取中派立场。第一次世界大战爆发以后,1914 年 8 月 13 日,英国社会党的中央机关报《正义报》发表了题为《告联合王国工人》的爱国主义宣言。1916 年 2 月英国社会党的一部分活动家创办的《号召报》对团结国际主义派起了重要作用。1916 年 4 月在索尔福德召开的英国社会党年会上,以马克林、英克平为首的多数代表谴责了海德门及其追随者的立场,迫使他们退出了党。该党从 1916 年起是工党的集体党员。1919 年加入了共产国际。该党左翼是创建英国共产党的主要发起者。1920 年该党的绝大多数地方组织加入了英国共产党。

社会主义工人党是英国革命的马克思主义组织,1903 年由一部分脱离社会民主联盟的左派社会民主党人(主要是苏格兰人)在苏格兰建立。建党初期主要进行宣传活动,后来积极参加了罢工斗争。第一次世界大战期间,该党的许多党员大力进行反战的宣传鼓动。在组织车间代表委员会运动中,该党也起了很大作用。该党拥护十月革命,支持苏维埃俄国。在政治活动中,该党犯有宗派主义性质的错误,反对作为集体党员加入工党,曾受到列宁的批评(见本版全集第 39 卷《共产主义运动中的"左派"幼稚病》一文第 9 章)。社会主义工人党的先进党员阿·麦克马纳斯、托·贝尔等人积极参加了英国共产党的创建工作。

关于独立工党,见注 54。——116。

63 指 1918 年 10 月召开的西班牙工人第八次代表大会一致通过的关于向苏维埃共和国致贺的决议。——117。

64 《胜利报》(«La Victoire»)是法国社会党人古·爱尔威编辑的报纸(日报),1916 年初开始在巴黎出版。其前身是爱尔威从 1906 年起出版的《社会战争报》。《胜利报》在第一次世界大战期间采取露骨的社会沙文主义立场,敌视苏维埃俄国(该报俄国部由白俄流亡分子弗·李·布尔采夫领导),维护大工商业资产阶级的利益。——120。

65 大概是指德国东线部队中成立的军人革命委员会出版了《红色士兵报》。——123。

66 1918 年 11 月 8 日,全俄苏维埃第六次(非常)代表大会就司法人民委员德·伊·库尔斯基的报告通过了关于革命法制的决定。这项决定是根据经党中央委员会批准的列宁的提纲起草的。决定公布于 1918 年 11 月 10 日《真理报》。——131。

67 这是列宁 1918 年 11 月 6 日在全俄工会中央理事会和莫斯科工会理事会于莫斯科工会大厦圆柱大厅举行的十月革命一周年庆祝会上的讲话。在会上讲话的还有俄共(布)中央、全俄中央执行委员会、莫斯科工会理事会和其他组织的代表。《全俄中央执行委员会消息报》报道了列宁的讲话。——133。

68 这是列宁在全俄苏维埃第六次(非常)代表大会上分别就十月革命一周年和国际形势发表的两次讲话。本卷《附录》中收有列宁关于十月革命一周年讲话的提纲。

全俄工人、农民、哥萨克和红军代表苏维埃第六次(非常)代表大会于 1918 年 11 月 6—9 日在莫斯科大剧院举行。出席大会的代表共 1 296 人,有表决权的代表 963 人,其中共产党员 946 人,其他党派的成

员16人,无党派人士1人。列入大会议程的问题是:关于十月革命一
周年,关于国际形势,关于军事形势,关于中央苏维埃政权的建设以及
关于贫苦农民委员会和地方苏维埃。列宁在11月6日第一次会议上
发表了庆祝十月革命一周年的讲话。根据雅·米·斯维尔德洛夫的提
议,大会通过了致对苏维埃俄国作战的各国政府的呼吁书,建议它们开
始和谈。鉴于苏维埃政权趋于巩固和红军节节胜利,大会通过了关于
释放对苏维埃共和国不再构成危险的政治犯的特赦决定。

　　列宁在11月8日大会第二次会议上发表了关于国际形势的讲话。
大会一致批准了列宁起草的业经同年10月22日全俄中央执行委员
会、莫斯科苏维埃、工厂委员会和工会联席会议通过的决议(见本卷第
128—129页)。同一天,大会就司法人民委员德·伊·库尔斯基的报
告,通过了根据列宁的提纲(见本卷第130—131页)拟定的关于革命法
制的决定,号召全体公民、苏维埃政权机关和国家机关负责人员最严格
地遵守苏维埃国家的法律。在11月9日最后一次会议上,大会研究了
军事形势问题和苏维埃建设的问题,并通过了相应的决议。大会总结
了贫苦农民委员会的工作,决定委托贫苦农民委员会主持改选所有乡
苏维埃和村苏维埃。大会代表们听到德国爆发革命的消息无比兴奋,
对起义的德国工人、士兵和水兵表示声援。大会选出了由207名委员
和39名候补委员组成的新的全俄中央执行委员会。——136。

69　北方区域贫苦农民委员会代表大会于1918年11月3—6日在彼得格
勒举行。参加大会的有北方区域八省(阿尔汉格尔斯克、沃洛格达、诺
夫哥罗德、奥洛涅茨、彼得格勒、普斯科夫、北德维纳和切列波韦茨)和
其他一些省份的贫委会代表共15 000多名(一说18 000—20 000名)。
列入大会议程的有关于目前形势,关于贫苦农民委员会和地方苏维埃,
关于供应和分配,关于红军,关于农村教育和农村邮电等问题。大会通
过了关于成立贫苦农民模范团,关于贫委会同地方苏维埃合并,关于苏
维埃政权的粮食政策问题和关于国民教育的任务等决议。

　　列宁在谈到这次代表大会的意义时说:"这次代表大会表明,对农
村的内战的理解是正确的:贫苦农民正在联合起来,步调一致地同富
农、富人和寄生虫作斗争。"(见本卷第175页)——142。

70 指1918年11月5日由于德国政府与苏维埃俄国断绝外交关系而由列宁、雅·米·斯维尔德洛夫和外交人民委员格·瓦·契切林联名发出的给全体政治委员,军事领导人,集团军司令员,各级工人、农民和红军代表苏维埃的无线电报。这封无线电报发表于1918年11月6日《真理报》和《全俄中央执行委员会消息报》。——148。

71 指1918年11月4日《德国政府告德国人民书》。这个文件载于1918年11月5日《前进报》第305号。——152。

72 指沙皇尼古拉一世派军队镇压1848—1849年匈牙利资产阶级革命一事。匈牙利当时处在奥地利帝国(哈布斯堡王朝)统治之下,奥地利皇帝就身兼匈牙利国王。争取民族独立和反对封建制度的匈牙利革命以1848年3月15日佩斯起义为开端,得到全国广泛响应。1849年4月14日,在匈牙利革命军队战胜奥地利帝国的入侵军队之后,匈牙利议会通过了《独立宣言》,正式宣布成立匈牙利共和国。奥地利皇帝弗兰茨-约瑟夫一世于4月21日向俄国求援。5月,俄国干涉军14万人侵入了匈牙利。匈牙利革命受到两面夹击而遭到失败。8月13日,匈牙利军队向俄国干涉军司令伊·费·帕斯凯维奇投降。——158。

73 指沙皇军队镇压波兰1863—1864年起义一事。波兰的这次反对民族压迫和封建制度的起义席卷了波兰王国和立陶宛,并波及白俄罗斯和乌克兰部分地区。起义领导机构中央民族委员会同俄国革命组织土地和自由社中央委员会以及在伦敦的《钟声》杂志的出版人建立了联系。起义遭到沙皇政府的残酷镇压,数万名波兰爱国者被杀害、囚禁或流放西伯利亚。——158。

74 《泰晤士报》(《The Times》)是英国最有影响的资产阶级报纸(日报),1785年1月1日在伦敦创刊。原名《环球纪事日报》,1788年1月改称《泰晤士报》。——158。

75 指荷兰政府突然宣布拒绝已经首途赴任的俄罗斯联邦全权代表入境一事。——159。

76 《巴黎回声报》(《L'Echo de Paris》)是法国的一家资产阶级报纸，1884—1938 年在巴黎出版。——160。

77 《第三国际周报》(《Ⅲ-me Internationale》)是旅居苏维埃俄国的法国共产党人的报纸，1918 年 10 月 20 日在莫斯科创刊。参加该报工作的有雅·沙杜尔、伊·费·阿尔曼德(叶·布洛宁娜)等人。该报于 1919 年 3 月停刊。——161。

78 指沙皇政府和资产阶级临时政府欠英、法、美等国帝国主义者的债务。根据沙皇政府和临时政府签订的借约，俄国外债总额(包括外国向俄国工业的投资)超过 160 亿金卢布。全俄中央执行委员会于 1918 年 1 月 21 日(2 月 3 日)颁布法令，废除了沙皇政府和临时政府的一切外债。——161。

79 《曼彻斯特卫报》(《The Manchester Guardian》)是英国一家资产阶级报纸，1821 年在曼彻斯特创刊。19 世纪中叶起为自由党的机关报。起初是周报，从 1855 年起改为日报。

　　列宁下面引用的话出自 1918 年 10 月 23 日该报登载的《盟国与俄国》一文。——161。

80 士官生的暴动是指 1917 年 10 月 29 日(11 月 11 日)俄国军事学校学生在彼得格勒发动的反革命叛乱。这次叛乱由以尼·德·阿夫克森齐耶夫、阿·拉·郭茨为首的反革命组织"拯救祖国和革命委员会"领导，是克伦斯基—克拉斯诺夫叛乱的一部分。叛乱分子打算占领市电话局、彼得保罗要塞和斯莫尔尼宫，逮捕苏维埃政府和布尔什维克党的领导人。叛乱从这天凌晨开始。叛乱的指挥者、前彼得格勒军区司令格·彼·波尔科夫尼科夫上校自称"拯救军"司令，下令彼得格勒卫戍部队不得执行军事革命委员会的命令，要求逮捕军事革命委员会派去的政委。部分士官生部队占领了米哈伊洛夫练马场和电话局，在街头解除赤卫队和革命士兵的武装。但革命的彼得格勒卫戍部队拒绝支持叛乱。军事革命委员会发布了告首都居民的号召书，宣布彼得格勒特别戒严。当天下午 5 时左右，赤卫队和革命部队平定了叛乱。——169。

81　这是列宁在中部各省贫苦农民委员会代表会议上就贫苦农民在革命中的任务问题发表的讲话。

中部各省贫苦农民委员会代表会议是《贫苦农民报》编辑部召集的,在莫斯科商业学院(今普列汉诺夫国民经济学院)举行。出席会议的有来自莫斯科、图拉、奥廖尔、卡卢加、弗拉基米尔、特维尔、斯摩棱斯克、梁赞、下诺夫哥罗德、伊万诺沃-沃兹涅先斯克、辛比尔斯克、坦波夫、科斯特罗马、切尔尼戈夫等省的贫苦农民委员会的代表450多名。——170。

82　这是列宁在全俄女工第一次代表大会第四天会议上的讲话。

全俄女工第一次代表大会是俄共(布)中央召开的,1918年11月16—21日在莫斯科工会大厦举行。出席大会的有1 147名工厂代表和贫苦农民代表。列宁讲话以后,代表大会通过决议,表示苏维埃共和国的女工和农妇决不辜负苏维埃政府和劳动人民在建设新的共产主义生活方面对她们的期望。在大会和分组会上作报告和发表讲话的还有安·伊·乌里扬诺娃-叶利扎罗娃、维·巴·诺根、伊·费·阿尔曼德、亚·米·柯伦泰、康·尼·萨莫伊洛娃等。大会号召劳动妇女保卫苏维埃政权,并通过了关于发展各种形式的社会服务来改善妇女的处境、关于吸引妇女参加社会生活、关于教育子女、关于儿童劳动的保护等决议。大会建议各级党委设妇女工作委员会。——180。

83　1918年6月5日,《全俄中央执行委员会消息报》公布了人民委员会关于把各部门的学校和教育机构移交教育人民委员部管理的法令。同年11月19日,社会保障人民委员部在人民委员会会议上提出了儿童保育院仍归该人民委员部管理的法令草案(由安·伊·乌里扬诺娃-叶利扎罗娃作了说明)。在讨论这个问题时,列宁写了这里收载的决定草案,经会议稍加修改后通过。——183。

84　人民委员会1918年6月5日法令第3条要求成立由各有关部门和教育人民委员部代表组成的专门委员会,以便定出包括学前教育机构在内的各种教育机构和学校的移交期限和程序。——183。

85 组织居民供应工作的法令草案于 1918 年 11 月 12 日提交人民委员会会议讨论，11 月 21 日由人民委员会最后批准。列宁所作的补充写进了正式通过的法令文本。法令公布于 11 月 24 日《全俄中央执行委员会消息报》。

草案第 5 条所谈的合作社参加居民供应工作这个问题，当时还没有为所有粮食部门的负责干部所正确理解。列宁在 1918 年 11 月 26 日莫斯科中央工人合作社代表会议上的讲话和在 11 月 27 日莫斯科党的工作人员大会上关于无产阶级对小资产阶级民主派的态度的报告和总结发言(见本卷第 197—201、202—227 页)，都对这个问题作了解释。——184。

86 列宁是根据 1918 年 11 月 20 日《真理报》第 251 号引用皮季里姆·索罗金的信的。该号《真理报》把原来刊载这封信的报纸误称为《北德维纳执行委员会消息报》，实际上刊载这封信的北德维纳省执行委员会的机关报叫《农民和工人思想报》。——185。

87 指 1918 年 11 月 16 日莫斯科人民银行股东非常代表大会通过的反对将该行收归国有的决议。列宁在下面提到的他对股东代表大会代表团的声明也发表在最高国民经济委员会的《国民经济》杂志上。据该杂志报道，列宁说："苏维埃政权走上同合作社妥协的道路已经 8 个月了。苏维埃政权还从来没有同任何人实行过妥协，对合作社却破了例，因为苏维埃政权认为合作社很重要。苏维埃政权所以需要同合作社妥协，不仅因为合作社拥有组织得非常完善的经济机构，而且因为合作社代表着苏维埃政权也要依靠的中农群众。但是，苏维埃政权不能放弃国有化。如果合作社认为没有共事的可能，那么，这种状况是苏维埃政权所不能接受的。"(1918 年《国民经济》杂志第 12 期第 59 页)然而，代表大会实质上没有改变立场，它批准了建立中央信用协会的方案，而这个机构在为合作社提供资金和联合合作社方面比莫斯科人民银行管得更宽。根据人民委员会 1918 年 12 月 2 日的法令，莫斯科人民银行被收归国有，其全部资产和债务都转入俄罗斯联邦人民银行。莫斯科人民银行理事会改组为俄罗斯联邦人民银行中央管理局合作社部。——192。

88　向列宁致敬的大会由俄共(布)莫斯科委员会和普列斯尼亚区委员会主办,在阿尔斯影院(今莫斯科斯坦尼斯拉夫斯基话剧院)举行。会上听了两个报告:《列宁是俄国共产党的领袖》和《列宁是为第三国际而斗争的战士》。列宁讲话以后,同与会者一起观看了影片《莫斯科的十月革命庆典》。——194。

89　《人民意志报》(《Воля Народа》)是俄国社会革命党右翼的机关报(日报),1917年4月29日起在彼得格勒出版。参加编辑工作的有皮·亚·索罗金、叶·康·布列什柯-布列什柯夫斯卡娅等。1917年11月被查封后,曾以《意志报》、《自由的意志报》、《人民的意志报》、《国家意志报》、《独立意志报》等名称出版。1918年2月最终被查封。——194。

90　这是列宁在莫斯科苏维埃大厦阳台上向军事训练班学员发表的祝贺"红色军官日"的讲话。

　　"红色军官日"活动是全俄总参谋部军事训练局举办的,目的是引起广大劳动群众对培养和造就苏维埃指挥干部的工作的注意。1918年11月24日下午2时,在红场举行了军事训练班学员阅兵式,接受检阅的有苏维埃步兵指挥员第1和第2训练班、莫斯科河南岸区训练班、特维尔苏维埃骑兵第1训练班等单位。检阅结束后,学员们齐集苏维埃广场,听列宁讲话。当天晚上,在工会大厦、阿列克谢耶夫民众文化馆、商业学院和塔甘卡工人剧场举行了文艺晚会。雅·米·斯维尔德洛夫、尼·伊·波德沃伊斯基、尼·瓦·克雷连柯、亚·米·柯伦泰等负责人分别在这些晚会上讲了话。在彼得格勒、萨拉托夫、奥廖尔和特维尔也举行了"红色军官日"活动。——196。

91　这是列宁在莫斯科中央工人合作社代表会议上发表的关于合作社组织在社会主义经济体系中所起作用的讲话。

　　莫斯科中央工人合作社代表会议于1918年11月26—27日举行。会议听取并讨论了该社理事会和监事会的工作报告,听取了关于莫斯科粮食分配情况的报告,选举了新的理事会。尽管孟什维克和社会革命党人进行抗拒,这一届理事会是按照共产党党团提的名单选出的。——197。

92　指登载于1918年11月26日《真理报》第256号的孟什维克中央的宣言,该宣言号召掀起一个反对外国干预俄国革命的运动。孟什维克中央迫于苏维埃政权的成就和西欧革命运动的发展,不得不在评价协约国帝国主义者干涉苏维埃俄国方面作出"转变",同时却主张第二国际干预俄国革命。孟什维克领袖们在评价帝国主义国家赤裸裸的武装干涉方面的"转变"只是口头上的,事实上他们像过去一样是无产阶级专政的敌人,在国内各地区(乌克兰、高加索、乌拉尔、西伯利亚)实际支持外国帝国主义者和俄国白卫分子反对苏维埃共和国的政策。列宁在他写的全俄中央执行委员会《关于查封破坏国防的孟什维克报纸》的决议草案(见本卷第475—476页)和其他著作中,批判了孟什维克这一时期的立场。——199。

93　指人民委员会于1918年4月通过关于消费合作社的法令一事。1917年12月底,列宁在芬兰度假期间写了《关于消费公社的法令草案》(见本版全集第33卷)。粮食人民委员部根据这个草案拟了一个详细的法令草案,由粮食人民委员亚·格·施利希特尔签署,公布于1918年1月19日(2月1日)《中央执行委员会消息报》第14号。草案遭到了资产阶级合作社工作者的激烈反对,他们坚持合作社应该完全独立,不受苏维埃机关领导。人民委员会为了利用现有的合作社机构来开展商业工作和搞好对居民的粮食分配,不得不对合作社工作者作了一些让步。1918年3—4月间,最高国民经济委员会、合作社和粮食组织三方代表举行谈判,重新制定了法令草案。4月9日和10日,草案提交人民委员会讨论,经列宁作了补充和修改后通过。法令的第11、12、13条完全是列宁写的。4月11日,全俄中央执行委员会批准了这个法令,同时通过了布尔什维克党团提出的决议,指出关于消费合作社的法令是妥协的产物,有一些重大缺点,因而是作为过渡性措施通过的。法令公布于4月13日《真理报》第71号和4月16日《全俄中央执行委员会消息

报》第75号。列宁在《苏维埃政权的当前任务》一文中对这个法令作了
评价(见本版全集第34卷第167—168页)。——200。

94 1918年,俄共(布)中央经常召开党的积极分子大会以讨论当前政策中
的重大问题。由于当年秋季小资产阶级民主派转向了苏维埃政权方
面,11月27日莫斯科党的工作人员大会讨论了关于无产阶级对待小
资产阶级民主派的态度问题。列宁就这个问题在会上作了报告,并在
讨论结束后作了总结发言。——202。

95 这里很可能是指由于美国公使进行了要挟,瑞士政府将以扬·安·别
尔津为首的俄罗斯联邦全权代表处全体人员驱逐出瑞士一事。《真理
报》、《全俄中央执行委员会消息报》(1918年11月13日和20日)都报
道了这件事。别尔津在全俄中央执行委员会1918年11月25日会议
上所作的关于俄罗斯联邦驻瑞士全权代表处的工作报告中也谈到了这
件事。

　　列宁在下面谈到的关于荷兰政府拒绝俄罗斯联邦全权代表入境一
事,见注75。——211。

96 积极派是指以米·伊·李伯尔、亚·尼·波特列索夫、谢·拉·瓦因施
泰因等为首的一批孟什维克,他们极端敌视布尔什维克党,从十月社会
主义革命起就开始采取武装斗争的手段反对苏维埃政权。他们加入各
种反革命阴谋组织,支持反革命将军拉·格·科尔尼洛夫、阿·马·卡
列金以及反革命的乌克兰中央拉达,积极参加捷克斯洛伐克军的叛乱,
并与外国干涉者的军队相勾结。1918年,在孟什维克党的支持下,该
派以讨论粮食状况为借口,开了几次所谓工人代表会议,在会上实际上
提出了取消苏维埃的要求。——214。

97 指载于1918年《职员通报》杂志第11—12期合刊的全俄职员工会理事
会给人民委员会的呈文。其中指出有必要吸收职员工会会员参加粮食
人民委员部根据人民委员会1918年11月21日法令(见注85)所进行
的组织供应的工作。——225。

98　《无产阶级革命和叛徒考茨基》一书是为批判卡·考茨基的小册子《无产阶级专政》而写的。

　　1918年8月,在柏林出版的《社会主义的对外政策》杂志刊登了考茨基号召各国社会民主党同布尔什维克作斗争的文章:《是民主呢还是专政》。列宁在同年9月20日的《真理报》上看到此文的摘要后,立即给苏维埃共和国驻欧洲国家的三个使节——在柏林的阿·阿·越飞、在伯尔尼的扬·安·别尔津和在斯德哥尔摩的瓦·瓦·沃罗夫斯基——写信,提出了对考茨基从理论上把马克思主义庸俗化的行为作斗争的任务。列宁请他们在考茨基关于专政的小册子出版后立即给他寄一本来,同时寄来考茨基写的所有涉及布尔什维克的文章。

　　10月初,列宁读了考茨基的小册子《无产阶级专政》后,立即动手写作《无产阶级革命和叛徒考茨基》一书。在这部著作脱稿之前,列宁为了尽快占领阵地,又于10月9日用同一题目写了一篇文章(见本卷第102—111页),发表在10月11日《真理报》上,并指示越飞、别尔津和沃罗夫斯基尽快把这篇文章译成外文发表。列宁的这篇文章译成德文后,于1918年和1919年分别在伯尔尼和维也纳发表;1919年译成意大利文在米兰发表。

　　《无产阶级革命和叛徒考茨基》一书于1918年11月10日写成,12月在莫斯科出版。1919年起用外文在德国、奥地利、意大利、英国和法国出版。——229。

99　《社会民主党人报》(《Социал-Демократ》)是俄国社会民主工党秘密发行的中央机关报。1908年2月在俄国创刊,第2—32号(1909年2月—1913年12月)在巴黎出版,第33—58号(1914年11月—1917年1月)在日内瓦出版,总共出了58号,其中5号有附刊。根据俄国社会民主工党第五次代表大会选出的中央委员会的决定,该报编辑部由布尔什维克、孟什维克和波兰社会民主党人的代表组成。实际上该报的领导者是列宁。1911年6月孟什维克尔·马尔托夫和费·伊·唐恩退出编辑部,同年12月起《社会民主党人报》由列宁主编。该报先后刊登过列宁的80多篇文章和短评。在斯托雷平反动时期和新的革命高涨年代,该报同取消派、召回派和托洛茨基分子进行斗争,宣传布尔什维克的路线,加强了党的统一和党与群众的联系。第一次世界大战期间,该报同国际机会主义、民族主义和沙文主义进行斗争,反对帝国主义战争,团结各国坚持国际主义立场的社会民主党人,宣传布尔什维克在战争、和平和革命等问题上提出的口号,联合并加强了党的力量。该报在俄国国内和国外传播很广,影响很大。列宁在《〈反潮流〉文集序言》中写道,"任何一个觉悟的工人,如果想了解国际社会主义革命思想的发展及其在 1917 年 10 月 25 日的第一次胜利",《社会民主党人报》上的文章"是不可不看的"(见本版全集第 34 卷第 116 页)。——229。

100　《共产党人》杂志(《Коммунист》)是列宁创办的,由《社会民主党人报》编辑部和资助杂志的格·列·皮达可夫、叶·波·博什共同出版,尼·伊·布哈林参加了杂志编辑部。杂志于 1915 年 9 月在日内瓦出了一期合刊,刊载了列宁的三篇文章:《第二国际的破产》、《一位法裔社会党人诚实的呼声》和《意大利的帝国主义和社会主义》。列宁曾打算把《共产党人》杂志办成左派社会民主党人的国际机关刊物,为此力求吸收波兰左派社会民主党人(卡·拉狄克)和荷兰左派社会民主党人参加杂志的工作。可是在杂志筹办期间,《社会民主党人报》编辑部和布哈林、皮达可夫、博什之间很快就发生了严重的意见分歧。杂志创刊以后,分歧愈益加剧。这些分歧涉及对民主要求的作用和整个最低纲领的作用的估计。而拉狄克也与布哈林等结成联盟反对《社会民主党人报》编辑部。根据列宁的提议,《共产党人》杂志只出这一期就停刊了(参看本版全集第 27 卷第 307—309 页)。《社会民主党人报》编辑部随后出版了《〈社会民主党人报〉文集》来代替这个刊物。

关于《共产党人》杂志的创办以及处理同布哈林、皮达可夫、博什之间的分歧问题,可参看列宁 1916 年 3 月(11 日以后)、1916 年 5 月(6—13 日之间)给亚·加·施略普尼柯夫的信,1916 年 5 月 21 日给格·叶·季诺维也夫的信,1916 年 6 月(17 日以前)给施略普尼柯夫的信和 1916 年 11 月 30 日给伊·费·阿尔曼德的信(本版全集第 47 卷第 203、236、245、258、344 号文献)。——229。

101　指《社会主义与战争(俄国社会民主工党对战争的态度)》。

《社会主义与战争(俄国社会民主工党对战争的态度)》这本小册子写于1915年7—8月,即国际社会党第一次代表会议(齐美尔瓦尔德会议)召开的前夕。小册子是列宁和格·叶·季诺维也夫合写的,列宁撰写了小册子的主要部分(第1章和第3、4章的一部分),并且审定了全书。小册子还在书末作为附录收载了俄国社会民主工党中央委员会的宣言《战争和俄国社会民主党》、在《社会民主党人报》发表的列宁的《俄国社会民主工党国外支部代表会议》和这次代表会议的决议以及有党的工作者参加的俄国社会民主工党中央委员会波罗宁会议通过的关于民族问题的决议。列宁把这部著作称为"对我党决议的解释或通俗的说明"(见本版全集第28卷第121页)。

《社会主义与战争(俄国社会民主工党对战争的态度)》最初于1915年8月用俄文和德文出版,并且散发给了参加齐美尔瓦尔德会议的代表。齐美尔瓦尔德会议以后,小册子又在法国用法文出版,并在挪威左派社会民主党人的机关刊物上用挪威文全文发表。列宁还曾多次尝试用英文在美国出版,但未能实现。1917年十月革命后,这本小册子由彼得格勒工人和红军代表苏维埃于1918年在彼得格勒出版。——229。

102　巴塞尔宣言即1912年11月24—25日在巴塞尔举行的国际社会党非常代表大会一致通过的《国际局势和社会民主党反对战争危险的统一行动》决议,德文本称《国际关于目前形势的宣言》。宣言谴责了各国资产阶级政府的备战活动,揭露了即将到来的战争的帝国主义性质,号召各国人民起来反对帝国主义战争。宣言斥责了帝国主义的扩张政策,号召社会党人为反对一切压迫小民族的行为和沙文主义的表现而斗争。宣言写进了1907年斯图加特代表大会决议中列宁提出的基本论点:帝国主义战争一旦爆发,社会党人就应该利用战争所造成的经济危机和政治危机,来加速资本主义的崩溃,进行社会主义革命。——230。

103　1914年8月4日这一天,德国社会民主党党团在德国帝国国会表决军事预算时投了赞成票,这意味着该党完全背叛了1912年《巴塞尔宣言》所阐明的反对帝国主义战争的立场。——242。

104　辉格党和托利党是英国的两个政党,产生于 17 世纪 70—80 年代。

辉格党起初代表大商业资产阶级、金融资产阶级以及一部分已经资产阶级化的贵族的利益,19 世纪中叶起代表工商业资产阶级的利益。它与其他政治团体合并后,组成英国自由党。

托利党代表大地主和英国教会上层僧侣的利益,同时也依靠中、小僧侣和一部分小资产阶级。它维护旧的封建传统,反对国内的民主改革。19 世纪中叶,在托利党的基础上成立了英国保守党。

辉格党和托利党曾在英国轮流执政。——246。

105　犹大之吻出自圣经《马太福音》第 26 章。犹大是耶稣的十二门徒之一,出卖耶稣的叛徒。他按照事先的约定,当着犹太教大祭司派来捉拿耶稣的兵丁亲吻耶稣,装做请安,于是那些兵丁就认出并逮捕了耶稣。后来,犹大之吻便成为虚伪的亲热的代用语。——246。

106　德雷福斯案件指 1894 年法国总参谋部尉级军官犹太人阿·德雷福斯被法国军界反动集团诬控为德国间谍而被军事法庭判处终身服苦役一案。法国反动集团利用这一案件煽动反犹太主义和沙文主义,攻击共和制和民主自由。在事实证明德雷福斯无罪后,当局仍坚决拒绝重审,引起广大群众强烈不满。法国社会党人和资产阶级民主派进步人士(包括埃·左拉、让·饶勒斯、阿·法朗士等)发动了声势浩大的运动,要求重审这一案件。在社会舆论压力下,1899 年瓦尔德克-卢梭政府撤销了德雷福斯案件,由共和国总统赦免了德雷福斯。但直到 1906 年 7 月,德雷福斯才被上诉法庭确认无罪,恢复了军职。——247。

107　指英国资产阶级血腥镇压 1916 年爱尔兰争取摆脱英国统治的起义一事。在这一事件中,几乎全部起义领袖包括身受重伤的詹姆斯·康诺利都被枪决,一般参加者则被大批驱逐出国。

阿尔斯特是爱尔兰的东北部分,居民以英格兰人为主;阿尔斯特的军队曾和英国军队一起镇压了爱尔兰人民的起义。——247。

108　夏洛克是英国作家威·莎士比亚的喜剧《威尼斯商人》中的人物,一个残忍冷酷的高利贷者。他曾根据借约提供的权利,要求从没有如期还债的商人安东尼奥身上割下一磅肉。——250。

109　奥吉亚斯的牛圈出典于希腊神话。据说古希腊西部厄利斯的国王奥吉亚斯养牛 3 000 头,30 年来牛圈从未打扫,粪便堆积如山。奥吉亚斯的牛圈常被用来比喻藏垢纳污的地方。——256。

110　指《四月提纲》。列宁于 1917 年 4 月 4 日(17 日)先在出席全俄工兵代表苏维埃会议的布尔什维克代表的会议上,然后又在布尔什维克代表和孟什维克代表联席会议上宣读了这个提纲。同年 4 月 7 日(20 日)《真理报》发表了这个提纲(见本版全集第 29 卷第 113 — 116 页)。——260。

111　熊的帮忙意为帮倒忙,出典于俄国作家伊·安·克雷洛夫的寓言《隐士和熊》。寓言说,一个隐士和熊做朋友,熊热心地抱起一块大石头为酣睡的隐士驱赶鼻子上的一只苍蝇,结果把他的脑袋砸成了两半。——260。

112　指列宁的小册子《俄国的政党和无产阶级的任务》(见本版全集第 29 卷)。这本小册子曾用英文刊载于 1918 年 1 月 15 日美国《晚邮报》和 1917 年 11—12 月《阶级斗争》杂志(美国社会党左翼的刊物)第 4 期,并出版了单行本。

　　　《晚邮报》(《The Evening Post》)即《纽约晚邮报》(《The New York Evening Post》),是美国资产阶级报纸,1801 年起在纽约出版。现称《纽约邮报》。——267。

113　指俄国社会民主工党(布)第七次全国代表会议(四月代表会议)通过的《关于修改党纲的决议》。这个决议是列宁起草的(见本版全集第 29 卷第 407—408 页)。——267。

114　指全俄民主会议。

　　　全俄民主会议是根据孟什维克和社会革命党人把持的工兵代表苏维埃中央执行委员会和农民代表苏维埃执行委员会的决议召开的,1917 年 9 月 14—22 日(9 月 27 日—10 月 5 日)在彼得格勒举行。参加会议的有苏维埃、工会、陆海军组织、合作社和民族机关等方面的代表共1 582人。这个会议是为解决政权问题而召开的。在科尔尼洛夫叛乱被粉碎以后,妥协主义政党的领导人失去了在苏维埃中的多数地位,他们便伪造民主会议,企图以此代替全俄工兵代表苏维埃第二次代表大会,并建立新的联合临时政府,使政权继续留在资产阶级手里。他们力图把国家纳入资产阶级议会制的轨道,阻止资产阶级民主革命向社会主义革命发展。布尔什维克参加了民主会议,目的是利用会议的讲坛来揭露孟什维克和社会革命党人。9月20日(10月3日),民主会议主席团通过决定,由组成会议各集团分别派出名额为其人数15%的代表组成常设机关——预备议会,以履行民主会议的职能。成立预备议会是企图造成俄国已经建立了议会制度的假象。根据临时政府批准的条例,预备议会仅仅是它的咨询机关。

　　俄国社会民主工党(布)中央于9月21日(10月4日)决定从民主会议主席团召回布尔什维克,但不退出会议,同时以9票对8票决定不参加预备议会。由于双方票数大体相等,问题又交给民主会议布尔什维克党团会议讨论,结果却以77票对50票作出了参加预备议会的决议,并经中央批准。列宁批评了布尔什维克在对待民主会议问题上的策略错误,坚决要求布尔什维克退出预备议会,集中力量准备起义。布尔什维克党中央讨论了列宁的建议,不顾列·波·加米涅夫、阿·伊·李可夫等人的反对,作出了退出预备议会的决定。10月7日(20日),在预备议会开幕那天,布尔什维克代表宣读声明后退出。10月25日(11月7日),预备议会被赤卫队解散。——272。

115　全俄工兵代表苏维埃第一次代表大会于1917年6月3—24日(6月16日—7月7日)在彼得格勒举行。出席大会的代表共1 090名,代表305个工兵农代表联合苏维埃,53个区、州和省苏维埃,21个作战部队组织,8个后方军队组织和5个海军组织。绝大多数代表属于孟什维克—社会革命党人联盟和支持它的一些小集团,当时在苏维埃中占少数的布尔什维克只有105名代表。列入代表大会议程的有革命民主和政权问题、对战争的态度问题、立宪会议的筹备问题、民族问题、土地问题等12项。列宁在会上就对临时政府的态度问题和战争问题发表了讲话。孟什维克和社会革命党人在会上号召加强军队纪律、在前线发动进攻、支持临时政府，并试图证明苏维埃不能掌握政权。列宁代表布尔什维克党指出，布尔什维克党时刻准备掌握全部政权。布尔什维克充分利用大会讲台揭露临时政府的帝国主义政策以及孟什维克和社会革命党人的妥协策略，对每个主要问题都提出并坚持自己的决议案。在社会革命党人和孟什维克把持下通过的代表大会决议支持临时政府、赞成前线的进攻、反对政权转归苏维埃。代表大会选出了由 320 人组成的中央执行委员会，其中孟什维克 123 名，社会革命党人 119 名，布尔什维克 58 名，统一社会民主党人 13 名，其他党派代表 7 名。孟什维克尼·谢·齐赫泽是中央执行委员会主席。——272。

116　全俄工兵代表苏维埃第二次代表大会于 1917 年 10 月 25—27 日（11 月 7—9 日）在彼得格勒斯莫尔尼宫举行，有一些县和省的农民代表苏维埃也派代表参加了这次代表大会。根据代表大会开幕时的统计，到会代表共 649 人，按党派分，有布尔什维克 390 人，社会革命党人 160 人，孟什维克 72 人，统一国际主义者 14 人，孟什维克国际主义者 6 人，乌克兰社会党人 7 人。

　　根据全俄工兵代表苏维埃第一次代表大会的决议，这次代表大会本应在 9 月中旬召开。社会革命党人和孟什维克把持的第一届中央执行委员会对这个决议实行怠工。他们打算用民主会议来代替苏维埃的代表大会。只是由于布尔什维克党团的坚持，中央执行委员会才不得不于 9 月 23 日（10 月 6 日）通过决议召开这次代表大会，日期先定在 10 月 20 日（11 月 2 日），后来改为 10 月 25 日（11 月 7 日）。10 月 21 日（11 月 3 日），布尔什维克党中央开会讨论了代表大会的议程，并委托列宁就政权、战争、土地等问题作报告。

　　代表大会于 10 月 25 日（11 月 7 日）晚 10 时 40 分开幕。当时赤卫队、水兵和革命的彼得格勒卫戍部队正在冲击临时政府所在地冬宫。列宁因忙于领导起义，没有出席大会的第 1 次会议。被选进代表大会主席团的有列宁、弗·亚·安东诺夫-奥弗申柯、尼·瓦·克雷连柯、阿·瓦·卢那察尔斯基等 14 名布尔什维克，还有波·达·卡姆柯夫、弗·亚·卡列林、玛·亚·斯皮里多诺娃等 7 名左派社会革命党人和

1名乌克兰社会党人。孟什维克和右派社会革命党人拒绝参加主席团,他们把正在进行的社会主义革命称为阴谋,要求与临时政府谈判建立联合政府。孟什维克、右派社会革命党人和崩得分子在断定代表大会的多数支持布尔什维克之后,退出了大会。10月26日(11月8日)凌晨3时许,代表大会听取了安东诺夫-奥弗申柯关于占领冬宫和逮捕临时政府成员的报告,随后通过了列宁起草的《告工人、士兵和农民书》。会议在凌晨5时15分结束。

代表大会第2次会议于10月26日(11月8日)晚9时开始。列宁在会上作了关于和平问题和土地问题的报告。大会一致通过了列宁起草的和平法令,以绝大多数票(有1票反对,8票弃权)通过了列宁起草的土地法令。代表大会组成了工农政府——以列宁为首的人民委员会。由于左派社会革命党人拒绝参加,政府名单上全是布尔什维克。代表大会选出了由101人组成的全俄中央执行委员会,其中布尔什维克62人,左派社会革命党人29人,社会民主党人国际主义者6人,乌克兰社会党人3人,社会革命党人最高纲领派1人。代表大会还决定,农民苏维埃和部队组织的代表以及退出大会的那些集团的代表可以补进全俄中央执行委员会。会议还通过了关于在前线废除死刑、在军队中成立临时革命委员会、立即逮捕前临时政府首脑亚·费·克伦斯基等决定。10月27日(11月9日)凌晨5时15分,代表大会闭幕。
——272。

117 全俄工兵农代表苏维埃第三次代表大会于1918年1月10—18日(23—31日)在彼得格勒举行。大会起初是工兵代表苏维埃代表大会,有1 046名代表。1月13日(26日),代表大会和全俄农民代表苏维埃第三次代表大会合并,加上陆续到会的其他方面的代表,大会结束时共有有表决权的代表1 647名(其中有布尔什维克860多名),有发言权的代表219名。

在代表大会上,雅·米·斯维尔德洛夫作了关于全俄中央执行委员会工作的报告,列宁作了关于人民委员会工作的报告。在讨论这两个报告时,孟什维克、右派社会革命党人和孟什维克国际主义者发言反对苏维埃政权的内外政策。列宁在关于人民委员会工作报告的总结发

言中,专门批判了他们的立场。大会所通过的决议完全赞同全俄中央
执行委员会和人民委员会的政策,并对他们表示完全信任。代表大会
以多数票批准了列宁起草的《被剥削劳动人民权利宣言》,并赞同人民
委员会在和平问题上的政策,授予它处理这个问题的最广泛的权力。
代表大会听取了民族事务人民委员斯大林关于苏维埃共和国的联邦制
度的基础和关于苏维埃政权的民族政策的报告,通过了关于俄罗斯共
和国联邦机关的决议并宣布俄国为俄罗斯社会主义联邦苏维埃共和国
(俄罗斯联邦)。代表大会赞同苏维埃政权的民族政策。代表大会批准
了根据土地法令制定的土地社会化基本法。代表大会赞同解散立宪会
议,并把苏维埃政府的名称由"工农临时政府"改为"俄罗斯苏维埃共和
国工农政府"。

　　大会选出了由 322 人组成的全俄中央执行委员会,其中正式委员
305 人,候补委员 17 人。——272。

118　全俄苏维埃第四次(非常)代表大会于 1918 年 3 月 14—16 日在莫斯科
举行。这次代表大会是为解决批准布列斯特和约问题而召开的。

　　在代表大会开幕的前一天,代表大会共产党党团讨论了和约问题,
列宁在会上讲了话。党团会议以 453 票赞成、36 票反对、8 票弃权赞同
批准布列斯特和约。由于代表还没有全部到达,党团的人数不齐。

　　3 月 14 日,代表大会开幕。出席大会的有表决权的代表共 1 232
名,其中布尔什维克 795 名,左派社会革命党人 283 名,中派社会革命
党人 25 名,孟什维克 21 名,孟什维克国际主义派 11 名。副外交人民
委员格·瓦·契切林向代表大会介绍了和约的内容后,列宁代表全俄
中央执行委员会就批准和约问题作了报告。波·达·卡姆柯夫代表左
派社会革命党党团作了反对批准和约的副报告。

　　会上,孟什维克、社会革命党和左派社会革命党、最高纲领派、无政
府主义者等结成统一阵线,反对批准布列斯特和约。经过辩论,大会以
784 票赞成、261 票反对、115 票弃权通过了列宁提出的关于批准和约
的决议。"左派共产主义者"不顾党的第七次(紧急)代表大会和全俄苏
维埃第四次(非常)代表大会共产党党团的决定以及中央委员会在代表
大会开会期间作出的党员不得反对党的决定的规定,投了弃权票。和

约批准后,左派社会革命党人宣布退出人民委员会。

大会还批准了全俄中央执行委员会1918年2月底作出的关于把苏维埃共和国的首都由彼得格勒迁往莫斯科的决定,选出了由207人组成的新的全俄中央执行委员会。——273。

119 全俄苏维埃第五次代表大会于1918年7月4—10日在莫斯科举行。出席代表大会的有1164名有表决权的代表,其中布尔什维克773名,左派社会革命党人353名,最高纲领派17名,无政府主义者4名,孟什维克国际主义者4名,其他党派成员3名,无党派人士10名。乌克兰、拉脱维亚和外高加索等被占领区也有代表出席。代表大会批准了全俄中央执行委员会主席团提出的下列议程:全俄中央执行委员会的报告和人民委员会的报告;粮食问题;组织红军;俄罗斯苏维埃共和国宪法;选举全俄中央执行委员会。左派社会革命党人要求把各地的报告和讨论苏维埃政府关于对叛国罪实施死刑的决定的问题列入议程,被大会否决。

代表大会首先讨论了未列入议程的一个问题,即在同乌克兰接壤的地带,孟什维克和社会革命党人挑动驻军同德军冲突,企图撕毁和约和把国家拖入战争。大会决定,建议苏维埃政府坚决取缔挑拨分子的活动。

雅·米·斯维尔德洛夫在会上作了关于全俄中央执行委员会工作总结报告,列宁作了人民委员会工作报告。代表大会对两个报告进行了激烈的辩论,并以多数票通过了共产党党团提出的完全信任政府的对内对外政策的决议。左派社会革命党人提出的对苏维埃政府表示不信任、要求废除布列斯特和约、改变苏维埃政府的对内对外政策的决议案被否决。

左派社会革命党人在代表大会上遭到失败后于7月6日在莫斯科发动了反革命叛乱,代表大会的工作因而暂时中断。左派社会革命党党团全体成员被逮捕,与叛乱无干的后来获释,其中约有200人回来继续参加会议。代表大会于7月9日复会后,听取了政府关于7月6—7日事件的报告,完全同意政府为平定左派社会革命党人叛乱所采取的果断行动,并指出赞同自己上层领导观点的左派社会革命党人"不能再留在工农代表苏维埃之内"。

代表大会关于粮食问题的决议肯定粮食垄断制的不可动摇,认为必须坚决镇压富农的反抗,赞成组织贫苦农民委员会。代表大会关于组织红军的决议规定了在劳动者义务兵役制的基础上组织和巩固红军的措施。代表大会最后批准了俄罗斯联邦的第一部宪法,选出了由200人组成的全俄中央执行委员会。——273。

120 彼特鲁什卡是俄国作家尼·瓦·果戈理的小说《死魂灵》中的主角乞乞科夫的跟丁。他爱看书,但不想了解书的内容,只对字母总会拼出字来感兴趣。——274。

121 犹杜什卡·戈洛夫廖夫是俄国作家米·叶·萨尔蒂科夫-谢德林的长篇小说《戈洛夫廖夫老爷们》中的主要人物波尔菲里·弗拉基米罗维奇·戈洛夫廖夫的绰号,犹杜什卡是对犹大的蔑称。谢德林笔下的犹杜什卡是贪婪、无耻、伪善、阴险、残暴等各种丑恶品质的象征。——278。

122 1918年6月14日,全俄中央执行委员会通过了以下决定:"鉴于(1)苏维埃政权正处在非常困难的时刻,同时受到各条战线上的国际帝国主义及其在俄罗斯共和国内部的同盟者的攻击,国际帝国主义的同盟者们不惜采取任何手段,从最无耻的诽谤到阴谋活动和武装暴动,来反对工农政府;(2)苏维埃组织内部存在着明目张胆地力图破坏苏维埃政权威信和推翻苏维埃政权的政党的代表,这种情况是绝对不能容许的;(3)以前发表的以及这次会议上宣读的文件清楚地表明,社会革命党(右派和中派)和俄国社会民主工党(孟什维克)的代表,直至最负责的人员,确实在同公开的反革命分子(在顿河流域同卡列金和科尔尼洛夫,在乌拉尔同杜托夫,在西伯利亚同谢苗诺夫、霍尔瓦特和高尔察克,以及最近又同捷克斯洛伐克军和依附捷克斯洛伐克军的黑帮分子)相勾结,组织反对工农的武装暴乱,全俄苏维埃中央执行委员会兹决定:把社会革命党(右派和中派)和俄国社会民主工党(孟什维克)的代表开除出中央执行委员会,并建议各级工人、士兵、农民和哥萨克代表苏维埃把这些党派的代表从自己的组织中清除出去。"——278。

123 李伯尔唐恩由孟什维克米·伊·李伯尔和费·伊·唐恩两人的姓氏缀合而成,出自俄国诗人杰·别德内依的同名讽刺诗,是诗人给十月革命前夕鼓吹同资产阶级联合的李伯尔和唐恩及其一伙起的绰号。——278。

124 指1910年9月20日奥·倍倍尔在德国社会民主党马格德堡代表大会上的讲话。关于这次代表大会的情况,参看列宁的《两个世界》一文(本版全集第20卷)。——279。

125 《法兰克福报》(《Frankfurter Zeitung》)是德国交易所经纪人的报纸(日报),1856—1943年在美因河畔法兰克福出版。——280。

126 指1918年10月21日《前进报》第290号的社论《是专政呢还是民主?》。

　　《前进报》(《Vorwärts》)是德国社会民主党的中央机关报(日报),1876年10月在莱比锡创刊,编辑是威·李卜克内西和威·哈森克莱维尔。1878年10月反社会党人非常法颁布后被查禁。1890年10月反社会党人非常法废除后,德国社会民主党哈雷代表大会决定把1884年在柏林创办的《柏林人民报》改名为《前进报》(全称是《前进.柏林人民报》),从1891年1月起作为中央机关报在柏林出版,由李卜克内西任主编。恩格斯曾为《前进报》撰稿,同机会主义的各种表现进行斗争。1895年恩格斯逝世以后,《前进报》逐渐转入党的右翼手中。它支持过俄国的经济派和孟什维克。第一次世界大战期间持社会沙文主义立场。俄国十月革命以后,进行反对苏维埃的宣传。1933年停刊。——280。

127 指格·瓦·普列汉诺夫1903年7月30日(8月12日)在俄国社会民主工党第二次代表大会上讨论党纲问题时的发言。普列汉诺夫说:"对每一个民主原则都不应该孤立地、抽象地去看待,而应该把它同可以称为基本民主原则的那个原则联系起来看,这个原则就是人民的利益是最高的法律。用革命者的话来说,就是革命的胜利是最高的法律。因此,如果为了革命的胜利需要暂时限制某一个民主原则的作用,那么,不作这种限制就是犯罪。作为个人意见，我要说，甚至对于普选权原则也应当用我上面指出的那个基本民主原则的观点去看待。可以设想，有那么一天，我们社会民主党人会反对普选权。意大利各共和国中，资产阶级曾经剥夺过属于贵族阶层的人的政治权利。革命的无产阶级可以限制上层阶级的政治权利，就像上层阶级曾经限制过革命的无产阶级的政治权利一样。这种措施是否适宜，只有根据革命的利益是最高的法律这个原则才能判断。就是在议会任期的问题上，我们也必须持有这样的观点。如果在革命热情迸发的情况下，人民选出了一个很好的议会——一种 chambre introuvable（无双的议会），那么，我们应该力求使它成为**长期的议会**；如果选举结果不能令人满意，那我们就应当力求解散它，不是过两年，要是可能的话，过两周就解散它。"

列宁在《进一步，退两步》和《普列汉诺夫论恐怖》中都引用过普列汉诺夫的这次发言（见本版全集第 8 卷第 221 页和第 33 卷第 192—193 页）。——281。

128 齐美尔瓦尔德会议即国际社会党第一次代表会议，于 1915 年 9 月 5—8 日在瑞士齐美尔瓦尔德举行。这次会议是根据意大利和瑞士社会党人的倡议召开的。出席代表会议的有德国、法国、意大利、俄国、波兰、罗马尼亚、保加利亚、瑞典、挪威、荷兰和瑞士等 11 个欧洲国家的 38 名代表。第二国际的两个最大的党——德国社会民主党和法国社会党没有正式派代表参加会议：来自德国的 10 名代表代表了德国社会民主党内的三个不同色彩的反对派，来自法国的代表是工会运动中的一些反对派分子。巴尔干社会党人联盟、瑞典社会民主党反对派和挪威青年联盟、荷兰左派社会党人、波兰王国和立陶宛社会民主党边疆区执行委员会派代表出席了代表会议。在出席会议的俄国代表中，列宁和格·叶·季诺维也夫代表俄国社会民主工党中央委员会，帕·波·阿克雪里罗得和尔·马尔托夫代表孟什维克的俄国社会民主工党组织委员会，维·米·切尔诺夫和马·安·纳坦松代表社会革命党。出席会议的大多数代表持中派立场。

代表会议讨论了下列问题：各国代表的报告；德国和法国代表的共同宣言；齐美尔瓦尔德左派关于通过原则决议的建议；通过宣言；选举

国际社会党委员会；通过对战争牺牲者和受迫害者表示同情的决议。

　　列宁积极参加了代表会议的工作，并在会前进行了大量的准备工作。他曾于1915年7月起草了左派社会民主党人的决议草案（见本版全集第26卷第294—296页），并寄给各国左派征求意见。他还曾写信给季·布拉戈耶夫、戴·怀恩科普等人，阐述左派共同宣言的基本原则，即谴责社会沙文主义者和中派，断然拒绝在帝国主义战争中"保卫祖国"和"国内和平"的口号，宣传革命行动。在代表会议前夕，9月2日和4日之间，俄国和波兰两国代表举行了会议，讨论了列宁起草的决议草案和卡·拉狄克起草的决议草案，决定向代表会议提出按列宁意见修改过的拉狄克草案。9月4日，参加代表会议的左派代表举行了非正式会议。列宁在会上作了关于世界大战的性质和国际社会民主党策略的报告（报告的提纲见本版全集第27卷第441—442页）。会议通过了准备提交代表会议的决议草案和宣言草案。

　　在代表会议上，以列宁为首的革命的国际主义者同以格·累德堡为首的考茨基主义多数派展开了尖锐的斗争。代表会议通过了专门委员会起草的宣言——《告欧洲无产者书》。代表会议多数派否决了左派提出的关于战争与社会民主党的任务的决议草案和宣言草案。但是，由于列宁的坚持，在会议通过的宣言中还是写进了一些革命马克思主义的基本论点。会议还通过了德法两国代表团的共同宣言，通过了对战争牺牲者和因政治活动而遭受迫害的战士表示同情的决议，选举了齐美尔瓦尔德联盟的领导机关——国际社会党委员会。

　　列宁在《第一步》和《1915年9月5—8日国际社会党代表会议上的革命马克思主义者》两篇文章中，对齐美尔瓦尔德代表会议和布尔什维克在会上的策略作了评价（见本版全集第27卷第42—47、48—52页）。——283。

129 齐美尔瓦尔德左派是根据列宁倡议建立的国际组织，于1915年9月4日，即国际社会党第一次代表会议（齐美尔瓦尔德代表会议）开幕的前一天，在出席代表会议的左派社会党人召开的一次会议上成立。齐美尔瓦尔德左派这一名称，则是1915年11月该组织出版刊物《国际传单集》时开始正式使用的。齐美尔瓦尔德左派的最初参加者即9月4日会议的出席者为:俄国社会民主工党中央委员会代表列宁和格·叶·季诺维也夫,瑞士代表弗·普拉滕,"德国国际社会党人"组织主席尤·博尔夏特,拉脱维亚边疆区社会民主党中央委员会代表扬·安·别尔津,波兰王国和立陶宛社会民主党边疆区执行委员会主席卡·伯·拉狄克,瑞典代表卡·霍格伦,挪威代表图·涅尔曼。9月4日这次会议听取了列宁关于世界战争的性质和国际社会民主党策略的报告,制定了准备提交代表会议的决议和宣言草案。在代表会议上,齐美尔瓦尔德左派批评了多数代表的中派和半中派观点,提出了谴责帝国主义战争、揭露社会沙文主义者叛卖行为和指出积极进行反战斗争的必要性等决议案。他们的决议案被中派多数所否决,但是经过斗争,决议案中的一些重要论点仍写入了代表会议的宣言。齐美尔瓦尔德左派对宣言投了赞成票,并在一个特别声明中指出了宣言的不彻底性。齐美尔瓦尔德左派声明,它将留在齐美尔瓦尔德联盟内宣传自己的观点和在国际范围内进行独立的工作。齐美尔瓦尔德左派选举了由列宁、季诺维也夫和拉狄克组成的领导机关——常务局。齐美尔瓦尔德左派的理论刊物——德文《先驱》杂志共出了两期,发表了列宁的几篇文章。在1916年4月国际社会党第二次代表会议(昆塔尔代表会议)上,齐美尔瓦尔德左派力量有所发展,它在40多名代表中占了12名,它的一系列提案得到半数代表的赞成。1917年初,随着齐美尔瓦尔德右派公开背叛,列宁向左派提出了同齐美尔瓦尔德联盟决裂的问题。参加齐美尔瓦尔德左派的一些国家的社会民主党人,在建立本国共产党方面起了重要的作用。

　　关于齐美尔瓦尔德左派,参看列宁的《第一步》和《1915年9月5—8日国际社会党代表会议上的革命马克思主义者》等文(本版全集第27卷)。——284。

130 托尔斯泰主义者是19世纪末—20世纪初在列·尼·托尔斯泰的宗教哲学学说影响下产生的一种宗教空想主义社会派别。托尔斯泰主义者主张通过宗教道德的自我完善来改造社会,宣传"博爱"和"不用暴力抵抗邪恶"。列宁指出:托尔斯泰主义者正好是把托尔斯泰学说中最弱的一面变成一种教义(参看本版全集第17卷第185页)。——287。

131 "左派共产主义者"是俄共(布)党内的一个左倾机会主义集团,产生于1918年1月。核心人物是尼·伊·布哈林、安·谢·布勃诺夫、阿·洛莫夫、瓦·瓦·奥博连斯基、叶·阿·普列奥布拉任斯基、卡·伯·拉狄克、格·列·皮达可夫等。"左派共产主义者"极力反对列宁在1918年初提出的尽快同德国媾和的建议,认为同帝国主义国家媾和在原则上是不允许的,力主当时还没有军队的年轻的苏维埃共和国继续同德国作战。他们把德国革命将会爆发设想为在最近某个短时期内就要爆发,认为德国政府很快会被德国革命所推翻。列宁在批评"左派共产主义者"的冒险主张时多次指出,相信德国革命成熟和宣布德国革命已经成熟,这是完全不同的两回事。

1918年4月,以布哈林为首的"左派共产主义者"发表《目前形势的提纲》来对抗列宁的《关于苏维埃政权的当前任务的提纲》。他们否认过渡时期的必要性,主张用"对资本实行骑兵突击"、颁布相应的法令和"生活公社化"的办法立即"实行"社会主义,反对利用国家资本主义,反对使用资产阶级专家,建议完全摧毁银行信贷机构,加速废除货币,等等。列宁在《论"左派"幼稚性和小资产阶级性》一文中批评了他们的错误观点(见本版全集第34卷第264—293页)。1918年夏末,"左派共产主义者"公开承认了自己的错误。——290。

132 斯巴达克派(国际派)是德国左派社会民主党人的革命组织,第一次世界大战初期形成,创建人和领导人有卡·李卜克内西、罗·卢森堡、弗·梅林、克·蔡特金、尤·马尔赫列夫斯基、莱·约吉希斯(梯什卡)、威·皮克等。1915年4月,卢森堡和梅林创办了《国际》杂志,这个杂志是团结德国左派社会民主党人的主要中心。1916年1月1日,全德左派社会民主党人代表会议在柏林召开,会议决定正式成立组织,取名为国际派。代表会议通过了一个名为《指导原则》的文件,作为该派的纲领,这个文件是在卢森堡主持和李卜克内西、梅林、蔡特金参与下制定的。1916年至1918年10月,该派定期出版秘密刊物《政治书信》,署名斯巴达克,因此该派也被称为斯巴达克派。1917年4月,斯巴达克派加入了德国独立社会民主党,但保持组织上和政治上的独立。斯巴达克派在群众中进行革命宣传,组织反战活动,领导罢工,揭露世界大战的帝国主义性质和社会民主党机会主义领袖的叛卖行为。斯巴达克派在理论和策略问题上也犯过一些错误，列宁曾屡次给予批评和帮助。1918年11月，斯巴达克派改组为斯巴达克联盟，12月14日公布了联盟的纲领。1918年底，联盟退出了独立社会民主党，并在1918年12月30日—1919年1月1日举行的全德斯巴达克派和激进派代表会议上创建了德国共产党。——293。

133　指卡·考茨基的《俄国革命的动力和前途》。考茨基的这一著作由列宁编辑并作序，1906年12月用俄文出了小册子。列宁的序言见本版全集第14卷。——297。

134　民粹派共产党和革命共产党是在1918年7月6日左派社会革命党人发动叛乱（见注4）之后从该党分裂出来的两个新党。

民粹派共产党成立于1918年9月，领导人有Г.Д.扎克斯等。民粹派共产党谴责左派社会革命党人的反苏维埃活动，支持苏维埃政权的政策和措施，赞成布尔什维克党联合中农的方针，虽然由于它本身的民粹派观点残余而同布尔什维克党在策略上有分歧。民粹派共产党曾在莫斯科出版《劳动公社旗帜报》。它的许多党员参加了各级苏维埃机关和全俄中央执行委员会的工作。1918年11月6日，民粹派共产党非常代表大会一致决定解散该党并同俄共（布）合并。

革命共产党于1918年9月组成，领导人有安·卢·柯列加耶夫、马·安·纳坦松等。革命共产党谴责左派社会革命党人搞恐怖活动和企图破坏布列斯特和约，主张同俄共（布）合作。但是革命共产党的纲领是混乱和折中的，一方面认为苏维埃政权为建立社会主义制度创造了先决条件，另一方面又否认从资本主义到社会主义的过渡时期必须实行无产阶级专政。革命共产党从1918年9月起出版《劳动意志报》，12月该报改为杂志。在共产国际第二次代表大会作出了一个国家只应有一个共产党的决定之后，革命共产党于1920年9月决定加入俄共（布）。同年10月，俄共（布）中央作出决定，允许自己的党组织接受原革命共产党党员加入俄共（布）。——298。

135　东方面军司令、左派社会革命党人米·阿·穆拉维约夫的叛变和1918

年7月左派社会革命党在莫斯科的叛乱有密切关系。根据叛乱者的计划,穆拉维约夫负责发动东方面军的军队反对苏维埃政权,在同捷克斯洛伐克军汇合后向莫斯科进军。穆拉维约夫于7月10日由方面军司令部所在地喀山率领一支将近千人的部队进抵辛比尔斯克,声称不承认布列斯特和约,并通电人民委员会、德国大使馆、捷克斯洛伐克军司令部对德宣战,自称为"抗德集团军总司令"。受他蒙蔽的部队占领了邮局、电报局和电台,包围了执行委员会大楼和红军辛比尔斯克军队集群的司令部,逮捕了包括第1集团军司令员米·尼·图哈切夫斯基在内的许多苏维埃的和党的工作人员。穆拉维约夫命令东方面军和捷克斯洛伐克军向西推进,佯称抗击德军的进攻。7月11日,人民委员会发布命令,揭露了穆拉维约夫行动的反革命实质,宣布他不受法律保护。辛比尔斯克的布尔什维克在省委员会主席约·米·瓦雷基斯的领导下对士兵和城市居民进行了大量解释工作,把原来支持穆拉维约夫的部队争取了过来。7月11日晚,穆拉维约夫应邀参加辛比尔斯克执行委员会会议,以为执行委员会要向他投降。当会上宣读他关于对武装干涉者和白卫军停止军事行动的电报时,共产党人要求将他逮捕。穆拉维约夫拒捕,被当场击毙,他的同伙纷纷就擒。——304。

136 列宁所说1918年的七月危机是指1918年夏天在俄国中部各省、伏尔加河流域、乌拉尔和西伯利亚发生的多起富农反革命暴动,这些暴动都是孟什维克和社会革命党人在外国干涉者的支持下组织的。——305。

137 布朗基主义是19世纪法国工人运动中的革命冒险主义的思潮,以路·奥·布朗基为代表。布朗基主义者不了解无产阶级的历史使命,忽视同群众的联系,主张用密谋手段推翻资产阶级政府,建立革命政权,实行少数人的专政。马克思和列宁高度评价布朗基主义者的革命精神,同时坚决批判他们的密谋策略。

　　巴黎公社失败以后,1872年秋天,在伦敦的布朗基派公社流亡者发表了题为《国际和革命》的小册子,宣布拥护《共产党宣言》这个科学共产主义的纲领。对此,恩格斯曾不止一次地予以肯定(参看《马克思恩格斯文集》第 3 卷第 357—365 页）。——306。

138　指临时政府农业部长谢·列·马斯洛夫在十月社会主义革命前不久以
社会革命党的名义提出的一个法案。1917 年 10 月 18 日（31 日）社会
革命党中央委员会出版的《人民事业报》以《土地委员会调整土地和农
业关系条例》为题摘要发表了这个法案。法案规定，土地委员会掌握一
批专供出租的地产，国家和寺院土地均属这类地产。地主土地占有制
保持不变，地主只把以前出租的土地拨归临时出租的地产，而且农民交
纳的土地租金应归地主。列宁在《社会革命党对农民的又一次欺骗》一
文中写道："谢·列·马斯洛夫先生的这个法案说明社会革命党彻底背
叛了农民，而完全效忠于地主了。"（见本版全集第 32 卷第 420 页）

　　逮捕土地委员会委员是临时政府为制止农民夺取地主土地而采取
的反革命措施。——307。

139　指 1918 年 11 月德国爆发的革命。

　　德国十一月革命是工人阶级和人民大众进行的资产阶级民主革
命。引起这场革命的直接原因是德国在第一次世界大战中的失败、经
济的崩溃和人民与军队遭受的苦难，俄国十月社会主义革命也给了它
以巨大影响。这场革命以 1918 年 11 月 3 日基尔港海军舰队的水兵起
义为起点，首先席卷了德国北部沿海城市，然后又迅速扩展到德国中部
和南部地区。11 月 9 日，柏林工人响应斯巴达克派的号召举行总罢
工，罢工很快就发展成武装起义。当天中午时分德皇威廉二世被迫退
位，逃往国外。

　　在起义过程中，各地纷纷建立了工兵代表苏维埃。但是右翼社会
民主党人和中派分子夺取了大多数苏维埃中的多数席位。11 月 10
日，在柏林苏维埃全体会议上，成立了由右翼社会民主党人弗·艾伯
特、菲·谢德曼等和独立社会民主党人胡·哈阿兹等组成的临时政
府——人民代表委员会（独立社会民主党人后来退出了政府），其纲领
是在资产阶级制度范围内进行社会改良。12 月 16—21 日，柏林举行
了全德苏维埃第一次代表大会，右翼社会民主党人的领袖们设法在会
上通过了举行立宪会议选举并把立法权和行政权交给政府的决议。

　　斯巴达克派接受了德国工人阶级革命的经验教训,为了把革命推向前进,决定同独立社会民主党决裂,于1918年12月30日成立了德国共产党。另一方面,德国资产阶级力图把革命镇压下去。1919年1月初,艾伯特政府把属于左翼独立社会民主党人的柏林警察总监免职,意在挑动工人举行为时过早的反政府武装起义。1月6日,为回答政府的挑衅,柏林工人举行了总罢工。独立社会民主党人采取了叛卖策略,他们与艾伯特政府商谈以"和平方式"解决"冲突"。艾伯特政府在作了充分准备之后,于1月8日中断谈判,声称总清算的时刻已经到来。陆军部长、右翼社会民主党人古·诺斯克领导的反革命部队随即对革命工人进行残酷镇压,杀害了包括卡·李卜克内西和罗·卢森堡在内的大批共产党人。德国资产阶级接着又用暴力把各地的革命工人血腥地镇压下去。1月19日,德国举行立宪会议选举,各资产阶级政党获得了胜利。

　　十一月革命没能转变成无产阶级革命,但它在德国历史上仍是一次重大事件,具有很大的进步意义。这是一次在一定程度上用无产阶级的斗争方法和手段进行的革命,其结果是推翻了君主制,成立了资产阶级民主共和国,实现了起码的资产阶级的民主自由,通过立法确立了八小时工作制。这次革命给了苏维埃俄国以极大支援,为废除掠夺性的布列斯特和约创造了前提。——320。

140　《关于立宪会议的提纲》见本版全集第33卷第167—171页。在《无产阶级革命和叛徒考茨基》一书1918年的版本中,《提纲》标有下列字样:"载于1917年12月26日星期三彼得格勒《真理报》。"——321。

141　指莫·雅·奥斯特罗戈尔斯基用法文写的《民主和政党》一书。此书于1903年在巴黎初次出版,1927年和1930年出了俄文本第1卷和第2卷。书中用英美两国历史上的大量事实揭露了资产阶级民主的虚伪性。——327。

142　关于国防委员会的任务和工作安排的三个文件是列宁在1918年12月1日国防委员会第1次会议上写的。列宁先拟定了委员会最近一个时期的任务和第一次会议的议程(第一个文件),然后又对需要研究的问题写了一系列意见,写得较详细的是粮食问题(第二、第三个文件)。列宁的意见在国防委员会这次会议的决议中得到了反映。

　　国防委员会(工农国防委员会)是全俄中央执行委员会为贯彻它在1918年9月2日颁发的宣布苏维埃共和国为军营的法令而于1918年11月30日设立的。国防委员会是苏维埃俄国的非常最高机关,有动员人力物力保卫苏维埃国家的全权。国防委员会的决议,中央以及地方各部门和机关、全体公民都必须执行。在外国武装干涉和国内战争时期,国防委员会是组织共和国战时经济和编制计划的中心。革命军事委员会及其他军事机关的工作都处于它的严格监督之下。列宁被任命为国防委员会主席。1920年4月初,国防委员会改组为劳动国防委员会,其任务是指导经济系统各人民委员部和所有国防机关的活动。劳动国防委员会一直存在到1937年4月。——328。

143　这里说的是委托列·波·克拉辛起草关于动员技术力量的决定草案,委托克拉辛、弗·伊·涅夫斯基和尼·彼·哥尔布诺夫起草关于调查表的条例的草案,以便提交人民委员会。——329。

144　国防委员会决定把燃料问题交给由列宁、阿·伊·李可夫、伊·伊·拉德琴柯、А.Ф.沃尔柯夫斯基和弗·伊·涅夫斯基组成的专门委员会讨论,并委托列宁负责召集。委员会于1918年12月2日举行会议,通过了列宁起草的《国防委员会燃料委员会的决定草案》(见本卷第331页)。——329。

145　这个草案大概是列宁在燃料委员会(见注144)开会时考虑了委员们发表的意见写成的。列宁的草案由委员会通过并记录在案。决定的各点列宁先按顺序编了号,后来又用双方括号把前两点括出,而把后面的四点重新依次编了号。在委员会的记录中,这几点单列在《与国防委员会决定具有同等效力的委员会决定》这一专门的标题下。在已被批准的列宁写的这份决定草案上署名的还有国防委员会委员斯大林和弗·伊·涅夫斯基。——331。

146　指国家银行拖延给林业总委员会从其专用基金中拨款。——331。

147　1918 年 12 月 1 日,国防委员会在讨论运输工作时设立了一个专门委
员会,负责研究有关全俄肃反委员会在运输系统的活动问题。12 月 3
日,在列宁主持下,该委员会举行了第一次会议。大概是在委员会开会
过程中,列宁草拟了这份建议。建议的各条,除最后两条外,后来都被
列宁删去。委员会根据列宁的建议作出了决定。——332。

148　指各省和各铁路肃反委员会会务委员会的领导成员。——332。

149　根据列宁的建议,委员会决定委托交通人民委员部协同全俄肃反委员
会的代表,按照全俄肃反委员会不干预交通人民委员部的技术管理职
能的原则,修订全俄肃反委员会运输局的条例。关于协调全俄肃反委
员会、铁路肃反委员会(全俄肃反委员会运输局)和交通人民委员部之
间的相互关系问题,参看国防委员会的决定(本卷第 477—478 页)。
——332。

150　根据委员会的决定,各人民委员部和俄共(布)党的委员会都被授予通
过自己的代表参加审讯的权利。——332。

151　关于利用国家监察工作的决定草案是列宁于 1918 年 12 月 3 日在国防
委员会所设实际监督问题委员会会议上提出的。国防委员会设立这个
专门委员会是为了整顿各级苏维埃机关的工作和提高共和国的防御能
力。列宁的草案是委员会作出的决定的基础。——333。

152　1918 年 12 月 4 日,国防委员会根据副粮食人民委员尼·巴·布留哈
诺夫的报告讨论了加快收购进度和增加收购数量的问题。列宁的这个
草稿就是在这次会上写的。草稿中的建议已反映在国防委员会就这个
问题通过的决定中(见《列宁文稿》人民出版社版第 15 卷第 95—96 页)。
——334。

153　1918 年 12 月 5 日,人民委员会讨论了副粮食人民委员尼·巴·布留
哈诺夫提出的《关于建立工人粮食检查机关的条例》草案(参看注
163)。列宁在讨论这一问题时写的人民委员会决定草稿和对《条例》草
案的意见后来被列宁勾掉了,但是经会议通过并吸收进草案的修改意

见,同列宁草稿中提出的意见是一致的。——335。

154 这里说的是由原来的两个银行职员工会——全俄信贷工作者工会和俄罗斯联邦人民银行工作者工会——分别成立人数相等的两个委员会,来共同筹备银行职员代表大会,以便成立统一的银行业工作者联合会的问题。1918年12月2日,在列宁主持的一次专门会议上,讨论了两个银行职员工会的相互关系和召开代表大会的问题。银行职员代表大会于1919年1月初召开。——337。

155 这是列宁在工人合作社第三次代表大会12月9日下午会议上就工人合作社的任务问题发表的讲话。

工人合作社第三次代表大会于1918年12月6—11日在莫斯科举行。出席大会的有208名有表决权的代表和98名有发言权的代表;在有表决权的代表中,121人是共产党员和党的同情者,87人是孟什维克和右派社会革命党人。维·巴·诺根、弗·巴·米柳亭等在大会上就工人合作社的活动问题作了报告。大会谴责了孟什维克和社会革命党人在会上坚持的所谓合作社对苏维埃政权保持"独立"的反苏维埃倾向,认为工人合作社必须集中全力与苏维埃粮食机关共同组织好对居民的供应。大会选出了由15人组成的全俄工人合作社理事会,其中10人是共产党员(诺根、米柳亭、伊·伊·斯克沃尔佐夫-斯捷潘诺夫等)。——340。

156 指民粹派共产党和革命共产党(见注134)。——347。

157 这是列宁在全俄土地局、贫苦农民委员会和公社第一次代表大会开幕当天下午的会议上发表的讲话。

全俄土地局、贫苦农民委员会和公社第一次代表大会于1918年12月11—20日在莫斯科工会大厦举行。出席大会的有来自38个省的550名代表,其中389名是共产党员。雅·米·斯维尔德洛夫代表全俄中央执行委员会致了贺词。农业人民委员谢·帕·谢列达作了关于土地政策问题的报告。弗·巴·米柳亭联系整个国民经济的基本任务作了关于农业的任务的报告。代表们还听取和讨论了大会设立的土地规划小组、农业小组和财政组织小组的报告。大会的报告和决议总结了农村的革命改造,规划了进一步发展农业和由个体小农经济向共耕制过渡的道路。

　　在这次代表大会各项决定的基础上,全俄中央执行委员会制定了《关于社会主义土地规划和向社会主义农业过渡的措施的条例》。列宁直接参加了制定《条例》的工作(列宁对土地共耕条例草案的意见,见本卷第458—460页),并给全俄中央执行委员会设立的《条例》定稿委员会作过报告。《条例》公布于1919年2月14日《全俄中央执行委员会消息报》第34号。——349。

158　《关于苏维埃机关管理工作的规定草稿》是列宁起草的一份供国防委员会讨论的文件。根据列宁拟的名单,这一文件分送给了列·波·克拉辛、尼·尼·克列斯廷斯基、格·伊·彼得罗夫斯基、德·伊·库尔斯基、雅·米·斯维尔德洛夫、瓦·亚·阿瓦涅索夫、斯大林和卡·伊·兰德尔。列宁要求他们将文件交同志们传阅和讨论,在12月14日以前提出书面修改意见。——359。

159　这是列宁在莫斯科普列斯尼亚区工人代表会议上就国际形势和对小资产阶级民主派的态度问题发表的讲话。这个会议是俄共(布)普列斯尼亚区委会和普列斯尼亚区工人和红军代表苏维埃联合召开的,于1918年12月14—16日在阿列克谢耶夫民众文化馆举行。出席会议的有各工业企业和红军部队的代表约1 400名。——364。

160　法国社会党(工人国际法国支部)是由1902年建立的法国社会党(饶勒斯派)和1901年建立的法兰西社会党(盖得派)合并而成的,1905年成立。在统一的社会党内,改良派居领导地位。第一次世界大战一开始,该党领导就转向社会沙文主义立场,公开支持帝国主义战争,参加资产阶级政府。该党党内有以让·龙格为首的同社会沙文主义分子妥协的中派,也有站在国际主义立场上的革命派。俄国十月社会主义革命后,法国社会党内公开的改良派和中派同革命派之间展开了激烈的斗争。在1920年12月举行的图尔代表大会上,革命派取得了多数地位。代表大会通过了该党参加共产国际的决议,并创立了法国共产党。改良派和中派退党，另行建立一个独立的党，仍称法国社会党。——367。

161　北方公社是苏俄北部和西北部各省的行政联合体，下辖彼得格勒省、诺夫哥罗德省、普斯科夫省、奥洛涅茨省、阿尔汉格尔斯克省、沃洛格达省、北德维纳省和切列波韦茨省。1918年4月成立，1919年2月撤销。——368。

162　《红旗报》(《Die Rote Fahne》)是斯巴达克联盟的中央机关报，后来是德国共产党的中央机关报，由卡·李卜克内西和罗·卢森堡创办，1918年11月9日起在柏林出版。该报多次遭到德国当局的迫害。1933年被德国法西斯政权查禁后继续秘密出版。1935年迁到布拉格出版；从1936年10月至1939年秋在布鲁塞尔出版。——370。

163　指粮食人民委员部下面设立工人粮食检查机关一事。《关于建立工人粮食检查机关的条例》于1918年12月5日经人民委员会通过，12月7日公布于《全俄中央执行委员会消息报》。——376。

164　这个建议是列宁在人民委员会1918年12月14日会议讨论弗·巴·米柳亭关于给最高国民经济委员会中央纺织工业委员会拨款的报告时写的。建议反映在人民委员会就这个问题通过的决定中。——377。

165　原稿中1、3两点被列宁勾去。同载入会议记录的决定相对照可以看出，列宁把人民委员会通过的各点保留下来了。——377。

166　《呐喊报》(《Der Weckruf》)是德意志奥地利共产党中央机关报，1918年11月起在维也纳出版。1919年1月15日起称为《社会革命报》，同年7月26日起称为《红旗报》。1920年10月14日起是奥地利共产党中央机关报。

　　　德意志奥地利是1918年奥匈帝国解体后在奥地利本土上成立的国家。1918年11月12日，奥地利临时国民议会宣布德意志奥地利共和国成立。根据1919年9月10日签订的圣热尔曼和约的规定，该共和国改称奥地利共和国。——383。

167 这是列宁在全俄国民经济委员会第二次代表大会开幕后第 7 天会议上发表的讲话。列宁提出的企业和机关工作从集体管理制过渡到领导者个人负责制的建议以及工会要更积极地参加对工业的直接管理、合作社组织要参加国家对产品的收购和分配等意见,已反映在大会就列宁的报告一致通过的决议和大会的其他决定中。

　　全俄国民经济委员会第二次代表大会于 1918 年 12 月 19—27 日在莫斯科举行。出席大会的代表共 216 名,其中有 175 名是共产党员和党的同情者。代表大会分设组织小组、国有化企业管理小组、工业拨款小组、合作社和公用事业小组以及工人监督与国家监督小组。大会总结了最高国民经济委员会和各省国民经济委员会一年来的工作,听取了弗·巴·米柳亭关于世界经济状况和苏维埃俄国经济状况的报告、列·波·克拉辛关于对红军的供应问题的报告、尤·拉林关于商业国有化和组织分配问题的报告、尼·巴·布留哈诺夫关于粮食工作状况的报告和弗·伊·涅夫斯基关于铁路运输问题的报告。大会通过了关于全俄国民经济委员会以及各省国民经济委员会的条例,认为必须取消作为中央和地方国民经济委员会之间的中间环节的地区国民经济委员会,同时规定了组织生产的基本方法和基本形式,认为工业管理必须更加集中,因此设立管理单独工业部门总管理机构和中央管理机构是正确的。大会还通过了关于工人监督与国家监督、关于对红军的供应、关于财政拨款、关于农业合作社、关于组织手工业、关于运输问题等项决定。——389。

168 全俄国民经济委员会第一次代表大会于 1918 年 5 月 26 日—6 月 4 日在莫斯科举行。出席大会的代表共 252 人,代表 5 个区域、30 个省和许多县的国民经济委员会以及最高国民经济委员会各局、工会组织和工厂委员会。布尔什维克在代表中占多数。

　　大会开幕前,5 月 23 日,最高国民经济委员会主席团在列宁参加下仔细地审议了有关大会的各项问题,确定了大会的议程。在讨论最高国民经济委员会主席团委员加·达·魏恩贝尔格关于建立国有化企业管理机构的报告提纲时,列宁建议把国有化企业管理体系简化为地方的工厂管理机构和中央的管理机构(最高国民经济委员会生产局),

撤销一切中间的管理机构。

代表大会的议程包括以下问题：布列斯特和约的经济后果；俄国的一般经济状况和经济政策；最高国民经济委员会的活动；俄国的财政状况；国家预算；对外贸易；关于国家建筑工程委员会；地方报告。列宁在代表大会第 1 次会议上发表了讲话。"左派共产主义者"、无政府工团主义者、孟什维克和左派社会革命党人在代表大会上反对列宁关于在民主集中制原则基础上组织社会主义生产和管理的计划。经过斗争，代表大会根据列宁的原则方针通过了国有化企业管理条例以及关于必须进一步实行社会主义国有化、关于城乡商品交换、关于改组最高国民经济委员会等决定。代表大会还制定了加强劳动纪律和提高劳动生产率的措施。——391。

169 科卢帕耶夫和拉祖瓦耶夫是俄国作家米·叶·萨尔蒂科夫-谢德林的特写作品《蒙列波避难所》中的人物，他们都是俄国 1861 年农民改革后新兴资产者的典型。——394。

170 1918 年 12 月—1919 年初，在全俄工会第二次代表大会（见注 180）开幕前不久，苏俄开展了关于工会任务问题的讨论。列宁的这个提纲就是为这次讨论而写的。1918 年 12 月底，全俄中央执行委员会共产党党团专门召开扩大会议讨论了这个问题，列宁在会上发表了讲话。——397。

171 《贫苦农民报》（《Беднота》）是俄共（布）中央主办的供农民阅读的报纸（日报），1918 年 3 月 27 日—1931 年 1 月 31 日在莫斯科出版。该报的前身是在彼得格勒出版的《农村贫民报》、《士兵真理报》和在莫斯科山版的《农村真理报》。国内战争时期，《贫苦农民报》也是红军的报纸，在军内销售的份数占总印数的一半。先后担任该报编辑的有维·阿·卡尔宾斯基、列·谢·索斯诺夫斯基、雅·阿·雅柯夫列夫等。该报编辑部曾为列宁编写名为《贫苦农民晴雨表》的农民来信综述。从 1931 年 2 月 1 日起，《贫苦农民报》与《社会主义农业报》合并。——401。

172 《持枪扶犁的一年》一书是苏俄特维尔省韦谢贡斯克县县报编辑亚·

伊·托多尔斯基写的,由该县执行委员会于1918年出版。这本书既是
在十月革命一周年之际就县苏维埃政权一年来的工作向党的特维尔省
委员会的汇报,也是韦谢贡斯克苏维埃向全县劳动人民的汇报。书中
记述了该县同阶级敌人作斗争的情况,以及在社会主义建设方面所迈
出的最初步伐。该书共印1 000册,分发到全县各个乡、村,还以交换
出版物和交流经验的形式寄给了中央和邻省各报编辑部。列宁曾不止
一次提到托多尔斯基的这本书(除本文外,还见本版全集第42卷《政论
家札记》一文的两个提纲和第43卷所载俄共(布)第十一次代表大会文
献中的《俄共(布)中央委员会政治报告》)。——401。

173 指1918年11月1日东线肃反委员会在喀山出版的《红色恐怖》杂志第
1期。该杂志主要刊载指令、报告、汇报等官方材料。——404。

174 这是列宁以全俄中央执行委员会共产党党团报告人的身份在1919年
1月17日全俄中央执行委员会、莫斯科苏维埃和全俄工会代表大会联
席会议上发表的讲话。这篇讲话对他代表共产党党团提出的粮食政策
基本原则草案作了说明。

　　这次全俄中央执行委员会、莫斯科苏维埃和全俄工会代表大会联
席会议是在粮食状况严重的形势下召开的。联席会议一致通过了列宁
提出的粮食政策基本原则草案。会议的决议认为对粮、茶、盐、糖这些
主要食物品种实行国家垄断的政策是正确的。那些由于粮食机关不够
健全而暂时不宜实行垄断的肉类、海鱼等食物品种仍不实行垄断,但也
只能由粮食人民委员部所属机构按照固定价格收购。决议的基本原则
写进了《关于收购食物的法令》。这一法令于1919年1月21日经人民
委员会批准,1月24日公布于《全俄中央执行委员会消息报》。苏维埃
国家在粮食问题上贯彻执行的措施,是被称为战时共产主义政策的一
整套措施的一部分。—— 405。

175 指人民委员会《关于在农村产粮地区实行义务商品交换的法令》(载于
1918年8月8日《全俄中央执行委员会消息报》第168号)。这一法令
规定通过合作社组织进行商品交换。关于利用合作社来组织居民供
应,还见1918年11月21日人民委员会《关于组织居民供应工作的法

令》(见注 85)。——406。

176　一普特半制度是指莫斯科苏维埃于 1918 年 8 月 24 日和彼得格勒苏维埃于同年 9 月 5 日分别通过的决定。根据这两项决定,莫斯科和彼得格勒两地的工人和职员可以自由运输不超过一普特半(约等于 50 市斤)的供个人消费的食物。这是在当时国家垄断食物购销的情况下采取的一种例外措施。人民委员会规定,莫斯科和彼得格勒苏维埃的上述决定只在 1918 年 10 月 1 日以前有效。——410。

177　这是列宁在 1919 年 1 月 18 日举行的俄共(布)莫斯科市代表会议上发表的讲话。这一次俄共(布)莫斯科市代表会议是为讨论中央苏维埃机关和地方苏维埃机关之间、党同苏维埃中的共产党党团之间的相互关系问题而召开的。伊·韦·齐夫齐瓦泽代表俄共(布)莫斯科委员会在会议上发言并提出决议草案。这个草案确认必须改善苏维埃的实际工作,但是反对以叶·尼·伊格纳托夫为首的集团提出的关于取消人民委员会和根本改变苏维埃宪法的要求。代表会议以多数票通过了莫斯科委员会的决议草案。——419。

178　这是列宁在全俄国际主义者教师第二次代表大会上发表的祝词。

全俄国际主义者教师第二次代表大会于 1919 年 1 月 12—19 日在莫斯科举行。代表大会通过的决议认为,必须成立全俄教育工作者和社会主义文化工作者工会。代表大会听取了几个关于统一制劳动学校的报告,制定了一系列改善红军中的文化教育工作的措施。——421。

179　1919 年 1 月 15 日,在以右翼社会民主党人弗·艾伯特和菲·谢德曼为首的德国政府知情的情况下,古·诺斯克领导的反革命部队的军官杀害了德国共产党的领袖卡·李卜克内西和罗·卢森堡。噩耗于 1 月 17 日传到了莫斯科,雅·米·斯维尔德洛夫当即在全俄中央执行委员会、莫斯科苏维埃和全俄工会代表大会联席会议上予以宣布。次日,《全俄中央执行委员会消息报》和《真理报》发表了由斯维尔德洛夫签署的联席会议《告德国各级苏维埃和全体工人阶级书》。党中央委员会和全俄中央执行委员会还号召各级党组织和苏维埃在各地举行游行示威和抗议集会。莫斯科各企业的工人和红军部队于1月19日打着挽幛在苏维埃广场举行集会。列宁向示威群众发表了讲话。发表讲话的还有斯维尔德洛夫、阿·瓦·卢那察尔斯基等。——425。

180 这是列宁于1919年1月20日下午在全俄工会第二次代表大会第三次全体会议上就工会的任务问题作的报告。

全俄工会第二次代表大会于1919年1月16—25日在莫斯科工会大厦举行,出席大会的有648名有表决权的代表,其中449名是共产党员和党的同情者。当时全俄工会共有会员442万名。列入大会议程的是关于全俄工会中央理事会的工作总结、工会的任务问题以及若干组织问题。大会以多数票通过了共产党党团提出的决议案,其中指出,打着工会运动"统一"、"独立"的旗号而把无产阶级同苏维埃国家机关对立起来的企图,已经使"拥护这一口号的集团走上了公开反对苏维埃政权的道路,使他们自外于工人阶级的队伍"。决议也驳斥了将国家政权的职能交给工会行使的无政府工团主义要求。大会向各级工会组织提出了要特别注意提高劳动生产率和加强劳动纪律的任务,建议把准确规定超定额增加报酬的计件奖励工资制作为工资制度的基础。代表大会非常注意组织社会保险和劳动保护以及加强工会在培养熟练技术干部方面的作用。大会还确定了按生产单位建立工会的原则。——426。

181 列宁大概是指经济派的宣言《信条》中的一句话:"俄国马克思主义者的出路只有一条:参加,也就是帮助无产阶级的经济斗争,并且参加自由主义反对派的活动。"列宁在《俄国社会民主党人抗议书》(见本版全集第4卷)中引用了《信条》的全文并加以批判。后来,列宁在《怎么办?》这部著作中指出:臭名远扬的《信条》所以博得了那种应有的名声,也正是因为它……吐露了"经济主义"的基本政治倾向:让工人去作经济斗争(更确切些说,去作工联主义的斗争,因为工联主义的斗争也包括一种特殊的工人政治),而让马克思主义的知识分子去同自由派结合起来作政治"斗争"(见本版全集第6卷第17页)。——432。

182 《给欧美工人的信》是继《给美国工人的信》(见本卷第47—63页)之后写的。这封信分别刊载于1919年柏林《行动》杂志3月号和《工人苏维埃》杂志 4 月号,并用英文出版过单行本。——442。

183　《自由报》(«Die Freiheit»)是德国独立社会民主党的机关报(日报),
1918 年 11 月 15 日—1922 年 9 月 30 日在柏林出版。——447。

184　指《真理报》通讯员和承印《真理报》的劳动印刷所的工人——布尔什维
克伊·阿·沃伊诺夫被害事件。1917 年七月事变期间,《真理报》编辑
部被士官生捣毁以后,沃伊诺夫参加了出版《〈真理报〉小报》的工作。
1917 年 7 月 6 日(19 日),他在什帕列尔街(今沃伊诺夫街)散发《〈真理
报〉小报》时被哥萨克和士官生杀害。——448。

185　这是列宁在各省国民教育局社会教育处处长第二次会议上就社会教育
问题发表的讲话。

各省国民教育局社会教育处处长第二次会议于 1919 年 1 月 24—
28 日在莫斯科举行。会议的主要议程是国民教育委员会的工作问题。
娜·康·克鲁普斯卡娅就这个问题讲了话。阿·瓦·卢那察尔斯基参
加了会议的工作。——450。

186　乌克兰苏维埃起义是指 1918 年 11—12 月乌克兰工人和农民反对德国
占领者及其傀儡乌克兰盖特曼帕·彼·斯科罗帕茨基的起义。12 月
14 日,斯科罗帕茨基从基辅逃走,政权暂时落入以弗·基·温尼琴科
和西·瓦·佩特留拉为首的乌克兰督政府手中。红军于 1919 年 1 月
3 日解放了哈尔科夫,2 月 5 日解放了乌克兰首都基辅。——452。

187　人民委员会关于合作社的决定草案于 1919 年 1 月 28 日在人民委员会
会议上略加修改后通过。2 月 2 日,《全俄中央执行委员会消息报》在
报道人民委员会工作情况的简讯中援引了这个决定的第一部分。决定
第 4 点提到的关于消费公社的法令草案,于 3 月 16 日由人民委员会通
过,发表于 3 月 20 日《全俄中央执行委员会消息报》第 60 号。对第 1
点的补充原来写在第 1 点左边的空白处,大概是列宁写完整个决定草
案以后添加的。在人民委员会 1 月 28 日通过的决定中,第 1 点开头的
措辞是:"委托最高国民经济委员会合作社局和粮食人民委员部会同中

央统计局在最短期限内搜集到有关合作社实际贯彻执行苏维埃政策基本方针的资料。"——456。

188 列宁写的这个决定草案经人民委员会1919年1月30日会议通过,发表于2月1日《全俄中央执行委员会消息报》第23号。

1918—1919年,列宁不止一次地在人民委员会提出图书馆工作的问题。例如,在列宁主持下,1918年4月26日人民委员会会议曾建议教育人民委员部召开会议来拟定成立中央档案馆管理局的详细方案以及按照瑞士和美国的制度改革整个图书馆工作的方案。由于这个会议没有举行,1918年6月7日,在人民委员会讨论《社会主义社会科学院条例》时,列宁起草了一个决定草案,批评了教育人民委员部,责成它采取有力措施集中管理图书馆工作。1919年1月14日,人民委员会会议通过决定:发表人民委员会1918年6月7日的决定(不注明日期)。这一决定刊载于1919年1月17日《全俄中央执行委员会消息报》。——457。

189 列宁作了批注的土地共耕条例草案是农业人民委员部的一个专门委员会拟定的。草案经农业人民委员部部务委员会依照列宁的意见修改以后,被纳入《关于社会主义土地规划和向社会主义农业过渡的措施的条例》,作为该条例的第8章,标题是《关于土地共耕制》(参看注157)。——458。

190 这一信件,根据列宁的指示,分送给了粮食人民委员部、财政人民委员部和最高国民经济委员会。列宁关于从资产阶级合作社的供应和分配过渡到无产阶级共产主义的供应和分配的措施的指示,在人民委员会1919年3月16日通过的《关于消费公社的法令》中得到了反映。——461。

191 关于修筑北方大铁路(从鄂毕河经科特拉斯到彼得格勒和摩尔曼斯克的铁路)的问题,早在俄国十月社会主义革命前就曾在一些报刊上和学会中进行过讨论。十月革命后,苏维埃俄国由于遭到第一次世界大战和外国武装干涉的破坏,不可能靠自己的力量修筑这条铁路。为了发展生产力,苏维埃政府认为可以用租让的办法吸收私人资本从事这项工程的建设。画家A.A.波里索夫和挪威籍人爱德华·甘内维格于1918年声明愿意承租。1919年2月4日,人民委员会讨论了这一问题,对列宁的决定草案稍加补充后予以通过。在草案的手稿中,最后一句话看来在送人民委员会秘书处以前被列宁删去。租让合同后来没有签订。——463。

192　这篇文章是对农民出身的红军战士Г.古洛夫来信的答复。古洛夫的信刊载于1919年2月2日《全俄中央执行委员会消息报》第24号。古洛夫在信中说,根据他同中农的多次交谈,他认为"中农至今还不清楚他们的地位和共产党对他们的态度"。他请列宁"向共产党员同志们说明:什么是中农,如果对中农有正确的理解,那么中农对我们的社会主义政府会有什么帮助"。——469。

193　十月社会主义革命胜利后,列·达·托洛茨基曾一度在表面上同意党对农民问题的政策。列宁在文中提到的托洛茨基给中农的信就属于这种情况。列宁在这里说同托洛茨基在农民问题上没有分歧指的是在现行政策方面,而没有涉及与托洛茨基错误的"不断革命论"有关的在社会主义革命和社会主义建设一些根本原则问题上的分歧。——469。

194　列宁代外交人民委员拟的这份电稿是对德国外交部1919年2月19日无线电报的答复。德国外交部的电报转达了伯尔尼社会党代表会议向俄国提出的关于发给它所委派的专门委员会以入境许可证的申请。外交人民委员格·瓦·契切林在列宁拟的电稿后面加了一句话:"请确切讲明委员会到达的具体时间,以便我们能够根据同立陶宛和白俄罗斯苏维埃共和国的协议尽量为委员会此行提供方便。"电稿经契切林签署后拍往德国。电稿中提出的苏维埃共和国的代表可否访问有公民参加该委员会的其他民主国家的问题,后来没有得到答复。

　　伯尔尼代表会议是各社会沙文主义政党和中派政党在战后召开的第一次会议,目的是恢复第二国际。会议于1919年2月3—10日在伯尔尼举行。会议讨论的主要问题之一是民主和专政问题。中派分子亚·布兰亭就这一问题作了报告,企图证明社会主义革命和无产阶级专政不会导致社会主义,并提了一个实际上谴责无产阶级专政、颂扬资产阶级民主的决议案。卡·考茨基和爱·伯恩施坦在发言中竭力要代表会议谴责布尔什维主义和俄国的社会主义革命。弗·阿德勒、让·龙格、斐·洛里欧等提出另一个决议案,以缺乏足够的资料为由反对对苏维埃俄国作任何评价。会议最后通过了一个双方满意的共同决议:对俄国、奥匈帝国和德国的革命表示祝贺,并"号召各国工人力求用民主方法建立革命政体,而政治革命则应在此范围内进行"。在表决上述决议案之后,会议决定委派由阿德勒、考茨基、鲁·希法亭等人组成的专门委员会去苏维埃俄国了解它的政治、经济情况。"伯尔尼的钦差大臣们"(列宁语)后来没有成行。——473。

195　这一文件几乎全文写进了俄共(布)中央1919年2月19日通过的决定。决定建议乌克兰政府在农民中广泛开展宣传鼓动工作以说明实行余粮收集制的必要性,责成乌克兰粮食人民委员部确定各地区的征粮数量和送交地点,还指出必须成立给遭受严重饥荒的苏维埃俄国以接济的各级委员会。——474。

196　这个决议草案是列宁在全俄中央执行委员会讨论孟什维克的《永远前进报》的问题时起草的。看来,在此以前,列宁曾读过别人拟的另一个决议草案。

　　1919年2月25日,全俄中央执行委员会主席团通过了查封《永远前进报》的决定;2月26日,全俄中央执行委员会全体会议批准了这项决定并一致通过了一项详细决定,其中写入了列宁的草案的基本论点。2月27日,这项决定经全俄中央执行委员会主席雅·米·斯维尔德洛夫和全俄中央执行委员会秘书瓦·亚·阿瓦涅索夫签署,发表于《全俄中央执行委员会消息报》第45号。

　　《永远前进报》(《Всегда Вперед!》)是俄国孟什维克的报纸(日报),1918年5月14日在莫斯科出了一号。1919年1月22日—2月25日继续出版,随后根据全俄中央执行委员会的决定被查封。该报原称《前进报》,1917年3月起在莫斯科出版,最初是孟什维克莫斯科组织的机关报,后来是俄国社会民主工党(孟什维克)莫斯科组织委员会和中部区域委员会的机关报。从 1918 年 4 月 2 日起,是孟什维克中央委员会的机关报,尔·马尔托夫、费·伊·唐恩和亚·萨·马尔丁诺夫参加了该报编辑部。1918 年 5 月 10 日,根据全俄肃反委员会的决定,《前进报》被查封,领导人被送交法庭审判。——475。

197 《关于德国独立党宣言》一文没有写完。后来列宁在关于资产阶级民主和无产阶级专政的提纲第 21 条中,对德国独立社会民主党的宣言作了批判(见本卷第 494—495 页)。——479。

198 指 1916 年 2 月 5—9 日在伯尔尼举行的扩大的国际社会党委员会会议。出席这次会议的有德国、俄国、意大利、挪威、奥地利、波兰、瑞士、保加利亚和罗马尼亚等国的 22 名国际主义者代表。列宁积极参加了会议的工作。他以布尔什维克及波兰王国和立陶宛社会民主党边疆区执行委员会的名义发表声明,反对邀请卡·考茨基、胡·哈阿兹和爱·伯恩施坦参加国际社会党第二次代表会议。会议通过的《告加入联盟的各党派书》谴责社会党人参加资产阶级政府和投票赞成军事拨款,谴责在帝国主义战争中"保卫祖国"的口号,指出必须支持工人运动和准备大规模的革命行动来反对帝国主义战争。齐美尔瓦尔德左派代表投票赞成这个呼吁书,指出它有不彻底的地方,但比国际社会党第一次代表会议的决议前进了一步。会议确定了召开国际社会党第二次代表会议的日期。——479。

199 指卡·考茨基的《党团和党》一文。该文载于 1915 年 11 月 26 日《新时代》杂志第 9 期。——480。

200 这里说的《第三国际基本原则》提纲,全文如下:

"1. 帝国主义政策充分暴露出它是金融资本的必然产物。强盗国家之间瓜分和重新瓜分世界的斗争,在导致对生产力的空前破坏和世界性的饥荒的同时,现正变成国内战争,变成阶级战争,即资本主义联合势力反对俄国已经组织起来的无产阶级国家和其他国家力求夺取政权的无产阶级的战争。

2. '保卫祖国'这个社会爱国主义的口号已被彻底揭穿:它是对群

众的最大欺骗,它为帝国主义的强盗政策辩护,不仅为帝国主义力图掠夺别的国家,而且为帝国主义疯狂反对奋起斗争的无产阶级(乌克兰、芬兰、拉脱维亚、苏维埃俄国)辩护。'国际联盟'这个比较'新鲜的'、不仅为公开的社会主义叛徒所拥护而且为考茨基派社会和平主义者所拥护的帝国主义口号,是更加危险的口号,正在暴露出它为各国资本家反对无产阶级起义的神圣同盟(威尔逊、埃尔茨贝格尔)打掩护的真面目。

3.饥荒、资本主义的瓦解、资本家为反对无产阶级而结成神圣同盟等等,整个世界的这种形势正在把工人的共产主义革命提上欧美无产阶级的议事日程。这场革命,如同马克思和恩格斯早就教导的那样,应当破坏和摧毁资产阶级的国家机器,击溃和瓦解已在解体的帝国主义力量,组织新的政权——无产阶级专政。

4.因此,目前首要的事情是加紧实行群众斗争的策略,办法是将街头示威、总罢工等发展成为把大批武装士兵吸引到自己方面来的无产阶级群众的武装起义。

大力进行准备起义的工作,特别是在士兵中间的工作,现在已成了真正赞成而不是口头上赞成社会主义变革的各国党的首要任务。

5.为了使运动激化,一定要利用议会讲坛进行革命鼓动,要把议会斗争和街头斗争结合起来,要宣传进行国内战争来剥夺资本和建立国际苏维埃共和国是摆脱现状的唯一出路。

6.为了对运动进行筹划和实行领导,必须建立秘密的革命机关,由它传播不打折扣的革命口号和造就领导无产阶级革命斗争所必需的干部。

7.在当前的历史时期,运动的政治目的和运动的口号不是资产阶级民主,而是无产阶级专政,**即无产阶级**民主。前者只不过是绝对应予消灭的资本统治的非常精巧的表现形式,后者则给劳动群众以极其广泛的自由,同时镇压剥削者必然要进行的疯狂反抗。这种无产阶级民主并不以**宣告各种自由**为限,它把重心移到**为劳动阶级提供实现各项自由的保证**上面。它剥夺资本所有者,把供集会用的场所、供出版工人报纸用的纸张和印刷厂等等交给劳动阶级支配。它吸引工人的所有群众组织参加无产阶级国家的建设。只有这种民主才能成为无产阶级起义的口号。

8.这种**无产阶级**民主同时又是无产阶级**专政**,也就是最无情地镇压无产阶级的敌人的机关。**俄国**革命的经验以及**芬兰**社会主义革命的经验都表明,资产阶级是不惜采取一切斗争方法(怠工,暴动,外国援助,阴谋,恐怖,处决,大规模枪杀,人为地加剧饥荒,等等,等等)的。

为了整个社会主义的未来,无产阶级必须最无情地镇压上述活动。死死抓住政权不放的正在丧失**一切**的资产阶级所进行的斗争,必然是一场殊死斗争。因此无产阶级的统治同时就是对资产阶级的镇压,就是无产阶级**专政**。

9.起义胜利之后就要变为**政权**的群众革命斗争的当然机关,是工人代表苏维埃。它不是从黄色工会和黄色社会民主党的官员中选出的,而是以工厂为单位从群众本身中选出的。因此在每个国家都不应把所谓民主共和国和立宪会议作为自己的口号,而应当把**苏维埃共和国**作为自己的口号。

10.目前已经十分清楚,社会民主党以及作为运动的正式意识形态的马克思主义已分裂成为三大派:右派、中派和左翼激进派。右派(谢德曼、托马、韩德逊、大部分孟什维克和全部右派社会革命党人)成了直接扼杀社会主义革命的刽子手(德国人对芬兰、乌克兰所采取的行动,盟国的"干涉")。中派(考茨基、龙格、英国的……(文件中有遗漏。——《列宁全集》俄文第5版编者注))中的一部分已经暴露出是彻头彻尾的叛徒(考茨基),另一部分则表明,他们不仅不能在革命中带领群众前进,而且还在有意识地阻碍一切群众运动。运动愈是向前发展,这一派的危害就愈大。只有极端的左派才能成为无产阶级的领袖。因此,这些集团在真正国际主义的和真正革命的行动纲领的基础上进行国际接触是迫切需要的。"

上述提纲大概是为制定共产国际行动纲领以便提交即将召开的共产国际第一次代表大会而起草的。——481。

201　这是有关共产国际第一次代表大会的几篇文献。

共产国际第一次代表大会(国际共产党代表会议)于1919年3月2—6日在莫斯科举行。这次大会宣告了共产国际的成立。

1914年8—9月，列宁在他起草的提纲《革命的社会民主党在欧洲大战中的任务》和俄国社会民主工党宣言《战争和俄国社会民主党》（见本版全集第26卷）中提出了建立新的、排除机会主义分子的国际的任务。在第一次世界大战期间，列宁进行了大量工作来团结各国社会党中的左派分子，为建立新的国际奠定了组织基础。

1918年1月24日在彼得格勒召开的左派社会党人会议，讨论了筹备召开共产国际成立会议的问题，选举产生了筹备机构。1919年1月，由俄共（布）发起，召开了有俄国、匈牙利、德意志奥地利、拉脱维亚、芬兰五国的共产党和波兰共产主义工人党、巴尔干社会民主党联盟、美国社会主义工人党共8个党的代表参加的会议。会议讨论了召开各国革命无产阶级政党的代表大会以创立新的国际的问题，并向欧洲、亚洲、美洲、大洋洲的39个政党、团体和派别发出了邀请信。

代表大会于3月2日开幕。参加大会的有来自21个国家的35个政党和团体的代表52名。列宁主持了大会。他在3月4日的会议上宣读了关于资产阶级民主和无产阶级专政的提纲，并在自己的报告中论证了提纲的最后两点。代表大会一致赞同列宁的提纲，决定交执行局向世界各国广为传播。

代表大会通过了《共产国际的行动纲领》，指出无产阶级的社会主义革命的时代已经开始，无产阶级要团结所有力量同机会主义决裂，为建立无产阶级专政的苏维埃而斗争。代表大会在《关于对各"社会主义"派别和伯尔尼代表会议的态度的决议》中谴责了恢复第二国际的企图。代表大会还通过了题为《告全世界无产者》的宣言，宣称共产国际是《共产党宣言》宣布的事业的继承者和实践者，号召全世界无产者在工人苏维埃的旗帜下、在夺取政权和实行无产阶级专政的革命斗争的旗帜下、在共产国际的旗帜下联合起来。——483。

202 车间代表委员会是第一次世界大战期间英国一些工业部门的工人组织，由车间工人选举的代表组成。它们同执行"国内和平"政策的工联领袖相对立，捍卫工人群众的利益和要求，领导工人罢工，进行反战宣传。在车间代表运动的中心克莱德地区，建立了克莱德工人委员会，其影响遍及该地区的所有工人。克莱德工人委员会的章程中规定，该委

员会的任务是按阶级原则组织工人进行斗争,直到完全消灭雇佣劳动
制度为止。在伦敦、设菲尔德等大工业中心也成立了工人委员会。
1916 年,车间代表委员会成立了全国性组织。俄国十月革命后,在外
国武装干涉苏维埃共和国期间,车间代表委员会积极支持苏维埃俄国。
车间代表委员会的许多活动家,包括威·加拉赫、哈·波立特等,后来
加入了英国共产党。——484。

203　列宁读的那份报纸可能有不确之处。那里说的大概不是伯明翰工人代
表苏维埃,而是车间代表委员会。1919 年 3 月 3 日,英国共产主义小
组代表约·法因贝格在共产国际第一次代表大会上发言时说:“在一些
工业地区成立了有车间代表委员会代表参加的地方工人委员会,如克
莱德工人委员会、伦敦工人委员会、设菲尔德工人委员会等。这些委员
会成了各地的组织中心和相应地区的有组织的工人的代表。有一个时
期,企业主和政府根本不想承认车间代表委员会,但他们终于不得不同
这些‘非官方的’委员会进行谈判。劳合-乔治表示同意承认伯明翰委
员会为经济组织,这就证明,车间代表委员会已成为英国工人运动中经
常起作用的因素。现在,车间代表委员会、工人委员会和车间代表委员
会全国代表会议已经成为类似苏维埃共和国的基础的组织。”(见《共产
国际第一次代表大会记录》1933 年俄文版第 63 页)——484。

204　指俄共(布)第七次代表大会(1918 年 3 月 6—8 日)通过的关于更改
党的名称和修改党纲的决议(见本版全集第 34 卷第 53—54 页)。
——496。

205　《印刷工人报》(《Газета Печатников》)是受孟什维克影响的莫斯科印刷
业工会的报纸,1918 年 12 月 8 日创刊,因进行反苏维埃宣传于 1919 年
3 月被查封。——498。

206　这里说的是当时匈牙利和瑞士的革命运动。
　　　1918 年 10 月 30 日深夜匈牙利爆发了革命。资产阶级的自由主
义激进派政党和社会民主党组成了联合政府。这个政府没有能力应付
内部和外部困难,于 1919 年 3 月 20 日辞职,并建议由社会民主党单独

组织政府。但是在当时革命危机尖锐化的形势下,社会民主党的领袖们不敢成立没有共产党参加的政府,不得不同当时还在狱中的匈牙利共产党领导人进行谈判。结果,双方签订了建立苏维埃政权的协议,同时决定两党在共产主义原则基础上和承认无产阶级专政的条件下合并,改称匈牙利社会党。3月21日,匈牙利苏维埃共和国宣告成立,匈牙利第一届苏维埃政府——革命政府委员会组成,社会民主党人加尔拜·山多尔任主席,匈牙利共产党领袖库恩·贝拉任外交人民委员。

1917—1919年间,瑞士工人运动在十月社会主义革命影响下日趋高涨。1917年11月15日,苏黎世举行了庆祝俄国革命的群众大会。会后,工人们喊着"决不再给交战国提供炮弹!"的口号,唱着《国际歌》,直奔两个弹药厂,迫使这两个工厂关闭。11月17日,要求释放被捕同志的工人在苏黎世同警察发生了冲突,工人们筑起街垒,政府调来的军队用机枪扫射群众,全市宣布戒严。政府的迫害并未能阻止已经开始的革命运动。1918年爆发了反对提高食品价格的群众性经济罢工,斗争持续了好几个月。同年11月,瑞士爆发了支持苏维埃俄国的政治总罢工。在革命运动蓬勃高涨的情况下,瑞士社会党左翼革命分子成立了共产主义小组。——499。

207 指载于1918年11月18日《红旗报》第3号的罗·卢森堡的《开端》一文。——500。

208 《人道报》(«L' Humanité»)是法国日报,由让·饶勒斯于1904年创办。该报起初是法国社会党的机关报,在第一次世界大战期间为法国社会党极右翼所掌握,采取了社会沙文主义立场。1918年该报由马·加香领导后,反对法国政府武装干涉苏维埃俄国的帝国主义政策。在法国社会党分裂和法国共产党成立后,从1920年12月起,该报成为法国共产党中央机关报。——507。

209 《前进报》(«Avanti!»)是意大利社会党中央机关报(日报),1896年12月在罗马创刊。第一次世界大战期间,该报采取不彻底的国际主义立场。1926年该报被贝·墨索里尼的法西斯政府查封,此后在国外不定期地继续出版。1943年起重新在意大利出版。——509。

210　波舍霍尼耶原为俄国北部一个偏僻的县城。自俄国作家米·叶·萨尔蒂科夫-谢德林的小说《波舍霍尼耶遗风》问世后,波舍霍尼耶即成为闭塞落后的穷乡僻壤的同义语。——509。

211　《关于消费公社的提纲》曾提交人民委员会1919年3月7日会议讨论。会议决定由尼·尼·克列斯廷斯基、维·巴·诺根和莫·伊·弗鲁姆金组成专门委员会,以列宁这个提纲和弗鲁姆金的提纲为基础准备《关于消费公社的法令》草案。委员会所拟草案经列宁修改,于3月16日通过,又经列宁审定和签署,作为正式法令公布于3月20日《全俄中央执行委员会消息报》第60号。根据这个法令,城乡一切合作社都必须合并为一个统一的分配机关——消费公社;当地所有居民都加入这个公社;每个公民都必须成为公社的社员并在它的一个分配站注册;各地方消费公社联合为省消费合作总社,各消费合作总社的统一中心是中央消费合作总社。

　　列宁的这个提纲的手稿没有保存下来,多年以来一直认为提纲已经丢失。苏共中央马克思列宁主义研究院高级研究员K.A.阿哈普金经过考证断定,附在人民委员会1919年3月7日会议记录中的一份打字稿,就是列宁的提纲。1968年这个提纲正式发表于《苏维埃政权法令汇编》第4卷。——513。

212　社会保障人民委员部妇幼保健司鼓动员训练班结业时,女学员们写信邀请列宁前来讲话。她们在信末保证要把丈夫、兄弟和儿子参加红军后遗留的工作担当起来。列宁的讲话一开头就提到了这件事。关于列宁讲话的报道,载于1919年莫斯科出版的《社会保障人民委员部妇幼保健司1918年5月1日—1919年5月1日工作报告》。——516。

213　这个意见和给斯大林的便条大概是在1919年3月8日人民委员会会议上讨论改组国家监察人民委员部的问题时写的。根据列宁的意见,人民委员会通过决定,指出必须对提出讨论的法令草案进行修改,补充以下几点:"(一)由工人组织经常参加。(二)由从无产阶级分子中约来作证的人经常参加。(三)用突击检查和其他革命措施消灭拖拉作风。(四)明确规定对其他人民委员部的权利和义务。(五)把检查和监督的职能同视察职能严格区分开,同时应将视察职能留给有关的人民委员部。"

这一法令于1919年4月2日经全俄中央执行委员会会议批准,公布于4月12日《全俄中央执行委员会消息报》第79号。——517。

214 指捷克斯洛伐克民族委员会的领袖们从英法两国政府领取的用以组织捷克斯洛伐克军反革命叛乱的经费(见本卷第2页)。——519。

215 列宁的意见是在1918年8月5日或6日人民委员会开会讨论亚·德·瞿鲁巴关于提高粮食收购固定价格的报告时写的。列宁的建议在人民委员会关于这个问题的几项决定中得到了反映。——522。

216 列宁在报告中对这些国家的革命运动作了评述(见本卷第115—116页)。——525。

217 关于雅·沙杜尔的信,见注61。——525。

218 指英国的三个社会党对苏维埃共和国的态度(见本卷第116页),其中两个党(英国社会党和社会主义工人党)反对干涉苏维埃俄国。——525。

219 见注63。——525。

220 指德国在第一次世界大战中遭到失败以后两个帝国主义国家集团之间的力量对比发生了有利于协约国的变化。——526。

221 列宁在报告中谈到必须把红军至少扩充十倍(见本卷第127页)。——526。

222 列宁写好整个文件后补写在手稿上方的这一点,在报告中也有反映。他在报告中说明乌克兰的情况和德国占领军士兵中革命情绪的增长时,规定了乌克兰共产党员的任务(见本卷第122—124页)。——528。

223　1918年12月4日,国防委员会讨论关于图拉弹药厂和兵工厂实行三班作业问题时,认为必须由专门委员会来研究这个问题。专门委员会于12月5日开会,出席的有列宁、红军供给非常委员会主席列·波·克拉辛、共和国革命军事委员会副主席埃·马·斯克良斯基、总司令约·约·瓦采季斯、军械总部和图拉弹药厂的代表等共17人。专门委员会通过了几项与国防委员会的决定具有同等效力的决定;列宁在这里收载的笔记中提出的措施在这些决定中得到了反映。——531。

224　列宁的意见是在哈尔科夫苏维埃政权恢复时写的。

　　1919年1月3日,苏维埃军队从佩特留拉分子手中解放了哈尔科夫。——533。

225　给哈尔科夫派工作人员的问题,由国防委员会1919年1月17日和27日的会议进行了讨论。——533。

人 名 索 引

A

阿德勒,弗里德里希(Adler,Friedrich 1879—1960)——奥地利社会民主党右翼领袖之一,"奥地利马克思主义"理论家,第二半国际和社会主义工人国际的组织者和领袖之一;维·阿德勒的儿子。1907—1911年任苏黎世大学理论物理学讲师。1910—1911年任瑞士社会民主党机关报《民权报》编辑,1911年起任奥地利社会民主党书记。在哲学上是经验批判主义的信徒,主张以马赫主义哲学"补充"马克思主义。第一次世界大战期间主张社会民主党对帝国主义战争保持"中立"和促使战争早日结束。1914年8月辞去书记职务。1916年10月21日因枪杀奥匈帝国首相卡·施图尔克伯爵被捕。1918年11月获释后重新担任党的书记,走上改良主义道路。1919年当选为全国工人代表苏维埃执行委员会主席。1923—1939年任社会主义工人国际书记。——24、132、138、205、385。

阿尔伯特,麦·——见埃贝莱因,胡戈。

阿夫克森齐耶夫,尼古拉·德米特里耶维奇(Авксентьев,Николай Дмитри-евич 1878—1943)——俄国社会革命党领袖之一,该党中央委员。1905年为彼得堡工人代表苏维埃委员。斯托雷平反动时期和新的革命高涨年代参加社会革命党右翼,任社会革命党中央机关刊物《劳动旗帜报》编委。第一次世界大战期间是社会沙文主义者,为护国派刊物《在国外》、《新闻报》、《号召报》撰稿。1917年二月革命后任彼得格勒苏维埃执行委员会委员、全俄农民代表苏维埃执行委员会主席、第二届联合临时政府内务部长,10月任俄罗斯共和国临时议会(预备议会)主席。十月革命后是反革命叛乱的策划者之一。1918年是所谓乌法督政府的主席。后流亡国外,继续反对苏维埃政权。——175、304。

阿克雪里罗得,帕维尔·波里索维奇(Аксельрод,Павел Борисович 1850—
1928)——俄国孟什维克领袖之一。19 世纪 70 年代是民粹派分子。1883
年参与创建劳动解放社。1900 年起是《火星报》和《曙光》杂志编辑部成
员。这一时期在宣传马克思主义的同时,也在一系列著作中把资产阶级民
主制和西欧社会民主党议会活动理想化。1903 年在俄国社会民主工党第
二次代表大会上是《火星报》编辑部有发言权的代表,属火星派少数派,会
后是孟什维主义的思想家。1905 年提出召开广泛的工人代表大会的取消
主义观点。1906 年在党的第四次(统一)代表大会上代表孟什维克作了关
于国家杜马问题的报告,宣扬无产阶级同资产阶级实行政治合作的机会主
义思想。斯托雷平反动时期和新的革命高涨年代是取消派的思想领袖,参
加孟什维克取消派《社会民主党人呼声报》编辑部。1912 年加入"八月联
盟"。第一次世界大战期间表面上是中派,实际持社会沙文主义立场;曾参
加齐美尔瓦尔德代表会议和昆塔尔代表会议,属于右翼。1917 年二月革
命后任彼得格勒苏维埃执行委员会委员,支持资产阶级临时政府。十月革
命后侨居国外,反对苏维埃政权,鼓吹武装干涉苏维埃俄国。——259、
266、267、318。

阿列克谢耶夫,米哈伊尔·瓦西里耶维奇(Алексеев,Михаил Васильевич
1857—1918)——沙俄将军。第一次世界大战期间任西南方面军参谋长、
西北方面军司令;1915 年 8 月—1917 年 3 月任最高总司令尼古拉二世的
参谋长。1917 年 3—5 月任临时政府最高总司令,8 月 30 日(9 月 12 日)
起任最高总司令克伦斯基的参谋长。十月革命后逃往新切尔卡斯克,纠集
反革命力量于 1917 年 11 月建立了所谓阿列克谢耶夫军官组织,该组织后
来成为白卫志愿军的核心。1918 年 8 月起为白卫志愿军最高领导人。
——3、24、519、521。

阿瓦涅索夫,瓦尔拉姆·亚历山德罗维奇(Аванесов,Варлаам Александрович
1884—1930)——1903 年加入俄国社会民主工党,积极参加 1905—1907
年革命。1907—1913 年在瑞士,曾任俄国社会民主工党联合小组书记。
1914 年回国,参加布尔什维克。1917 年二月革命后是莫斯科工人代表苏
维埃布尔什维克党团成员和莫斯科苏维埃主席团委员。十月革命期间任
彼得格勒军事革命委员会委员。1917—1919 年任全俄中央执行委员会秘

书和主席团委员。1919—1920年初任国家监察人民委员部部务委员，1920—1924年任副工农检查人民委员、全俄肃反委员会会务委员，后任副对外贸易人民委员。1925年起任最高国民经济委员会主席团委员。1922—1927年任苏联中央执行委员会委员。——31。

埃贝莱因，胡戈（阿尔伯特，麦克斯）（Eberlein, Hugo（Albert, Max）1887—1944）——德国共产党人，斯巴达克联盟领导人之一，德国共产党中央委员。共产国际第一次、第四次和第七次代表大会代表。1935—1937年任共产国际执行委员会国际监察委员会委员。——500。

艾伯特，弗里德里希（Ebert, Friedrich 1871—1925）——德国社会民主党右翼领袖之一。1905年起任德国社会民主党执行委员会委员，1913年起是执行委员会主席之一。1912年起为帝国国会议员，1916年领导社会民主党国会党团。第一次世界大战期间领导党内的社会沙文主义派别，是该派与帝国政府合作的主要组织者之一。1918年十一月革命开始后接任巴登亲王马克斯的首相职务，领导所谓的人民代表委员会，借助旧军队镇压革命。1919年2月起任德国总统。——383、425、433、435、447。

安德里厄（Andrieu）——法国工人，卢瓦尔省五金工会书记。曾积极参加革命工团主义运动。1917年底因宣传"失败主义"被法国当局逮捕，并被送往前线。但在工人和卢瓦尔地区驻军抗议的压力下，政府被迫将其从前线召回。1919年9月是五金工人联合会代表大会的代表，大会通过了一项抗议武装干涉俄国的决议。——70。

奥博连斯基，瓦·瓦·——见奥新斯基，恩·。

奥斯特尔利茨，弗里德里希（Austerlitz, Friedrich 1862—1931）——奥地利社会民主党领袖之一，该党中央机关报《工人报》主编，议员。第一次世界大战期间持社会沙文主义立场。——383、385—386、387。

奥斯特罗戈尔斯基，莫伊塞·雅柯夫列维奇（Острогорский, Моисей Яковлевич 生于1854年）——俄国资产阶级自由派政论家，法学家，第一届国家杜马代表。著有《民主和政党》一书，书中收集了英国和美国的揭露资产阶级民主实质的大量史实材料。——327。

奥新斯基，恩·（奥博连斯基，瓦列里安·瓦列里安诺维奇）（Осинский, Н.（Оболенский, Валериан Валерианович）1887—1938）——1907年加入俄国

社会民主工党。曾在莫斯科、特维尔、哈尔科夫等地做党的工作。屡遭沙皇政府迫害。斯托雷平反动时期是召回派分子，新的革命高涨年代参加布尔什维克的《明星报》、《真理报》和《启蒙》杂志的工作。1917 年二月革命后在党的莫斯科区域局工作，参加布尔什维克的《社会民主党人报》编辑部。十月革命后任俄罗斯联邦国家银行总委员、最高国民经济委员会主席。1918 年是"左派共产主义者"纲领起草人之一。1918—1919 年在《真理报》编辑部和全俄中央执行委员会宣传部工作；是共产国际第一次代表大会的代表。1920 年任图拉省执行委员会主席、粮食人民委员部部务委员。1920—1921 年是民主集中派的骨干分子。1921—1923 年任副农业人民委员、最高国民经济委员会副主席。后历任苏联驻瑞典全权代表、国家计划委员会主席团委员、中央统计局局长、最高国民经济委员会副主席。在党的第十次和第十四至第十七次代表大会上当选为候补中央委员。——497。

B

邦契-布鲁耶维奇，弗拉基米尔·德米特里耶维奇（Бонч-Бруевич, Владимир Дмитриевич 1873—1955）——19 世纪 80 年代末参加俄国革命运动，1896 年侨居瑞士。在国外参加劳动解放社的活动，为《火星报》撰稿。俄国社会民主工党第二次代表大会后是布尔什维克。1903—1905 年在日内瓦领导俄国社会民主党中央委员会发行部，组织出版布尔什维克的书刊（邦契-布鲁耶维奇和列宁出版社）。以后几年积极参加布尔什维克报刊和党的出版社的组织工作，屡遭沙皇政府迫害。对俄国的宗教社会运动、尤其是宗教分化运动作过研究，写过一些有关宗教分化运动史的著作；1904 年曾为教派信徒出版社会民主主义的小报《黎明报》。1917 年二月革命后任彼得格勒苏维埃执行委员会委员、《彼得格勒苏维埃消息报》编委（至 1917 年 5 月）、布尔什维克《工人和士兵报》编辑。积极参加彼得格勒十月武装起义。十月革命后任人民委员会办公厅主任（至 1920 年 10 月）、生活和知识出版社总编辑。1921 年起从事科学研究和著述活动。1933 年起任国家文学博物馆馆长。1945—1955 年任苏联科学院宗教和无神论历史博物馆馆长。写有回忆列宁的文章。——31。

鲍威尔，奥托（维贝尔，亨利希）（Bauer, Otto（Weber, Heinrich）1882—1938）——奥地利社会民主党和第二国际领袖之一，"奥地利马克思主义"理论家。同卡·伦纳一起提出资产阶级民族主义的民族文化自治论。1907年起任社会民主党议会党团秘书，同年参与创办党的理论刊物《斗争》杂志。1912年起任党中央机关报《工人报》编辑。第一次世界大战期间应征入伍，在俄国前线被俘。1917年二月革命后在彼得格勒，同年9月回国。敌视俄国十月革命。1918年11月—1919年7月任奥地利共和国外交部长，赞成德奥合并。1920年在维也纳出版反布尔什维主义的《布尔什维主义还是社会民主主义?》一书。1920年起为国民议会议员。第二半国际和社会主义工人国际的组织者和领袖之一。曾参与制定和推行奥地利社会民主党的机会主义路线，使奥地利工人阶级的革命斗争遭受严重损失。晚年修正了自己的某些改良主义观点。——99、300。

倍倍尔，奥古斯特（Bebel, August 1840—1913）——德国工人运动和国际工人运动活动家，德国社会民主党和第二国际的创建人和领袖之一，马克思和恩格斯的朋友和战友；旋工出身。19世纪60年代前半期开始参加政治活动，1867年当选为德国工人协会联合会主席，1868年该联合会加入第一国际。1869年与威·李卜克内西共同创建了德国社会民主工党（爱森纳赫派），该党于1875年与拉萨尔派合并为德国社会主义工人党，后又改名为德国社会民主党。多次当选国会议员，利用国会讲坛揭露帝国政府反动的内外政策。1870—1871年普法战争期间持国际主义立场，在国会中投票反对军事拨款，支持巴黎公社，为此曾被捕和被控叛国，断断续续在狱中度过近六年时间。在反社会党人非常法施行时期，领导了党的地下活动和议会活动。90年代和20世纪初同党内的改良主义和修正主义进行斗争，反对伯恩施坦及其拥护者对马克思主义理论的歪曲和庸俗化。是出色的政论家和演说家，对德国和欧洲工人运动的发展有很大影响。马克思和恩格斯高度评价了他的活动。——244、268、275、279、289、480。

俾斯麦，奥托·爱德华·莱奥波德（Bismarck, Otto Eduard Leopold 1815—1898）——普鲁士和德国国务活动家和外交家。普鲁士容克的代表。曾任驻彼得堡大使（1859—1862）和驻巴黎大使（1862），普鲁士首相（1862—1872、1873—1890），北德意志联邦首相（1867—1871）和德意志帝国首相

(1871—1890)。1870 年发动普法战争,1871 年支持法国资产阶级镇压巴
黎公社。主张在普鲁士领导下"自上而下"统一德国。曾采取一系列内政
措施,捍卫容克和大资产阶级的联盟。1878 年颁布反社会党人非常法。
由于内外政策遭受挫折,于 1890 年 3 月去职。——274。

波特列索夫,亚历山大·尼古拉耶维奇(Потресов, Александр Николаевич
1869—1934)——俄国孟什维克领袖之一。19 世纪 90 年代初参加马克思
主义小组。1896 年加入彼得堡工人阶级解放斗争协会,后被捕,1898 年流
放维亚特卡省。1900 年出国,参与创办《火星报》和《曙光》杂志。在俄国
社会民主工党第二次代表大会上是《火星报》编辑部有发言权的代表,属火
星派少数派,会后是孟什维克刊物的主要撰稿人和领导人。斯托雷平反动
时期和新的革命高涨年代是取消派思想家,在《复兴》杂志和《我们的曙光》
杂志中起领导作用。第一次世界大战期间是社会沙文主义者。1917 年在
反布尔什维克的资产阶级《日报》中起领导作用。十月革命后侨居国外,为
克伦斯基的《白日》周刊撰稿,攻击苏维埃政权。——103、278。

伯恩施坦,爱德华(Bernstein, Eduard 1850—1932)——德国社会民主党和第
二国际右翼领袖之一,修正主义的代表人物。1872 年加入社会民主党,曾
是欧·杜林的信徒。1879 年和卡·赫希柏格、卡·施拉姆在苏黎世发表
《德国社会主义运动的回顾》一文,指责党的革命策略,主张放弃革命斗争,
适应俾斯麦制度,受到马克思和恩格斯的严厉批评。1881—1890 年任党
的中央机关报《社会民主党人报》编辑。从 90 年代中期起完全同马克思主
义决裂。1896—1898 年以《社会主义问题》为题在《新时代》杂志上发表一
组文章,1899 年发表《社会主义的前提和社会民主党的任务》一书,从经
济、政治和哲学方面对马克思主义的理论和策略作了全面的修正。1902
年起为国会议员。第一次世界大战期间持中派立场。1917 年参加德国独
立社会民主党,1919 年公开转到右派方面。1918 年十一月革命失败后出
任艾伯特—谢德曼政府的财政部长助理。——102、109、232、243、281。

伯杰,维克多·路易(Berger, Victor Louis 1860—1929)——美国社会党人,
美国社会党的组织者和领导人之一。第一次世界大战期间持和平主义立
场。多次当选国会议员,反对美国政府承认苏维埃俄国。——446。

勃朗,路易(Blanc, Louis 1811—1882)——法国小资产阶级社会主义者,历史

学家。19世纪30年代成为巴黎著名的新闻工作者,1838年创办自己的报纸《进步评论》。1848年二月革命期间参加临时政府,领导所谓研究工人问题的卢森堡宫委员会,推行妥协政策。1848年六月起义失败后流亡英国,是在伦敦的小资产阶级流亡者的领导人之一。1870年回国。1871年当选为国民议会议员,对巴黎公社抱敌视态度。否认资本主义制度下阶级矛盾的不可调和性,反对无产阶级革命,主张同资产阶级妥协,幻想依靠资产阶级国家帮助建立工人生产协作社来改造资本主义社会。主要著作有《劳动组织》(1839)、《十年史,1830—1840》(1841—1844)、《法国革命史》(12卷,1847—1862)等。——240。

布拉克(**亚历山大·玛丽·德鲁索**)(Bracke(Alexandre-Marie Desrousseaux)1861—1955)——法国社会党领袖之一,该党对外联络书记。1900年起是法国社会党多种定期刊物撰稿人,曾任《人道报》编辑。多次当选众议员。第一次世界大战期间是社会沙文主义者。反对法国社会党人参加共产国际。1923年起为法国社会党驻社会主义工人国际的代表。——509。

布兰亭,**卡尔·亚尔马**(Branting,Karl Hjalmar 1860—1925)——瑞典社会民主党和第二国际创建人和领袖之一,持机会主义立场。1887—1917年(有间断)任瑞典社会民主党中央机关报《社会民主党人报》编辑。1896年起为议员。1907年当选为党的执行委员会主席。第一次世界大战期间是社会沙文主义者。1917年参加埃登的自由党—社会党联合政府,支持武装干涉苏维埃俄国。1920年、1921—1923年、1924—1925年领导社会民主党政府,1921—1923年兼任外交大臣。曾参与创建和领导伯尔尼国际。——494、506。

布伦坦诺,**路约**(Brentano,Lujo 1844—1931)——德国经济学家,讲坛社会主义代表人物。1891年起任慕尼黑大学政治经济学教授。鼓吹放弃阶级斗争,主张通过组织改良主义的工会和工厂立法解决资本主义的社会矛盾,调和工人和资本家的利益。在土地问题上维护小农经济稳固论和土地肥力递减规律。晚年成了公开的帝国主义辩护士。——230。

C

蔡特金,**克拉拉**(Zetkin,Clara 1857—1933)——德国工人运动和国际工人运动活动家,国际社会主义妇女运动领袖之一,德国共产党创建人之一。19
世纪 70 年代末参加革命运动,1881 年加入德国社会民主党。1882 年流亡
奥地利,后迁居瑞士苏黎世,为秘密发行的德国社会民主党机关报《社会民
主党人报》撰稿。1889 年积极参加第二国际成立大会的筹备工作。1890
年回国。1892—1917 年任德国社会民主党主办的女工运动机关刊物《平
等》杂志主编。1907 年参加国际社会党斯图加特代表大会,在由她发起的
第一次国际妇女社会党人代表会议上当选为国际妇女联合会书记处书记。
1910 年在哥本哈根举行的第二次国际妇女社会党人代表会议上,根据她
的倡议,通过了以 3 月 8 日为国际妇女节的决议。第一次世界大战期间持
国际主义立场,反对社会沙文主义。曾积极参与组织 1915 年 3 月在伯尔
尼召开的国际妇女社会党人代表会议。1916 年参与组织国际派(后改称
斯巴达克派和斯巴达克联盟)。1917 年德国独立社会民主党成立后为党
中央委员。1919 年起为德国共产党党员,当选为中央委员。1920 年起为
国会议员。1921 年起先后当选为共产国际执行委员会委员和主席团委
员,领导国际妇女书记处。1925 年起任国际支援革命战士协会主席。
——443。

策列铁里,伊拉克利·格奥尔吉耶维奇(Церетели, Ираклий Георгиевич
1881—1959)——俄国孟什维克领袖之一。1902 年参加社会民主主义运
动。第二届国家杜马代表,在杜马中领导社会民主党党团,参加土地委员
会,就斯托雷平在杜马中宣读的政府宣言以及土地等问题发了言。作为社
会民主党杜马党团的代表参加了俄国社会民主工党第五次(伦敦)代表大
会的工作。斯托雷平反动时期和新的革命高涨年代是取消派分子。第一
次世界大战期间是中派分子。1917 年二月革命后任彼得格勒苏维埃执行
委员会委员、第一届中央执行委员会主席团委员,护国派分子。1917 年
5—7 月任临时政府邮电部长,七月事变后任内务部长,极力反对布尔什维
克争取政权的斗争。十月革命后领导立宪会议中的反苏维埃联盟;是格鲁
吉亚孟什维克反革命政府首脑之一。1921 年格鲁吉亚建立苏维埃政权后
流亡法国。1923 年是社会主义工人国际的组织者之一。1940 年移居美
国。——123、304。

车尔尼雪夫斯基,尼古拉·加甫里洛维奇(Чернышевский, Николай Гаврилович

1828—1889)——俄国革命民主主义者和空想社会主义者,作家,文学评论家,经济学家,哲学家;俄国社会民主主义先驱之一,俄国 19 世纪 60 年代革命运动的领袖。1853 年开始为《祖国纪事》和《同时代人》等杂志撰稿,1856—1862 年是《同时代人》杂志的领导人之一,发扬别林斯基的民主主义批判传统,宣传农民革命思想,是土地和自由社的思想鼓舞者。因揭露 1861 年农民改革的骗局,号召人民起义,于 1862 年被沙皇政府逮捕,入狱两年,后被送到西伯利亚服苦役。1883 年解除流放,1889 年被允许回家乡居住。著述很多,涉及哲学、经济学、教育学、美学、伦理学等领域。在哲学上批判了贝克莱、康德、黑格尔等人的唯心主义观点,力图以唯物主义精神改造黑格尔的辩证法。对资本主义作了深刻的批判,认为社会主义是由整个人类发展进程所决定的,但作为空想社会主义者,又认为俄国有可能通过农民村社过渡到社会主义。所著长篇小说《怎么办?》(1863)和《序幕》(约 1867—1869)表达了社会主义理想,产生了巨大的革命影响。——55。

D

大卫,爱德华(David,Eduard 1863—1930)——德国社会民主党右翼领袖之一,经济学家;德国机会主义者的主要刊物《社会主义月刊》创办人之一。1893 年加入社会民主党。公开修正马克思主义关于土地问题的学说,否认资本主义经济规律在农业中的作用。1903 年出版《社会主义和农业》一书,宣扬小农经济稳固,维护所谓土地肥力递减规律。1903—1918 年和1920—1930 年为国会议员,社会民主党国会党团领袖之一。第一次世界大战期间是社会沙文主义者;在《世界大战中的社会民主党》(1915)一书中为德国社会民主党右翼在第一次世界大战中的机会主义立场辩护。1919年 2 月任魏玛共和国国民议会第一任议长。1919—1920 年任内务部长,1922—1927 年任中央政府驻黑森的代表。——104。

德布兹,尤金·维克多(Debs,Eugene Victor 1855—1926)——美国工人运动活动家。1893 年组织美国铁路工会,任该工会主席至 1897 年。1897 年领导建立美国社会民主党,是 1901 年成立的美国社会党左翼领袖之一。1905 年参与创建美国工会组织——世界产业工人联合会。在工人群众中享有极高声望,于 1900、1904、1908、1912、1920 年五次被提名为美国社会

E

G

1918年10月抵鄂木斯克,11月起任白卫军"西伯利亚政府"陆海军部长。11月18日在外国武装干涉者支持下发动政变,在西伯利亚、乌拉尔和远东建立军事专政,自封为"俄国最高执政"和陆海军最高统帅。叛乱被平定后,1919年11月率残部逃往伊尔库茨克,后被俘。1920年2月7日根据伊尔库茨克军事革命委员会的决定被枪决。——475—476。

格拉贝,厄内斯特·保尔(Graber,Ernest-Paul 生于1875年)——瑞士社会民主党人。1912年起为国民院议员。曾任瑞士社会民主党执行委员会委员。1915—1925年任瑞士社会民主党《哨兵报》编辑。第一次世界大战初期接近国际主义派,参加瑞士左派社会民主党人的工作;曾出席齐美尔瓦尔德代表会议和昆塔尔代表会议。1917年初转向中派和平主义立场,1918年完全转向社会民主党右翼。1919年起任瑞士社会民主党书记。1919—1921年反对瑞士社会民主党加入共产国际,参与组织第二半国际。——283。

格里姆,罗伯特(Grimm,Robert 1881—1958)——瑞士社会民主党和第二国际领袖之一;职业是印刷工人。1909—1918年任《伯尔尼哨兵报》主编,1919年以前任瑞士社会民主党主席。第一次世界大战期间是中派分子,齐美尔瓦尔德代表会议和昆塔尔代表会议主席,国际社会党委员会主席。1921年参与组织第二半国际。1911年起为议员,1945—1946年任瑞士国民院议长。——293。

龚帕斯,赛米尔(Gompers,Samuel 1850—1924)——美国工会运动活动家。生于英国,1863年移居美国。1881年参与创建美国与加拿大有组织的行业工会和劳工会联合会,该联合会于1886年改组为美国劳工联合会(劳联),龚帕斯当选为美国劳工联合会第一任主席,并担任此职直至逝世(1895年除外)。实行同资本家进行阶级合作的政策,反对工人阶级参加政治斗争。第一次世界大战期间是社会沙文主义者。敌视俄国十月革命和苏维埃俄国。——63、116、288、386、442、443、446。

古洛夫,Г.(Гулов,Г.)——俄国红军战士,农民出身。1917年在莫斯科参加十月革命。——469。

古契柯夫,亚历山大·伊万诺维奇(Гучков,Александр Иванович 1862—1936)——俄国大资本家,十月党的组织者和领袖。1905—1907年革命期

间支持政府镇压工农。1907 年 5 月作为工商界代表被选入国务会议,同
年 11 月被选入第三届国家杜马;1910 年 3 月—1911 年 3 月任杜马主席。
第一次世界大战期间是中央军事工业委员会主席和国防特别会议成员。
1917 年 3—5 月任临时政府陆海军部长。同年 8 月参与策划科尔尼洛夫
叛乱。十月革命后反对苏维埃政权,1918 年起为白俄流亡分子。——
82、84。

果戈理,尼古拉·瓦西里耶维奇(Гоголь, Николай Васильевич 1809 —
　　1852)——俄国作家,俄国批判现实主义文学的奠基人之一。在《钦差大
　　臣》(1836)、《死魂灵》(1842)等作品中展现了一幅农奴制俄国地主和官吏
　　生活与习俗的丑恶画面。抨击专制农奴制的腐朽,同情人民群众的悲惨命
　　运,以色彩鲜明的讽刺笔调描绘庸俗、残暴和欺诈的世界。但是他的民主
　　主义是不彻底的,幻想通过人道主义、通过道德的改进来改造社会,后期更
　　陷入博爱主义和宗教神秘主义。1847 年发表《与友人书信选》,宣扬君主
　　制度,为俄国专制制度辩护,这本书在别林斯基《给果戈理的信》中受到严
　　厉的批判。——274。

H

哈阿兹,胡戈(Haase, Hugo 1863—1919)——德国社会民主党领袖之一,中
　　派分子。1911—1917 年为德国社会民主党执行委员会主席之一。
　　1897—1907 年和 1912—1918 年为帝国国会议员。1912 年起任社会民
　　主党国会党团主席。第一次世界大战期间持中派立场。1917 年 4 月同
　　考茨基等人一起建立德国独立社会民主党。1918 年十一月革命期间参
　　加所谓的人民代表委员会,支持镇压无产阶级革命运动。——199、283、
　　289、347。

韩德逊,阿瑟(Henderson, Arthur 1863—1935)——英国工党和工会运动领
　　袖之一。1903 年起为议员,1908—1910 年和 1914—1917 年任工党议会
　　党团主席,1911—1934 年任工党书记。第一次世界大战期间是社会沙文
　　主义者。1915—1917 年先后参加阿斯奎斯政府和劳合-乔治政府,任教育
　　大臣、邮政大臣和不管部大臣等职。俄国 1917 年二月革命后到俄国鼓吹
　　继续进行战争。1919 年参与组织伯尔尼国际。1923 年起任社会主义工人

国际执行委员会主席。1924年和1929—1931年两次参加麦克唐纳政府，先后任内务大臣和外交大臣。——63、98、110、246、280、288、294、386、443、446、506。

赫梅尔尼茨基，亚历山大·伊萨科维奇（Хмельницкий，Александр Исаакович 1889—1919）——1917年加入俄国社会民主工党（布）。1917年二月革命后任敖德萨苏维埃执行委员会委员。十月革命后任党的敖德萨省委员会书记。1918年年中起任俄罗斯联邦人民委员会法律顾问，后为乌克兰中央执行委员会主席团委员。——223。

霍亨索伦王朝（Hohenzollern）——勃兰登堡选帝侯世家（1415—1701），普鲁士王朝（1701—1918）和德意志皇朝（1871—1918）。——156。

J

吉尔波，昂利（Guilbeaux，Henri 1885—1938）——法国社会党人，新闻工作者。第一次世界大战期间是中派分子，出版《明日》杂志，主张恢复国际联系。1916年参加昆塔尔代表会议。20年代初起住在德国，是《人道报》通讯员。曾代表法国齐美尔瓦尔德左派出席共产国际第一次代表大会。——508—509。

季诺维也夫（拉多梅斯尔斯基），格里戈里·叶夫谢耶维奇（Зиновьев（Радомысльский），Григорий Евсеевич 1883—1936）——1901年加入俄国社会民主工党，党的第二次代表大会后是布尔什维克。在党的第五至第十四次代表大会上当选为中央委员。1908—1917年侨居国外，参加布尔什维克《无产者报》编辑部和党的中央机关报《社会民主党人报》编辑部。斯托雷平反动时期对取消派、召回派和托洛茨基分子采取调和主义态度。1912年后和列宁一起领导中央委员会俄国局。第一次世界大战期间持国际主义立场。1917年4月回国，进入《真理报》编辑部。十月革命前夕反对举行武装起义的决定。1917年11月主张成立有孟什维克和社会革命党人参加的联合政府，遭到否决后声明退出党中央。1917年12月起任彼得格勒苏维埃主席。1919年共产国际成立后任共产国际执行委员会主席。1919年当选为党中央政治局候补委员，1921年当选为中央政治局委员。1925年参与组织"新反对派"，1926年与托洛茨基结成"托季联盟"。

1926 年被撤销中央政治局委员和共产国际的领导职务。1927 年 11 月被开除出党,后来两次恢复党籍,两次被开除出党。1936 年 8 月 25 日被苏联最高法院军事审判庭以"参与暗杀基洛夫、阴谋刺杀斯大林及其他苏联领导人"的罪名判处枪决。1988 年 6 月苏联最高法院为其平反。——142、229、230、345、368。

加米涅夫(**罗森费尔德**),列夫·波里索维奇(Каменев(Розенфельд),Лев Борисович 1883—1936)——1901 年加入俄国社会民主工党,党的第二次代表大会后是布尔什维克。是高加索联合会出席党的第三次代表大会的代表。1905—1907 年在彼得堡从事宣传鼓动工作,为党的报刊撰稿。1908 年底出国,任布尔什维克的《无产者报》编委。斯托雷平反动时期对取消派、召回派和托洛茨基分子采取调和主义态度。1914 年初回国,在《真理报》编辑部工作,曾领导第四届国家杜马布尔什维克党团。1914 年 11 月被捕,在沙皇法庭上宣布放弃使沙皇政府在帝国主义战争中失败的布尔什维克口号,次年 2 月被流放。1917 年二月革命后反对列宁的《四月提纲》。从党的第七次全国代表会议(四月代表会议)起多次当选为中央委员。十月革命前夕反对举行武装起义的决定。在全俄苏维埃第二次代表大会上当选为全俄中央执行委员会第一任主席。1917 年 11 月主张成立有孟什维克和社会革命党人参加的联合政府,遭到否决后声明退出党中央。1918 年起任莫斯科苏维埃主席。1922 年起任人民委员会副主席,1924—1926 年任劳动国防委员会主席。1923 年起为列宁研究院第一任院长。1919—1925 年为党中央政治局委员。1925 年参与组织"新反对派",1926 年 1 月当选为中央政治局候补委员,同年参与组织"托季联盟",10 月被撤销政治局候补委员职务。1927 年 12 月被开除出党,后来两次恢复党籍,两次被开除出党。1936 年 8 月 25 日被苏联最高法院军事审判庭以"参与暗杀基洛夫、阴谋刺杀斯大林及其他苏联领导人"的罪名判处枪决。1988 年 6 月苏联最高法院为其平反。——408、411、414。

K

卡姆柯夫(**卡茨**),波里斯·达维多维奇(Камков(Кац),Борис Давидович 1885—1938)——俄国社会革命党人,左派社会革命党的组织者和领袖之

一。第一次世界大战期间侨居法国、瑞典，属国际主义派。1917 年二月革
命后回国，当选为社会革命党彼得格勒委员会委员；反对战争，主张政权归
苏维埃。在全俄苏维埃第二次代表大会上当选为全俄中央执行委员会委
员，在左派社会革命党第一次代表大会上当选为中央委员。1918 年反对
签订布列斯特和约，是刺杀德国大使威·米尔巴赫的主谋和莫斯科左派社
会革命党人叛乱的策划者之一。因进行反革命活动被军事法庭判处三年
徒刑。后在统计部门工作。——18。

考茨基，卡尔（Kautsky, Karl 1854—1938）——德国社会民主党和第二国际
的领袖和主要理论家之一。1875 年加入奥地利社会民主党，1877 年加入
德国社会民主党。1881 年与马克思和恩格斯相识后，在他们的影响下逐
渐转向马克思主义。从 19 世纪 80 年代到 20 世纪初写过一些宣传和解释
马克思主义的著作：《卡尔·马克思的经济学说》(1887)、《土地问题》
(1899)等。但在这个时期已表现出向机会主义方面摇摆，在批判伯恩施坦
时作了很多让步。1883—1917 年任德国社会民主党理论刊物《新时代》杂
志主编。曾参与起草 1891 年德国社会民主党纲领(爱尔福特纲领)。1910
年以后逐渐转到机会主义立场，成为中派领袖。第一次世界大战前夕提出
超帝国主义论，大战期间打着中派旗号支持帝国主义战争。1917 年参与
建立德国独立社会民主党，1922 年拥护该党右翼与德国社会民主党合并。
1918 年后发表《无产阶级专政》等书，攻击俄国十月革命，反对无产阶级专
政。——99、102—111、168、224、229—327、347、383—388、446、447、480、
496、499。

柯列加耶夫，安德列·卢基奇（Колегаев, Андрей Лукич 1887—1937）——俄
国左派社会革命党组织者之一。1906 年加入社会革命党，1917 年二月革
命后参加社会革命党左翼。1917 年 12 月代表左派社会革命党进入人民
委员会，任农业人民委员。1918 年 3 月因反对签订布列斯特和约退出人
民委员会。1918 年 7 月左派社会革命党人叛乱被平定后同该党断绝关
系，并于同年 11 月加入俄共(布)。1918—1920 年任南方面军供给部长和
革命军事委员会委员。1920—1921 年任交通人民委员部部务委员和劳动
国防委员会所属运输总委员会主席，后从事经济工作。——31、298、365。

科尔布，威廉（Kolb, Wilhelm 1870—1918）——德国社会民主党人，机会主义

者和修正主义者,《人民之友报》编辑。第一次世界大战期间是社会沙文主义者。——103、281。

科尔尼洛夫,拉甫尔·格奥尔吉耶维奇(Корнилов, Лавр Георгиевич 1870—1918)——沙俄将军,君主派分子。第一次世界大战期间曾任师长和军长。1917年二月革命后任彼得格勒军区司令,5—7月任第8集团军和西南方面军司令。1917年7月19日(8月1日)—8月27日(9月9日)任最高总司令。8月底发动叛乱,进军彼得格勒,企图建立反革命军事专政。叛乱很快被粉碎,本人被捕入狱。11月逃往新切尔卡斯克,和米·瓦·阿列克谢耶夫一起组建和领导白卫志愿军。1918年4月在进攻叶卡捷琳诺达尔时被击毙。——303。

克拉斯诺夫,彼得·尼古拉耶维奇(Краснов, Петр Николаевич 1869—1947)——沙俄将军。第一次世界大战期间任哥萨克旅长和师长、骑兵军军长。1917年8月积极参加科尔尼洛夫叛乱。十月革命期间伙同克伦斯基发动反苏维埃叛乱,担任从前线调往彼得格勒镇压革命的军队指挥。叛乱被平定后逃往顿河流域。1918—1919年领导顿河哥萨克白卫军。1919年逃亡德国,继续进行反苏维埃活动。第二次世界大战期间与希特勒分子合作,被苏军俘获,由苏联最高法院军事庭判处死刑。——107、124、211、278、367、372。

克拉辛,列昂尼德·波里索维奇(Красин, Леонид Борисович 1870—1926)——1890年参加俄国社会民主主义运动,是布鲁斯涅夫小组成员。1895年被捕,流放伊尔库茨克三年。流放期满后进入哈尔科夫工艺学院学习,1900年毕业。1900—1904年在巴库当工程师,与弗·扎·克茨霍韦利一起建立《火星报》秘密印刷所。俄国社会民主工党第二次代表大会后加入布尔什维克党,被增补进中央委员会;在中央委员会里一度对孟什维克采取调和主义态度,帮助把三名孟什维克代表增补进中央委员会,但不久即同孟什维克决裂。俄国社会民主工党第三次代表大会的参加者,在会上当选为中央委员。1905年是布尔什维克第一份合法报纸《新生活报》的创办人之一。1905—1907年革命期间参加彼得堡工人代表苏维埃,领导党中央战斗技术组。在党的第四次(统一)代表大会上代表布尔什维克作了关于武装起义问题的报告,并再次当选为中央委员,在第五次(伦敦)

代表大会上当选为候补中央委员。1908年侨居国外。一度参加反布尔什
维克的"前进"集团,后脱离政治活动,在国内外当工程师。十月革命后是
红军供给工作的组织者之一,任红军供给非常委员会主席、最高国民经济
委员会主席团委员、工商业人民委员、交通人民委员。1919年起从事外交
工作。1920年起任对外贸易人民委员,1920—1923年兼任驻英国全权代
表和商务代表,参加了热那亚国际会议和海牙国际会议。1924年任驻法
国全权代表,1925年起任驻英国全权代表。在党的第十三次和第十四次
代表大会上当选为中央委员。——392。

克列孟梭,若尔日(Clemenceau,Georges 1841—1929)——法国国务活动家。
第二帝国时期属左翼共和派。1871年巴黎公社时期任巴黎第十八区区
长,力求使公社战士与凡尔赛分子和解。1876年起为众议员,80年代初成
为激进派领袖,1902年起为参议员。1906年3—10月任内务部长,1906
年10月—1909年7月任总理。维护大资产阶级利益,镇压工人运动和民
主运动。第一次世界大战期间是沙文主义者。1917—1920年再度任总
理,在国内建立军事专制制度,积极策划和鼓吹经济封锁和武装干涉苏维
埃俄国。1919—1920年主持巴黎和会,参与炮制凡尔赛和约。1920年竞
选总统失败后退出政界。——246、287、346、448。

克列斯廷斯基,尼古拉·尼古拉耶维奇(Крестинский,Николай Николаевич
1883—1938)——1903年加入俄国社会民主工党,布尔什维克。1905年
革命的积极参加者。斯托雷平反动时期和新的革命高涨年代为布尔什维
克报刊撰稿。屡遭沙皇政府迫害。1917年二月革命后任党的乌拉尔区域
委员会主席和叶卡捷琳堡市委员会副主席。在党的第六至第九次代表大
会上当选为中央委员。十月革命期间任叶卡捷琳堡军事革命委员会主席。
十月革命后任人民银行总委员和彼得格勒劳动公社司法委员。1918年布
列斯特和约谈判期间支持"左派共产主义者"。1918—1921年任俄罗斯联
邦财政人民委员,1919—1921年任党中央政治局委员和中央书记处书记。
1920—1921年工会问题争论期间支持托洛茨基的纲领。1921—1930年
任苏联驻德国全权代表,1930—1937年任苏联副外交人民委员。曾任全
俄中央执行委员会和苏联中央执行委员会委员。——456。

克留柯夫(Крюков)——俄国左派社会革命党叶列茨组织一个委员会的临时

委员。——31。

克虏伯家族(Krupp)——德国最大的军火工业垄断资本家家族,领导德国主
要军火库之一的军火钢铁康采恩。该康采恩是由弗里德里希·克虏伯
(1787—1826)于1811年开办的克虏伯铸钢厂发展而成的。靠军火生产发
家,曾积极参与准备第一次和第二次世界大战,在战争中获得巨额利润。
——246。

克伦斯基,亚历山大·费多罗维奇(Керенский, Александр Федорович 1881—
1970)——俄国政治活动家,资产阶级临时政府首脑。1917年3月起为社
会革命党人。第四届国家杜马代表,劳动派党团领袖。第一次世界大战期
间是护国派分子。1917年二月革命后任彼得格勒工兵代表苏维埃副主
席、国家杜马临时委员会委员。在临时政府中任司法部长(3—5月)、陆海
军部长(5—9月)、总理(7月21日起)兼最高总司令(9月12日起)。执政
期间继续进行帝国主义战争,七月事变时镇压工人和士兵,迫害布尔什维
克。1917年11月7日彼得格勒爆发武装起义时,从首都逃往前线,纠集
部队向彼得格勒进犯,失败后逃亡巴黎。在国外参加白俄流亡分子的反革
命活动,1922—1932年编辑《白日》周刊。1940年移居美国。——12、36、
56、84、108、125、138、151、175、211、274、283、285、286、303、304、319、365、
500、536。

L

拉查理,康斯坦丁诺(Lazzari, Costantino 1857—1927)——意大利工人运动
活动家,意大利社会党创建人之一,最高纲领派领袖之一。1882年参与创
建意大利工人党,1892年参与创建意大利社会党,同年起为该党中央委
员。1912—1919年任意大利社会党书记。第一次世界大战期间持中派立
场,曾参加齐美尔瓦尔德代表会议和昆塔尔代表会议。俄国十月革命后支
持苏维埃俄国,曾参加共产国际第二次和第三次代表大会的工作。主张意
大利社会党参加共产国际,是党内第三国际派的领导人。1922年在组织
上与改良主义者决裂,但未能彻底划清界限。1919—1926年为国会议员。
1926年被捕,出狱后不久去世。——444。

拉杜斯-曾科维奇,维克多·阿列克谢耶维奇(Радус-Зенькович, Виктор Алексе-

евич 1878—1967）——1898 年加入俄国社会民主工党。1917 年在萨拉托
夫参加十月革命。1918 年任俄罗斯联邦副劳动人民委员，1919—1920 年
任萨拉托夫省执行委员会主席，1920—1922 年任吉尔吉斯共和国人民委
员会主席、俄共（布）中央委员会吉尔吉斯局书记。1923 年起任党中央监
察委员会委员。1925—1927 年任白俄罗斯共产党（布）中央监察委员会主
席和白俄罗斯工农检查人民委员。曾任全俄中央执行委员会委员。
1940—1956 年为苏共中央马克思列宁主义研究院研究员。——397。

拉齐斯，马尔丁·伊万诺维奇（**苏德拉布斯，扬·弗里德里霍维奇**）（Лацис，
　　Мартын Иванович（Судрабс，Ян Фридрихович）1888—1938）——1905 年加
　　入俄国社会民主工党，在拉脱维亚参加 1905—1907 年革命。多次被捕和
　　流放。1917 年二月革命后任党的彼得堡委员会委员，十月革命期间任彼
　　得格勒军事革命委员会委员。十月革命后任内务人民委员部部务委员，
　　1918 年 5 月起兼任全俄肃反委员会会务委员，7—11 月任东方面军第 5 集
　　团军肃反委员会主席和军事法庭庭长。1919—1921 年任全乌克兰肃反委
　　员会主席。1921 年起任盐业总管理局局长、矿业总管理局副局长、俄罗斯
　　联邦农业人民委员部部务委员等职。1932—1937 年任莫斯科普列汉诺夫
　　国民经济学院院长。——403。

赖伐尔，皮埃尔（Laval，Pierre 1883—1945）——法国政治活动家。1914—
　　1919 年和 1924—1927 年为众议员，1927—1940 年为参议员。1931—
　　1932 年和 1935—1936 年任总理，1934—1935 年任外交部长。主张对法
　　西斯侵略者实行"绥靖"政策，导致法国投降希特勒德国。1942—1944 年
　　任维希政府总理。1945 年 10 月以叛国罪被处决。——508。

劳合-乔治，戴维（Lloyd George，David 1863—1945）——英国国务活动家和
　　外交家，自由党领袖。1890 年起为议员。1905—1908 年任商业大臣，
　　1908—1915 年任财政大臣。对英国政府策划第一次世界大战的政策有很
　　大影响。曾提倡实行社会保险等措施，企图利用谎言和许诺来阻止工人阶
　　级建立革命政党。1916—1922 年任首相，残酷镇压殖民地和附属国的民
　　族解放运动；是武装干涉和封锁苏维埃俄国的鼓吹者和策划者之一。曾参
　　加 1919 年巴黎和会，是凡尔赛和约的炮制者之一。——505。

劳坎特，古斯塔夫（Laukant，Gustav 生于 1869 年）——德国社会民主党人。

1917 年起是德国独立社会民主党领袖之一。1919—1920 年为国民议会
议员。1922 年同分裂后的德国独立社会民主党的右翼一起回到德国社会
民主党,不久脱离政治活动。——479—480。

李伯尔(**戈尔德曼**),米哈伊尔·伊萨科维奇(Либер(Гольдман),Михаил
　　Исаакович 1880—1937)——崩得和孟什维克领袖之一。1898 年起为社会
　　民主党人,1902 年起为崩得中央委员。1903 年率领崩得代表团出席俄国
　　社会民主工党第二次代表大会,在会上采取极右的反火星派立场,会后成
　　为孟什维克。1907 年在党的第五次(伦敦)代表大会上代表崩得被选入中
　　央委员会,是崩得驻中央委员会国外局的代表。斯托雷平反动时期是取消
　　派分子,1912 年是"八月联盟"的骨干分子,第一次世界大战期间是社会沙
　　文主义者。1917 年二月革命后任彼得格勒工兵代表苏维埃执行委员会委
　　员和第一届中央执行委员会主席团委员,采取孟什维克立场,支持资产阶
　　级联合内阁,敌视十月革命。后脱离政治活动,从事经济工作。——278。

李卜克内西,卡尔(Liebknecht, Karl 1871—1919)——德国工人运动和国际
　　工人运动活动家,德国社会民主党左翼领袖之一,德国共产党创建人之一;
　　威·李卜克内西的儿子;职业是律师。1900 年加入社会民主党,积极反对
　　机会主义和军国主义。1912 年当选为帝国国会议员。第一次世界大战期
　　间持国际主义立场,反对支持本国政府进行掠夺战争。1914 年 12 月 2 日
　　是国会中唯一投票反对军事拨款的议员。是国际派(后改称斯巴达克派和
　　斯巴达克联盟)的组织者和领导人之一。1916 年因领导五一节反战游行
　　示威被捕入狱。1918 年 10 月出狱,领导了 1918 年十一月革命,与卢森堡
　　一起创办《红旗报》,同年底领导建立德国共产党。1919 年 1 月柏林工人
　　斗争被镇压后,于 15 日被捕,当天惨遭杀害。——42、107、138、147、148、
　　199、293、347、348、370、425、427、431、443、445—446、447、483、490、511。

李希特尔,欧根(Richter, Eugen 1838—1906)——德国自由思想党领袖之一,
　　帝国国会议员。反对社会主义,鼓吹无产阶级和资产阶级的阶级利益可以
　　调和。写过一本攻击社会民主党人的小册子《社会民主党对于未来的描
　　写》,书中编造了一个关于"节俭的阿格尼斯"的故事,企图证明劳动者和资
　　产阶级是平等的。——279。

利特雷,埃米尔(Littré, Émile 1801—1881)——法国哲学家和语文学家,实

证论代表人物,语文学院院士(1871)。《法语词典》(第 1—4 卷,1863—1872)的编纂者。——324。

列宁,弗拉基米尔·伊里奇(乌里扬诺夫,弗拉基米尔·伊里奇;尼·列宁) (Ленин,Владимир Ильич(Ульянов,Владимир Ильич,Н.Ленин)1870—1924)——31—33、47、53—55、87、88、94、102、116、142、158、160、192、196、204、205、229、230—231、260、265、266—267、269、280、281、297、310、317、318、320、379—380、442、469、483、500。

列诺得尔,皮埃尔(Renaudel,Pierre 1871—1935)——法国社会党右翼领袖之一。1899 年参加社会主义运动。1906—1915 年任《人道报》编辑,1915—1918 年任社长。1914—1919 年和 1924—1935 年为众议员。第一次世界大战期间是社会沙文主义者。反对社会党参加共产国际,主张社会党人参加资产阶级政府。1927 年辞去社会党领导职务,1933 年被开除出党。——63、98、110、246、280、288、294、386、443、446、505、508。

龙格,让(Longuet,Jean 1876—1938)——法国社会党和第二国际领袖之一,政论家;沙尔·龙格和燕妮·马克思的儿子。19 世纪末至 20 世纪初积极为法国和国际的社会主义报刊撰稿。1914 年和 1924 年当选为众议员。第一次世界大战期间持中派和平主义立场。是法国中派分子的报纸《人民报》的创办人(1916)和编辑之一。谴责外国武装干涉苏维埃俄国。反对法国社会党加入共产国际,反对建立法国共产党。1920 年起是法国社会党中派领袖之一。1921 年起是第二半国际执行委员会委员。1923 年起是社会主义工人国际领导人之一。30 年代主张社会党人和共产党人联合起来反对法西斯主义,参加了反法西斯和反战的国际组织。——68、246、280、283、294、300。

卢森堡,罗莎(Luxemburg,Rosa 1871—1919)——德国、波兰和国际工人运动活动家,德国社会民主党和第二国际左翼领袖和理论家之一,德国共产党创建人之一。生于波兰。19 世纪 80 年代后半期开始革命活动,1893 年参与创建和领导波兰王国社会民主党,为党的领袖之一。1898 年移居德国,积极参加德国社会民主党的活动,反对伯恩施坦主义和米勒兰主义。曾参加俄国第一次革命(在华沙)。1907 年参加俄国社会民主工党第五次(伦敦)代表大会,在会上支持布尔什维克。斯托雷平反动时期和新的革命高涨年代对取消派采取调和态度。1912 年波兰王国和立陶宛社会民主党分裂后,曾谴责最接近布尔什维克的所谓分裂派。第一次世界大战期间持国际主义立场,是建立国际派(后改称斯巴达克派和斯巴达克联盟)的发起人之一。参加领导了德国 1918 年十一月革命,同年底参与领导德国共产党成立大会,作了党纲报告。1919 年 1 月柏林工人斗争被镇压后,于 15 日被捕,当天惨遭杀害。主要著作有《社会改良还是革命》(1899)、《俄国社会民主党的组织问题》(1904)、《资本积累》(1913)等。—— 242、370、425、427、431、443、447、483、490、511。

鲁达科夫(Рудаков)——俄国左派社会革命党叶列茨组织的成员。——31。

吕贝尔萨克,让(Lubersac, Jean)——法国军官,伯爵,君主派分子;1917—1918 年法国驻俄国军事使团的成员。——54。

伦纳,卡尔(Renner, Karl 1870—1950)——奥地利政治活动家,奥地利社会民主党右翼领袖,"奥地利马克思主义"理论家。同奥·鲍威尔一起提出资产阶级民族主义的民族文化自治论。1907 年起为社会民主党议员,同年参与创办党的理论刊物《斗争》杂志并任编辑。第一次世界大战期间是社会沙文主义者。1918—1920 年任奥地利共和国总理,赞成德奥合并。1931—1933 年任国民议会议长。1945 年出任临时政府总理,同年 12 月当选为奥地利共和国总统,直至 1950 年 12 月去世。—— 63、383、385—386、442。

罗曼诺夫,尼古拉——见尼古拉二世(**罗曼诺夫**)。

罗曼诺夫皇族(Романовы)——俄国皇族。——70。

洛贝尔图斯-亚格措夫,约翰·卡尔(Rodbertus-Jagetzow, Johann Karl 1805—1875)——德国经济学家,国家社会主义理论家,资产阶级化的普鲁士贵族利益的表达者,大地主。认为劳动和资本的矛盾可以通过普鲁士容克王朝实行的一系列改革得到解决。由于不了解剩余价值产生的根源和资本主义基本矛盾的实质,认为经济危机的原因在于人民群众的消费不足;地租是由于农业中不存在原料的耗费而形成的超额收入。主要著作有《关于我国国家经济状况的认识》(1842)、《给冯·基尔希曼的社会问题书简》(1850—1851,1884)等。——315。

洛里欧,斐迪南(Loriot, Ferdinand 1870—1930)——法国社会党人。第一次

世界大战期间是国际主义者,在昆塔尔代表会议上加入齐美尔瓦尔德左派。1920—1927年是法国共产党党员。共产国际第三次代表大会代表。1925年1月在法国共产党第四次代表大会上反对共产国际第五次代表大会的决议。1927年作为右倾机会主义分子被开除出党。——444。

M

马尔托夫,尔·(策杰尔包姆,尤利·奥西波维奇)(Мартов,Л.(Цедербаум,Юлий Осипович)1873—1923)——俄国孟什维克领袖之一。1895年参与组织彼得堡工人阶级解放斗争协会。1896年被捕并流放图鲁汉斯克三年。1900年参与创办《火星报》,为该报编辑部成员。在俄国社会民主工党第二次代表大会上是《火星报》组织的代表,领导机会主义少数派,反对列宁的建党原则;从那时起成为孟什维克中央机关的领导成员和孟什维克报刊的编辑。曾参加党的第五次(伦敦)代表大会的工作。斯托雷平反动时期和新的革命高涨年代是取消派分子,编辑《社会民主党人呼声报》,参与组织"八月联盟"。第一次世界大战期间是中派分子,参加齐美尔瓦尔德代表会议和昆塔尔代表会议。曾参加孟什维克组织委员会国外书记处,为书记处编辑机关刊物。1917年二月革命后领导孟什维克国际主义派。十月革命后反对镇压反革命和解散立宪会议。1919年当选为全俄中央执行委员会委员,1919—1920年为莫斯科苏维埃代表。1920年9月侨居德国。参与组织第二半国际,在柏林创办和编辑孟什维克杂志《社会主义通报》。——7、259、260—261、263、264。

马尔威,让·路易(Malvy,Jean Louis 1875—1949)——法国国务活动家,激进社会党人。1914—1917年任内务部长。在法国沙文主义集团的要求下,以"纵容"反军国主义宣传的罪名被放逐五年。1924年恢复名誉。以后任激进社会党议会党团主席并担任多种政府职务,反对建立人民阵线。——69。

马克林,约翰(Maclean,John 1879—1923)——英国工人运动活动家;职业是教师。1903年加入英国社会民主联盟。曾在苏格兰工人中从事革命启蒙工作。第一次世界大战前加入英国社会党左翼,是该党在苏格兰的领袖之一。大战期间持国际主义立场,积极进行革命的反战宣传,参与组织和领

导群众游行示威和罢工,为此屡遭英国政府迫害。1916 年 4 月被选为英
国社会党领导成员。1918 年苏俄外交人民委员部委任他为苏俄驻格拉斯
哥领事,但英国政府对他进行迫害,使他无法执行任务。晚年脱离政治活
动。1914—1917 年任内务部长。在法国沙文主义集团的要求下,以"纵
容"反军国主义宣传的罪名被放逐五年。1924 年恢复名誉。以后任激进
社会党议会党团主席并担任多种政府职务,反对建立人民阵线。——
107、347、348、366、444。

马克思,卡尔(Marx,Karl 1818—1883)——科学共产主义的创始人,世界无
产阶级的领袖和导师。—— 103 — 104、105、107 — 108、164 — 165、169、
200、205、217、219、231、232、233 — 234、237、238 — 239、240 — 243、244 —
245、252、253、258、262、268、276、281、286、289、292、297、302、315、316、
321、322 — 323、325、384、387、427 — 428、486、487、494。

马克斯,巴登亲王(Max,Prince von Baden 1867—1929)——德意志帝国最后
一任首相。1918 年 10 月 3 日—11 月 9 日主持所谓的"议会制民主"政府。
该政府是统治集团在社会民主党右派领导人支持下成立的,目的是要阻止
革命,拯救君主制度,但很快被 1918 年十一月革命推翻。——179。

马克西莫夫,康斯坦丁·戈尔杰耶维奇(Максимов,Константин Гордеевич
1894—1939)——1914 年加入俄国布尔什维克党,曾在萨马拉从事革命工
作。1917 年二月革命后为党的莫斯科委员会委员、莫斯科苏维埃主席团
委员和布尔什维克党团领导人之一。在莫斯科参加十月革命。十月革命
后任莫斯科苏维埃粮食局局长。国内战争时期任东方面军革命军事委员
会委员。1920—1922 年在乌拉尔和顿巴斯从事经济工作,曾任最高国民
经济委员会乌拉尔工业局局长、劳动国防委员会负责恢复乌拉尔工业的全
权代表。后任乌克兰国民经济委员会主席、乌克兰苏维埃社会主义共和国
人民委员会副主席、苏联最高国民经济委员会主席团委员、苏联副商业人
民委员。曾任全俄中央执行委员会和苏联中央执行委员会主席团委员。
——221、223、224、225、226。

马斯洛夫,彼得·巴甫洛维奇(Маслов,Петр Павлович 1867—1946)——俄
国经济学家,社会民主党人。写有一些土地问题著作,修正马克思主义政
治经济学原理。曾为《生活》、《开端》和《科学评论》等杂志撰稿。俄国社会

民主工党第二次代表大会后是孟什维克；曾提出孟什维克的土地地方公有
化纲领。在俄国社会民主工党第四次（统一）代表大会上代表孟什维克作
了关于土地问题的报告，被选入中央机关报编辑部。斯托雷平反动时期和
新的革命高涨年代是取消派分子。第一次世界大战期间是社会沙文主义
者。十月革命后脱离政治活动，从事教学和科研工作，研究社会主义政治
经济学问题。1929 年起为苏联科学院院士。—— 102 — 103、297、299、
304、312 — 313、315。

马斯洛夫，谢苗·列昂季耶维奇（Маслов, Семен Леонтьевич 1873 —
　　1938）——俄国右派社会革命党人。1917 年二月革命后任全俄农民代表
　　苏维埃执行委员会委员，9 月起任临时政府农业部长。早先主张土地社会
　　化，但 1917 年提出一个法案，主张地主土地所有制保持不变，甚至按"公
　　平"议价订出的、农民"租用"土地的租金也必须交给地主。十月革命后在
　　经济部门和科研机关工作。写有一些关于土地问题的著作。—— 304、
　　307、313。

麦克唐纳，詹姆斯·拉姆赛（MacDonald, James Ramsay 1866 — 1937）——英
　　国政治活动家，英国工党创建人和领袖之一。1885 年加入社会民主联盟。
　　1886 年加入费边社。1894 年加入独立工党，1906 — 1909 年任该党主席。
　　1900 年当选为劳工代表委员会书记，该委员会于 1906 年改建为工党。
　　1906 年起为议员，1911 — 1914 年和 1922 — 1931 年任工党议会党团主席。
　　推行机会主义政策，鼓吹阶级合作和资本主义逐渐长入社会主义的理论。
　　第一次世界大战初期采取和平主义立场，后来公开支持劳合-乔治政府进
　　行帝国主义战争。1918 — 1920 年竭力破坏英国工人反对武装干涉苏维埃
　　俄国的斗争。1924 年和 1929 — 1931 年先后任第一届和第二届工党政府
　　首相。1931 — 1935 年领导由保守党决策的国民联合政府。—— 102、280、
　　288、294、300。

梅林，弗兰茨（Mehring, Franz 1846 — 1919）——德国工人运动活动家，德国
　　社会民主党左翼领袖和理论家之一，历史学家和政论家，德国共产党创建
　　人之一。19 世纪 60 年代末起是资产阶级民主主义政论家，1877 — 1882 年
　　持资产阶级自由主义立场，后向左转化，逐渐接受马克思主义。曾任民主
　　主义报纸《人民报》主编。1891 年加入德国社会民主党，担任党的理论刊

物《新时代》杂志撰稿人和编辑,1902—1907 年任《莱比锡人民报》主编,反
对第二国际的机会主义和修正主义,批判考茨基主义。第一次世界大战爆
发后坚决谴责帝国主义战争和社会沙文主义者的背叛政策;是国际派(后
改称斯巴达克派和斯巴达克联盟)的组织者和领导人之一。1918 年参加
建立德国共产党的准备工作。欢迎俄国十月革命,撰文驳斥对十月革命的
攻击,维护苏维埃政权。在研究德国中世纪史、德国社会民主党史和马克
思主义史方面作出重大贡献,在整理出版马克思、恩格斯和拉萨尔的遗著
方面也做了大量工作。主要著作有《莱辛传奇》(1893)、《德国社会民主党
史》(1897—1898)、《马克思传》(1918)等。——443。

米留可夫,帕维尔·尼古拉耶维奇（Милюков, Павел Николаевич 1859—
　　1943）——俄国立宪民主党领袖,俄国自由派资产阶级思想家,历史学家和
　　政论家。1886 年起任莫斯科大学讲师。90 年代前半期开始政治活动,
　　1902 年起为资产阶级自由派的《解放》杂志撰稿。1905 年 10 月参与创建
　　立宪民主党,后任该党中央委员会主席和中央机关报《言语报》编辑。第三
　　届和第四届国家杜马代表。第一次世界大战期间为沙皇政府的掠夺政策
　　辩护。1917 年二月革命后任第一届临时政府外交部长,推行把战争进行
　　到"最后胜利"的帝国主义政策;同年 8 月积极参与策划科尔尼洛夫叛乱。
　　十月革命后同白卫分子和武装干涉者合作。1920 年起为白俄流亡分子,
　　在巴黎出版《最新消息报》。著有《俄国文化史概要》、《第二次俄国革命史》
　　及《回忆录》等。——16、82、84、103、195、274。

莫切诺夫（Моченов）——俄国左派社会革命党叶列茨组织一个委员会的临
　　时委员。——31。

穆拉维约夫,米哈伊尔·阿尔捷米耶维奇（Муравьев, Михаил Артемьевич
　　1880—1918）——沙俄军官,中校（1917）。1917 年起为左派社会革命党
　　人。十月革命期间转为苏维埃政权服务。1917 年 10 月 28 日（11 月 10
　　日）被任命为彼得格勒城防司令,指挥平定克伦斯基—克拉斯诺夫叛乱的
　　部队。1918 年初指挥同乌克兰中央拉达和卡列金作战的部队,同年 6 月
　　被任命为东方面军总司令。左派社会革命党人发动叛乱后背叛苏维埃政
　　权,于 7 月 10 日在辛比尔斯克发动叛乱。武装拒捕时被击毙。——
　　304、380。

N

拿破仑第一（**波拿巴**）（Napoléon I（Bonaparte）1769—1821）——法国皇帝，资产阶级军事家和政治家。法国资产阶级革命时期参加革命军。1799 年发动雾月政变，自任第一执政，实行军事独裁统治。1804 年称帝，建立法兰西第一帝国，颁布《拿破仑法典》，巩固资本主义制度。多次粉碎反法同盟，沉重打击了欧洲封建反动势力。但对外战争逐渐变为同英俄争霸和掠夺、奴役别国的侵略战争。1814 年欧洲反法联军攻陷巴黎后，被流放厄尔巴岛。1815 年重返巴黎，再登皇位。滑铁卢之役战败后，被流放大西洋圣赫勒拿岛。——107。

奈恩，沙尔（Naine，Charles 1874—1926）——瑞士社会民主党领袖之一；职业是律师。先后任瑞士社会民主党《哨兵报》和《人民权利报》编辑，是党的执行委员会委员。第一次世界大战初期接近国际主义派，曾出席齐美尔瓦尔德代表会议，是国际社会党委员会委员。1917 年成为中派分子，不久完全转向社会民主党右翼。1919 年主张重建第二国际。1919—1921 年参与组织第二半国际。——283。

尼古拉一世（**罗曼诺夫**）（Николай I（Романов）1796—1855）——俄国皇帝（1825—1855）。——210、367。

尼古拉二世（**罗曼诺夫**）（Николай II（Романов）1868—1918）——俄国最后一个皇帝，亚历山大三世的儿子。1894 年即位，1917 年二月革命时被推翻。1918 年 7 月 17 日根据乌拉尔州工兵代表苏维埃的决定在叶卡捷琳堡被枪决。——147、149、284。

诺布斯，恩斯特（Nobs，Ernst 1886—1957）——瑞士社会民主党领袖之一，政论家。1912 年起为瑞士社会民主党报刊撰稿。1915 年起任党的机关报《民权报》主编。第一次世界大战初期接近国际主义派，参加瑞士左派社会民主党的工作，曾出席昆塔尔代表会议和斯德哥尔摩代表会议。1917 年转向中派和平主义立场，20 年代转向社会民主党右翼；反对瑞士共产主义运动和国际共产主义运动。1919—1943 年是国民院议员。1943—1951 年任联邦委员会委员。1949 年任瑞士联邦主席。——283。

诺根，维克多·巴甫洛维奇（Ногин，Виктор Павлович 1878—1924）——1898

年加入俄国社会民主工党,布尔什维克。曾在国内外做党的工作,是《火星报》代办员。积极参加 1905 — 1907 年革命。1907 年和 1917 年两度当选为党中央委员。屡遭沙皇政府迫害。斯托雷平反动时期对孟什维克取消派采取调和主义态度。第一次世界大战期间在莫斯科和萨拉托夫的自治机关工作,为《莫斯科合作社》等杂志撰稿。1917 年二月革命后先后任莫斯科苏维埃副主席和主席。十月革命后参加第一届人民委员会,任工商业人民委员。1917 年 11 月主张成立有孟什维克和社会革命党人参加的联合政府,遭到否决后声明退出党中央和人民委员会。1918 — 1924 年历任副劳动人民委员、最高国民经济委员会主席团委员、全俄纺织辛迪加管理委员会主席等职。1921 年起任俄共(布)中央检查委员会主席。曾任苏联中央执行委员会主席团委员。——397。

P

佩里卡,雷蒙(Péricat, Raymond)——法国建筑工人联合会书记。第一次世界大战期间持国际主义立场。同情俄国十月革命和苏维埃政权。1919 年创办并编辑《国际报》,是法国第三国际委员会委员。——508。

普拉滕,弗里德里希(弗里茨)(Platten, Friedrich (Fritz) 1883 — 1942)——瑞士左派社会民主党人,后为共产党人;瑞士共产党的组织者之一。1904 年参加社会民主主义运动。1906 年秘密到俄国,在里加从事革命活动。1908 年起任瑞士俄国侨民基金会秘书。1912 — 1918 年任瑞士社会民主党书记。第一次世界大战期间是国际主义者,曾出席齐美尔瓦尔德代表会议和昆塔尔代表会议,参加齐美尔瓦尔德左派。1917 年 4 月是护送列宁从瑞士返回俄国的主要组织者。1919 年参加共产国际第一次代表大会,为大会主席团成员,曾为《共产国际》杂志撰稿。1921 — 1923 年任瑞士共产党书记。1923 年移居苏联,在苏联领导瑞士工人农业公社,后在国际农业研究所和莫斯科外语师范学院从事科研和教学工作。——500。

普列汉诺夫,格奥尔吉·瓦连廷诺维奇(Плеханов, Георгий Валентинович 1856 — 1918)——俄国早期的马克思主义理论家,后来成为孟什维克和第二国际机会主义领袖之一。19 世纪 70 年代参加民粹主义运动,是土地和自由社成员及土地平分社领导人之一。1880 年侨居瑞士,逐步同民粹主义决裂。1883年在日内瓦创建俄国第一个马克思主义团体——劳动解放社。翻译和介绍了马克思和恩格斯的许多著作,对马克思主义在俄国的传播起了重要作用;写过不少优秀的马克思主义著作,批判民粹主义、合法马克思主义、经济主义、伯恩施坦主义、马赫主义。20世纪初是《火星报》和《曙光》杂志编辑部成员。曾参与制定俄国社会民主工党纲领草案和参加党的第二次代表大会的筹备工作。在代表大会上是劳动解放社的代表,属火星派多数派,参加了大会常务委员会,会后逐渐转向孟什维克。1905—1907年革命时期反对列宁的民主革命的策略,后来在孟什维克和布尔什维克之间摇摆。在俄国社会民主工党第四次(统一)代表大会上作了关于土地问题的报告,维护马斯洛夫的孟什维克方案;在国家杜马问题上坚持极右立场,呼吁支持立宪民主党人的杜马。斯托雷平反动时期和新的革命高涨年代反对取消主义,领导孟什维克护党派。第一次世界大战期间持社会沙文主义立场。1917年二月革命后支持资产阶级临时政府。对十月革命持否定态度,但拒绝支持反革命。最重要的理论著作有《社会主义与政治斗争》(1883)、《我们的意见分歧》(1885)、《论一元论历史观之发展》(1895)、《唯物主义史论丛》(1896)、《论个人在历史上的作用》(1898)、《没有地址的信》(1899—1900),等等。——187、230、269、281、297。

普罗相,普罗什·佩尔切维奇(Прошьян,Прош Перчевич 1883—1918)——俄国社会革命党人,左派社会革命党的组织者和领袖之一。20世纪初参加革命运动,1905年加入社会革命党。1905—1913年服苦役,后逃往国外。第一次世界大战期间是国际主义者。1917年二月革命后回国,在赫尔辛福斯出版《社会革命党人报》,加入社会革命党左翼。主张同布尔什维克结盟,在彼得格勒参加十月武装起义。在全俄苏维埃第二次代表大会上当选为全俄中央执行委员会委员。左派社会革命党成立后为该党中央委员。1917年12月进入人民委员会,任邮电人民委员。1918年3月因反对签订布列斯特和约退出人民委员会;是莫斯科左派社会革命党人叛乱的领导人之一。叛乱被平定后转入地下。死于伤寒病。——304、379—380。

Q

契切林,格奥尔吉·瓦西里耶维奇(Чичерин,Георгий Васильевич 1872—

1936)——1904 年参加俄国革命运动,1905 年在柏林加入俄国社会民主工党。长期在国外从事革命活动。斯托雷平反动时期是孟什维主义的拥护者。第一次世界大战期间是国际主义者。1917 年底转向布尔什维主义立场,1918 年加入俄共(布)。1918 年初回国后被任命为副外交人民委员,参加了布列斯特的第二阶段谈判,同德国签订了布列斯特和约。1918 年 5 月—1930 年任外交人民委员,是出席热那亚国际会议和洛桑国际会议的苏俄代表团团长。曾任全俄中央执行委员会和苏联中央执行委员会委员。在党的第十四次和第十五次代表大会上当选为中央委员。——179。

切尔诺夫,维克多·米哈伊洛维奇(Чернов, Виктор Михайлович 1873 — 1952)——俄国社会革命党领袖和理论家之一。1902 — 1905 年任社会革命党中央机关报《革命俄国报》编辑。曾撰文反对马克思主义,企图证明马克思的理论不适用于农业。第一次世界大战期间持社会沙文主义立场,曾参加齐美尔瓦尔德代表会议和昆塔尔代表会议。1917 年 5—8 月任临时政府农业部长,对夺取地主土地的农民实行残酷镇压。敌视十月革命。1918 年 1 月任立宪会议主席;曾领导萨马拉的反革命立宪会议委员会,参与策划反苏维埃叛乱。1920 年流亡国外,继续反对苏维埃政权。在他的理论著作中,主观唯心主义和折中主义同修正主义和民粹派的空想混合在一起;企图以资产阶级改良主义的"结构社会主义"对抗科学社会主义。——84、123。

S

萨文柯夫,波里斯·维克多罗维奇(Савинков, Борис Викторович 1879 — 1925)——俄国社会革命党领袖之一,作家。在彼得堡大学学习时开始政治活动,接近经济派-工人思想派,在工人小组中进行宣传,为《工人事业》杂志撰稿。1901 年被捕,后被押送沃洛格达省,从那里逃往国外。1903 年加入社会革命党,1903 — 1906 年是该党"战斗组织"的领导人之一,多次参加恐怖活动。1909 年和 1912 年以维·罗普申为笔名先后发表了两部浸透神秘主义和对革命斗争失望情绪的小说:《一匹瘦弱的马》和《未曾有过的东西》。1911 年侨居国外。第一次世界大战期间是社会沙文主义者。1917 年二月革命后回国,任临时政府驻最高总司令大本营的委员、西南方面军委员、陆军部副部长、彼得格勒军事总督；根据他的提议在前线实行了死刑。十月革命后参加克伦斯基—克拉斯诺夫叛乱，参与组建顿河志愿军，建立地下反革命组织"保卫祖国与自由同盟"，参与策划反革命叛乱。1921—1923年在国外领导反对苏维埃俄国的间谍破坏活动。1924年偷越苏联国境时被捕，被判处死刑，后改为十年监禁。在狱中自杀。——31、32、103、107、278、303。

塞拉蒂，扎钦托·梅诺蒂（Serrati, Giacinto Menotti 1872 或 1876 — 1926）——意大利工人运动活动家，意大利社会党领导人之一，最高纲领派领袖之一。1892年加入意大利社会党。与康·拉查理等人一起领导该党中派。曾被捕，先后流亡美国、法国和瑞士，1911年回国。1914—1922年任社会党中央机关报《前进报》社长。第一次世界大战期间是国际主义者，曾参加齐美尔瓦尔德代表会议和昆塔尔代表会议。共产国际成立后，坚决主张意大利社会党参加共产国际。1920年率领意大利社会党代表团出席共产国际第二次代表大会；在讨论加入共产国际的条件时，反对同改良主义者无条件决裂。他的错误立场受到列宁的批评，不久即改正了错误。1924年带领社会党内的第三国际派加入意大利共产党。——444。

沙杜尔，雅克（Sadoul, Jacques 1881 — 1956）——法国军官，1903年加入法国社会党。第一次世界大战期间持社会沙文主义立场。1917年9月作为法国军事使团的成员被派往俄国。在俄国十月革命的影响下成为共产主义思想的拥护者，加入俄共（布）法国支部；在报刊上发表文章，强烈抗议协约国帝国主义者对苏维埃俄国的武装干涉，在占领乌克兰南部的法国军队中进行革命宣传。曾代表俄共（布）法国支部出席共产国际第一次和第二次代表大会。1919年11月参加红军，因此被法国军事法庭缺席判处死刑。1924年回到法国后被宣告无罪，后成为法国共产党活动家。——54、220、525。

施米特，瓦西里·弗拉基米罗维奇（Шмидт, Василий Владимирович 1886 — 1940）——1905年加入俄国社会民主工党。曾在彼得堡和叶卡捷琳诺斯拉夫做党的工作。1915—1917年是党的彼得堡委员会书记、彼得格勒五金工会领导人，1917年二月革命后兼任彼得格勒工会中央理事会书记。1918—1928年先后任全俄工会中央理事会书记和劳动人民委员，1928—

1930 年任苏联人民委员会和劳动国防委员会副主席。一度参加党内"右倾派别集团"。在党的第七、第十四和第十五次代表大会上当选为中央委员。——223。

施泰因（**鲁宾施坦**），亚历山大（Штейн（Рубинштейн），Александр 1881 —1948）——俄国孟什维克，1906 年移居德国。第一次世界大战初期同考茨基和伯恩施坦一起出版《社会主义的对外政策》杂志。1917 年加入德国独立社会民主党，为该党中央机关报《自由报》编辑。积极参加德国中派诽谤俄国十月革命和布尔什维克的活动。1933 年起侨居捷克斯洛伐克，后迁居法国和美国。——259、267、318。

施特勒贝尔，亨利希（Ströbel，Heinrich 1869—1945）——德国社会民主党人，中派分子。1905—1916 年任德国社会民主党中央机关报《前进报》编委。1908—1918 年为普鲁士邦议会议员。第一次世界大战初期反对社会沙文主义和帝国主义战争，属于国际派，在国际派中代表向考茨基主义方面动摇的流派。1916 年完全转向考茨基主义立场。1917 年是建立德国独立社会民主党的发起人之一。1918 年 11 月—1919 年 1 月为普鲁士政府成员。1919 年回到社会民主党，因不同意该党领导的政策，于 1931 年退党。1922 年起为德国国会议员。——109。

司徒卢威，彼得 · 伯恩哈多维奇（Струве，Петр Бернгардович 1870 —1944）——俄国经济学家，哲学家，政论家，合法马克思主义主要代表人物，立宪民主党领袖之一。19 世纪 90 年代编辑合法马克思主义者的《新言论》杂志和《开端》杂志。1896 年参加第二国际第四次代表大会。1898 年参加起草《俄国社会民主工党宣言》。在 1894 年发表的第一部著作《俄国经济发展问题的评述》中，在批判民粹主义的同时，对马克思的经济学说和哲学学说提出"补充"和"批评"。20 世纪初同马克思主义和社会民主主义彻底决裂，转到自由派营垒。1902 年起编辑自由派资产阶级刊物《解放》杂志，1903 年起是解放社的领袖之一。1905 年起是立宪民主党中央委员，领导该党右翼。1907 年当选为第二届国家杜马代表。第一次世界大战爆发后鼓吹俄国的帝国主义侵略扩张政策。十月革命后敌视苏维埃政权，是邓尼金和弗兰格尔反革命政府成员，后逃往国外。——230。

斯巴达克（Spartacus 死于公元前 71 年）——公元前 73—前 71 年古罗马最大

的一次奴隶起义的领袖,色雷斯人。意大利卡普亚城一角斗士学校的角斗
奴隶。因不堪奴隶主的虐待,于公元前 73 年密谋起义。事泄,率 70 余人
逃至维苏威山,各地奴隶和贫民纷纷投奔,起义队伍迅速扩大,同罗马奴隶
主军队作战连战皆捷。公元前 71 年被克拉苏率领的罗马军队打败,与 6
万名奴隶一起英勇牺牲。他的名字已作为勇敢、高尚、对人民无限忠诚、同
压迫者无情斗争的光辉典范而载入史册。——66。

斯大林(**朱加施维里**),约瑟夫·维萨里昂诺维奇(Сталин(Джугашвили),
　　Иосиф Виссарионович 1879—1953)——苏联共产党和国家领导人,国际共
　　产主义运动活动家。1898 年加入俄国社会民主工党,党的第二次代表大
　　会后是布尔什维克。曾在梯弗利斯、巴统、巴库和彼得堡做党的工作。多
　　次被捕和流放。1912 年 1 月在党的第六次(布拉格)全国代表会议选出的
　　中央委员会会议上,被缺席增补为中央委员并被选入中央委员会俄国局;
　　积极参加布尔什维克《真理报》的编辑工作。1917 年二月革命后从流放地
　　回到彼得格勒,参加党中央委员会俄国局。在党的第七次全国代表会议
　　(四月代表会议)以及此后的历次代表大会上当选为中央委员。在十月革
　　命的准备和进行期间参加领导武装起义的彼得格勒军事革命委员会和党
　　总部。在全俄苏维埃第二次代表大会上当选为全俄中央执行委员会委员;
　　参加第一届人民委员会,任民族事务人民委员。1919 年 3 月起兼任国家
　　监察人民委员,1920 年起为工农检查人民委员。国内战争时期任共和国
　　革命军事委员会委员和一些方面军的革命军事委员会委员。1922 年 4 月
　　起任党中央总书记。1941 年起同时担任苏联人民委员会主席,1946 年起
　　为部长会议主席。1941—1945 年卫国战争时期任国防委员会主席、国防
　　人民委员和苏联武装力量最高统帅。1919—1952 年为中央政治局委员,
　　1952—1953 年为苏共中央主席团委员。1925—1943 年为共产国际执行
　　委员会委员。——519。

斯皮里多诺娃,玛丽亚·亚历山德罗夫娜(Спиридонова,Мария Алексан-
　　дровна 1884—1941)——俄国社会革命党领袖之一。1906 年因刺杀策划
　　黑帮暴行、镇压坦波夫省农民起义的首领加·尼·卢热诺夫斯基而被判处
　　终身苦役。1917 年二月革命后是左派社会革命党的组织者之一,12 月起
　　为该党中央委员。十月革命后为全俄中央执行委员会委员。反对签订布

列斯特和约,参加 1918 年 7 月左派社会革命党人的叛乱。被捕后由全俄中央执行委员会赦免。后脱离政治活动。——11、16。

斯切克洛夫,尤里·米哈伊洛维奇（Стеклов, Юрий Михайлович 1873 — 1941）——1893 年参加俄国社会民主主义运动,是敖德萨第一批社会民主主义小组的组织者之一。1903 年俄国社会民主工党第二次代表大会后是布尔什维克。斯托雷平反动时期和新的革命高涨年代为布尔什维克的《社会民主党人报》、《明星报》、《真理报》和《启蒙》杂志撰稿。参加过第三届和第四届国家杜马社会民主党党团的工作。是隆瑞莫党校（法国）的讲课人。1917 年二月革命后当选为彼得格勒苏维埃执行委员会委员；最初持"革命护国主义"立场,后转向布尔什维克。十月革命后任全俄中央执行委员会和苏联中央执行委员会主席团委员、《全俄中央执行委员会消息报》和《苏维埃建设》杂志的编辑。1929 年起任苏联中央执行委员会学术委员会副主席。写有不少革命运动史方面的著作。——219、223。

斯托雷平,彼得·阿尔卡季耶维奇（Столыпин, Петр Аркадьевич 1862 — 1911）——俄国国务活动家,大地主。1884 年起在内务部任职。1902 年任格罗德诺省省长。1903—1906 年任萨拉托夫省省长,因镇压该省农民运动受到尼古拉二世的嘉奖。1906—1911 年任大臣会议主席兼内务大臣。1907 年发动"六三政变",解散第二届国家杜马,颁布新选举法以保证地主、资产阶级在杜马中占统治地位,残酷镇压革命运动,大规模实施死刑,开始了"斯托雷平反动时期"。实行旨在摧毁村社和培植富农的土地改革。1911 年被社会革命党人 Д.Г.博格罗夫刺死。——364。

斯维尔德洛夫,雅柯夫·米哈伊洛维奇（Свердлов, Яков Михайлович 1885 — 1919）——1901 年加入俄国社会民主工党。曾在下诺夫哥罗德、索尔莫沃、科斯特罗马、喀山、莫斯科、彼得堡等地从事革命工作。1905—1907 年革命期间领导乌拉尔布尔什维克组织。1912 年俄国社会民主工党第六次（布拉格）全国代表会议后被增补为中央委员,参加中央委员会俄国局。曾参加《真理报》编辑部,是《真理报》领导人之一。第四届国家杜马布尔什维克党团领导人之一。屡遭沙皇政府迫害,在狱中和流放地度过十二年。1917 年二月革命后是乌拉尔党组织领导人之一。在党的第七次全国代表会议（四月代表会议）上当选为中央委员,会后被选为中央委员会书记。党的第六次代表大会后领导中央书记处的工作。积极参加十月革命的准备和组织工作,任领导武装起义的彼得格勒军事革命委员会委员和党总部成员。1917年11月8日(21日)当选为全俄中央执行委员会主席。1918年发起成立全俄中央执行委员会鼓动员和指导员训练班,该训练班于1919年7月改组为斯维尔德洛夫共产主义大学。——31、137。

索罗金,皮季里姆·亚历山德罗维奇(Сорокин, Питирим Александрович 1889—1968)——俄国社会革命党右翼领袖,社会学家。曾任彼得格勒大学讲师。1917年二月革命后任克伦斯基的秘书和社会革命党右翼机关报《人民意志报》主编。1919年起任彼得格勒大学教授。1922年移居国外,曾在布拉格大学任教。1923年起住在美国,1930年取得美国国籍。1930年起任哈佛大学教授。——185—186、188、189、194—195。

索斯诺夫斯基,列夫·谢苗诺维奇(Сосновский, Лев Семенович 1886—1937)——1904年加入俄国社会民主工党,新闻工作者。1918—1924年(有间断)任《贫苦农民报》编辑。1921年任党中央委员会鼓动宣传部长。1920—1921年工会问题争论期间支持托洛茨基的纲领。1927年作为托洛茨基反对派的骨干分子被开除出党。1935年恢复党籍,1936年被再次开除出党。——401。

T

唐恩(**古尔维奇**),费多尔·伊里奇(Дан(Гурвич), Федор Ильич 1871—1947)——俄国孟什维克领袖之一;职业是医生。1894年参加社会民主主义运动,加入彼得堡工人阶级解放斗争协会。1896年8月被捕,监禁两年左右,1898年流放维亚特卡省,为期三年。1901年夏逃往国外,加入《火星报》柏林协助小组。1902年作为《火星报》代办员参加了俄国社会民主工党第二次代表大会的筹备会议,会后再次被捕,流放东西伯利亚。1903年9月逃往国外,成为孟什维克。俄国社会民主工党第四次(统一)代表大会和第五次(伦敦)代表大会及一系列代表会议的参加者。斯托雷平反动时期和新的革命高涨年代在国外领导取消派,编辑取消派的《社会民主党人呼声报》。第一次世界大战期间是社会沙文主义者。1917年二月革命后任彼得格勒苏维埃执行委员会委员和第一届中央执行委员会主席团委员,支持资产阶级临时政府。十月革命后反对苏维埃政权,1922 年被驱逐出境,在柏林领导孟什维克进行反革命活动。1923 年参与组织社会主义工人国际。同年被取消苏联国籍。——107、278。

屠拉梯,菲力浦(Turati,Filippo 1857—1932)——意大利工人运动活动家,意大利社会党创建人之一,该党右翼改良派领袖。1896—1926 年为议员,领导意大利社会党议会党团。推行无产阶级同资产阶级阶级合作的政策。第一次世界大战期间持中派立场。敌视俄国十月革命。1922 年意大利社会党分裂后,参与组织并领导改良主义的统一社会党。法西斯分子上台后,于 1926 年流亡法国,进行反法西斯的活动。—— 109、283、286、288、289。

托多尔斯基,亚历山大·伊万诺维奇(Тодорский, Александр Иванович 1894—1965)——1918 年加入俄共(布)。1918—1919 年是特维尔省韦谢贡斯克县执行委员会委员,曾任《韦谢贡斯克代表苏维埃消息报》和《红色韦谢贡斯克报》编辑。著有《持枪扶犁的一年》一书,得到列宁的高度评价。国内战争时期任旅长和师长,后在一些军事机关担任高级指挥职务。1955 年起为苏军退役中将,从事著述活动。——401—402。

托洛茨基(**勃朗施坦**),列夫·达维多维奇(Троцкий(Бронштейн), Лев Давидович 1879—1940)——1897 年参加俄国社会民主主义运动。在俄国社会民主工党第二次代表大会上是西伯利亚联合会的代表,属火星派少数派。1905 年同亚·帕尔乌斯一起提出和鼓吹"不断革命论"。斯托雷平反动时期和新的革命高涨年代,打着"非派别性"的幌子,实际上采取取消派立场。1912 年组织"八月联盟"。第一次世界大战期间持中派立场。1917 年二月革命后参加区联派,在党的第六次代表大会上随区联派集体加入布尔什维克党,当选为中央委员。参加十月武装起义的领导工作。十月革命后任外交人民委员,1918 年初反对签订布列斯特和约,同年 3 月改任共和国革命军事委员会主席、陆海军人民委员等职。参与组建红军。1919 年起为党中央政治局委员。1920 年起历任共产国际执行委员会候补委员、委员。1920—1921 年挑起关于工会问题的争论。1923 年起进行派别活动。1925 年初被解除革命军事委员会主席和陆海军人民委员职务。1926 年与季诺维也夫结成"托季联盟"。1927 年被开除出党,1929 年被驱逐出境,1932

年被取消苏联国籍。在国外组织第四国际。死于墨西哥。——87、116、143、160、469。

托马,阿尔伯(Thomas,Albert 1878—1932)——法国政治活动家,右派社会党人。1904年起为社会党报刊撰稿。1910年起为社会党议会党团领袖之一。第一次世界大战期间是社会沙文主义者。曾参加资产阶级政府,任军需部长。俄国1917年二月革命后到俄国鼓吹继续进行战争。1919年是伯尔尼国际的组织者之一。1920—1932年任国际联盟国际劳工组织的主席。——98。

托姆斯基(**叶弗列莫夫**),米哈伊尔·巴甫洛维奇(Томский(Ефремов),Михаил Павлович 1880—1936)——1904年加入俄国社会民主工党。1905—1906年在党的雷瓦尔组织中工作,开始从事工会运动。1907年当选为党的彼得堡委员会委员,任布尔什维克的《无产者报》编委。曾参加党的第五次(伦敦)代表大会的工作。多次被捕和流放。1917年二月革命后任党的彼得堡委员会执行委员会委员。十月革命后任莫斯科工会理事会主席。1919年起任全俄工会中央理事会主席团主席。1920年参与创建红色工会国际,1921年工会国际成立后担任总书记。在党的第八至第十六次代表大会上当选为中央委员,1923—1930年为中央政治局委员。1920年起任全俄中央执行委员会主席团委员,1922年12月起任苏联中央执行委员会主席团委员。支持民主集中派,坚持工会脱离党的领导的"独立性"。1929年被作为"右倾派别集团"领袖之一受到批判。1934年当选为候补中央委员。1936年因受政治迫害自杀。1988年恢复党籍。——397。

W

瓦采季斯,约阿基姆·约阿基莫维奇(Вацетис,Иоаким Иоакимович 1873—1938)——沙俄上校军官,十月革命后转向苏维埃政权。1917年12月任大本营革命野战司令部作战部部长。1918年4月起任拉脱维亚步兵师师长,参与平定莫斯科左派社会革命党人的叛乱。1918年7—9月任东方面军司令,1918年9月—1919年7月任共和国武装力量总司令。1919年8月起在共和国革命军事委员会工作。1921年起在工农红军军事学院任教。——228。

王德威尔得,埃米尔(Vandervelde, Émile 1866—1938)——比利时政治活动
家,比利时工人党领袖,第二国际的机会主义代表人物。1885 年加入比利
时工人党,90 年代中期成为党的领导人。1894 年起多次当选为议员。
1900 年起任第二国际常设机构——社会党国际局主席。第一次世界大战
爆发后成为社会沙文主义者,是大战期间欧洲国家中第一个参加资产阶级
政府的社会党人。1918 年起历任司法大臣、外交大臣、公共卫生大臣、副
首相等职。俄国 1917 年二月革命后到俄国鼓吹继续进行战争。敌视俄国
十月革命,支持武装干涉苏维埃俄国。曾积极参加重建第二国际的活动,
1923 年起是社会主义工人国际书记处书记和常务局成员。—— 321 —
327、386、443、446。

威尔逊,伍德罗(Wilson, Woodrow 1856 — 1924)——美国国务活动家。
1910—1912 年任新泽西州州长。1913 年代表民主党当选为美国总统,任
期至 1921 年。任内镇压工人运动,推行扩张政策,对拉丁美洲各国进行武
装干涉,并促使美国站在协约国一方参加第一次世界大战。俄国十月革命
后是武装干涉苏维埃俄国的策划者之一。1918 年提出帝国主义的和平纲
领"十四点",妄图争夺世界霸权。曾率领美国代表团出席巴黎和会
(1919—1920)。1920 年总统竞选失败,后退出政界。—— 37、110、121、
147—148、189、220、342、345—346、370、443、505。

威廉二世(**霍亨索伦**)(Wilhelm II(Hohenzollern)1859—1941)——普鲁士国
王和德国皇帝(1888 — 1918)。—— 110、115、145、156、179、287、443、
480、537。

韦伯,悉尼·詹姆斯(Webb, Sidney James 1859—1947)——英国经济学家和
社会活动家,工联主义和所谓费边社会主义的理论家,费边社的创建人和
领导人之一。1915—1925 年代表费边社参加工党全国执行委员会。第一
次世界大战期间持社会沙文主义立场。1922 年起为议员,1924 年任商业
大臣,1929—1930 年任自治领大臣,1929—1931 年任殖民地大臣。与其
妻比阿特里萨·韦伯合写的关于英国工人运动的历史和理论的许多著作,
宣扬在资本主义条件下和平解决工人问题的改良主义思想,但包含有英国
工人运动历史的极丰富的材料。主要著作有《英国社会主义》(1890)、《产
业民主》(1897)(列宁翻译了此书的第 1 卷,并校订了第 2 卷的俄译文;俄

译本书名为《英国工联主义的理论和实践》)等。——98、110、246、
443、446。

维贝尔,亨利希——见鲍威尔,奥托。

魏特林,威廉(Weitling,Wilhelm 1808—1871)——德国工人运动早期活动
　　家,空想平均共产主义理论家;职业是裁缝。1836 年在巴黎加入正义者同
　　盟,1838 年为同盟写了纲领性著作《人类,它是什么样子和应当成为什么
　　样子》。1841—1843 年在瑞士手工业者联合会宣传平均共产主义思想。
　　1842 年出版主要著作《和谐与自由的保证》。1846 年加入布鲁塞尔共产主
　　义通讯委员会,但同马克思和恩格斯在观点上有尖锐分歧。1846 年流亡
　　美国,在纽约德国侨民中进行宣传活动。德国 1848—1849 年革命期间曾
　　一度回国。1850—1855 年在美国出版《工人共和国》杂志。后来脱离工人
　　运动。马克思和恩格斯曾高度评价其著述和宣传活动,认为它是德国无产
　　阶级第一次独立的理论运动,但在魏特林主义成了工人运动发展的障碍
　　时,也给予严厉的批评。——243。

沃伊诺夫,伊万·阿夫克森齐耶维奇(Воинов,Иван Авксентьевич 1884—
　　1917)——1909 年加入俄国社会民主工党,布尔什维克,工人。《明星报》
　　和《真理报》的通讯员。出身于雅罗斯拉夫尔省一个贫苦农民家庭。迁居
　　彼得堡后,曾在一些企业和尼古拉耶夫铁路工作,同铁路上的布尔什维克
　　组织建立了联系。多次被捕和流放。1917 年二月革命后回到彼得格勒,
　　在印刷《真理报》的劳动印刷所工作,并为报社撰写通讯稿。7 月 6 日(19
　　日),在散发《〈真理报〉小报》时,被哥萨克和士官生在什帕列拉街杀害。
　　——448。

X

希法亭,鲁道夫(Hilferding,Rudolf 1877—1941)——奥地利社会民主党、德
　　国社会民主党和第二国际机会主义领袖之一,"奥地利马克思主义"理论
　　家。1907—1915 年任德国社会民主党中央机关报《前进报》编辑。1910
　　年发表《金融资本》一书,对研究垄断资本主义起了一定的积极作用,但书
　　中有理论错误。第一次世界大战期间是中派分子,主张同社会帝国主义者
　　统一。战后公开修正马克思主义,提出"有组织的资本主义"的理论,为国

家垄断资本主义辩护。1917年起为德国独立社会民主党领袖之一。敌视苏维埃政权和无产阶级专政。1920年取得德国国籍。1924年起为国会议员。1923年和1928—1929年任魏玛共和国财政部长。法西斯分子上台后流亡法国。——496、499。

谢德曼,菲力浦(Scheidemann, Philipp 1865—1939)——德国社会民主党右翼领袖之一。1903年起参加社会民主党国会党团。1911年当选为德国社会民主党执行委员会委员,1917—1918年是执行委员会主席之一。第一次世界大战期间是社会沙文主义者。1918年10月参加巴登亲王马克斯的君主制政府,任国务大臣。1918年十一月革命期间参加所谓的人民代表委员会,借助旧军队镇压革命。1919年2—6月任魏玛共和国联合政府总理。1933年德国建立法西斯专政后流亡国外。——63、98、110、199、246、281、282、286、288、293、294、295、347、383—384、385—386、387、425、433、435、443、444、446、447、494—495、500。

欣丘克,列夫·米哈伊洛维奇(Хинчук, Лев Михайлович 1868—1944)——1890年参加俄国社会民主主义运动。俄国社会民主工党第二次代表大会后是孟什维克,曾任孟什维克中央委员。1920年加入俄共(布)。1917年3—9月任莫斯科工人代表苏维埃主席。1917—1920年任莫斯科工人合作社理事会理事,1921—1926年任中央消费合作总社理事会主席。1926—1930年任苏联驻英国商务代表,1930—1934年任苏联驻德国全权代表。1934—1937年任俄罗斯联邦国内商业人民委员。——221、222、223、224、226。

休特古姆,阿尔伯特(Südekum, Albert 1871—1944)——德国社会民主党右翼领袖之一,修正主义者。1900　1918年是帝国国会议员。第　次世界大战期间是社会沙文主义者。在殖民地问题上宣扬帝国主义观点,反对工人阶级的革命运动。1918—1920年任普鲁士财政部长。1920年起不再积极参加政治活动。"休特古姆"一词已成为极端机会主义者和社会沙文主义者的通称。——443、444、446。

Y

伊格纳托夫,叶菲姆·尼古拉耶维奇(Игнатов, Ефим Николаевич 1890—

1938)——1912年加入俄国社会民主工党。1917年二月革命后任莫斯科苏维埃执行委员会委员和主席团委员。十月革命后任党的莫斯科委员会委员、全俄工会中央理事会主席团委员。1920—1921年工会问题争论期间曾结成以他为首的无政府工团主义派别，即所谓的"伊格纳托夫派"，支持工人反对派的主张。党的第十次代表大会后伊格纳托夫派停止活动。此后在党的维捷布斯克省委员会工作，任维捷布斯克省执行委员会主席。1929年起任全俄中央执行委员会苏维埃建设高级学校校长。——419—420。

Z

泽格，约翰·弗里德里希（Seger, Johann Friedrich 1867—1928）——德国社会民主党人；职业是裁缝。莱比锡社会民主党组织领导人之一和《莱比锡人民报》编辑之一。1917年加入德国独立社会民主党。1918年十一月革命期间任莱比锡工兵苏维埃主席。1919年起是国民议会议员，后为国会议员。1922年作为分裂后的德国独立社会民主党的右翼分子回到德国社会民主党。——479。

扎克斯，Г.Д.（Закс, Г.Д. 1882—1937）——俄国社会革命党人，左派社会革命党的组织者之一。十月革命期间任军事革命委员会委员、特别调查委员会委员、彼得格勒市杜马副主席。1917年12月起任副教育人民委员、全俄肃反委员会副主席。1918年7月左派社会革命党人叛乱和该党分裂后，是"民粹派共产党"的组织者之一。1918年11月加入俄共（布）。曾参加国内战争，后从事军事和苏维埃工作。——298。

文 献 索 引

奥斯特罗戈尔斯基,莫•《民主和政党》(Ostrogorskij, M. La démocratie et les partis politiques. Nouvelle ed., refondue. paris, Calmann-Lévy, 1912. XVI, 728 p.)——327。

伯恩施坦,爱•《社会主义的前提和社会民主党的任务》(Bernstein, E. Die Voraussetzungen des Sozialismus und die Aufgaben der Sozialdemokratie. Stuttgart, Dietz, 1899. X, 188 S.)——102。

车尔尼雪夫斯基,尼•加•《[书评:]亨•查•凯里〈就政治经济问题致美利坚合众国总统的信〉》(Чернышевский, Н. Г. [Рецензия на книгу:] «Политико-экономические письма к президенту Американскнх Соединенных Штатов» Г. Ч. Кэри)——55。

德布兹,尤•《何时我会去作战》(Debs, E. When I shall Fight.—«Appeal to Reason», Girard, Cansas, 1915, No. 1, 032, September 11, p. 1)——57、480。

恩格斯,弗•《法德农民问题》(1894年11月15日和22日之间)(Энгельс, Ф. Крестьянский вопрос во Франции и Германии. Между 15 и 22 ноября 1894 г.)——203—204、215、217。

——《法德农民问题》(1904年版)(Крестьянский вопрос во Франции и Германии. Пер. с нем. В. Перовой. Под ред. и предисл. Г. Плеханова. Изд. РСДРП. Женева, тип. партии, 1904, 40 стр. (РСДРП))——203—204、215。

——《反杜林论》(Анти-Дюринг. Переворот в науке, произведенный господином Евгением Дюрингом. Сентябрь 1876—июнь 1878 г.)——107。

——《给奥•倍倍尔的信》(1875年3月18—28日)(Письмо А. Бебелю. 18—28 марта 1875 г.)——105、238、244、253—254、268、326。

——《给弗·阿·左尔格的信》(1886 年 11 月 29 日)（Письмо Ф. А. Зорге. 29
ноября 1886 г.)——219。

——《给弗·凯利-威士涅威茨基夫人的信》(1887 年 1 月 27 日)（Письмо Ф.
Келли-Вишневецкой. 27 января 1887 г.)——219。

——《家庭、私有制和国家的起源》（Происхождение семьи, частной собственности
и государства. В связи с исследованиями Льюиса Г. Моргана. Конец
марта—26 мая 1884 г.)——244—245。

——《卡·马克思〈法兰西内战〉一书导言》（Введение к работе К. Маркса
«Гражданская война во Франции». 18 марта 1891 г.)——239、240—242、
244—245、262、276、286、322—323、486。

——《[卡·马克思〈资本论〉第一卷]英文版序言》（Предисловие к
английскому изданию[книги К. Маркса «Капитал», т. I]. 5 ноября 1886 г.)
——105。

——《论权威》（Об авторитете. Октябрь 1872— март 1873 г.)——241、252—
253、256。

格里鲍耶陀夫, 亚·谢·《智慧的痛苦》（Грибоедов, А. С. Горе от ума)
——109。

古洛夫, Г.《一个农民的信》（Гулов, Г. Письмо крестьянина. [28 января 1919
г.].—«Известия ВЦИК Советов Рабочих, Крестьянск., Казачьих и
Красноарм. Депутатов и Московского Совета Рабочих и Красноарм.
Депутатов», 1919, №24(576), 2 февраля, стр. 1)——469。

果戈理, 尼·瓦·《钦差大臣》（Гоголь, Н. В. Ревизор)——305。

——《死魂灵》（Мертвые души)——274。

考茨基, 卡·《党团和党》（Kautsky, K. Fraktion und Partei.—«Die Neue
Zeit», Stuttgart, 1915, Jg. 34, Bd. 1, Nr. 9, 26. November, S. 269 — 276)
——480。

——《帝国主义》（Der Imperialismus.—«Die Neue Zeit», Stuttgart, 1914, Jg.
32, Bd. 2, Nr. 21, 11. September, S. 908—922)——231。

——《俄国革命的动力和前途》（Triebkräfte und Aussichten der russischen
Revolution.—«Die Neue Zeit», Stuttgart, 1906—1907, Jg. 25, Bd. 1, Nr. 9,

S. 284—290；Nr. 10，S. 324—333)——297—298、301、312。

—《取得政权的道路》(Der Weg zur Macht. Politische Betrachtungen über das Hineinwachsen in die Revolution. Berlin, Buchh. Vorwärts, 1909. 104 S.)——230、263—264、285、291。

—《社会革命》(第1编：社会改良和社会革命)(Die Soziale Revolution, I. Sozialreform und soziale Revolution. Berlin, Exped. der Buchh. Vorwärts, 1902. 56 S.)——291。

—《土地问题》(Die Agrarfrage. Eine Übersicht über die Tendenzen der modernen Landwirtschaft und die Agrarpolitik der Sozialdemokratie. Stuttgart, Dietz, 1899. VIII, 451 S.)——315、317。

—《无产阶级专政》(Die Diktatur des Proletariats. Wien, Brand, 1918. 63 S.)——102—104、105、106—109、110、229、231、232—320、321—322、323—324、325、326、383、384—385、447、496。

—《消费合作社和工人运动》(Consumvereine und Arbeiterbewegung. Wien, Brand, 1897. 31 S.)——224。

克劳塞维茨，卡·《论战争和用兵的遗著》(Clausewitz, K. Hinterlassene Werke über Krieg und Kriegführung. Bd. 1, T. 1. Vom Kriege. Berlin, Dümmler, 1832. XXVIII, 371 S.)——284。

拉齐斯，马·伊·《红色恐怖》(Лацис, М. И. Красный террор. —«Красный Террор», Казань, 1918, №1, 1 ноября, стр. 1—2)——403。

李希特尔，欧·《社会民主党对于未来的描写》(Richter, E. Sozialdemokratische Zukunftsbilder. Frei nach Bebel. Berlin, «Vortschritt», Dezember 1891. 48 S.)　270　280。

列宁，弗·伊·《帝国主义是资本主义的最新阶段》(Ленин, В. И. Империализм, как новейший этап капитализма. (Популярный очерк). Пг., «Жизнь и Знание», 1917. [3], 130 стр. Перед загл. кн. авт.: Н. Ленин (Вл. Ильин))——230—231。

—《俄国的政党和无产阶级的任务》(Политические партии в России и задачи пролетариата. Пб., «Жизнь и Знание», 1917. 29 стр. (Дешевая б-ка. Кн. 111-я). Перед загл. кн. авт.: Н. Ленин)——267。

конференции РСДРП(б). 1917 г.].—«Солдатская Правда», Пг., 1917, №13, 16(3) мая. Приложение к газете«Солдатская Правда», стр. 4. Под общ. загл.: Резолюции Всероссийской конференции Российской социал-демократической рабочей партии, состоявшейся 24 — 29 апреля 1917 года)——260、267。

—《国家与革命》(Государство и революция. Учение марксизма о государстве и задачи пролетариата в революции. Вып. I. Пг., «Жизнь и Знание», 1918. 115 стр. (Б-ка обществоведения. Кн. 40-я). Перед загл. авт.: В. Ильин (Н. Ленин))——104—105、231、257。

—《和平法令(1917 年 10 月 26 日全俄工兵农代表苏维埃代表大会会议一致通过)》(Декрет о мире, принятый единогласно на заседании Всероссийского съезда Советов рабочих, солдатских и крестьянских депутатов 26 октября 1917 г.—«Известия ЦИК и Петроградского Совета Рабочих и Солдатских Депутатов», 1917, №208, 27 октября, стр. 1)——51。

—《列宁同志的讲话》(Речь тов. Ленина.—«Известия ВЦИК Советов Крестьянских, Рабочих, Солдатских и Казачьих Депутатов и Московского Совета Рабочих и Красноармейских Депутатов», 1918, №164 (428), 3 августа, стр. 5. Под общ. загл.: Митинги)——317。

—《列宁同志对贫苦农民委员会代表的讲话》(Речь т. Ленина к делегатам комбедов. (О задачах деревенской бедноты в нашей революции).— «Беднота», М., 1918, №185, 10 ноября, стр. 3—4)——204。

—《论无产阶级在这次革命中的任务》(О задачах пролетариата в данной революции.—«Правда», Пг., 1917, №26, 7 апреля, стр. 1—2. Подпись: Н. Ленин)——260、266—267。

—《庆祝十月革命一周年([1918 年]11 月 6 日[在全俄工人、农民、哥萨克和红军代表苏维埃第六次(非常)代表大会上的讲话])》(Речь о годовщине революции[на VI Всероссийском чрезвычайном съезде Советов рабочих, крестьянских, казачьих и красноармейских депутатов]6 ноября [1918 г.])——150。

—《全俄中央执行委员会、莫斯科苏维埃、工厂委员会和工会联席会议

(1918 年 10 月 22 日)》(Объединенное заседание ВЦИК, Московского Совета, Фабрично-заводских комитетов и профессиональных союзов 22 октября 1918 г.)——159。

—《社会民主党在民主革命中的两种策略》(1905 年版)(Две тактики социал-демократии в демократической революции. Изд. ЦК РСДРП. Женева, тип. партии, 1905. VIII, 108 стр. (РСДРП). Перед загл. авт.: Н. Ленин)——297。

—《社会民主党在民主革命中的两种策略》(载于[弗・伊・列宁]《十二年来》文集)(Две тактики социал-демократии в демократической революции.—В кн.: [Ленин, В. И.] За 12 лет. Собрание статей. Т. I. Два направления в русском марксизме и русской социал-демократии. Спб., тип. Безобразова, [1907], стр. 387—469. Перед загл. кн. авт.: Вл. Ильин. На тит. л. и обл. год изд.: 1908)——297。

—《社会民主党在 1905—1907 年俄国第一次革命中的土地纲领》(1907 年 11—12 月)(Аграрная программа социал-демократии в первой русской революции 1905—1907 годов. Ноябрь—декабрь 1907 г.)——310。

—《社会民主党在 1905—1907 年俄国第一次革命中的土地纲领》(1917 年版)(Аграрная программа социал-демократии в первой русской революции 1905—7 гг. Пг., «Жизнь и Знание», 1917. VII, 271 стр. (Б-ка обществоведения. Кн. 39-ая). Перед загл. авт.: В. Ильин (Н. Ленин))——310、317。

—《十二年来》文集 (За 12 лет. Собрание статей. Т. I. Два направления в русском марксизме и русской социал-демократии. Спб., тип. Безобразова, [1907]. XII, 471 стр. Перед загл. кн. авт.: Вл. Ильин. На тит. л. и обл. год изд.: 1908)——297。

—《苏维埃政权的当前任务》(Очередные задачи Советской власти. Международное положение Российской Советской Республики и основные задачи социалистической революции.—«Правда», М., 1918, № 83, 28(15) апреля, стр. 3—5. Подпись: Н. Ленин)——277。

—《无产阶级革命和叛徒考茨基》(Пролетарская революция и ренегат Каутский. М.—Пг., «Коммунист», 1918. 135 стр. (РКП(б)). Перед загл.

авт. : Н. Ленин(Вл. Ульянов))——383。

—《1917 年 4 月 4 日提纲》——见列宁, 弗・伊・《论无产阶级在这次革命中的任务》。

—《在伯尔尼国际群众大会上的演说(1916 年 2 月 8 日)》——见[列宁, 弗・伊・]《列宁—俄国》。

—《在布特尔区群众大会上的讲话(1918 年 8 月 2 日)》——见列宁, 弗・伊・《列宁同志的讲话》。

—《在全俄中央执行委员会、莫斯科苏维埃和全俄工会代表大会联席会议上的讲话(1919 年 1 月 17 日)》(Речь на объединенном заседании ВЦИК, Московского Совета и Всероссийского съезда профессиональных союзов 17 января 1919 г.)——452。

—《在中部各省贫苦农民委员会代表会议上的讲话(1918 年 11 月 8 日)》——见列宁, 弗・伊・《列宁同志对贫苦农民委员会代表的讲话》。

[列宁, 弗・伊・]《俄国的政党》([Lenin, W. I.]Political Parties in Russia.—«The Class Struggle», New York, 1917, No. 4, November—December, p. 49—63. После загл. авт. : N. Lenin)——267。

—《列 宁—俄 国》(Lenin-Rußland.—«Berner Tagwacht», 1916, Nr. 33, 9. Februar, S. 1. Под общ. загл. : Der Krieg und die Pflichten der Arbeiterschaft)——57—58、480。

—《列宁论俄国的政党》(Lenine on Political Parties in Russia.—«The Evening Post», New York, 1918, January 15, p. 9)——267。

[列宁, 弗・伊・和季诺维也夫, 格・叶・]《反潮流》([Ленин, В. И. и Зиновьев, Г. Е.]Против течения. Сборник статей из «Социал-Демократа», «Коммуниста» и «Сборника Социал-Демократа». Изд. Петрогр. Совета рабочих и солдатских депутатов. Пг., тип. «Рабочее Дело», 1918. XVI, 550 стр. ; 2 л. портр. Перед загл. авт. : Г. Зиновьев и Н. Ленин)——229。

—《社会主义与战争》(德文版)(Sozialismus und Krieg. (Stellung der S.-D. A.-P. Rußlands zum Kriege). Б. м., 1915. 36 S. (S.-D. A.-P. Rußlands). После загл. кн. авт. : G. Zinowjew u. N. Lenin)——229。

—《社会主义与战争》(俄文版)(Социализм и война. (Отношение РСДРП к

войне).Изд.ред.«Социал-Демократа».Женева,Chaulmontet,1915.48 стр.
(РСДРП).Перед загл.кн.авт.:Г.Зиновьев и Н.Ленин)——229—230。

—《社会主义与战争》(法文版)([Lenine,V.I.et Zinowieff,G.E.]Le Socia-
lisme et la Guerre.(Point de vue du PSDO de Russie sur la guerre).
Genève,la Redaction du «Social-Démocrate»,1916.77 p.(Parti Social
Démocrate Ouvrier de Russie))——229。

卢森堡,罗·《开端》(Luxemburg,R.Der Anfang.—«Die Rote Fahne»,
Berlin,1918,Nr.3,18.November,S.1—2)——500。

马克思,卡·《法兰西内战》(Маркс,К.Гражданская война во Франции.
Воззвание Генерального Совета Международного Товарищества Рабочих.
Апрель—май 1871 г.)——217、239、245、268、276、286、322—323、
444、487。

—《哥达纲领批判》(Критика Готской программы.Апрель—начало мая 1875
г.)——233—234、238、242。

—《给路·库格曼的信》(1870 年 12 月 13 日)(Письмо Л.Кугельману.13
декабря 1870 г.)——107。

—《给路·库格曼的信》(1871 年 4 月 12 日)(Письмо Л.Кугельману.12
апреля 1871 г.)——105、241、276、302、322—323。

—《关于海牙代表大会》(О Гаагском конгрессе.Корреспондентская запись
речи,произнесенной на митинге в Амстердаме 8 сентября 1872 года)
——105。

—《剩余价值理论》(Теории прибавочной стоимости.(IV том«Капитала»).
Январь 1862—июль 1863 г.)——315。

—《1848 年至 1850 年的法兰西阶级斗争》(Классовая борьба во Франции с
1848 по 1850 г.Январь—1 ноября 1850 г.)——387。

—《政治冷淡主义》(Политический индифферентизм.Январь 1873 г.)——
252—253。

—《资本论》(Капитал.Критика политической экономии,т.I—III.1867—
1894 гг.)——427。

—《资产阶级和反革命》(Буржуазия и контрреволюция.9,11,15 и 29

декабря 1848 г.)——297。

马克思,卡·和恩格斯,弗·《共产党宣言》(德文版)(Marx, K. u. Engels, F. Das Kommunistische Manifest. Neue Ausgabe mit einem Vorwort der Verfasser. Leipzig, Exped. des«Volksstaat», 1872. 27 S.)——242、384。

——《共产党宣言》(俄文版)(Маркс, К. и Энгельс, Ф. Манифест Коммунистической партии. Декабрь 1847 — январь 1848 г.)——262、322。

——[《〈共产党宣言〉一书]序言》[1872 年 6 月 24 日](Vorwort[zur Arbeit: «Das Kommunistische Manifest». 24. Juni 1872]. — In: Marx, K. u. Engels, F. Das Kommunistische Manifest. Neue Ausgabe mit einem Vorwort der Verfasser. Leipzig, Exped. des«Volksstaat», 1872, S. 3 — 4)——242、384。

——《神圣家族,或对批判的批判所做的批判》(Святое семейство, или Критика критической критики. Против Бруно Бауэра и компании. Сентябрь—ноябрь 1844 г.)——432。

马斯洛夫,彼·《俄国土地问题》(Maßlow, P. Die Agrarfrage in Rußland. Die bauerliche Wirtschaftsform und die ländlichen Arbeiter. Autorisierte Übersetzung von M. Nachimson. Stuttgart, Dietz, 1907. XIII, 265 S.)——103、297、299、304、312 — 313、315。

[马斯洛夫,谢·列·]《土地委员会调整土地和农业关系条例》([Маслов, С. Л.]Правила об урегулировании земельными комитетами земельных и сельскоховяйственных отношений. — «Дело Народа», Пг., 1917, №183, 18 октября, стр. 4)——307、313。

普列汉诺夫,格·瓦·《再论战争》(Плеханов, Г. В. Еще о войне. (Ответ товарищу Н—ву). — В кн.: Война. Сборник статей. При участии: И. Аксельрод и др. [Paris, «Ideal», 1915], стр. 11 — 48)——187。

普列斯科夫,А.《停止内战!》(Плесков, А. Прекратите гражданскую войну! — «Всегда Вперед!», М., 1919, №11, 20 февраля, стр. 1)——475。

契诃夫,安·巴·《套中人》(Чехов, А. П. Человек в футляре)——56、319。

萨尔蒂科夫-谢德林,米·叶·《外省人旅京日记》(Салтыков-Щедрин, М. Е. Дневник провинциала в Петербурге)——308、324。

——《葬礼》(Похороны)——308、324。

〔沙杜尔,雅·〕《致罗曼·罗兰公民》(〔Садуль, Ж.〕Гражданину Ромену Роллану. 〔Письмо, отправленное 14 июля 1918 г.〕.—«Известия ВЦИК Советов Крестьянских, Рабочих, Солдатских и Казачьих Депутатов и Московского Совета Рабочих и Красноармейских Депутатов», 1918, №182(446), 24 августа, стр.1—2. Под общ. загл.: Интересный документ) ——220、525。

莎士比亚,威·《威尼斯商人》(Шекспир, В. Венецианский купец)—— 250、252。

索罗金,皮·亚·《给编辑部的信》(Сорокин, П. А. Письмо в редакцию.— «Крестьянские и Рабочие Думы», В.-Устюг, 1918, №75, 29 октября, стр. 4. Подпись: Питирим Сорокин)——185。

托多尔斯基,亚·《持枪扶犁的一年》(Тодорский, А. Год—с винтовкой и плугом. Изд. Весьегонского уездного исполнительн. комитета. Весьегонск, 1918. 79 стр.)——401—402。

托洛茨基,列·达·《给中农的一封信》(Троцкий, Л. Д. Письмо к крестьянам-середнякам. От народного комиссара по военным и морским делам. 〔6 февраля 1919 г.〕.—«Известия ВЦИК Советов Рабочих, Крестьянских, Казачьих и Красноармейских Депутатов и Московского Совета Рабочих и Красноармейских Депутатов», 1919, №28(580), 7 февраля, стр. 1) ——469。

王德威尔得,埃·《社会主义反对国家》(Vandervelde, É. Le socialisme contre l' État. Paris—Nancy, Berger-Levrault, 1918. LVI, 174 p. (Problèmes d'aprèsguerre))——321—327。

希法亭,鲁·《无产阶级的一致》(Hilferding, R. Die Einigung des Proletariats.— «Die Freiheit». Morgen-Ausgabe, Berlin, 1919, Nr. 71, 9. Februar, S. 1) ——496、497、498、499。

*　　　*　　　*

《巴黎回声报》(«L'Écho de Paris»)——160。
《巴塞尔宣言》——见《国际关于目前形势的宣言》。

《被剥削劳动人民权利宣言》(Декларация прав трудящегося и эксплуат-
ируемого народа.—«Известия ЦИК Советов Крестьянских, Рабочих и
Солдатских Депутатов и Петроградского Совета Рабочих и Солдатских
Депутатов», 1918, №14 (278), 19 января, стр. 5. Под общ. загл.:
Постановления, вынесенные Всероссийским съездов рабочих, солдатских,
крестьянских и казачьих депутатов)——309。

《伯尔尼哨兵报》(瑞士)(«Berner Tagwacht», 1916, Nr. 33, 9, Februar, S. 1)
——57、480。

《布尔什维主义的世界性危险》(Мировая опасность большевизма.—«Правда»,
М., 1918, №258, 28 ноября, стр. 2, в отд.: За границей)——220。

"党的生活"(Vita del partito.—«Avanti!», Milano, 1919, N. 12, 12 gennaio, p.
3, в отд.: Cronache Italiane)——510—511。

《德国社会民主党布雷斯劳代表大会会议记录》(1895 年)(Protokoll über die
Verhandlungen des Parteitages der Sozialdemokratischen Partei Deutsch-
lands. Abgehalten zu Breslau vom 6. bis 12. Oktober 1895. Berlin, Exped.
des «Vorwärts», 1895. 223 S.)——203。

《德国社会民主党马格德堡代表大会会议记录》(1910 年)(Protokoll über die
Verhandlungen des Parteitages der Sozialdemokratischen Partei Deutsch-
lands. Abgehalten in Magdeburg vom 18. bis 24. September 1910. Berlin,
Buchh. «Vorwärts», 1910. 507 S.)——279。

《德国政府告德国人民书》(Aufruf der deutschen Regierung. An das deutsche
Volk! —«Vorwärts», Berlin, 1918, Nr. 305, 5. November, S. 1)——152。

《德国总领事豪希尔德先生给外交人民委员格·瓦·契切林的照会》(Нота
германского генерального консула господина Гаушильда народному
комиссару по иностранным делам Г. В. Чичерину. Москва, 5 ноября 1918
г.—«Правда», 1918, №242, 9 ноября, стр. 1—2)——146—147、148。

《德意志帝国统计》(Statistik des Deutschen Reichs. Bd. 212. Berufs-und
Betriebszählung vom 12. Juni 1907. Landwirtschaftliche Betriebsstatistik.
Hrsg. vom Kaiserlichen Statistischen Amte. Teil 1a, 1b, 2a. Berlin,
[1909—1910]. 3 Bde.)——275。

《第三国际周报》(莫斯科)(«III-me Internationale», Moscou, 1918, N 1, 20 octobre, p. 4)——161。

《俄国社会民主工党第二次(例行)代表大会》(Второй очередной съезд Росс. соц.-дем. рабочей партии. Полный текст протоколов. Изд. ЦК. Genève, тип. партии, [1904]. 397, II стр. (РСДРП))——281。

《俄国社会民主工党纲领(党的第二次代表大会通过)》(Программа Российской соц.-дем. рабочей партии, принятая на Втором съезде партии.—В кн.: Второй очередной съезд Росс. соц.-дем. рабочей партии. Полный текст протоколов. Изд. ЦК. Genève, тип. партии, [1904], стр. 1—6. (РСДРП))——281。

《俄国同德国、奥匈帝国、保加利亚和土耳其签订的和平条约》(Мирный договор между Россией с одной стороны и Германией, Австро-Венгрией, Болгарией и Турцией с другой. М., тип. Моск. Совета раб. и солд. депутатов, 1918. 150 стр.; 1 л. карт.)——151、198、389。

《俄罗斯社会主义联邦苏维埃共和国宪法(根本法)》(Конституция (Основной закон) Российской Социалистической Федеративной Советской Республики. Постановление 5-го Всероссийского съезда Советов, принятое в заседании 10 июля 1918 г.—«Известия ВЦИК Советов Крестьянских, Рабочих, Солдатских и Казачьих Депутатов и Московского Совета Рабочих и Красноармейских Депутатов», 1918, №151 (415), 19 июля, стр. 3)——18、61、77、79、137、145、275、278、280、302、309、365、523、529、531。

《法国的千百万金钱》(载于《农民、工人、士兵和哥萨克代表苏维埃全俄中央执行委员会及莫斯科工人和红军代表苏维埃消息报》)(«Французские миллионы».—«Известия ВЦИК Советов Крестьянских, Рабочих, Солдатских и Казачьих Депутатов и Московского Совета Рабочих и Красноармейских Депутатов», 1918, №132 (396), 28 июня, стр. 3. Под общ. загл.: Последние сообщения)——2。

《法国的千百万金钱》(载于《真理报》)(Французские миллионы.—«Правда», М., 1918, №130, 28 (15) июня, стр. 2)——2。

《法国的千百万金钱》(载于《自由先驱报》)(Francouzské miliony.—

Пг.,1921.196 стр.)——483—503、506。

《关于把各部门的学校和教育机构移交教育人民委员部管理的法令》(О
передаче в ведение Народного комиссариата просвещения учебных и
образовательных учреждений и заведений всех ведомств[Декрет СНК от
5 июня 1918 г.]—«Собрание Узаконений и Распоряжений Рабочего и
Крестьянского Правительства»,М.,1918,№39,8 июня(26 мая),ст.507,
стр.482)——183。

《[关于把右派社会革命党和孟什维克的代表开除出苏维埃的]决议[1918 年
6 月 14 日全俄中央执行委员会会议通过]》(Резолюция[об исключении
из Советов представителей партии правых эсеров и меньшевиков,
принятая на заседании ВЦИК 14 июня 1918 г.].—«Правда»,М.,1918,
№119,15(2)июня, стр. 2. Под общ. загл.: Центр. Испол. Ком. Советов.
Заседание 14-го июня)——278。

《关于德国共产党(斯巴达克联盟)成立大会(1918 年 12 月 30 日—1919 年 1
月 1 日)的报道》(Bericht über den Gründungsparteitag der Kommunis-
tischen Partei Deutschlands(Spartakusbund)vom 30.Dezember 1918 bis
1. Januar 1919. Hrsg. von der Kommunistischen Partei Deutschlands
(Spartakusbund).[Berlin,1918].56 S.)——443。

《关于建立工人粮食检查机关的条例》(Положение об организации рабочей
продовольственной инспекции. 5 декабря 1918 г.—«Известия ВЦИК
Советов Рабочих,Крестьянских,Казачьих и Красноармейских Депутатов
и Московского Совета Рабочих и Красноармейских Депутатов»,1918,
№268(532),7 декабря, стр. 3, в отд.:Действия и распоряжения
правительства)——376。

《关于联合干涉西伯利亚的自供状》(Un aveu sur l'intervention des allies en
Siberie.—«III-me Internationale»,Moscou, 1918,N 1,20 octobre, p.4, в
отд.:Revue de la presse française)——161。

《关于社会主义革命和俄国无产阶级在专政时期的任务的提纲》(Thesen
über die sozialistische Revolution und die Aufgaben des Proletariats
während seiner Diktatur in Rußland.—« Internationale Socialistische

Kommission.Nachrichtendienst»,Stockholm,1918,Nr.41,12.Juni,S.1—
12)——316。

《国际关于目前形势的宣言［巴塞尔国际社会党非常代表大会通过］》
（Manifest der Internationale zur gegenwärtigen Lage,［angenommen auf
dem Außerordentlichen Internationalen Sozialistenkongreß zu Basel］.—
In：Außerordentlicher Internationaler Sozialistenkongreß zu Basel am 24.
und 25.November 1912.Berlin,Buchh.«Vorwärts»,1912,S.23—27)——
230、285、287、291、323。

《国际社会党委员会。通讯》（斯德哥尔摩）（«Internationale Socialistische
Kommission.Nachrichtendienst»,Stockholm,1918,Nr.41,12.Juni,S.1—
12)——316—317。

《国民经济》杂志（莫斯科）（«Народное Хозяйство»,M.,1918,№12,стр.59)
——192。

《红旗报》（柏林）（«Die Rote Fahne»,Berlin)——370、383。
—1918,Nr.3,18.November,S.1—2.——500。

《红色恐怖》杂志（喀山）（«Красный Террор»,Казань,1918,№1,1 ноября,стр.
1—2)——403。

《红色士兵报》（维也纳）（«Der Rote Soldat»,Wien)——123。

《阶级斗争》杂志（纽约）（«The Class Struggle»,New York,1917,No.4,No-
vember—December,p.49—63)——-267。

［《决议（1918 年 11 月 16 日莫斯科人民银行股东非常代表大会通过)》］
（［Резолюция,принятая на чрезвычайном съезде акционеров Московского
народного банка 16 ноября 1918 г.].—«Народное Хозяйство»,M.,1918,
№12,стр.59,в ст.：Чрезвычайный съезд акционеров Московского
народного банка)——192。

《曼彻斯卫报》（曼彻斯特）（«The Manchester Guardian»,1918,No.22,530,
October 23,p.4)——161。

《盟国与俄国》（The Allies and Russia.—«The Manchester Guardian»,1918,
No.22,530,October 23,p.4)——161。

《孟什维克的决议》——见《社会民主党会议》。

《孟什维克中央委员会宣言》(Воззвание Центр. комитета меньшевиков.—
　　«Правда», М., 1918, №256, 26 ноября, стр. 3—4, Подпись : ЦК РСДРП
　　(меньшевиков))——199、209。

《呐喊报》(维也纳)(«Der Weckruf», Wien)——383。

《农民、工人、哥萨克和红军代表苏维埃全俄中央执行委员会及莫斯科工人和
　　红军代表苏维埃消息报》(«Известия ВЦИК Советов Крестьянских,
　　Рабочих, Казачьих и Красноармейских Депутатов и Московского Совета
　　Рабочих и Красноармейских Депутатов», 1918, №243(507), 6 ноября,
　　стр. 11)——148。

——1918, №257(521), 24 ноября, стр. 4.——200—201、224、225、226、344。

《农民、工人和士兵代表苏维埃中央执行委员会及彼得格勒工兵代表苏维埃
　　消息报》(«Известия ЦИК Советов Крестьянских, Рабочих и Солдатских
　　Депутатов и Петроградского Совета Рабочих и Солдатских Депутатов»,
　　1918, №14(278), 19 января, стр. 5)——309—310。

——1918, №28(292), 19 (6)февраля, стр. 3.—— 37、44、95、140—141、174、
　　309—311、312、352、355、356—358。

《农民、工人、士兵和哥萨克代表苏维埃全俄中央执行委员会及莫斯科工人和
　　红军代表苏维埃消息报》(«Известия ВЦИК Советов Крестьянских,
　　Рабочих, Солдатских и Казачьих Депутатов и Московского Совета
　　Рабочих и Красноармейских Депутатов», 1918, №132(396), 28 июня,
　　стр. 3)——2。

——1918, №134(398), 30 июня, стр. 3.——11。

——1918, №151(415), 19 июля, стр. 3.—— 18、19、61、77、79、137、145、275、
　　278、280、302、309、365、523、529、530。

——1918, №164(428), 3 августа, стр. 5.——317。

——1918, №168(432), 8 августа, стр. 3—4.—— 37、44、406。

——1918, №181(445), 23 августа, стр. 4.——65。

——1918, №182(446), 24 августа, стр. 1—2.——220、525。

《农民、工人、士兵和哥萨克代表苏维埃全俄中央执行委员会消息报》(莫斯
　　科)(«Известия ВЦИК Советов Крестьянских, Рабочих, Солдатских и

Казачьих Депутатов», М. ,1918,№84(348),27 апреля,стр.3)——44。

——1918,№119(383),12 июня,стр.3.——10、405。

《农民和工人思想报》(大乌斯秋格)(«Крестьянские и Рабочие Думы»,В.-Устюг,1918,№75.29 октября,стр.4)——185。

《皮季里姆·索罗金的〈弃权声明〉》(«Отречение» Питирима Сорокина.——«Правда», М. , 1918, №251, 20 ноября, стр. 3, в отд.: По Советской России)——185—186、189、194—195。

《贫苦农民报》(莫斯科)(«Беднота», М.)——401。

——1918,№185,10 ноября,стр.3—4.——204。

《前进报》(柏林)(«Vorwärts», Berlin, 1918, Nr. 290, 21. Oktober, S. 1—2)——280。

——1918,Nr.305,5.November,S.1.——152。

《前进报》(米兰)(«Avanti!», Milano)——509。

——1919,N.12,12 gennaio,p.3.——509—510。

《前外交部档案秘密文件汇编》(Сборник секретных документов из архива бывшего Министерства иностранных дел. №№1 — 7. Изд. Нар. ком. по иностр. делам. Пг., тип. Ком. по иностр. делам, декабрь 1917 — февраль 1918.7 кн.)——52、67—68、109、151、530。

《全俄工会第一次代表大会》(Первый Всероссийский съезд профессиональных союзов. 7 — 14 января 1918 г. Полн, стенограф. отчет с предисл. М. Томского.Изд.ВЦСПС.М.,1918.XI,382 стр.)——260、263。

《全俄农民代表苏维埃消息报》(彼得格勒)(«Известия Всероссийского Совета Крестьянских Депутатов», Пг., 1917, №88, 19 августа, стр.3—4)——140。

《全俄职员工会理事会的报告》(Докладная записка Всероссийского совета профессиональных союзов служащих. В Совет Народных Комиссаров.——«Вестник Служащего», М., 1918, №11 — 12, ноябрь—декабрь, стр. 15 —17.Подпись:Исполнительный комитет Всероссийского Совета)——225。

《[全俄中央执行委员会和人民委员会]关于工人监督条例》[1917 年 11 月 14 日(27 日)](Положение[ВЦИК и СНК]о рабочем контроле.[14(27) ноября 1917 г.].—《Известия ЦИК и Петроградского Совета Рабочих и Солдатских Депутатов》,1917,№227,16 ноября,стр.6,в отд.:Действия правительства)——138—139。

《人道报》(巴黎)(《L'Humanité》,Paris)——507、509。

—1919,N 5384,13 janvier,p.2.——507—508、509。

《人民事业报》(彼得格勒)(《Дело Народа》,Пг.,1917,№183,18 октября,стр.4)——307、313。

《人民委员会[关于办好图书馆]的决定(1919年1月14日)》(Постановление Совета Народных Комиссаров[о постановке библиотечного дела] от 14 января 1919 г.—《Известия ВЦИК Советов Рабочих, Крестьянских, Казачьих и Красноармейских Депутатов и Московского Совета Рабочих и Красноармейских Депутатов》,1919,№11(563),17 января,стр.4,в отд.:Действия и распоряжения правительства)——457。

《[人民委员会]关于必须在农村产粮地区进行商品交换的法令》(1918年8月7日)(Декрет[СНК]об обязательном товарообмене в хлебных сельских областях.7 августа 1918 г.—《Известия ВЦИК Советов Крестьянских, Рабочих, Солдатских и Казачьих Депутатов и Московского Совета Рабочих и Красноармейских Депутатов》,1918,№168(432),8 августа, стр.3—4,в отд.:Действия и распоряжения правительства)——406。

《人民委员会[关于大工业国有化]的法令》(1918年6月28日)(Декрет Совета Народных Комиссаров[о национализации крупной промышленности].28 июня 1918 г.—《Известия ВЦИК Советов Крестьянских, Рабочих, Солдатских и Казачьих Депутатов и Московского Совета Рабочих и Красноармейских Депутатов》,1918,№134(398),30 июня,стр.3,в отд.:Действия и распоряжения правительства)——11。

《[人民委员会]关于给农业供应生产工具和金属的法令》[1918年4月24日](Декрет[СНК]о снабжении сельского хозяйства орудиями производства и металлами.[24 апреля 1918 г.].—《Известия ВЦИК Советов Крестьянских, Рабочих, Солдатских и Казачьих Депутатов》,М.,1918,№84(348),27 апреля,стр.3,в отд.:Действия и распоряжения правительства) —— 44。

《人民委员会[关于实行马铃薯固定价格]的决定》(Постановление Совета Народных Комиссаров [о введении твердых цен на картофель].— «Известия ВЦИК Советов Крестьянских, Рабочих, Солдатских и Казачьих Депутатов и Московского Совета Рабочих и Красноармейских Депутатов», 1918, №181 (445), 23 августа, стр. 4, в отд. : Действия и распоряжения правительства) —— 64。

《[人民委员会]关于消费合作社的法令》[1918 年 4 月 11 日](Декрет[СНК] о потребительских кооперативах. [11 апреля 1918 г.].—«Правда», М., 1918, №71, 13 апреля(31 марта), стр.1, в отд. : Действия и распоряжения ВЦИК, СНК и С. р. и к. деп.) —— 200、221、224、343。

《人民委员会关于组织供应工作的法令》(1918 年 11 月 21 日)(Декрет Совета Народных Комиссаров об организации снабжения. 21 ноября 1918 г.— «Известия ВЦИК Советов Крестьянских, Рабочих, Казачьих и Красноармейских Депутатов и Московского Совета Рабочих и Красноармейских Депутатов», 1918, №257 (521), 24 ноября, стр. 4, в отд. : Действия и распоряжения правительства) —— 199 — 200、224、225、344。

《[人民委员会和全俄中央执行委员会]关于对 1918 年收获的粮食实行固定价格的决定》[1918 年 8 月 6 日](Постановление[СНК и ВЦИК] о твердых ценах хлеба урожая 1918 года.[6 августа 1918 г.].—«Известия ВЦИК Советов Крестьянских, Рабочих, Солдатских и Казачьих Депутатов и Московского Совета Рабочих и Красноармейских Депутатов», 1918, №168 (432), 8 августа, стр. 3, в отд. : Действия и распоряжения правительства) —— 37、44。

《[人民委员会和全俄中央执行委员会]关于非宗教婚姻、关于子女和关于建立户籍簿的法令》[1917 年 12 月 18 日](Декрет[СНК и ВЦИК] о гражданском браке, о детях и о ведении книг актов состояния. [18 декабря 1917 г.].—« Газета Временного Рабочего и Крестьянского Правительства», Пг., 1917, №37, 20 декабря(2 января), стр. 1, в отд. :

Действия правительства)——180—181。

《［人民委员会和全俄中央执行委员会］关于离婚的法令》［1917 年 12 月 16
日（29 日）］（Декрет［СНК и ВЦИК］о расторжении брака,［16（29）
декабря 1917 г.］.—《 Газета Временного Рабочего и Крестьянского
Правительства》, Пг., 1917, №36, 19 декабря（1 января）, стр. 1, в отд.:
Действия правительства)——180。

《［人民委员会和全俄中央执行委员会］关于组织贫苦农民和对贫苦农民的供
应的法令(1918 年 6 月 11 日工人、士兵、农民和哥萨克代表苏维埃全俄
中央执行委员会会议通过)》（Декрет［СНК и ВЦИК］об организации и
снабжении деревенской бедноты, принятый Всеросс. Центр. Исполнит.
Комитетом Советов рабоч., солд., крест. и каз. депутатов в заседании от
11-го июня 1918 года.—《 Известия ВЦИК Советов Крестьянских,
Рабочих, Солдатских и Казачьих Депутатов》, М., 1918, №119（383）, 12
июня, стр. 3, в отд.: Действия и распоряжения правительства）——
10、405。

《人民意志报》(彼得格勒)（《Воля Народа》, Пг.)——194。

《塞纳联邦大会》》（Le meeting de la fédération de la Seine.—«L'Humanité»,
Paris, 1919, N 5384, 13 janvier, p. 2. Под общ. загл.: Pour la démobilisation)
——508—509、510。

《社会民主党会议》》（Совещание с.-д.—《Газета Печатников》, М., 1919, №11, 6
января, стр. 4)——475、498。

《社会民主党人报》》(维尔诺—圣彼得堡—巴黎—日内瓦)（《Социал-Демократ》,
［Вильно—Спб.—Париж—Женева])——229。

《社会主义评论》杂志(伦敦)（«The Socialist Review», London)——102。
——1918, July—September, p. 249—258.——102。

《审讯》(Die Untersuchung.—«Die Freiheit». Morgen-Ausgabe, Berlin, 1919,
Nr. 30, 17 Januar, S. 2)——447。

《胜利报》(巴黎)（«La Victoire», Paris)——120。

《士兵真理报》(彼得格勒)（《Солдатская Правда》, Пг., 1917, №13, 16（3）мая.
Приложение к газете《Солдатская Правда》, стр. 4)——260、270。

《示范委托书》(Примерный наказ. Составленный на основании 242 наказов, доставленных с мест депутатами на 1-й Всероссийский съезд Советов крестьянских депутатов в Петрограде в 1917 году.—«Известия Всероссийского Совета Крестьянских Депутатов», Пг., 1917, №88, 19 августа, стр.3—4)——140。

《是专政呢还是民主?》(Diktatur oder Demokratie? —«Vorwärts», Berlin, 1918, Nr.290, 21.Oktober, S.1—2)——280。

《苏维埃报》(叶列茨)(«Советская Газета», Елец, 1918, №63, 31 июля, стр.3—4)——31。

《泰晤士报》(伦敦)(«The Times», London)——158。

《土地社会化基本法》[1918 年 1 月 27 日(2 月 9 日)](Основной закон о социализации земли.[27 января(9 февраля)1918 г.].—«Известия ЦИК Советов Крестьянских, Рабочих и Солдатских Депутатов и Петроградского Совета Рабочих и Солдатских Депутатов», 1918, №28(292), 19(6) февраля, стр.3, в отд.: Действия и распоряжения правительства)——37、44、95、140—141、174、309—311、312、352、355、356—358。

《晚邮报》(纽约)(«The Evening Post», New York, 1918, January 15, p.9)——266—267。

《向理智呼吁报》(堪萨斯州吉拉德市)(«Appeal to Reason», Girard, Cansas, 1915, No.1,032, September 11, p.1)——57、480。

《新时代》杂志(斯图加特)(«Die Neue Zeit», Stuttgart, 1906—1907, Jg.25, Bd.1, Nr.9, S.284—290; Nr.10, S.324—333)——297—298、301、312。
——1914, Jg.32, Bd.2, Nr.21, 11. September, S.908—922.——231。
——1915, Jg.34, Bd.1, Nr.9, 26. November, S.269—276.——480。

《一个资本家的自供》(Confessions of a Capitalist.—«The Socialist Review», [London], 1918, July—September, p.249—258. Подпись: A. Capitalist)——102。

《印刷工人报》(莫斯科)(«Газета Печатников», М., 1919, №11, 6 января, стр.4)——475、497—498。

《永远前进报》(莫斯科)(«Всегда Вперед!», М.)——475、476。

—1919，№11，20 февраля，стр.1.——475。

在法国（Во Франции. Лонге о вмешательстве союзников.—«Правда»，М.，1918，№221，13 октября，стр.2，в отд.：Телеграммы）——116。

《在人民委员会里》（В Совете Народных Комиссаров.—«Известия ВЦИК Советов Рабочих，Крестьянск.，Казачьих и Красноарм. Депутатов и Московского Совета Рабочих и Красноарм.Депутатов»，1919，№24(576)，2 февраля，стр.2.Подпись：К.）——461。

在西班牙（В Испании. Конгресс рабочих приветствует Росс. Советскую Республику.—«Правда»，М.，1918，№227，20 октября，стр. 2，в отд.：Телеграммы）——116、525。

在意大利（载于 1918 年 9 月 24 日《真理报》第 205 号）（В Италии. Итальянские рабочие выпроваживают за дверь американских социал-патриотов.—«Правда»，М.，1918，№205，24 сентября，стр. 2，в отд.：Телеграммы）——116。

在意大利（载于 1918 年 10 月 19 日《真理报》第 226 号）（В Италии. Агитация Гомперса против социалистов.—«Правда»，М.，1918，№226，19 октября，стр.2，в отд.：Телеграммы）——116。

《真理报》（彼得格勒—莫斯科）（«Правда»，Пг.—М.）——102。

—Пг.，1917，№26，7 апреля，стр.1—2.——260、266—267。

—1917，№213(114)，26(13)декабря，стр.3.——265—266、268。

—1918，№45(271)，9 марта(24 февраля)，стр.2.——496。

—М.，1918，№71，13 апреля(31 марта)，стр.1.——200、221、224、343。

—1918，№83，28(15)апреля，стр.3—5.——277。

—1918，№119，15(2)июня，стр.2.——278。

—1918，№130，28(15)июня，стр.2.——2。

—1918，№178，22 августа，стр.2—3.——290、442。

—1918，№205，24 сентября，стр.2.——116。

—1918，№221，13 октября，стр.2.——116。

—1918，№226，19 октября，стр.2.——116。

—1918，№227，20 октября，стр.2.——117、525。

—1918，№242，9 ноября，стр.1—2.——146—147、148。

—1918，№251，20 ноября，стр.3.——185—186、189、194—195。

—1918，№256，26 ноября，стр.3—4.——199—200、209。

—1918，№258，28 ноября，стр.2.——220。

《职员工会中央委员会的决议》——见《全俄职员工会理事会的报告》。

《职员通报》杂志（莫斯科）（«Вестник Служащего»，М.，1918，№11—12，ноябрь—декабрь，стр.15—17）——225。

《致俄国外交人民委员部》（Русскому Народному комиссариату по иностранным делам.［Радиотелеграмма германского министерства иностранных дел.19 февраля 1919 г.］.—«Известия ВЦИК Советов Рабочих，Крестьянских，Казачьих и Красноармейских Депутатов и Московского Совета Рабочих и Красноармейских Депутатов»，1919，№39(591)，20 февраля，стр.3.Под общ.загл.：Бернская конференция и Россия)——473。

《致全体政治委员、军事领导人、集团军司令员、各级工人、农民和红军代表苏维埃》（Всем военкомам，военрукам，командармам，всем Совдепам. Радиотелеграмма 5 ноября 1918 г.—«Известия ВЦИК Советов Крестьянских，Рабочих，Казачьих и Красноармейских Депутатов и Московского Совета Рабочих и Красноармейских Депутатов»，1918，№243(507)，6 ноября，стр.11，в отд.：Последние сообщения и телеграммы)——148。

《中央执行委员会和彼得格勒工兵代表苏维埃消息报》（«Известия ЦИК и Петроградского Совета Рабочих и Солдатских Депутатов»，1917，№208，27 октября，стр.1)——51。

—1917，№209，28 октября，стр.1.——32、60、140、308、309、316、317、350—351、355、500。

—1917，№227，16 ноября，стр.6.——138—139。

《自由报》（柏林）（«Die Freiheit»，Berlin)——479。

—Morgen-Ausgabe，Berlin，1919，Nr.30，17.Januar，S.2.——477。

—1919，Nr.71，9.Februar，S.1.——496、497、498、499。

—1919，Nr.74，11.Februar，S.1.——479、494、496。

《自由先驱报》（莫斯科）（«Průkopník Svobody»，Moskva，1918，čislo 4，28.

června, s. 1)——2。

《左派社会革命党叶列茨党组织紧急会议（7 月 27 日）》（Экстренное собрание
　　Елецкой организации партии левых социалистов-революционеров 27
　　июля.—«Советская Газета», Елец, 1918, № 63, 31 июля, стр. 3—4, в отд. :
　　Местная жизнь. Под общ. загл. : В партиях）——31。

年 表

(1918 年 7 月 28 日—1919 年 3 月 11 日)

1918 年

7 月 28 日或 29 日

写《在全俄中央执行委员会、莫斯科苏维埃、工厂委员会和工会联席会议上的讲话》的提纲。

7 月 29 日

在全俄中央执行委员会、莫斯科苏维埃、工厂委员会和工会联席会议上讲话。

致电高加索特派员、巴库人民委员会主席斯·格·邵武勉,指出达什纳克党人反对中央苏维埃政权的一切活动均应看做暴乱。

主持人民委员会会议。会议讨论关于有服兵役义务人员登记、关于征召原军官和医务人员等服现役、关于给陆军人民委员部调拨军需物资器材等三项法令草案,还讨论了拨 3 亿卢布军费以镇压捷克斯洛伐克军的暴乱,抗击英法武装干涉者等问题。

7 月 30 日

同芬兰记者、社会民主党人尤·卡·拉图卡谈芬兰局势。

在省苏维埃主席会议上讲话。

主持人民委员会会议;补充和修改关于将帕拉特工厂(喀山省)划归海军人民委员部为伏尔加河区舰队提供装备的决定草案。会议还讨论了关于为伟大的社会主义活动家、革命家、科学家、文学家和艺术家建造纪念碑的名单,关于铁路员工社会保障的法令草案以及其他问题。

7 月 31 日

为芬兰工人共产党员埃·拉希亚开介绍信,证明他是"极可靠的老党员同志,应予最充分的信任"。

主持人民委员会会议;提请会议审议批准人民委员会就苏维埃俄国遭到外国武装干涉一事《告法国、英国、美国、意大利和日本劳动群众书》草案。会议还讨论了拨款开采和利用彼得格勒省油页岩问题、关于采伐林木以应铁路需要的法令草案、关于通过合作社运送粮食等问题。

7月底—8月初

函请最高国民经济委员会主席团委员尤·米·拉林写一本介绍最高国民经济委员会工作性质和工人组织参加该委员会工作的通俗小册子。

7月—8月

和全俄中央执行委员会主席雅·米·斯维尔德洛夫一起,向莫斯科和彼得格勒的一批响应党的号召即将开赴前线的共产党员作指示。

8月1日

函请东方面军革命军事委员会委员彼·阿·科博泽夫、卡·克·达尼舍夫斯基、康·亚·梅霍诺申和费·费·拉斯科尔尼科夫对东方面军司令约·约·瓦采季斯和其他军事领导人的工作提意见,并向他们说明迅速镇压捷克斯洛伐克军暴乱的重要性。

在华沙革命团军人大会上讲话。

同外交人民委员格·瓦·契切林讨论苏维埃俄国驻德国外交全权代表阿·阿·越飞在有关对德关系的电报中提出的问题。

8月2日

写《关于粮食问题的提纲》——草拟提纲要点的两种方案,写提纲,审阅修改誊抄后的提纲;然后把提纲下发给粮食人民委员部、农业人民委员部、最高国民经济委员会、财政人民委员部、工商业人民委员部,指示各部抓紧讨论提纲中提出的措施并作文字修改,以便在8月2日和3日提交人民委员会通过。

向莫斯科工会理事会派赴东线的鼓动员致临别赠言,强调东线的斗争将决定苏维埃政权的命运。

先后在布特尔区群众大会、霍登卡红军战士大会、莫斯科河南岸区原米歇尔逊工厂工人大会上讲话。

主持人民委员会会议;介绍自己起草的《关于粮食问题的提纲》;写

《人民委员会关于俄罗斯联邦高等学校招生问题的决定草案》。会议还
讨论了关于给海军人民委员部拨款组建伏尔加河区舰队及其作战经费
问题、关于征召旧军队军士服役的法令草案以及其他问题。

8月3日

致函苏维埃俄国驻德国外交全权代表阿·阿·越飞,谈苏维埃政府对协
约国和对德国的关系问题。

同文物古迹保护委员会主席、建筑师尼·德·维诺格拉多夫谈拆除
沙皇时代活动家的纪念碑以及为革命人民和人民英雄建立纪念碑的
问题。

主持人民委员会会议。会议讨论关于上前线的工人留职留薪和根
据列宁的提纲拟定的关于吸收工人组织参加粮食收购工作的法令草案
以及其他问题。

在开会时,列宁同财政人民委员伊·埃·古科夫斯基就全俄中央执
行委员会财政委员会的工作问题交换便条,指示必须充实财政人民委员
部的干部,还同粮食人民委员亚·德·瞿鲁巴就确保莫斯科和缺粮省份
的粮食供应问题交换便条。

8月4日

下令逮捕谢尔普霍夫民政委员部的受贿者。

主持人民委员会会议。会议继续讨论粮食人民委员部根据列宁的
提纲拟定的关于收割队和收割征购队的法令草案以及关于铁路和水路
粮食征购巡查队条例草案。

8月5日

致函粮食人民委员亚·德·瞿鲁巴,指示他把征粮人员集中到能收购到
更多粮食的奥廖尔省叶列茨县。

同叶列茨党组织的代表K.格罗特涅尔谈对左派社会革命党人的政
策,向他询问叶列茨县收成情况、收割和分配计划;谈话结束时答应给叶
列茨的工人写信。

主持人民委员会会议;对产粮区必须实行商品交换等法令草案作补
充和修改。会议还讨论了关于农业公社的组织及其活动的报告、关于加
强征粮队在叶列茨县的工作的报告。

8月5日或6日

在人民委员会开会时,就亚·德·瞿鲁巴关于规定粮食固定价格的报告写了几点意见。

8月6日

写《给叶列茨工人的信》。

　　主持人民委员会会议。会议继续讨论粮食人民委员部根据列宁的提纲拟定的有关粮食问题的几个法令草案。

8月6日以后

写号召书《工人同志们! 大家都来进行最后的斗争!》。

8月7日

主持人民委员会会议。会议讨论人民委员会关于保障红军战士及其家属生活的法令草案、关于俄国红十字会的权利和义务的决定草案、关于失业和患病保险条例实施办法的决定草案、最高国民经济委员会关于禁止向国有化企业和苏维埃机关征收特别税的决定以及其他问题。

8月8日

写便条给粮食人民委员亚·德·瞿鲁巴,建议组织和加强收割队的工作。

　　主持人民委员会会议。会议讨论最高国民经济委员会条例草案等事项。

8月8日以后

致函副粮食人民委员尼·巴·布留哈诺夫和粮食人民委员部其他部务委员,批评该部未能正确理解和执行关于粮食问题的法令,指出粮食人民委员部的主要任务是动员工人群众为粮食而斗争。

8月9日

同全俄肃反委员会的雅·克·彼得斯研究正在酝酿反革命暴动的下诺夫哥罗德的局势;致函下诺夫哥罗德执行委员会主席格·弗·费多罗夫,命令他采取非常措施防止反革命暴动。

　　同人民委员会设立的军事经济和地方苏维埃机关调查委员会主席米·谢·克德罗夫和委员亚·弗·埃杜克谈话,他们两人从沃洛格达回来,请求支援阿尔汉格尔斯克前线;列宁在埃杜克开列前线所需军事装备、军用物资和增援部队的报告上作批示,要最高军事委员会立即满足报告中提出的要求。

致电阿尔汉格尔斯克省执行委员会负责人亚·杰·梅特列夫等,要求他们留在沃洛格达,作好保卫城市的准备。

先后在索科利尼基区和罗戈日区群众大会上讲话。

主持人民委员会会议。会议讨论关于提高缺粮地区儿童口粮标准、关于由最高国民经济委员会燃料局采取措施严格监督交通人民委员部采购木柴等问题。

8 月 10 日

致电俄共(布)奔萨省委员会委员瓦·弗·库拉耶夫,指示该省必须最坚决、最迅速和最无情地镇压富农暴动。

主持人民委员会会议;提请会议讨论筹建国营机器制造厂临时委员会的报告。会议还讨论了关于建立伊万诺沃-沃兹涅先斯克综合技术学院的法令草案等事项。

在开会时,列宁就保证粮食收购的必要措施问题同亚·德·瞿鲁巴交换便条。

8 月 11 日

签署要求最高军事委员会加强东线的指令。

8 月 12 日

致电奔萨省苏维埃主席团主席亚·叶·敏金,建议乘镇压富农暴动之机没收富人的粮食,巩固临近前线地区的贫苦农民的政权。

主持人民委员会会议;宣告东方面军喀山战区左岸军队集群司令Я.A.尤金壮烈牺牲。会议讨论了莫斯科卸货委员会的工作报告、同外国人签订和计合同的范木草案、最高国民经济委员会科学技术局条例草案以及其他问题。

在开会时,拟了给在沃洛格达的米·谢·克德罗夫的电稿,指示他不惜任何代价守住科特拉斯。在给奔萨省苏维埃执行委员会主席瓦·弗·库拉耶夫的回电中指出,收集和公布左派社会革命党人参加富农叛乱的事实材料很重要。

8 月 14 日

主持人民委员会会议。会议讨论关于批准雅罗斯拉夫尔白匪叛乱受害者救济委员会权限问题、关于地方苏维埃的经费和开支的法令草案、关于拨款给内务人民委员部用以防治霍乱的申请、关于向企业征收保障红军战士家属生活基金的法令草案,以及关于对外贸易等问题。

8月14日或15日

听取东方面军革命军事委员会委员卡·克·达尼舍夫斯基关于喀山陷落的原因的报告。

8月15日

主持人民委员会会议。会议讨论关于征兵的法令草案、关于某些工厂转为军工生产的法令草案等问题。

8月16日

致电正在叶列茨的农业人民委员谢·帕·谢列达,指示他要收集和运出全部余粮,对模范乡不要吝惜机器和奖励。

草拟关于工农联盟问题给各级工人、农民和红军代表苏维埃的电报。

出席俄共(布)莫斯科委员会会议,就《真理报》、《全俄中央执行委员会消息报》的出版和发行问题以及关于组织共产党同情者小组问题讲了话。

主持人民委员会会议。会议讨论对乌克兰商品交换委员会问题和最高国民经济委员会科学技术局条例草案以及其他问题。

不早于8月16日

给最高国民经济委员会主席团委员尤·拉林写便条,强调必须尽速起草发行苏维埃新纸币的方案。

8月17日

同亚·米·伊格纳季耶夫谈话,了解他所发明的炮兵对空射击校正仪,让他持信去见陆海军人民委员部作战部长谢·伊·阿拉洛夫,列宁在信中要求为伊格纳季耶夫创造工作条件。

致电沃罗涅日省扎顿斯克县执行委员会主席 M.Ф.博尔德列夫,指示他坚决镇压富农暴动。

8月19日

同法国共产党人让娜·玛丽·拉布勃谈在俄国境内成立英法共产党人

组织和展开活动的问题。

同美国记者罗伯特·迈纳谈话,让他持信去见格·瓦·契切林,列宁在信中请求讨论迈纳和英国记者菲·普赖斯去东线的申请。

致电奥廖尔省兹多罗韦茨执行委员会,要求他们把镇压富农和左派社会革命党人的叛乱同没收富农全部粮食两件事结合起来做。

主持人民委员会会议;签署会议批准的关于全国武装部队由陆军人民委员部统一管辖的法令;修改1918年6月28日人民委员会关于工业企业国有化法令的补充规定草案。会议还讨论了粮食政策、白匪叛乱和武装干涉受害者的救济等问题。

8月20日

写《给美国工人的信》。

致电奥廖尔省利夫内县执行委员会,赞扬该县对富农和白卫分子的坚决镇压,指示把贫苦农民组织起来,并没收参加暴动的富农的全部粮食和财产。

8月21日

同土耳其斯坦中央执行委员会代表谈话,并让他们持信去找最高军事委员会,列宁在信中请最高军事委员会讨论他们提出的军事援助要求。

同俄共(布)奔萨省委员会主席叶·波·博什谈话,了解奔萨省和东线的局势;写便条请各有关部门满足奔萨省的要求。

致电阿斯特拉罕省执行委员会,指示他们采取措施保卫阿斯特拉罕。

致电在萨拉托夫的人民委员会特派员瓦·尼·哈尔洛夫,指示他收集关于余粮数额的更准确的材料,对交足余粮的乡应予奖励。

主持人民委员会会议。会议讨论苏维埃民兵条例、给内务人民委员部拨款用以防治传染病和给工商业人民委员部贷款购买商品等问题。

8月22日

同德国国际主义者雅科布·埃克尔特谈话。

主持人民委员会会议;写《人民委员会关于马铃薯价格的决定草案》。

8月23日

致电德米特罗夫县民政委员 Н.Д.托克马科夫,要他报告有关镇压罗加乔夫富农暴动的详细情况,指示他没收参加暴动的富农的财产并组织贫苦农民委员会。

先后在戈罗德区综合技术博物馆群众大会和普列斯尼亚区阿列克谢耶夫民众文化馆群众大会上讲话。

主持人民委员会会议。会议讨论关于劳动手册的法令草案、中央统计局关于马铃薯收获量统计办法的报告、粮食人民委员部关于紧急收购马铃薯的措施的报告、最高国民经济委员会制定的固定价格问题、关于征收商业企业百分之五捐税的法令草案、关于俄罗斯联邦所存布匹收归国有的进展情况以及其他问题。

8月25日以前

同芬兰社会民主党人尤·西罗拉和奥·库西宁谈成立芬兰共产党的问题。

8月25日或26日

接见拉脱维亚步兵师政委卡·安·彼得松。彼得松汇报了以英国使团首席代表罗伯特·洛克哈特为首的反对苏维埃俄国的阴谋集团的行动计划,请列宁注意安全。

8月26日

致电正在奥廖尔省叶列茨的农业人民委员谢·帕·谢列达,要求他向各乡派征粮队或收割队,把全部余粮收上来。

主持人民委员会会议。会议讨论关于动员伊万诺沃-沃兹涅先斯克省和科斯特罗马省曾在炮兵部队、工程技术部队服役的工人参加红军的法令草案、关于给志愿上前线的宣传员留职留薪的决定草案、关于实行托运粮食的优待办法的法令草案以及其他问题。

8月27日

致电正在叶列茨的农业人民委员谢·帕·谢列达,建议组织莫斯科工人去帮助脱粒。

主持人民委员会会议;修改关于金属统计和分配的法令草案。会议讨论关于征召曾在海军服役的工人和农民服现役的法令草案、关于增援格罗兹尼市、关于拨款采购木柴等问题。

8月27日或28日

写《在全俄教育工作第一次代表大会上的讲话》的提纲。

同即将去斯德哥尔摩筹建俄罗斯联邦驻瑞典兼丹麦全权代表处新闻处的弗·米·斯米尔诺夫谈话。

8月28日

在全俄教育工作第一次代表大会上讲话。

8月29日

同芬兰工人古·罗维奥谈芬兰的局势。

致函海军司令部瓦·米·阿尔特法特，要求他准确告知潜艇驶往伏尔加河和里海的准备情况。

主持人民委员会会议；就各人民委员部总结1917年11月7日（俄历10月25日）以来的工作问题作报告并提出自己起草的关于这一问题的决定。会议还讨论了对乌克兰商品交换委员会的报告、关于军事卫生局同卫生人民委员部合并的条例草案、关于征召各类医务人员入伍的法令草案、粮食人民委员部关于采购马铃薯的报告以及其他问题。

致函各人民委员，就如何写总结1917年11月7日（俄历10月25日）以来人民委员部工作的报告作指示。

不晚于8月30日

写《关于贫苦农民委员会没收富农种子粮的问题》。

8月30日

在巴斯曼区群众大会上讲话。

在莫斯科河南岸区原米歇尔逊工厂群众大会上讲话。当列宁离开工厂时，遭到社会革命党恐怖分子范·卡普兰枪击受重伤。

8月30日—9月15日

受伤后接受治疗。

9月6日

收到斯大林寄自察里津前线、要求派遣鱼雷快艇和潜艇的来信，指示副陆军人民委员埃·马·斯克良斯基重抄此信，由列宁签发彼得格勒苏维埃。

9月7日

收到东方面军第5集团军政治部领导人伊·德·丘古林和瓦·尼·卡尤罗夫的慰问电，回电表示感谢，坚信捷克斯洛伐克军、白卫分子和富农的暴动必将被镇压下去。

9月8日

致电正在斯维亚日斯克的列·达·托洛茨基,对喀山久攻不克深感不安,要求采取坚决行动,拿下喀山。

9月11日

写《祝贺红军收复喀山》。

不晚于9月12日

同彼得格勒来的阿·马·高尔基谈国内的阶级斗争、农民在革命中的作用和苏维埃政权对农民的政策以及知识分子等问题。

9月12日

致电列·达·托洛茨基,祝贺红军攻克辛比尔斯克(今乌里扬诺夫斯克),指示必须集中兵力尽快解放西伯利亚,并要求电告喀山的珍贵文物是否得到保护。

9月12日和18日之间

复电奔萨省执行委员会和第1集团军革命军事委员会,祝贺红军攻克辛比尔斯克并代表全体劳动者对红军战士作出的一切牺牲表示感谢。

9月15日

同雅·米·斯维尔德洛夫和约·维·斯大林研究察里津前线的形势问题。

9月15日和25日之间

同苏维埃共和国中央敌占区共产党组织常务局的委员谈话,指出必须在占领军士兵中更广泛地展开鼓动工作。

9月16日

遇刺受伤后第一次出席党中央委员会会议。会议讨论关于全俄信贷工作者工会、关于彼得格勒肃反委员会、关于俄共(布)莫斯科区域代表会议、关于全俄中央执行委员会会议、关于最高国民经济委员会主席团人选等问题。

9月17日

写《给无产阶级文化教育组织代表会议主席团的信》。

遇刺受伤后第一次主持人民委员会会议。会议讨论关于农业生产工具供应局调查委员会的报告、国家监察人民委员部对事先未经人民委员会批准就实行新的军人薪金标准的反对意见以及其他问题。

开会时就实物税法令草案起草委员会的工作问题同财政人民委员尼·尼·克列斯廷斯基互传字条。

9 月 18 日

在关于他的健康公报上批示："根据本公报和我良好的自我感觉,我恳请大家不要再打电话询问病情,以免打扰医生。"

起草《给彼得格勒指挥员训练班的电报》,向红军指挥员训练班毕业的 400 名工人表示祝贺。

听取文物古迹保护委员会主席尼·德·维诺格拉多夫关于建立纪念碑的报告。

致电教育人民委员阿·瓦·卢那察尔斯基,对有关责任者不执行《关于共和国纪念碑的法令》表示愤慨。

听取俄共(布)下诺夫哥罗德省谢尔加奇县委员会主席米·伊·萨纳耶夫关于农村情况的汇报,并要他持信去《真理报》编辑部。列宁在信中请编辑部同志把萨纳耶夫汇报的情况记录下来发表。

9 月 18 日或 19 日

写《论我们报纸的性质》一文。

9 月 19 日

同俄共(布)乌拉尔区域委员会委员、区域苏维埃委员亚·彼·斯蓬德谈话,请他介绍瓦·康·布柳赫尔的情况以及布柳赫尔领导的乌拉尔工人红军队伍的英雄事迹。

主持人民委员会会议。会议讨论关于履行 1918 年 8 月 27 日俄德财政协议的决定草案以及关于信贷机关国有化和清理账务的办法等问题。

9 月 20 日以前

同亚·加·施略普尼柯夫谈北高加索的局势问题。

9 月 20 日

致函苏维埃俄国驻斯堪的纳维亚外交全权代表瓦·瓦·沃罗夫斯基、驻德国外交全权代表阿·阿·越飞和驻瑞士外交全权代表扬·安·别尔津,指示必须同卡·考茨基在理论上把马克思主义庸俗化的行径作斗争。

写《致莫斯科—基辅—沃罗涅日铁路员工同志们》一信。

9月21日

主持人民委员会会议;在讨论向农户征收实物税问题时,列宁作计算,写发言提纲、法令要点和对法令草案的意见。会议还讨论了关于废除原俄罗斯帝国政府签订的条约问题和关于延长申请退出俄国国籍期限问题。

9月22日

写《给收复喀山的红军战士的信》。

9月23日

主持人民委员会会议;作关于各人民委员部工作报告的报告。会议还讨论了关于儿童伙食基金的法令草案、关于最高国民经济委员会拨款满足军工厂的急需问题、关于节假日的法令草案以及其他问题。

9月25日

去哥尔克休养。

10月1日

致函雅·米·斯维尔德洛夫和列·达·托洛茨基,鉴于德国革命运动高涨,建议他们召开全俄中央执行委员会、莫斯科苏维埃、区苏维埃、工会联席会议,信中还拟了会议决议的要点。

10月2日

写《给全俄中央执行委员会、莫斯科苏维埃联席会议(有工厂委员会代表和工会代表参加)的信》。

10月6日和15日之间

同国际社会党委员会书记安·伊·巴拉巴诺娃谈国际工人运动问题。

10月8日

同刚从察里津回来的斯大林谈南线的局势和南方面军革命军事委员会的情况。

不晚于10月9日

开始撰写《无产阶级革命和叛徒考茨基》一书。

10月9日

写《无产阶级革命和叛徒考茨基》一文。

10 月 10 日

写便条给外交人民委员格·瓦·契切林或副外交人民委员列·米·卡拉汉,请他们把《真理报》发表的《无产阶级革命和叛徒考茨基》一文寄12 份给柏林的阿·阿·越飞、扬·安·别尔津和瓦·瓦·沃罗夫斯基,在给三人的附信中请他们把这篇文章翻译出来并以单页出版。

致函格·瓦·契切林和列·米·卡拉汉,建议立即起草给美国总统威尔逊的照会供讨论,信中提出了照会的要点。

10 月 11 日

同副外交人民委员列·米·卡拉汉研究同乌克兰谈判的俄罗斯和谈代表团的工作。

10 月 12 日

致函莫斯科苏维埃主席团,对它 10 月 7 日作出的为没有执行建立纪念碑的法令推脱责任的决定进行严肃批评。

10 月 14 日

休养结束,离开哥尔克回莫斯科。

10 月 15 日

主持人民委员会会议;写《对人民委员会关于给贫苦农民委员会调拨经费的决定的意见》和《对人民委员会关于森林采伐的决定的意见》。会议还讨论了其他问题。

10 月 16 日

在乌克兰共产党(布尔什维克)第二次代表大会在莫斯科召开前夕,召集乌克兰共产党(布)中央委员开会。

10 月 17 日

主持人民委员会会议;在讨论关于伏尔加河流域德国移民的法令时发言。

10 月 18 日

用德文写信给斯巴达克派成员,向德国国际主义者社会民主党人表示良好的祝愿。

主持人民委员会会议。会议讨论关于建立领事馆的法令草案、关于免除某些煤矿工人和伐木工人服兵役以及同德国订立关于库尔兰、爱斯兰、里夫兰和立陶宛出生者的国籍的协定等问题。

函请苏维埃俄国驻德国外交全权代表阿·阿·越飞把载有尔·马尔托夫《马克思和无产阶级专政问题》一文的那期《社会主义对外政策》杂志以及有关国际主义者同社会沙文主义者和考茨基主义者分裂的所有剪报寄来。

10 月 19 日

同副民族事务人民委员 C.C.彼斯特科夫斯基和中央敌占区共产党组织常务局书记 P.C.拉西卡斯谈敌占区党的工作。

主持人民委员会会议。会议讨论关于按农产品分成形式向农村业主征收实物税问题、专门委员会关于德国移民问题的报告以及其他问题。

10 月 20 日

致电共和国武装力量总司令约·约·瓦采季斯,命令他采取最有力的措施加快收复维亚特卡省的伊热夫斯克工厂和沃特金斯克工厂。

不晚于 10 月 22 日

向苏维埃新闻工作者工会委员会提出入会申请。

10 月 22 日

出席俄共(布)中央会议。会议确定由列宁向全俄苏维埃第六次代表大会作关于苏维埃政权成立一周年和国际形势的报告。会议还讨论了人事等问题。

出席全俄中央执行委员会、莫斯科苏维埃、工厂委员会和工会联席会议;作关于国际形势的报告。会议通过了列宁起草的决议。

为《俄国的政党和无产阶级的任务》小册子写再版序言。

主持人民委员会会议。会议讨论关于一次性特别革命捐的法令草案和条例草案、关于成立省县苏维埃执行委员会财政局的法令草案以及其他问题。

10 月 23 日

同从察里津回来的斯大林谈南线局势。

代表俄共(布)中央委员会起草给驻德国外交全权代表阿·阿·越飞的电话稿,请他向获释出狱的卡·李卜克内西表示最热烈的祝贺。

10 月 24 日

主持人民委员会会议。会议讨论关于非陆军人民委员部所属部队更换步枪的法令草案、关于铁路状况和交通人民委员部同其他各人民委员部的相互关系等问题。

10 月 25 日

出席俄共(布)中央会议。会议讨论关于军队党组织以及乌克兰共产党代表大会等问题。

10 月 26 日

同未能在准许为每个人托运一普特半粮食的期限内采购到粮食的莫斯科各单位的代表谈话,并让他们持信去找副粮食人民委员尼·巴·布留哈诺夫,列宁在信中请求给他们帮助。

主持人民委员会会议;起草关于加强铁路工作的意见。会议讨论交通人民委员弗·伊·涅夫斯基关于铁路状况的报告、关于向农村业主征收实物税的报告、关于废除国家有息证券、关于一次性特别革命捐以及其他问题。

10 月 27 日

同一批被派往南线的彼得格勒维堡区工人谈话,听取他们对莫斯科苏维埃办事拖拉的意见;让他们持信去找莫斯科苏维埃。列宁在信中要求莫斯科苏维埃立即接待这些彼得格勒工人,克服接待工作中的形式主义。

10 月 28 日

签署给彼尔姆的乌拉尔国民经济委员会的电报,并指示别列兹尼基工厂管理处立即开始筹建炼镭厂。

10 月 29 日

同粮食人民委员部部务委员阿·伊·斯维杰尔斯基谈组建工人监督征购的检查机构以及在这方面利用收购机关中的工人的问题。

主持人民委员会会议。会议讨论关于居民交出各种武器的法令草案和关于成立劳动人民委员部劳动力分配局的条例、关于各地方苏维埃规定的一次性革命捐、关于给最高国民经济委员会拨款以抵补马铃薯糖浆生产的开支等问题。

10 月 31 日

主持人民委员会会议。会议讨论关于成立省县苏维埃执行委员会财政局的法令草案、劳动者社会保障条例草案、关于国库同人民银行机构合并的法令草案、关于成立非常运输委员会的法令草案以及其他问题。

10 月底

签署俄共（布）中央委员会《给德国"斯巴达克派"和德意志奥地利共产党的信》。

11 月初

接见无政府主义著名活动家和理论家彼·阿·克鲁泡特金，同他谈革命恐怖手段问题。

不晚于 11 月 1 日

审阅在伯尔尼用德文出版的《国家与革命》一书。

11 月 1 日

函告在瑞士的扬·安·别尔津，《无产阶级革命和叛徒考茨基》的部分书稿已寄出，请他抓紧组织翻译；在法文版《国家与革命》一书的出版者前言中应批判卡·考茨基和埃·王德威尔得。

11 月 2 日

写《关于切实遵守法律的决定提纲草稿》；建议俄共（布）中央原则上批准这个提纲并委托司法人民委员部写成法令。

　　主持人民委员会会议；提前就全俄中央执行委员会和人民委员会告奥匈帝国劳动人民书发表了意见。在会议讨论建立国家储存布匹和成衣仓库问题时，写关于这个问题的意见，并对决定草案提出修改和补充。会议还讨论了关于拨款给最高国民经济委员会以实施布匹国家垄断问题、关于设立农业发展专用基金的法令草案以及其他问题。

11 月 2 日和 6 日之间

同英国《曼彻斯特卫报》记者菲·普赖斯谈苏维埃共和国所处的国际形势问题。

11 月 3 日

在莫斯科苏维埃大楼的阳台上向庆祝奥匈革命的游行者讲话。

11 月 4 日

同俄国共产主义青年团第一次代表大会代表团谈话，询问大会的情况、代表的成分和地方青年组织的工作情况，还谈了青年团的任务。

同从美国经日本和西伯利亚来到莫斯科的荷兰共产党员塞·鲁特
格尔斯工程师谈美国、日本和荷兰的工人运动和社会主义运动情况。

11 月 5 日以前

同东方面军第 2 集团军革命军事委员会委员谢·伊·古谢夫谈话,请他
转告第 2 集团军红军战士,希望在苏维埃政权成立一周年之前能听到攻
占伊热夫斯克的消息。

11 月 5 日

签署全俄中央执行委员会和人民委员会就德国同苏维埃俄国断绝外交
关系一事给各级苏维埃、红军指挥员和政治委员的电报。

主持人民委员会会议。会议讨论关于《全俄中央执行委员会消息
报》公布人民委员会的法令和决定的程序、关于各人民委员部的出版物
合并、关于儿童伙食基金等问题。

11 月 5 日或 6 日

为在全俄苏维埃第六次(非常)代表大会上发表庆祝十月革命一周年的
讲话准备提纲。

11 月 6 日以前

多次就共产主义和共产主义革命等问题同俄共(布)匈牙利组主席库
恩·贝拉谈话。

11 月 6 日

出席全俄工人、农民、哥萨克和红军代表苏维埃第六次(非常)代表大会
第一次会议,当选为大会名誉主席,发表庆祝十月革命一周年的讲话。

在全俄工会中央理事会和莫斯科工会理事会举行的庆祝十月革命
一周年大会上讲话。

出席无产阶级文化协会莫斯科委员会举办的晚会,发表庆祝十月革
命一周年的讲话。

11 月 6 日或 7 日

在原米歇尔逊工厂举行的工人庆祝大会上讲话。

11 月 7 日

在革命广场举行的马克思恩格斯纪念碑揭幕典礼上讲话;在红场举行的
十月革命烈士纪念碑揭幕典礼上讲话。

在全俄肃反委员会工作人员游艺大会上讲话。

复电第2集团军司令,向攻克伊热夫斯克的英勇的红军部队致敬,并向他们祝贺十月革命一周年。

11月8日

在全俄苏维埃第六次(非常)代表大会第二次会议上发表关于国际形势的讲话。

在中部各省贫苦农民委员会代表会议上讲话。

11月10日

得到德国爆发革命的消息后,给奥廖尔省和库尔斯克省执行委员会和党的委员会发加急密电,请他们把这一消息尽快通知在乌克兰的德国士兵。

在得到关于德国革命的进一步的消息后,签署《从莫斯科发出的通电》,并起草《给各级工人、农民和红军代表苏维埃及全国人民的电报》。

写完《无产阶级革命和叛徒考茨基》一书。

在哈莫夫尼基区十月革命工人俱乐部开幕典礼上发表关于目前形势的讲话。

11月10日以后

写《无产阶级革命和叛徒考茨基》一书附录二:《王德威尔得论国家的新书》。

11月11日

在大剧院举行的莫斯科共产党员晚会上发表关于国际形势的讲话。

主持人民委员会会议;向到会同志报告德国发生的革命事件。会议讨论关于给海军人民委员部拨款组织伊若拉工厂和奥布霍夫工厂生产等问题。

函请在维也纳战俘事务委员会的波·索·魏斯布罗德尽一切可能在维也纳找到左派社会民主党人,并给予帮助。还请他设法找回列宁留在波罗宁的私人藏书。

11月12日

同出席全俄苏维埃第六次(非常)代表大会的北高加索第11集团军代表A.И.雅柯夫列夫和O.M.列辛斯基谈话,向他们询问格·康·奥尔忠尼启则的情况,答应把他们要求得到军需品的问题提交党中央。

　　主持人民委员会会议。会议讨论关于组织供应的法令草案、关于全俄肃反委员会的工作报告、关于征召医生服役的法令草案、关于给敌占区企业的职工发工资的法令草案以及其他问题。

11 月 13 日

致电俄共(布)乌涅恰(切尔尼戈夫省)组织主席伊万诺夫,感谢德国革命士兵代表、累希奇苏维埃、乌涅恰党组织和博贡团团长尼·亚·邵尔斯的祝贺,希望德国革命士兵参加解放乌克兰的战斗。

　　致电俄共(布)奥廖尔省委员会,指示他们把刚收到的德国革命士兵从乌涅恰村发来的贺电告知同乌克兰交界的一切边防据点,并吁请德国革命士兵支援解放乌克兰的战争。

11 月 14 日

由列宁和雅·米·斯维尔德洛夫签署的全俄中央执行委员会关于废除布列斯特-里托夫斯克条约的决定在《真理报》第 246 号上公布。

　　主持人民委员会会议;介绍当前的国际形势。会议讨论给红军供给非常委员会拨款 5 亿卢布的问题以及给工商业人民委员部拨款 1 亿卢布进口生活必需品等问题。

11 月 15 日

电请在谢尔普霍夫的约·约·瓦采季斯总司令批准中央敌占区共产党组织常务局提出的关于组建波兰突击营和立陶宛突击营的方案。

11 月 16 日

主持人民委员会会议;在讨论关于莫斯科到站列车卸货的报告时,写便条给莫斯科苏维埃主席列·波·加米涅夫,指示他动员一切人力卸车。会议还讨论了关于 1918 年 7 月—12 月预算的法令草案、关于纸张分配和压缩报纸发行量的报告以及关于拨款给莫斯科中央工人合作社开办前线红军战士供应商店等问题。

11 月 18 日

接见信用合作社工作者——莫斯科人民(合作)银行股东非常代表大会代表团。

11 月 19 日

在全俄女工第一次代表大会上讲话。

看了人民银行北方区域办事处政委兼主任关于隆重庆祝私人银行国有化法令颁布一周年的建议,批复总行政委兼行长格·列·皮达可夫,指示不要搞庆祝活动,应当用合作银行同国家银行合并的实际行动来庆祝。

主持人民委员会会议;在讨论社会保障人民委员部提出的关于儿童保育院仍归该部管理的法令草案时,写《人民委员会关于儿童保育院的决定草案》。会议还讨论了私营商业收归地方公有和国有的问题、为节约纸张而停办一些报纸的决定草案以及其他问题。

写《对组织居民供应工作的法令草案的补充》。

11 月 20 日

写《皮季里姆·索罗金的宝贵自供》一文。

在俄共(布)莫斯科委员会和普列斯尼亚区委员会组织的向党的领袖和政府首脑列宁致敬的大会上讲话。

11 月 20 日以后

听取米·谢·克德罗夫关于莫斯科铁路枢纽站卸货情况的报告。

11 月 21 日

主持人民委员会会议;提出对组织居民供应工作的法令草案的补充;修改关于批准革命军事委员会支出 5 000 万卢布用于因立陶宛、白俄罗斯和波兰军事局势危急而采取的应急措施的决定草案。会议还讨论了关于保障红军的汽车运输的措施、关于邮电服务的法令草案等问题。

11 月 23 日

同两名印度穆斯林革命流亡者的代表谈话,他们带来了印度人民给苏维埃俄国的贺信。

主持人民委员会会议。会议讨论关于中央战俘和难民事务委员会的工作问题、关于在已收复地区恢复粮食工作的决定草案、关于苏维埃共和国节假日的法令草案、关于改组俄国保险业的法令草案以及其他问题。

11 月 24 日

在莫斯科铁路枢纽站群众大会上讲话。

在庆祝"红色军官日"群众大会上讲话。

不早于 11 月 24 日

接见莫斯科苏维埃粮食局共产党党团代表。

11 月 26 日

在莫斯科中央工人合作社代表会议上讲话。

主持人民委员会会议。会议讨论关于成立最高电信委员会的问题,关于确认科学著作、文学著作、音乐作品和美术作品为国家财富的法令,关于征收的通则,关于实现 100 亿税收等问题。

11 月 27 日

在莫斯科党工作人员大会上作关于无产阶级对小资产阶级民主派的态度的报告以及关于这个报告的总结发言。

11 月 28 日

主持人民委员会会议;在讨论军队卫生工作状况问题时,翻阅关于各后送站的床位数的统计材料并在上面作计算和记号。会议还讨论了关于宣布铁路实施戒严、关于军事当局干预征购工作等问题。

11 月 29 日

签署分别打给下诺夫哥罗德省粮食局、省军事委员会和国民经济委员会的电报,指示供应下诺夫哥罗德无线电实验室粮食和建筑材料。

通过直达电报同奥廖尔省执行委员会主席兼俄共(布)奥廖尔省委员会主席波·米·沃林谈话,就如何对待在戈梅利举行的乌克兰德军士兵代表苏维埃代表大会的问题作指示。

修改并签署给总司令约·约·瓦采季斯的电报。

11 月 30 日

签署全俄中央执行委员会关于成立工农国防委员会的决定。

同旅俄华工联合会会长张永奎和外交人民委员部东方司司长 A.H. 沃涅先斯基谈话。

不早于 11 月

《帝国主义是资本主义的最高阶段》第 2 版由共产党人出版社出版。

12 月 1 日

主持国防委员会第一次会议;在会上写《关于国防委员会的任务和工作安排》。在讨论运输问题和燃料问题时,会议决定成立由列宁主持的两个相应的专门委员会。会议还讨论了粮食问题、关于动员技术力量问题、关于最高军事检查院等问题。

12月2日

出席研究全俄信贷工作者工会同俄罗斯联邦人民银行工作者工会相互关系问题和召开全俄银行职员第一次代表大会问题的讨论会。

　　主持国防委员会燃料委员会会议,就会上讨论的各种问题作了笔记并开列采购燃料的具体措施,写组织问题和木柴采伐问题的决定草案。

　　主持人民委员会会议。会议讨论关于成立全俄中央执行委员会国际宣传部、关于节假日、关于合作人民银行国有化和给合作社贷款等项法令草案,还讨论了外国银行国有化等问题。

12月3日

主持国防委员会所设的实际监督问题委员会会议,在讨论时发言并写《关于利用国家监察工作的决定草案》。

　　主持国防委员会所设的运输部门全俄肃反委员会工作问题委员会会议,写《关于全俄肃反委员会工作的建议》。

　　主持人民委员会会议。会议讨论关于全部商船划归水运总管理局管辖问题、关于出版解释俄罗斯联邦宪法和法律的通俗读物问题、关于大克里姆林宫改为博物馆问题、关于地方苏维埃经费和开支的条例草案以及其他问题。

12月4日

给意大利社会党领导人扎·梅·塞拉蒂写贺信,希望意大利以及协约国其他国家很快发生无产阶级革命。

　　主持国防委员会会议;写《关于加快粮食收购进度和增加粮食收购数量的建议草稿》。会议还讨论了关于图拉弹药制造厂和枪械制造厂实行三班制、关于增加工人口粮、关于切实监督前线弹药消耗的措施、关于征召一切适合担任红军指挥职务的人员入伍等问题。

12月5日

主持国防委员会弹药委员会会议,并在会上几次发言,记录图拉弹药制造厂的情况,提出增加生产的措施和具体的生产计划。

　　主持人民委员会会议。在讨论《关于建立工人粮食检查机关的条例》时,草拟人民委员会关于这个问题的决定,并对《条例》草案提出意见。会议还讨论了关于方面军所辖集团军司令、关于方面军司令、关于全共和国武装力量总司令等项条例草案、关于取消进口食品的关税的法令、关于工业调查以及其他问题。

不晚于 12 月 6 日

写《对俄共(布)中央关于召开全俄银行职员代表大会的决定草案的意见》。

12 月 7 日

主持人民委员会会议;建议指定一位特派记者报道人民委员会的活动。会议讨论关于动员前军官参加红军的法令草案、关于承认爱斯兰苏维埃共和国独立等问题。

12 月 8 日

在莫斯科全省苏维埃、贫苦农民委员会和俄共(布)区委员会代表大会上讲话。

　　　　主持国防委员会会议;介绍莫斯科区域粮食委员会霍登卡仓库的检查情况;写关于新编的 10 个师的制服、装备和粮食供应问题的意见。会议还讨论了关于保障图拉各工厂粮食供应和关于动员居民采运木柴等问题,以及关于反对本位主义和拖拉作风的决定草案。

12 月 9 日

在工人合作社第三次代表大会上讲话。

12 月 10 日

主持国防委员会所设的实际监督问题委员会会议,在讨论关于执行该委员会 12 月 3 日决定的报告时三次发言。

　　　　主持人民委员会会议;介绍伊万诺沃 沃兹涅先斯克省执行委员会 12 月 2 日关于该省严重缺粮的报告。会议还讨论了关于批准莫斯科工人组织单独采购非定量食品、关于彼得格勒和莫斯科的工人代表参加粮食人民委员部工作、关于拨出经费用以对协约国军队被俘人员开展宣传鼓动工作等问题,以及关于动员识字的人和组织宣传苏维埃制度的法令草案。

12 月 11 日

在全俄土地局、贫苦农民委员会和公社第一次代表大会上讲话。

将一本载有苏维埃第六次代表大会通过的关于执行法律的决定的小册子寄给人民委员会办公厅主任弗·德·邦契-布鲁耶维奇,请他拟一个书名,并要求尽快出版。

主持国防委员会会议;介绍监督检查小组成员委任状的格式和改进粮食工作的紧急措施。会议还讨论了关于整顿铁路运输,关于铁路实行奖励和计件工资,关于泥炭工人、煤矿工人、铁路工人以及伐木工人粮食和生活必需品的供应等问题。

12 月 12 日

写《关于苏维埃机关管理工作的规定草稿》。

写《俄共(布)中央关于党证填写问题的决定草案》。

主持人民委员会会议;在讨论制定客运统一票价和关于实施百亿特别捐和实物税法令的报告时发言,并起草关于后一问题的决定。

致电共和国革命军事委员会主席列·达·托洛茨基,告诉他彼尔姆局势危急,建议派兵增援并向东方面军革命军事委员会说明:守住为乌拉尔工厂和铁路供应煤炭的基泽尔区十分重要。

12 月 14 日

同工商业职员工会代表谈商业地方公有问题。

在普列斯尼亚区工人代表会议上讲话。

主持人民委员会会议;在会议讨论取消马铃薯固定价格问题时,两次发言;写关于给中央纺织工业委员会拨款问题的建议。会议还讨论了关于各城市苏维埃和工业企业办农场等问题。

12 月 15 日

同《真理报》主编尼·伊·布哈林谈话。布哈林告诉列宁,左派社会革命党领导人玛·亚·斯皮里多诺娃在进行反苏维埃政权、反布尔什维克的宣传。

主持国防委员会会议。会议讨论关于铁路和粮仓所存粮食、关于政治鼓动和向新编各师派政治委员、关于辛比尔斯克弹药制造厂和索尔莫沃弹药制造厂的报告、关于石油分配等问题。

12 月 16 日

看了雅罗斯拉夫尔省柳比姆斯克县布季洛沃村农民控告当地贫苦农民

委员会主席没收他们的口粮和种子的电报后,写便条指示内务人民委员格·伊·彼得罗夫斯基严加查处。

12 月 17 日以前

补写《国家与革命》第 2 章第 3 节《1852 年马克思对问题的提法》。

12 月 17 日

写《国家与革命》第 2 版序言。

出席党中央委员会常务局会议。会议讨论即将举行的党代表大会问题和党纲起草委员会的工作,全俄土地局、贫苦农民委员会和公社第一次代表大会的决议,关于西伯利亚的工作,关于工会代表大会等问题。

把《国家与革命》第 2 版增补的部分寄给芬兰共产党代表 O.S. 普凯供该书芬兰文版用。

12 月 17 日和 19 日之间

写《悼念普罗相同志》一文。

不晚于 12 月 18 日

听取南方面军革命军事委员会委员约·伊·霍多罗夫斯基关于前线局势的报告,然后通过直达电报请彼得格勒苏维埃主席格·叶·季诺维也夫派兵增援南线。

12 月 18 日

主持国防委员会会议;在讨论根据国家财力确定军队员额问题时发言;在讨论全俄疏散委员会就登记军用物资问题的声明时,起草关于这一问题的决定并两次发言;就红军供给非常委员会主席列·波·克拉辛关于索尔莫沃工厂的报告发言。会议还讨论了南方面军医疗卫生状况、关于给军队提供马匹和营房的法令草案、关于军械修理厂、关于石油分配、关于在察里津修建大型火炮厂等问题。

12 月 19 日

出席党中央委员会常务局会议。会议讨论关于全俄肃反委员会、关于军事监督、关于前线政治工作、关于成立军事检查机构、关于前线共产党员的工作等问题。

主持人民委员会会议。会议讨论关于登记和动员俄罗斯联邦技术人员的法令草案、关于规定某些地区缴纳实物税的优待办法以及财政人民委员部所属各部门会商统一出纳工作等问题。

12月21日

致函财政人民委员尼·尼·克列斯廷斯基,指示务必查出人民银行莫斯科办事处拖延支付最高国民经济委员会林业委员会款项的罪犯并送交法庭审判。

主持人民委员会会议;就最高国民经济委员会会同中央统计局拟定的关于公布国家经常性工业统计的条例发言。会议还讨论了关于承认爱斯兰、拉脱维亚和立陶宛苏维埃共和国的法令草案以及其他问题。

不晚于12月22日

列宁的《无产阶级革命和叛徒考茨基》一书由共产党人出版社出版。

12月22日

为纪念1905年12月莫斯科武装起义十三周年而写的《告红色普列斯尼亚工人书》发表在《公社战士报》第63号上,1919年12月24日《贫苦农民报》第222号发表该文时用的标题是《普列斯尼亚工人的壮举》。

主持国防委员会会议;在会议讨论关于铁路沿线粮食积存数量的报告时发言,并起草关于这个问题的决议;写关于铁路工人制服问题的决议草稿。会议还讨论了红军供给非常委员会主席列·波·克拉辛关于辛比尔斯克和伊热夫斯克各工厂以及图拉工厂实行三班制情况的报告以及其他问题。

12月23日

写《论"民主"和专政》一文。

签署给总司令约·约·瓦采季斯的电报,电报询问巴拉绍夫地区的战况、收复奥伦堡的命令没有执行的原因以及为增援彼尔姆地区红军部队所采取的措施。

12月24日

主持人民委员会会议。会议讨论关于撤销私人土地银行、关于保障红军家属生活两项法令草案以及其他问题。

12月25日

在全俄国民经济委员会第二次代表大会上讲话。

收到特维尔省特维尔县佩尔维京斯卡亚乡女教师 B.C.伊万诺娃揭

发混入该乡贫苦农民委员会的黑帮分子横行霸道的控告信后,致函特维
尔省执行委员会主席德·亚·布拉托夫,责成他查清这一案件,并尽快
报告结果。

　　致电北方区域公社委员会,命令它立即制止违反人民委员会1918
年11月21日关于组织供应工作的法令的做法,恢复被停业和收归国有
的合作社,归还其商品,并把它们纳入分配网。

　　同俄共(布)萨马拉省梅列克斯县委员会派出的驻北方铁路全权代
表М.А.韦里亚斯金谈抢运梅列克斯各集粮站和伏尔加—布古利马铁路
各车站积压的粮食问题。

　　主持国防委员会会议;宣读南方面军驻铁路特派员米·康·弗拉基
米罗夫请求指示地方苏维埃派工人清扫铁路积雪的电报;就铁路部门实
行计件工资问题发言。会议还讨论了红军军事卫生总局关于医用物资
列车运营和支前医生人数的报告、军械总部关于供应红军火炮的报告、
关于调整军事部门与铁路部门的相互关系问题、对总司令约·约·瓦采
季斯1918年12月23日来电的答复以及其他问题。

12月25日和28日之间

同德国斯巴达克联盟中央委员会成员爱德华·富克斯谈话。富克斯向
列宁介绍德国形势并转交了罗莎·卢森堡的一封短信。

12月26日

同作家А.И.库普林和记者О.Л.列昂尼多夫谈话,他们建议为农民办一
种报纸。

　　致电伊万诺沃-沃兹涅先斯克省罗德尼基市执行委员会,命令查处
征用前第三届国家杜马社会民主党党团成员彼·伊·苏尔科夫私人藏
书一事。

　　主持人民委员会会议;在会议讨论准许"统一军人合作社"所属单位
采购非定量食品、成立林业总委员会和出口木材问题时发言;对成立最
高国民经济委员会林业总委员会的决定草案提出修改和补充意见。会
议还讨论了中央纺织工业委员会的报告等问题。

12月27日

致电共和国革命军事委员会,指示赶快起草关于联欢的指令,尤其要鼓

励在北方战线进行联欢。

12月27日或28日

就筹建第三国际(共产国际)问题写信给格·瓦·契切林。

12月28日

主持人民委员会会议。会议讨论关于征召医务人员服役、关于把药房收归国有的法令草案、关于征收特别税、关于筹备贫苦农民委员会代表大会的报告以及其他问题。

会上,列宁同副粮食人民委员尼·巴·布留哈诺夫就向彼得格勒和弗拉基米尔省维亚兹尼基运粮问题交换便条。

电告弗拉基米尔省维亚兹尼基尤扎工厂管理处,粮食人民委员部已下令给维亚兹尼基分配点发运粮食,建议他们去下诺夫哥罗德协助装运。

12月29日

主持国防委员会会议。会议讨论关于军事运输计划和粮食运输计划、关于增援东线、关于减免红军家属特别税、关于海军所属各工厂实行计件工资、关于必须提高伏尔加—布古利马铁路运输能力、关于奥赫塔炸药制造厂粮食供应等问题。

12月30日

同罗德尼基市代表安·尼·普罗科菲耶夫谈彼·伊·苏尔科夫藏书问题,让他持信去找国民教育人民委员部图书馆司,列宁在信中请该司帮助罗德尼基的同志们扩充图书馆。

主持人民委员会会议。会议讨论副财政人民委员德·彼·博哥列波夫关于财经政策的报告、民族事务人民委员约·维·斯大林关于向爱沙尼亚和拉脱维亚苏维埃政府提供贷款的报告。

12月31日

接见受乌克兰苏维埃政府委托把一列车食糖运到莫斯科的 Г.И. 丘马克。

12月底

在全俄中央执行委员会布尔什维克党团扩大会议上谈工会的任务问题。

12月

同维·阿·卡尔宾斯基、尼·伊·布哈林、恩·奥新斯基、列·谢·索斯诺夫斯基、波·米·沃林讨论出版通俗读物问题;写《关于编写工农读物的指示》。

主持红军供给非常委员会会议。

12 月—1919 年 1 月上半月

写《论工会的任务》一文。

1918 年下半年或 1919 年

作关于油页岩的笔记。

1918 年底或 1919 年初

读亚·伊·托多尔斯基的《持枪扶犁的一年》一书;利用该书中的材料写《一幅说明大问题的小图画》一文。

1919 年

1 月 2 日

主持国防委员会会议。会议讨论关于全俄铁路运输工会理事会反对铁路部门实行计件工资制和奖励制、关于允许博罗维煤矿工人购买非定量食品、关于在阿斯特拉罕建立防卫委员会等问题。

主持人民委员会会议;把图书馆工作问题提交会议讨论;写关于采购亚麻问题的意见。会议还讨论了关于给红军家属发放生活补贴和提供住房的办法、关于资助乌克兰和乌法省的工业、关于专家的劳动报酬等问题。

1 月 3 日

签署给阿斯特拉罕省执行委员会、市执行委员会和省党委会的复电,电中指出没有必要建立地方防卫委员会。

致电革命军事委员会主席列·达·托洛茨基,建议把对克拉斯诺夫军队的总攻进行到底。

1 月 3 日和 17 日之间

写《关于援助哈尔科夫的意见》。

1 月 4 日

主持人民委员会会议。会议讨论关于因宗教信仰免服兵役的法令草案、国家经常性工业统计条例草案、关于给国有企业附属学校和社会教育机构调拨经费等问题。

1月6日

同工人团体派往雅罗斯拉夫尔省罗斯托夫采购非定量食品人员的代表
И.Ф.杰尔古诺夫通电话,并让他去找粮食人民委员部部务委员阿·
伊·斯维杰尔斯基。列宁写便条请斯维杰尔斯基予以接待。

通过直达电报同乌克兰方面军革命军事委员会委员费·安·谢尔
盖耶夫(阿尔乔姆)谈有关南方面军司令的人选问题和哈尔科夫机车车
辆制造厂实行三班制生产问题。

致电辛比尔斯克省粮食人民委员,命令他采取紧急措施援助莫斯科
和彼得格勒挨饿的工人。

1月8日

将约·维·斯大林和费·埃·捷尔任斯基的来信批转总司令。来信谈
了增援彼尔姆附近的第3集团军的措施,列宁在批示中以中央委员会名
义要求军事主管部门遵照执行。

主持国防委员会会议。会议讨论关于军事电信状况、关于巡查队、
关于开办炮兵训练班和动员原炮兵军官、关于同合作社签订粮食采购合
同等问题。

1月9日

主持人民委员会会议。会议讨论关于拨款给里海—高加索方面军革命
军事委员会以应特需问题和关于用商品换购亚麻的报告等问题。

1月10日

致电彼得格勒苏维埃主席格·叶·季诺维也夫,指示改组彼得格勒的国
家机关。

1月11日

主持人民委员会会议。会议讨论关于向各产粮省收集粮食和饲料的法
令草案、关于特别税问题,以及关于同几个新成立的苏维埃共和国的关
系等问题。

1月12日

致电梁赞省执行委员会,询问对国家监察机关查出的一些公共食堂的投
机活动采取了哪些措施。

主持国防委员会会议。会议讨论红军军事卫生总局的报告、关于伊热夫斯克工厂和沃特金斯克工厂的情况、关于军队供应问题、关于伯朝拉边疆区的情况和向那里派遣考察队等问题。

写《给欧美工人的信》(前一部分)。

1月13日

致电正在彼得格勒的国民教育人民委员部图书馆司司长 A.Π.库德里亚夫采夫,指示他妥善保管彼·伯·司徒卢威的藏书,将其中特别珍贵的图书交给公共图书馆,其余部分留在工学院。

1月14日

看了约·维·斯大林和费·埃·捷尔任斯基《关于第3集团军放弃彼尔姆原因的初步调查简报》后,责成他们二人就地领导实施简报中提出的关于扭转第3集团军防区局势的措施。

主持人民委员会会议。会议讨论关于图书馆工作、关于调整军事部门后方机关的工资标准和规定其他某些部门的平均工资标准等问题。

1月16日

参加俄共(布)中央委员会会议。会议委托列宁在全俄中央执行委员会、莫斯科苏维埃和全俄工会代表大会联席会议上作关于粮食问题的报告,在工会代表大会上作关于工会运动的任务的报告。会议还讨论了乌克兰问题、白俄罗斯问题、运输问题、乡执行委员会代表大会问题、党的乌拉尔区域委员会问题以及成立俄共(布)中央组织局等问题。

同阿斯特拉罕省执行委员会代表 H.H.波德亚波里斯基谈设立国家自然保护区等问题,并建议他起草自然保护法令。

主持人民委员会会议;在讨论关于专家劳动报酬问题时发言。会议还讨论了给糖业总委员会拨款用以调运乌克兰食糖问题、压缩各人民委员部预算开支问题等。

1月17日以前

同粮食人民委员亚·德·瞿鲁巴谈粮食政策问题。

不晚于1月17日

参加全俄中央执行委员会共产党党团会议。会议通过关于粮食政策的决议草案,并委托列宁将这份决议草案提交全俄中央执行委员会、莫斯科苏维埃和全俄工会代表大会联席会议讨论。

1月17日

在全俄中央执行委员会、莫斯科苏维埃和全俄工会代表大会联席会议上讲话。

主持国防委员会会议。会议讨论关于电信状况、关于整顿军用物资运输、关于保证铁路所需燃料等问题。

1月18日

先后在俄共(布)莫斯科市代表会议和全俄国际主义者教师第二次代表大会上讲话。

签署给人民委员会办公厅主任弗·德·邦契-布鲁耶维奇的命令:在收到对政府各部门及其工作人员的控告后应立即汇报,书面控告应于24小时内汇报,口头控告应于48小时内汇报;办公厅对这类控告应登记,并认真检查人民委员会主席就这些控告所作批示的执行情况。

主持人民委员会会议。会议讨论对人民委员会关于实行统一出纳制度以及各苏维埃机关之间结算办法的决定的补充、粮食人民委员部和军需总部关于供应红军战士非定量食品的报告、关于各国营机械制造厂现有燃料和粮食的状况以及其他问题。

1月19日

在莫斯科抗议杀害卡尔·李卜克内西和罗莎·卢森堡的群众大会上讲话。

去索科利尼基林业学校看望在那里休息的娜·康·克鲁普斯卡娅,途中遭到强盗拦劫,安全脱身。

晚上出席索科利尼基林业学校举行的晚会。

1月20日

在全俄工会第二次代表大会上作报告。

1月21日

写完《给欧美工人的信》。

主持人民委员会会议。会议讨论1919—1920年的铁路计划、关于采购粮食制品的法令草案、关于统一各部门专家的工资标准等问题。

1月22日

主持国防委员会会议。会议讨论关于建立军用电信特别管理机关、关于调派首都工人支援伊热夫斯克工厂和沃特金斯克工厂、关于整顿军用物资运输、关于军事训练情况等问题,列宁记下了会议就这些问题作出的决定。会议还讨论了关于巡查队、关于东线铁路破坏情况、关于彼得格勒各工厂燃料状况、关于国营"输电"发电站、关于泥炭开采企业粮食供应等问题。

1 月 23 日

致函国家监察人民委员卡·伊·兰德尔,责成他检查人民委员会 1919 年 1 月 18 日关于各国营机械制造厂燃料状况和粮食状况的决定的执行情况。

　　　主持人民委员会会议。会议讨论关于各苏维埃机关和企业之间结算办法的法令草案、关于各国营机械制造厂的燃料状况和粮食状况等问题。

1 月 23 日和 2 月 4 日之间

得知美国总统伍·威尔逊倡议在普林杰沃群岛召开俄国境内现有各方政府代表会议后,同外交人民委员部的工作人员讨论这个问题,主张致函协约国政府,提出自己的建议。

1 月 24 日以前

指导国际共产主义党派和左派社会党代表会议;同与会者一起修改并签署题为《迎接共产国际第一次代表大会召开》的呼吁书。

1 月 24 日

在各省国民教育局社会教育处处长第二次会议上讲话。

　　　电告革命军事委员会主席列·达·托洛茨基,威尔逊建议召开俄国各方政府代表会议,指示托洛茨基竭尽全力在一个月内收复罗斯托夫、牟里雅宾斯克和鄂木斯克。

1 月 25 日

主持人民委员会会议;介绍运煤列车压车情况和合作社情况。会议还讨论了关于向外国公民征收一次性特别税的决定草案、东方面军革命军事委员会就装运东线地区粮食问题提出的建议、关于成立保卫儿童委员会的法令草案、关于统计农艺人才和动员农业专家等问题。

1 月 25 日以后

看到罗斯塔社 1919 年 1 月 25 日《战报》公布了不应公布的某些战线的

情况,写信质问革命军事委员会副主席埃·马·斯克良斯基,为什么把这些材料捅出去,保守军事秘密有没有保证。

1 月 26 日

写呼吁书《大家都来做粮食工作和运输工作!》。

1 月 27 日

致电萨马拉省执行委员会,要求报告逮捕原萨马拉市长、右派社会革命党人亚·米·斯米尔诺夫的原因,并查证此人表示愿意同苏维埃政权合作而反对高尔察克的声明。

主持国防委员会会议。会议讨论表彰日产步枪达到 1 000 支的伊热夫斯克工厂工人的问题、燃料问题、派人去哈尔科夫参加机车制造厂开工问题、谢尔普霍夫严重缺粮问题、乌克兰存粮情况、南线铁路状况,以及为军队采购制服等问题。

签署国防委员会给伊热夫斯克工厂工人的感谢电。

1 月 28 日

批示国家监察人民委员卡·伊·兰德尔派人调查莫斯科粮食委员会有领货单却不能及时领到供应居民的食品一案。

主持人民委员会会议;起草人民委员会关于合作社的决定。会议还讨论了关于防治斑疹伤寒、关于扩大播种面积两项法令草案以及其他问题。

1 月 29 日

致函历史学家、孟什维克尼·亚·罗日柯夫,谈俄国知识分子在建设社会主义新社会方面的任务。

1 月 30 日

主持人民委员会会议;起草人民委员会关于图书馆工作的决定。会议还讨论了关于编辑通俗读物的报告、关于成立保卫儿童委员会的法令草案、关于莫斯科枢纽站卸车等问题。

1 月 31 日

主持国防委员会会议;在讨论水运总管理局关于春航准备工作和船舶修理的报告时起草有关决定。会议还讨论了派首都工人支援伊热夫斯克工厂和沃特金斯克工厂、调运萨马拉省粮食委员会采购的粮食等问题。

1月

写《对土地共耕条例草案的意见》。

1月—2月

写便条给工商业人民委员列·波·克拉辛,要他积极推行同波兰建立贸易关系和文化联系的政策。

2月2日

写《关于从资产阶级合作社的供应和分配过渡到无产阶级共产主义的供应和分配的措施》。

致函弗·巴·米柳亭、尼·尼·克列斯廷斯基和德·伊·库尔斯基,要求查处莫斯科人民银行领导人进行投机倒把、获取50车皮食糖一事。

2月4日

主持人民委员会会议;起草人民委员会关于北方大铁路修建工程租让问题的决定。会议还讨论了关于提高工资、关于建立保卫儿童委员会、关于撤销原私人铁路管理机构三项法令草案以及其他问题。

2月4日—5日

出席党中央委员会会议。会议讨论关于肃反委员会、关于全俄总司令部的工作、关于出版社联合、关于成立改组监察机关的工作委员会等问题。

2月5日

同法国《时报》记者路易·诺多谈话,表示愿意同资本主义国家建立外交关系、调整经济关系,还谈到未来社会主义运动等问题。

主持国防委员会会议。会议讨论关于成立专门的军用电信管理机关、关于泥炭开采企业的粮食供应等问题。

2月6日

主持人民委员会会议;在讨论关于提高工资的法令草案时发言。会议还讨论了摊派100亿税款等问题。

不晚于2月8日

写《致教育人民委员部》一信。

2月8日

主持人民委员会会议。会议讨论对人民委员会1919年1月21日关于采购食品的法令的补充决定草案、关于国营机械制造厂联合公司粮食供应、关于机车修理等问题。

致函俄共(布)法国组成员雅·沙杜尔,感谢他寄赠《苏维埃共和国万岁!》一书。

2月10日

主持国防委员会会议。会议讨论关于合理使用卫生列车、关于收集亚麻、关于水运总管理局、关于金属分配、关于铁路燃料状况、关于从萨拉托夫调运棉花、关于派彼得格勒工人到伊热夫斯克工厂等问题。

2月10日—14日之间

领导全俄中央执行委员会为审定《关于社会主义土地规划和向社会主义农业过渡的措施的条例》草案而选出的专门委员会,并在该委员会作报告。

2月13日

写便条给内务人民委员格·伊·彼得罗夫斯基,责成他调查库尔斯克省党政干部的违法乱纪行为和该省党组织软弱无力的问题。

主持人民委员会会议;起草人民委员会关于把农场拨给工业企业的决定。会议还讨论了成立莫斯科铁路系统统一卸货机构等问题。

不晚于2月14日

同红军总司令约·约·瓦采季斯谈第2集团军撤走后的东线局势。

2月14日

写《对一个农民的询问的答复》一文。

致电东方面军革命军事委员会,询问第2集团军撤走后采取了哪些措施以及粮食工作情况。

2月14日和22日之间

同英国记者阿瑟·兰塞姆谈英国工人运动的状况和前景,以及苏维埃的国际意义等问题。

2月15日

主持国防委员会会议。会议讨论关于征召原高等军事院校师生服役、关于供应铁路燃料、关于给参加修复桥梁和其他铁路工程的工人保留原职等问题。

主持人民委员会会议；报告关于城市企业、苏维埃、工会等机构办国营农场的法令草案，对草案作修改。会议还讨论了关于全俄铁路修复委员会条例等问题。

2月17日

致函副粮食人民委员尼·巴·布留哈诺夫，要他采取果断措施采购霍皮奥尔和乌斯基梅德韦杰茨地区的粮食。

主持国防委员会会议；写关于采购和调运乌克兰的粮食和煤炭的决定要点。会议还讨论了布良斯克区粮荒问题、在红军建军节给红军战士发双份口粮问题，以及修复卡利特瓦河的桥梁等问题。

2月18日

打电话给邮电人民委员瓦·尼·波德别尔斯基，查问莫斯科新电台不能用的原因，并写便条将结果告诉格·瓦·契切林。

主持人民委员会会议。会议讨论建立乌克兰的统计问题、防治斑疹伤寒问题、关于最高国民经济委员会科学技术局技术人员管理处条例草案以及其他问题。

2月19日

为外交人民委员代拟给德国外交部的无线电报稿。

写《对俄共（布）中央关于在乌克兰实行余粮收集制的决定草案的意见》。致电东方面军革命军事委员会委员谢·伊·古谢夫，赞同他同巴什基尔政府代表谈判时所持的立场。

2月20日

接见挪威社会党人米·蓬泰尔沃尔德和埃·斯坦格，同他们谈俄国国内战争各战场的局势、各阶层农民对苏维埃政权的态度以及阶级斗争的规律等问题。

主持人民委员会会议。会议讨论关于改组和集中管理苏维埃俄国汽车业的法令执行情况以及关于工业拨款的条例草案等问题。

2月22日

起草全俄中央执行委员会关于查封破坏国防的孟什维克报纸的决议。

主持人民委员会会议。会议讨论关于肥皂生产情况的报告、耕地委员会条例草案、为庆祝红军建军一周年特赦某几类被判刑红军战士的法令草案以及其他问题。

2月23日以前

从事俄共（布）党纲的起草工作，写《俄共党纲草案初稿》，起草党纲有关民族关系、宗教关系、国民教育方面的条文以及经济部分和土地问题的条文；在这些材料的基础上，写《俄国无产阶级专政的基本任务》。

2月23日—25日

主持俄共（布）党纲起草委员会的工作；把《俄共纲领草案初稿》改写成《俄共（布尔什维克）纲领草案》（草案的一般理论部分）；写党纲中民族关系方面的条文草案，并修改尼·伊·布哈林的草案；修改自己起草的有关宗教关系方面的条文；写党纲中军事方面的条文的引言；修改自己起草的经济部分和关于土地问题的条文。

2月24日

接见来莫斯科要求按纺织业口粮标准发给口粮的达尼洛夫纺织厂代表。列宁向代表们说明，这个问题是由全俄中央执行委员会决定的，因此无论是人民委员会，还是人民委员会主席都无权改变这个决定。为此还给他们开具证明。

主持国防委员会会议。会议讨论关于享受红军口粮的法令草案、关于机车修理、关于摩尔曼斯克铁路、关于机车乘务组和铁路工厂工人的口粮标准与红军战士持平、关于选调专家组建铁道兵、关于彼得格勒古图耶夫斯基海关等问题。

2月26日以前

同弗拉基米尔省苏多格达县米林诺夫乡农民伊万诺夫谈话。

2月26日

委托И.Л.洛伦茨在克里姆林宫安排共产国际第一次代表大会代表的食宿。

2月27日

主持人民委员会会议。会议讨论余粮收集问题、《1919年休假暂行条例》草案、关于增加红军指战员薪金和关于对待工人合作社的态度两项法令草案、关于工人征粮队的决定草案以及其他问题。

2月28日

同交通人民委员弗·伊·涅夫斯基和全俄肃反委员会主席费·埃·捷

尔任斯基磋商,起草国防委员会关于协调全俄肃反委员会、铁路肃反委员会和交通人民委员部之间的相互关系的决定。磋商后写信给国防委员会各委员,请他们会签磋商后达成的协议,以便立即付诸实施。

2 月下半月

写《关于德国独立党宣言》一文(未写完)。

2 月

写《共产国际第一次代表大会议程草稿》、《对〈第三国际基本原则〉提纲的意见》和《新党纲的特点》。

接见弗拉基米尔省维亚兹尼基县尤扎村布尔什维克组织代表博尔佐夫,同他谈尤扎纺织厂的情况,并答应帮助他解决粮食问题。

同在莫斯科的粮食人民委员部的全权代表谢·瓦·马雷舍夫谈伏尔加河流域局势、采购粮食情况和农民情绪等问题。

2 月底—3 月 1 日或 2 日

写关于资产阶级民主和无产阶级专政的提纲的几个草稿,并完成了提纲的定稿。

3 月初

同中国社会主义工人党出席共产国际第一次代表大会的代表刘泽荣谈话。

3 月 1 日

主持有共产国际第一次代表大会部分代表参加的预备会议。

3 月 2 日以前

同出席共产国际第一次代表大会的德国共产党代表胡戈·埃贝莱因谈话,询问德国共产党的情况。

对格·叶·季诺维也夫将在俄共(布)第八次代表大会上作的关于共产国际的报告提纲提出书面意见。

3 月 2 日

共产国际第一次代表大会开幕。列宁致开幕词,当选为大会主席团常务主席,主持第一次会议。

3 月 2 日和 6 日之间

到共产国际第一次代表大会代表住处看望各国代表,同他们谈农民问题及其他问题。请各位代表写一材料,说明本国土地问题的现状。

3月3日

主持共产国际第一次代表大会第二次会议。

主持国防委员会会议。会议讨论关于伏尔加河各渡口状况、编组运煤运粮直达列车、征召军需学院毕业的前军官和官员服役、同逃跑现象作斗争以及第11集团军和第12集团军严重缺粮等问题。

3月3日或4日

起草共产国际第一次代表大会关于资产阶级民主和无产阶级专政的提纲的决议。

3月4日

主持人民委员会会议;为人民委员会关于耕地委员会的报告的决定草案补写第4条和第5条。会议还讨论了关于在前线地区采购粮食、饲料和生活必需品的决定草案,关于给国营企业拨款和解除国营企业义务、关于建立国家学术委员会的法令,关于国家建筑工程委员会中央电工技术委员会、关于摊派亚麻交售义务等问题。

主持共产国际第一次代表大会第三次会议,宣读关于资产阶级民主和无产阶级专政的提纲并作报告;列宁投票赞成批准第三国际的纲领和正式成立共产国际,签署关于解散齐美尔瓦尔德联盟并将其文件移交给第三国际执行委员会的声明。

参加审定《共产国际告全世界无产者宣言》。

3月4日和24日之间

读波兰社会党中央工作委员会1919年3月4日给俄共(布)中央的信。信中阐述了社会民主党在苏维埃俄国和波兰共和国相互关系问题上的立场,并希望在有争议的地区用公民投票来解决边界问题。列宁在信上写了自己的意见,建议给波兰政府发照会,说明苏维埃政府完全同意并且想通过劳动者的投票来解决边界问题,愿意在这个基础上达成协议,同意在一些细节上作让步。

3月5日

写《争取到的和记载下来的东西》一文。

主持共产国际第一次代表大会第四次会议。

3月6日

主持人民委员会会议。会议讨论自3月15日起暂停客运问题、重新审议莫斯科粮食委员会关于统一分配机关的决议问题。

主持共产国际第一次代表大会第五次会议；致闭幕词。

受俄共(布)代表团委托在《共产国际告全世界无产者宣言》上签字。

在全俄中央执行委员会、莫斯科苏维埃、俄共(布)莫斯科委员会、全俄工会中央理事会、莫斯科工会和工厂委员会联合庆祝共产国际成立大会上讲话。

3月7日以前

写关于消费公社的提纲。

3月7日

同英国记者阿瑟·兰塞姆谈话，说明苏维埃政府向协约国提出的和平建议、资本主义各国社会主义运动的前景和苏维埃俄国的形势。

主持人民委员会会议。会议讨论合作社问题；决定以列宁写的关于消费公社的提纲为基础起草法令。

3月8日

在社会保障人民委员部妇幼保健司鼓动员训练班讲话。

主持人民委员会会议；写关于暂停客运问题的决定草案和对关于改组国家监察人民委员部的法令草案的意见，并就这个问题给斯大林写便条。会议还讨论了分配纸张的决定草案。

3月8日和12日之间

参加拟定《美国政府代表布利特和苏俄政府共同制定的和平建议草案》。接见威·布利特，谈由他带来的美国政府和协约国政府关于停止俄国内战的建议。

3月10日

主持国防委员会会议。会议讨论关于铁路工人粮食供应问题、关于克服铁路军运工作中双重领导的问题、关于在采运燃料方面实行劳动义务制的决定草案，以及关于审判逃兵的特别军事法庭等问题。

不晚于3月11日

同劳动人民委员瓦·弗·施米特谈专家工资问题。

多次出席党中央委员会、全俄工会中央理事会同劳动人民委员瓦·弗·施米特共同商讨成立农业工会问题的会议。

3月11日

出席党中央委员会常务局会议。会议讨论乌克兰的粮食政策问题。

接见随运粮列车到莫斯科的维亚特卡省萨拉普尔县农民代表团,请他们转达对萨拉普尔农民的谢意,然后让他们持信去见莫斯科苏维埃主席列·波·加米涅夫。列宁在信中赞扬萨拉普尔县运来4万普特粮食是出色的功勋。

晚上,乘火车去彼得格勒参加姐夫马·季·叶利扎罗夫的葬礼。

《列宁全集》第二版第 35 卷编译人员

译文校订：张慕良　张祖武　韦清豪　翟民刚

资料编写：张瑞亭　王　澍　冯如馥　刘方清　王丽华　王锦文
　　　　　周秀凤

编　　辑：丁世俊　江显藩　李桂兰

译文审订：顾锦屏　宋书声　岑鼎山

《列宁全集》第二版增订版编辑人员

李京洲　高晓惠　翟民刚　张海滨　赵国顺　任建华　刘燕明
孙凌齐　门三姗　韩　英　侯静娜　彭晓宇　李宏梅　付　哲
戢炳惠　李晓萌

审　　定：韦建桦　顾锦屏　柴方国

本卷增订工作负责人：翟民刚　刘燕明

责任编辑：毕于慧

装帧设计：石笑梦

版式设计：周方亚

责任校对：马　婕

图书在版编目(CIP)数据

列宁全集.第 35 卷/(苏)列宁著；中共中央马克思恩格斯列宁斯大林著作编译局编译.
　—2 版(增订版)-北京：人民出版社，2017.3(2024.7 重印)
ISBN 978－7－01－017117－3
Ⅰ.①列…　Ⅱ.①列…　②中…　Ⅲ.①列宁著作-全集　Ⅳ.①A2
中国版本图书馆 CIP 数据核字(2016)第 316444 号

书　　　名	列宁全集
	LIENING QUANJI
	第三十五卷
编 译 者	中共中央马克思恩格斯列宁斯大林著作编译局
出版发行	人民出版社
	(北京市东城区隆福寺街 99 号　邮编　100706)
邮购电话	(010)65250042　65289539
经　　销	新华书店
印　　刷	北京新华印刷有限公司
版　　次	2017 年 3 月第 2 版增订版　2024 年 7 月北京第 2 次印刷
开　　本	880 毫米×1230 毫米 1/32
印　　张	23.375
插　　页	5
字　　数	609 千字
印　　数	3,001—6,000 册
书　　号	ISBN 978－7－01－017117－3
定　　价	57.00 元

ISBN 978-7-01-017117-3

9 787010 171173 >